고급회계

IFRS
한국채택국제회계기준

송상엽

웅지세무대학교

PREFACE
들어가는 말

저자는 본서의 초판부터 제6판에 이르기까지 국제회계기준의 전면도입에 따른 충격과 혼란을 최소화하고, 우리나라의 경쟁력을 높이는 데 조금이나마 보탬이 되고자 국제회계기준의 내용을 가능한 한 이해하기 쉽고 빠진 부분없이 충실하게 설명하려고 노력하였다.

독자 여러분이 그동안 본서에 보내준 놀라운 성원은 저자의 이러한 노력이 결코 헛되지 않았음을 증명하는 것이라 생각하며, 이 자리를 빌어 독자 여러분의 뜨거운 성원에 머리숙여 감사드린다.

이제 한국채택국제회계기준이 일부 개정됨에 따라 본서의 제6판에 이어 제7판을 출간하고자 하며, 본서의 제7판은 공인회계사 및 세무사 시험을 준비하는 학생들을 위해 철저하게 수험목적으로 쓰여졌음을 밝혀둔다.

제7판의 특징을 살펴보면 다음과 같다.

첫째, 2022년 12월말까지 새로이 개정된 한국채택국제회계기준과 정부회계기준의 내용을 충실히 반영하되, 우리나라의 현행회계제도하에서 한국채택국제회계기준의 내용을 무리없이 소화할 수 있도록 세심한 배려를 하였다.

둘째, 간결하지만 핵심을 파고드는 문체로 복잡한 한국채택국제회계기준의 내용을 명쾌하게 이해할 수 있도록 설명하였으며, 독자들의 직관적인 이해와 문제해결능력을 높이기 위해 다양한 사례(예)들을 제시하였다.

셋째, 공인회계사, 세무사 시험에 출제된 문제들을 철저히 분석하여 이론문제는 ○, × 형으로, 계산문제는 단답형으로 구성하여 지면을 최소화하였으며, 출제가능성이 높은 주요 주제들을 필수예제로 선별하여 반복학습이 용이하도록 하였다. 따라서 별도의 객관식 연습문제집은 필요없을 것으로 생각한다.

저자는 일반적인 재무회계에 관한 내용을 보다 쉽게 이해할 수 있도록 회계원리, 중급회계 및 고급회계를 저술하여 회계학을 공부하는 학생들과 공인회계사, 세무사 수험생들로부터 분에 넘치는 사랑을 받아 왔다. 이제 국제회계기준의 개정에 따른 재무회계시리즈 개정작업의 마지막이며, 회계학의 꽃이라고 할 수 있는 고급회계 개정판을 펴냄으로써 다시 한번 저자의 회계학에 대한 소신을 밝히게 된 것에 작은 보람을 느낀다. 이 세 권의 책을 차례대로 숙독함으로써 독자 여러분은 재무회계의 이론과 실무를 거의 완성할 수 있으리라 확신한다.

본서를 출간하기까지 많은 분들로부터 도움을 받았다. 특히, 웅지세무대학교 학생들은 본서의 교정뿐만 아니라 기탄없는 질의를 하여 본서의 완성도를 높이는 데 큰 기여를 하였다. 이들의 학문에 대한 열정을 높이 평가하며, 이자리를 빌어 진심으로 감사의 뜻을 표한다.

끝으로 본서의 어떠한 오류도 본 저자의 책임임을 밝혀 두며, 독자 여러분의 냉철한 비판과 건설적인 의견을 기대해 본다.

독자 여러분들의 건투를 비는 바이다.

2024년 3월
웅지세무대학교 연구실에서
송상엽 씀

웅지경영아카데미(www.ewat.kr)에서 동영상강의를 수강하실 수 있습니다.

한국채택국제회계기준(K-IFRS) 목록
(2022년 12월말)과 본서의 본문에 설명된 부분

한국채택국제회계기준	본서의 본문
재무보고를 위한 개념체계	제2장 재무회계개념체계 제3장 재무제표
기업회계기준서 제1101호 한국채택국제회계기준의 최초채택	제1장 재무회계와 회계원칙
제1102호 주식기준보상	제15장 종업원급여와 주식기준보상
제1103호 사업결합	해당사항 없음(고급회계 참조)
제1104호 보험계약	해당사항 없음
제1105호 매각예정비유동자산과 중단영업	제9장 기타의 자산과 자산손상
제1106호 광물자원의 탐사와 평가	제9장 기타의 자산과 자산손상
제1107호 금융상품:공시	제5장 금융자산(Ⅰ), 제6장 금융자산(Ⅱ) 제7장 금융자산(Ⅲ)
제1108호 영업부문	제20장 재무제표의 작성 및 분석
제1109호 금융상품	제5장 금융자산(Ⅰ), 제6장 금융자산(Ⅱ) 제7장 금융자산(Ⅲ)
제1110호 연결재무제표	해당사항 없음(고급회계 참조)
제1111호 공동약정	해당사항 없음(고급회계 참조)
제1112호 타 기업에 대한 지분의 공시	해당사항 없음(고급회계 참조)
제1113호 공정가치측정	제3장 재무제표
제1114호 규제이연계정	해당사항없음
제1115호 고객과의 계약에서 생기는 수익	제14장 수익
제1116호 리스	제13장 리스회계
제1001호 재무제표 표시	제3장 재무제표 제20장 재무제표의 작성 및 분석
제1002호 재고자산	제4장 재고자산
제1007호 현금흐름표	제19장 현금흐름표
제1008호 회계정책, 회계추정의 변경 및 오류	제18장 회계변경과 오류수정

한국채택국제회계기준	본서의 본문
제1010호 보고기간후사건	제20장 재무제표의 작성 및 분석
제1012호 법인세	제16장 법인세회계
제1016호 유형자산	제8장 유형자산
제1019호 종업원급여	제15장 종업원급여와 주식기준보상
제1020호 정부보조금의 회계처리와 정부지원의 공시	제10장 부채
제1021호 환율변동효과	해당사항 없음(고급회계 참조)
제1023호 차입원가	제8장 유형자산
제1024호 특수관계자 공시	제20장 재무제표의 작성 및 분석
제1026호 퇴직급여제도에 의한 회계처리와 보고	제15장 종업원급여와 주식기준보상
제1027호 별도재무제표	해당사항 없음(고급회계 참조)
제1028호 관계기업과 공동기업에 대한 투자	해당사항 없음(고급회계 참조)
제1029호 초인플레이션 경제에서의 재무보고	해당사항 없음(고급회계 참조)
제1032호 금융상품:표시	제5장 금융자산(Ⅰ), 제6장 금융자산(Ⅱ) 제7장 금융자산(Ⅲ)
제1033호 주당이익	제17장 주당이익
제1034호 중간재무보고	제20장 재무제표의 작성 및 분석
제1036호 자산손상	제8장 유형자산, 제9장 기타의 자산과 자산손상
제1037호 충당부채, 우발부채 및 우발자산	제10장 부채
제1038호 무형자산	제9장 기타의 자산과 자산손상
제1039호 금융상품:인식과 측정	제5장 금융자산(Ⅰ), 제6장 금융자산(Ⅱ) 제7장 금융자산(Ⅲ)
제1040호 투자부동산	제9장 기타의 자산과 자산손상
제1041호 농림어업	제14장 수익

CONTENTS

01 사업결합과 합병회계

- 제1절 사업결합 · 2
- 제2절 합병회계 · 18

02 연결회계-총론

- 제1절 연결재무제표의 의의 · 80
- 제2절 연결회계의 기초개념 · 81
- 제3절 지배력 · 91
- 제4절 연결재무제표 작성기업과 투자기업 · 100
- 제5절 연결재무제표에 관한 일반적인 사항 · 104
- 제6절 연결재무제표의 유용성과 한계 · 110

03 연결회계-투자계정과 자본계정의 상계제거

- 제1절 지배력획득일 이후의 연결 · 120
- 제2절 투자제거차액의 처리 · 132
- 제3절 비지배지분 · 147
- 제4절 채권·채무 상계제거 · 150

04 연결회계-내부거래제거

- 제1절 내부거래제거의 의의 · 178
- 제2절 내부거래제거 – 재고자산 · 179
- 제3절 내부거래제거 – 유형자산 · 187
- 제4절 내부거래제거 – 사채 · 198
- 제5절 연결당기순이익과 연결자본계정의 검증 · 225

05 연결회계-소유지분의 변화

- 제1절 소유지분변화의 의의 · 258
- 제2절 단계적으로 이루어지는 사업결합 · 259
- 제3절 종속기업주식의 처분과 지배력의상실 · 266
- 제4절 종속기업의 유상증자시 연결조정 · 272
- 제5절 종속기업의 자기주식매입에 따른 지분변화 · 275
- 제6절 종속기업주식의 기중취득 · 277
- 제7절 종속기업의 소유주지분과 관련된 기타연결조정사항 · 283
- 제8절 종속기업에 우선주가 있는 경우의 연결조정 · 288

06 연결회계-복잡한 관계구조

- 제1절 지배·종속관계구조 · 302
- 제2절 간접소유 – 父 – 子 – 孫의 구조 · 303
- 제3절 간접소유 – 고리형 관계구조 · 315
- 제4절 상호소유된 종속기업주식 · 323
- 제5절 상호소유된 지배기업주식 · 332
- [보론] 종속기업의 자본항목(이익잉여금제외)이 변동된 경우 · 341

07 연결회계-기타 주제

- 제1절 연결재무제표작성시 법인세기간배분 · 354
- 제2절 연결현금흐름표 · 365
- 제3절 연결자본변동표 · 372
- 제4절 연결회계의 기타사항 · 377
- 제5절 회계주체이론 · 385
- [보론] 역취득 · 404

08 관계기업 및 공동약정

- 제1절 관계기업투자 · 414
- 제2절 지분법회계 · 421
- 제3절 공동약정 · 485

09 환율변동효과

- 제1절 외화환산의 기본개념 · 496
- 제2절 기능통화에 의한 외화거래의 보고 · 502
- 제3절 기능통화가 아닌 표시통화의 사용 · 514

10 파생상품회계

- 제1절 파생상품의 의의 · 538
- 제2절 파생상품의 기초개념 · 539
- 제3절 파생상품 일반회계 · 545
- 제4절 공정가치위험회피회계 · 552
- 제5절 현금흐름위험회피회계 · 566
- 제6절 스왑거래(이자율스왑) · 586
- [보론] 파생상품의 세부적 고찰 · 596

11 정부회계

- 제1절 정부회계 총론 · 602
- 제2절 재정상태표 · 634
- 제3절 재정운영표 · 676
- 제4절 기타의 결산보고서와 결산 · 712

부록 I 재무제표양식

- 제1절 재무상태표 · 740
- 제2절 포괄손익계산서 · 742
- 제3절 자본변동표 · 750
- 제4절 현금흐름표 · 751

부록 II 현가계산표

- 부표1 현가표(현재가치이자요소) · 754
- 부표2 연금의 현가표(연금의 현재가치이자요소) · 756
- 부표3 종가표(미래가치이자요소) · 758
- 부표4 연금의 종가표(연금의 미래가치이자요소) · 760

CHAPTER 01

사업결합과 합병회계

ADVANCED ACCOUNTING

제1절 / 사업결합
제2절 / 합병회계

01 사업결합

1 사업결합의 의의

(1) 사업결합의 정의

기업은 경제활동을 수행해 나감에 따라 질적·양적으로 성장해야 한다. 성장하지 못한 기업은 자본주의 경제체제에서 도태될 수밖에 없다. 즉, 기업의 성장은 다른 기업과의 생존경쟁에서 살아남기 위한 생존의 조건인 것이다. 기업의 성장전략에 대하여 구체적으로 살펴보면 다음과 같다.

(1) 기업의 성장전략은 다음과 같이 크게 내부성장전략과 외부성장전략으로 구분된다.

① **내부성장**(internal growth)전략이란 경영활동에 따라 축적된 이익이나 외부의 신규자본을 도입하여 신제품을 개발하거나 판매촉진활동을 통해 기업활동을 점진적으로 확대해 나가는 것을 말한다.

② **외부성장**(external growth)전략이란 다른 기업과의 인위적인 결합을 통하여 급진적으로 확장하는 것을 말한다. 미국의 경우에는 1900년대부터 지금까지 기업의 외부성장전략의 일환으로 다양한 형태의 사업결합행위가 꾸준히 진행되어 왔으며, 최근에는 우리나라에서도 사업결합거래가 성행하고 있다.

(2) 사업결합(business combination, M&A라고도 함.)이란 취득자가 하나 이상의 사업에 대한 지배력을 획득하는 거래나 그 밖의 사건을 말한다. 즉, 사업결합이란 별개의 기업들 또는 사업들을 하나의 보고기업으로 통합하는 것을 의미하는데, 이러한 사업결합을 통한 외부성장은 다음과 같은 이점이 있다.

① 자사에 원료를 공급하는 기업과 결합한다든지 자사의 제품을 원료로 사용하거나 판매해주는 기업과 결합(이를 수직적 사업결합이라고 함.)함으로써 원가를 절감시킬 수 있다.

② 동일한 업종에 종사하는 기업과 결합(이를 수평적 결합이라고 함.)함으로써 시장점유율의 확대를 통해 시장에서 지배적인 위치를 확보할 수 있다.

③ 영업상 서로 관련이 없는 기업과의 결합(이를 다각적 사업결합이라고 함.)을 통해 경영위험을 크게 분산시킬 수 있다.

앞으로 우리가 논의하게 될 고급회계의 핵심주제는 기업의 외부성장전략의 대표적 수단인 사업결합과 관련된 회계문제이며, 본서의 〈제1장 사업결합과 합병회계〉부터 〈제7장 연결회계 – 기타 주제〉까지는 사업결합회계를 설명하고 있다.

(2) 사업의 정의

사업(business)이란 투자자 또는 그 밖의 소유주, 조합원 또는 참여자에게 배당, 원가감소 또는 그 밖의 경제적효익의 형태로 수익을 직접 제공할 목적으로 수행되고 관리될 수 있는 활동과 자산의 통합된 집합체를 말한다.

사업의 구성요소

사업은 다음과 같이 투입물(input) 그리고 그러한 투입물에 적용되어 산출물(output)을 창출할 수 있는 과정(process)으로 구성된다.

▶ 사업의 구성

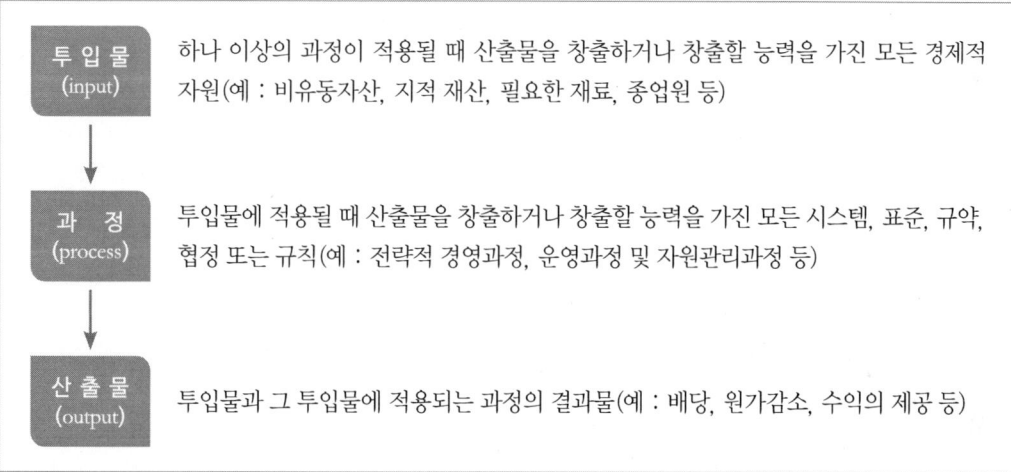

① 사업은 보통 산출물을 갖지만, 산출물은 사업의 정의를 충족하기 위한 통합된 집합체에 반드시 필요한 요소는 아니다.
② 투입물과 그 투입물에 적용되는 과정은 사업에 필수적인 요소이지만, 시장참여자가 그 사업을 취득할 능력이 있다면(예 : 자신의 투입물과 과정에 그 사업을 통합하는 방식으로 계속하여 산출물을 생산할 수 있는 경우) 투입물과 과정 모두를 포함할 필요는 없다.
③ 자산과 활동의 특정 집합이 사업인지의 여부는 시장참여자가 그 통합된 집합체를 사업으로 수행하고 운영할 수 있는지에 기초하여 결정한다. 따라서 특정 집합이 사업인지의 여부를 평가할 때, 매도자가 그 집합을 사업으로 운영하였는지 또는 취득자가 그 집합을 사업으로 운용할 의도가 있는지와는 관련이 없다.
④ 사업에 영업권이 반드시 필요한 것은 아니지만, 영업권이 존재하는 자산과 활동의 특정 집합은 반증이 없다면 사업으로 간주한다.

사업결합의 식별

특정 거래나 그 밖의 사건이 사업결합으로 식별되기 위해서는 사업결합의 정의에 부합되어야 하고 취득한 자산과 인수한 부채가 사업을 구성해야 한다. 그러나 어떤 기업은 사업준비단계에 있거나 기타의 이유로 사업의 정의를 충족하지 못하는 경우도 있다.

① 기업은 사업결합을 위하여 하나 이상의 사업을 형성하는 다른 기업의 순자산 전부를 취득할 수도 있고, 사업을 형성하는 일부 순자산을 취득할 수도 있다.

> 예 A기업이 사업결합을 위하여 B기업(반도체사업부와 건설사업부로 구성되어 있음.)의 순자산 전부를 취득할 수도 있고, B기업의 일부 사업부(반도체사업부)만을 취득할 수도 있다.

② 기업이 사업의 정의를 충족하지 못한 기업을 취득하거나 사업을 구성하지 않는 자산집단이나 순자산집단을 취득한 경우, 이는 사업결합이 아니다. 따라서 이러한 경우에는 일괄구입(단순히 여러 종류의 자산을 한 가격에 구입하는 것)으로 보아 자산집단의 원가(취득대가)를 개별적으로 식별가능한 자산과 부채에 대하여 취득일의 상대적 공정가치를 기준으로 배분한다. 즉, 자산의 취득으로 회계처리한다.

> 예 甲기업에 A사업부(공정가치: 토지 ₩500, ₩300, 기계 ₩200)를 ₩1,100에 인수함.

사업결합인 경우		사업결합이 아닌 경우	
토 지	500	토 지	550
건 물	300	건 물	330
기 계	200	기 계	220
영 업 권	100	현 금	1,100
현 금	1,100		

(3) 기업회계기준서(사업결합)의 적용범위

사업결합의 정의를 충족하는 거래나 그 밖의 사건은 기업회계기준서(사업결합)를 적용하지만, 다음의 경우에는 이를 적용하지 않는다.

① 공동약정(둘 이상의 당사자들이 공동지배력을 보유하는 약정)
② 사업을 구성하지 않는 자산이나 자산집단의 취득
③ 동일지배하에 있는 기업이나 사업 간의 결합

2 사업결합의 유형

사업결합은 경제적 관점에서 볼 때 수직적 사업결합, 수평적 사업결합 및 다각적 사업결합으로 구분할 수 있으나, 법률적·회계적 관점에서는 결합에 참여한 기업들의 결합 후 법적 형태가 어떻게 변화하느냐에 따라 합병과 취득으로 구분된다.

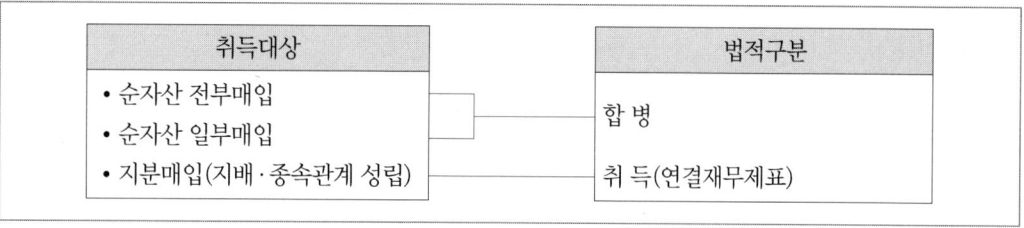

(1) 합병

합병이란 둘 이상의 기업이나 사업이 경제적으로뿐만 아니라 법률적으로도 하나의 보고기업으로 통합되는 사업결합을 말한다. 이러한 합병에는 흡수합병과 신설합병이 있다.

흡수합병

① 흡수합병(merger)이란 한 기업이 다른 기업 또는 사업의 순자산을 양도받고 다른 기업 또는 사업은 법률적으로 소멸하는 것을 의미하는데, 이를 진정한 합병이라고도 한다.

  예 A기업이 B기업의 모든 자산·부채를 이전받고 B기업을 법률적으로 소멸시키는 형태의 합병

  상기 예에서 합병이 완료된 후 존속기업인 A기업을 취득자 또는 합병기업이라 하며, 합병이 완료된 후 소멸기업인 B기업을 피취득자 또는 피합병기업이라고 한다.

② 기업은 사업결합을 위해 다른 기업 순자산의 전부를 흡수합병할 수도 있고, 일부 순자산을 흡수합병(이를 영업양수라고도 함.)할 수도 있다.

  예 A기업이 사업결합을 위해 B기업(반도체사업부와 건설사업부로 구성되어 있음.)의 순자산 전부를 흡수합병할 수도 있고, B기업의 일부 사업부(반도체사업부)만을 흡수합병할 수도 있음.

신설합병

① 신설합병(consolidation)이란 둘 이상의 독립된 기업 또는 사업이 결합하여 하나의 새로운 기업을 신설하는 것을 의미하는데, 이를 대등합병이라고도 한다.

  예 A기업과 B기업이 모든 자산·부채를 새로운 C기업에 이전하고 A기업과 B기업은 법률적으로 소멸하는 형태의 합병

  상기 예에서 C기업은 취득자(합병기업)가 되며, A기업과 B기업은 피취득자(피합병기업)가 된다.

② 신설합병의 경우에는 새로운 기업을 설립해야 하므로 많은 시간과 경비가 소요되며, 세법상 불리한 경우가 많기 때문에 신설합병은 거의 이용되지 않는다. 따라서 일반적으로 합병이라 함은 흡수합병을 의미하므로 사업결합을 M&A(합병과 취득 : merger and acquisition)라고도 부른다.

(2) 취득

취득(acquisition)이란 기업매수 또는 주식취득에 의한 사업결합이라고도 하는데, 이를 구체적으로 살펴보면 다음과 같다.

① 취득이란 한 기업이 법적으로 독립된 다른 기업의 의결권 있는 주식의 전부 또는 일부를 취득함으로써 그 기업을 자기의 지배하에 두는 경우의 사업결합을 말한다.

> **예** A기업이 B기업의 의결권 있는 주식의 과반수를 취득하여 경영권을 통제함으로써 지배·종속관계를 형성하는 경우의 사업결합

상기 예에서 A기업과 B기업은 결합 후에도 법적으로는 독립된 별개의 기업으로 존속하지만 A기업은 B기업의 경영권을 통제할 수 있기 때문에 두 기업은 실질적으로 하나의 경제적 실체(a single economic entity)를 형성한다.

② 상기 예에서 A기업을 취득자 또는 지배기업(parent company)이라 하고 B기업을 피취득자 또는 종속기업(subsidiary company)이라고 하는데, 이들 지배·종속기업은 법적으로는 독립된 기업이므로 각각의 재무제표를 작성하게 되지만 경제적(실질적)으로는 하나의 실체이므로 이들의 재무제표를 통합한 연결재무제표를 작성하게 된다.

③ 합병의 경우에는 경제적으로뿐만 아니라 법적으로도 결합되기 때문에 합병시점의 회계처리만 문제가 될 뿐 합병 이후의 회계처리문제는 발생되지 않지만, 취득의 경우에는 법적으로는 독립성을 유지하면서 경제적으로만 결합되기 때문에 경제적으로 결합된 이후에 매년 연결재무제표를 작성하는 복잡한 문제가 발생된다.

사업결합의 유형(법적 구분)

```
           ┌ 합 병 ┌ 흡수합병 : A + B = A …… B는 소멸
           │       └ 신설합병 : A + B = C …… A·B는 소멸
사업결합 ──┤
           └ 취 득 :   A ──→ B  =  A + B  …… A·B는 결합 후에도 계속 존재
                      F/S  +  F/S    연결 F/S
```

(법적으로는 독립된 기업이지만 경제적으로는 하나의 실체이므로 각각의 재무제표를 통합한 연결재무제표를 작성하게 됨.)

3 취득자의 식별

모든 사업결합에서 취득자(합병기업, 지배기업)를 식별해야 한다. 취득자는 피투자자에 대한 지배력을 획득하는 기업, 즉 결합에 참여하는 다른 기업이나 사업에 대한 지배력을 획득하는 결합참여기업을 의미한다.

(1) 지배력기준

투자자의 피투자자에 대한 지배력은 투자자가 피투자자에 대한 관여로 변동이익에 노출되거나 변동이익에 대한 권리가 있고, 피투자자에 대하여 자신의 힘으로 그러한 이익에 영향을 미칠 수 있는 능력을 말한다.

① 투자자는 다음의 세 가지 요소를 모두 갖는 경우에만 피투자자를 지배하는데, 이를 지배력의 요소라고 한다.
   a. 힘 : 피투자자에 대한 힘. 투자자가 관련활동(영업활동과 투자활동 등 피투자자의 이익에 유의적으로 영향을 미치는 활동)을 지시하는 현재의 능력을 갖게 하는 현존권리를 보유하고 있을 때 투자자는 피투자자에 대한 힘이 있다.
   b. 이익 : 피투자자에 대한 관여로 인한 변동이익에 대한 노출 또는 권리
   c. 힘과 이익의 연관 : 투자자의 이익금액에 영향을 미치기 위하여 피투자자에 대하여 자신의 힘을 사용하는 능력

② 투자자가 피투자자를 지배하는지 결정할 때 다음 요소들을 고려하는 것이 도움이 될 수 있다.
   a. 피투자자의 목적과 설계
   b. 관련활동이 무엇인지와 그러한 관련활동이 어떻게 결정되는지
   c. 투자자의 권리가 관련활동을 지시하는 현재의 능력을 투자자에게 갖게 하는지
   d. 투자자가 피투자자에 대한 관여로 변동이익에 노출되거나 변동이익에 대한 권리가 있는지
   e. 투자자가 자신의 이익금액에 영향을 미치기 위하여 피투자자에 대하여 자신의 힘을 사용하는 능력이 있는지

③ 피투자자의 보통주와 같이 보유자에게 비례의결권을 제공하는 지분상품을 수단으로 피투자자를 지배하는 것은 명백할 수 있다. 이러한 경우 지배력의 평가는 누가 피투자자의 영업정책과 재무정책을 결정하기 위한 충분한 의결권을 행사할 수 있는지에 중점을 둔다. 가장 단순한 경우, 다른 요소가 없다면 의결권의 과반수를 보유하는 투자자가 피투자자를 지배한다.

④ 일반적으로 투자자들은 의결권 또는 유사한 권리를 통하여 관련활동을 지배하는 현재의 능력을 가지는데, 피투자자의 의결권 과반수를 보유하는 투자자는 다음의 상황에서 힘을 가진다.

a. 의결권 과반수 보유자의 결의에 의한 관련활동이 지시되거나
b. 관련활동을 지시하는 의사결정기구 구성원의 과반수가 의결권 과반수 보유자의 결의에 의해 선임된다.
⑤ 투자자는 피투자자 의결권의 과반수 미만을 보유하더라도 힘을 가질 수 있다. 피투자자 의결권의 과반수 미만을 보유하는 투자자는 다음의 예를 통하여 힘을 가질 수 있다.
a. 투자자와 다른 의결권 보유자간의 계약상 약정
b. 그 밖의 계약상 약정에서 발생하는 권리
c. 투자자의 의결권
d. 잠재적 의결권
e. 상기 항목(a~d)들의 조합

지금까지 지배력에 대해서 살펴보았는데, 지배력에 대한 보다 자세한 내용은 〈제2장 연결회계 – 총론〉에서 설명한다.

(2) 기타의 식별지표

지배력기준을 적용해도 결합참여기업 중에서 취득자를 명확히 파악하지 못한다면, 다음의 요소를 검토하여 결정한다.
① 주로 현금이나 그 밖의 자산을 이전하거나 부채를 부담하여 이루어지는 사업결합의 경우, 취득자는 보통 현금이나 그 밖의 자산을 이전한 기업 또는 부채를 부담하는 기업이다.
② 취득자는 보통 다른 결합참여기업이나 결합참여기업들보다 상대적 크기(예 : 자산, 수익 또는 이익으로 측정)가 유의적으로 큰 결합참여기업이다.
③ 기업이 셋 이상 포함된 사업결합에서, 취득자는 결합참여기업의 상대적 크기뿐만 아니라 특히 결합참여기업 중 어느 기업이 결합을 제안하였는지도 고려하여 결정한다.

(3) 지분교환으로 이루어지는 사업결합의 경우

주로 지분을 교환하여 이루어지는 사업결합의 경우, 취득자는 보통 지분을 발행하는 기업이다. 지분교환으로 이루어진 사업결합에서 취득자를 식별하기 위하여 고려할 그 밖의 관련 사실 또는 상황의 예는 다음과 같다.
① 사업결합 후 결합기업에 대한 상대적 의결권 : 취득자는 보통 결합참여기업의 소유주 중 결합기업에 대한 의결권의 가장 큰 부분을 보유하거나 수취하는 소유주가 속한 결합참여기업이다. 의결권의 가장 큰 부분을 보유하거나 수취한 소유주 집단이 속한 기업을 결정하기 위하여, 비정상적이거나 특별한

의결약정과 옵션, 주식매입권이나 전환증권의 존재 여부를 고려한다.
② 특정 소유주 또는 조직화된 소유주 집단이 중요한 의결지분을 갖지 않은 경우, 결합기업에 대하여 상대적으로 큰 소수의결지분의 존재 : 취득자는 보통 결합기업에 대하여 가장 큰 소수의결지분을 보유하고 있는 단일 소유주 또는 소유주의 조직화된 집단이 속한 결합참여기업이다.
③ 결합기업 의사결정기구의 구성 : 취득자는 보통 결합기업 의사결정기구의 구성원 과반수를 지명 또는 임명하거나 해임할 수 있는 능력을 보유하고 있는 소유주가 속한 결합참여기업이다.
④ 결합기업 경영진의 구성 : 결합기업 경영진 대부분이 결합참여기업의 이전 경영진으로 구성되는 경우, 취득자는 보통 그 경영진이 속한 결합참여기업이다.
⑤ 지분교환의 조건 : 취득자는 보통 다른 결합참여기업이나 기업들의 지분에 대하여 결합 전 공정가치를 초과하는 할증금을 지급해야 하는 결합참여기업이다.

(4) 역취득의 경우

지분교환으로 사업결합을 하는 경우에는 일반적으로 지분을 발행하는 기업이 취득자이다. 그러나 상황에 따라서는 지분을 발행하는 기업이 피취득자가 될 수도 있는데, 이러한 사업결합을 역취득이라고 한다.

① 역취득이란 지분교환으로 사업결합을 하는 경우에 지분을 발행하는 기업이 피취득자가 되는 사업결합을 말한다. 그 예로 다음과 같이 비상장기업이 한국거래소에 상장하기 위해 자신보다 작은 상장기업에 의하여 취득되는 것으로 약정하는 경우를 들 수 있다.

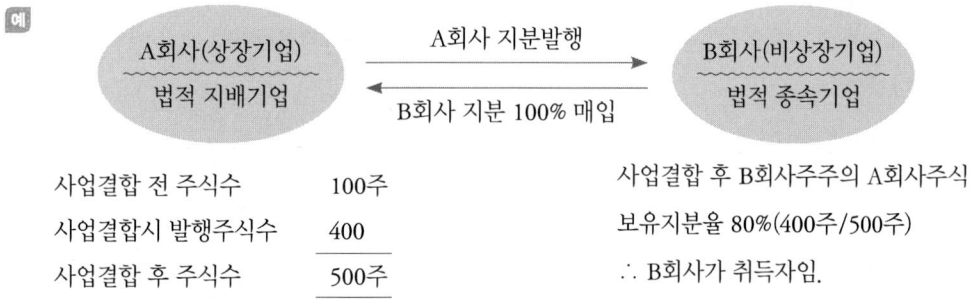

② 상기 예에서 법적으로는 지분상품을 발행하는 상장기업이 지배기업으로 간주되고 비상장기업이 종속기업으로 간주됨에도 불구하고, 실질적으로는 법적 종속기업인 비상장기업이 법적 지배기업인 상장기업을 지배하고 있다면 당해 법적 종속기업인 비상장기업이 취득자가 된다. 즉, 법적으로는 지분을 발행하는 A회사(상장기업)가 지배기업이지만, 사업결합 후 B회사주주의 A회사주식 보유지분율이 80%이므로 실질적으로는 B회사(비상장기업)가 취득자임을 알 수 있다. 역취득에 대한 보다 자세한 내용은 〈제7장 연결회계 – 기타 주제〉에서 설명한다.

(5) 신설사업결합의 경우

사업결합을 추진하기 위하여 새로운 기업을 설립하는 경우, 취득자는 다음과 같이 식별한다.

① 새로운 기업을 설립하고 이 기업이 지분을 발행하여 사업결합을 하는 경우, 앞에서 설명한 지침을 적용하여 사업결합 전에 존재하였던 결합참여기업 중 한 기업을 취득자로 식별한다.
② 새로운 기업을 설립하고 이 기업이 사업결합을 위해 현금이나 그 밖의 자산을 이전하거나 부채를 부담한다면 새로운 기업이 취득자이다.

4 취득일

취득자는 모든 관련된 사실과 사항을 고려하여 취득일을 식별해야 하는데, 취득일이란 피취득자에 대한 지배력을 획득한 날이다.

(1) 취득자가 피취득자에 대한 지배력을 획득한 날은 일반적으로 취득자가 법적으로 대가를 이전하여, 피취득자의 자산을 취득하고 부채를 인수한 날인 종료일이다. 그러나 취득자는 종료일보다 이른 날 또는 늦은 날에 지배력을 획득하는 경우도 있다.

> 예 서면합의를 통하여 취득자가 종료일 전에 피취득자에 대한 지배력을 획득한다면 취득일은 종료일보다 이른 날이 됨.

(2) 사업결합이 단일 교환거래로 이루어진 경우 교환일은 취득일과 동일하다. 그러나 사업결합이 연속적인 주식매입에 의해 단계적으로 달성되는 경우, 교환일은 각 교환거래일(각 개별 투자가 취득자의 재무제표에 인식되는 날)인데 반해, 취득일은 취득자가 피취득자에 대한 지배력을 획득한 날이다.

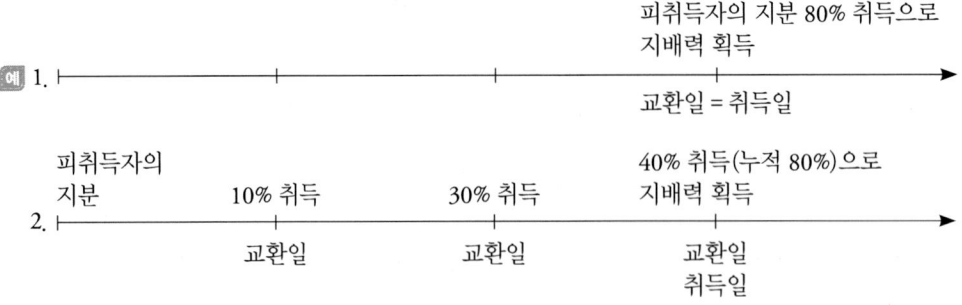

5 사업결합의 회계처리방법

회계이론상 사업결합의 회계처리방법에는 취득법과 지분통합법이 있는데, 기업회계기준서(사업결합)에서는 모든 사업결합을 취득법으로 회계처리하도록 규정하고 있다.

취득법(acquisition method)이란 취득자의 관점에서 사업결합을 회계처리하는 방법이다. 즉, 취득법은 사업결합을 취득자가 피취득자의 순자산 및 영업활동을 지배하는 대가로 자산의 이전, 채무의 부담 또는 지분상품(주식)을 발행하는 것으로 이해한다. 따라서 취득법은 사업결합을 취득자가 보다 우월한 입장에서 피취득자의 자산과 부채를 개별적으로 시장에서 취득하는 행위라고 가정한다. 이러한 가정에 비추어 볼 때 취득법은 다음과 같은 특징을 갖고 있다.

(1) 취득자가 피취득자의 자산·부채를 개별적으로 취득하는 것으로 가정하기 때문에 피취득자의 자본항목은 취득자에 이전되지 않으며, 사업결합이 기중에 이루어질 경우 피취득자의 취득일까지 발생한 당기 수익·비용도 취득자에 이전되지 않는다.

(2) 취득자가 피취득자의 자산과 부채를 시장에서 취득하는 것으로 가정하기 때문에 피취득자의 자산과 부채를 공정가치로 평가하여 인수하고 지불한 이전대가(결합대가를 의미함.)도 공정가치로 평가한다.

(3) 인수한 피취득자의 순자산공정가치보다 지불한 이전대가가 더 큰 경우 영업권이 발생하며, 반대의 경우에는 염가매수차익이 발생한다.

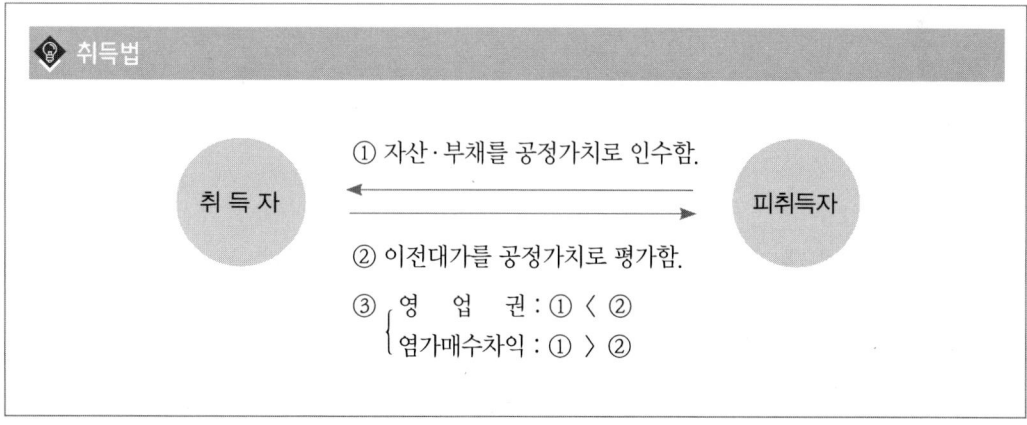

예) A회사는 20×1년 7월 1일에 B회사를 흡수합병하기로 하였다. 다음은 B회사의 20×1년 7월 1일 요약시산표 및 합병과 관련된 자료이다.

1. 20×1년 7월 1일 요약시산표

요약시산표

차변항목	장부금액	공정가치	대변항목	장부금액	공정가치
자 산	1,000	1,200	부 채	500	400
비 용	200		자 본	400	
			수 익	300	
	1,200			1,200	

2. A회사는 이전대가로 현금 ₩200과 보통주식 100주를 교부하기로 하였다. A회사보통주의 주당 액면금액은 ₩5이고 공정가치는 ₩7이다.

(차)	자 산	1,200	(대)	부 채	400
	영 업 권	100		현 금	200
				자 본 금	500
				주식발행초과금	200

지금까지 사업결합의 의의와 유형 및 회계처리방법에 대해서 개략적으로 살펴보았는데, 본 장에서는 합병에 관한 회계처리를 중심으로 살펴보고 제2장 이후부터는 연결재무제표에 대한 회계처리를 설명한다.

사업결합　　　　　　　　　　　　　　　　　　　　　　　　　　　이론문제(기출지문)

01　사업은 투입물과 산출물을 창출할 수 있는 과정 및 산출물로 구성되며, 산출물은 사업의 정의를 충족하기 위한 통합된 집합체에 반드시 필요한 요소이다.　(×)
　　▶사업은 보통 산출물을 갖지만, 산출물은 사업의 정의를 충족하기 위한 통합된 집합체에 반드시 필요한 요소는 아니다.

02　기업이 사업의 정의를 충족하지 못한 기업을 취득하는 경우에는 자산의 취득으로 회계처리한다.　(○)

03　사업결합을 추진하기 위하여 새로운 기업을 설립하는 경우, 취득자는 새로운 기업이다.　(×)
　　▶새로운 기업을 설립하고 이 기업이 지분을 발행하여 사업결합을 하는 경우, 사업결합 전에 존재하였던 결합참여기업 중 한 기업을 취득자로 식별한다.

04　지배력을 획득한 날은 항상 종료일이며, 종료일은 취득자가 법적으로 대가를 이전하여 피취득자의 자산을 취득하고 부채를 인수한 날이다.　(×)
　　▶취득자는 종료일보다 이른 날 또는 늦은 날에 지배력을 획득하는 경우도 있다. 예를 들어, 서면합의를 통하여 취득자가 종료일 전에 피취득자에 대한 지배력을 획득한다면 취득일은 종료일보다 이른 날이 된다.

필수예제 — 사업결합의 식별

(주)대한은 20×1년 7월 1일 (주)민국의 A부문을 ₩450,000에 인수하였다. 다음은 20×1년 7월 1일 현재 (주)민국의 A부문 현황이다. A부문에 귀속되는 부채는 없다.

A부문

(주)민국	20×1년 7월 1일 현재	(단위 : ₩)
계정과목	장부금액	공정가치
토 지	200,000	220,000
건 물	150,000	200,000
기계장치	50,000	80,000
	400,000	

공정가치는 실제보다 과대평가되지 않았다. 20×1년 7월 1일 현재 건물과 기계장치의 잔존내용연수는 각각 10년과 5년이며 모두 잔존가치 없이 정액법으로 감가상각한다. 20×1년말까지 (주)대한은 동 자산들을 보유하고 있으며 손상징후는 없다. 취득일 현재 (주)민국의 A부문에 표시된 자산 외에 추가적으로 식별가능한 자산은 없으며 20×1년말까지 다른 거래는 없다.

(주)민국의 A부문이 (가)별도의 사업을 구성하고 (주)대한이 지배력을 획득하여 사업결합 회계처리를 하는 상황과 (나)별도의 사업을 구성하지 못하여 (주)대한이 자산 집단을 구성하는 각 자산의 취득원가를 결정하기 위한 회계처리를 하는 상황으로 나눈다. 각 상황이 20×1년 7월 1일부터 20×1년 12월 31일까지 (주)대한의 당기순이익에 미치는 영향은 각각 얼마인가? (2019. CPA)

(가) 사업결합인 경우

건물 감가상각: ₩200,000÷10년×6/12=	₩(10,000)	
기계장치 감가상각: ₩80,000÷5년×6/12=	(8,000)	
염가매수차익: ₩500,000−₩450,000=	50,000	
계	₩32,000	증가

(나) 사업결합이 아닌 경우

건물 감가상각: ₩450,000×₩200,000/₩500,000÷10년×6/12=	₩(9,000)	
기계장치 감가상각: ₩450,000×₩80,000/₩500,000÷5년×6/12=	(7,200)	
계	₩(16,200)	감소

※해설※

(가) 사업결합인 경우 취득시 회계처리

(차) 토　　지　　220,000　　(대) ┌ 현　　　금　　450,000
　　　건　　물　　200,000　　　　└ 염가매수차익　50,000
　　　기계장치　　 80,000

(나) 사업결합이 아닌 경우 취득시 회계처리

(차) 토　　지　　198,000　　(대) 현　　　금　　450,000
　　　건　　물　　180,000
　　　기계장치　　 72,000

---

01 (주)한국은 20×1년 아래 자료에서 제시하는 주식을 모두 취득하였다. (주)한국의 해당 주식 취득이 사업결합에 해당하는지 여부를 판단하시오.　　　　　　　　　　　　　　　(2010. CPA)

(가) 음식점 운영을 주업으로 하는 (주)한식의 지분 20%: (주)한식의 나머지 지분 80%를 보유한 주주들은 서로 특수관계가 없고, 지배력의 획득 목적이 없으며, 단순 배당투자만을 목적으로 한다. 이 주주들은 (주)한국에게 의결권을 위임한다. (주)한국은 주식취득 직후 (주)한식의 이사회 구성원 전원을 임명하였고, (주)한식의 재무정책과 영업정책은 이사가 결정한다.

(나) 토지만으로 구성된 자산을 가진 (주)평지의 지분 100%: (주)평지는 (주)한국과 특수관계가 없는 (주)바다가 과거 공장부지용도로 취득했던 토지를 자산으로 하여 물적분할을 통해 설립한 회사이다. (주)평지는 사업을 구성하지 않으며, (주)한국이 (주)평지의 지분을 취득한 직후 (주)한국과 (주)평지는 합병하였다.

(다) 자동차부품을 제조하는 기업인 (주)엔진의 지분 30%: (주)한국의 해당 주식 취득과는 무관하게 (주)한국과 특수관계가 없는 기업인 (주)고속이 (주)엔진의 지분 중 40%를 보유하고 있다. 나머지 30%의 지분 역시 (주)한국과 특수관계가 없는 다수의 주주들이 각각 1% 미만의 지분을 보유하고 있다.

(라) 원자력발전소 건설이 주요 사업인 (주)원전의 지분 50%: (주)원전은 (주)원자력과 (주)발전이 각각 50%씩 출자하여 설립한 기업이다. (주)한국은 (주)원자력으로부터 해당 지분을 인수하였다. (주)원전의 주요의사결정은 (주)원전의 이사회결의에 의해 이루어지며, 정관상 이사회의 구성원인 이사는 (주)원전의 지분비율에 비례하여 임명되고, 이사회는 이사의 전체 동의에 의해 의결한다.

(가) (주)한국의 지분율은 20%이나 다른 투자자의 모든 의결권을 위임받아 (주)한국이 의결권의 과반수(100%)를 행사가능하고 (주)한식의 의사결정기구(이사회) 구성원의 과반수(전원)을 임명하여 (주)한식에 대한 지배력을 보유하고 있으므로 사업결합에 해당한다.

(나) 특정 거래나 그 밖의 사건이 사업결합으로 식별되기 위해서는 사업결합의 정의에 부합되고 취득한 자산과 부채가 사업을 구성해야 한다. (주)한국이 (주)평지의 지분을 100% 취득하였으나 사업을 구성하지 못하므로 사업결합에 해당하지 않으며, 이러한 경우에는 자산의 취득으로 처리해야 한다.

(다) 취득자는 보통 결합참여기업의 소유주 중 결합기업에 대한 의결권이 가장 큰 부분을 보유하거나 수취하는 소유주가 속한 결합참여기업이다. 따라서 (주)고속이 (주)엔진의 취득자가 되므로 사업결합에 해당하지 않는다.

(라) (주)한국과 (주)발전의 지분율이 50%로 동일하며, 이사회구성원이 지분비율에 비례하여 임명되고 이사회가 이사 전체의 동의에 의해 의결되므로 이는 (주)한국과 (주)발전이 공동지배력을 보유한 공동약정에 해당한다. 따라서 이 경우는 사업결합에 해당하지 않는다.

02 취득자가 하나 이상의 사업에 대한 지배력을 획득하는 거래나 그 밖의 사건을 사업결합이라고 한다. 다음 사례 중 사업결합에서 피취득자에 대한 지배력을 획득하는 기업인 취득자에 대한 설명으로 옳지 않은 것이 있는 경우 그 이유를 설명하시오. 단, 제시된 예의 모든 보통주는 의결권이 있으며, 의결권의 과반수를 소유하는 경우 지배력을 갖는다고 가정하라. (2011. CPA)

사례1: (주)TK는 (주)JY의 보통주 60%를 20×1년에 취득하였으며, (주)TK는 20×2년 1월 3일에 (주)SJ의 보통주 40%를 취득하였다. 20×2년 2월 1일에 (주)JY가 (주)SJ의 보통주 50%를 취득하는 경우 (주)TK는 20×2년 2월 1일에 (주)SJ의 취득자가 된다.

사례2: (주)TK는 (주)EH의 보통주 45%를 20×1년에 취득하였으며, (주)EH의 보통주 20%를 소유하고 있는 (주)JY와 법적 구속력을 갖는 약정을 맺고 20×2년 1월 1일부터 (주)JY가 보유하고 있는 (주)EH의 보통주 의결권을 대리하여 행사하기로 하였다. 따라서 (주)TK는 20×2년 1월 1일에 (주)EH의 취득자가 된다.

사례3: (주)TK는 20×1년에 (주)KR의 보통주 50%를 취득하였으며, 20×2년 3월 2일부터 (주)KR의 보통주로 전환할 수 있는 주식매입권을 20×2년 2월 1일에 취득하였다. (주)KR의 보통주로 전환될 수 있는 (주)TK의 주식매입권을 포함하여 (주)KR의 보통주로 전환될 수 있는 모든 금융상품이 전환되는 경우 (주)TK가 (주)KR의 보통주 80%를 보유하게 된다. 따라서 (주)TK는 20×2년 2월 1일에 (주)KR의 취득자가 된다.

사례4: (주)TK는 20×1년 2월 1일에 (주)EJ의 보통주 40%를 취득하였으며, (주)EJ의 보통주 취득과 함께 (주)EJ의 이사회 구성원 중 60%를 임명하거나 해임할 수 있는 권한을 부여받았다. 따라서 (주)TK는 20×1년 2월 1일에 (주)EJ의 취득자가 된다.

사례5: (주)TK는 20×1년 2월 1일에 (주)ES의 보통주 50%를 취득하였으며, 20×1년 2월 1일에 다른 주주와의 법적 구속력을 갖는 약정에 의해 (주)ES의 재무정책과 영업정책을 결정할 수 있는 능력을 위임받았다. 따라서 (주)TK는 20×1년 2월 1일에 (주)ES의 취득자가 된다.

사례3의 경우 (주)TK가 20×2년 2월 1일에 취득한 주식매입권은 20×2년 3월 2일부터 권리를 행사할 수 있으므로 (주)TK는 20×2년 3월 2일부터 (주)KR의 취득자가 된다.

02 합병회계

합병이란 둘 이상의 기업이나 사업이 경제적으로뿐만 아니라 법률적으로도 하나의 보고기업으로 통합되는 사업결합을 말한다. 본 절에서는 이러한 합병과 관련하여 발생하는 회계처리상의 문제를 기업회계기준서(사업결합)에서 규정하고 있는 내용을 중심으로 보다 구체적으로 살펴보기로 한다.

1 취득자산, 인수부채의 인식과 측정

(1) 인식원칙(인식조건)

취득일 현재, 취득자는 영업권과 분리하여 피취득자의 식별가능한 취득자산, 인수부채를 인식해야 한다. 이때 취득법 적용의 일환으로 식별가능한 취득자산, 인수부채를 인식하기 위해서는 다음의 인식원칙을 충족해야 한다.

① 자산과 부채의 정의 충족 : 식별가능한 취득자산, 인수부채는 취득일에 자산과 부채의 정의를 충족해야 한다.
- 예 피취득자의 영업활동을 종료하거나, 피취득자의 고용관계를 종료 또는 재배치하는 것과 같은 계획의 실행에 의해 미래에 발생할 것으로 예상되지만 현재의무가 아닌 원가는 취득일의 부채가 아니다. 즉, 피취득자가 인식하지 않은 구조조정계획에 대한 부채는 취득일의 부채가 아니다. 따라서 취득자는 취득법을 적용하면서 그러한 원가를 인식하지 않는다.

② 사업결합거래에서 교환된 것 : 식별가능한 취득자산과 인수부채는 별도 거래의 결과가 아니라 사업결합거래에서 취득자와 피취득자(또는 피취득자의 이전 소유주) 사이에 교환된 것의 일부이어야 한다.
- 예 취득자와 피취득자 간의 기존 관계를 정산하는 거래(예 : 판매자와 고객)의 결과로 발생한 자산·부채는 취득일의 취득자산과 인수부채가 아니다.

한편, 취득자가 이러한 인식원칙을 적용할 경우에 유의할 점은 피취득자의 이전 재무제표에 자산과 부채로 인식되지 않았던 자산과 부채가 일부 인식될 수 있다는 것이다.
- 예 취득자는 피취득자가 비용으로 처리하였기 때문에 피취득자가 재무제표에 자산으로 인식하지 않았던 항목이라 하더라도 상기한 인식원칙을 충족한다면 당해 항목을 자산으로 인식할 수 있다.

(2) 인식원칙의 적용

취득일에 피취득자의 식별가능한 취득자산, 인수부채를 인식할 때 앞에서 언급한 인식원칙(인식조건)을 적용함에 있어 유의해야 할 항목에 대해서 살펴보면 다음과 같다.

리스

피취득자가 리스이용자인 경우(단기리스와 소액 기초자산 리스는 제외)에 취득자는 사용권자산과 리스부채를 인식한다.

① 취득자는 취득한 리스가 취득일에 새로운 리스인 것처럼 나머지 리스료의 현재가치로 리스부채를 측정한다.

② 취득자는 리스부채와 같은 금액으로 사용권자산을 측정하되, 시장조건과 비교하여 유리하거나 불리한 리스조건이 있다면 이를 반영한다.

> 사용권자산=리스부채+유리한 리스조건가치−불리한 리스조건가치

예) 피취득자인 B회사는 기계장치를 운용리스로 사용하고 있는데, 미지급리스료의 현재가치는 ₩1,000이고 시장조건과 비교하여 유리한 리스조건의 가치는 ₩200임

리스부채:₩1,000, 사용권자산:₩1,000+₩200=₩1,200

식별가능한 무형자산

취득자는 사업결합에서 취득한 식별가능한 무형자산을 영업권과 분리하여 인식한다. 이때 식별가능한 무형자산이란 ① 분리가능성기준이나 ② 계약적·법적기준을 충족하는 무형자산을 의미한다.

① **분리가능성기준** : 분리가능성기준은 취득한 무형자산이 피취득자에게서 분리되거나 분할될 수 있고, 개별적으로 또는 관련된 계약, 식별가능한 자산이나 부채와 함께 매각, 이전, 라이선스, 임대, 교환될 수 있음을 의미한다. 예를 들면 다음과 같다.

  a. 고객 및 구독자목록 : 고객 및 구독자목록은 자주 라이선스되므로 분리가능성기준을 충족하는 무형자산이다. 그러나 사업결합에서 취득한 고객목록이 비밀유지조건 또는 기타 약정의 조건에서 고객에 관한 정보를 매각, 리스 또는 다른 교환을 할 수 없도록 금지한 경우에는 분리가능성기준이 충족되지 않는다.

  b. 기술적 전문지식 : 피취득자가 등록상표와 그 상표를 붙인 제품의 제조에 사용되고 문서화되어 있지만 특허를 얻지 않은 기술적 전문지식을 보유한 경우, 특허를 얻지 않은 기술적 전문지식은 피취득자나 결합기업과 분리되어 있음이 분명하고 관련상표가 매각될 경우 매각되기 때문에 분리가

능성기준을 충족하는 무형자산이다.
② **계약적·법적기준** : 계약적·법적기준을 충족하는 무형자산은 피취득자로부터 이전하거나 분리할 수 없더라도 식별가능하다. 예를 들면 다음과 같다.

　a. 주문잔고(생산잔고) : 주문잔고나 생산잔고는 매입주문이나 판매주문과 같은 계약에서 발생한다. 따라서 사업결합에서 취득한 주문잔고나 생산잔고는 매입주문이나 판매주문이 취소될 수 있는 경우에도 계약적·법적기준을 충족하는 무형자산이다.

　b. 고객계약(고객관계) : 기업이 계약을 통해 고객과의 관계를 형성하는 경우, 비밀유지조건이나 그 밖의 계약적 조건으로 인해 피취득자와 분리하여 계약의 판매나 이전이 금지되는 경우에도 사업결합에서 취득한 고객계약 및 고객관계는 계약적·법적기준을 충족하는 무형자산이다.

　c. 운영라이선스 : 피취득자가 원자력발전소를 소유하여 운영하는 경우 발전소를 운영하는 라이선스는 취득자가 그 발전소에서 분리하여 매각하거나 이전할 수 없더라도 영업권과 분리하여 인식하는 계약적·법적기준을 충족하는 무형자산이다.

　d. 특허라이선스 : 피취득자가 소유한 기술특허권을 국내시장 밖으로 독점적으로 사용할 수 있도록 라이선스하고, 그 대가로 미래 해외 수익의 일정비율을 수취하는 경우, 기술특허권과 관련 라이선스약정은 서로 분리하여 실무적으로 매각하거나 교환할 수 없더라도 각각 영업권과 분리하여 인식하는 계약적·법적기준을 충족하는 무형자산이다.

한편, 상기한 인식원칙에서 언급한 바와 같이 취득자는 피취득자가 이전 재무제표에 자산과 부채로 인식하지 않았던 항목도 자산과 부채로 인식할 수 있다. 따라서 취득자는 피취득자가 내부에서 개발하고 관련원가를 비용으로 처리하였기 때문에 자신의 재무제표에 자산으로 인식하지 않았던 브랜드명, 특허권, 고객관계 또는 진행중인 연구개발 프로젝트와 같은 취득한 식별가능한 무형자산을 인식할 수 있다.

식별가능하지 않은 무형자산

취득일 현재 식별가능하지 않은 취득한 무형자산의 가치는 영업권에 포함한다. 즉, 별도의 자산으로 인식하지 않는다. 예를 들면 다음과 같다.

① **집합적 노동력** : 취득자는 취득한 사업의 운영을 취득일로부터 계속하는 것을 가능하게 해주는 현존하는 집합적 노동력인, 종업원 집단의 존재에 가치를 귀속시킬 수 있다. 그러나 집합적 노동력은 숙련된 종업원의 지적 자본 즉, 피취득자의 종업원이 자신의 업무에서 보유하고 있는 지식과 경험을 나타내지는 않는다. 따라서 집합적 노동력은 영업권과 분리하여 인식되는 식별가능한 자산이 아니므로 별도의 자산으로 인식하지 않고 그에 귀속될 만한 가치가 있다면 그 가치를 영업권에 포함한다.

② **잠재적 계약** : 취득자는 취득일에 피취득자가 미래의 새로운 고객과 협상중인 잠재적 계약에 가치를

귀속시킬 수 있다. 그러나 취득일에 그러한 잠재적 계약은 그 자체로 자산이 아니기 때문에 별도의 자산으로 인식하지 않고 영업권에 포함한다. 그러한 계약의 가치는 취득일 후에 발생하는 사건에 따라 후속적으로도 영업권에서 재분류하지 않는다.

(3) 인식원칙(인식조건)의 예외

다음의 항목은 앞에서 언급한 인식원칙(인식조건)에 대한 예외사항이다.

① **우발부채** : 과거사건에서 발생한 현재의무이고 그 공정가치를 신뢰성 있게 측정할 수 있다면, 취득자는 취득일 현재 사업결합에서 인수한 우발부채를 인식한다. 따라서 사업결합에서 인수한 우발부채 중 당해 의무를 이행하기 위하여 경제적효익을 갖는 자원이 유출될 가능성이 높지 않더라도 취득자는 취득일에 사업결합으로 인수한 우발부채를 인식할 수 있다.

② **보상자산** : 사업결합에서 피취득자는 취득자에게 특정 자산이나 부채의 전부 또는 일부와 관련된 우발상황이나 불확실성의 결과에 대하여 계약상 보상을 할 수 있다.

> 예 피취득자는 특정한 우발상황에서 발생하는 부채에 대한 일정 금액을 초과하는 손실을 취득자에게 보상할 수 있다. 즉, 피취득자는 취득자가 인수한 부채가 일정 금액을 초과하지 않을 것을 보증할 수 있다.

이러한 경우 취득자는 보상자산을 획득한 것이므로, 취득자는 보상대상항목을 인식하면서 동시에 보상대상항목과 동일한 근거로 측정된 보상자산을 인식할 수 있다.

③ **종업원급여** : 취득자는 피취득자의 종업원급여약정과 관련된 부채(자산인 경우에는 그 자산)를 기업회계기준서(종업원급여)에 따라 인식한다.

④ **법인세** : 취득자는 사업결합으로 인한 취득자산과 인수부채에서 발생하는 이연법인세자산이나 부채를 기업회계기준서(법인세)에 따라 인식한다. 또한 취득자는 취득일에 존재하거나 취득의 결과로 발생하는 일시적차이와 피취득자의 이월액(이월결손금, 이월세액공제)의 잠재적 법인세효과를 기업회계기준서(법인세)에 따라 회계처리한다.

> 예 취득자산의 장부금액이 ₩100,000이고 공정가치가 ₩150,000이며 세율이 20%라면, 사업결합시 ₩50,000의 가산할 일시적차이(△유보)가 발생하므로 이연법인세부채 ₩10,000(₩50,000×20%)를 인식해야 한다.

(4) 취득자산과 인수부채의 분류 또는 지정

취득일에 취득자는 후속적으로 다른 한국채택국제회계기준을 적용하기 위하여 식별가능한 취득자산과 인수부채를 분류하거나 지정한다.

① 분류나 지정은 취득일에 존재하는 계약조건, 경제상황, 취득자의 영업정책이나 회계정책 그리고 그 밖의 관련조건에 기초하여 이루어지는데, 그 예를 들면 다음과 같다.
   a. 특정 금융자산과 금융부채를 기업회계기준서(금융상품 : 인식과 측정)에 따라 공정가치나 상각후원가로 측정되도록 특정 금융자산과 금융부채를 분류
   b. 파생상품을 기업회계기준서(금융상품 : 인식과 측정)에 따라 위험회피수단으로 지정
   c. 내재파생상품을 기업회계기준서(금융상품 : 인식과 측정)에 따라 주계약에서 분리해야 하는지에 대한 검토
② 위 ①의 원칙에 대하여 다음의 두 가지 예외가 있다.
   a. 리스계약을 기업회계기준서(리스)에 따라 운용리스 또는 금융리스로 분류
   b. 특정 계약을 기업회계기준서(보험계약)에 따라 보험계약으로 분류

취득자는 이러한 계약을 취득일이 아닌 계약 개시시점(또는 계약조건이 분류가 변경되는 방식으로 수정되어 왔다면 그러한 수정일. 이는 취득일이 될 수도 있음.)의 계약조건과 그 밖의 요소에 기초하여 분류한다.

취득자산, 인수부채의 인식

인식원칙(인식조건)
- 자산과 부채의 정의 충족
- 사업결합거래에서 교환된 것

포함되는 것	포함되지 않는 것
1. 리스 ① 리스부채 : 미지급리스료의 현재가치 ② 사용권자산 : 리스부채+유리한 리스조건가치−불리한 리스조건가치 2. 식별가능한 무형자산 ① 분리가능성기준(예 : 고객과 구독자 목록, 기술적 전문지식) ② 계약적·법적기준(예 : 주문잔고와 고객계약, 운영라이선스, 특허라이선스) 참고 피취득자가 재무제표에 자산으로 인식하지 않았던 식별가능한 무형자산도 포함 (예 :	1. 피취득자가 인식하지 않은 구조조정계획에 대한 충당부채 2. 취득자와 피취득자 간의 기존 관계를 정산하는 거래(예 : 판매자와 고객) 3. 식별가능하지 않은 무형자산 ① 집합적 노동력 ② 잠재적 계약

브랜드명, 특허권, 고객관계, 진행중인 연구개발 프로젝트).
3. 인식원칙의 예외
① 현재의무이고 공정가치를 신뢰성 있게 측정할 수 있는 우발부채
② 보상자산(예 : 우발부채에 대한 초과손실의 보상)
③ 피취득자의 종업원급여약정과 관련된 부채
④ 일시적차이로 인한 이연법인세자산(부채), 이월액(이월결손금, 이월세액공제)의 법인세효과

(5) 측정원칙

취득자는 식별가능한 취득자산과 인수부채를 취득일의 공정가치로 측정한다. 여기서 공정가치란 측정일에 시장참여자 사이의 정상거래에서 자산을 매도하면서 수취하거나 부채를 이전(상환)하면서 지급하게 될 가격을 의미한다.

불확실한 현금흐름을 가지는 자산(평가충당금)

취득일 현재 사업결합에서 취득일의 공정가치로 측정된 취득자산에 대하여 별도의 평가충당금은 인식하지 않는다. 그 이유는 미래현금흐름의 불확실성의 효과를 공정가치 측정에 포함하였기 때문이다.

> 예 취득한 수취채권을 취득일의 공정가치로 측정하므로, 취득일에 회수불가능할 것으로 간주되는 계약상 현금흐름에 대하여 별도의 평가충당금(대손충당금)은 인식하지 않는다.

피취득자가 리스제공자인 경우 운용리스자산

피취득자가 리스제공자인 경우에 취득자는 그 운용리스의 대상인 건물이나 특허권과 같은 자산을 취득일의 공정가치로 측정할 때 해당 리스조건을 고려한다. 즉, 취득자는 시장조건과 비교할 때 그 운용리스의 조건이 유리하든 불리하든 별도의 자산이나 부채를 인식하지 않는다.

취득자가 사용하지 않을 의도이거나 그 밖의 시장참여자가 사용하는 방법과 다른 방법으로 사용할 의도가 있는 자산

경쟁력 있는 지위를 보호하기 위하여, 혹은 그 밖의 이유로 취득자가 취득한 비금융자산을 활발히

이용하지는 않으려고 하거나, 최고최선으로 자산을 사용하지는 않으려고 할 수 있다. 그렇지만 취득자는 최초에 그리고 후속 손상검사를 위하여 순공정가치를 측정할 때에도 비금융자산의 공정가치를 적절한 평가 전제에 따라 시장참여자의 최고최선의 사용을 가정하여 측정한다.

> 예 기업이 취득한 무형자산을 다른 기업이 이용하는 것을 막음으로써 그 무형자산을 방어적으로 이용하고자 계획하는 경우

측정원칙의 예외

① **한국채택국제회계기준에 의한 측정** : 일부 자산과 부채는 공정가치가 아닌 다른 한국채택국제회계기준에 따라 측정하는데, 그 항목은 다음과 같다.
    a. 법인세
    b. 종업원급여

② **재취득한 권리** : 취득자가 사업결합 이전에 자신이 인식했거나 인식하지 않은 하나 이상의 자산을 사용하도록 피취득자에게 부여했던 권리를 사업결합의 일부로써 재취득할 수 있다.

> 예 프랜차이즈 약정에 따라 피취득자에게 취득자의 상표명을 사용할 권리나 기술라이선스 약정에 따라 취득자의 기술을 사용할 수 있는 권리를 사업결합으로 취득한 경우

이러한 재취득한 권리는 취득자가 영업권과 분리하여 인식하는 식별가능한 무형자산이므로, 취득자는 무형자산으로 인식한 재취득한 권리의 가치를 관련계약의 잔여계약기간에 기초하여 측정한다.

③ **보상자산** : 보상자산은 취득일의 공정가치로 측정한다. 그러나 보상이 취득일의 공정가치를 신뢰성 있게 측정할 수 없어 취득일에 인식되지 않은 우발부채와 관련되거나, 보상이 취득일의 공정가치가 아닌 다른 근거로 측정하는 자산이나 부채(예 : 종업원급여에서 발생하는 자산이나 부채)와 관련된 경우에는 그 측정치가 공정가치가 아니더라도 보상대상항목과 일관성 있는 기준에 따라 인식하고 측정한다.

④ **주식기준보상거래** : 취득자는 피취득자의 주식기준보상거래와 관련된 또는 피취득자의 주식기준보상을 취득자 자신의 주식기준보상으로 대체하는 경우와 관련된 부채 또는 지분상품을 취득일에 기업회계기준서(주식기준보상)의 방법에 따라 측정하며, 이러한 방법의 결과를 시장기준측정치라고 한다.

⑤ **매각예정비유동자산** : 취득자는 기업회계기준서(매각예정비유동자산과 중단영업)에 따라 취득일에 매각예정으로 분류된 비유동자산(또는 처분자산집단)을 순공정가치로 측정한다.

취득자산, 인수부채의 측정

원칙 : 취득일의 공정가치

구 분	측정방법
1. 불확실한 현금흐름을 갖는 자산	별도의 평가충당금을 인식하지 않음. 불확실성은 공정가치 측정에 반영함.
2. 피취득자가 리스제공자인 운용리스자산	공정가치를 측정할 때 리스조건을 고려함. 별도의 자산·부채를 인식하지 않음.
3. 취득자가 사용하지 않거나 다른 방법으로 사용할 의도가 있는 자산	적절한 평가 전제에 따라 시장참여자의 최고 최선의 사용을 가정한 공정가치로 측정

4. 측정원칙의 예외
  (1) ① 법 인 세
     ② 종업원급여
  (2) 재취득한 권리
  (3) 보상자산
  (4) 주식기준보상
  (5) 매각예정비유동자산
	
	기업회계기준서(법인세)에 의한 측정
	기업회계기준서(종업원급여)에 의한 측정
	관련계약의 잔여계약기간에 기초하여 측정
	보상대상항목과 일관성 있는 기준에 따라 측정
	기업회계기준서(주식기준보상)에 의한 측정
	순공정가치

예 A회사는 20×1년 1월 1일에 B회사를 흡수합병하기로 하였다. 다음은 B회사의 20×1년 1월 1일의 재무상태표 및 자산·부채와 관련된 자료이다.

재무상태표

B회사   20×1년 1월 1일

자 산	장부금액	공정가치	부채 및 자본	장부금액	공정가치
유동자산	500	700	유동부채	2,000	2,300
유형자산	3,500	4,000	납입자본	2,000	
무형자산	1,000	1,300	이익잉여금	1,000	
	5,000			5,000	

[추가자료]

1. B회사는 기계장치를 리스계약을 체결하여 이용하고 있는데, 미지급리스료의 현재가치는 ₩500이며, 시장조건과 비교하여 불리한 리스조건의 가치는 ₩100이다. B회사는 동 리스계약과 관련하여 자산·부채를 인식하지 않았다.

2. B회사가 관련원가를 비용으로 처리하였기 때문에 B회사의 재무제표에 자산으로 인식되지 않은 항목에 관한 자료는 다음과 같다.
   (1) 고객목록 : 고객의 주문내력과 인구통계학적 정보를 데이터베이스의 형태로 관리하고 있다. 관련원가로 ₩150을 지출하였으며, 이의 공정가치는 ₩200이다.
   (2) 특허받지 않은 기술 : 생산공정과 관련된 비밀로써 특허를 받지 않았지만 미래경제적효익을 기대할 수 있으며, 이의 공정가치는 ₩400이다.
   (3) 특허라이선스 : B회사가 소유한 기술특허권을 국내시장 밖에서 독점적으로 사용할 수 있도록 라이선스하고, 그 대가로 미래 해외 수익의 10%를 수취하기로 하였다. 관련원가로 ₩200을 지출하였으며, 이의 공정가치는 ₩500이다.

3. 취득일 현재 B회사의 고객관련 계약과 관련된 자료는 다음과 같다.
   (1) B회사는 취득일 현재 반복구매고객의 60%로부터 고객 매입 주문잔고가 있으며, 이의 공정가치는 ₩400이다.
   (2) B회사는 고객에게 제품을 5년 동안 공급하는 계약을 가지고 있다. A회사는 잔여계약기간에 기초하여, 동 계약의 공정가치를 ₩200으로 측정하고 있다.
   (3) B회사는 취득일 현재 새로운 고객과 제품을 3년 동안 공급하는 계약을 협상하고 있다. 동 계약의 체결가능성은 매우 높으며, 이의 공정가치는 ₩500이다.

4. 기타 B회사의 취득자산과 관련된 자료는 다음과 같다.
   (1) 취득일 현재 B회사 수취채권의 명목금액은 ₩260이고, 이 중 회수불가능한 금액은 ₩30으로 추정된다. 그러나 A회사는 취득일에 동 수취채권을 공정가치인 ₩200으로 측정하였다.
   (2) B회사는 자신이 소유하고 있는 토지를 시장조건보다 유리한 조건으로 운용리스하였다. 시장조건보다 유리한 금액의 공정가치는 ₩100이다.
   (3) A회사는 B회사의 등록상표, 인터넷 도메인 명 등 마케팅관련 무형자산을 사용하지 않을 계획이므로 취득일의 B회사 재무상태표상 무형자산 공정가치에 이를 반영하지 않았다. 그러나 적절한 평가 전제에 따라 시장참여자의 최고최선의 사용을 가정한 공정가치는 ₩100이다.
   (4) B회사는 연구·개발부서에 우수한 인적자원을 보유하고 있으며, 이러한 인적자원이 미래경제적효익을 가져다 줄 것으로 예상하고 있다. B회사가 측정한 인적자원의 공정가치는 ₩300이다.

1. 취득자산

유동자산		₩700*⁴
유형자산		4,000
무형자산		1,300
조정항목		
사용권자산*¹	400	
고객목록*²	200	
특허받지 않은 기술*²	400	
특허라이선스*²	500	
주문잔고*³	400	
고객계약*³	200	
마케팅관련 무형자산*⁴	100	2,200
계		₩8,200

*1. 피취득자가 리스이용자인 경우 리스부채와 같은 금액으로 사용권자산을 측정하되, 시장조건과 비교하여 유리하거나 불리한 조건이 있다면 반영함.

 2. ① 고객목록은 분리가능성기준을 충족하는 무형자산임.
    ② 특허받지 않은 기술은 분리가능성기준을 충족하는 무형자산임.
    ③ 특허라이선스는 계약적·법적기준을 충족하는 무형자산임.

 3. ① 주문잔고 또는 생산잔고는 계약적·법적기준을 충족하는 무형자산임.
    ② 기업이 계약을 통해 고객과의 관계를 형성하는 경우 고객계약 및 고객관계는 계약적·법적기준을 충족하는 무형자산임.
    ③ 잠재적 계약은 그 자체로 자산이 아니기 때문에 별도의 자산으로 인식하지 않음.

 4. ① 불확실한 현금흐름을 갖는 자산은 별도의 평가충당금을 인식하지 않고 공정가치 측정에 반영함.
    ② 피취득자가 리스제공자인 운용리스자산은 공정가치를 측정할 때 리스조건을 고려하며, 별도의 자산·부채를 인식하지 않음.
    ③ 취득자가 활발히 이용하지 않거나 최고최선으로 사용하지는 않으려는 비금융자산은 적절한 평가 전제에 따라 시장참여자의 최고최선의 사용을 가정하여 공정가치를 측정함.
    ④ 집합적 노동력은 식별가능한 자산이 아니므로 별도의 자산으로 인식하지 않음.

2. 인수부채

재무상태표상 공정가치	₩2,300
리스부채*	500
계	₩2,800

*미지급리스료의 현재가치를 리스부채로 인식함.

3. 취득자산과 인수부채의 순액

(1) 취득자산	₩8,200
(2) 인수부채	(2,800)
계	₩5,400

예 A회사는 20×1년 1월 1일에 B회사를 흡수합병하기로 하였다. 다음은 B회사의 20×1년 1월 1일의 재무상태표 및 자산·부채와 관련된 자료이다.

재무상태표

B회사   20×1년 1월 1일

자 산	장부금액	공정가치	부채 및 자본	장부금액	공정가치
유동자산	700	800	유동부채	500	500
유형자산	1,800	2,000	비유동부채	1,000	1,100
무형자산	400	300	납입자본	1,500	
매각예정비유동자산	600	700	이익잉여금	500	
	3,500			3,500	

[추가자료]
1. (1) A회사는 B회사가 진행중인 연구개발 프로젝트(A)를 인수하기로 하였는데, 취득일 현재 프로젝트(A)의 공정가치는 ₩200으로 측정되었다. B회사는 프로젝트(A)의 관련원가를 비용으로 처리하였으므로 재무상태표상의 무형자산에 반영되어 있지 않다.
   (2) B회사의 재무상태표상 무형자산 중 장부금액 ₩100은 프랜차이즈 약정에 따라 A회사의 상표를 사용할 수 있는 권리이며, 관련계약의 잔여계약기간에 기초하여 측정한 권리의 가치는 ₩80이지만, 동 금액은 재무상태표상의 공정가치에 반영되어 있지 않다.
2. 재무상태표상 매각예정비유동자산은 기업회계기준서(매각예정비유동자산과 중단영업)에 따라 취득일에 매각예정으로 분류된 처분자산집단으로써 이의 장부금액은 순공정가치로 측정된 금액이다.
3. B회사는 취득일 현재 계류중인 손해배상소송사건과 관련하여 패소할 가능성이 높지 않아 충당부채를 인식하지 않았으나 이의 공정가치는 ₩110으로 측정되었다. B회사는 이 사건과 관련하여 손해배상액이 ₩110을 초과할 경우 차액을 A회사에 보상해주기로 하였는데, 보상대상부채와 동일한 근거로 측정한 보상자산의 공정가치는 ₩20으로 측정되었다.
4. (1) B회사는 A회사와 합병이 이루어질 경우 B회사의 종업원들에게 ₩150을 지급하기로 약속하였는데, 이 금액은 재무상태표상의 공정가치에 반영되어 있지 않다.
   (2) 재무상태표상 비유동부채 중 장부금액 ₩120은 현금결제형 주식선택권과 관련된 금액인데, A회

사는 B회사의 주식기준보상을 자신의 주식기준보상(현금결제형)으로 대체하기로 하였으며, 기업회계기준서(주식기준보상)에 의하여 측정한 금액은 ₩80이지만, 동 금액은 재무상태표상의 공정가치에 반영되어 있지 않다.
5. 사업결합으로 인한 취득자산과 인수부채의 일시적차이로 발생한 이연법인세부채는 ₩60이며, 동 금액은 재무상태표상 비유동부채의 공정가치에 반영되어 있지 않다.
6. A회사는 B회사를 합병한 후 B회사의 일부 사업부를 폐쇄할 계획을 하고 있으며, 이와 관련한 구조조정계획에 대한 부채로 ₩300을 예상하고 있다.

---

1. 취득자산

재무상태표상의 공정가치		₩3,800
조정항목		
연구개발 프로젝트(A)*1	200	
재취득한 권리*2	80	
매각예정비유동자산*3	(100)	
미 수 금(보상자산)*4	20	200
계		₩4,000

*1. 피취득자가 재무제표에 인식하지 않았던 식별가능한 무형자산(예 : 브랜드명, 특허권, 고객관계, 연구개발 프로젝트)도 취득자산에 포함.
 2. 재취득한 권리는 관련계약의 잔여계약기간에 기초하여 측정함.
 3. 매각예정비유동자산은 순공정가치로 측정함.
 4. 보상자산은 취득자산에 포함되며, 보상대상항목과 일관성 있는 기준에 따라 측정함.

2. 인수부채

재무상태표 공정가치		₩1,600
조정항목		
손해배상손실충당부채*1	110	
미지급상여금*2	150	
미지급급여(주식기준보상)*3	80	
이연법인세부채*4	60	400
계		₩2,000

*1. 현재의무이고 공정가치를 신뢰성 있게 측정할 수 있는 우발부채는 인수부채에 포함.
 2. 피취득자의 종업원급여약정과 관련된 부채는 인수부채에 포함되며, 기업회계기준서(종업원급여)에 의한 방법으로 측정함.
 3. 주식기준보상은 기업회계기준서(주식기준보상)에 의한 방법으로 측정함.

4. 일시적차이로 인한 이연법인세자산(부채), 이월액(이월결손금, 이월세액공제)의 세효과는 취득자산과 인수부채에 포함되며, 기업회계기준서(법인세)에 의한 방법으로 측정함.
5. 피취득자가 인식하지 않은 구조조정계획에 대한 충당부채는 인수부채에 포함되지 않음.

3. 취득자산과 인수부채의 순액

(1) 취득자산		₩4,000
(2) 인수부채		(2,000)
계		₩2,000

2 이전대가(합병대가)

이전대가란 피취득자의 순자산 및 영업활동을 지배하기 위하여 취득자가 지불한 금액을 의미하는데, 합병의 경우에는 합병대가라고도 한다. 이러한 이전대가의 예로 현금, 그 밖의 자산, 취득자의 사업 또는 종속기업, 보통주 또는 우선주와 같은 지분상품, 옵션, 주식매입권 등을 들 수 있다. 사업결합에서 이전대가는 공정가치로 측정된다.

(1) 이전대가의 공정가치는 ① 취득자가 이전하는 자산 ② 취득자가 피취득자의 이전 소유주에 대하여 부담하는 부채 및 ③ 취득자가 발행한 지분의 취득일의 공정가치 합계로 측정한다.

(2) 사업결합의 이전대가에 포함된, 피취득자의 종업원이 보유하고 있는 보상과 교환하여 취득자가 부여한 주식기준보상은 공정가치로 측정하지 않고 기업회계기준서(주식기준보상)에 따라 측정한다. 이때 유의할 점은 부채로 분류된 주식기준보상(현금결제형 주식선택권)의 경우에는 취득일에 인수한 피취득자의 부채로 볼 수도 있고 이전대가에 포함할 수도 있지만, 자본으로 분류된 주식기준보상(주식결제형 주식선택권)의 경우에는 이전대가에 포함한다는 것이다.

(3) 취득일에 공정가치와 장부금액이 다른 취득자의 자산과 부채(예 : 취득자의 비화폐성자산 또는 사업)가 이전대가에 포함된 경우에는 다음과 같이 측정한다.

① 취득자는 이전된 자산이나 부채를 취득일 현재 공정가치로 재측정하고, 그 결과 차손익이 있다면 당기손익(기타포괄손익-공정가치측정금융자산은 기타포괄손익)으로 인식한다.

② 그러나 때로는 이전된 자산이나 부채가 사업결합 후 결합기업에 여전히 남아 있고(예 : 자산이나 부채가 피취득자의 이전 소유주가 아니라 피취득자에게 이전됨.), 따라서 취득자가 그에 대한 통제를 계속 보유하는 경우가 있다. 이러한 상황에서, 취득자는 그 자산과 부채를 취득일 직전의 장부금액으로 측정하고, 사업결합 전과 후에 여전히 통제하고 있는 자산과 부채에 대한 차손익을 당기손익으로 인식하지 않는다.

예 피취득자 순자산공정가치가 ₩500(자산 ₩1,000, 부채 ₩500)이고 이전대가로 현금 ₩600과 토지(장부금액 ₩200, 공정가치 ₩250)를 지급하였는데, 동 토지가 사업결합 이후에도 취득자에 남아 있고 취득자가 계속 통제하는 경우 합병회계처리는 다음과 같다.

(차)	자 산	1,000	(대)	부 채	500
	토 지	200		현 금	600
	영 업 권	100		토 지	200

(4) 취득자가 피취득자에 대한 교환으로 이전한 대가에는 조건부대가 약정으로 인한 자산과 부채를 모두 포함한다.

① 조건부대가란 특정 미래사건이 발생하거나 특정 조건이 충족되는 경우에, 피취득자에 대한 지배력과의 교환의 일부로 피취득자의 이전 소유주에게 추가로 자산이나 지분을 이전해야 하는 취득자의 의무를 말한다.

예 미래 기간에 목표수익을 달성하거나, 특정 주가에 도달(미달)하거나, 연구개발 프로젝트의 주요 과제를 완료한 경우에 취득자가 피취득자의 이전 소유주에게 추가로 자산이나 지분을 이전하기로 한 약정

취득자는 이러한 조건부대가의 지급의무를 취득일의 공정가치로 인식하고 부채나 자본으로 분류한다.

② 조건부대가는 특정 조건이 충족될 경우 이전대가를 반환받는 권리를 취득자에게 부여할 수도 있다.

예 미래 기간에 목표수익을 달성하지 못하거나, 특정 주가에 도달하지 못한 경우 취득자가 피취득자의 이전 소유주에게 이전대가를 반환받기로 한 약정

취득자는 이러한 조건부대가 약정으로 인하여 과거의 이전대가를 회수할 수 있는 권리를 자산으로 분류한다.

(5) 취득자가 사업결합을 위해 발생시킨 취득관련원가는 원가가 발생하고 용역을 제공받은 기간에 비용으로 회계처리한다. 이러한 취득관련원가의 예로 중개수수료(예 : 자문, 법률, 회계, 가치평가 및 그 밖의 전문가에게 지급하는 수수료), 내부취득부서의 유지원가를 포함한 일반관리원가를 들 수 있다. 그리고 유형자산의 소유권이전비용은 당해 유형자산의 자본적지출로 처리한다.

(6) 사업결합을 위해 발행되는 채무증권 및 지분증권의 등록·발행원가는 이전대가에 포함하지 않고 발행금액에서 직접 차감한다. 이러한 비용은 비록 사업결합과 직접 관련되어 발행된 채무증권 및 지분증권이라 하더라도 사업결합에 따른 직접비용이라기보다는 자본조달을 위한 거래의 필수 부분으로 보기 때문이다.

예 순자산공정가치가 ₩900,000(자산 ₩1,500,000, 부채 ₩600,000)인 회사를 합병하기 위하여 이전대가로 주식 100주(1주당 공정가치 ₩10,000, 액면금액 ₩5,000)를 교부하였는데, 신주발행비용으

로 ₩10,000이 발생한 경우 회계처리를 나타내면 다음과 같다.

(차)	자 산	1,500,000	(대)	부 채	600,000
	영 업 권	100,000		자 본 금	500,000
				주식발행초과금	500,000
(차)	주식발행초과금	10,000	(대)	현 금	10,000

따라서 상기 예의 경우 신주발행비용은 주식발행금액에서 차감되므로 이전대가는 ₩1,000,000(100주×₩10,000)이 된다.

🔶 이전대가

(1) 공정가치로 측정함. 단, 주식기준보상은 기업회계기준서(주식기준보상)에 따라 측정함.
(2) 조건부대가 약정으로 인한 자산이나 부채를 포함함.
(3) 취득관련원가(중개수수료, 내부취득부서의 일반관리원가 등)는 당기비용으로 처리함. 단, 유형자산 소유권이전비용은 당해 유형자산의 자본적지출로 처리함.
(4) 채무증권 및 지분증권의 등록·발행원가는 발행금액에서 직접 차감함.

예 A회사는 20×1년 12월 31일에 B회사를 흡수합병하기로 하였다. 관련자료는 다음과 같다.
 (1) 취득일 현재 B회사의 식별가능한 자산과 부채의 공정가치는 각각 ₩4,000과 ₩1,000이다.
 (2) A회사가 이전대가로 지불하기로 한 금액은 다음과 같다.
  ① A회사는 B회사의 주주에게 현금 ₩400과 공정가치 ₩600의 토지(장부금액은 ₩500) 및 A회사의 보통주 100주를 교부하기로 하였다. A회사주식의 주당 액면금액은 ₩10이고 공정가치는 ₩20이며, 신주발행비용은 ₩200이었다.
  ② A회사는 B회사의 주식기준보상(주식결제형)을 자신의 주식기준보상(주식결제형)으로 대체하기로 하였으며, 기업회계기준서(주식기준보상)에 의하여 측정한 금액은 ₩300이다.
  ③ A회사는 합병 이후 사업성과에 따라 B회사의 이전 소유주들에게 추가로 일정 금액을 지급하기로 약정하였는데, 취득일에 측정한 조건부대가의 공정가치는 ₩100이었다.
  ④ A회사는 합병과 관련하여 다음과 같은 비용을 지출하였다.

회계사 및 변호사수수료	₩20	
내부취득부서의 일반관리비용	30	
유형자산의 소유권이전비용	40	

1. 이전대가

현　금	₩400
토　지[*1]	600
보 통 주[*1] : 100주×₩20 =	2,000
주식선택권[*1]	300
조건부대가[*2]	100
계	₩3,400

*1. 공정가치로 측정함. 단, 주식기준보상은 기업회계기준서(주식기준보상)에 따라 측정함.
 2. 조건부대가 약정으로 인한 자산이나 부채를 포함함.

2. 합병시 회계처리

(1) (차) 자　산　　　　　4,000　　(대) 부　채　　　　　1,000
　　　　 영업권　　　　　　400　　　　　현　금　　　　　 400
　　　　　　　　　　　　　　　　　　　　토　지　　　　　 500
　　　　　　　　　　　　　　　　　　　　유형자산처분이익　100
　　　　　　　　　　　　　　　　　　　　자 본 금　　　　1,000
　　　　　　　　　　　　　　　　　　　　주식발행초과금　 1,000
　　　　　　　　　　　　　　　　　　　　주식선택권　　　 300
　　　　　　　　　　　　　　　　　　　　조건부대가충당부채 100

(2) (차) 주식발행초과금　　 200　　(대) 현　금　　　　　 200
　　*신주발행비는 발행금액에서 직접 차감함.

(3) ① (차) 기타비용　　　　 50　　(대) 현　금　　　　　 50
　　*회계사 및 변호사수수료와 내부취득부서 일반관리비용은 당기비용으로 처리함.

　② (차) 자　산(유형자산)　 40　　(대) 현　금　　　　　 40
　　*유형자산의 소유권이전비용은 당해 유형자산의 자본적지출로 처리함.

3 영업권 또는 염가매수차익

(1) 영업권의 정의

영업권(goodwill)이란 이전대가가 사업결합에 따라 인식한 취득일의 식별가능한 취득자산과 인수부채의 순액을 초과하는 금액을 말한다.

> **예** 이전대가가 ₩600이고 피취득자의 순자산공정가치가 ₩500(자산 ₩1,000, 부채 ₩500)이라면 영업권은 ₩100이다. 사업결합(합병)시 회계처리를 나타내면 다음과 같다.

(차)	자 산	1,000	(대)	부 채	500
	영 업 권	100		현 금	600

따라서 사업결합으로 취득한 영업권은 취득자가 개별적으로 식별하여 별도로 인식하는 것이 불가능한 자산으로부터 미래경제적효익을 기대하고 지불한 금액을 의미한다.

(2) 영업권의 인식과 측정

취득자는 취득일에 사업결합으로 취득한 영업권을 자산으로 인식한다. 그리고 최초 인식 후, 영업권은 원가에서 손상차손누계액을 차감하여 측정한다.

① 사업결합으로 취득한 영업권은 상각하지 않는다. 그 대신 기업회계기준서(자산손상)에 따라 매 보고기간마다 손상검사를 해야 한다. 그리고 당해 보고기간 중에 일어난 사업결합에서 취득한 영업권의 경우에는 당해 보고기간말 이전에 그 영업권이 포함된 현금창출단위에 대해서 손상을 검사해야 한다.

② 영업권에 대해 인식한 손상차손은 후속기간에 환입할 수 없다. 왜냐하면, 영업권에 대해 손상차손을 인식한 이후에 영업권의 회수가능액이 회복된 경우 그 회복된 금액은 내부창출영업권으로 보기 때문이다.

> **예** A회사는 20×1년 7월 1일에 B회사를 흡수합병하기로 하였다. 다음은 B회사의 20×1년 7월 1일의 요약시산표 및 합병과 관련된 자료이다.

재무상태표

B회사   20×1년 7월 1일

차변항목	장부금액	공정가치	대변항목	장부금액	공정가치
유 동 자 산	700	800	유 동 부 채	500	500
투자부동산	600	900	비유동부채	1,000	1,000

유 형 자 산	1,800	2,000	납 입 자 본	1,500	
무 형 자 산	400	300	이익잉여금	300	
매 출 원 가	1,000		매 출 액	1,300	
기 타 비 용	500		기 타 수 익	400	
		5,000			5,000

[추가자료]

1. A회사는 이전대가로 보통주 150주를 교부하기로 하였다. A회사주식의 주당 액면금액은 ₩10이고 공정가치는 ₩20이었다.
2. A회사의 매출채권 중 ₩300은 B회사에 대한 것이다.

---

1. 영업권의 측정

   (1) 이전대가

       보 통 주 : 150주×₩20 =   ₩3,000

   (2) 취득자산과 인수부채의 순액

유동자산	₩800	
투자부동산	900	
유형자산	2,000	
무형자산	300	
유동부채	(500)	
비유동부채	(1,000)	(2,500)

   (3) 영 업 권   ₩500

*1. 취득법은 취득자가 피취득자의 자산·부채를 시장에서 개별적으로 취득하는 것으로 가정하기 때문에 피취득자의 자본항목은 취득자에 이전되지 않으며, 사업결합이 기중에 이루어질 경우 피취득자의 취득일까지 발생한 당기 수익·비용도 취득자에 이전되지 않음.
 2. 결합참여자 상호간의 채권·채무는 영업권계산시 이를 고려하지 않아도 됨. 왜냐하면, 이전대가가 그 금액만큼 증가(감소)하지만 취득자산과 인수부채의 순액도 동액만큼 감소(증가)하기 때문임[별해 참조].

별해

(1) 이전대가

    보 통 주 : 150주×₩20 =   ₩3,000
    매출채권   300   ₩3,300

(2) 취득자산과 인수부채의 순액

유동자산	₩800	
투자부동산	900	
유형자산	2,000	
무형자산	300	
유동부채 : ₩500 - ₩300 =	(200)	
비유동부채	(1,000)	(2,800)
(3) 영 업 권		₩500

2. 합병시 회계처리

(1) (차)

유동자산	800	(대)	유동부채	500
투자부동산	900		비유동부채	1,000
유형자산	2,000		납입자본(자본금)	1,500
무형자산	300		납입자본(주식발행초과금)	1,500
영 업 권	500			

(2) (차) 유동부채(매입채무) 300 (대) 유동자산(매출채권) 300

*결합참여자의 채권·채무는 상계제거해야 함.

[별해]

(차)

유동자산	800	(대)	유동부채	200
투자부동산	900		비유동부채	1,000
유형자산	2,000		납입자본(자본금)	1,500
무형자산	300		납입자본(주식발행초과금)	1,500
영 업 권	500		유동자산(매출채권)	300

(3) 염가매수차익

정 의

염가매수차익(gain from bargain purchase)이란 사업결합에 따라 인식한 취득일의 식별가능한 취득자산과 인수부채의 순액이 이전대가를 초과하는 금액을 말한다.

[예] 피취득자의 순자산공정가치가 ₩500(자산 ₩1,000, 부채 ₩500)이고 이전대가가 ₩400이라면 염가매수차익은 ₩100이다. 사업결합(합병)시 회계처리를 나타내면 다음과 같다.

(차)	자 산	1,000	(대)	부 채	500
				현 금	400
				염가매수차익	100

이러한 염가매수차익은 피취득자가 매각을 강요받아 행한 사업결합에서 발생할 수 있으며, 취득자산과 인수부채의 인식 및 측정의 예외로 인하여 발생할 수도 있다.

회계처리방법

취득자는 사업결합으로 염가매수차익이 발생한 경우 다음과 같이 처리한다.

① 식별가능한 취득자산과 인수부채 및 이전대가에 대한 측정을 재검토한다.
② 재검토 이후에도 계속해서 남는 초과분은 즉시 당기손익으로 인식한다.

대부분의 사업결합은 각각의 거래당사자가 동일한 가치를 주고 받는 교환거래이므로 이러한 염가매수차익이 발생하는 원인은 ① 취득자산을 과대평가하거나 인수부채를 과소평가한 경우 또는 ② 이전대가를 과소평가한 경우로 볼 수 있다. 즉, 취득자산과 인수부채 및 이전대가를 적절히 측정하였다면 염가매수차익은 발생되지 않았을 것이다.

4 단계적으로 이루어지는 사업결합

사업결합은 둘 이상의 교환거래로 이루어질 수 있는데, 그 예로 연속적인 지분 매입에 의해 단계적으로 이루어지는 사업결합(이를 '단계적 취득'이라고도 함.)을 들 수 있다. 이러한 경우 이전대가는 다음 항목의 합계로 측정된다.

(1) 취득일 이전에 취득한 피취득자의 지분을 취득일의 공정가치로 재측정한 금액
(2) 추가로 지분을 취득하기 위해 ① 취득자가 이전하는 자산 ② 취득자가 피취득자의 이전 소유주에 대하여 부담하는 부채 및 ③ 취득자가 발행한 지분의 취득일의 공정가치

예 취득자가 취득일 이전에 피취득자 발행주식의 10%를 취득했다고 가정할 경우, 취득일에는 피취득자 발행주식의 90%만 취득하면 되므로 피취득자의 순자산 전체에 해당하는 이전대가는 이미 취득한 피취득자 발행주식의 공정가치와 취득일에 추가로 주식을 취득하기 위해 지불한 대가의 공정가치를 합한 금액이다.

・10% 주식취득시 :	(차)	피취득자주식	×××	(대)	현　금(10%)	×××
・합　병　시 :	(차)	{피취득자의 순자산 　영　업　권	××× ×××	(대)	{현　금 등(90%) 　피취득자주식	××× ×××

(1) 취득자는 이전에 보유하고 있던 피취득자에 대한 지분을 취득일의 공정가치로 재측정하고 그 결과 차손익이 있다면 당기손익(취득자가 피취득자주식을 당기손익 – 공정가치측정금융자산으로 분류한 경우)으로 인식하거나, 기타포괄손익(취득자가 피취득자주식을 기타포괄손익 – 공정가치측정금융자산으로 분류한 경우)으로 인식한다. 이 경우 기타포괄손익누계액에 반영된 평가손익은 당기손익으로 재분류되지 않는다. 피취득자주식을 기타포괄손익 – 공정가치측정금융자산으로 분류한 경우의 회계처리를 예시하면 다음과 같다.

・10% 주식취득시 :		(차)	피취득자주식	×××	(대)	현　금(10%)	×××
・합　병　시 :	①	(차)	피취득자주식	×××	(대)	기타공정금융자산평가이익[1]	×××
	②	(차)	{피취득자의 순자산 　영　업　권	××× ×××	(대)	{현　금 등(90%) 　피취득자주식	××× ×××

*취득일의 공정가치로 계상된 금액임.

(2) 취득자가 취득일에 이전대가로 취득자의 신주를 발행하여 교부한 경우에는 취득자가 소유하는 피취득자주식에 신주를 교부했는지에 따라 다음과 같이 회계처리가 달라진다.

① 취득자가 소유하는 피취득자주식에 대해서 신주를 교부하지 않고 소각한 경우에는 피취득자주식을 장부에서 제거하면 된다. 피취득자주식을 기타포괄손익 – 공정가치측정금융자산으로 분류한 경우의 회계처리를 예시하면 다음과 같다.

・10% 주식취득시 :		(차)	피취득자주식	×××	(대)	현　금(10%)	×××
・합　병　시 :	①	(차)	피취득자주식	×××	(대)	기타공정금융자산평가이익*	×××
	②	(차)	{피취득자의 순자산 　영　업　권	××× ×××	(대)	{자　본　금(90%) 　주식발행초과금 　피취득자주식	××× ××× ×××

*취득일의 공정가치로 계상된 금액임.

② 취득자가 소유하는 피취득자주식에 대해서 신주를 교부한 경우에는 자신의 주식을 자신에게 교부하는 것이므로 취득자가 소유한 피취득자주식을 취득일의 공정가치로 평가하여 자기주식계정으로 대

---

1 본서에서는 '당기손익 – 공정가치측정금융자산'과 '기타포괄손익 – 공정가치측정금융자산'을 회계처리와 재무상태표에 표시할 때에는 각각 '당기공정금융자산'과 '기타공정금융자산'으로 표기하고자 함

체한다. 피취득자주식을 기타포괄손익 – 공정가치측정금융자산으로 분류한 경우의 회계처리를 예시하면 다음과 같다.

· 10% 주식취득시 : (차) 피취득자주식 ××× (대) 현 금(10%) ×××
· 합 병 시 : ① (차) 피취득자주식 ××× (대) 기타공정금융자산평가이익 ×××
　　　　　　② (차) ⎰ 피취득자의 순자산 ××× (대) ⎰ 자 본 금(100%) ×××
　　　　　　　　　 ⎱ 영 업 권 ×××　　　　　　 ⎱ 주식발행초과금 ×××
　　　　　　③ (차) 자기주식 ××× (대) 피취득자주식 ×××
*취득일의 공정가치로 계상된 금액임.

◈ 단계적으로 이루어지는 사업결합

1. 취득일 이전에 취득한 피취득자주식의 공정가치를 이전대가로 처리함.
    *피취득자주식을 취득일의 공정가치로 평가하고 피취득자주식의 가치변동을 당기손익(당기손익 – 공정가치측정금융자산평가손익)으로 인식하거나, 기타포괄손익(기타포괄손익 – 공정가치측정금융자산평가손익)으로 인식함. 이 경우 기타포괄손익누계액에 반영된 평가손익은 당기손익으로 재분류되지 않음.
2. 이전대가로 취득자의 신주교부시
    (1) 피취득자주식에 신주를 교부하지 않는 경우 : 피취득자의 순자산과 상계함.
    (2) 피취득자주식에 신주를 교부한 경우 : 자기주식으로 처리함.

예 다음은 A회사와 B회사의 20×1년 1월 1일 현재 약식 재무상태표와 B회사의 자산·부채 공정가치이다. A회사와 B회사의 보고기간종료일은 모두 12월 31일이며, A회사는 B회사투자주식을 기타포괄손익 – 공정가치측정금융자산으로 분류하고 있다. A회사는 20×1년초에 B회사를 흡수합병하고자 한다.

	A회사	B회사	
	장부금액	장부금액	공정가치
〈자　산〉			
유동자산	200,000	150,000	180,000
B회사투자주식(30주)	40,000		
비유동자산	560,000	450,000	500,000
	800,000	600,000	
〈부채 및 자본〉			
유동부채	90,000	45,000	50,000

비유동부채	150,000	150,000	200,000
납입자본(액면 ₩1,000)	400,000	300,000	
이익잉여금	150,000	100,000	
기타공정금융자산평가이익	10,000	5,000	
	800,000	600,000	

1. 이전대가: 현금 ₩432,000 단, 취득일 현재 B회사주식의 1주당 공정가치는 ₩1,600임.

   (1) (차) B회사투자주식　　8,000　　(대) 기타공정금융자산평가이익　8,000

   *30주×₩1,600 − ₩40,000 = ₩8,000. 취득일 이전에 취득한 피취득자의 주식을 취득일의 공정가치로 평가함.

   (2) (차) 유형자산　　180,000　　(대) 유동부채　　50,000
   　　　　 비유동자산　500,000　　　　 비유동부채　200,000
   　　　　 영업권　　　50,000　　　　 현　금　　　432,000
   　　　　　　　　　　　　　　　　　　 B회사투자주식　48,000

2. 이전대가: A주식 216주(A회사 소유 B회사주식에는 신주를 교부하지 않음). 단, A회사주식의 1주당 공정가치는 ₩2,000이며, 1주당 액면금액은 ₩1,000임.

   (1) (차) B회사투자주식　　8,000　　(대) 기타공정금융자산평가이익　8,000

   (2) (차) 유동자산　　180,000　　(대) 유동부채　　　　　　50,000
   　　　　 비유동자산　500,000　　　　 비유동부채　　　　　200,000
   　　　　 영업권　　　50,000　　　　 납입자본(자본금)　　216,000
   　　　　　　　　　　　　　　　　　　 납입자본(주식발행초과금) 216,000
   　　　　　　　　　　　　　　　　　　 B회사투자주식　　　48,000

3. 이전대가: A주식 240주(A회사 소유 B회사주식에는 신주를 교부함). 단, A회사주식의 1주당 공정가치는 ₩2,000이며, 1주당 액면금액은 ₩1,000임.

   (1) (차) B회사투자주식　　8,000　　(대) 기타공정금융자산평가이익　8,000

   (2) (차) 유동자산　　180,000　　(대) 유동부채　　　　　　50,000
   　　　　 비유동자산　500,000　　　　 비유동부채　　　　　200,000
   　　　　 영업권　　　50,000　　　　 납입자본(자본금)　　240,000
   　　　　　　　　　　　　　　　　　　 납입자본(주식발행초과금) 240,000

(3)	자기주식		48,000	(대)	B회사투자주식	48,000

*취득자가 소유하는 피취득자주식에 대해서 신주를 교부한 경우에는 자신의 주식을 자신에게 교부하는 것이므로 취득자가 소유한 피취득자주식을 취득일의 공정가치로 평가하여 자기주식계정으로 대체함.

5 측정기간

측정기간이란 사업결합에서 인식한 잠정금액을 사업결합 후 조정할 수 있는 기간을 말하는데, 이를 구체적으로 살펴보면 다음과 같다.

(1) 측정기간은 취득자에게 취득일 현재 다음 사항을 식별하고 측정하기 위하여 필요한 정보를 획득하는 데 소요되는 합리적인 시간을 제공한다.
  ① 식별가능한 취득자산, 인수부채
  ② 피취득자에 대한 이전대가(또는 영업권 측정에 사용된 그 밖의 금액)
  ③ 단계적으로 이루어지는 사업결합에서 취득자가 이전에 보유하고 있던 피취득자에 대한 지분
  ④ 결과적으로 발생한 영업권 또는 염가매수차익

(2) 취득자가 취득일 현재 존재하던 사실과 상황에 대하여 찾고자 하는 정보를 얻거나 더 이상의 정보를 얻을 수 없다는 것을 알게 된 시점에 측정기간은 종료한다. 그러나 측정기간은 취득일로부터 1년을 초과할 수 없다.

(3) 사업결합에 대한 최초 회계처리가 사업결합이 발생한 보고기간말까지 완료되지 못한다면, 취득자는 회계처리가 완료되지 못한 항목의 잠정금액을 재무제표에 보고한다.

(4) 측정기간 동안에, 취득일 현재 존재하던 사실과 상황에 대하여 새롭게 입수한 정보가 있는 경우 취득자는 취득일에 이미 알았더라면 취득일에 인식한 금액의 측정에 영향을 주었을 그 정보를 반영하기 위하여 취득일에 인식한 잠정금액을 소급하여 조정하거나, 취득일에 이미 알았더라면 인식하였을 추가적인 자산과 부채를 인식한다.
  ① 취득자는 취득일 이후에 입수한 정보로 인하여 이미 인식한 잠정금액을 조정해야 하는지 또는 그 정보가 취득일 이후에 발생한 사건으로 인한 정보인지를 결정하기 위하여 모든 관련요소를 검토한다. 왜냐하면, 취득일에 존재한 사실과 상황에 대하여 취득일 이후에 추가로 입수한 정보에 의해 취득일의 공정가치가 수정되어야 한다면 이미 인식한 잠정금액을 조정해야 하지만, 취득일 이후에 발생한 사건으로 인하여 공정가치가 변동된 경우라면 잠정금액을 조정해서는 안 되기 때문이다.
  ② 취득자는 식별가능한 자산(부채)으로 인식한 잠정금액의 증가(감소)를 영업권의 감소(증가)로 인식한다.

예 취득자가 사업결합(합병)과 관련하여 취득일에 취득자산 ₩1,000, 인수부채 ₩500, 이전대가를 ₩600으로 측정하여 영업권 ₩100을 인식하였는데, 취득일에 존재하던 상황에 대하여 취득일 이후에 입수한 정보로 인해 취득자산이 ₩1,030으로 밝혀졌다면 영업권은 ₩30만큼 감소되어야 한다. 회계처리를 예시하면 다음과 같다.

·취 득 일:	(차)	자　　산	1,000	(대)	부　　채	500
		영 업 권	100		현　　금	600
·잠정금액의 수정:	(차)	자　　산	30	(대)	영 업 권	30

③ 측정기간에 취득자는 마치 사업결합의 회계처리가 취득일에 완료되었던 것처럼 잠정금액의 조정을 인식한다. 그러므로 취득자는 재무제표에 표시된 과거기간의 비교정보를 필요한 경우 수정하며, 이러한 수정에는 최초회계처리를 완료하면서 기인식된 감가상각, 상각 또는 그 밖의 수익 효과의 변경을 포함한다.

(5) 측정기간이 종료된 후에는 기업회계기준서(회계정책, 회계추정의 변경 및 오류)에 따른 오류수정의 경우에만 사업결합의 회계처리를 수정한다.

예 A회사는 20×1년 7월 1일에 B회사를 흡수합병하고 B회사의 주주에게 보통주 500주를 교부하였다. 관련 자료는 다음과 같다.

(1) 취득일 현재 취득자산은 ₩1,200,000, 인수부채는 ₩500,000으로 측정되었으며, A회사주식의 1주당 액면금액은 ₩1,000, 공정가치는 ₩2,000이었다. 따라서 취득일에 A회사가 행한 회계처리는 다음과 같다.

(차)	유동자산	200,000	(대) 유동부채	200,000
	금융자산	500,000	비유동부채	300,000
	유형자산	400,000	납입자본(자본금)	500,000
	무형자산	100,000	납입자본(주식발행초과금)	500,000
	영 업 권	300,000		

(2) A회사는 취득일에 B회사의 유형자산에 대한 독립적인 평가자를 찾지 못하여 20×1년말 연차재무제표에 유형자산을 잠정금액 ₩400,000(취득일 현재 잔존내용연수는 5년, 정액법으로 상각함.)으로 측정하였다. 그러나 20×2년초에 A회사는 유형자산의 공정가치가 ₩450,000이라는 독립적인 평가액을 받았다.

(3) A회사는 취득일에 B회사의 유동부채의 공정가치를 ₩200,000으로 추정하였으나 20×2년초에 유동부채의 공정가치가 ₩180,000임을 확인하였다.

(4) A회사는 취득일에 B회사가 소유한 금융자산을 취득일의 공정가치인 ₩500,000으로 측정하였으나 취득일 이후에 발생한 사건으로 20×1년말 금융자산의 공정가치는 ₩600,000으로 상승하였다.

---

1. 20×2년초 회계처리

    (1) (차) 유형자산　　　　　50,000　　　(대) 영　업　권　　　70,000
    　　　　 유동부채　　　　　20,000

    　　　*1. 취득일에 존재한 사실과 상황에 대하여 취득일 이후에 추가로 입수한 정보에 의해 취득일의 공정가치가 수정되어야 한다면 이미 인식한 잠정금액을 조정함. 따라서 유형자산을 ₩50,000만큼 증가시키고 유동부채를 ₩20,000 감소시키며, 동액만큼 영업권의 감소로 인식함.
    　　　 2. 취득일 이후에 발생한 사건으로 인하여 공정가치가 변동된 경우라면 잠정금액을 조정해서는 안 됨. 따라서 금융자산의 경우에는 취득일에 인식한 금액을 조정하고 동액만큼 영업권의 감소로 조정해서는 안 됨.

    (2) (차) 이익잉여금　　　　5,000　　　(대) 감가상각누계액　　5,000

    　　　*1. (₩450,000 − ₩400,000)÷5년×6/12 = ₩5,000
    　　　 2. 측정기간에 취득자는 마치 사업결합의 회계처리가 취득일에 완료되었던 것처럼 잠정금액의 조정을 인식함. 따라서 취득자는 재무제표에 표시된 과거기간의 비교정보를 소급하여 수정해야 함.

2. 20×2년 9월 1일에 잠정금액을 수정한 경우

    20×2. 9. 1:　　　　　　　　−회계처리 없음−

    　　　*측정기간은 20×2년 6월 30일에 종료되며, 측정기간이 종료된 후에는 오류수정의 경우에만 사업결합의 회계처리를 수정함. 따라서 오류수정이 아니라면 잠정금액을 수정해서는 안 됨.

6 후속 측정과 회계처리

일반적으로 취득자는 사업결합으로 취득한 자산이나 인수하거나 부담한 부채 및 발행한 지분상품에 대하여 해당 항목의 성격에 따라 적용가능한 다른 한국채택국제회계기준서에 의하여 후속 측정하고 회계처리한다. 그러나 사업결합으로 취득한 자산이나 인수하거나 부담한 부채 및 발행한 지분상품 중 다음 항목의 후속 측정과 회계처리에 대해서는 기업회계기준서(사업결합)를 적용한다.

(1) 재취득한 권리
(2) 취득일 현재 인식한 우발부채
(3) 보상자산
(4) 조건부대가

(1) 재취득한 권리

무형자산으로 인식한 재취득한 권리는 그 권리가 부여된 계약의 잔여계약기간에 걸쳐 상각한다. 후속적으로 재취득한 권리를 제3자에게 매각하는 경우, 무형자산의 매각차손익을 결정할 때 장부금액을 포함한다.

(2) 우발부채

취득자는 사업결합에서 인식한 우발부채를 최초인식 이후 정산, 취소 또는 소멸되기 전까지 다음 중 큰 금액으로 측정한다.
① 기업회계기준서(충당부채, 우발부채 및 우발자산)에 따라 인식되어야 할 금액
② 최초인식금액에서, 적절하다면 기업회계기준서(수익)에 따라 인식한 상각누계액을 차감한 금액

(3) 보상자산

각 후속 보고기간말에, 취득자는 취득일에 보상대상부채 또는 보상대상자산과 동일한 근거로 인식한 보상자산을 두고 보상금액에 대한 계약상 제한과 후속적으로 공정가치로 측정되지 않는 보상자산에 대한 회수가능성에 대해 경영진의 검토를 반영한다. 취득자는 보상자산을 회수하거나 매각하거나 그 밖의 보상자산에 대한 권리를 상실하는 경우에만 그 보상자산을 제거한다.

(4) 조건부대가

취득자가 취득일 이후에 인식하는 조건부대가의 공정가치 변동 중 일부는 취득일에 존재한 사실과 상황에 대하여 취득일 이후에 추가로 입수한 정보에 의한 것일 수 있다. 이러한 변동은 측정기간 동안의 조정이므로 취득일에 인식한 잠정금액을 소급하여 조정한다. 그러나 목표수익을 달성하거나, 특정 주가에 도달(미달)하거나, 연구개발 프로젝트의 주요 과제를 완료하는 등 취득일 이후에 발생한 사건에서 발생한 변동은 측정기간 동안의 조정이 아니다. 따라서 취득자는 측정기간 동안의 조정이 아닌 조건부대가의 공정가치 변동을 다음과 같이 회계처리한다.

자본으로 분류된 조건부대가

자본으로 분류된 조건부대가는 재측정하지 않으며, 그 후속 정산은 자본 내에서 회계처리한다.

> **예** 사업결합(합병)시 피취득자의 순자산공정가치가 ₩500(자산 ₩1,000, 부채 ₩500)이고 이전대가로 취득자의 보통주 20주(액면금액 ₩10, 공정가치 ₩30)를 교부하며, 취득일 이후 취득자가 교부한 주식의 시장가격이 취득일의 공정가치에 미달할 경우 추가로 10주를 교부하기로 약정하였다면 회계처리

는 다음과 같다. 단, 취득일에 조건부대가의 공정가치는 ₩150이었다.

·취 득 일:	(차) { 자 산	1,000	(대) { 부 채	500
	영 업 권	250	자 본 금	200
			주식발행초과금	400
			조건부대가(자본조정)	150
·추가주식교부시:	(차) 조건부대가(자본조정)	150	(대) { 자 본 금	100*
			주식발행초과금	50

*10주×₩10 = ₩100

자산이나 부채로 분류된 조건부대가

① 자산이나 부채로 분류된 조건부대가인 경우, 공정가치로 측정하고 그 결과 생긴 차손익은 당기손익으로 인식한다.

  예 사업결합(합병)시 피취득자의 순자산공정가치가 ₩500(자산 ₩1,000, 부채 ₩500)이고 이전대가로 취득자의 보통주 20주(액면금액 ₩10, 공정가치 ₩30)를 교부하며, 취득일 이후 피취득자가 취득일 이전부터 진행해온 연구개발 프로젝트를 완료할 경우 ₩100을 지급하기로 약정하였다면 회계처리는 다음과 같다. 단, 취득일에 조건부대가의 공정가치는 ₩80이었으며 연구개발 프로젝트가 약정 기간 내에 완료되었다.

·취 득 일:	(차) { 자 산	1,000	(대) { 부 채	500
	영 업 권	180	조건부대가충당부채	80
			자 본 금	200
			주식발행초과금	400
·연구개발 프로젝트 완료시	(차) 조건부대가충당부채상환손실 (당기손실)	20	(대) 조건부대가충당부채	20
	(차) 조건부대가충당부채	100	(대) 현 금	100

*10주×₩10 = ₩100

② 조건부대가가 자산이나 부채로 분류되지 않는 경우 적절한 한국채택국제회계기준서에 따라 회계처리한다.

예 A회사는 20×1년 1월 1일에 관계회사인 B회사를 흡수합병하였다. 양 회사의 보고기간종료일은 매년 12월 31일이며, 관련자료는 다음과 같다.

(1) 취득일에 취득자산은 ₩1,200,000, 인수부채는 ₩700,000으로 측정되었으며, 이전대가로 B회사의 주주에게 보통주 300주를 교부하였는데, A회사주식의 1주당 액면금액은 ₩1,000, 1주당 취득일의 공정가치는 ₩2,000이었다.

(2) 합병계약서에 명시된 조건부대가에 관한 내용은 다음과 같다.

① 20×1년말에 A회사주식이 취득일의 공정가치에 미달할 경우 이전대가를 보전할 목적으로 추가로 주식을 교부하기로 되어 있는데, A회사는 20×1년말 주식가격이 ₩1,500으로 하락함에 따라 B회사의 주주들에게 추가로 100주를 발행하여 교부하였다. 취득일에 A회사가 측정한 조건부대가의 공정가치는 ₩120,000이었다.

② A회사는 합병 이후 사업성과에 따라 B회사의 주주들에게 추가로 일정 금액을 지급하기로 약정하였는데, 취득일에 A회사가 예측한 금액은 ₩50,000이었으나 20×1년말에 A회사가 B회사의 주주들에게 지급한 금액은 ₩70,000이었다.

1. 취득일(20×1년초)의 회계처리

(차)	자 산	1,200,000	(대)	부 채	700,000
	영업권	270,000		자 본 금	300,000
				주식발행초과금	300,000
				조건부대가(자본조정)	120,000
				조건부대가충당부채	50,000

2. 20×1년말 회계처리

(1) (차) 조건부대가(자본조정) 120,000 (대) 자 본 금 100,000*
　　　　　　　　　　　　　　　　　　　　　　주식발행초과금 20,000

　　* 100주×₩1,000 = ₩100,000. 자본으로 분류된 조건부대가는 재측정하지 않으며, 그 후속 정산은 자본 내에서 회계처리함.

(2) (차) 조건부대가충당부채상환손실 20,000 (대) 조건부대가충당부채 20,000
　　　　(당기손실)

　　* 자산이나 부채로 분류된 조건부대가인 경우, 공정가치로 측정하고 그 결과 생긴 차손익은 당기손익으로 처리함.

　　(차) 조건부대가충당부채 70,000 (대) 현 금 70,000

7 합병과 관련된 기타사항

(1) 신설합병

신설합병이란 둘 이상의 독립된 기업 또는 사업이 결합하여 하나의 새로운 기업을 신설하는 것을 말한다. 이러한 신설합병의 경우 다음과 같이 취득자를 식별하고 회계처리한다.

새로운 기업이 지분을 발행하는 경우

① 새로운 기업을 설립하고 이 기업이 지분을 발행하여 사업결합을 하는 경우 사업결합 전에 존재하였던 결합참여기업 중 한 기업을 취득자로 식별한다.
② 피취득자의 식별가능한 취득자산과 인수부채 및 이전대가는 앞에서 살펴본 내용과 동일하게 취득일의 공정가치로 측정하고, 이전대가가 취득자산과 인수부채의 순액을 초과하는 금액을 영업권으로 계상한다.
③ 취득자의 자산, 부채 및 이익잉여금과 취득일까지 발생한 수익, 비용은 장부금액으로 신설기업에 이전된다. 그리고 취득자의 납입자본과 신설기업이 발행한 주식의 액면금액과의 차액은 주식발행초과금으로 처리한다.

예 A회사와 B회사는 20×1년초에 합병하여 새로운 기업인 甲회사를 설립하기로 합의하였다. 양 회사의 보고기간종료일은 모두 12월 31일이며, 양 회사의 합병 직전 재무상태표와 자산·부채의 공정가치는 다음과 같다.

	A회사 장부금액	A회사 공정가치	B회사 장부금액	B회사 공정가치
〈자 산〉				
유동자산	50,000	60,000	30,000	40,000
비유동자산	150,000	170,000	120,000	130,000
	200,000		150,000	
〈부채 및 자본〉				
유 동 부 채	20,000	30,000	30,000	40,000
비유동부채	80,000	90,000	50,000	60,000
납 입 자 본	80,000		40,000	
이익잉여금	20,000		30,000	
	200,000		150,000	

[추가자료]

1. A회사와 B회사는 신설기업인 甲회사에 대한 지분을 각각 60%와 40%로 배분하기로 합의하고, 甲회사가 발행한 주식 100주 중 60주는 A회사주주에게, 40주는 B회사주주에게 교부하였다.
2. 甲회사주식의 1주당 액면금액은 ₩1,000이며, 1주당 공정가치는 ₩2,000으로 평가되었다.

---

1. 합병시 회계처리

　(1) (차) 유동자산　　　　40,000　　(대) 유동부채　　　　　　　40,000
　　　　　비유동자산　　　130,000　　　　 비유동부채　　　　　　60,000
　　　　　영　업　권　　　 10,000　　　　 납입자본(자본금)　　　 40,000
　　　　　　　　　　　　　　　　　　　　 납입자본(주식발행초과금) 40,000

*B기업의 자산·부채 이전에 관한 회계처리임. B기업은 피취득자이므로 식별가능한 자산, 부채는 취득일의 공정가치로 신설기업에 이전되며, 신설기업이 발행한 주식의 공정가치(이전대가)와의 차액을 영업권으로 계상함.

　(2) (차) 유동자산　　　　50,000　　(대) 유동부채　　　　　　　20,000
　　　　　비유동자산　　　150,000　　　　 비유동부채　　　　　　80,000
　　　　　　　　　　　　　　　　　　　　 납입자본(자본금)　　　 60,000
　　　　　　　　　　　　　　　　　　　　 납입자본(주식발행초과금) 20,000
　　　　　　　　　　　　　　　　　　　　 이익잉여금　　　　　　 20,000

*A기업의 자산·부채 이전에 관한 회계처리임. A기업은 취득자이므로 자산, 부채 및 이익잉여금은 장부금액으로 신설기업에 이전되며, 취득자의 납입자본과 신설기업이 발행한 주식의 액면금액과의 차액은 주식발행초과금으로 처리함.

2. 합병 후 재무상태표

재무상태표

甲회사　　　　　　　　　　　　　　　　　　　　　　　　20×1년 1월 1일

유 동 자 산	90,000	유 동 부 채	60,000
비유동자산	280,000	비유동부채	140,000
영　업　권	10,000	납 입 자 본	160,000
		이익잉여금	20,000
	380,000		380,000

새로운 기업이 지분을 발행하지 않는 경우

① 새로운 기업을 설립하고 이 기업이 사업결합을 위해 현금이나 그 밖의 자산을 이전하거나 부채를 부담한다면 새로운 기업이 취득자이므로 신설합병시 소멸기업은 피취득자이다.
② 새로운 기업은 피취득자인 소멸기업의 식별가능한 취득자산과 인수부채 및 이전대가를 공정가치로 측정하고, 이전대가가 취득자산과 인수부채의 순액을 초과하는 금액을 영업권으로 계상한다

예 A회사와 B회사는 20×1년초에 합병하여 새로운 기업인 甲회사를 설립하기로 합의하였다. 양 회사의 보고기간종료일은 모두 12월 31일이며, 양 회사의 합병 직전 재무상태표와 자산·부채의 공정가치는 다음과 같다.

	A회사 장부금액	A회사 공정가치	B회사 장부금액	B회사 공정가치
〈자 산〉				
유동자산	50,000	60,000	30,000	40,000
비유동자산	150,000	170,000	120,000	130,000
	200,000		150,000	
〈부채 및 자본〉				
유 동 부 채	20,000	30,000	30,000	40,000
비유동부채	80,000	90,000	50,000	60,000
납 입 자 본	80,000		40,000	
이익잉여금	20,000		30,000	
	200,000		150,000	

[추가자료]
1. 甲회사는 주식 100주를 발행하여 조달한 자금으로 A회사와 B회사의 주주에게 이전대가를 지불하기로 하였다. 甲회사주식의 1주당 액면금액은 ₩1,000이며, 1주당 공정가치는 ₩2,000으로 평가되었다.
2. A회사 및 B회사의 주주에게 지불한 이전대가는 각각 ₩120,000과 80,000이었다.

1. 합병시 회계처리

  (1) (차) 현 금   200,000   (대) 납입자본(자본금)   100,000
                      납입자본(주식발행초과금) 100,000

    * 甲회사의 주식발행에 관한 회계처리임.

(2) (차) 유 동 자 산　　　　　60,000　　(대) 유 동 부 채　　　　　30,000
　　　　　비유동자산　　　　　170,000　　　　비유동부채　　　　　90,000
　　　　　영　업　권　　　　　10,000　　　　현　　　금　　　　　120,000

*A기업의 자산·부채 이전에 관한 회계처리임.

(3) (차) 유 동 자 산　　　　　40,000　　(대) 유 동 부 채　　　　　40,000
　　　　　비유동자산　　　　　130,000　　　　비유동부채　　　　　60,000
　　　　　영　업　권　　　　　10,000　　　　현　　　금　　　　　80,000

*B기업의 자산·부채 이전에 관한 회계처리임.

2. 합병 후 재무상태표

재무상태표

甲회사　　　　　　　　　　　　　　　　　　　　　　　20×1년 1월 1일

유 동 자 산	100,000	유 동 부 채	70,000
비유동자산	300,000	비유동부채	150,000
영 업 권	20,000	납 입 자 본	200,000
	420,000		420,000

(2) 상호실체 간의 사업결합

상호실체란 소유주(조합원 또는 참여자)에게 배당, 원가감소 또는 그 밖의 경제적효익을 직접 제공하는 기업으로써 조합원이 고객이자 소유주인 기업을 말한다. 상호실체의 예로 상호보험회사, 소비자신용조합 및 협동조합 등을 들 수 있다.

① 상호실체 간의 결합에서 취득자는 다른 기업형태에서 취득법을 적용하는 것과 마찬가지로 피취득자의 순자산을 인식한다.
② 취득자와 피취득자(또는 피취득자의 이전 소유주)가 지분만을 교환하여 사업결합을 하는 경우, 취득일에 피취득자 지분의 공정가치가 취득자 지분의 공정가치보다 더 신뢰성 있게 측정되는 경우가 있다.

　　예 두 상호실체가 결합할 때, 피취득자에 대한 지분이나 조합원 지분에 대한 공정가치(또는 피취득자의 공정가치)가 취득자가 이전한 조합원 지분의 공정가치보다 더욱 신뢰성 있게 측정될 수도 있다.

이러한 경우 취득자는 이전한 지분의 취득일의 공정가치 대신에 피취득자 지분의 취득일의 공정가치를 이용하여 영업권의 금액을 결정한다.

(3) 사업결합거래의 일부에 해당하는지의 결정

취득자와 피취득자는 사업결합 협상을 개시하기 전에 기존 관계나 그 밖의 약정을 맺을 수 있으며, 또는 협상하는 동안에 사업결합과 별도로 약정을 맺을 수 있다. 이러한 각각의 상황에서 취득자는 취득자와 피취득자(또는 피취득자의 이전 소유주) 간의 사업결합으로 교환된 것의 일부가 아닌 금액, 즉 피취득자에 대한 교환의 일부가 아닌 금액을 식별해야 한다.

① 사업결합 전 취득자나 취득자의 대리인이 체결한 거래 또는 피취득자(또는 피취득자의 이전 소유주)의 효익보다 주로 취득자나 결합기업의 효익을 위하여 체결한 거래는 별도 거래일 가능성이 높다. 다음의 거래는 취득법을 적용하지 않는 별도 거래의 예이다.

    a. 취득자와 피취득자 간의 기존 관계를 사실상 정산하는 거래
    b. 미래 용역에 대하여 종업원 또는 피취득자의 이전 소유주에게 보상하는 거래
    c. 취득자의 취득관련원가를 대신 지불한 것에 대하여 피취득자 또는 피취득자의 이전 소유주에게 변제하는 거래

② 취득자는 취득법을 적용하면서 피취득자에 대한 이전대가와 피취득자에 대한 교환으로 취득한 자산과 인수한 부채만 인식한다. 따라서 별도 거래는 사업결합과는 별도로 관련 한국채택국제회계기준서에 따라 회계처리한다.

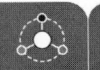
합병회계
이론문제(기출지문)

01 피취득자가 재무제표에 인식하지 않았던 식별가능한 무형자산도 취득자산에 포함할 수 있다. (O)

02 피취득자의 우발부채는 부채의 정의를 충족하지 못하므로 취득자는 취득일에 피취득자의 우발부채를 인식할 수 없다. (×)
▶ 과거사건에서 발생한 현재의무이고 그 공정가치를 신뢰성 있게 측정할 수 있다면, 취득자는 취득일 현재 사업결합에서 인수한 우발부채를 인식한다.

03 사업결합으로 기업이 취득되는 것을 조건으로 피취득자의 구조조정계획이 실행되는 경우, 취득자는 그러한 구조조정계획에 대한 부채를 인식하지 않는다. (O)

04 피취득자가 리스이용자인 경우(단기리스와 소액 기초자산 리스는 제외)에 취득자는 취득한 리스가 취득일에 새로운 리스인 것처럼 사용권자산과 리스부채를 인식한다. (O)

05 취득자는 사업결합에서 취득한 식별가능한 무형자산을 영업권과 분리하여 인식하는데, 이때 식별가능한 무형자산이란 ① 계약적기준과 ② 법적기준을 충족하는 무형자산을 의미한다. (×)
▶ 식별가능한 무형자산이란 ① 분리가능성기준과 ② 계약적·법적기준을 충족하는 무형자산을 의미한다.

06 피취득자의 영업활동 종료, 피취득자의 고용관계 종료, 피취득자의 종업원 재배치와 같은 계획의 실행에 따라 미래에 생길 것으로 예상하지만 의무가 아닌 원가도 취득일의 부채로 인식한다. (×)
▶ 미래에 생길 것으로 예상하지만 의무가 아닌 원가는 사업결합 후의 재무제표에 인식한다.

07 취득자가 사업결합 이전에 피취득자에게 부여했던 권리를 사업결합의 일부로 재취득한 경우, 동 재취득한 권리는 식별가능한 무형자산으로 본다. (O)

08 취득자는 취득일에 미래의 새로운 고객과 협상중인 잠재적 계약의 가치를 무형자산으로 인식하지 않는다. (O)

09 피취득자가 리스제공자인 경우에 취득자는 그 운용리스대상자산과 관련하여 운용리스의 조건이 시장조건보다 유리한 경우 별도의 자산을 인식하지 않는다. (O)

10 취득자가 활발히 이용하지 않거나 최고최선으로 사용하지는 않으려는 비금융자산은 공정가치를 측정하지 않는다. (×)
▶취득자가 활발히 이용하지 않거나 최고최선으로 사용하지는 않으려는 비금융자산은 적절한 평가 전제에 따라 시장참여자의 최고최선의 사용을 가정하여 공정가치를 측정한다.

11 중개수수료나 내부취득부서 일반관리원가 등 사업결합을 위한 취득관련원가는 이전대가에 포함하지 않는다. (O)

12 사업결합을 위해 발행되는 채무증권 및 지분증권의 등록·발행원가는 이전대가에 포함한다. (×)
▶사업결합을 위해 발행되는 채무증권 및 지분증권의 등록·발행원가는 이전대가에 포함하지 않고 발행금액에서 직접 차감한다.

13 취득일 이전에 취득한 피취득자주식의 장부금액을 이전대가에 포함한다. (×)
▶취득일 이전에 취득한 피취득자의 지분을 취득일의 공정가치로 측정한 금액을 이전대가에 포함한다.

14 취득자는 취득일 이후에 발생한 사건으로 인하여 공정가치가 변동된 경우, 취득일에 인식한 잠정금액을 소급하여 조정한다. (×)
▶취득일에 존재한 사실과 상황에 대하여 취득일 이후에 추가로 입수한 정보에 의해 취득일의 공정가치가 수정되어야 한다면 이미 인식한 잠정금액을 조정해야 하지만, 취득일 이후에 발생한 사건으로 인하여 공정가치가 변동된 경우라면 잠정금액을 조정해서는 안 된다.

15 사업결합의 이전대가에는 특정 미래사건이 발생하거나 특정 조건이 충족되는 경우에 피취득자의 이전 소유주에게 추가로 자산이나 지분을 이전하기로 한 조건부대가 약정은 포함되지 않는다. (×)
▶취득자가 피취득자에 대한 교환으로 이전한 대가에는 조건부대가 약정으로 인한 자산이나 부채를 모두 포함한다.

16 자본으로 분류된 조건부대가는 재측정하고, 그 후속 정산은 자본 내에서 회계처리한다. (O)

필수예제 영업권 또는 염가매수차익

20×1년 7월 1일에 (주)경기는 (주)일본을 흡수합병하였다. 합병과 관련된 자료가 다음과 같다면 (주)경기가 합병시 인식할 영업권은 얼마인가?

(1) 취득일 현재 (주)일본의 순자산장부금액은 ₩80,000(자산 ₩200,000, 부채 ₩120,000)이고, 20×1년초부터 취득일까지 발생한 순이익은 ₩30,000(수익 ₩80,000, 비용 ₩50,000)이다. 취득일에 (주)일본의 순자산장부금액과 공정가치는 일치하였다.

(2) (주)일본의 재무제표에 자산으로 인식되지 않은 항목에 관한 자료는 다음과 같다.
   ① 진행중인 연구개발 프로젝트(A)와 관련하여 ₩3,000을 지출하였는데, 취득일 현재 프로젝트(A)의 공정가치는 ₩2,000으로 측정되었다.
   ② 고객명단과 계약정보를 데이터베이스의 형태로 관리하고 있으나 비밀유지조건이 약정되어 있다. 관련원가로 ₩1,500을 지출하였으며, 이의 공정가치는 ₩1,800이다.
   ③ (주)일본은 고객에게 제품을 5년 동안 공급하는 계약을 가지고 있으며, 동 계약의 공정가치를 ₩4,000으로 측정하고 있다.
   ④ 생산공정과 관련된 비밀로서 특허를 받지 않았지만 미래경제적효익을 기대할 수 있으며, 이의 공정가치는 ₩6,000이다.
   ⑤ (주)일본은 생산부서에 숙련된 우수한 인적자원을 보유하고 있으며, 이러한 인적자원으로 인하여 미래경제적효익을 기대하고 있다. (주)일본이 측정한 인적자원의 공정가치는 ₩2,000이다.

(3) (주)경기는 (주)일본의 주주에게 현금 ₩20,000과 (주)경기의 보통주 100주를 교부하기로 하였다. (주)경기의 주당 액면금액은 ₩500이고 공정가치는 ₩1,000이며, 신주발행비용은 ₩3,000이다.

---

1. 취득자산과 인수부채의 순액

   (1) 취득자산

자 산(장부금액)		₩200,000
무형자산		
진행중인 연구개발프로젝트*1	₩2,000	
고객계약*2	4,000	
특허받지 않은 기술*3	6,000	12,000
계		₩212,000

   *1. 진행중인 연구개발프로젝트는 분리가능성기준을 충족하는 무형자산임.

2. ① 고객목록은 일반적인 경우 분리가능성을 충족하지만, 비밀유지조건 등이 있는 경우 분리가능성을 충족하지 못하므로 무형자산으로 인식할 수 없음
   ② 기업이 계약을 통해 고객과의 관계를 형성하는 경우 계약적·법적기준을 충족하는 무형자산임
3. 특허받지 않는 기술은 분리가능성을 충족하는 무형자산임
4. 집합적 노동력은 식별가능한 자산이 아니므로 별도의 자산으로 인식하지 않음

(2) 인수부채:부채(장부금액) ₩120,000

∴ 취득자산과 인수부채의 순액:₩212,000−₩120,000=₩92,000

2. 이전대가

현 금	₩20,000
보 통 주:100주×₩1,000=	100,000
계	₩120,000

3. 영업권

(1) 이전대가	₩120,000
(2) 취득자산과 인수부채의 순액	(92,000)
계	₩28,000

---

01 20×3년초 (주)대한은 (주)세종의 보통주식 100%를 취득하여 흡수합병하면서 합병대가로 ₩200,000을 지급하였으며, 합병관련 자문수수료로 ₩20,000이 지출되었다. 합병 시 (주)세종의 재무상태표는 다음과 같다.

재무상태표

(주)세종　　　　　　　　　20×3년1월1일 현재　　　　　　　　　(단위:원)

매출채권	46,000	매입채무	92,000
상 품	50,000	납입자본	60,000
토 지	78,000	이익잉여금	22,000
자산총계	174,000	부채와 자본총계	174,000

20×3년초 (주)대한이 (주)세종의 자산·부채에 대하여 공정가치로 평가한 결과, 매출채권과 매입채무는 장부금액과 동일하고, 상품은 장부금액 대비 20% 더 높고, 토지는 장부금액 대비 40% 더 높았다. (주)대한이 흡수합병과 관련하여 인식할 영업권은 얼마인가?　　　(2014. 세무사)

1. 이전대가: ₩200,000*

    *합병관련 자문수수료는 당기비용으로 인식함

2. 취득자산과 인수부채의 순액

    (1) 취득자산

매출채권	₩46,000	
상　품: ₩50,000×1.2=	60,000	
토　지: ₩78,000×1.4=	109,200	₩215,200
(2) 인수부채: 매입채무		(92,000)
계		₩123,200

3. 영업권

(1) 이전대가	₩200,000
(2) 취득자산과 인수부채의 순액	(123,200)
계	₩76,800

02 (주)경기는 20×1년초 (주)서울을 흡수합병하였다. 합병당시 합병회사의 발행주식은 2,000주이고 피합병회사의 발행주식은 1,200주이며, 피합병회사 주식 1.5주당 합병회사 주식 1주를 교부하였다. 합병당시 합병회사 주식의 공정가치는 주당 ₩300이다. 또한 합병과 직접 관련된 비용 ₩50,000을 현금으로 지급하였다. 합병회사와 피합병회사의 재무상태가 아래와 같을 때, (주)경기가 인식할 영업권은 얼마인가?

	(주)경기	(주)서울	
	장부금액	장부금액	공정가치
자　산	₩386,000	₩200,000	₩268,000
부　채	110,000	50,000	46,000
자　본	276,000	150,000	

1. 이전대가: 1,200주÷1.5주×₩300=	₩240,000
2. 취득자산과 인수부채의 순액: ₩268,000−₩46,000=	(222,000)
3. 영업권	₩18,000

03 (주)갑은 20×1년초에 (주)을의 모든 자산과 부채를 취득·인수하는 사업결합을 하였으며, 관련 자료는 다음과 같다.

- 취득일 현재 (주)을 자산의 장부금액 ₩400,000(공정가치 ₩450,000)
- 취득일 현재 (주)을 부채의 장부금액 ₩320,000(공정가치 ₩320,000)
- (주)갑은 취득일에 이전대가로 (주)갑의 주식(공정가치 ₩200,000)을 발행·교부하였다.
- 취득일 현재 (주)갑은 미래 실현가능성이 높지 않다는 판단하에 이연법인세자산을 인식하지 않은 세무상 결손금 ₩70,000을 가지고 있는데, 사업결합으로 인하여 세무상 결손금의 미래 실현가능성이 높아졌다고 판단하였다.
- 20×1년 및 20×2년 이후 (주)갑에 적용할 법인세율은 모두 20%이다.

법인세효과를 고려하여 사업결합 회계처리를 할 때, (주)갑이 취득일에 인식할 영업권은 얼마인가? 단, (주)을의 자산 및 부채의 세무기준액은 장부금액과 동일하다. (2013. CPA)

1. 취득자산과 인수부채의 순액
    (1) 취득자산: 자산(공정가치)   ₩450,000
    (2) 인수부채
        부   채(공정가치)   ₩320,000
        이연법인세부채   10,000*
        계   ₩330,000

    *(₩450,000−₩400,000)×20%=₩10,000

∴ 취득자산과 인수부채의 순액: ₩450,000−₩330,000=₩120,000

2. 이전대가: (주)갑의 주식   ₩200,000
3. 영 업 권
    (1) 이전대가   ₩200,000
    (2) 취득자산과 인수부채의 순액   (120,000)
        계   ₩80,000

58 / 고급회계

04 20×1년초에 A회사는 B회사를 흡수합병하였다. 합병과 관련된 자료가 다음과 같다면 A회사가 합병시 인식할 영업권은 얼마인가?

(1) 취득일 현재 B회사의 순자산장부금액은 ₩100,000(자산 ₩240,000, 부채 ₩140,000)으로 공정가치와 일치하며, B회사의 유동부채(매입채무) 중 ₩6,000은 A회사에 대한 것이다.

(2) 취득일 현재 B회사의 고객관련 계약과 관련된 자료는 다음과 같다.
   ① B회사는 취득일 현재 고객의 40%로부터 고객 매입 주문잔고가 있고 주문한 모든 고객은 반복구매고객이다. A회사는 고객계약과 관련한 무형자산의 공정가치를 ₩3,000으로 측정하였다.
   ② B회사는 취득일 현재 새로운 고객과 제품을 5년 동안 공급하는 계약을 협상하고 있다. 동 계약의 성사가능성은 매우 높으며, 이의 공정가치는 ₩1,600으로 측정한다.

(3) B회사는 자신이 소유하고 있는 건물을 시장조건보다 유리한 조건으로 임대하였으며, 시장조건보다 유리한 금액의 공정가치는 ₩2,400이다.

(4) A회사는 B회사의 주주에게 현금 ₩20,000과 공정가치 ₩30,000의 토지(장부금액 ₩24,000) 및 A회사의 보통주 500주를 교부하기로 하였다. A회사주식의 주당 액면금액은 ₩100이고 공정가치는 ₩140이며, 신주발행비용은 ₩1,600이었다.

(5) A회사는 취득일에 B회사의 1년 이내의 사업성과에 따라 B회사의 주주들에게 합병대가를 추가로 지급하기로 약정하였는데, 취득일 현재 추가지급이 확실시되는 합병대가의 공정가치는 ₩2,000이다.

(6) A회사는 합병시 B회사 유형자산의 소유권이전비용 ₩400과 변호사수수료로 ₩600을 지급하였다.

---

1. 취득자산과 인수부채의 순액
   (1) 취득자산

자　산(장부금액)	₩240,000
무형자산(고객관계)*	3,000
계	₩243,000

   *1. 주문잔고 또는 생산잔고는 계약적·법적기준을 충족하는 무형자산임. 그러나 잠재적 계약은 그 자체로 자산이 아니기 때문에 별도의 자산으로 인식하지 않음
   2. 리스제공자인 운용리스자산은 공정가치를 측정할 때 리스조건을 고려하며, 별도의 자산·부채를 인식하지 않음
   3. 결합참여자 상호간의 채권·채무는 영업권 계산시 이를 고려하지 않아도 됨

   (2) 인수부채 : 부채(장부금액) ₩140,000

   ∴ 취득자산과 인수부채의 순액 : ₩243,000 - ₩140,000 = ₩103,000

2. 이전대가

현　　금	₩20,000
토　　지*1	30,000
보 통 주*1: 500주×₩140=	70,000
조건부대가*2	2,000
계	₩122,000

*1. 공정가치로 측정함
 2. 조건부대가 약정으로 인한 자산이나 부채를 포함함

3. 영업권

(1) 이전대가	₩122,000
(2) 취득자산과 인수부채의 순액	(103,000)
계	₩19,000

05 20×1년초에 독도(주)는 대마(주)를 흡수합병하였다. 합병과 관련된 자료가 다음과 같다면 독도(주)가 합병시 인식할 영업권은 얼마인가?

(1) 취득일 현재 대마(주)의 순자산장부금액은 ₩50,000(자산 ₩120,000, 부채 ₩70,000)으로 다음 (2)~(4)의 내용을 제외하고 장부금액과 공정가치는 일치한다.

(2) 대마(주)가 일부 사업의 중단계획에 따라 취득일에 매각예정자산으로 분류한 처분자산집단의 장부금액은 ₩6,000이지만, 이의 공정가치는 ₩7,000이고 처분부대원가는 ₩300이다.

(3) 대마(주)는 취득일 현재 계류중인 손해배상소송사건과 관련하여 패소할 가능성이 높지 않아 충당부채를 인식하지 않았으나 이의 공정가치는 ₩1,000으로 측정되었다. 대마(주)는 이 사건과 관련하여 손해배상액이 ₩1,000을 초과할 경우 차액을 독도(주)에 보상해주기로 하였는데, 보상대상부채와 동일한 근거로 측정한 보상자산의 공정가치는 ₩300으로 측정되었다.

(4) 대마(주)의 비유동부채 중 장부금액 ₩2,000은 현금결제형 주식선택권과 관련된 금액인데, 독도(주)는 대마(주)의 주식기준보상을 자신의 주식기준보상(현금결제형)으로 대체하기로 하였으며, 기업회계기준서(주식기준보상)에 의하여 측정한 금액은 ₩2,500이다.

(5) 독도(주)는 대마(주)의 주주에게 독도(주)의 신주 500주와 액면금액 ₩30,000의 사채를 발행하여 교부하기로 하였다. 독도(주) 주식의 주당 액면금액은 ₩50이고 공정가치는 ₩70이며, 사채의 공정가치는 ₩25,000이다. 독도(주)는 신주발행비와 사채발행비로 각각 ₩800과 ₩500을 지출하였다.

1. 취득자산과 인수부채의 순액
    (1) 취득자산

자　산(장부금액)	₩120,000
매각예정자산[*1]	700
미　수　금(보상자산)[*2]	300
계	₩121,000

    *1. 매각예정자산은 순공정가치로 측정함
    　2. 보상자산은 취득자산에 포함되며, 보상대상항목과 일관성 있는 기준에 따라 측정함

    (2) 인수부채

부　채(장부금액)	₩70,000
손해배상손실충당부채[*1]	1,000
미지급급여(주식기준보상)[*2]	500
계	₩71,500

    *1. 현재의무이고 공정가치를 신뢰성 있게 측정할 수 있는 우발부채는 인수부채에 포함됨
    　2. 주식기준보상은 기업회계기준서(주식기준보상)에 의한 방법으로 측정함

∴ 취득자산과 인수부채의 순액: ₩121,000 − ₩71,500 = ₩49,500

2. 이전대가

보　통　주*: 500주 × ₩70 =	₩35,000
사　　채*	25,000
계	₩60,000

    *취득일의 공정가치임

3. 영 업 권

(1) 이전대가	₩60,000
(2) 취득자산과 인수부채의 순액	(49,500)
계	₩10,500

※ 다음은 [문제 06]~[문제 07]에 대한 자료이다.

(주)대한은 20×1년 7월 1일을 취득일로 하여 (주)민국을 흡수합병하고, (주)민국의 기존 주주들에게 현금 ₩350,000을 이전대가로 지급하였다. (주)대한과 (주)민국은 동일 지배하에 있는 기업이 아니다. 합병 직전 양사의 장부금액으로 작성된 요약재무상태표는 다음과 같다.

요약재무상태표

20×1. 7. 1. 현재 (단위: ₩)

계정과목	(주)대한	(주)민국
현　　금	200,000	100,000
재고자산	360,000	200,000
사용권자산(순액)	–	90,000
건　물(순액)	200,000	50,000
토　　지	450,000	160,000
무형자산(순액)	90,000	50,000
	1,300,000	650,000
유동부채	250,000	90,000
리스부채	–	100,000
기타비유동부채	300,000	200,000
자 본 금	350,000	150,000
자본잉여금	100,000	50,000
이익잉여금	300,000	60,000
	1,300,000	650,000

〈추가자료〉

다음에서 설명하는 사항을 제외하고 장부금액과 공정가치는 일치한다.

(1) (주)대한은 (주)민국이 보유하고 있는 건물에 대해 독립적인 평가를 하지 못하여 취득일에 잠정적인 공정가치로 ₩60,000을 인식하였다. (주)대한은 20×1년 12월 31일에 종료하는 회계연도의 재무제표 발행을 승인할 때까지 건물에 대한 가치평가를 완료하지 못했다. 하지만 20×2년 5월초 잠정금액으로 인식했던 건물에 대한 취득일의 공정가치가 ₩70,000이라는 독립된 가치평가 결과를 받았다. 취득일 현재 양사가 보유하고 있는 모든 건물은 잔존내용연수 4년, 잔존가치 ₩0, 정액법으로 감가상각한다.

(2) (주)민국은 기계장치를 기초자산으로 하는 리스계약의 리스이용자로 취득일 현재 잔여리스료의 현재가치로 측정된 리스부채는 ₩110,000이다. 리스의 조건은 시장조건에 비하여 유리하며, 유리한 금액은 취득일 현재 ₩10,000으로 추정된다. 동 리스는 취득일 현재 단기리스나 소액 기초자산 리스에 해당하지 않는다.

(3) (주)민국은 취득일 현재 새로운 고객과 향후 5년간 제품을 공급하는 계약을 협상하고 있다. 동 계약의 체결가능성은 매우 높으며 공정가치는 ₩20,000으로 추정된다.
(4) (주)민국의 무형자산 금액 ₩50,000 중 ₩30,000은 (주)대한의 상표권을 3년 동안 사용할 수 있는 권리이다. 잔여계약기간(2년)에 기초하여 측정한 동 상표권의 취득일 현재 공정가치는 ₩40,000이다. 동 상표권을 제외하고 양사가 보유하고 있는 다른 무형자산의 잔존내용연수는 취득일 현재 모두 5년이며, 모든 무형자산(영업권 제외)은 잔존가치 없이 정액법으로 상각한다.
(5) (주)민국은 취득일 현재 손해배상소송사건에 계류 중에 있으며 패소할 가능성이 높지 않아 이를 우발부채로 주석공시하였다. 동 소송사건에 따른 손해배상금액의 취득일 현재 신뢰성 있는 공정가치는 ₩10,000으로 추정된다.

06 (주)대한이 취득일(20×1년 7월 1일)에 수행한 사업결합 관련 회계처리를 통해 최초인식한 영업권은 얼마인가? (2020 CPA)

1. 취득자산과 인수부채의 순액
   취득자산: ₩650,000+₩10,000+₩30,000*+₩10,000=   ₩700,000
   인수부채: ₩390,000+₩10,000+₩10,000=   (410,000)
   계   ₩290,000
   *사용권자산: (₩110,000-₩90,000)+₩10,000=₩30,000
2. 영업권: ₩350,000-₩290,000=₩60,000

07 위에서 제시한 자료를 제외하고 추가사항이 없을 때 20×2년 6월 30일 (주)대한의 재무상태표에 계상될 건물(순액)과 영업권을 제외한 무형자산(순액)의 금액은 각각 얼마인가? 단, (주)대한은 건물과 무형자산에 대하여 원가모형을 적용하고 있으며, 감가상각비와 무형자산상각비는 월할계산한다. (2020 CPA)

1. 건물(순액): (₩200,000+₩70,000)÷4년×3년=₩202,500
2. 무형자산(순액): (₩90,000+₩20,000)÷5년×4년+₩40,000÷2년×1년=₩108,000

필수예제 단계적으로 이루어지는 사업결합

20×1년초에 A회사는 B회사를 흡수합병하였다. 합병과 관련된 자료가 다음과 같다면 A회사가 합병 시 인식하는 영업권은 얼마인가?

(1) 취득일 현재 B회사의 순자산장부금액은 ₩700,000(자산 ₩1,800,000, 부채 ₩1,100,000)으로 공정가치와 동일하며, B회사 자산·부채의 공정가치와 관련된 자료는 다음과 같다.
   ① B회사는 A회사와 합병이 이루어질 경우 B회사의 종업원들에게 ₩50,000을 지급하기로 약속하였는데, 이 금액은 취득일의 순자산장부금액에 반영되어 있지 않다.
   ② 사업결합으로 인한 취득자산과 인수부채의 일시적차이로 발생한 이연법인세부채는 ₩10,000이며, 동 금액은 취득일의 순자산장부금액에 반영되어 있지 않다.
   ③ A회사는 B회사를 합병한 후 B회사의 일부 사업부를 폐쇄할 계획을 하고 있으며, 이와 관련한 구조조정비용으로 ₩30,000을 예상하고 있다.

(2) A회사는 이전대가로 B회사의 모든 주주에게 A회사의 신주 400주를 발행하여 교부하기로 하였다. A회사 주식의 1주당 액면가액은 ₩1,000이고 취득일의 1주당 공정가치는 ₩2,000이었다.

(3) A회사는 취득일 이전에 B회사주식 40주를 ₩60,000에 취득하여 공정가치법으로 평가하고 있는데 취득일의 공정가치는 ₩80,000이었다.

(4) A회사는 합병과 관련하여 다음과 같은 비용을 지출하였다.

신주발행비	₩30,000
유형자산의 소유권이전비용	50,000
회계사수수료	40,000

---

1. 취득자산과 인수부채의 순액

   (1) 취득자산: 자산(장부금액) ₩1,800,000

   (2) 인수부채

부　　채(장부금액)	₩1,100,000
미지급상여금[*1]	50,000
이연법인세부채[*2]	10,000
계	₩1,160,000

   *1. 피취득자의 종업원급여약정과 관련된 부채는 인수부채에 포함되며, 기업회계기준서(종업원급여)에 의한 방법으로 측정함

2. 일시적차이로 인한 이연법인세자산(부채), 이월액(이월결손금, 이월세액공제)의 세효과는 취득자산과 인수부채에 포함되며, 기업회계기준서(법인세)에 의한 방법으로 측정함

∴ 취득자산과 인수부채의 순액: ₩1,800,000-₩1,160,000=₩640,000

2. 이전대가

보 통 주*: 400주×₩2,000=₩800,000

  * 이전대가로 취득자의 신주교부시 취득자가 소유하는 피취득자주식에 대하여 신주를 교부한 경우 자기주식으로 처리함

3. 영업권

(1) 이전대가	₩800,000
(2) 취득자산과 인수부채의 순액	(640,000)
계	₩160,000

※해설※

·B회사주식 취득시:		(차)	B회사주식	60,000	(대)	현　금	60,000
·취　득　일:	①	(차)	B회사주식	20,000	(대)	평가이익	20,000
	②	(차)	자　산	1,800,000	(대)	부　채	1,160,000
			영업권	160,000		자본금	400,000
						주식발행초과금	400,000
	③	(차)	자기주식	80,000	(대)	B회사주식	80,000

※다음은 [문제 08]~[문제 09]에 대한 자료이다.

(주)증식은 20×1년 5월 1일에 (주)소멸의 보통주 5%를 ₩25,000에 취득하여 당기손익-공정가치측정금융자산으로 분류하였다. (주)소멸은 유통업을 운영하고 있으며, (주)증식은 새로이 유통업에 진출하기 위해 20×2년 4월 1일 (주)소멸의 자산과 부채를 모두 취득·인수하여 사업결합을 하였다. 20×2년 4월 1일 현재 (주)소멸의 요약재무상태표상 장부금액과 공정가치는 다음과 같다.

요약재무상태표

(주)소멸   20×2. 4. 1 현재   (단위:원)

계정과목	장부금액	공정가치	계정과목	장부금액	공정가치
현 금 등	160,000	160,000	부 채	120,000	120,000
재고자산	180,000	150,000	자 본 금	500,000	-
유형자산	320,000	380,000	이익잉여금	40,000	-
자산총계	660,000		부채·자본총계	660,000	

· 취득일 현재 (주)소멸의 재무상태표에 제시되어 있는 자산과 부채 이외에 추가적으로 식별가능한 자산과 부채는 없다.
· 20×1년 12월 31일에 (주)증식이 보유하고 있는 (주)소멸의 주식의 공정가치는 ₩27,000이며, 20×2년 4월 1일의 공정가치는 ₩30,000이다.
· 법인세효과는 고려하지 않으며, 아래의 각 물음은 독립적이다.

08 (주)증식은 사업결합의 이전대가로 (주)소멸의 주주들에게 (주)증식의 보통주 100주(주당 액면금액 ₩5,000, 주당 공정가치 ₩5,700)를 발행·교부하였으며, 보통주 발행과 직접 관련된 비용 ₩10,000과 기타 수수료 ₩20,000을 현금으로 지급하였다. 20×2년 4월 1일에 (주) 증식이 인식해야 하는 영업권(혹은 염가매수차익)과 주식발행초과금은 각각 얼마인가? 단, (주)증식이 보유하고 있는 (주)소멸의 주식에 대해서는 (주)증식의 주식을 교부하지 않고 소각하였다. (2011. CPA)

1. 영 업 권
   (1) 이전대가:100주×₩5,700+₩30,000=   ₩600,000
   (2) (주)소멸의 순자산공정가치:₩690,000-₩120,000=   (570,000)
                  계   ₩30,000

2. 주식발행초과금:(₩5,700-₩5,000)×100주-₩10,000=₩60,000

66 / 고급회계

※해설※

1.	(차)	소멸회사주식	3,000	(대)	평가이익	3,000
2.	(차)	자　　산	690,000	(대)	부　　채	120,000
		영업권	30,000		자본금	500,000
					주식발행초과금	70,000
					소멸회사주식	30,000
3.	(차)	주식발행초과금	10,000	(대)	현　　금	30,000
		기타비용	20,000			

09 (주)증식은 사업결합의 이전대가로 (주)소멸에게 현금 ₩500,000과 신축건물(장부금액 ₩250,000 공정가치 ₩330,000)을 이전하였으며, 동 건물은 사업결합 이후에도 (주)증식에 남아있고, 동 건물에 대한 통제도 (주)증식이 계속 보유한다. 20×2년 4월 1일에 (주)증식이 인식해야 하는 영업권 (혹은 염가매수차익)은 얼마인가? 단, (주)증식이 보유하고 있는 (주)소멸의 주식에 대해서는 대가를 지불하지 않고 소각하였다.

(2011. CPA)

1. 이전대가 : ₩500,000+₩30,000+₩250,000＝　　　　　　₩780,000
2. (주)소멸의 순자산공정가치 : ₩690,000－₩120,000+₩250,000＝　(820,000)
3. 염가매수차익　　　　　　　　　　　　　　　　　　　　　₩40,000

*1. 이전된 자산이나 부채에 대한 통제권을 사업결합 후에도 계속 보유하는 경우에는 자산과 부채를 취득일 직전에 장부금액으로 측정하여 차손익을 인식하지 않음
 2. 신축건물의 장부금액 ₩250,000을 이전대가와 (주)소멸의 순자산공정가치에 반영하지 않더라도 염가매수차익 ₩40,000에는 영향이 없음

※해설※

(차)	자　산	690,000	(대)	부　채	120,000
	건　물	250,000		현　금	500,000
				건　물	250,000
				소멸회사주식	30,000
				염가매수차익	40,000

※ 다음의 자료를 이용하여 [문제 10]과 [문제 11]에 답하시오.

1. (주)갑은 20×1년 중에 (주)을의 보통주 10주(지분율 10%)를 ₩3,000에 취득하고, 이를 기타포괄손익-공정가치측정금융자산으로 분류하였다.

2. (주)갑은 20×2년초에 (주)을의 나머지 지분 90%를 취득하여 합병하였다. 그 대가로 (주)갑은 보유하고 있던 보통주 자기주식 18주(주당 장부금액 ₩1,800)를 (주)을의 다른 주주에게 교부하였다.

3. 합병일 현재 (주)갑의 보통주 공정가치는 주당 ₩2,000, 액면금액은 주당 ₩1,000이며, (주)갑이 보유하고 있던 (주)을의 보통주 공정가치는 주당 ₩350이다.

4. 합병일 현재 (주)을의 순자산장부금액과 공정가치는 다음과 같다.

재무상태표

(주)을   20×2. 1. 1 현재   (단위:원)

계정과목	장부금액	공정가치	계정과목	장부금액	공정가치
유동자산	20,000	22,000	부　　채	25,000	25,000
유형자산	30,000	35,000	자 본 금	10,000	-
무형자산	10,000	13,000	이익잉여금	25,000	-
계	60,000		계	60,000	

5. 위 재무상태표에 추가적으로 다음과 같은 사실이 발견되었다.
   - (주)을은 운용리스계약에서 리스이용자인데, 미지급리스료의 현재가치는 ₩2,000이며, 당해 운용리스의 조건이 시장조건에 비하여 ₩500만큼 유리한 것으로 추정된다.
   - 합병일 현재 (주)을은 새로운 고객과 협상중인 계약이 있으며, 잠재적 계약의 가치는 ₩2,000으로 추정된다.
   - 합병일 현재 (주)을은 손해배상소송사건에 피소되어 있으며, 손해배상손실금액의 공정가치는 ₩1,500으로 추정된다. 그러나 패소할 가능성은 50% 미만으로 평가된다.
   - (주)을의 연구개발부서는 우수한 인적자원을 보유하고 있으며, 이로 인한 합병 후의 시너지효과는 상당할 것으로 예상된다. (주)을이 측정한 인적자원의 공정가치는 ₩1,000이다.

10 (주)갑이 (주)을의 합병과 관련하여 합병일에 인식할 취득자산과 인수부채의 순액은 얼마인가? 단, 법인세효과는 고려하지 않는다. (2014. CPA)

1. 취득자산

장부상 자산(공정가치): ₩22,000+₩35,000+₩13,000=	₩70,000
사용권자산: ₩2,000+₩500=	2,500*
계	₩72,500

  * 리스부채와 같은 금액으로 사용권자산을 측정하되, 시장조건과 비교하여 유리하거나 불리한 리스조건이 있다면 반영함

2. 인수부채

장부상 부채(공정가치)	₩25,000
리스부채	2,000*1
손해배상손실충당부채*2	1,500
계	₩28,500

  *1. 미지급리스료의 현재가치를 리스부채로 인식함
  2. 현재의무이고 공정가치를 신뢰성 있게 측정할 수 있는 우발부채는 인수부채에 포함됨

∴ 취득자산과 인수부채의 순액: ₩72,500−₩28,500=₩44,000

11 위 **10** 번 문제의 결과와 관계없이, (주)갑이 (주)을의 합병과 관련하여 합병일에 인식할 취득자산과 인수부채의 순액을 ₩30,000으로 가정한다. (주)갑이 합병일에 인식할 영업권의 금액은 얼마인가? 단, 법인세효과는 고려하지 않는다. (2014. CPA)

1. 이전대가: 18주×₩2,000+10주×₩350=	₩39,500
2. 취득자산과 인수부채의 순액	(30,000)
3. 영업권	₩9,500

※해설※

(차)	순자산	30,000	(대)	자기주식	32,400
	영업권	9,500		자기주식처분이익	3,600
				을회사주식	3,500

필수예제 | 측정기간과 후속측정

A회사는 20×1년 7월 1일에 B회사를 흡수합병하였다. 취득일에 B회사의 순자산공정가치는 ₩500,000 (자산 ₩1,200,000, 부채 ₩700,000)으로 평가되었으며, 관련자료는 다음과 같다.

(1) A회사는 B회사를 합병하기 위하여 B회사의 주주에게 A회사의 신주 300주와 합병교부금으로 ₩100,000을 지급하였다. 합병 당시 A회사주식의 1주당 액면금액은 ₩500, 공정가치는 ₩1,500이었다.
(2) 20×1년말에 A회사주식이 취득일의 공정가치에 미달할 경우 이전대가를 보전할 목적으로 추가로 주식을 교부하기로 약정하였는데, 취득일에 측정한 조건부대가의 공정가치는 ₩50,000이었다.
(3) A회사는 사업결합으로 취득한 B회사의 유형자산에 대하여 독립적인 평가자를 찾지 못하여 합병시점에서는 잠정금액 ₩400,000으로 측정하였다. 그러나 A회사는 20×2년초에 유형자산의 공정가치가 ₩430,000 이라는 독립적인 평가액을 받았다. 유형자산의 합병시점에서 잔존내용연수는 5년이고 정액법으로 상각한다.

A회사가 20×2년 1월 1일 재무상태표에 계상할 영업권은 얼마인가? 단, 합병 이후 영업권은 손상되지 않았다.

---

1. 취득일에 인식한 영업권

    (1) 이전대가

보 통 주 : 300주×₩1,500=	₩450,000	
현 금	100,000	
조건부대가(자본조정)	50,000	₩600,000
(2) 취득자산과 인수부채의 순액		(500,000)
(3) 영 업 권		₩100,000

2. 20×2년초 영업권

(1) 취득일에 인식한 영업권	₩100,000
(2) 유형자산 잠정금액의 수정*: ₩430,000−₩400,000=	(30,000)
(3) 영 업 권	₩70,000

    *취득자는 식별가능한 자산(부채)으로 인식한 잠정금액의 증가(감소)를 영업권의 증가(감소)로 인식함

12 (주)대한은 20×1년 10월 1일에 (주)민국의 의결권 있는 보통주식 100%를 ₩480,000에 취득하고 (주)민국을 흡수합병하였다. 취득일 현재 (주)민국의 식별가능한 순자산장부금액과 공정가치는 아래와 같다.

(주)민국의 식별가능한 순자산	장부금액	공정가치
유형자산	₩30,000	?
유형자산을 제외한 순자산	290,000	₩350,000

(주)대한은 (주)민국의 식별가능한 순자산 중 유형자산에 대한 가치평가를 20×1년말까지 완료하지 못해 잠정적으로 ₩50,000을 공정가치로 인식하였다. 취득일 현재 동 유형자산의 잔존내용연수는 5년이며, 잔존가치 없이 정액법으로 상각한다. (주)대한이 20×2년 4월 1일에 위 유형자산의 취득일 현재 공정가치를 ₩40,000으로 추정한 독립된 가치평가결과를 받았다면, (주)대한의 20×2년말 재무상태표에 보고될 영업권과 위 유형자산의 장부금액은 얼마인가? 단, 영업권의 손상여부는 고려하지 않는다.

(2016. CPA)

1. 영 업 권
    (1) 이전대가 　　　　　　　　　　　　　　　　　　₩480,000
    (2) 취득자산과 인수부채의 순액:₩40,000+₩350,000= 　(390,000)
    　　　계 　　　　　　　　　　　　　　　　　　　　₩90,000

2. 20×2년말 유형자산의 장부금액:₩40,000×45/60=₩30,000

13 A회사와 B회사는 20×1년초에 합병하여 새로운 기업인 甲회사를 설립하였다. 관련자료가 다음과 같다면 합병시 인식할 영업권은 얼마인가?

(1) 20×1년초 현재 A회사와 B회사의 자본금과 순자산내역

	A회사	B회사
발행주식수	1,000주	600주
1주당 액면가액	₩1,000	₩1,000
1주당 공정가치	4,000	11,000
순자산장부금액	3,600,000	6,000,000
순자산공정가치	4,000,000	6,600,000

(2) A회사와 B회사는 신설기업인 甲회사에 대한 지분을 각각 40%와 60%로 합의하고, 甲회사가 발행할 주식 1,000주 중 400주는 A회사주주에게, 600주는 B회사주주에게 교부하기로 하였다. 甲회사 주식의 1주당 액면가액은 ₩1,000, 1주당 공정가치는 ₩12,000이다.

1. 이전대가: 보통주 400주×₩12,000=   ₩4,800,000
2. 취득자산과 인수부채의 순액   (4,000,000)
3. 영 업 권   ₩800,000

* 새로운 기업을 설립하고 이 기업이 지분을 발행하여 사업결합을 하는 경우 사업결합 전에 존재하였던 결합참여기업 중 한 기업을 취득자로 식별해야 하며, 이 문제의 경우 B회사가 취득자임

14 A회사와 B회사는 20×1년초에 합병하여 새로운 기업인 甲회사를 설립하였다. 관련자료가 다음과 같다면 합병시 인식할 영업권은 얼마인가?

(1) 20×1년초 현재 A회사와 B회사의 자본금 및 순자산내역

	A회사	B회사
발행주식수	1,000주	1,000주
1주당 액면가액	₩1,000	₩1,000
1주당 공정가치	1,000	2,500
순자산장부금액	900,000	1,200,000
순자산공정가치	1,000,000	1,500,000

(2) 甲회사는 1,000주를 발행하여 조달한 자금으로 A회사와 B회사의 주주에게 이전대가를 지불하기로 하였다. 甲회사주식의 1주당 액면가액은 ₩1,000이며, 1주당 공정가치는 ₩3,000이었다. 甲회사가 A회사 및 B회사의 주주에게 지불한 이전대가는 각각 ₩1,200,000과 ₩1,800,000이었다.

1. 이전대가: 보통주 1,000주×₩3,000=   ₩3,000,000
2. 취득자산과 인수부채의 순액
    A회사   ₩1,000,000
    B회사   1,500,000   (2,500,000)
3. 영 업 권   ₩500,000

* 새로운 기업을 설립하고 이 기업이 사업결합을 위해 현금이나 그 밖의 자산을 이전하거나 부채를 부담한다면 새로 설립된 기업이 취득자임

15 (주)대한은 20×1년 10월 1일에 (주)민국의 모든 자산과 부채를 ₩450,000에 취득·인수하는 사업결합을 하였다. 20×1년 10월 1일 현재 (주)민국의 요약재무상태표는 다음과 같다.

요약재무상태표

(주)민국 20×1. 10. 1 현재 (단위:원)

계정과목	장부금액	공정가치	계정과목	장부금액	공정가치
자 산	500,000	600,000	부 채	100,000	100,000
			자 본 금	100,000	–
			자본잉여금	200,000	–
			이익잉여금	100,000	
	500,000			500,000	

(주)대한은 20×2년말에 시장점유율이 15%를 초과하면 (주)민국의 기존 주주들에게 추가로 ₩100,000을 지급하기로 하였다. 20×1년 10월 1일 현재 이러한 조건부대가의 공정가치는 ₩60,000으로 추정되었다. 그러나 (주)대한은 20×1년 12월 31일에 동 조건부대가의 추정된 공정가치를 ₩80,000으로 변경하였다. 이러한 공정가치 변동은 20×1년 10월 1일에 존재한 사실과 상황에 대하여 추가로 입수한 정보에 기초한 것이다. 20×2년말 (주)대한의 시장점유율이 18%가 되어 (주)민국의 기존 주주들에게 ₩100,000을 지급하였다. (주)대한의 20×1년말 재무상태표에 계상되는 영업권과 20×2년도에 조건부대가 지급으로 (주)대한이 인식할 당기손익은?
(2017. CPA)

---

1. 영 업 권
   (1) 이전대가:₩450,000+₩80,000*= ₩530,000
   (2) 취득자산과 인수부채의 순액:₩600,000-₩100,000= (500,000)
   계 ₩30,000*

   *측정기간 동안의 조정이므로 취득일에 인식하였을 금액으로 잠정금액을 소급하여 조정함

2. 당기손익:₩100,000-₩80,000=₩20,000*

   *자산이나 부채로 분류된 조건부대가는 K-IFRS에 따라 처리하므로 차손익 ₩20,000을 당기손익에 반영함

※해설※

20×1.10. 1:	(차)	자 산	600,000	(대)	부 채	100,000
		영 업 권	10,000		현 금	450,000
					충당부채	60,000
20×1.12.31:	(차)	영 업 권	20,000	(대)	충당부채	20,000
20×2.12.31:	(차)	충당부채상환손실	20,000	(대)	충당부채	20,000
		충당부채	100,000		현 금	100,000

※ 다음의 자료를 이용하여 [문제 16]과 [문제 17]에 답하시오.

1. 자동차제조사인 (주)대한과 배터리제조사인 (주)민국은 동일 지배 하에 있는 기업이 아니다.

2. (주)대한은 향후 전기자동차 시장에서의 경쟁력 확보를 위해 20×1년 7월 1일을 취득일로 하여 (주)민국을 흡수합병했으며, 합병대가로 (주)민국의 기존주주에게 (주)민국의 보통주(1주당 액면가 ₩100) 2주당 (주)대한의 보통주(1주당 액면가 ₩200, 1주당 공정가치 ₩1,400) 1주를 교부하였다.

3. 취득일 현재 (주)민국의 요약재무상태표는 다음과 같다.

요약재무상태표

20×1. 7. 1 현재

	장부금액	공정가치		장부금액	공정가치
현 금	₩50,000	₩50,000	매입채무	₩80,000	₩80,000
재고자산	140,000	200,000	차 입 금	450,000	450,000
유형자산(순액)	740,000	800,000	자 본 금	160,000	
무형자산(순액)	270,000	290,000	주식발행초과금	320,000	
			이익잉여금	190,000	
자 산	₩1,200,000		부채와 자본	₩1,200,000	

4. (주)대한은 (주)민국의 유형자산에 대해 독립적인 가치평가를 진행하려 하였으나, 20×1년 재무제표 발행이 승인되기 전까지 불가피한 사유로 인해 완료하지 못하였다. 이에 (주)대한은 (주)민국의 유형자산을 잠정적 공정가치인 ₩800,000으로 인식하였다. (주)대한은 취득일 현재 동 유형자산(원가모형 적용)의 잔존내용연수를 5년으로 추정하였으며, 잔존가치없이 정액법으로 감가상각(월할상각)하기로 하였다.

5. (주)대한은 합병 후 배터리사업 부문의 영업성과가 약정된 목표치를 초과할 경우 (주)민국의 기존주 주에게 현금 ₩100,000의 추가 보상을 실시할 예정이며, 취득일 현재 이러한 조건부대가에 대한 합리적 추정치는 ₩60,000이다.

6. 취득일 현재 (주)민국은 배터리 급속충전기술에 대한 연구·개발 프로젝트를 진행 중이다. (주)민국은 합병 전까지 동 프로젝트와 관련하여 총 ₩60,000을 지출하였으나, 아직 연구단계임에 따라 무형자산으로 인식하지 않았다. (주)대한은 합병 과정에서 동 급속충전기술 프로젝트가 자산의 정의를 충족하고 있으며 개별적인 식별이 가능하다고 판단하였다. (주)대한이 평가한 동 프로젝트의 공정가치는 ₩90,000이다.

16 (주)대한이 취득일(20×1년 7월 1일)에 수행한 사업결합 관련 회계처리를 통해 최초 인식한 영업권은 얼마인가?

(2021. CPA)

1. 이전대가 : 800주×₩1,400+₩60,000=		₩1,180,000
2. 취득자산과 인수부채의 순액 : ₩1,340,000−₩530,000+₩90,000=		900,000
3. 영 업 권		₩280,000

17 다음의 〈추가자료〉 고려 시, 20×2년 12월 31일에 (주)대한의 흡수합병과 관련하여 재무상태표에 계상될 영업권과 유형자산의 장부금액(순액)은 각각 얼마인가?

(2021. CPA)

〈추가자료〉
· 합병 후 (주)민국의 배터리 제품에 대한 화재 위험성 문제가 제기되어 20×1년 12월 31일 현재 추가 현금보상을 위한 영업성과 목표치가 달성되지 못했다. 그 결과 (주)민국의 기존주주에 대한 (주)대한의 추가 현금보상 지급의무가 소멸되었다. 이는 취득일 이후 발생한 사실과 상황으로 인한 조건부대가의 변동에 해당한다.
· (주)대한이 (주)민국으로부터 취득한 유형자산에 대한 독립적인 가치평가는 20×2년 4월 1일 (즉, 20×1년 재무제표 발행 승인 후)에 완료되었으며, 동 가치평가에 의한 취득일 당시 (주)민국의 유형자산 공정가치는 ₩900,000이다. 잔존내용연수, 잔존가치, 감가상각방법 등 기타 사항은 동일하다.
· 자산과 관련한 손상징후는 없다.

1. 영업권: ₩280,000-₩100,000=₩180,000
2. 유형자산(순액): ₩900,000×42/60=₩630,000

18 (주)대한은 20×1년 10월 1일에 (주)민국의 모든 자산과 부채를 취득·인수하고, 그 대가로 현금 ₩1,000,000을 지급하는 사업결합을 하였다. 관련자료는 다음과 같다.

(1) 취득일 현재 (주)민국의 재무상태표상 자산과 부채의 장부금액은 각각 ₩1,300,000과 ₩600,000이다.
(2) 취득일 현재 (주)민국의 재무상태표상 자산의 장부금액에는 건물 ₩350,000과 영업권 ₩100,000이 포함되어 있다.
(3) 취득일 현재 (주)민국은 기계장치를 금융리스로 이용하고 있다. 동 금융리스의 조건은 시장조건보다 유리하며, 유리한 리스조건의 공정가치는 ₩30,000이다.
(4) 취득일 현재 (주)민국은 건물을 운용리스로 제공하고 있다. 동 운용리스의 조건은 시장조건보다 불리하며, 불리한 리스조건의 공정가치는 ₩50,000이다.
(5) 취득일 현재 (주)민국의 식별가능한 자산·부채 중 건물을 제외한 나머지는 장부금액과 공정가치가 동일하다.

(주)대한이 취득일에 인식한 영업권이 ₩180,000이라면, 취득일 현재 건물의 공정가치는 얼마인가?

(2021. CPA)

1. 이전대가   ₩1,000,000
2. 취득자산과 인수부채의 순액
    ₩1,300,000-₩600,000-₩100,000+₩30,000+x=   630,000+x
3. 영 업 권   ₩180,000

∴ 건물의 공정가치: ₩350,000+₩190,000(x)=₩540,000

※ 해설 ※
1. (주)민국의 재무상태표상 영업권은 취득자산에 포함하지 않는다.
2. (주)민국이 리스이용자인 경우 시장조건과 비교하여 유리하거나 불리한 리스조건을 반영하지만, (주)민국이 리스제공자인 경우에는 별도의 자산이나 부채를 인식하지 않는다.

※ 다음의 자료를 이용하여 [문제 19]와 [문제 20]에 답하시오.

<자료>

- (주)대한은 20×1년 중에 (주)민국의 의결권 있는 보통주 150주(지분율 15%)를 ₩150,000에 취득하고, 이를 기타포괄손익-공정가치측정금융자산(FVOCI 금융자산)으로 분류하였다.
- (주)대한은 20×2년초에 추가로 (주)민국의 나머지 의결권 있는 보통주 850주(지분율 85%)를 취득하여 합병하였다. 이 주식의 취득을 위해 (주)대한은 ₩200,000의 현금과 함께 보통주 500주(액면총액 ₩500,000, 공정가치 ₩800,000)를 발행하여 (주)민국의 주주들에게 지급하였다. 합병일 현재 (주)민국의 의결권 있는 보통주 공정가치는 주당 ₩1,200, 액면가는 주당 ₩1,000이다. (주)대한은 신주발행과 관련하여 ₩10,000의 신주발행비용을 지출하였다.
- 취득일 현재 (주)민국의 요약재무상태표는 다음과 같다.

요약재무상태표
20×2년 1월 1일 현재

	장부금액	공정가치
유동자산	₩150,000	₩200,000
유형자산(순액)	1,050,000	1,280,000
자 산	₩1,200,000	
부 채	₩600,000	₩600,000
자 본 금	200,000	
이익잉여금	400,000	
부채와 자본	₩1,200,000	

- (주)대한은 합병과 관련하여 만세회계법인에게 (주)민국의 재무상태 실사용역을 의뢰하였고, ₩30,000의 용역수수료를 지급하였다. 그리고 (주)대한은 합병업무전담팀을 구성하였는데, 이 팀 유지원가로 ₩20,000을 지출하였다.
- 합병일 현재 (주)민국의 종업원들은 회사 경영권의 변동에도 불구하고 대부분 이직하지 않았다. 이 때문에 (주)대한은 합병일 이후 즉시 (주)민국이 영위하던 사업을 계속 진행할 수 있었으며, (주)대한의 경영진은 이러한 (주)민국의 종업원들의 가치를 ₩80,000으로 추정하였다.
- 합병일 현재 (주)민국의 상표명 'K-World'는 상표권 등록이 되어 있지 않아 법적으로 보호받을 수 없는 것으로 밝혀졌다. 그러나 (주)민국이 해당 상표를 오랫동안 사용해왔다는 것을 업계 및 고객들이 인지하고 있어, 합병 이후 (주)대한이 이 상표를 제3자에게 매각하거나 라이선스계약을 체결할 수 있을 것으로 확인되었다. (주)대한은 이 상표권의 가치를 ₩30,000으로 추정하였다.

19 (주)대한이 합병일(20×2년 1월 1일)에 수행한 사업결합 관련 회계처리를 통해 인식한 영업권은 얼마인가?
(2023. CPA)

1. 이전대가 : 150주×₩1,200+₩200,000+₩800,000=	₩1,180,000
2. 취득자산과 인수부채의 순액 : ₩1,480,000−₩600,000+₩30,000=	910,000
3. 영업권	₩270,000

20 다음은 (주)대한과 (주)민국에 대한 〈추가자료〉이다.

〈추가자료〉
· 합병일 현재 (주)대한은 (주)민국이 제기한 손해배상청구소송에 피소된 상태이다. 합병일 현재 (주)대한과 (주)민국 간에 계류 중인 소송사건의 배상금의 공정가치는 ₩20,000으로 추정되고, 합병에 의해 이 소송관계는 정산되었다. (주)대한은 이와 관련하여 충당부채를 설정하지 않았다.

위 〈자료〉와 〈추가자료〉가 (주)대한의 20×2년도 당기순이익에 미치는 영향은 얼마인가?
(2023. CPA)

20×2년 당기순이익에 미치는 영향

용역수수료	₩(30,000)
합병업무전담팀 유지원가	(20,000)
손해배상손실	(20,000)
계	₩(70,000)

01
사업결합과 합병회계

CHAPTER 02

연결회계 – 총론

ADVANCED ACCOUNTING

제1절 / 연결재무제표의 의의
제2절 / 연결회계의 기초개념
제3절 / 지배력
제4절 / 연결재무제표 작성기업과 투자기업
제5절 / 연결재무제표에 관한 일반적인 사항
제6절 / 연결재무제표의 유용성과 한계

01 연결재무제표의 의의

〈제1장 사업결합과 합병회계〉에서는 사업결합의 유형과 회계처리방법 및 합병회계를 중심으로 살펴보았다. 이제 본 장부터 〈제7장 연결회계 – 기타 주제〉까지는 사업결합의 유형 중 연결재무제표의 작성이 필요한 주식취득에 의한 사업결합에 대해서 살펴보기로 한다.

주식취득에 의한 사업결합이 이루어지면 결합 후에도 지배기업과 종속기업은 법적으로는 독립된 기업이므로 각각의 재무제표를 작성하게 되지만, 경제적(실질적)으로는 하나의 기업이므로 이들의 재무제표를 통합하여 기업군 전체의 재무상태와 경영성과를 일목요연하게 제공할 필요가 있다. 이러한 필요에 따라 지배기업과 종속기업을 하나의 경제적 실체로 간주하여 지배기업과 그 종속기업의 자산, 부채, 자본, 수익, 비용 및 현금흐름을 단일 경제적 실체의 것으로 표시하는 연결실체의 재무제표가 바로 연결재무제표인 것이다. 즉, 연결재무제표(consolidated financial statements)란 한 기업이 다른 기업의 발행주식을 취득하여 법적으로는 독립성을 유지하면서 경제적으로는 경영권을 통제하여 지배·종속관계를 형성함으로써 실질적으로 단일기업과 같을 때, 이들 기업군을 단일기업으로 보고 작성된 재무제표를 말한다. 따라서 연결재무제표는 형식보다는 실질을 우선시하는 대표적인 예라고 할 수 있다.

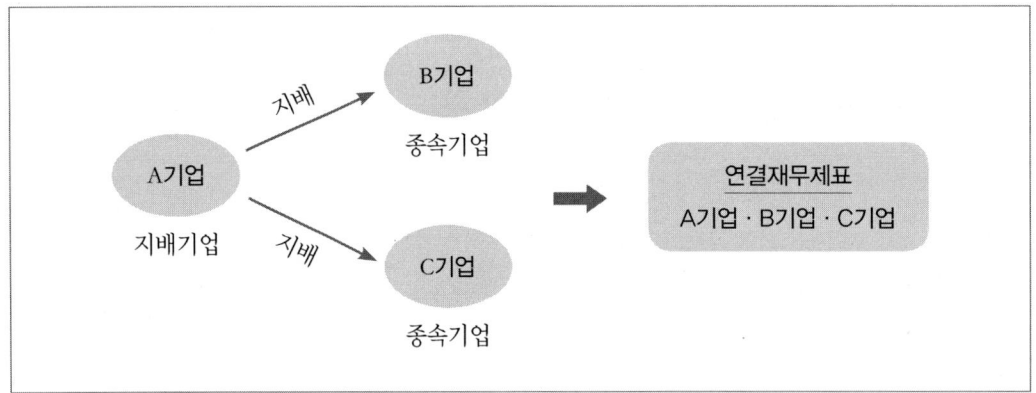

연결재무제표를 작성하는 목적은 연결실체의 주주 및 채권자들에게 기업군 전체의 재무상태나 경영성과에 관한 정보를 제공하기 위한 것이다. 즉, 연결실체의 주주나 채권자들은 연결실체의 개별적인 재무상태나 경영성과뿐만 아니라 기업군 전체의 재무상태나 경영성과를 알고자 하기 때문에 이를 위해서 연결재무제표를 작성하여 공시하는 것이다.

이하 기업회계기준서(사업결합, 연결재무제표, 별도재무제표)의 규정을 중심으로 연결회계를 설명한다.

02 연결회계의 기초개념

 연결회계에 대한 구체적인 내용을 살펴보기에 전에 본 절에서는 연결회계에 대한 기초개념을 간단한 예를 토대로 설명하도록 하겠다.

1 연결정산표

 연결재무제표를 이해하는 데 있어서 가장 유의할 점은 연결재무제표는 지배기업이 반드시 연결정산표를 이용하여 작성한다는 것이다.

(1) 지배기업과 종속기업은 법적으로 독립된 기업이므로 지배기업과 종속기업의 자산·부채는 연결정산표(연결재무제표를 작성하기 위해 지배기업이 자신의 회계장부와는 별도로 작성하는 일람표)상에서만 결합된다. 따라서 연결조정을 위한 모든 회계처리는 연결정산표상에서만 행해지는 것이며 지배기업의 장부에 반영되지 않는다.

예 A회사는 20×1년초에 B회사의 발행주식 전부를 ₩50에 취득하였다. 주식취득시점에서 B회사의 자산·부채 장부금액과 공정가치는 일치하였으며, A회사와 B회사의 20×1년 1월 1일 재무상태표는 다음과 같다.

재무상태표
20×1년 1월 1일

자 산	A회사	B회사	부채 및 자본	A회사	B회사
자 산	150	100	부 채	100	50
B회사투자주식	50		자 본	100	50
	200	100		200	100

1. 연결조정분개

  (차) 자 본(B)   50   (대) B회사투자주식   50

2. 연결정산표

계정과목	A회사	B회사	연결조정 차변	연결조정 대변	연결재무상태표
자 산	150	100			250
B회사투자주식	50			50	
	200	100			250
부 채	100	50			150
자 본	100	50	50		100
	200	100	50	50	250

3. 연결재무상태표

연결재무상태표

A회사 및 종속기업　　　　　20×1년 1월 1일

자 산	250	부 채	150
		자 본	100
	250		250

(2) 연결조정사항 중 가장 먼저 고려해야 할 것은 지배기업소유의 종속기업투자주식계정과 종속기업의 자본계정을 상계제거하는 것이다. 개별회계상 지배기업은 종속기업투자주식 취득시 금융자산(투자주식)으로 회계처리하지만, 경제적 실체의 관점에서 작성하는 연결재무제표에서는 지배기업이 종속기업의 자산·부채를 취득한 것으로 조정해야 하는데, 연결정산표상에서는 종속기업의 자산·부채뿐만 아니라 자본까지 결합된 상태이므로 이전대가에 해당되는 지배기업소유의 종속기업투자주식계정과 종속기업의 자본계정만을 소멸시키면 된다. 이는 다음의 회계처리를 연상하면 쉽게 이해할 수 있을 것이다.

종속기업주식취득시 : (차) B회사투자주식　50　　(대) 현　금　50
사업결합시　　　　 : (차) 자　산　100　　(대) 부　채　50
　　　　　　　　　　　　　　　　　　　　　　　　 B회사투자주식　50

(3) 위의 회계처리에서 사업결합시 종속기업의 자산·부채는 연결정산표상에서 이미 결합된 상태이므로 종속기업의 자산·부채를 이전하는 대신에 종속기업의 자본계정을 소멸시키면 종속기업의 자산·부채만 지배기업의 자산·부채와 결합되는 결과가 된다. 따라서 연결재무상태표의 자본계정은 전부 지배기업의 자본계정으로만 구성됨에 유의하기 바란다.

2 영업권과 염가매수차익

상기 **예**의 경우에는 지배기업이 종속기업의 주식을 취득하면서 지급한 대가와 종속기업의 순자산가액이 일치하였다. 그러나 지배기업이 종속기업의 주식을 취득하면서 지급한 대가와 종속기업의 순자산가액이 일치하지 않는 경우가 있는데, 이러한 경우에는 연결조정시 차액(이를 '투자제거차액'이라고 함.)이 발생하게 된다.

> **예** 상기 **예**에서 A회사가 B회사의 발행주식 전부를 ₩60에 취득하였다면 차변에 투자제거차액 ₩10이 발생하게 되며, B회사의 발행주식 전부를 ₩40에 취득하였다면 대변에 투자제거차액 ₩10이 발생하게 된다.

이때 이 투자제거차액을 어떻게 처리해야 할 것인지가 문제인데, 기업회계기준서(사업결합)에서는 종속기업의 주식을 종속기업의 순자산가액보다 비싸게 취득하여 투자제거차액이 차변에 발생하면 이를 영업권으로 기재하고, 반대로 종속기업의 주식을 종속기업의 순자산가액보다 싸게 취득하여 투자제거차액이 대변에 발생하면 이를 염가매수차익으로 기재하도록 규정하고 있다. 상기 **예**의 경우 연결조정분개를 나타내면 다음과 같다.

> **예** 1. ₩60 지급시 : (차) 자　본(B)　　50　　(대) B회사투자주식　60
> 　　　　　　　　　　　 영 업 권　　10
> 　　 2. ₩40 지급시 : (차) 자　본(B)　　50　　(대) B회사투자주식　40
> 　　　　　　　　　　　　　　　　　　　　　　　　염가매수차익　　10

영업권과 염가매수차익의 본질 및 이에 대한 회계처리방법은 〈제1장 사업결합과 합병회계〉에서 살펴본 내용과 동일하다.

3 비지배지분

주식취득에 의한 사업결합은 법적으로 독립된 다른 기업의 경영권만을 통제하면 되므로 다른 회사의 주식 중 과반수의 지분율만을 확보하면 된다. 따라서 지배기업이 종속기업의 주식을 전부 취득하지 않은 경우에는 지배기업의 지분을 제외한 나머지 부분에 대한 지분은 연결재무상태표의 대변에 이의 청구권을 표시해야 한다.

(1) 종속기업의 주주 중 지배기업을 제외한 주주를 비지배주주(non-controlling)라고 하며, 비지배주주의 종속기업순자산에 대한 청구권을 비지배지분(non-controlling interests)이라고 한다.

예 자산과 부채의 공정가치가 각각 ₩100과 ₩50인 종속기업의 총발행주식 60%를 취득하여 지배력을 획득하였다면, 지배기업은 종속기업의 순자산공정가치 ₩50 중 60%만을 취득한 것이므로 나머지 40%에 해당되는 ₩20(₩50×40%)은 비지배지분이라는 계정과목으로 하여 연결재무상태표의 자본에 별도로 표시해야 한다.

(2) 이론적 관점에서 비지배지분은 비지배주주를 지배기업의 주주와 달리 연결실체에 대한 채권자로 보아 연결재무상태표에 부채로 표시해야 한다는 주장과 비지배주주를 지배기업의 주주와 동일한 연결실체의 주주로 보아 자본으로 표시해야 한다는 주장이 있는데, 기업회계기준서(연결재무제표)에서는 비지배지분을 연결재무상태표에 자본의 구성항목으로 표시하되, 지배기업 소유주지분과는 구분하여 별도로 표시하도록 규정하고 있다. 비지배지분의 성격에 대한 연결회계이론(회계주체이론)에 대해서는 〈제7장 연결회계 – 기타 주제〉에서 자세히 살펴보기로 한다.

예 A회사는 20×1년에 B회사발행주식의 60%를 ₩40에 취득하였다. 주식취득시점에서 B회사의 장부금액과 공정가치는 일치하였으며, A회사와 B회사의 20×1년 1월 1일의 재무상태표는 다음과 같다.

재무상태표
20×1년 1월 1일

자 산	A회사	B회사	부채 및 자본	A회사	B회사
자 산	160	100	부 채	100	50
B회사투자주식	40		납입자본	100	50
	200	100		200	100

1. 연결조정분개

(차) 납입자본(B)　　　　50　　　(대) B회사투자주식　　　40
　　　영업권　　　　　　10　　　　　　비지배지분　　　　20*

　*₩50×40% = ₩20

2. 연결정산표

계정과목	A회사	B회사	연결조정 차변	연결조정 대변	연결재무상태표 차변	연결재무상태표 대변
자 산	160	100			260	
B회사투자주식	40			40		
	200	100				

부 채	100	50				150
납입자본	100	50	50			100
	200	100				
비지배지분				20		020
영 업 권			10		10	
			60	60	270	270

3. 연결재무상태표

연결재무상태표

A회사 및 종속기업　　　　　　　20×1년 1월 1일

자 산	260	부 채	150
영 업 권	10	자 본	100
		지배기업소유주지분	
		납입자본	100
		비지배지분	20
	270		270

(3) 상기 예의 경우 A회사는 B회사의 발행주식 60%만을 취득하였으므로 나머지 40%는 비지배지분의 계정과목으로 하여 연결재무상태표의 대변에 표시하게 된다. 즉, 연결정산표상에서 B회사의 납입자본계정은 소멸되고 B회사의 자산 ₩100과 부채 ₩50이 A회사의 자산·부채와 결합되는데, 이 중 40%는 지배기업이 취득한 것이 아니므로 이 부분에 대한 청구권 ₩20(B회사의 순자산가액 ₩50×40%)은 연결재무상태표의 대변에 비지배지분으로 표시하여 연결재무상태표상 자본에 포함시킨다. 따라서 A회사에 이전되는 B회사의 순자산가액은 ₩30(B회사의 순자산가액 ₩50×60%)이며, 이 금액과 A회사가 B회사의 발행주식 60%를 취득하면서 지불한 금액 ₩40과의 차액 ₩10은 영업권으로 처리한다.

(4) 비지배지분이 있을 경우 연결재무상태표상 자본항목은 지배기업의 자본계정과 비지배지분으로 구성되므로 기업회계기준서(연결재무제표)에서는 위의 연결재무상태표에서 보듯이 연결재무상태표상 자본항목을 지배기업소유주지분과 비지배지분으로 구분하여 별도로 표시하도록 규정하고 있다.

4 지배력획득일 이후의 연결

(1) 연결정산표

연결정산표란 연결재무제표를 작성하기 위해 지배기업이 자신의 회계장부와는 별도로 작성하는 일람표를 말하는데, 이와 관련하여 유의할 사항은 다음과 같다.

① 앞에서도 언급하였지만 모든 연결조정분개는 연결정산표를 가정한 것이므로 어떤 연결정산표를 이용하느냐에 따라 연결조정분개가 달라진다. 연결재무제표를 작성하기 위한 연결정산표는 여러 가지가 있으나 본서에서는 잔액시산표를 이용한 연결정산표를 사용하도록 하겠다.

② 잔액시산표를 이용한 연결정산표와 관련하여 유의할 점은 잔액시산표상 차변에는 자산과 비용이, 대변에는 부채와 자본 및 수익이 표시되는데, 당기순이익은 수익과 비용으로 구분되어 표시되므로 잔액시산표상의 자본(이익잉여금)은 당기순이익을 제외한 금액으로 표시해야 한다는 것이다. 다음에 제시된 재무상태표와 포괄손익계산서 및 잔액시산표를 살펴보면 쉽게 이해할 수 있을 것이다.

재무상태표				잔액시산표			
자 산	230	부 채	100	자 산	230	부 채	100
		납입자본	100			납입자본	100
		이익잉여금	30			이익잉여금	20*
		(당기순이익 10)					
	230		230				

포괄손익계산서							
비 용	40	수 익	50	비 용	40	수 익	50
당기순이익	10						
	50		50		270		270

*당기순이익을 제외한 금액임.

(2) 연결조정분개

지배기업이 종속기업의 지배력을 획득한 이후에는 연결재무상태표뿐만 아니라 연결포괄손익계산서도 작성해야 하는데, 이와 관련하여 유위할 사항은 다음과 같다.

① 연결포괄손익계산서에는 지배기업의 경영성과뿐만 아니라 종속기업의 경영성과까지 포함되는데, 지배기업이 종속기업의 주식 전부를 취득한 경우에는 종속기업의 수익·비용이 지배기업의 수익·비용

과 그대로 결합되므로 아무런 문제가 없지만, 지배기업이 종속기업주식의 100% 미만을 취득한 경우에는 종속기업의 순이익 중 비지배주주에 대한 순이익을 비지배분으로 대체시켜 비지배분을 증가시켜야 한다. 따라서 지배기업이 종속기업주식의 100% 미만을 취득한 경우에는 다음과 같은 연결조정분개를 하여 종속기업의 당기순이익 중 비지배분에 대한 몫을 대체시켜야 한다.

(차) 이익잉여금　　　　　×××　　(대) 비지배지분　　×××
　　 (비지배지분순이익)
　　*종속기업의 당기순이익×비지배지분율

② 위의 회계처리에서 차변에 나타나는 이익잉여금(비지배지분순이익)계정은 연결실체의 당기순이익에 포함된 종속기업 당기순이익 중 비지배주주의 몫만큼 이익잉여금을 차감하는 성격을 갖는다. 즉, 연결정산표상에서 지배기업의 수익·비용과 종속기업의 수익·비용이 결합되어 산출된 연결당기순이익이 연결재무상태표의 이익잉여금으로 대체되는데, 연결재무상태표에 비지배지분은 지배기업소유주지분과 구분하여 표시하므로 종속기업 당기순이익 중 비지배주주의 몫만큼 이익잉여금(비지배지분순이익)계정의 차변에 기록하면 동액만큼 차감하는 결과가 된다. 그리고 대변에 비지배지분이 계상된 이유는 종속기업의 당기순이익만큼 종속기업의 순자산이 증가한 것이므로 이 부분에 대한 비지배지분율만큼, 즉 비지배지분순이익만큼 비지배지분을 증가시켜야 하기 때문이다.

예 A회사는 20×1년초에 B회사발행주식의 60%를 ₩40에 취득하여 원가법으로 평가하고 있다. 주식취득시점에서 B회사의 순자산장부금액은 ₩50이었으며 장부금액과 공정가치는 일치하였다. A회사와 B회사의 20×1년말 재무상태표와 20×1년의 포괄손익계산서는 다음과 같다.

재무상태표
20×1년 12월 31일

자　산	A회사	B회사	부채 및 자본	A회사	B회사
자　산	180	110	부　채	100	50
B회사투자주식	40		납입자본	100	50
			이익잉여금	20	10
	220	110		220	110

포괄손익계산서

20×1년 1월 1일부터 20×1년 12월 31일까지

	A회사	A회사
수 익	50	30
비 용	(30)	(20)
당기순이익	20	10

1. 연결조정분개

   (1) 지배기업투자주식계정과 종속기업자본계정의 상계제거

   ① (차) 납입자본(B) 50   (대) B회사투자주식 40
          영 업 권   10   비지배지분   20

   * 주식취득시점인 20×1년초 시점에서 종속기업의 순자산을 지배기업지분과 비지배지분으로 배분하는 회계처리임.

   (2) 비지배지분순이익 계상

   ② (차) 이익잉여금(비지배지분순이익) 4   (대) 비지배지분 4

   * ₩10×40%=₩4. 종속기업의 당기순이익 중 비지배지분에 대한 몫을 비지배지분으로 대체시켜 비지배지분을 증가시켜야 함.

2. 연결정산표

계정과목	A회사	B회사	연결조정 차변	연결조정 대변	연결시산표 차변	연결시산표 대변
자 산	180	110			290	
B회사투자주식	40			① 40		
비 용	30	20			50	
	250	130				
부 채	100	50				150
납입자본	100	50	① 50			100
이익잉여금	0*¹	0*¹	② 4*²		4	
수 익	50	30				80
	250	130				
비지배지분				① 20 ② 4*²		24

영 업 권		① 10		10	
		64	64	354	354

*1. 잔액시산표를 이용한 연결정산표를 사용할 경우 당기순이익은 수익과 비용으로 구분되어 표시되므로 연결정산표상 지배기업과 종속기업의 이익잉여금은 당기순이익을 제외한 금액으로 표시해야 함.

2. 연결정산표상 지배기업과 종속기업의 수익·비용이 결합되어 산출된 연결당기순이익은 연결재무상태표의 이익잉여금으로 대체되며, 종속기업의 당기순이익 중 비지배주주에 해당하는 몫만큼 이익잉여금을 차감하여 비지배지분을 증가시켜야 함.

3. 연결재무상태표와 연결포괄손익계산서

연결재무상태표

A회사 및 종속기업　　　　20×1년 12월 31일

자　산	290	부　채	150
영 업 권	10	자　본	
		지배기업소유주지분	
		납입자본	100
		이익잉여금	26*
		비지배지분	24
	300		300

*이익잉여금 : ₩20(A회사의 이익잉여금) − ₩20(A회사의 당기순이익) + ₩10(B회사의 이익잉여금) − ₩10(B회사의 당기순이익) + ₩30(연결당기순이익) − ₩4(②번 분개 : 연결당기순이익 중 비지배지분 귀속분) = ₩26

포괄손익계산서

A회사 및 종속기업　　　　20×1년 1월 1일부터 20×1년 12월 31일까지

수　익	80
비　용	(50)
당기순이익	30
당기순이익의 귀속	
지배기업소유주	26
비지배지분	4

③ 지배력획득일 이후의 연결조정시에 유의할 점은 지배기업소유의 종속기업투자주식계정과 종속기업 자본계정의 상계제거분개시 종속기업의 이익잉여금은 당기순이익을 차감한 금액으로 해야 하며, 종속기업의 당기순이익을 지배기업과 비지배지분에 배분하는 것은 비지배지분순이익에 대한 추가분개로 해결한다는 것이다. 왜냐하면, 연결정산표상에서 종속기업의 수익·비용이 지배기업의 수익·비용과 이미 결합된 상태이므로 연결실체의 당기순이익에서 종속기업의 당기순이익 중 비지배지분에 대한 몫은 차감시켜야 되며, 따라서 종속기업의 기초순자산을 비지배지분에 배분하는 분개와 당기에 증가한 종속기업의 순자산, 즉 종속기업의 당기순이익을 비지배지분에 배분하는 분개로 나누어서 회계처리해야 하기 때문이다.

(3) 연결재무제표의 표시

기업회계기준서(연결재무제표)에 규정하고 있는 연결재무제표의 표시와 관련하여 유의할 사항은 다음과 같다.

① 상기 예의 연결포괄손익계산서에서 보듯이 기업회계기준서(연결재무제표)에서는 연결포괄손익계산서상의 당기순이익을 연결실체(지배기업소유주와 비지배주주)의 당기순이익으로 표시하고 그 하단에 연결실체의 당기순이익을 지배기업소유주 귀속분과 비지배지분 귀속분(비지배지분순이익)으로 구분하도록 규정하고 있으므로 연결실체의 당기순이익에서 비지배지분순이익을 차감한 금액을 지배기업소유주 귀속분으로 기재하면 된다. 즉, 상기 예의 경우에 연결실체의 당기순이익 ₩30에서 비지배지분순이익 ₩4을 차감하면 지배기업소유주 귀속분은 ₩26임을 알 수 있다.

② 비지배지분은 비지배주주의 종속기업 순자산에 대한 청구권을 의미하므로 연결재무상태표에 계상될 비지배지분은 종속기업의 기말 순자산가액에 비지배지분율을 곱한 금액이어야 한다. 상기 예의 경우에도 연결재무상태표에 계상된 비지배지분 ₩24은 종속기업의 기말 순자산가액 ₩60에 비지배지분율 40%를 곱한 금액과 일치한다.

③ 앞에서 언급하였지만 기업회계기준서(연결재무제표)에서는 연결재무상태표의 자본을 지배기업소유주지분과 비지배지분으로 구분하고 지배기업소유주지분은 납입자본, 이익잉여금(또는 결손금) 및 기타포괄손익누계액으로 구분하여 별도로 표시하도록 규정하고 있다.

03 지배력

연결재무제표는 지배기업과 그 기업이 지배하고 있는 종속기업을 포함해야 한다. 따라서 투자자(지배기업)는 피투자자(종속기업)에 대한 관여의 성격과 무관하게, 피투자자를 지배하는지 평가하여 자신이 지배기업인지 결정해야 한다.

1 지배력의 정의

지배력은 투자자가 피투자자에 대한 관여로 변동이익에 노출되거나 변동이익에 대한 권리가 있고 피투자자에 대하여 자신의 힘으로 그러한 이익에 영향을 미치는 능력을 말하며, 지배력이 있을 때 투자자는 피투자자를 지배한다.

(1) 투자자는 다음의 세 가지 요소를 모두 갖는 경우에만 피투자자를 지배하는데, 이를 지배력의 요소라고 한다.

① **힘** : 피투자자에 대한 힘

② **이익** : 피투자자에 대한 관여로 인한 변동이익에 대한 노출 또는 권리

③ **힘과 이익의 연관** : 투자자의 이익금액에 영향을 미치기 위하여 피투자자에 대하여 자신의 힘을 사용하는 능력

이러한 지배력의 세 가지 요소에 대해서는 항을 달리하여 자세히 살펴보기로 한다.

(2) 투자자는 자신이 피투자자를 지배하는지 평가할 때 모든 사실과 상황을 고려한다. 사실과 상황이 위 (1)에 열거된 지배력의 세 가지 요소 중 하나 이상에 변화가 있음을 나타내는 경우 투자자는 자신이 피투자자를 지배하는지 재평가해야 한다.

2 지배력 평가시 고려해야 할 요소

투자자가 피투자자를 지배하는지 결정할 때에는 지배력의 세 가지 요소 외에 (1) 피투자자의 목적과 설계와 (2) 관련활동이 무엇인지와 그러한 관련활동이 어떻게 결정되는지를 고려하는 것이 도움이 될 수 있다.

(1) 피투자자의 목적과 설계

피투자자에 대한 지배력을 평가할 때, 투자자는 피투자자의 목적과 설계를 고려해야 한다.

① 피투자자의 보통주와 같이 보유자에게 비례의결권을 제공하는 지분상품을 수단으로 피투자자를 지배하는 것은 명백할 수 있다. 이러한 경우 지배력의 평가는 누가 피투자자의 영업정책과 재무정책을 결정하기 위한 충분한 의결권을 행사할 수 있는지에 중점을 둔다. 가장 단순한 경우, 다른 요소가 없다면 의결권의 과반수를 보유하는 투자자가 피투자자를 지배한다.

② 피투자자를 지배하는지 결정하는 데 의결권이 주된 요소가 되지 않도록 피투자자가 설계될 수도 있다. 그러한 경우, 투자자가 피투자자의 목적과 설계에 대해 고려할 때 포함해야 할 사항은 다음과 같다.

    a. 피투자자가 위험에 노출되도록 설계되어 있을 경우 그 위험

    b. 피투자자와 관련된 당사자들에게 그 위험이 전가되도록 설계되어 있을 경우 그러한 위험

    c. 그러한 위험의 일부 또는 전부에 대한 투자자의 노출 여부

이러한 위험에 대한 고려는 하방위험뿐만 아니라 상방위험의 가능성도 포함한다.

(2) 관련활동과 관련활동의 지시

관련활동이란 피투자자의 이익에 유의적인 영향을 미치는 피투자자의 활동을 말하는데, 투자자가 힘을 가지고 있는지 여부는 관련활동, 결정된 관련활동에 대한 의사결정방법 및 피투자자에 대하여 투자자와 다른 당사자들이 갖는 권리에 따라 결정된다.

① 다양한 영업활동과 재무활동은 많은 피투자자들의 이익에 유의적으로 영향을 미치는데 관련활동에 포함될 수 있는 활동의 예는 다음과 같다.

    a. 재화나 용역의 판매와 구매

    b. 존속기간 동안의 금융자산 관리(채무불이행시 포함)

    c. 자산의 선택, 취득 또는 처분

    d. 새로운 제품이나 공정의 연구와 개발

    e. 자금조달 구조 결정이나 자금의 조달

② 관련활동에 대한 의사결정의 예는 다음과 같다.

    a. 예산을 포함하여 피투자자에 대한 영업의사결정과 자본의사결정의 수립

    b. 피투자자의 주요 경영진이나 용역 제공자의 임명과 보상 및 그들의 용역이나 고용의 중지

③ 관련활동을 지시하는 현재의 능력이 있는 투자자는 그 지시하는 권리가 행사되기 전이더라도 힘을 가진다. 투자자가 관련활동을 지시하고 있다는 증거는 투자자가 힘을 가지는지 결정하는데 도움을 줄 수 있다.

④ 관련활동의 지시에 참여하는 현재의 능력을 갖게 하는 현존 권리(예 : 유의적인 영향력)를 다른 기업들이 보유하고 있더라도, 투자자는 피투자자에 대한 힘을 가질 수 있다.

⑤ 둘 이상의 투자자들이 각각에게 다른 관련활동을 지시하는 일방적인 능력을 갖게 하는 현존 권리를 보유하는 경우, 피투자자의 이익에 가장 유의적으로 영향을 미치는 활동을 지시하는 현재의 능력이 있는 투자자가 피투자자에 대한 힘을 갖는다.

⑥ 둘 이상의 투자자들이 관련활동을 지시하기 위해 함께 행동해야 할 경우 그들은 피투자자를 집합적으로 지배한다. 그러한 경우, 투자자는 상대방의 협력없이 관련활동을 지시할 수 없으므로 투자자 어느 누구도 개별적으로 피투자자를 지배하지 못하며, 각 투자자는 관련 기업회계기준서(공동약정, 관계기업과 공동기업에 대한 투자, 금융상품 : 인식과 측정)에 따라 투자지분을 회계처리해야 한다.

3 지배력의 요소

투자자가 피투자자에 대한 지배력을 갖기 위해서는 지배력의 세 가지 요소, 즉 (1) 힘 (2) 이익 (3) 힘과 이익의 연관을 모두 충족하여야 한다.

(1) 힘

투자자가 관련활동(즉, 피투자자의 이익에 유의적으로 영향을 미치는 활동)을 지시하는 현재의 능력을 갖게 하는 현존 권리를 보유하고 있을 때, 투자자는 피투자자에 대한 힘이 있다. 투자자의 힘은 실질적이고 방어적이지 않은 권리만을 고려해야 한다.

피투자자에 대한 힘을 갖게 하는 권리

힘은 권리에서 발생한다. 예를 들어 피투자자에 대한 힘은 지분증권에 부여된 의결권을 고려하여 평가될 수 있다. 그러나 어떤 경우에는 힘이 하나 이상의 계약상 약정에 기인하는 경우와 같이 하나 이상의 요소들을 고려할 것이 요구되기도 한다.

① 개별적으로 또는 결합하여 투자자가 힘을 가질 수 있게 하는 권리의 예는 다음과 같다.
    a. 피투자자에 대한 의결권(또는 잠재적 의결권) 형태의 권리
    b. 관련활동을 지시하는 능력이 있는 피투자자의 주요 경영진 구성원의 선임, 재배치 또는 해임 권리
    c. 관련활동을 지시하는 다른 기업의 선임 또는 해임 권리
    d. 투자자의 효익을 위하여 거래를 체결하거나 거래의 변경을 거부하도록 피투자자를 지시하는 권리
    e. 관련활동을 지시하는 능력을 권리의 보유자가 갖게 하는 그 밖의 권리(예 : 경영관리계약에 명시된 의사결정권)

② 투자자는 힘을 갖고 있는지 평가할 때, 피투자자와 관련된 실질적인 권리(투자자와 그 밖의 투자자들이 보유하고 있는)만을 고려한다. 권리가 실질적이기 위해서는 보유자는 그 권리를 행사할 실제 능력을 가져야 하며, 관련활동의 지시에 대한 결정이 이루어질 필요가 있을 때 행사가능해야 한다.

③ 권리가 투자자에게 피투자자에 대한 힘을 갖게 하는지를 평가할 때, 투자자는 자신의 권리와 다른 투자자들이 갖는 권리가 방어권인지 평가해야 한다. 방어권은 당사자에게 관련 기업에 대한 힘을 갖게 하지는 않지만 방어권을 보유하고 있는 당사자의 이익을 보호하기 위해 설계된 권리를 말한다. 따라서 방어권은 다른 당사자가 피투자자에 대한 힘을 갖는 것을 막을 수는 없다. 방어권의 예는 다음과 같다.

 a. 차입자의 신용위험을 대여자의 손실로 유의적으로 전환시킬 수 있는 차입자의 행위를 제한하는 대여자의 권리
 b. 정상적인 영업수행 과정에서 요구되는 것보다 훨씬 큰 규모의 자본적지출이나 지분증권 또는 채무증권의 발행을 승인하는 피투자자의 비지배지분을 보유한 당사자의 권리
 c. 차입자가 명시된 대출 상환 조건을 충족하지 못하는 경우, 차입자의 자산을 압류하는 대여자의 권리

예 다음은 투자자가 관련활동을 지시할 수 있는 실질적인 권리를 보유하고 있는지를 판단하기 위한 상황이다. 제시된 각각의 사례별로 관련활동을 지시할 수 있는 권리가 실질적인지의 여부를 판단하시오.

> 피투자자는 매년 관련활동을 지시하는 결정이 이루어지는 주주총회를 개최한다. 다음 정기주주총회는 8개월 후에 개최될 예정이다. 그러나 개별적으로 또는 집합적으로 의결권을 5% 이상 보유하고 있는 주주들은 관련활동에 대한 기존의 정책을 변경하기 위해 특별총회를 소집할 수 있다. 그러나 다른 주주들에게 특별총회 개최에 대하여 최소 30일 전에 통보해야 한다. 관련활동에 대한 정책은 특별총회나 정기주주총회에서만 변경될 수 있다. 이는 유의적인 투자의 실행이나 처분뿐만 아니라 중요한 자산의 판매에 대한 승인을 포함한다.

사례 1 : 투자자는 피투자자의 의결권 과반수를 보유하고 있다.
사례 2 : 투자자는 피투자자의 주식 과반수를 취득하는 선도계약 당사자이며, 선도계약 결제일은 25일 후이다.
사례 3 : 투자자는 피투자자의 주식 과반수를 취득할 실질적인 옵션을 보유하고 있다. 이 옵션은 25일 후에 행사가능하며 깊은 내가격 상태에 있다.
사례 4 : 투자자는 피투자자의 주식 과반수를 취득할 선도계약의 당사자이며, 피투자자에 대하여 다른 관련된 권리는 없다. 선도계약의 결제일은 6개월 후이다.

사례 1 : 투자자는 필요한 경우 관련활동의 지시를 결정할 수 있으므로, 투자자의 의결권은 실질적인 권리이다. 투자자가 의결권을 행사할 수 있기까지 30일의 기간이 소요된다는 사실이 투자자가 지분을 취득하는 시점부터 관련활동을 지시하는 현재의 능력을 보유한다는 점을 부정하지는 않는다.

사례 2 : 특별총회는 적어도 30일 이내(선도계약이 결제되었을 시점)에 열릴 수 없기 때문에, 기존 주주들은 관련활동에 대한 기존 정책을 변경할 수 없다. 따라서 투자자는 의결권 과반수를 보유한 투자자와 근본적으로 동등한 권리를 보유한다(즉, 선도계약을 보유한 투자자는 필요한 경우 관련활동의 지시를 결정할 수 있다.). 투자자의 선도계약은 동 계약이 결제되기 전이라도 관련활동을 지시하는 현재의 능력을 투자자에게 갖게 하는 실질적인 권리이다.

사례 3 : 이 경우 위 사례 2와 동일한 결론에 도달한다. 즉, 특별총회는 적어도 30일 이내(옵션이 행사되었을 시점)에 열릴 수 없기 때문에, 기존 주주들은 관련활동에 대한 기존 정책을 변경할 수 없다. 따라서 투자자는 의결권 과반수를 보유한 투자자와 근본적으로 동등한 권리를 보유한다(즉, 옵션을 보유한 투자자는 필요한 경우 관련활동의 지시를 결정할 수 있다.). 투자자의 옵션은 동 옵션이 행사되기 전이라도 관련활동을 지시하는 현재의 능력을 투자자에게 갖게 하는 실질적인 권리이다.

사례 4 : 위의 사례들과 대조적으로, 투자자는 관련활동을 지시하는 현재의 능력을 가지고 있지 않다. 기존 주주들은 선도계약이 결제되기 전에 관련활동에 대한 기존 정책을 변경할 수 있기 때문에 기존 투자자들이 관련활동을 지시하는 현재의 능력을 가진다.

의결권

일반적으로 투자자들은 의결권 또는 유사한 권리를 통하여 관련활동을 지시하는 현재의 능력을 가지는데, 투자자는 피투자자의 관련활동이 의결권을 통해 지시되는 경우 다음의 사항을 고려해야 한다.

① **의결권의 과반수 보유로 힘을 가지는 경우** : 피투자자의 의결권 과반수를 보유하는 투자자는 다른 요소가 없다면 다음의 상황에서 힘을 가진다.
  a. 의결권 과반수 보유자의 결의에 의해 관련활동이 지시되거나,
  b. 관련활동을 지시하는 의사결정기구 구성원의 과반수가 의결권 과반수 보유자의 결의에 의해 선임된다.

② **의결권을 과반수 보유하나 힘을 가지지 않는 경우** : 피투자자의 의결권 과반수를 보유하는 투자자가 피투자자에 대한 힘을 보유하기 위해서는 투자자의 의결권이 실질적이어야 하며, 보통 영업정책 및 재무정책의 결정을 통해 이루어지는 관련활동을 지시하는 현재의 능력을 투자자에게 부여해야 한다. 즉, 투자자는 피투자자에 대한 의결권 과반수를 보유하고 있더라도 그러한 권리가 실질적이지 않다면 피투자자에 대한 힘을 가지지 않는다. 예를 들어 관련활동이 정부, 법원, 관재인, 채권자, 청산인 또는 감독당국의 지시 대상이 된다면, 피투자자에 대한 의결권 과반수를 보유하는 투자자는 힘을 가질 수 없다.

③ **의결권의 과반수 보유 없이도 힘을 가지는 경우** : 투자자는 피투자자 의결권의 과반수 미만을 보유하더라도 다음과 같은 경우에 힘을 가질 수 있다.

a. **투자자와 다른 의결권 보유자 간의 계약상 약정** : 투자자가 계약상 약정 없이는 자신에게 힘을 부여할 충분한 의결권이 없더라도, 투자자와 다른 의결권 보유자 간의 계약상 약정은 투자자에게 힘을 부여하기에 충분한 의결권을 행사할 권리를 갖게 할 수 있다.

b. **그 밖의 계약상 약정에서 발생하는 권리** : 그 밖의 의사결정권은 의결권과 결합하여 투자자에게 관련활동을 지시하는 현재의 능력을 부여할 수 있다. 예를 들어 계약상 약정에 명시된 권리는 의결권과 결합하여, 관련활동을 지시하는 현재의 능력을 부여하기에 충분할 수도 있다. 그러나 다른 권리가 없다면 피투자자가 투자자에 대해 경제적으로 의존(예 : 공급자와 주요 고객의 관계)하고 있다고 해서 투자자가 피투자자에 대한 힘을 가지게 되는 것은 아니다.

c. **투자자의 의결권** : 의결권의 과반수 미만을 보유한 투자자가 일방적으로 관련활동을 지시하는 실질적 능력을 가진 경우 자신에게 힘을 부여하는 충분한 권리를 가진다. 투자자는 의결권이 힘을 부여하기에 충분한지 평가할 때, 다음을 포함하는 모든 사실과 상황을 고려해야 한다.
   · 투자자의 보유 의결권의 상대적 규모와 다른 의결권 보유자의 주식 분산 정도. 이 경우 투자자가 보유한 의결권이 많을수록, 투표에서 투자자를 이기기 위해 함께 행동할 필요가 있는 당사자들이 많을수록 투자자는 관련활동을 지시할 현재의 능력을 부여하는 권리를 가질 가능성이 높다.
   · 투자자, 다른 의결권 보유자 또는 다른 당사자가 보유한 잠재적 의결권
   · 그 밖의 계약상 약정에서 발생하는 권리
   · 과거 주주총회에서의 의결양상을 포함하여, 결정이 이루어져야 하는 시점에서 투자자가 관련활동을 지시하는 현재의 능력을 가지고 있는지 나타내는 추가적인 사실과 상황

d. **잠재적 의결권** : 지배력을 평가할 때, 투자자는 자신이 힘을 갖는지 결정하기 위하여 다른 당사자가 보유한 잠재적 의결권뿐만 아니라 자신이 보유한 잠재적 의결권도 고려한다. 잠재적 의결권은 선도계약을 포함하는 전환상품이나 옵션에서 발생하는 권리와 같이 피투자자의 의결권을 획득하는 권리이다. 잠재적 의결권과 관련하여 유의할 사항은 다음과 같다.
   · 잠재적 의결권은 권리가 실질적일 경우에만 고려한다. 실질적인 잠재적 의결권은 단독으로 또는 다른 권리와 결합하여 투자자에게 관련활동을 지시하는 현재의 능력을 부여할 수 있다. 예를 들어, 투자자가 피투자자의 의결권을 40% 보유하고 있고 추가로 의결권의 20%를 취득할 수 있는 옵션에서 발생하는 실질적인 권리를 갖고 있을 때, 이러한 경우가 될 가능성이 높다.
   · 연결재무제표를 작성할 때 잠재적 의결권이나 잠재적 의결권을 포함하는 그 밖의 파생상품이 있는 경우 당기순손익과 자본변동을 지배기업지분과 비지배기업지분에 배분하는 비율은 현재의 소유지분에만 기초하여 결정하고 잠재적 의결권과 그 밖의 파생상품의 행사가능성이나 전환가능성은 반영하지 아니한다.
   · 어떤 상황에서는 이익에 접근할 수 있게 하는 거래의 결과로 실질적으로는 현재의 소유지분을

보유하게 되는 경우가 있다. 그러한 상황에서는 연결재무제표를 작성할 때 이익에 접근할 수 있게 하는 잠재적 의결권과 그 밖의 파생상품의 궁극적인 행사를 고려하여 지배기업지분과 비지배지분의 배분비율을 결정한다.

e. 상기 항목(a~d)들의 조합

예 다음은 투자자가 보유한 의결권이 피투자자에 대한 힘을 갖고 있는지를 판단하기 위한 사례이다. 각각의 사례는 상호 독립적이다. 각각의 사례별로 투자자가 피투자자에 대한 힘을 보유하고 있는지 판단하시오.

사례 1 : 투자자는 피투자자 의결권의 48%를 보유한다. 나머지 의결권은 수천명의 주주들이 보유하고 있으며, 어느 누구도 개별적으로 의결권의 1%를 초과하여 보유하고 있지 않다. 주주들은 서로 상의하거나 집합적인 의사결정을 하기 위한 어떠한 약정도 없다.

사례 2 : 투자자 A는 피투자자의 의결권 40%를 보유하고 있으며 나머지 12명의 투자자들이 각 5%씩 피투자자의 의결권을 보유하고 있다. 주주간 합의에서 투자자 A는 관련활동을 지시할 책임이 있는 경영진을 선임, 해임 그리고 보수를 결정할 수 있는 권리를 부여받았다. 이 합의를 변경하려면 주주의 3분의 2의 다수 표결이 필요하다.

사례 3 : 투자자 A는 피투자자의 의결권 45%를 보유하고 있다. 다른 2명의 투자자는 피투자자의 의결권을 각각 26%씩 보유하고 있다. 나머지 의결권은 그 밖의 3명의 주주들이 각 1%씩 보유하고 있다. 의사결정에 영향을 미치는 다른 약정은 없다.

사례 4 : 투자자는 피투자자의 의결권 45%를 보유하고 있다. 11명의 다른 주주들은 피투자자의 의결권을 각 5%씩 보유하고 있다. 주주들은 서로 상의하거나 집합적인 의사결정을 하기 위한 어떠한 약정도 없다.

사례 5 : 투자자는 피투자자의 의결권 35%를 보유하고 있다. 3명의 다른 주주들은 피투자자의 의결권을 각 5%씩 보유하고 있다. 나머지 의결권은 수많은 다른 주주들이 보유하고 있으며, 아무도 개별적으로 의결권의 1%를 초과하여 보유하고 있지 않다. 주주들은 서로 상의하거나 집합적으로 의사결정을 하기 위한 어떠한 약정도 없다. 피투자자의 관련활동에 대한 결정은 관련 주주총회에서 의결권 과반수의 승인을 요구한다. 최근 관련 주주총회에서 피투자자 의결권의 75%가 투표하였다.

사례 6 : 투자자 A는 피투자자의 의결권 70%를 보유하고 있다. 투자자 B는 피투자자의 의결권 30% 및 투자자 A의 의결권 절반을 취득할 수 있는 옵션을 보유하고 있다. 옵션은 향후 2년 동안 깊은 외가격 상태인 고정된 가격으로 행사가능하며, 그 2년의 기간 동안 깊은 외가격 상태로 있을 것으로 기대된다. 투자자 A는 자신의 의결권을 행사하고 있으며 피투자자의 관련활동을 적극적으로 지시하고 있다.

사례 7 : 투자자 A와 2명의 투자자는 피투자자의 의결권을 각 3분의 1씩 보유하고 있다. 피투자자의 사업 활동은 투자자 A와 밀접하게 관련되어 있다. 지분상품 이외에도 투자자 A는 언제라도 고정된 가격(현재 외가격 상태이나 깊은 외가격 상태는 아님.)으로 피투자자의 보통주로 전환할 수 있는 채무상품을 보유하고 있다. 만약 채무상품이 전환된다면, 투자자 A는 피투자자의 의결권 60%를 보유할 것이다. 또한 채무상품이 보통주로 전환된다면, 투자자 A는 시너지 실현으로 인하여 효익을 얻을 것이다.

사례 1 : 다른 주주들 의결권의 상대적 규모에 근거하여 투자자가 취득한 의결권의 비율을 평가하는 경우, 투자자의 48% 지분은 피투자자를 지배하기에 충분할 것이다. 따라서 투자자의 보유 의결권의 절대적 규모와 다른 주주들 의결권의 상대적 규모에 근거하여, 투자자는 힘에 대한 다른 증거를 고려할 필요없이 힘의 기준을 충족하는 지배적인 의결권을 충분히 지니고 있다는 결론을 내린다.

사례 2 : 투자자 A는 자신의 보유 의결권의 절대적 규모와 다른 주주들 의결권의 상대적 규모만으로 자신에게 힘을 부여하는 충분한 권리를 가지는지 결정하기에 명확하지 않다는 결론을 내린다. 그러나 투자자 A는 경영진의 선임, 해임 및 보수를 결정할 자신의 계약상 권리로 피투자자에 대한 힘을 갖고 있다는 결론을 내리기에 충분하다고 결정한다. 투자자 A가 이 권리를 행사하지 않을 수 있다는 사실이나 경영진을 선택, 선임 또는 해임할 수 있는 권리의 행사례가능성은 투자자 A가 힘을 갖고 있는지 평가할 때 고려하지 않는다.

사례 3 : 투자자 A의 의결권 규모와 다른 주주와의 상대적 규모는 투자자 A가 힘을 갖지 않는다는 결론을 내리기에 충분하다. 투자자 A가 피투자자의 관련활동을 지시하는 것을 못하게 하기 위해서는 오직 다른 투자자 둘만 협력할 필요가 있을 것이다.

사례 4 : 투자자 보유 의결권의 절대적 규모와 다른 주주들 의결권의 상대적 규모만으로는 투자자가 피투자자에 대한 힘을 가지는지 결정하기 위한 확실한 증거가 되지 못한다. 따라서 투자자가 힘을 갖거나 갖지 못한다는 증거를 제공할 수 있는 추가적인 사실과 상황을 고려해야 한다.

사례 5 : 최근 주주총회에서 다른 주주들의 능동적인 참여는, 충분한 수의 다른 주주들이 투자자와 동일한 의견에 투표하였기 때문에 투자자가 관련활동을 지시하였는지와 관계없이, 투자자가 일방적으로 관련활동을 지시하는 실질적 능력을 갖고 있지 않음을 나타낸다.

사례 6 : 투자자 A는 관련활동을 지시하는 현재의 능력을 가지는 것으로 보이므로 힘의 기준을 충족시킬 가능성이 높다. 비록 투자자 B가 추가적인 의결권을 구입할 수 있는 현재 행사가능한 옵션을 가지고 있더라도(옵션이 행사되는 경우 피투자자에 대한 의결권의 과반수가 투자자 B에게 제공될 것이다.), 그러한 옵션과 관련된 계약조항과 조건은 그 옵션을 실질적이지 않다고 고려하게 한다.

사례 7 : 투자자 A는 관련활동을 지시하는 현재의 능력을 자신에게 갖게 하는 실질적인 잠재적 의결권과 더불어 피투자자의 의결권을 보유하고 있으므로 피투자자에 대한 힘을 갖는다.

(2) 이익

투자자는 피투자자에 대한 지배력이 있는지 평가할 때, 피투자자에 대한 관여로 변동이익에 노출되거나 그에 대한 권리를 갖는지를 결정해야 한다.

① 피투자자에 대한 투자자의 관여로 투자자의 이익이 피투자자의 성과에 따라 달라질 가능성이 있는 경우 투자자는 변동이익에 노출되거나 변동이익에 대한 권리를 가진다. 변동이익은 고정되지 않으며 피투자자의 성과의 결과로 달라질 가능성이 있으므로 투자자의 이익은 양(+)의 금액이거나, 부(-)의 금액이거나, 또는 두 경우 모두에 해당될 수 있다.

② 하나의 투자자만이 피투자자를 지배할 수 있더라도, 하나 이상의 당사자가 피투자자의 이익을 나누어 가질 수 있다. 예를 들어 비지배지분 소유주들은 피투자자의 이익이나 분배의 몫을 가질 수 있다.

③ 투자자는 피투자자의 이익이 변동되는지와 이익의 법적 형식과 관계없이 약정의 실질에 근거하여 이익 변동 정도를 평가해야 한다. 예를 들어, 투자자가 고정금리를 지급하는 채권을 보유하고 있는 경우, 고정금리 지급은 채무불이행 위험의 대상이 되고 투자자를 채권 발행자의 신용위험에 노출시키기 때문에 고정금리 지급은 변동이익에 해당한다.

(3) 힘과 이익의 연관

피투자자에 대한 지배력을 평가할 때, 투자자(의사결정자)는 다른 상대방과 관계에 대한 성격과 그 상대방들이 투자자를 대신하여 행동하는지(예 : 사실상 대리인)를 고려해야 하며, 투자자는 자신이 본인인지 대리인인지 결정해야 한다.

① 투자자가 피투자자에 대한 힘을 갖고 있고 피투자자에 대한 관여로 변동이익에 노출되거나 변동이익에 대한 권리가 있을 뿐만 아니라, 피투자자에 대한 관여로 자신의 이익금액에 영향을 미치기 위하여 자신의 힘을 사용하는 능력이 있다면 투자자는 피투자자를 지배하는 것이다.

② 대리인은 주로 다른 당사자(본인)를 대신하거나 그들의 이익을 위해 행동하도록 고용된 당사자이므로 대리인인 투자자는 자신에게 위임된 의사결정권을 행사하는 경우에 피투자자를 지배하는 것이 아니다.

③ 의사결정자는 자신이 대리인인지를 결정할 때 아래의 모든 요소에 대한 의사결정자 자신, 관리되고 있는 피투자자 및 피투자자에 관여하는 다른 당사자 사이의 전체적인 관계를 고려해야 하며, 특정한 사실과 상황에 근거하여 각 요소들에 서로 다른 가중치를 적용한다.

    a. 피투자자에 대한 의사결정자의 의사결정권한의 범위
    b. 다른 당사자들이 갖는 권리
    c. 보상 약정에 따른 적격한 보상
    d. 피투자자에 대하여 가지고 있는 다른 지분의 이익 변동에 대한 의사결정자의 노출

04 연결재무제표 작성기업과 투자기업

1 연결재무제표 작성기업

사업결합거래로 종속기업에 대한 지배력을 획득한 경우 지배기업은 연결재무제표를 작성해야 하는데, 이와 관련하여 유의할 사항은 다음과 같다.

(1) 모든 지배기업(최상위지배기업, 중간지배기업)은 연결재무제표를 작성해야 한다.

> **예** A기업이 B기업의 지분 80%를 소유하고 있고 B기업이 C기업의 지분 60%를 소유하고 있는 경우 A기업을 최상위지배기업이라 하고, B기업을 중간지배기업이라고 하는데, 이때 A기업은 A기업·B기업·C기업을 포함하는 연결재무제표를 작성해야 하며, B기업은 B기업·C기업을 포함하는 연결재무제표를 작성해야 한다.

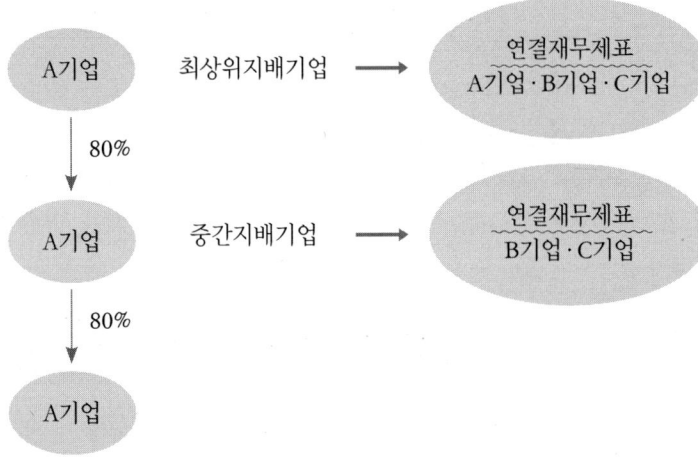

(2) 지배기업은 다음의 조건을 모두 충족하는 경우에만 연결재무제표를 작성하지 않을 수 있다.

① 지배기업이 그 자체의 지분 전부를 소유하고 있는 다른 기업의 종속기업이거나, 지배기업이 그 자체의 지분 일부를 소유하고 있는 다른 기업의 종속기업이면서 그 지배기업이 연결재무제표를 작성하지 않는다는 사실을 그 지배기업의 다른 소유주들(의결권이 없는 소유주 포함)에게 알리고 그 다른 소유주들이 그것을 반대하지 않는 경우

② 지배기업의 채무상품이나 지분상품이 공개시장(국내·외 증권거래소나 장외시장·지역시장 포함)에서 거래되지 않는 경우

③ 지배기업이 공개시장에서 증권을 발행할 목적으로 증권감독기구나 그 밖의 감독기관에 재무제표를 제출한 적이 없으며 제출하는 과정에 있지도 않은 경우
④ 지배기업의 최상위지배기업이나 중간지배기업이 한국채택국제회계기준을 적용하여 공용가능한 연결재무제표를 작성한 경우

(3) 지배기업이 보유한 모든 종속기업 투자주식이 당기손익인식항목으로 측정된다면, 지배기업(투자기업)은 연결재무제표를 표시하지 않을 수 있다.

2 투자기업

투자기업이란 시세차익이나 투자수익(예 : 배당이나 이자) 또는 둘 모두에 따라 이익을 얻는 것을 유일한 목적으로 투자자산을 보유하는 기업을 말한다. 따라서 투자기업의 경우에는 보유한 투자자산의 공정가치와 공정가치평가방법에 대한 정보가 재무제표의 정보이용자에게 매우 중요한 정보가 된다. 그러나 투자기업인 지배기업이 연결재무제표를 작성하게 되면 지배기업 자신보다는 종속기업의 재무상태 및 영업성과를 강조하게 됨으로써 투자기업에 대한 유용한 정보를 제공할 수 없게 되므로 투자기업에 대하여는 연결재무제표의 작성을 요구하지 않고 있다.

(1) 지배기업은 자신이 투자기업에 해당하는지를 결정해야 하는데, 다음의 투자기업의 정의를 모두 충족하는 기업이 투자기업이다.
① 투자관리용역을 제공할 목적으로 하나 이상의 투자자로부터 자금을 획득한다.
② 사업목적이 시세차익, 투자수익, 또는 둘 모두의 이익을 위해서만 자금을 투자하는 것임을 투자자에게 확약한다.
③ 실질적으로 모든 투자자산에 대한 성과를 공정가치로 측정하고 평가한다.

(2) 기업은 자신이 투자기업인지를 평가할 때 기업의 목적과 설계를 포함한 모든 사실과 상황을 고려해야 한다. 투자기업의 정의에 부합하는지를 결정하기 위하여 고려해야 할 요소에는 사업목적, 출구전략, 투자이익 및 공정가치측정이 있다.
① **사업목적** : 투자기업의 목적은 시세차익, 투자이익 또는 둘 모두를 위해서만 투자하는 것이며, 투자목적을 나타내는 문서(예 : 투자모집요강, 기업 발행물 등)는 일반적으로 투자기업의 사업목적의 증거로 제공될 수 있어야 한다.
② **출구전략** : 투자기업이 다른 기업과 다른 점 중 하나는 투자자산을 비한정기간 보유하도록 설계되지 않고 제한된 기간 보유한다는 것이므로 기업의 투자계획은 사업목적에 대한 증거를 제공한다.
   a. 지분투자자산과 비금융자산투자는 비한정기간 보유할 가능성이 있으므로 투자기업은 해당 투자자산으로부터 시세차익을 실현하기 위해 어떤 계획을 세웠는지에 대한 출구전략을 문서화하여

가지고 있어야 한다.
        b. 출구전략은 개별 투자건별로 문서화 할 필요는 없으나 투자자산의 종류별 또는 포트폴리오별로 출구전략을 식별할 수 있어야 한다.
        c. 출구전략은 투자형태에 따라 다를 수 있다.
    ③ **투자이익** : 투자기업은 시세차익, 투자이익 또는 둘 모두를 얻는 것을 목적으로 한다. 그러나 다른 당사자에게는 이용가능하지 않은 기업의 투자로부터 다른 효익을 얻거나 얻는 것이 목적이라면 그 기업은 시세차익, 투자이익 또는 둘 모두를 위해서만 투자하는 것이 아니다.
    ④ **공정가치측정** : 투자기업 정의의 필수요소는 실질적으로 모든 투자자산의 성과를 공정가치로 측정하고 평가하는 것이다. 왜냐하면 기업이 종속기업을 연결하는 것보다 공정가치를 사용하는 것이 보다 목적적합한 정보가 되기 때문이다. 투자기업은 이 요소를 충족한다는 것을 제시하기 위하여 다음의 절차를 수행해야 한다.
        a. 기업회계기준서에 따라 공정가치가 요구되거나 허용되는 경우에는 항상 투자자에게 공정가치 정보를 제공하고, 실질적으로 모든 투자자산을 재무제표상에 공정가치로 측정한다.
        b. 실질적으로 모든 투자자산에 대한 성과를 평가하고 투자에 대한 의사결정을 할 때 주요 측정치로서 공정가치를 사용하는 기업의 주요 경영진에게 내부적으로 공정가치 정보를 보고한다.
(3) 기업은 투자기업의 정의를 충족하는지를 결정하기 위해서 기업이 투자기업의 일반적인 특징을 보유하는지를 투자기업의 정의와 함께 고려해야 한다.
    ① 투자기업의 일반적인 특징은 다음과 같다.
        a. 복수의 투자자산을 보유한다.
        b. 복수의 투자자를 보유한다.
        c. 투자자는 그 기업과 특수관계자가 아니다.
        d. 지분상품이나 유사한 지분 형태로 소유지분을 보유한다.
    ② 투자기업의 일반적인 특징 중 하나 이상이 없는 경우에도 투자기업으로의 분류에서 반드시 제외시킬 필요는 없지만, 이는 기업이 투자기업인지를 결정하는데 추가적인 판단이 요구됨을 나타낸다.
(4) 투자기업은 다른 기업에 대한 지배력 획득시 그 종속기업을 연결해서는 안 된다. 그러나 다음의 경우에는 종속기업을 연결해야 함에 유의해야 한다.
    ① 투자기업에게 투자기업의 투자활동과 관련된 용역이나 활동을 다른 상대방에게 제공하는 종속기업이 있는 경우 투자기업은 그 종속기업을 연결한다.
    ② 투자기업의 지배기업은 자신이 투자기업이 아니라면, 종속기업인 투자기업을 통해 지배하는 기업을 포함하여 지배하는 모든 기업을 연결한다.

(5) 투자기업은 종속기업에 대하여 연결을 하지 않는 대신에, 종속기업에 대한 투자자산을 기업회계기준서(금융자산 : 인식과 측정)에 따라 당기손익인식항목으로 측정하고 공정가치변동분을 당기손익으로 인식한다.

(6) 지배기업은 투자기업의 정의를 구성하는 세 가지 요소 중 하나 이상에 변동이 있거나, 투자기업의 일반적인 특징에 변동이 있다는 사실이나 상황이 있다면 자신이 투자기업인지 여부를 재평가해야 한다. 그 결과 지배기업이 투자기업의 분류에서 제외되거나 투자기업이 되는 경우, 지위가 변동된 시점부터 전진적으로 지위의 변동에 대한 회계처리를 한다.

① 기업이 투자기업에서 제외되는 경우, 종전에 당기손익인식항목으로 측정하던 종속기업에 대하여 기업회계기준서(사업결합)을 적용하며, 지위의 변동일자를 간주취득일로 본다. 간주취득일의 종속기업 공정가치는 간주취득으로 발생하는 영업권이나 염가매수차익을 측정할 때 이전대가로 간주한다. 또한, 모든 종속기업은 지위의 변동일부터 연결대상에 포함된다.

② 기업이 투자기업으로 분류되는 경우, 지위의 변동일에 종속기업에 대한 연결을 중단하고 지배력을 상실한 것으로 간주하여 회계처리한다.

3 별도재무제표

별도재무제표(separate financial statements)란 지배기업 또는 피투자자에 대하여 공동지배력이나 유의적인 영향력이 있는 투자자가 투자자산을 원가법, 기업회계기준서 (금융상품 : 인식과 측정)에 따른 방법, 기업회계기준서(관계기업과 공동기업에 대한 투자)에서 규정하고 있는 지분법 중 어느 하나를 적용하여 표시한 재무제표를 말한다.

(1) 별도재무제표를 작성할 때, 종속기업, 공동기업 및 관계기업에 대한 투자자산은 다음 중 하나의 방법을 선택하여 투자자산의 각 범주별로 동일한 회계처리방법을 사용하여야 한다.

① 원가법
② 기업회계기준서(금융상품 : 인식과 측정)에 따른 방법(공정가치법)
③ 기업회계기준서(관계기업과 공동기업에 대한 투자)에서 규정하고 있는 지분법

(2) 별도재무제표는 연결재무제표에 추가하여 표시하거나 종속기업에 대한 투자지분을 보유하고 있지 않지만 관계기업이나 공동기업에 대한 투자지분을 보유하고 있는 투자자의 재무제표에 추가하여 표시하는 재무제표이다. 종속기업, 관계기업 또는 공동기업 참여자로서의 투자지분을 소유하지 않은 기업의 재무제표는 별도재무제표가 아니다. 연결이 면제되거나 지분법 적용이 면제되는 경우, 그 기업의 유일한 재무제표로서 별도재무제표만을 재무제표로 작성할 수 있다.

(3) 종속기업, 공동기업 또는 관계기업으로부터 받는 배당금은 기업이 배당을 받을 권리가 확정되는 시점에 그 기업의 별도재무제표에 인식한다. 배당금은 기업이 배당금을 투자자산의 장부금액에서 차감하는 지분법의 사용을 선택하지 않는다면 당기손익으로 인식한다.

05 연결재무제표에 관한 일반적인 사항

1 연결조정사항

〈제1장 사업결합과 합병회계〉에서 설명한 바와 같이 사업결합시 회계처리방법으로는 취득법과 지분통합법이 있지만, 일반적인 지배력획득의 형태는 취득에 의한 경우가 대부분이므로 기업회계기준서(사업결합)에서는 취득법으로 회계처리하도록 규정하고 있다.

그리고 연결재무제표는 기본적으로 각 개별기업의 재무제표를 단순하게 합산한 다음 추가로 몇 가지 조정분개를 함으로써 작성된다. 연결재무제표작성시에 행할 조정사항들을 요약하면 다음과 같다.

> (1) 지배기업소유의 종속기업투자주식계정과 종속기업자본계정의 상계제거
> (2) 연결실체 간의 채권·채무 상계제거
> (3) 연결실체 간의 내부거래제거
> (4) 비지배지분순이익 계상

예 다음은 20×1년 12월 31일 현재 A회사와 그 종속기업인 B회사의 재무상태표와 포괄손익계산서이다.

재무상태표
20×1년 12월 31일

자산	A회사	B회사	부채 및 자본	A회사	B회사
현금및현금성자산	150,000	100,000	매입채무	200,000	100,000
매출채권	200,000	100,000	장기차입금	400,000	200,000
재고자산	150,000	100,000	납입자본	1,000,000	500,000

B회사투자주식	500,000		이익잉여금	400,000	200,000
유형자산	1,000,000	700,000			
	2,000,000	1,000,000		2,000,000	1,000,000

포괄손익계산서
20×1년 1월 1일부터 20×1년 12월 31일까지

	A회사	B회사
매 출 액	1,000,000	500,000
매출원가	(800,000)	(400,000)
매출총이익	200,000	100,000
기타수익	200,000	100,000
기타비용	(200,000)	(100,000)
당기순이익	200,000	100,000

[추가자료]

(1) 20×1년 1월 1일에 A회사는 B회사의 의결권 있는 보통주 80%를 ₩500,000에 취득하였으며, A회사는 B회사투자주식을 원가법으로 회계처리한다. 동일 B회사의 순자산장부금액과 공정가치는 일치하였으며 주주지분(순자산)은 다음과 같다.

	B회사
납 입 자 본	₩500,000
이익잉여금	100,000
계	₩600,000

(2) A회사의 매출채권 중 ₩50,000은 B회사에 대한 것이다.
(3) A회사의 B회사에 대한 상품매출액은 ₩200,000이며, B회사의 기말재고자산 중 ₩50,000은 A회사로부터 매입한 것이다. A회사의 매출총이익률은 20%이다.
(4) 영업권은 손상되지 않았다.

(1) 지배기업투자주식계정과 종속기업자본계정의 상계제거

① (차) 납입자본(B)   500,000   (대) B회사투자주식   500,000
       이익잉여금(B)   100,000   비지배지분   120,000
       영 업 권   20,000

*연결조정사항 중 제일 먼저 고려해야 할 것은 종속기업의 순자산(자산－부채)을 지배기업지분몫과 비지배지분몫으로 배분하는 것임. 즉, 기초시점인 주식취득시점에서의 B회사의 순자산장부금액(공정가치와 일치함.) ₩600,000(납입자본 ₩500,000과 이익잉여금 ₩100,000의 합계액) 중 20%를 비지배지분에, 그리고 80%를 지배기업지분에 배분함. 따라서 비지배지분몫은 ₩120,000 (₩600,000×20%)이며 지배기업지분몫은 ₩480,000(₩600,000×80%)인데, 지배기업이 종속기업인 B회사주식 80%를 취득한 대가로 ₩500,000을 지불하였으므로 ₩20,000만큼의 차액이 발생함. 이러한 차액은 영업권으로 처리함

(2) 채권·채무 상계제거

② (차) 매입채무 50,000 (대) 매출채권 50,000

*연결실체 상호간의 채권·채무는 실질적인 채권·채무가 아니기 때문에 이를 상계제거해야 함.

(3) 내부거래제거

③ (차) 매 출 200,000 (대) 매출원가 200,000

*당기 연결실체 상호간에 매출·매입거래가 있었을 경우 이는 외부와의 거래가 아니므로 상계제거해야 함.

④ (차) 매출원가 10,000 (대) 재고자산 10,000

*₩50,000×20%=₩10,000. 연결실체 상호간에 이익을 붙여 상품 등을 거래하였을 경우 보고기간말 시점까지 제3자(외부)에게 판매되지 않고 남아 있다면 미실현이익이 발생하게 됨. 개별기업 장부에는 이러한 미실현이익만큼 기말재고자산이 과대평가되어 있고 매출원가는 과소평가되어 있으므로 이를 조정해야 함.

(4) 비지배지분순이익 계상

⑤ (차) 이익잉여금(비지배지분순이익) 20,000 (대) 비지배지분 20,000

*종속기업 당기순이익 ₩100,000×20%=₩20,000. 지배기업의 종속기업투자주식계정과 종속기업의 자본계정을 상계제거한 시점은 기초시점이었으므로 종속기업이 당기에 벌어들인 이익, 즉 종속기업 당기순이익 중 비지배지분에 대한 몫을 비지배지분으로 배분해야 함.

연결조정사항 중 지배기업소유의 종속기업투자주식계정과 종속기업자본계정을 상계제거하는 방법과 연결실체 간의 채권·채무 상계제거는 〈제3장 연결회계－투자계정과 자본계정의 상계제거〉에서 자세히 살펴보도록 하겠으며, 연결실체 간의 내부거래제거는 〈제4장 연결회계－내부거래제거〉에서 설명한다.

2 연결정산표

앞에서도 언급한 바와 같이 연결재무제표를 작성하기 위한 연결정산표는 여러 가지가 있으나 본서에서는 다음과 같은 잔액시산표를 이용한 연결정산표를 사용한다.

계정과목	A회사	B회사	연결조정 차변	연결조정 대변	연결시산표 차변	연결시산표 대변
〈차변항목〉						
현금및현금성자산	150,000	100,000			250,000	
매출채권	200,000	100,000		② 50,000	250,000	
재고자산	150,000	100,000		④ 10,000	240,000	
B회사투자주식	500,000					
유형자산	1,000,000	700,000		① 500,000	1,700,000	
매출원가	800,000	400,000	④ 10,000		1,010,000	
기타비용	200,000	100,000			300,000	
	3,000,000	1,500,000	③ 200,000			
〈대변항목〉						
매입채무	200,000	100,000	② 50,000			250,000
장기차입금	400,000	200,000				600,000
납입자본	1,000,000	500,000	① 500,000			1,000,000
이익잉여금	200,000*	100,000*	① 100,000			180,000
			⑤ 20,000			
매 출	1,000,000	500,000	③ 200,000			1,300,000
기타수익	200,000	100,000				300,000
	3,000,000	1,500,000				
비지배지분				① 120,000		
				⑤ 20,000		140,000
영 업 권			① 20,000		20,000	
			900,000	900,000	3,770,000	3,770,000

*당기순이익을 제외한 금액임.

위의 연결정산표에서 보듯이 잔액시산표를 이용한 연결정산표를 사용할 경우 당기순이익은 수익과 비용으로 구분되어 표시되므로 연결정산표상 지배기업과 종속기업의 자본(이익잉여금)은 당기순이익을 제외한 금액으로 표시해야 함에 유의하기 바란다.

3 연결재무제표

기업회계기준서(연결재무제표)에서는 연결재무제표의 종류를 연결재무상태표, 연결포괄손익계산서, 연결자본변동표, 연결현금흐름표의 4가지로 규정하고 있다. 그러나 연결재무제표의 핵심은 연결재무상태표와 연결포괄손익계산서이며, 연결자본변동표와 연결현금흐름표는 연결재무상태표와 연결포괄손익계산서를 기초로 하여 작성된다. 따라서 본서에서는 특별한 언급이 없는 한 연결재무상태표와 연결포괄손익계산서를 중심으로 연결조정사항에 대해서 살펴보도록 하겠으며 연결자본변동표와 연결현금흐름표는 〈제7장 연결회계 – 기타 주제〉에 설명하도록 하겠다.

상기 예의 자료를 토대로 A회사와 B회사의 20×1년말 연결재무상태표와 20×1년의 연결포괄손익계산서를 작성하면 다음과 같다.

연결재무상태표

A회사 및 종속기업   20×1년 12월 31일

현금및현금성자산	250,000	매입채무	250,000
매출채권	250,000	장기차입금	600,000
재고자산	240,000	자　본	
유형자산	1,700,000	지배기업소유주지분	
영　업　권	20,000	납입자본	1,000,000
		이익잉여금	470,000*
		비지배지분	140,000
	2,460,000		2,460,000

*이익잉여금 : ₩400,000(A회사 이익잉여금) – ₩200,000(A회사 당기순이익) + ₩200,000(B회사 이익잉여금) – ₩100,000(B회사 당기순이익) – ₩100,000(①번 분개) + ₩290,000(연결당기순이익) – ₩20,000(⑤번 분개 : 연결당기순이익 중 비지배지분 귀속분) = ₩470,000

연결포괄손익계산서

A회사 및 종속기업   20×1년 1월 1일부터 20×1년 12월 31일까지

매 출 액	1,300,000
매출원가	(1,010,000)
매출총이익	290,000
기타수익	300,000

기타비용	(300,000)
당기순이익	290,000
당기순이익의 귀속	
지배기업소유주	270,000
비지배지분	20,000

4 연결재무제표작성의 일반원칙

(1) 보고기간종료일

연결재무제표를 작성할 때 사용되는 지배기업과 종속기업의 재무제표는 동일한 보고기간종료일을 가진다.

① 지배기업의 보고기간종료일과 종속기업의 보고기간종료일이 다른 경우, 종속기업은 연결재무제표를 작성하기 위하여 지배기업이 종속기업의 재무정보를 연결할 수 있도록 지배기업의 재무제표와 동일한 보고기간종료일의 추가적인 재무정보를 작성한다. 다만, 실무적으로 적용할 수 없는 경우에는 그러하지 아니한다.

② 종속기업이 실무적으로 적용할 수 없다면, 지배기업은 종속기업의 재무제표일과 연결재무제표일 사이에 발생한 유의적인 거래나 사건의 영향을 조정한 종속기업의 가장 최근의 재무제표를 사용하여 종속기업의 재무정보를 연결한다.

③ 어떠한 경우라도 종속기업의 재무제표일과 연결재무제표일의 차이는 3개월을 초과해서는 안 된다. 보고기간의 길이 그리고 재무제표일의 차이는 매 기간마다 동일하여야 한다.

(2) 동일한 회계정책

지배기업은 유사한 상황에서 발생한 동일한 거래와 사건에 대하여 동일한 회계정책을 적용하여 연결재무제표를 작성한다. 즉, 연결실체를 구성하는 기업이 유사한 상황에서 발생한 동일한 거래와 사건에 대하여 연결재무제표에서 채택한 회계정책과 다른 회계정책을 사용한 경우에는 그 재무제표를 적절히 수정하여 연결재무제표를 작성한다.

06 연결재무제표의 유용성과 한계

연결재무제표는 별도재무제표보다 복잡하며, 이를 작성하기 위해서는 추가적인 비용과 노력이 소요되지만 별도재무제표가 제공할 수 없는 유용한 정보를 제공한다. 연결재무제표의 유용성을 살펴보면 다음과 같다.

(1) 연결재무제표는 지배·종속관계에 있는 계열기업군 전체의 재무상태와 경영성과를 알 수 있게 해준다. 연결재무제표는 지배·종속관계에 있는 기업군을 단일기업으로 보고 작성된 재무제표이므로 지배·종속기업의 재무상태나 경영성과를 포괄적으로 알 수 있게 해준다.

(2) 연결재무제표는 계열기업 간의 상호출자, 내부거래, 불공정거래 등을 상계제거함으로써 별도재무제표의 왜곡을 방지한다. 별도재무제표만을 작성하여 공시하는 경우에는 연결실체 간의 내부거래 등을 통해 이익을 얼마든지 조작할 가능성이 있는데, 연결재무제표를 작성하면 내부거래나 내부미실현손익이 제거되기 때문에 경영성과를 조작할 위험성이 감소한다.

(3) 기업의 해외자본시장에서의 자금조달 및 자본시장의 국제화에 따른 회계정보의 국제간 비교가능성을 증진시킨다. 미국, 영국, 독일 등 대부분 국가에서는 연결재무제표를 주된 재무제표로 규정하고 있기 때문에 기업이 해외에서 자금을 조달하기 위해서는 연결재무제표를 작성해야 한다. 또한 자본시장의 개방에 따라 회계정보의 국제간 비교가능성을 증진시키기 위해서는 연결재무제표를 공시할 필요가 있다.

이와 같이 연결재무제표는 여러 가지 유용성을 지니고 있으나, 다음과 같은 한계점을 갖고 있다는 것도 간과해서는 안 된다.

(1) 연결범위를 적절하게 정의하지 못할 경우 경제적 실체가 제대로 파악되지 않는다. 특히 개인대주주가 지배하는 우리나라 기업현실에서는 연결범위를 산정하는 데 문제점이 많다.

(2) 지배기업과 종속기업간에 결산일, 회계처리방법, 업종이 다를 경우에는 연결재무제표의 유용성이 떨어진다. 지배·종속기업간에 영업활동의 성격이나 회계처리방법이 차이가 날 경우에 이를 무시하고 연결재무제표를 작성하면 연결재무제표상의 수치가 무의미해질 수 있다.

연결회계-총론
이론문제(기출지문)

01 투자자가 피투자자에 대한 힘, 피투자자에 대한 관여로 인한 변동이익에 대한 노출 또는 권리를 갖는 경우에만 투자자는 피투자자를 지배한다. (×)
▶투자자가 피투자자를 지배하기 위해서는 3가지 요소를 모두 갖고 있어야 한다. 즉, ① 피투자자에 대한 힘 ② 피투자자에 대한 관여로 인한 변동이익에 대한 노출 또는 권리 ③ 투자자의 이익 금액에 영향을 미치기 위하여 피투자자에 대하여 자신의 힘을 사용하는 능력을 모두 갖는 경우에만 투자자는 피투자자를 지배한다.

02 둘 이상의 투자자들이 관련활동을 지시하기 위해 함께 행동해야 할 경우 그들은 피투자자를 집합적으로 지배한다. 그러한 경우, 각 투자자는 개별적으로 피투자자를 지배하지 못한다. (○)

03 관련활동을 지시하는 잠재적 능력을 갖게 하는 잠재적 권리를 투자자가 보유하고 있을 때, 투자자는 피투자자에 대한 힘이 있다. (×)
▶관련활동을 지시하는 현재의 능력을 갖게 하는 현존 권리를 투자자가 보유하고 있을 때, 투자자는 피투자자에 대한 힘이 있다.

04 둘 이상의 투자자들이 각각에게 다른 관련활동을 지시하는 일방적인 능력을 갖게 하는 현존 권리를 보유하는 경우, 투자자 어느 누구도 개별적으로 피투자자를 지배하지 못한다. (×)
▶둘 이상의 투자자들이 각각에게 다른 관련활동을 지시하는 일방적인 능력을 갖게 하는 현존 권리를 보유하는 경우, 피투자자의 이익에 가장 유의적으로 영향을 미치는 활동을 지시하는 현재의 능력이 있는 투자자가 피투자자에 대한 힘을 갖는다.

05 관련활동의 지시에 참여하는 현재의 능력을 갖게 하는 현존 권리(예:유의적인 영향력)를 다른 기업들이 보유하고 있더라도 투자자는 피투자자에 대한 힘을 가질 수 있다. (○)

06 대리인인 투자자가 자신에게 위임된 의사결정권을 행사하는 경우에 대리인인 투자자가 피투자자를 지배하는 것이 아니다. (○)

07 투자자가 피투자자에 대한 의결권 과반수를 보유하고 있는 경우에는 모든 상황에서 피투자자에 대한 힘을 가질 수 있다. (×)

▶ 투자자는 피투자자에 대한 의결권 과반수를 보유하고 있더라도 그러한 권리가 실질적이지 않다면 피투자자에 대한 힘을 가지지 않는다. 예를 들어 관련활동이 정부, 법원, 관재인, 채권자, 청산인 또는 감독당국의 지시 대상이 된다면, 피투자자에 대한 의결권 과반수를 보유하는 투자자는 힘을 가질 수 없다.

08 연결재무제표를 작성할 때 잠재적 의결권이나 잠재적 의결권을 포함하는 그 밖의 파생상품이 있는 경우, 당기순손익과 자본변동을 지배기업지분과 비지배기업지분에 배분하는 비율은 현재의 소유지분에 잠재적 의결권과 그 밖의 파생상품의 행사가능성이나 전환가능성은 반영하지 아니한다. (O)

09 별도재무제표상 종속기업에 대한 투자자산은 반드시 지분법으로 회계처리한다. (×)
▶ 별도재무제표에서는 종속기업에 대한 투자자산을 원가법, 기업회계기준서(금융상품:인식과 측정)에 따라 공정가치법 또는 지분법으로 회계처리한다.

10 종속기업, 공동기업, 관계기업으로부터 받는 배당금은 기업이 배당을 받을 권리가 확정되는 시점에 투자자산의 장부금액에서 차감하므로 당기손익에 반영되는 경우는 없다. (×)
▶ 원가법이나 공정가치로 측정하는 경우 당기손익에 반영된다.

11 종속기업, 관계기업, 공동기업 참여자로서 투자지분을 소유하지 않은 기업의 재무제표는 별도재무제표가 아니다. (O)

12 기업회계기준서에 따라 연결이 면제되는 경우, 그 기업의 유일한 재무제표로서 별도재무제표만을 재무제표로 작성할 수 있다. (O)

13 연결재무제표를 작성하기 위하여 사용되는 종속기업 재무제표의 보고기간종료일이 지배기업 재무제표의 보고기간종료일과 다른 경우에는 종속기업은 연결재무제표를 작성하기 위하여 지배기업의 재무제표와 동일한 보고기간종료일의 재무제표를 추가로 작성하여야 한다. (×)
▶ 연결재무제표를 작성하기 위하여 사용되는 종속기업 재무제표의 보고기간종료일이 지배기업 재무제표의 보고기간종료일과 다른 경우에는 지배기업 재무제표의 보고기간종료일과 종속기업 재무제표의 보고기간종료일 사이에 발생한 유의적인 거래나 사건의 영향을 반영한다. 그러나 어떠한 경우라도 종속기업의 보고기간종료일과 지배기업의 보고기간종료일의 차이는 3개월을 초과해서는 안 된다.

14 연결재무제표는 연결대상이 되는 기업들을 하나의 경제적 실체로 파악하므로, 지배기업만의 재무상태와 경영성과를 표시한 재무제표를 작성할 때보다 종속기업을 이용한 지배기업의 이익조정이 용이해진다는 한계점이 있을 수 있다. (×)

▶ 연결재무제표는 계열기업간의 상호출자, 내부거래, 불공정거래 등을 상계제거함으로써 별도재무제표의 왜곡을 방지한다. 별도재무제표만을 작성하여 공시하는 경우에는 연결실체간의 내부거래 등을 통해 이익을 얼마든지 조작할 가능성이 있는데, 연결재무제표를 작성하면 내부거래나 내부미실현손익이 제거되기 때문에 재무성과를 조작할 위험성이 감소하는 유용성이 있다.

필수예제 연결회계 – 연결조정사항

다음은 20×1년 12월31일 현재 A회사와 그 종속기업인 B회사의 재무상태표와 포괄손익계산서이다.

재무상태표
20×1년 12월 31일

자 산	A회사	B회사	부채 및 자본	A회사	B회사
현금및현금성자산	₩1,000,000	800,000	매입채무	800,000	700,000
매출채권	1,500,000	1,000,000	장기차입금	3,100,000	1,800,000
재고자산	1,300,000	1,000,000	자 본 금	4,000,000	2,000,000
B회사투자주식	2,000,000		자본잉여금	1,000,000	500,000
토 지	3,000,000	1,500,000	이익잉여금	1,900,000	900,000
설비자산(순액)	2,000,000	1,600,000			
	₩10,800,000	5,900,000		₩10,800,000	5,900,000

포괄손익계산서
20×1년 1월 1일부터 20×1년 12월 31일까지

	A회사	B회사
매 출 액	₩15,000,000	10,000,000
매출원가	(13,000,000)	(9,000,000)
매출총이익	2,000,000	1,000,000
기타수익	2,000,000	1,000,000
기타비용	(3,500,000)	(1,700,000)
당기순이익	₩500,000	300,000

[추가자료]

(1) A회사는 20×1년 1월 1일 B회사의 보통주60%를 취득하고 그 대가로 ₩2,000,000을 지급하였으며 동일 A회사와 B회사의 주주지분은 다음과 같다.

자 산	A회사	B회사
자 본 금	₩4,000,000	₩2,000,000
자본잉여금	1,000,000	500,000
이익잉여금	1,400,000	600,000
계	₩6,400,000	₩3,100,000

(2) 주식취득일 현재 B회사 자산·부채의 장부금액은 공정가치와 일치하였으며, A회사는 B회사투자주식을 원가법으로 회계처리한다.
(3) A회사의 매출채권 중에는 B회사에 대한 것이 ₩300,000포함되어 있다.
(4) 당기에 A회사는 B회사에 ₩2,000,000의 상품을 매출하였으며 이 상품 중 B회사의 기말재고에 남아있는 상품은 없다.

연결재무상태표와 연결포괄손익계산서를 작성하시오. 단, 영업권은 손상되지 않았다.

1. 연결조정분개
    (1) 투자계정과 자본계정의 상계제거
        ① (차) 자 본 금   2,000,000   (대) B회사투자주식   2,000,000
               자본잉여금   500,000   비지배지분   1,240,000
               이익잉여금   600,000
               영 업 권   140,000

    (2) 채권, 채무 상계제거
        ② (차) 매입채무   300,000   (대) 매출채권   300,000

    (3) 내부거래제거
        ③ (차) 매 출   2,000,000   (대) 매출원가   2,000,000

    (4) 비지배지분순이익 계상
        ④ (차) 이익잉여금(비지배지분순이익) 120,000   (대) 비지배지분   120,000
               *₩300,000×40% = ₩120,000

2. 연결재무상태표와 연결포괄손익계산서

연결재무상태표

A회사및종속기업   20×2년 12월 31일

현금및현금성자산	1,800,000	매입채무	1,200,000
매출채권	2,200,000	장기차입금	4,900,000
재고자산	2,300,000	자　　본	
토　　지	4,500,000	지배기업소유주지분	
설비자산(순액)	3,600,000	자 본 금	4,000,000
영 업 권	140,000	자본잉여금	1,000,000
		이익잉여금	2,080,000*
		비지배지분	1,360,000
	14,540,000		14,540,000

*이익잉여금 : ₩1,900,000(A회사이익잉여금) − ₩500,000(A회사 당기순이익) + ₩900,000(B회사 이익잉여금) − ₩300,000(B회사 당기순이익) − ₩600,000(①번분개) + ₩800,000(연결당기순이익) − ₩120,000(④번분개 : 연결당기순이익 중 비지배지분귀속분) = ₩2,080,000

연결포괄손익계산서

A회사 및 종속기업   20×1년 1월 1일부터 20×1년 12월 31일까지

매 출 액	23,000,000
매출원가	(20,000,000)
매출총이익	3,000,000
기타수익	3,000,000
기타비용	(5,200,000)
당기순이익	800,000
당기순이익의 귀속	
지배기업소유주	680,000
비지배지분	120,000

※ 다음 자료를 이용하여 [문제 01]~[문제 02]의 물음에 답하시오. 단, 법인세효과는 고려하지 않는다.

(주)현재는 설립 후 상품매매업을 영위해 왔던 기업이다. (주)현재는 장기성장전략의 일환으로 새로운 사업분야 진출을 위해 노력하던 중 20×1년 7월 1일 비상장기업인 (주)미래의 지분을 100% 인수하였다. (주)현재는 (주)미래를 제외하고 다른 기업의 주식을 보유한 적이 없으며, 추가적인 취득 계획도 없다. (주)미래는 의약품과 건강보조식품 등을 제조·판매하는 회사로서 다양한 신약 후보물질을 개발하여 제조와 판매의 승인을 기다리고 있다.

(가) (주)미래는 비만에 대한 치료효과가 탁월할 것으로 기대되는 신약 예비물질 '갑'을 개발하여 20×0년말에 식품의약품안전청(이하 식약청)에 제조와 판매승인을 신청했다. (주)현재는 해당 정보를 20×1년초에 입수하고, '갑'의 향후 판매로 인한 이익확대를 기대하여 (주)미래를 인수하였다. 만약 (주)미래가 개발한 '갑'과 관련된 정보를 알지 못했다면, (주)현재는 (주)미래를 인수하지 않았을 것이다.

(나) 20×1년 7월 1일 기준 (주)미래의 주식 취득관련 사항

(주)현재는 자신의 주식 10주를 발행하여 (주)미래의 지배주주에게 지급하고, (주)미래의 발행주식 100%를 모두 인수하였다. 지급당시 (주)현재의 1주당 액면금액은 ₩50이고, 공정가치는 ₩100이다. 인수 당시 (주)미래의 장부상 자산과 부채 금액은 각각 ₩900과 ₩200이며, 식별가능한 자산과 부채의 공정가치는 각각 ₩800과 ₩200이다.

(다) (주)현재의 (주)미래 인수 이후의 사건

· 20×2년말: 식약청에 사용승인을 신청했던 신약 예비물질 '갑'이 부작용 등의 위험으로 인해 제조 및 시판이 금지되었다. 이 사건으로 인해 (주)미래는 심각한 경영위기에 있고, 현재 상황으로는 향후에도 (주)미래는 시장대비 초과이익을 창출할 가능성이 없으며, (주)미래의 지분을 (주)미래 순자산의 공정가치 이상으로 처분할 수도 없다.

· 20×3년 중: (주)미래는 식약청으로부터 치매치료제로서 신약 후보물질인 '을'의 제조 및 판매 승인을 받았다. 향후 '을'의 판매로 인해 (주)미래의 매출과 이익의 상승이 기대되며, 그 효과는 (주)현재가 (주)미래를 인수할 당시 '갑'의 판매로 인해 기대했던 이익의 규모를 훨씬 초과한다.

01 (주)현재의 20×1년도 연결재무제표에 포함되는 영업권 또는 염가매수차익의 금액과 별도재무제표에 표시되는 투자주식의 금액은? 단, 별도재무제표의 투자주식 평가는 원가법을 적용하고, 영업권의 손상차손은 없다.

(2010. CPA)

1. 영 업 권

    (주)미래주식의 취득원가:10주×₩100=   ₩1,000

    (주)미래의 순자산공정가치:(₩800-₩200)×100%=   (600)

    영 업 권   ₩400

2. 별도재무제표상 투자주식:10주×₩100=₩1,000

02 만일 (주)미래의 인수로 인해 (주)현재의 20×1년 연결재무제표에서 영업권이 ₩100 발생한다고 가정하면, 20×2년말과 20×3년말 연결재무제표에서 영업권의 장부상 금액은 각각 얼마인가? 단, 자료에서 제시한 (나) 외의 사항은 동일하고, (주)미래는 단일 현금창출단위이다. (2010. CPA)

1. 20×2년말: 영업권 손상

    (차)   영업권손상차손   100   (대)   영 업 권   100

∴ 영업권에 대한 손상차손을 인식하여 20×2년말 영업권은 ₩0이다.

2. 20×3년말:영업권의 손상회복

∴ 영업권의 손상차손환입을 인정하지 않으므로 20×3년말 영업권은 ₩0이다.

연결회계 - 총론

CHAPTER 03

연결회계 –
투자계정과 자본계정의 상계제거

ADVANCED ACCOUNTING

제1절 / 지배력획득일 이후의 연결
제2절 / 투자제거차액의 처리
제3절 / 비지배지분
제4절 / 채권·채무 상계제거

01 지배력획득일 이후의 연결

〈제2장 연결회계 – 총론〉에서도 언급하였지만 연결조정분개상 가장 중요한 것은 지배기업소유의 종속기업투자주식계정과 종속기업의 자본계정을 상계제거하는 것이다. 그런데 주식취득시점에서 종속기업투자주식계정과 종속기업의 자본계정을 상계제거하는 것은 별 어려움이 없지만 주식취득일 이후에 이를 상계제거하는 것은 매우 복잡한 문제를 야기시킨다. 따라서 본 절에서는 주식취득일 이후의 종속기업투자주식계정과 종속기업의 자본계정을 상계제거하는 방법에 대해서 살펴보기로 한다.

1 지배력획득연도의 연결

주식취득시점이 속하는 회계연도 이후에 연결재무제표를 작성할 경우에는 다음 사항에 유의해야 한다.

(1) 투자계정과 자본계정의 상계제거는 종속기업의 당기순이익을 제외한 자본계정을 기준으로 행하여야 하며, 종속기업의 당기순이익을 지배기업소유주지분과 비지배지분으로 배분하는 것은 비지배지분순이익에 대한 추가분개로 해결한다.

(2) 지배기업이 종속기업투자주식을 공정가치법(공정가치측정금융자산)으로 회계처리한 경우에는 이를 원가법으로 환원한 후에 연결조정을 해야 한다.

예 다음은 A회사와 그 종속기업인 B회사의 20×1년 12월 31일 시점에서의 재무상태표와 20×1년 1월 1일부터 20×1년 12월 31일까지의 포괄손익계산서이다.

재무상태표
20×1년 12월 31일

자산	A회사	B회사	부채 및 자본	A회사	B회사
B회사투자주식	450		부채	1,000	500
기타의 자산	2,350	1,300	자본금	1,000	500
			자본잉여금	300	100
			이익잉여금	500	200
	2,800	1,300		2,800	1,300

포괄손익계산서
20×1년 1월 1일부터 20×1년 12월 31일까지

	A회사	B회사
수 익	1,000	500
비 용	(800)	(400)
당기순이익	200	100

[추가자료]

(1) A회사는 20×1년초에 B회사발행주식의 60%를 ₩450에 취득하였다. 20×1년 1월 1일 B회사 자산·부채의 장부금액과 공정가치는 일치하였으며, B회사의 주주지분은 다음과 같다.

자 본 금	₩500
자본잉여금	100
이익잉여금	100
계	₩700

(2) A회사는 B회사투자주식을 원가법으로 회계처리하며, 영업권은 20×1년말까지 손상되지 않았다.

---

1. 원가법

   (1) 연결조정분개

   1) 투자계정과 자본계정의 상계제거

   ① (차) 자 본 금(B)   500^{*1} (대) B회사투자주식   450
         자본잉여금(B)   100^{*1} 비지배지분   280^{*2}
         이익잉여금(B)   100^{*1}
         영 업 권   30

   *1. 지배력획득연도의 경우 연결조정시 상계제거되는 종속기업의 자본계정은 당기순이익을 제외한 금액임.

   2. 비지배지분 : ₩700×40% = ₩280

   2) 비지배지분순이익 계상

   ① (차) 이익잉여금(비지배지분순이익)   40   (대) 비지배지분   40
         *₩100×40% = ₩40

(2) 연결재무상태표와 연결포괄손익계산서

연결재무상태표

A회사 및 종속기업   20×1년 12월 31일

자 산	3,650	부 채	1,500
영 업 권	30	자 본	
		지배기업소유주지분	
		자 본 금	1,000
		자본잉여금	300
		이익잉여금	560
		비지배지분	320
	3,680		3,680

연결포괄손익계산서

A회사 및 종속기업   20×1년 1월 1일부터 20×1년 12월 31일까지

수 익	1,500
비 용	(1,200)
당기순이익	300
당기순이익의 귀속	
지배기업소유주	260
비지배지분	40

2. 공정가치법(B회사투자주식을 20×1년말 공정가치인 ₩500으로 평가한 경우)

  (1) 연결조정분개

    1) 투자계정과 자본계정의 상계제거

      ① (차) 기타공정가능금융자산평가이익   50   (대) B회사투자주식   50

          * 종속기업투자주식을 원가법으로 환원하는 분개임.

      ② (차) 자 본 금(B)   500   (대) B회사투자주식   450
            자본잉여금(B)   100   비지배지분   280
            이익잉여금(B)   100
            영 업 권   30

    2) 비지배지분순이익 계상

      ③ (차) 이익잉여금(비지배지분순이익)   40   (대) 비지배지분   40

         * ₩100 × 40% = ₩40

(2) 연결재무상태표와 연결포괄손익계산서 : 원가법의 경우와 동일함.

2 지배력획득연도 이후의 연결

지배력을 획득한 이후의 보고기간부터 연결재무제표를 작성하는 경우에는 지배력획득일 이후에 발생된 종속기업의 이익잉여금의 변동분을 연결재무제표에 반영하는 연결조정분개가 요하다.

(1) 지배력획득일 이후 종속기업의 이익잉여금의 변동액 중 지배기업 해당분은 연결조정분개상 지배기업의 이익잉여금에 가감해야 하며, 비지배지분 해당액은 비지배지분으로 계상해야 한다.

(2) 투자계정과 자본계정 상계제거시 종속기업의 자본계정은 연결재무제표 작성시점의 금액으로 상계제거하지만, 이익잉여금은 연결포괄손익계산서를 작성해야 하므로 당기순이익을 제외한 금액으로 상계제거한다.

(3) 지배기업이 종속기업으로부터 배당금을 수취하는 경우가 있다. 이때 지배기업은 개별회계상 종속기업투자주식을 원가법 또는 공정가치법을 적용하여 회계처리하므로 지배기업의 포괄손익계산서에 배당금수익이 계상되는데, 이러한 배당금수익은 종속기업이 당기 이전에 벌어들인 이익을 분배한 것이다. 즉, 종속기업 배당금은 지배력획득일 이후 종속기업의 이익잉여금 증가액을 분배한 것으로써, 연결실체의 입장에서 보면 지배기업과 종속기업 간의 내부거래에 해당하므로 연결재무제표에 배당금수익으로 인식하면 안 된다. 따라서 연결재무제표작성시 지배기업의 포괄손익계산서에 계상된 배당금수익을 취소해야 하며, 이는 지배력획득일 이후 종속기업의 이익잉여금 증가액 중 지배기업 해당분이므로 지배기업의 이익잉여금으로 대체시켜야 한다.

예 다른 모든 사항은 상기 예과 동일하며 20×2년 12월 31일의 재무상태표와 20×2년 1월 1일부터 20×2년 12월 31일까지의 포괄손익계산서는 다음과 같다.

재무상태표
20×2년 12월 31일

자 산	A회사	B회사	부채 및 자본	A회사	B회사
B회사투자주식	450		부 채	1,500	800
기타의 자산	3,080	1,650	자 본 금	1,000	500
			자본잉여금	300	100
			이익잉여금	730	250
	3,530	1,650		3,530	1,650

포괄손익계산서
20×2년 1월 1일부터 20×2년 12월 31일까지

	A회사	B회사
수　　익	1,000	500
비　　용	(800)	(400)
배당금수익	30	
당기순이익	230	100

[추가자료]

1. B회사는 20×1년에 ₩100의 당기순이익을 보고하였으며, 20×2년에 ₩50의 현금배당을 실시하였다.
2. 영업권은 20×2년말까지 손상되지 않았다.

---

1. 연결조정분개

　(1) 투자계정과 자본계정의 상계제거

　　① (차) 배당금수익　　　　　　30　　　　(대) 이익잉여금(A)　　　　30

　　　*지배기업이 종속기업으로부터 수취한 배당금수익은 종속기업이 당기 이전에 벌어들인 이익을 분배한 것이므로 연결재무제표상 이를 이익잉여금으로 대체시켜야 함.

　　② (차) 자　본　금(B)　　　500^{*1}　　(대) B회사투자주식　　　450
　　　　　 자본잉여금(B)　　　100^{*1}　　　　비지배지분　　　　　300^{*2}
　　　　　 이익잉여금(B)　　　150^{*1}　　　　이익잉여금(A)　　　　30^{*3}
　　　　　 영　업　권　　　　 30^{*4}

　　　*1. 종속기업 자본계정
　　　　　주식취득시점이 경과된 후에 연결재무제표를 작성할 경우 투자계정과 자본계정의 상계제거는 종속기업의 당기순이익을 제외한 자본계정을 기준으로 해야 함. 따라서 지배기업의 투자계정과 상계제거되는 종속기업의 이익잉여금은 종속기업의 기말재무상태표에 계상된 이익잉여금 ₩250에서 당기순이익 ₩100을 차감한 금액임.
　　　　2. 비지배지분: (₩500 + ₩100 + ₩150)×40% = ₩300
　　　　　비지배지분은 상계제거되는 종속기업의 자본계정 ₩750(자본금 ₩500과 자본잉여금 ₩100 및 자본잉여금 ₩150의 합계액)에 비지배지분율 40%를 곱한 금액인 ₩300임. 따라서 종속기업의 주식취득일 이후 이익잉여금과 증가분 중 비지배지분에 해당하는 부분은 자연스럽게 비지배지분에 배분됨.

3. 이익잉여금(A)

종속기업의 주식취득시점부터 종속기업의 자본계정을 상계제거하는 시점까지 종속기업의 이익잉여금 증가액 ₩50중 지배기업지분율인 60%만큼 지배기업의 이익잉여금에 반영해야 함.

4. 영업권

영업권은 20×2년말까지 손상되지 않았으므로 종속기업투자주식의 취득시점에서 인식한 금액 ₩30으로 계상함.

(2) 비지배지분순이익 계상

③ (차) 이익잉여금(비지배지분순이익)   40   (대) 비지배지분   40
   *₩100×40% = ₩40

2. 연결재무상태표와 연결포괄손익계산서

연결재무상태표
A회사 및 종속기업   20×2년 12월 31일

자산	4,730	부채	2,300
영업권	30	자본	
		지배기업소유주지분	
		자본금	1,000
		자본잉여금	300
		이익잉여금	820
		비지배지분	340
	4,760		4,760

연결포괄손익계산서
A회사 및 종속기업   20×2년 1월 1일부터 20×2년 12월 31일까지

수익	1,500
비용	(1,200)
당기순이익	300
당기순이익의 귀속	
지배기업소유주	260
비지배지분	40

3 납입자본의 변동

납입자본은 자본금, 자본잉여금, 자본조정으로 구성되어 있다. 따라서 종속기업의 납입자본이 변동된 경우에는 다음과 같이 연결조정을 해야 한다.

(1) 종속기업의 자본금이 변동된 경우에는 지배기업의 투자지분율에 영향이 있으므로 이에 대해서는 〈제5장 연결회계 – 소유지분의 변화〉에서 살펴보기로 한다.

(2) 지배력획득일 이후 종속기업의 자본잉여금과 자본조정 변동액 중 지배기업해당분은 연결조정분개상 지배기업의 자본잉여금과 자본조정에 가감해야 하며, 비지배지분 해당액은 비지배지분으로 계상해야 한다.

예 A회사와 그 종속기업인 B회사의 20×2년 12월 31일의 재무상태표와 20×2년 1월 1일부터 20×2년 12월 31일까지의 포괄손익계산서는 다음과 같다.

재무상태표
20×2년 12월 31일

자산	A회사	B회사	부채 및 자본	A회사	B회사
B회사투자주식	450		부채	1,800	800
기타의 자산	3,080	1,800	자본금	500	400
			자본잉여금	300	200
			자본조정	200	150
			이익잉여금	730	250
	3,530	1,800		3,530	1,800

포괄손익계산서
20×2년 1월 1일부터 20×2년 12월 31일까지

	A회사	B회사
수 익	1,000	500
비 용	(800)	(400)
배당금수익	30	
당기순이익	230	100

[추가자료]

1. A회사는 20×1년초에 B회사발행주식의 60%를 ₩450에 취득하였다. 20×1년 1월 1일 B회사 자산·부채의 장부금액과 공정가치는 일치하였으며, B회사의 주주지분은 다음과 같다.

납입자본:	자 본 금	₩400	
	자본잉여금	100	
	자본조정	100	₩600
이익잉여금			100
계			₩700

2. B회사는 20×1년에 ₩100의 당기순이익을 보고하였으며, 20×2년에 ₩50의 현금배당을 실시하였다.
3. 영업권은 20×2년말까지 손상되지 않았다.

---

1. 연결조정분개

   (1) 투자계정과 자본계정의 상계제거

① (차)	배당금수익	30	(대)	이익잉여금(A)	30
② (차)	자 본 금(B)	400	(대)	B회사투자주식	450
	자본잉여금(B)	200		비지배지분	360*1
	자본조정(B)	150		자본잉여금(A)	60*2
	이익잉여금(B)	150		자본조정(A)	30*2
	영 업 권	30		이익잉여금(A)	30*2

   *1. 비지배지분: (₩400 + ₩200 + ₩150 + ₩150)×40% = ₩360
   　2. 자본잉여금(A): (₩200 − ₩100)×60% = ₩60
   　　 자본조정(A): (₩150 − ₩100)×60% = ₩30
   　　 이익잉여금(A): (₩150 − ₩100)×60% = ₩30

   (2) 비지배지분순이익 계상

③ (차)	이익잉여금(비지배지분순이익)	40	(대)	비지배지분	40

   *₩100×40% = ₩40

2. 연결재무상태표와 연결포괄손익계산서

연결재무상태표

A회사 및 종속기업　　　　　20×2년 12월 31일

자　산	4,880	부　채	2,600
영업권	30	자　본	
		지배기업소유주지분	
		자 본 금	500
		자본잉여금	360
		자본조정	230
		이익잉여금	820
		비지배지분	400
	4,910		4,910

연결포괄손익계산서

A회사 및 종속기업　20×2년 1월 1일부터 20×2년 12월 31일까지

수　익	1,500
비　용	(1,200)
당기순이익	300
당기순이익의 귀속	
지배기업소유주	260
비지배지분	40

4 총포괄손익의 배분

포괄손익계산서상의 총포괄손익은 당기순손익과 기타포괄손익의 합계액이다. 따라서 종속기업의 포괄손익계산서에 기타포괄손익이 계상된 경우에는 당기순이익뿐만 아니라 기타포괄손익도 지배기업소유주지분과 비지배지분으로 배분해야 한다.

(1) 지배력획득일 이후 종속기업의 기타포괄손익누계액 변동액 중 지배기업해당분은 연결조정분개상 지배기업의 기타포괄손익누계액에 가감해야 하며, 비지배자분해당액은 비지배지분으로 계상해야 한다.

(2) 연결포괄손익계산서의 하단에 다음과 같이 당기순손익의 귀속뿐만 아니라 총포괄손익의 귀속도 표시해야 한다.

	당 기	전 기
	⋮	⋮
당기순손익	×××	×××
기타포괄손익	×××	×××
총포괄손익	×××	×××
당기순손익의 귀속		
지배기업소유주	×××	×××
비지배지분	×××	×××
총포괄손익의 귀속		
지배기업소유주	×××	×××
비지배지분	×××	×××

예 다음은 A회사와 그 종속기업인 B회사의 20×1년 12월 31일 시점에서의 재무상태표와 20×1년 1월 1일부터 20×1년 12월 31일까지의 포괄손익계산서이다.

재무상태표
20×1년 12월 31일

자 산	A회사	B회사	부채 및 자본	A회사	B회사
B회사투자주식	450		부 채	1,000	500
기타의 자산	2,450	1,350	납입자본	1,000	500
			이익잉여금	500	200
			기타포괄손익누계액	400	150
	2,900	1,350		2,900	1,350

포괄손익계산서
20×1년 1월 1일부터 20×1년 12월 31일까지

	A회사	B회사
수 익	1,000	500
비 용	(800)	(400)
당기순이익	200	100
기타포괄손익	100	50
총포괄이익	300	150

[추가자료]

(1) A회사는 20×1년초에 B회사발행주식의 60%를 ₩450에 취득하였다. 20×1년 1월 1일 B회사의 자산·부채의 장부금액과 공정가치는 일치하였으며, B회사의 주주지분은 다음과 같다.

납입자본	₩500
이익잉여금	100
기타포괄손익누계액	100
계	₩700

(2) 20×1년에 B회사는 유형자산을 공정가치로 재평가함에 따라 기타포괄손익(재평가잉여금) ₩50이 발생하였으며, 이익잉여금(기타포괄손익누계액)도 동액만큼 증가하였다.

1. 연결조정분개

    (1) 투자계정과 자본계정의 상계제거

    ① (차) 납입자본(B)   500[*1]   (대) B회사투자주식   450[*1]
           이익잉여금(B)   100[*1]   비지배지분   300[*2]
           기타포괄손익누계액(B)   150[*1]   기타포괄손익누계액(A)   30[*3]
           영 업 권   30

    *1. 지배력획득연도의 경우 연결조정시 상계제거되는 종속기업의 자본계정은 당기순이익을 제외한 금액임.
     2. 비지배지분 : ₩750×40% = ₩300
     3. 기타포괄손익누계액(A) : ₩50×60% = ₩30

    (2) 비지배지분순이익 계상

    ② (차) 이익잉여금(비지배지분순이익) 40   (대) 비지배지분   40
        *₩100×40% = ₩40

2. 연결재무상태표와 연결포괄손익계산서

연결재무상태표
A회사 및 종속기업   20×1년 12월 31일

자 산	3,800	부 채	1,500
영 업 권	30	자 본	
		지배기업소유주지분	
		납입자본	1,000
		이익잉여금	560

		기타포괄손익누계액	430
		비지배지분	340
	3,830		3,830

연결포괄손익계산서

A회사 및 종속기업 20×1년 1월 1일부터 20×1년 12월 31일까지

수 익	1,500
비 용	(1,200)
당기순이익	300
기타포괄손익	150
총포괄이익	450
당기순이익의 귀속	
지배기업소유주	260
비지배지분	40
총포괄이익의 귀속	
지배기업소유주	390
비지배지분	60

참고 총포괄이익의 귀속은 다음과 같이 계산된 것이다.

비지배지분 귀속분 : ₩100×40% + ₩50×40% =	₩60
지배기업소유주 귀속분 : ₩450 − ₩60 =	390
연결총포괄이익	₩450

02 투자제거차액의 처리

지배기업이 종속기업의 주식을 취득하면서 지급한 대가(투자주식의 취득원가)와 이에 대응하는 종속기업의 순자산장부금액이 일치하지 않은 경우에는 투자제거차액이 발생한다. 지금까지는 논의의 편의를 위해 종속기업의 순자산장부금액과 순자산공정가치가 일치하였다고 가정하였으므로 이 경우 투자제거차액은 전액 영업권에 해당한다. 그러나 현실적으로는 주식취득일의 종속기업의 자산·부채 중에는 장부금액과 공정가치가 불일치하는 경우가 일반적이며, 이렇게 종속기업의 순자산장부금액과 순자산공정가치가 불일치할 경우에는 복잡한 투자제거차액의 처리문제가 발생한다. 따라서 본 절에서는 투자제거차액의 성격과 이에 대한 회계처리에 대해 자세히 살펴보기로 한다.

1 투자제거차액의 성격

〈제1장 사업결합과 합병회계〉에서 살펴본 바와 같이 취득법에 의하여 사업결합을 회계처리할 경우에는 이전대가(종속기업투자주식의 취득원가)와 피취득자(종속기업)의 자산·부채 공정가치를 비교하여 전자가 큰 경우에는 영업권으로 처리하며, 후자가 더 큰 경우에는 염가매수차익으로 처리한다. 따라서 종속기업투자주식의 취득원가와 이에 대응하는 종속기업 순자산장부금액이 일치하지 않은 부분(이하 '투자제거차액'이라고 함.)은 우선 종속기업의 자산·부채 장부금액과 공정가치의 차이로 설명할 수 있으며, 종속기업 순자산의 장부금액과 공정가치의 차이로도 설명되지 않은 부분은 영업권이나 염가매수차익임을 알 수 있다.

```
                  ┌ 종속기업 순자산장부금액 중 지배기업지분
종속기업          │
투자주식의    ────┤ 종속기업 자산·부채장부금액과 공정가치의  ┐
취득원가          │  차이 중 지배기업지분                      ├── 투자제거차액
                  │                                            │
                  └ 영업권 또는 염가매수차익                    ┘
```

투자제거차액 = 투자주식의 취득원가 − 종속기업 순자산장부금액×지배기업지분율
영 업 권 = 투자주식의 취득원가 − 종속기업 순자산공정가치×지배기업지분율
(염가매수차익 = 종속기업의 순자산공정가치×지배기업지분율 − 투자주식의 취득원가)

> **예** A회사가 20×1년초에 B회사의 주식 60%를 취득하였는데, 동일 B회사의 순자산장부금액이 ₩500이고 순자산공정가치가 ₩600인 경우 B회사투자주식의 취득원가가 각각 ₩390과 ₩330이라면 B회사투자주식의 취득원가는 다음과 같이 구성된다.

B회사투자주식의 취득원가가 ₩390인 경우			B회사투자주식의 취득원가가 ₩330인 경우		
B회사 순자산장부금액에 대한 지배기업지분	₩500×60% =	₩300	B회사 순자산장부금액에 대한 지배기업지분	₩500×60% =	₩300
투자제거차액			투자제거차액		
B회사 자산·부채장부금액과 공정가치의 차이 중 지배기업지분	₩100×60% =	60	B회사 자산·부채장부금액과 공정가치의 차이 중 지배기업지분	₩100×60% =	60
영업권	₩390 − ₩600×60% =	30	염가매수차익	₩330 − ₩600×60% =	(30)
계		₩390	계		₩330

2 투자제거차액의 배분

투자제거차액의 원인을 분석한 후에는 다음의 절차에 따라 이를 연결재무제표를 작성하는 과정에서 반영해야 한다.

(1) 종속기업의 순자산장부금액 중 지배기업지분에 대한 것은 종속기업의 자산·부채 장부금액이 이미 연결정산표상에서 지배기업 자산·부채와 합산된 상태이므로 별도의 조정이 필요없다.

(2) 종속기업의 자산·부채 장부금액과 공정가치의 차이는 연결조정시에 해당 자산·부채에 가감하여 종속기업의 자산·부채를 공정가치로 수정한 후 투자주식과 상계한다. 이때 비지배분은 ① 종속기업의 순자산공정가치에 비지배지분율을 곱하여 측정할 수도 있고 ② 공정가치로도 측정할 수 있는데, 본 절에서는 ①의 방법으로 측정하기로 하고 이에 관한 자세한 논의는 〈제3절 비지배지분〉에서 설명한다.

(3) 영업권과 염가매수차익이 발생한 경우에는 기업회계기준서(사업결합)에서 규정하고 있는 내용을 준용하여 다음과 같이 처리한다.

  ① 영업권 : 사업결합으로 취득한 영업권은 상각하지 않는다. 그 대신 매 보고기간마다 손상검사를 해야 하며, 손상을 시사하는 징후가 있을 경우에는 영업권에 대하여 손상검사를 추가로 실시해야 한다. 그리고 영업권에 대해 인식한 손상차손은 후속기간에 환입할 수 없다.

② 염가매수차익 : 종속기업 자산·부채의 공정가치와 이전대가에 측정을 재검토하고 재검토 이후에도 계속해서 남는 초과분은 즉시 당기손익에 반영한다.

예 A회사는 20×1년에 B회사의 보통주 60%를 ₩2,700,000에 취득하여 지배력을 획득하였다. 관련자료는 다음과 같다.

(1) 20×1년 1월 1일 A회사와 B회사의 주주지분

	A회사	B회사
자 본 금	₩4,000,000	₩2,000,000
자본잉여금	1,000,000	500,000
이익잉여금	1,400,000	600,000
계	₩6,400,000	₩3,100,000

(2) 주식취득일 현재 B회사의 장부금액과 공정가치가 다른 자산·부채

	장부금액	공정가치
재고자산	₩500,000	₩600,000
토 지	1,500,000	1,900,000
건 물	2,000,000	2,200,000
사 채	1,500,000	1,300,000

1. 영업권

B회사투자주식의 취득원가		₩2,700,000
B회사 순자산장부금액	₩3,100,000	
재고자산 과소평가	100,000	
토　지 과소평가	400,000	
건　물 과소평가	200,000	
사　채 과대평가	200,000	
B회사 순자산공정가치	₩4,000,000	
지배기업지분율	×60%	(2,400,000)
영 업 권		₩300,000

2. 연결조정분개

(차)	자본금(B)	2,000,000	(대)	B회사투자주식	2,700,000
	자본잉여금(B)	500,000		비지배지분	1,600,000
	이익잉여금(B)	600,000			
	재고자산	100,000			
	토 지	400,000			
	건 물	200,000			
	사 채	200,000			
	영업권	300,000			

3 투자제거차액의 사후관리

(1) 지배력획득연도의 투자제거차액의 처리

앞에서 설명한 바와 같이 투자제거차액 중 종속기업의 자산·부채 장부금액과 공정가치가 차이나는 부분은 연결조정시 해당 자산·부채에 가감하고, 나머지는 영업권이나 염가매수차익으로 계상하였다. 그런데 연결포괄손익계산서상의 모든 수익·비용은 연결재무상태표상에 주어진 금액을 기초로 계상되어야 하므로 투자제거차액에 대해서는 다음과 같이 조정해야 한다.

① 종속기업의 장부금액과 공정가치가 다른 자산·부채 중 감가성유형자산 등이 있을 경우 이 차액에 대한 추가적인 감가상각을 해야 하며, 과대·과소평가된 재고자산이 외부에 판매된 경우 매출원가가 과대·과소평가되었을 것이므로 이를 조정해야 한다.
② 종속기업의 사채 등 부채가 과대평가된 경우에는 이 차액(부채의 공정가치, 즉 현재가치와 장부금액의 차이는 현재가치할인차금임.)을 보유기간 동안에 상각하여 이자비용으로 인식해야 한다.
③ 종속기업의 장부금액과 공정가치가 다른 자산·부채와 관련하여 추가적인 수익 또는 비용을 계상할 때, 그러한 수익·비용 중 지배기업지분율만큼은 지배기업에 부담시키고, 비지배지분율만큼은 비지배지분에 부담시켜야 한다.

예 다음은 A회사와 그 종속기업인 B회사의 20×1년 12월 31일 현재 재무상태표와 20×1년의 포괄손익계산서이다.

재무상태표
20×1년 12월 31일

자산	A회사	B회사	부채 및 자본	A회사	B회사
현금및현금성자산	1,000,000	800,000	매입채무	400,000	900,000
매출채권	1,800,000	1,100,000	사 채	3,500,000	1,500,000
재고자산	1,300,000	1,000,000	자 본 금	4,000,000	2,000,000
B회사투자주식	2,700,000		자본잉여금	1,000,000	600,000
토 지	2,000,000	1,500,000	이익잉여금	1,900,000	1,000,000
건 물(순액)	2,000,000	1,600,000			
	10,800,000	6,000,000		10,800,000	6,000,000

포괄손익계산서
20×1년 1월 1일부터 20×1년 12월 31일까지

	A회사	B회사
매 출 액	15,000,000	10,000,000
매출원가	(13,000,000)	(9,000,000)
매출총이익	2,000,000	1,000,000
기타수익	2,000,000	1,100,000
기타비용	(3,500,000)	(1,700,000)
당기순이익	500,000	400,000

[추가자료]

(1) A회사는 20×1년 1월 1일 B회사의 보통주 60%를 취득하고 그 대가로 ₩2,700,000을 지급하였으며, 동일 A회사와 B회사의 주주지분은 다음과 같다.

	A회사	B회사
자 본 금	₩4,000,000	₩2,000,000
자본잉여금	1,000,000	500,000
이익잉여금	1,400,000	600,000
계	₩6,400,000	₩3,100,000

(2) 주식취득일 현재 B회사의 장부금액과 공정가치가 다른 자산·부채는 다음과 같다.

	장부금액	공정가치
재고자산	₩500,000	₩600,000

토　　지	1,500,000	1,900,000
건　　물(순액)	2,000,000	2,200,000
사　　채	1,500,000	1,300,000

재고자산은 20×1년 중 전액 매출되었고, 건물은 20×1년 1월 1일부터 5년의 내용연수를 가지며 잔존가치는 없고 정액법으로 감가상각하며, 사채의 만기는 20×4년말이다(사채할인액은 정액법으로 상각함.).

(3) A회사는 B회사투자주식을 원가법으로 회계처리하며, 영업권은 20×1년말까지 손상되지 않았다.

1. 연결조정분개

　(1) 투자계정과 자본계정의 상계제거

　　① (차) 자 본 금(B)　　2,000,000　　(대) B회사투자주식　　2,700,000
　　　　　자본잉여금(B)　　600,000　　　　　비지배지분　　　1,640,000
　　　　　이익잉여금(B)　　600,000　　　　　자본잉여금(A)　　60,000
　　　　　재고자산　　　　100,000
　　　　　토　　지　　　　400,000
　　　　　건　　물　　　　200,000
　　　　　사　　채　　　　200,000
　　　　　영 업 권　　　　300,000

　　*1. 이익잉여금(B) : 20×1년의 당기순이익을 제외한 금액임.
　　 2. 비지배지분 : (₩2,000,000 + ₩600,000 + ₩600,000 + ₩100,000 + ₩400,000 +
　　　　₩200,000 + ₩200,000)×40% = ₩1,640,000
　　 3. 자본잉여금(A) : (₩600,000 − ₩500,000)×60% = ₩60,000

　　② (차) 매출원가　　　　100,000　　(대) 재고자산　　　　100,000
　　*과소평가된 재고자산의 매출에 관한 회계처리임. 즉, 기초재고자산이 과소평가되어 있으므로 매출원가가 과소평가됨에 따른 조정분개임.

　　③ (차) 기타비용(감가상각비)　40,000　　(대) 건　　물　　　40,000
　　*과소평가된 건물의 추가감가상각액임. 즉, 종속기업은 건물의 장부금액에 대해서만 감가상각비를 계상하였을 것이므로 연결조정분개에서는 추가반영된 ₩200,000에 대해서 감가상각비를 계상해야 함.

　　④ (차) 기타비용(이자비용)　50,000　　(대) 사　　채　　　50,000
　　*과대평가된 사채의 사채할인액상각임. 즉, 사채의 공정가치와 장부금액의 차이는 사채할인액으로써 보유기간 동안에 상각하여 이자비용으로 인식해야 함. 기업회계기준서에서는 사채할인액을 유효이자율법을 적용하여 상각하도록 규정하고 있지만 본 예제에서는 논의의 편의상 정액법으로 상각하였음.

(2) 비지배지분순이익 계상

⑤ (차) 이익잉여금(비지배지분순이익)　84,000　　　(대)　비지배지분　84,000

```
*B회사 당기순이익(장부금액)         ₩400,000
   매출원가                       (100,000)
   감가상각비                      (40,000)
   이자비용                       (50,000)
 B회사 당기순이익(공정가치)         ₩210,000
   비지배지분율                    ×40%
 비지배지분순이익                  ₩84,000
```

비지배지분순이익계산시 종속기업의 당기순이익 ₩400,000에 과소평가된 재고자산의 매출원가 ₩100,000, 과소평가된 건물의 감가상각비 ₩40,000, 과대평가된 사채의 이자비용 ₩50,000을 차감한 금액 ₩210,000, 즉 종속기업의 공정가치기준 당기순이익에 대해 비지배지분율을 곱하여 계산함. 이는 연결조정분개 ②번, ③번 및 ④번 분개에서 종속기업의 장부금액과 공정가치가 다른 자산·부채와 관련하여 추가적인 수익·비용을 전액 지배기업이 부담함에 따라 비지배지분과 비지배지분순이익이 과대평가된 것을 조정하기 위한 것임.

2. 연결재무상태표와 연결포괄손익계산서

연결재무상태표

A회사 및 종속기업　　20×1년 12월 31일

현금및현금성자산	1,800,000	매입채무	1,300,000
매출채권	2,900,000	사　채	4,850,000
재고자산	2,300,000	자　본	
토　지	3,900,000	지배기업소유주지분	
건　물(순액)	3,760,000	자 본 금	4,000,000
영 업 권	300,000	자본잉여금	1,060,000
		이익잉여금	2,026,000
		비지배지분	1,724,000
	14,960,000		14,960,000

연결포괄손익계산서

A회사 및 종속기업 20×1년 1월 1일부터 20×1년 12월 31일까지

매 출 액	25,000,000
매출원가	(22,100,000)
매출총이익	2,900,000
기타수익	3,100,000
기타비용	(5,290,000)
당기순이익	710,000
당기순이익의 귀속	
지배기업소유주	626,000
비지배지분	84,000

참고로 예의 경우 연결재무제표상 연결당기순이익과 연결자본계정을 검증하면 다음과 같다. 이러한 검증과정에 대해서는 〈제4장 연결회계 – 내부거래제거〉에서 자세히 살펴보기로 한다.

[연결당기순이익]

	A회사	B회사	합 계
당기순이익(장부금액)	₩500,000	₩400,000	₩900,000
투자제거차액의 상각			
재고자산		(100,000)	(100,000)
건 물		(40,000)	(40,000)
사 채		(50,000)	(50,000)
당기순이익(공정가치)	₩500,000	₩210,000	₩710,000

∴ 연결당기순이익	₩500,000 +	₩210,000 =	₩710,000
지배기업소유주 귀속분 :	₩500,000 +	₩210,000×60% =	₩626,000
비지배지분 귀속분 :		₩210,000×40% =	84,000

[연결자본]

지배기업소유주지분

자 본 금 : 지배기업 자본금	₩4,000,000
자본잉여금 : 지배기업 자본잉여금 ₩1,000,000 + 지배력획득일 이후	
종속기업 자본잉여금 변동분 ₩100,000×지배기업지분율(60%) =	1,060,000

이익잉여금 : 지배력획득시 지배기업 이익잉여금 ₩1,400,000+
　　　　　　20×1년 연결당기순이익 중 지배기업소유주 귀속분 ₩626,000 =　　　2,026,000
비지배지분 : 종속기업순자산공정가치×비지배지분율
　(1) 20×1년말 B회사 순자산장부금액　　　　　　　　₩3,600,000
　　20×1년말 투자제거차액 반영(영업권은 제외)
　　　토　　지　　　　　　　　　　　　　　　　　　　400,000
　　　건　　물 : ₩200,000÷5년×4년 =　　　　　　　　160,000
　　　사　　채 : ₩200,000÷4년×3년 =　　　　　　　　150,000
　(2) 20×1년말 B회사 순자산공정가치　　　　　　　　₩4,310,000
　(3) 비지배지분율　　　　　　　　　　　　　　　　　×40%　　　1,724,000
연결자본총계　　　　　　　　　　　　　　　　　　　　　　　　₩8,810,000

(2) 지배력획득연도 이후의 투자제거차액의 처리

앞에서도 언급하였듯이 과거에 연결재무제표작성을 위해 행하였던 연결조정분개는 연결정산표상에서만 행해지며 지배기업의 장부에는 반영되지 않으므로 지배력획득연도 이후에 연결재무제표를 작성하는 경우에도 새로이 투자계정과 자본계정의 상계제거, 투자제거차액의 배분 등 모든 연결조정분개를 해야 한다. 이와 관련하여 유의할 점은 지배력획득일 이후 종속기업의 이익잉여금 변동분 중 지배기업에 해당하는 부분은 이익잉여금(지배기업)에 배분해야 하는데, 이때 과거회계연도의 투자제거차액상각분을 반영한 금액을 기준으로 배분해야 한다는 것이다.

종속기업 이익잉여금(장부금액) 변동분 : ①[*1] − ②[*2] =	×××
투자제거차액의 상각(과거회계연도)	(×××)
종속기업 이익잉여금(공정가치) 변동분	×××
지배기업지분율	× %
이익잉여금(지배기업)	×××
*1. 연결재무제표를 작성하는 보고기간말 이익잉여금에서 당기순이익을 제외한 금액임. 　2. 지배력획득일의 이익잉여금임.	

예 다음은 A회사와 그 종속기업인 B회사의 20×2년 12월 31일 현재 재무상태표와 20×2년의 포괄손익계산서이다.

재무상태표

20×2년 12월 31일

자 산	A회사	B회사	부채 및 자본	A회사	B회사
현금및현금성자산	1,200,000	1,000,000	매입채무	500,000	900,000
매출채권	1,400,000	1,100,000	사 채	3,000,000	1,500,000
재고자산	1,000,000	1,800,000	자 본 금	4,000,000	2,000,000
B회사투자주식	2,700,000	–	자본잉여금	1,000,000	700,000
토 지	2,700,000	1,500,000	이익잉여금	2,500,000	1,500,000
건 물(순액)	2,000,000	1,200,000			
	11,000,000	6,600,000		11,000,000	6,600,000

포괄손익계산서

20×2년 1월 1일부터 20×2년 12월 31일까지

	A회사	B회사
매 출 액	18,000,000	14,000,000
매출원가	(16,000,000)	(12,000,000)
매출총이익	2,000,000	2,000,000
배당금수익	120,000	
기타수익	880,000	1,000,000
기타비용	(2,000,000)	(2,300,000)
당기순이익	1,000,000	700,000

[추가자료]

(1) A회사는 20×1년 1월 1일 B회사의 보통주 60%를 취득하고 그 대가로 ₩2,700,000을 지급하였으며, 동일 A회사와 B회사의 주주지분은 다음과 같다.

	A회사	B회사
자 본 금	₩4,000,000	₩2,000,000
자본잉여금	1,000,000	500,000
이익잉여금	1,400,000	600,000
계	₩6,400,000	₩3,100,000

(2) 주식취득일 현재 B회사의 장부금액과 공정가치가 다른 자산·부채는 다음과 같다.

	장부금액	공정가치
재고자산	₩500,000	₩600,000
토 지	1,500,000	1,900,000
건 물(순액)	2,000,000	2,200,000
사 채	1,500,000	1,300,000

재고자산은 20×1년 중 전액 매출되었고, 건물은 20×1년 1월 1일부터 5년의 내용연수를 가지며 잔존가치는 없고 정액법으로 감가상각하며, 사채의 만기는 20×4년말이다(사채할인액은 정액법으로 상각함.).

(3) A회사는 20×1년에 ₩500,000의 당기순이익을 보고하였으며, 20×2년에 ₩400,000의 현금배당을 실시하였다. 그리고 B회사는 20×1년에 ₩400,000의 당기순이익을 보고하였으며, 20×2년에 ₩200,000의 현금배당을 실시하였다. A회사의 포괄손익계산서상 배당금수익은 B회사로부터 수취한 것이다.

(4) A회사는 B회사투자주식을 원가법으로 회계처리하며, 영업권은 20×2년말까지 손상되지 않았다.

1. 연결조정분개

   (1) 투자계정과 자본계정의 상계제거

   ① (차) 배당금수익 120,000   (대) 이익잉여금(A) 120,000

   *지배기업이 종속기업으로부터 수취한 배당금수익은 종속기업이 당기 이전에 벌어들인 이익을 분배한 것이므로 연결재무제표상 이를 이익잉여금으로 대체시켜야 함.

   ② (차) 자 본 금(B)   2,000,000   (대) B회사투자주식   2,700,000
        자본잉여금(B)   700,000   비지배지분   1,684,000^{*3}
        이익잉여금   800,000^{*1} 자본잉여금(A)   120,000^{*4}
        토   지   400,000^{*2} 이익잉여금(A)   6,000^{*5}
        건   물   160,000^{*2}
        사   채   150,000^{*2}
        영 업 권   300,000

   *1. 이익잉여금(B) : 20×2년의 당기순이익을 제외한 금액임.

   2. 20×2년 투자제거차액임.

      ① 재고자산 : 20×1년에 전액 판매되었으므로 20×2년 현재 차액은 없음.
      ② 토   지 : 20×2년초까지 그대로 보유하고 있으므로 20×2년초 현재 차액은 ₩400,000임.
      ③ 건   물 : ₩200,000 − ₩40,000(20×1년 상각액) = ₩160,000
      ④ 사   채 : ₩200,000 − ₩50,000(20×1년 상각액) = ₩150,000

   3. 비지배지분 : (₩2,000,000 + ₩700,000 + ₩800,000 + ₩400,000 + ₩160,000 + ₩150,000)×40% = ₩1,684,000

4. 자본잉여금(A) : (₩700,000 - ₩500,000)×60% = ₩120,000
5. 이익잉여금(A)

종속기업 이익잉여금(장부금액) 변동분 : ₩800,000 - ₩600,000 =	₩200,000
투자제거차액의 상각(20×1년)	
재고자산	(100,000)
건　물	(40,000)
사　채	(50,000)
종속기업 이익잉여금(공정가치) 변동분	₩10,000
지배기업지분율	×60%
이익잉여금(A)	₩6,000

③ (차) 기타비용(감가상각비)　40,000　　(대)　건　물(순액)　40,000

　*₩200,000÷5년 = ₩40,000. 당기 감가상각비는 전액 당기비용으로 처리한 후 비지배지분만큼은 비지배지분순이익계산시 고려함.

④ (차) 기타비용(이자비용)　50,000　　(대)　사　채　50,000

　*₩200,000÷4년 = ₩50,000. 당기 상각분은 전액 당기비용으로 처리한 후 비지배지분만큼은 비지배지분순이익계산시 고려함.

(2) 비지배지분순이익 계상

⑤ (차) 이익잉여금(비지배지분순이익)　244,000　　(대)　비지배지분　244,000

*B회사 당기순이익(장부금액)	₩700,000
감가상각비	(40,000)
이자비용	(50,000)
B회사 당기순이익(공정가치)	₩610,000
비지배지분율	×40%
비지배지분순이익	₩244,000

2. 연결재무상태표와 연결포괄손익계산서

연결재무상태표

A회사 및 종속기업　　　　20×2년 12월 31일

현금및현금성자산	2,200,000	매입채무	1,400,000
매출채권	2,500,000	사　채	4,400,000
재고자산	2,800,000	자　본	
토　지	4,600,000	지배기업소유주지분	

건　물(순액)	3,320,000	자 본 금	4,000,000
영 업 권	300,000	자본잉여금	1,120,000
		이익잉여금	2,872,000
		비지배지분	1,928,000
	15,720,000		15,720,000

연결포괄손익계산서

A회사 및 종속기업　20×2년 1월 1일부터 20×2년 12월 31일까지

매 출 액	32,000,000
매출원가	(28,000,000)
매출총이익	4,000,000
기타수익	1,880,000
기타비용	(4,390,000)
당기순이익	1,490,000
당기순이익의 귀속	
지배기업소유주	1,246,000
비지배지분	244,000

참고로 **예** 의 경우 연결재무제표상 연결당기순이익과 연결자본계정을 검증하면 다음과 같다. 이러한 검증과정에 대해서는 〈제4장 연결회계 – 내부거래제거〉에서 자세히 살펴보기로 한다.

[연결당기순이익]

	A회사	B회사	합　계
당기순이익(장부금액)	₩1,000,000	₩700,000	₩1,700,000
투자제거차액의 상각			
건　물		(40,000)	(40,000)
사　채		(50,000)	(50,000)
내부거래제거			
배당금수익	(120,000)		(120,000)
당기순이익(공정가치)	₩880,000	₩610,000	₩1,490,000

$\therefore$ 연결당기순이익　　₩880,000　+　₩610,000 =　　₩1,490,000

　　{ 지배기업소유주 귀속분：　₩880,000　+　₩610,000×60% =　₩1,246,000
　　　비지배지분 귀속분：　　　　　　　　₩610,000×40% =　　　244,000

[연결자본]

지배기업소유주지분			
자본금 : 지배기업 자본금			₩4,000,000
자본잉여금 : 지배기업 자본잉여금 ₩1,000,000 + 지배력획득일 이후			
종속기업 자본잉여금 변동분 ₩200,000×지배기업지분율(60%) =			1,120,000
이익잉여금 : 지배력획득시 지배기업 이익잉여금		₩1,400,000	
+20×1년 연결당기순이익 중 지배기업소유주 귀속분		626,000	
−20×2년 지배기업 배당금지급액		(400,000)	
+20×2년 연결당기순이익 중 지배기업소유주 귀속분		1,246,000	2,872,000
비지배지분 : 종속기업 순자산공정가치×비지배지분율			
(1) 20×2년말 B회사 순자산장부금액		₩4,200,000	
20×2년말 투자제거차액 반영(영업권은 제외)			
토　　지		400,000	
건　　물 : ₩200,000÷5년×3년 =		120,000	
사　　채 : ₩200,000÷4년×2년 =		100,000	
(2) 20×2년말 B회사 순자산공정가치		₩4,820,000	
(3) 비지배지분율		×40%	1,928,000
연결자본총계			₩9,920,000

4 투자제거차액의 처리에 관한 특수문제

(1) 종속기업에 의한 자산의 처분

상황에 따라서는 종속기업이 취득일에 과소평가된 자산을 매각할 수도 있으며, 과대평가된 부채를 조기에 상환하는 경우도 있는데 이러한 경우에는 그에 따른 연결조정분개를 추가로 행하여야 한다.

① 상기 예에서처럼 과소평가된 재고자산이 매출된 경우에는 매출원가가 과소평가되었을 것이므로 이를 조정하였는데, 재고자산의 예처럼 토지나 감가성유형자산을 조기에 매각한 경우나 사채를 조기에 상환한 경우에도 이러한 논리는 동일하게 적용된다.

예 상기 예에서 20×2년에 B회사가 과소평가된 장부금액 ₩1,500,000의 토지를 ₩2,000,000에 매각하였다면 연결회계상 토지처분이익은 ₩100,000이어야 하므로 20×2년의 연결조정시에 다음과 같은 분개를 추가로 행하여야 한다.

| (차) 유형자산처분이익 | 400,000 | (대) 토 지 | 400,000 |

  *₩1,900,000 - ₩1,500,000 = ₩400,000

② 상기 예의 연결조정분개는 종속기업이 ₩500,000(₩2,000,000 - ₩1,500,000)의 토지처분이익을 보고할 것이나 연결실체의 입장에서 과소평가된 토지가 매각됨에 따라 개별회계상 인식하지 못한 투자제거차액 ₩400,000을 토지처분손익으로 하여 지배기업지분과 비지배지분에 반영하기 위한 것이다.

③ 상기 예에서 과소평가된 토지의 처분으로 인한 처분이익 ₩400,000 중 비지배지분율만큼은 비지배지분에 반영해야 하므로 비지배지분순이익 계상시 종속기업의 당기순이익에 처분이익 ₩400,000을 차감한 금액을 기준으로 하여 비지배지분순이익을 계산해야 한다. 상기 예의 경우에 이를 적용한다면 ⑤번 분개는 다음과 같이 달라지게 된다.

⑤ (차) 이익잉여금(비지배지분순이익) 84,000   (대) 비지배지분 84,000

  *B회사 당기순이익(장부금액)   ₩700,000
   토지처분이익   (400,000)
   감가상각비   (40,000)
   이자비용   (50,000)
   B회사 당기순이익(공정가치)   ₩210,000
   비지배지분율   ×40%
   비지배지분순이익   ₩84,000

(2) 감가상각누계액계정의 별도 표시

지금까지의 설명에서 감가성유형자산은 연결재무상태표에 감가상각누계액을 차감한 순액으로 표시되었다. 그러나 감가상각누계액이 연결재무제표의 주석에 별도의 항목으로 보고될 때는 장부금액과 공정가치의 차액에 관한 회계처리는 감가상각누계액을 고려하여 행해져야 한다.

예 상기 예에서 주식취득일 현재 B회사 건물의 장부금액과 공정가치에 대한 자료가 아래와 같이 주어졌다면 연결조정분개 중 ②번과 ③번 분개는 다음과 같이 수정되어야 한다.

	장부금액	공정가치	차 이
건 물	₩4,000,000	₩4,400,000	₩400,000
감가상각누계액	(2,000,000)	(2,200,000)	(200,000)
계	₩2,000,000	₩2,200,000	₩200,000

② (차)	자본금(B)	2,000,000	(대)	감가상각누계액	240,000
	자본잉여금(B)	700,000		B회사투자주식	2,700,000
	이익잉여금(B)	800,000		비지배지분	1,684,000
	토　　지	400,000		자본잉여금(A)	120,000
	건　　물	400,000		이익잉여금(A)	6,000
	사채할인발행차금	150,000			
	영 업 권	300,000			
③ (차)	기타비용(감가상각비)	40,000	(대)	감가상각누계액	40,000

(3) 제조에 사용된 감가성유형자산

제조에 사용된 종속기업 감가성유형자산의 공정가치와 장부금액이 다를 경우 그 차액이 제조원가에 배분될 경우 연결조정분개는 좀더 복잡해진다. 왜냐하면, 연결조정시 추가적으로 계상한 감가상각비를 기말재공품과 기말제품 및 매출원가에 배분해야 하기 때문이다. 그러나 연결실무에서는 중요성의 원칙에 따라 추가적인 감가상각비를 매출원가에 계상하는 것이 일반적이다.

03 비지배지분

앞에서 언급한 바와 같이 비지배지분(non-controlling interests)이란 종속기업에 대한 지분 중 지배기업에 직접 또는 간접으로 귀속되지 않는 지분을 말한다. 이러한 비지배지분은 연결재무제표상 다음과 같이 두 가지 방법으로 측정할 수 있다.

(1) **종속기업의 순자산공정가치에 대한 비례적 지분(몫)** : 비지배지분을 피취득자(종속기업)의 취득일 현재 자산과 부채를 공정가치로 측정한 순자산에 대한 비례적 지분(몫)으로 측정하는 방법으로써 지금까지의 연결조정분개는 모두 이 방법에 기초한 것이다.

> 비지배지분 : 종속기업 순자산공정가치×비지배지분율

이 방법에 의할 경우 지배기업지분에 대해서만 영업권을 인식하며 비지배지분에 대한 영업권을 인식하지 않기 때문에 이 방법에 의하여 계상된 영업권을 부분영업권(partial goodwill)이라고 한다.

(2) **공정가치** : 비지배지분을 공정가치로 측정하는 방법이다. 즉, 비지배지분을 비지배지분 소유주 식수에 종속기업 1주당 공정가치를 곱하여 측정하는 방법이다. 이 방법에 의할 경우 취득일의 비지배지분의 공정가치와 종속기업 순자산공정가치에 대한 비지배지분율을 곱한 금액의 차액을 영업권으로 인식한다.

> 비지배지분 : 취득일의 공정가치(비지배지분 소유주식수×1주당 공정가치)
> 영 업 권 : 비지배지분 − 종속기업 순자산공정가치×비지배지분율
> (비지배지분)

따라서 이 방법에 의할 경우 지배기업지분뿐만 아니라 비지배지분에 대해서도 영업권을 인식하므로 이 방법에 의하여 계상된 영업권을 전부영업권(full goodwill)이라고 한다.

예 A회사는 20×1년초에 B회사발행주식의 60%(60주)를 ₩360에 취득하였다. 주식취득시점에서 B회사의 장부금액과 공정가치는 일치하였으며, A회사와 B회사의 20×1년 1월 1일의 재무상태표는 다음과 같다.

재무상태표
20×1년 1월 1일

자 산	A회사	B회사	부채 및 자본	A회사	B회사
자 산	1,640	1,000	부 채	1,000	500
B회사투자주식	360		자 본 금	1,000	500
	2,000	1,000		2,000	1,000

1. 비지배지분을 종속기업의 순자산공정가치에 대한 비례적지분으로 측정하는 경우

   (1) 연결조정분개

   (차) 자 본 금(B)   500   (대) B회사투자주식   360
       영 업 권   60   비지배지분   200*
       *₩500×40% = ₩200

(2) 연결재무상태표

연결재무상태표

A회사 및 종속기업　　　　　　　20×1년 1월 1일

자　　산	2,640	부　　채	1,500
영 업 권	60	자　　본	
		지배기업소유주지분	
		자 본 금	1,000
		비지배지분	200
	2,700		2,700

2. 비지배지분을 공정가치로 측정하는 경우

　(1) 연결조정분개

　　　(차) { 자 본 금(B)　　500　　　　(대) { B회사투자주식　　360
　　　　　　영 업 권　　　100^{*2}　　　　　　 비지배지분　　　200^{*1}

　　　*1. 비지배지분 : 공정가치
　　　 2. 영업권
　　　　(1) 지배기업지분 : ₩360 − ₩500×60% =　　₩60
　　　　(2) 비지배지분 : ₩240 − ₩500×40% =　　　 40
　　　　　　　계　　　　　　　　　　　　　　　　₩100

　(2) 연결재무상태표

연결재무상태표

A회사 및 종속기업　　　　　　　20×1년 1월 1일

자　　산	2,640	부　　채	1,500
영 업 권	100	자　　본	
		지배기업소유주지분	
		자 본 금	1,000
		비지배지분	240
	2,740		2,740

　(3) 비지배지분을 측정하는 두 가지 방법의 차이점은 비지배지분에 대한 영업권의 인식 유무이다. 따라서 두 방법은 다음과 같은 식으로 표현할 수 있다.

```
종속기업의 순자산공정가치에 대한 비례적지분    +    영업권    =    비지배지분
  (종속기업 순자산공정가치×비지배지분율)         (비지배지분)    (공정가치)
```

즉, 상기 의 경우에 비지배지분을 종속기업의 순자산공정가치에 대한 비례적지분으로 측정하면 ₩200(₩500×40%)이며, 비지배지분에 대한 영업권이 ₩40이므로 비지배지분을 공정가치로 측정하면 ₩240(₩200 + ₩40)임을 알 수 있다.

지금까지 연결재무제표상 비지배지분의 측정방법에 대해서 살펴보았는데, 실무적으로는 비지배지분을 종속기업의 순자산공정가치에 대한 비례적지분으로 측정하는 것이 일반적이다. 왜냐하면, 비지배지분을 공정가치로 측정하는 비용이 비지배지분을 종속기업의 순자산공정가치에 대한 비례적지분으로 측정하는 비용보다 많이 발생하기 때문이다. 따라서 본서에서는 특별한 언급이 없는 한 비지배지분을 종속기업의 순자산공정가치에 대한 비례적지분으로 측정하는 방법으로 연결재무제표를 작성함을 부언해 둔다.

04 채권 · 채무 상계제거

연결재무제표는 연결대상회사가 마치 하나의 기업인 것으로 가정하여 그들의 재무상태와 경영성과를 보고하기 위하여 작성된다. 따라서 연결실체 간의 채권·채무가 있을 경우에 이는 실질적인 채권·채무가 아니므로 연결조정시 이를 상계제거해야 하며, 확정금전 채권·채무뿐만 아니라 선급비용, 미지급비용, 미수수익, 선수수익이 있을 경우에도 이를 상계제거해야 한다. 그리고 채권·채무와 관련된 이자수익과 이자비용 등도 연결재무제표상 이를 상계제거함은 물론이다.

1 연결실체의 채권·채무

연결실체 간에 채권·채무가 있는 경우에는 연결재무제표상 이를 상계제거해야 하는데, 이때 관련된 이자수익과 이자비용뿐만 아니라 미수이자와 미지급이자도 상계제거해야 한다.

예 20×1년 7월 1일에 지배기업인 A기업이 종속기업인 B기업에 ₩1,000,000(이자율 : 연 10%, 이자지급 : 매년 6월 30일)을 1년간 대여해준 경우 개별회계상 회계처리와 20×1년말 연결재무제표작성시 행할 연결조정분개는 다음과 같다.

[개별회계]

일 자	A회사		B회사	
20×1. 7. 1	대 여 금 1,000,000		현 금 1,000,000	
	현 금	1,000,000	차 입 금	1,000,000
20×1. 12. 31	미수이자 50,000		이자비용 50,000	
	이자수익	50,000	미지급이자	50,000

*₩1,000,000×10%×6/12 = ₩50,000

[연결조정분개]

(차) 차 입 금　　1,000,000　　(대) 대 여 금　　1,000,000
　　 이자수익　　　 50,000　　　　 이자비용　　　 50,000
　　 미지급이자　　 50,000　　　　 미수이자　　　 50,000

2 연결대상기업에 대한 매출채권을 양도한 경우

연결대상기업에 대한 매출채권을 양도한 경우에는 이러한 양도가 제거조건을 충족했는지의 여부에 따라 개별회계상 회계처리와 연결조정분개가 달라진다.

(1) 연결대상기업에 대한 매출채권을 양도한 경우, 이러한 양도가 제거조건을 충족한다면 연결재무상태표상에 이를 차입금으로 계상해야 한다. 왜냐하면, 연결실체 입장에서는 동 금액을 만기일에 금융기관에 상환해야 하기 때문이다.

예 연결대상기업인 B회사가 ₩50,000의 어음을 발행하여 다른 연결대상기업인 A회사로부터 상품을 매입했을 때 A회사가 B회사의 발행어음을 은행에서 할인받은 경우 각 개별기업 입장에서의 회계처리와 연결조정분개를 나타내면 다음과 같다.

[개별회계]

일 자	A회사			B회사		
매출·매입시	매출채권 (받을어음)	50,000		상품(매출원가)	50,000	
	매 출		50,000	매입채무 (지급어음)		50,000
받을어음 할인시	현 금	50,000				
	매출채권 (받을어음)		50,000			
개별재무제표	매 출		50,000	매출원가	50,000	
	매출채권		0	매입채무		50,000

[연결조정분개]

(차) ┌ 매 출   50,000   (대) ┌ 매출원가   50,000
    └ 매입채무   50,000   └ 차 입 금   50,000

*이와 같이 회계처리하는 이유는 개별기업 입장에서는 상거래상의 받을어음을 은행에서 할인받은 것이지만 연결실체 간의 받을어음과 지급어음은 채권·채무가 아니므로 이는 상거래상의 받을어음을 할인받은 것이 아니라 단지 은행에서 차입금을 차입하기 위하여 어음을 발행해준 것으로 간주하기 때문이다. 즉, B회사 입장에서 보면 A회사에 대한 상거래상의 매입채무(지급어음)가 A회사가 어음을 할인받음으로써 은행에 대한 채무(차입금)로 바뀌었다는 것이다.

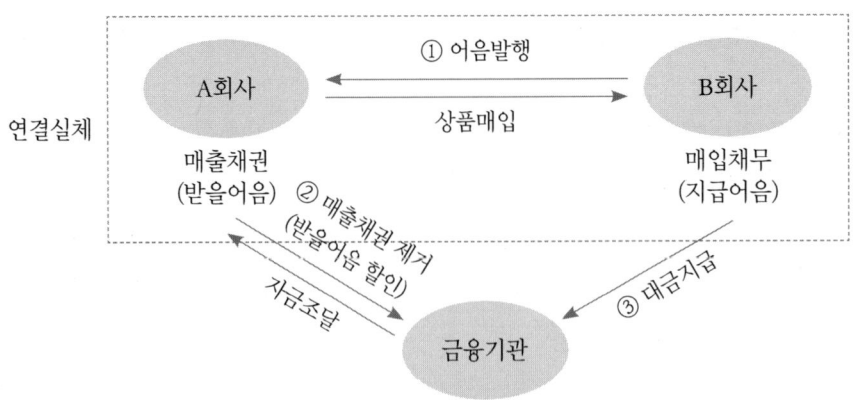

(2) 연결대상기업에 대한 매출채권을 양도한 경우, 이러한 양도가 제거조건을 충족하지 못한다면 매출채권과 매입채무를 상계제거만 하면 된다.

예 상기 **예**에서 제거조건을 충족하지 못한 경우 각 개별기업의 회계처리와 연결조정분개를 나타내면 다음과 같다.

[개별회계]

일 자	A회사		B회사	
매출·매입시	매출채권 50,000 　　매　　출	50,000	상품(매출원가) 50,000 　　매입채무	50,000
받을어음 할인시	현　　금 50,000 　　차 입 금	50,000		
개별재무제표	매　　출 50,000 매출채권	50,000 50,000	매출원가 50,000 매입채무	50,000 50,000

[연결조정분개]

(차) ┌ 매　　출　　　　50,000　　　(대) ┌ 매출원가　　　　50,000
　　 └ 매입채무　　　　50,000　　　　　 └ 차 입 금　　　　50,000

＊이와 같이 회계처리하는 이유는 받을어음의 할인이 제거조건을 충족하지 못하여 개별기업 입장에서 이미 차입금으로 계상하였기 때문이다.

3 연결실체간에 리스거래가 발생한 경우

연결대상기업간에 리스거래가 발생한 경우 개별기업 입장에서 계상한 리스거래관련 수익·비용 및 채권·채무는 상계제거해야 한다.

예 20×1년초에 지배기업은 종속기업과 기계장치에 대해서 다음과 같은 금융리스계약을 체결하였다. 단, 내재이자율은 10%이고 감가상각방법은 정액법이다.

리스자산 : 취득원가 ₩248,685, 내용연수 5년, 잔존가치 ₩8,685

리스기간 : 20×1. 1. 1 ~ 20×3. 12. 31

리 스 료 : 매년말 ₩100,000씩 지급

특약사항 : 리스기간종료시 리스자산의 소유권을 리스이용자에게 이전하는 조건

1. 개별회계

일 자	A회사		B회사	
20×1. 1. 1	리스채권 248,685		사용권자산 248,685	
	선급리스자산	248,685	리스부채	248,685
20×1. 12. 31	현 금 100,000		리스부채 75,131	
	리스채권	75,131	이자비용 24,869	
	이자수익	24,869*	현 금	100,000
	*₩248,685×10% = ₩24,869		감가상각비 48,000	
			감가상각누계액	48,000
			*(₩248,685 − ₩8,685)÷5년 = ₩48,000	
	[20×1년말]		[20×1년말]	
	리스채권	₩173,554	리스부채	₩173,554
			사용권자산	248,685
			감가상각누계액	(48,000)
	이자수익	24,869	이자비용	24,869

2. 연결조정분개

①	(차)	리스부채	173,554	(대)	리스채권	173,554
②	(차)	이자수익	24,869	(대)	이자비용	24,869
③	(차)	기계장치	248,685	(대)	사용권자산	248,685
		감가상각누계액	48,000		감가상각누계액	48,000
		(사용권자산)			(기계장치)	

종합예제 | 연결회계 – 투자계정과 자본계정의 상계제거

다음은 A회사와 그 종속기업인 B회사의 20×2년 12월 31일에 현재 재무상태표와 20×2년의 포괄손익계산서이다.

재무상태표
20×2년 12월 31일

자 산	A회사	B회사	부채 및 자본	A회사	B회사
현금및현금성자산	1,400,000	600,000	매입채무	1,000,000	400,000
매출채권	1,600,000	700,000	차 입 금	4,000,000	1,700,000
대 여 금	1,000,000		자 본 금	3,000,000	1,500,000
재고자산	1,500,000	800,000	자본잉여금	1,500,000	500,000
B회사투자주식	2,500,000		자본조정	1,500,000	300,000
토 지	3,000,000	2,000,000	이익잉여금	2,000,000	700,000
건 물(순액)	4,000,000	1,800,000	기타포괄손익누계액	2,000,000	800,000
	15,000,000	5,900,000		15,000,000	5,900,000

포괄손익계산서
20×2년 1월 1일부터 20×2년 12월 31일까지

	A회사	B회사
매 출 액	25,000,000	10,000,000
매출원가	(20,000,000)	(8,000,000)
매출총이익	5,000,000	2,000,000
배당금수익	90,000	
기타수익	1,110,000	500,000
기타비용	(5,200,000)	(2,300,000)
당기순이익	1,000,000	200,000

[추가자료]

(1) A회사는 20×1년 1월 1일 B회사의 보통주 60%를 취득하고 그 대가로 ₩2,500,000 을 지급하였으며 동일 A회사와 B회사의 주주지분은 다음과 같다.

	A회사	B회사
자 본 금	₩3,000,000	₩1,500,000
자본잉여금	1,000,000	300,000
자본조정	1,000,000	200,000
이익잉여금	800,000	200,000
기타포괄손익누계액	2,000,000	600,000
계	₩7,800,000	₩2,800,000

(2) 주식취득일 현재 B회사의 장부금액과 공정가치가 다른 자산은 다음과 같다.

	장부금액	공정가치
재고자산	₩600,000	₩700,000
토　　지	2,000,000	2,500,000
건　물(순액)	3,000,000	3,500,000

재고자산은 20×1년 중 전액 매출되었으며, 건물은 20×1년 1월 1일부터 5년의 내용연수를 가지며 잔존가치는 없고 정액법으로 감가상각한다.

(3) 20×2년에 A회사는 B회사에 ₩1,000,000의 상품을 판매하였으나 B회사는 이를 전부 외부에 판매하였다.

(4) 20×2년에 A회사는 B회사에 대한 매출채권 ₩100,000을 은행에서 할인받았는데, 동 할인거래 중 ₩30,000은 매출채권의 제거조건을 충족하였으나 나머지 ₩70,000은 매출채권의 제거조건을 충족하지 못하였다.

(5) 20×2년 9월 30일에 A회사는 B회사에 이자율 연 12% 조건으로 ₩1,000,000을 대여하였다. 동 대여금에 대한 이자는 3개월마다 지급되며 첫 이자지급은 20×1년 12월 31일에 이루어진다.

(6) A회사는 20×1년에 ₩500,000의 당기순이익을 보고하였으며, 20×2년에 ₩300,000의 현금배당을 실시하였다. 그리고 B회사는 20×1년에 450,000의 당기순이익을 보고하였으며, 20×2년에 ₩150,000의 현금배당을 실시하였다.

20×2년말 연결재무상태표와 20×2년의 연결포괄손익계산서를 작성하시오. 단, 영업권은 손상되지 않았으며, 비지배지분에 대한 영업권은 인식하지 않는다.

1. 영업권의 측정

B회사투자주식의 취득원가		₩2,500,000
B회사순자산장부금액	₩2,800,000	
재고자산 과소평가	100,000	

토　　지 과소평가	500,000			
건　　물 과소평가	500,000			
B회사순자산공정가치	₩3,900,000			
지배기업지분율	×60%		(2,340,000)	
영업권			₩160,000	

2. 연결조정분개

　(1) 투자계정과 자본계정의 상계제거

　　① (차) 배당금수익　　90,000　　(대) 이익잉여금(A)　　90,000

　　　*지배기업이 종속기업으로부터 수취한 배당금수익은 종속기업이 당기 이전에 벌어들인 이익을 분배한 것이므로 연결재무제표상 이를 이익잉여금으로 대체시켜야 함.

　　② (차) 자 본 금(B)　　1,500,000　　(대) B회사투자주식　　2,500,000
　　　　　 자본잉여금(B)　　500,000　　　　　비지배지분　　1,800,000[*3]
　　　　　 자본조정(B)　　300,000　　　　　자본잉여금(A)　　120,000[*4]
　　　　　 이익잉여금(B)　　500,000[*1]　　　자본조정(A)　　60,000[*1]
　　　　　 기타포괄손익누계액(B)　　800,000　　이익잉여금(A)　　60,000[*5]
　　　　　 토　　지　　500,000[*2]　　　　기타포괄손익누계액(A)　　120,000[*4]
　　　　　 건　　물　　400,000[*2]
　　　　　 영 업 권　　160,000

　　*1. 이익잉여금(B) : 20×2년의 당기순이익을 제외한 금액임.
　　 2. 20×2년초 투자제거차액임.
　　　 ① 재고자산 : 20×1년에 전액 판매되었으므로 20×2년 현재 차액은 없음.
　　　 ② 토　　지 : 20×2년초까지 그대로 보유하고 있으므로 20×2년초 현재 차액은 ₩500,000임.
　　　 ③ 건　　물 : ₩500,000 - ₩100,000(20×1년 상각액) = ₩400,000
　　 3. 비지배지분 : (₩1,500,000 + ₩500,000 + ₩300,000 + ₩500,000 + ₩800,000
　　　　　　　　　　 + ₩500,000 + ₩400,000)×40% = ₩1,800,000
　　 4. 자본잉여금(A) : (₩500,000 - ₩300,000)×60% = ₩120,000
　　　　 자본조정(A) : (₩300,000 - ₩200,000)×60% = ₩60,000
　　　　 기타포괄손익누계액(A) : (₩800,000 - ₩600,000)×60% = ₩120,000

5. 이익잉여금(A)

종속기업 이익잉여금(장부금액) 변동분 : ₩500,000 − ₩200,000 =	₩300,000
투자제거차액의 상각(20×1년)	
재고자산	(100,000)
건　물	(100,000)
종속기업 이익잉여금(공정가치) 변동분	₩100,000
지배기업지분율	×60%
이익잉여금(A)	₩60,000

③ (차) 기타비용(감가상각비) 100,000　　(대) 건　물(순액) 100,000

*₩200,000÷5년 = ₩100,000. 과소평가된 건물의 당기 감가상각비

(2) 내부거래 및 채권·채무 상계제거

④ (차) 매　출 1,000,000　　(대) 매출원가 1,000,000

*연결실체간 매출·매입거래의 상계제거분개

⑤ (차) 매입채무 100,000　　(대) 매출채권 70,000
　　　　　　　　　　　　　　　　　 차 입 금 30,000

*할인거래 중 제거조건을 충족한 것은 차입금으로 계상하고 제거조건을 충족하지 못한 것은 개별회계상 차입금을 계상했으므로 매출채권과 상계한다.

⑥ (차) 차 입 금 1,000,000　　(대) 대 여 금 1,000,000
　　　　기타수익(이자수익) 30,000*　　　기타수익(이자비용) 30,000

*₩1,000,000×12%×3/12=₩30,000

(3) 비지배지분순이익 계상

⑦ (차) 이익잉여금(비지배지분순이익) 40,000　　(대) 비지배지분 40,000

*B회사 당기순이익(장부금액)	₩200,000
감가상각비	(100,000)
B회사 당기순이익(공정가치)	₩100,000
비지배지분율	×40%
비지배지분순이익	₩40,000

3. 연결재무상태표와 연결포괄손익계산서

연결재무상태표

A회사 및 종속기업   20×2년 12월 31일

현금및현금성자산	2,000,000	매입채무	1,300,000
매출채권	2,230,000	차 입 금	4,730,000
재고자산	2,300,000	자 본	
토 지	5,500,000	지배기업소유주지분	
건 물(순액)	6,100,000	자 본 금	3,000,000
영 업 권	160,000	자본잉여금	1,620,000
		자본조정	1,560,000
		이익잉여금	1,920,000
		기타포괄손익누계액	2,120,000
		비지배지분	1,840,000
	18,290,000		18,290,000

연결포괄손익계산서

A회사 및 종속기업   20×2년 1월 1일부터 20×2년 12월 31일까지

매 출 액	34,000,000
매출원가	(27,000,000)
매출총이익	7,000,000
기타수익	1,580,000
기타비용	(7,570,000)
당기순이익	1,010,000
당기순이익의 귀속	
지배기업소유주	970,000
비지배지분	40,000

연결회계-투자계정과 자본계정의 상계제거
이론문제(기출지문)

01 종속기업투자주식의 취득원가와 종속기업 순자산공정가치에 지배기업지분율을 곱한 금액을 비교하여 전자가 더 큰 경우에는 영업권으로 처리한다. (O)

02 연결재무제표상 종속기업의 자산·부채 장부금액과 공정가치의 차이 중 지배기업지분만 추가로 계상한다. (×)

▶ 연결재무제표상 종속기업의 자산·부채 장부금액과 공정가치의 차이는 전액 계상하여 지배기업지분과 비지배지분에 안분한다.

03 연결재무제표상 비지배지분은 종속기업 순자산장부금액에 비지배지분율을 곱한 금액이다. (×)

▶ 연결재무제표상 비지배지분은 ①종속기업 순자산공정가치에 비지배지분율을 곱한 금액으로 측정할 수도 있고 ②공정가치로도 측정할 수 있다.

04 연결회사가 발행한 지급어음을 다른 연결회사가 할인받은 경우에는 연결조정시 매출채권을 차입금으로 대체해야 한다. (×)

▶ 연결회사가 발행한 지급어음을 다른 연결회사가 할인받은 경우에는 연결조정시 매입채무를 차입금으로 대체한다.

필수예제 : 투자계정과 자본계정의 상계제거

A회사는 20×1년 1월 1일 B회사의 보통주 90%를 ₩6,400,000에 취득하여 지배력을 획득하였다. 관련자료는 다음과 같다.

(1) 주식취득일 현재 B회사의 순자산장부금액은 ₩5,500,000이었으며, 동일 현재 B회사의 장부금액과 공정가치가 다른 자산·부채는 다음과 같다.

	장부금액	공정가치
재고자산	₩400,000	₩600,000
토 지	2,500,000	3,000,000
기계장치(순액)	2,200,000	2,640,000
사 채	2,000,000	1,600,000

위의 자산·부채 중 재고자산은 20×1년에 전액 매출되었다. 기계장치는 20×1년 1월 1일부터 10년 동안 정액법으로 감가상각하며 잔존가치는 없다. 또한 사채의 만기는 20×5년말이며 사채할인차금을 편의상 정액법으로 상각한다. 영업권은 20×2년말까지 손상되지 않았다.

(2) A회사와 B회사의 20×1년과 20×2년의 당기순이익은 다음과 같다.

	20×1년	20×2년
A회사	₩2,000,000	₩4,000,000
B회사	1,000,000	1,200,000

(3) 취득일 이후 20×2년말까지 B회사의 기타포괄손익누계액이 ₩400,000 증가하였고 자본조정이 ₩100,000 감소하였으며, 이 기간 중 이익처분은 없었다.

20×2년의 연결당기순이익과 20×2년말 연결재무상태표에 표시될 비지배지분은 얼마인가? 단, 비지배지분에 대한 영업권은 인식하지 않는다.

1. 20×2년 연결당기순이익

	A회사	B회사	합 계
당기순이익(장부금액)	₩4,000,000	₩1,200,000	₩5,200,000
투자제거차액의 상각			
기계장치		(44,000)	(44,000)
사 채		(80,000)	(80,000)
당기순이익(공정가치)	₩4,000,000	₩1,076,000	₩5,076,000

∴ 연결당기순이익   ₩4,000,000 + ₩1,076,000=   ₩5,076,000
  지배기업소유주 귀속분: ₩4,000,000 + ₩1,076,000×90%=   ₩4,968,400
  비지배지분 귀속분: ₩1,076,000×10%=   107,600

2. 20×2년말 비지배지분

B회사 순자산장부금액:
  ₩5,500,000+₩1,000,000+₩1,200,000+₩400,000−₩100,000=   ₩8,000,000
투자제거차액 미상각잔액
  토　　지   500,000
  기계장치: ₩440,000−₩440,000×2/10=   352,000
  사　　채: ₩400,000−₩400,000×2/5=   240,000
B회사 순자산공정가치   ₩9,092,000
  비지배지분율   ×10%
비지배지분   ₩909,200

01 20×1년 1월 1일 (주)대한은 (주)신라의 보통주 60%를 ₩800,000에 취득하여 지배력을 획득하였다. 지배력획득시점에 (주)신라의 요약재무상태표는 다음과 같다. 20×1년 1월 1일 지배력획득일 현재 (주)대한의 연결재무제표에 계상될 영업권과 비지배지분은 각각 얼마인가? 단, 비지배지분에 대한 영업권은 인식하지 않는다.

(2008. CPA)

재무상태표
(주)신라   20×1년 1월 1일 현재

계정과목	장부금액	공정가치	계정과목	장부금액	공정가치
현　금	50,000	50,000	차 입 금	200,000	200,000
재고자산	100,000	120,000	자 본 금	300,000	
토　지	300,000	350,000	이익잉여금	250,000	
건　물(순액)	500,000	600,000	기타포괄손익누계액	200,000	
	950,000			950,000	

1. 영업권

투자주식의 취득원가			₩800,000
(주)신라의 순자산공정가치:₩1,120,000-₩200,000=	₩920,000		
지배기업지분율	×60%		(552,000)
계			₩248,000

2. 비지배지분

(주)신라의 순자산공정가치:₩1,120,000-₩200,000=	₩920,000
비지배지분율	×40%
계	₩368,000

02 (주)대한은 20×1년 1월 1일 (주)민국의 지배력을 획득하였다. 지배력 획득시점의 양사의 재무상태표와 연결재무상태표는 다음과 같다.

	(주)대한의 재무상태표	(주)민국의 재무상태표	(주)대한 및 (주)민국의 연결재무상태표
현 금	₩400,000	₩60,000	₩460,000
재고자산	200,000	300,000	580,000
투자주식[(주)민국]	?	–	–
영 업 권	–	–	30,000
자산총계	?	₩360,000	₩1,070,000
매입채무	₩70,000	₩40,000	₩110,000
자 본 금	?	150,000	250,000
이익잉여금	?	170,000	550,000
비지배지분	–	–	160,000
부채·자본총계	?	₩360,000	₩1,070,000

(주)대한이 지배력 획득을 위해 지급한 대가는 얼마인가? 단, 비지배지분은 종속기업의 식별가능한 순자산공정가치에 비례하여 결정한다.

(2015. CPA)

1. 20×1년 1월 1일 비지배지분=순자산공정가치×비지배지분율(x)

  ₩160,000=₩400,000*×x

  *(₩360,000-₩40,000)+₩580,000-(₩200,000+₩300,000)=₩400,000

  ∴ 비지배지분율(x):40%, 지배기업지분율:60%

2. 20×1년 1월 1일 영업권=투자주식취득원가(y)−순자산공정가치×지배기업지분율

    ₩30,000=y−₩400,000×60%

    ∴ 투자주식취득원가(y) : ₩270,000

03 A회사는 20×1년초에 B회사발행주식의 60%를 ₩450에 취득하였다. 20×1년 1월 1일 B회사의 자산·부채의 장부금액과 공정가치는 일치하였으며, B회사의 주주지분은 다음과 같다.

납입자본	₩500
이익잉여금	100
기타포괄손익누계액	100
계	₩700

(1) 20×1년에 A회사와 B회사는 각각 ₩200과 ₩100의 당기순이익을 보고하였으며, 이 기간 중 이익처분은 없었다.

(2) 20×1년에 A회사와 B회사는 유형자산을 공정가치로 재평가함에 따라 기타포괄손익(재평가잉여금)이 각각 ₩100과 ₩50이 발생하였다.

위의 자료를 참고로 할 때 A회사와 B회사의 20×1년 연결총포괄손익과 20×1년말 연결재무상태표에 표시될 비지배지분은 얼마인가? 단, 비지배지분은 종속기업의 식별가능한 순자산공정가치에 비례하여 결정한다.

1. 연결총포괄손익

    | 당기순이익 : ₩200+₩100= | ₩300 |
    | 기타포괄손익 : ₩100+₩50= | 150 |
    | 총포괄손익 | ₩450 |

2. 비지배지분

    | 종속기업 순자산공정가치 : ₩700+₩100+₩50= | ₩850 |
    | 비지배지분율 | ×40% |
    | 계 | ₩340 |

04 A회사는 20×1년 1월 1일 보통주 30,000주를 발행하여 B회사의 지분 90%를 취득하여 지배력을 획득하였다. 취득 당시 A회사의 주가는 주당 ₩10이고 B회사의 주가는 주당 ₩70이며 액면금액은 두 회사 모두 주당 ₩50이다. 다음은 B회사의 20×1년 1월 1일 요약재무상태표이다.

재무상태표

B회사			20×1년 1월 1일
당좌자산	100,000	매입채무	180,000
재고자산	50,000	자 본 금	50,000
유형자산	200,000	자본잉여금	70,000
특 허 권	50,000	이익잉여금	100,000
자산총계	400,000	부채 및 자본총계	400,000

20×1년 1월 1일 B회사의 재고자산의 공정가치는 ₩60,000이며, 유형자산의 공정가치는 ₩300,000이다. 재고자산은 20×1년 중에 모두 판매되었으며, 유형자산은 모두 감가상각대상자산으로 잔존내용연수는 10년이며 정액법으로 감가상각한다. A회사와 B회사의 20×1년 당기순이익이 각각 ₩50,000과 ₩30,000인 경우, 20×1년의 비지배지분순이익은 얼마인가?

B회사의 당기순이익(장부금액)	₩30,000
투자제거차액의 상각	
재고자산	(10,000)
유형자산: ₩100,000×1/10=	(10,000)
B회사의 당기순이익(공정가치)	₩10,000
비지배지분율	×10%
비지배지분순이익	₩1,000

05 20×1년 1월 1일 성동(주)는 순자산장부금액이 ₩190,000인 낙하(주)의 주식 90%를 취득하여 지배력을 획득하였다. 취득일 현재 낙하(주)의 자산 및 부채의 장부금액과 공정가치는 건물을 제외하고 모두 일치하였다. 건물의 장부금액과 공정가치는 각각 ₩100,000과 ₩110,000이며, 잔존내용연수는 5년이고 정액법으로 감가상각한다. 낙하(주)는 20×1년 중 ₩10,000의 중간배당을 결의·지급하였으며, ₩30,000의 당기순이익을 보고하였다. 이외의 20×1년 중 자본의 변동은 없으며, 성동(주)와 낙하(주)의 내부거래는 없다. 20×1년 12월 31일 연결재무제표에 계상될 비지배지분은 얼마인가? 단, 비지배지분에 대한 영업권은 인식하지 않는다.

낙하(주)의 순자산장부금액: ₩190,000−₩10,000+₩30,000 = ₩210,000
투자제거차액 미상각잔액
  건　물: ₩10,000−₩10,000×1/5 = 8,000
낙하(주)의 순자산공정가치 ₩218,000
  비지배지분율 ×10%
비지배지분 ₩21,800

06 (주)경기는 20×1년 1월 1일 (주)서울의 의결권 있는 보통주 중 80%를 ₩452,000에 취득하여 지배력을 획득하였다. 취득일 현재 (주)서울의 자산과 부채는 아래의 자산을 제외하고는 장부금액과 공정가치가 일치하였다.

	장부금액	공정가치	차　액
재고자산	₩50,000	₩30,000	₩(20,000)
토　지	150,000	160,000	10,000
건　물	110,000	140,000	30,000

취득당시 (주)서울의 자본금은 ₩400,000이고, 이익잉여금은 ₩100,000이었다. (주)경기와 (주)서울의 20×1년도 당기순이익은 각각 ₩450,000, ₩200,000이며, 배당지급액은 없다. 재고자산은 20×1년 중에 모두 판매되었다. 취득일 현재 건물은 잔존내용연수 10년, 잔존가치 ₩0으로 하여 정액법으로 감가상각하며, 토지는 20×1년말 현재 계속 보유하고 있다. 20×1년의 비지배지분순이익과 20×1년말 현재 연결재무상태표상 비지배지분은 각각 얼마인가? 단, 비지배지분에 대한 영업권은 인식하지 않는다.

1. 비지배지분순이익

  (주)서울 당기순이익(장부금액) ₩200,000
  투자제거차액상각
    재고자산 20,000
    건　물: ₩30,000×1/10 = (3,000)
  (주)서울 당기순이익(공정가치) ₩217,000
    비지배지분율 ×20%
  비지배지분순이익 ₩43,400

2. 비지배지분

(주)서울의 순자산장부금액: ₩400,000+₩100,000+₩200,000=	₩700,000
투자제거차액 미상각잔액	
토　지	10,000
건　물: ₩30,000−₩30,000×1/10=	27,000
(주)서울의 순자산공정가치	₩737,000
비지배지분율	×20%
비지배지분	₩147,400

07 (주)서울은 (주)종로를 취득하기 위하여 다음과 같은 두 가지 대안을 고려하고 있다.

- 대안 1: (주)서울은 보통주 100주를 발행하여 (주)종로를 흡수합병한다.
- 대안 2: (주)서울은 보통주 80주를 발행하여 (주)종로의 의결권 주식의 80%를 취득함으로써 지배력을 획득한다.

사업결합을 검토하는 시점에서 입수된 최근의 요약재무상태표 및 관련자료는 다음과 같다.

재무상태표

	(주)서울	(주)종로 장부금액	(주)종로 공정가치
자　산	₩900,000	₩700,000	₩740,000
부　채	250,000	550,000	450,000
자　본	650,000	150,000	−

대안 1을 채택하는 경우 합병 직후에 작성되는 재무상태표의 영업권과 대안 2를 채택하는 경우 지배력획득시점에서 작성되는 연결재무상태표의 영업권은? 단, 사업결합시점에서 (주)서울의 주당 시가는 ₩3,000으로 가정하며, 비지배지분에 대한 영업권은 인식하지 않는다.

(2007, 2016, CPA 수정)

합병가정시 영업권: 100주×₩3,000−(₩740,000−₩450,000)=₩10,000
연결가정시 영업권: 80주×₩3,000−(₩740,000−₩450,000)×80%=₩8,000

※해설※

1. 합병분개

(차) 자　　산　　　　740,000　　(대) 부　　채　　　　450,000
　　　영 업 권　　　　 10,000　　　　 자 본(서울)　　 300,000*

　　*100주×₩3,000=₩300,000

2. 연결조정분개

(차) 자 본(종로)　　　150,000　　(대) 종속기업주식　　240,000*1
　　　자　　산　　　　 40,000　　　　 비지배지분　　　 58,000*2
　　　부　　채　　　　100,000
　　　영 업 권　　　　　8,000

　　*1. 80주×₩3,000=₩240,000
　　 2. ₩290,000×20%=₩58,000

필수예제　비지배지분

A회사는 20×1년 1월 1일에 B회사의 보통주 60%(600주)를 ₩600,000에 취득하여 지배력을 획득하였다. 관련자료는 다음과 같다.

(1) 취득일 현재 B회사의 순자산장부금액은 ₩700,000이며, 순자산공정가치는 ₩900,000이다.
(2) 취득일 현재 B회사의 발행보통주식수는 1,000주이고 1주당 액면가액은 ₩500이며 1주당 공정가치는 ₩1,000이다.

A회사가 연결재무제표상 비지배지분을 공정가치로 측정한다면 취득일의 연결재무제표에 표시될 비지배지분과 영업권은 얼마인가?

1. 비지배지분: 400주×₩1,000=₩400,000
2. 영 업 권
　 지배기업지분: ₩600,000−₩900,000×60%=　　₩60,000
　 비지배지분: ₩400,000−₩900,000×40%=　　　 40,000
　　　　　계　　　　　　　　　　　　　　　　　₩100,000

08 (주)갑은 20×1년 1월 1일 (주)을의 의결권있는 보통주식 80%를 ₩400,000에 취득하여 지배기업이 되었으며, 취득일 현재 (주)을의 재무상태표는 다음과 같다.

재무상태표

(주)을   20×1. 1. 1 현재   (단위:원)

계정과목	장부금액	공정가치	계정과목	장부금액	공정가치
현 금	30,000	30,000	부 채	100,000	100,000
재고자산	150,000	180,000	자 본 금	200,000	–
건 물(순액)	200,000	150,000	이익잉여금	80,000	–
자산총계	380,000		부채·자본총계	380,000	

· 취득일 현재 (주)을의 재무상태표상 표시된 자산과 부채를 제외하고는 추가적으로 식별가능한 자산과 부채는 존재하지 않는다.
· 건물의 잔존내용연수는 10년이고, 잔존가치는 없으며, 정액법으로 상각한다.
· 재고자산은 20×1년 중에 모두 외부로 판매되었다.
· (주)을의 20×1년 당기순이익은 ₩80,000이며, 20×1년 중 (주)을의 다른 자본변동거래는 없다.
· 비지배지분은 공정가치로 측정하며, 취득일 현재 비지배지분의 공정가치는 ₩100,000이다.
· 20×1년말 현재 (주)을은 (주)갑의 유일한 종속기업이다.

(주)갑이 20×1년말 연결재무상태표에 표시할 비지배지분은 얼마인가? 단, 법인세효과는 없는 것으로 가정한다.

(2012. CPA)

---

1. 비지배지분 영업권: ₩100,000−(₩360,000−₩100,000)×20%=₩48,000
2. 20×1년말 비지배지분

20×1년말 (주)을의 순자산장부금액: ₩280,000+₩80,000=	₩360,000
20×1년말 투자제거차액잔액	
건 물: ₩50,000×9/10=	(45,000)
20×1년말 (주)을의 순자산공정가치	₩315,000
비지배지분율	×20%
계	₩63,000
비지배지분 영업권	48,000
20×1년말 비지배지분	₩111,000

09 (주)대한은 20×1년 1월 1일 (주)민국의 의결권 있는 보통주 70%를 ₩210,000에 취득하여 지배력을 획득하였다. 주식취득일 현재 (주)민국의 자산과 부채는 아래의 자산을 제외하고는 장부금액과 공정가치가 일치하였다.

구 분	재고자산	건물(순액)
공정가치	₩20,000	₩60,000
장부금액	10,000	40,000

20×1년초 (주)민국의 납입자본은 ₩150,000이고, 이익잉여금은 ₩50,000이었다. (주)민국의 20×1년초 재고자산은 20×1년 중에 모두 판매되었다. 또한 (주)민국이 보유하고 있는 건물의 주식취득일 현재 잔존내용연수는 5년이며, 잔존가치 없이 정액법으로 감가상각한다. 20×1년 (주)민국의 당기순이익은 ₩40,000이다. (주)대한의 20×1년 말 연결재무상태표상 비지배지분은 얼마인가? 단, 비지배지분은 주식취득일의 공정가치로 측정하며, 주식취득일 현재 비지배지분의 공정가치는 ₩70,000이었다. 더불어 영업권 손상은 고려하지 않는다. (2020. CPA)

1. 영업권

    지배기업지분: ₩210,000−(₩200,000+₩10,000+₩20,000)×70%=₩49,000

    비지배지분: ₩70,000−(₩200,000+₩10,000+₩20,000)×30%=₩1,000

2. 20×1년말 (주)민국의 순자산공정가치

    20×1년말 순자산장부금액: ₩150,000+₩50,000+₩40,000= ₩240,000

    20×1년말 투자제거차액

    건　물: ₩20,000÷5년×4년= 16,000

    20×1년말 순자산공정가치 ₩256,000

∴ 20×1년말 비지배지분: ₩256,000×30%+₩1,000=₩77,800

필수예제 채권·채무 상계제거

A회사는 20×1년 1월 1일 B회사 보통주 60%를 취득하여 지배력을 획득하였다. 다음은 A회사와 그 종속기업인 B회사의 20×2년 12월 31일 연결재무제표를 작성하기 위한 자료 중 일부이다.

(1) 20×2년 12월 31일 현재 A회사와 B회사의 개별재무제표에서 발췌한 자료는 다음과 같다.

	A회사	B회사
매출채권	₩400,000	₩60,000
차 입 금	750,000	340,000
미수이자	15,000	8,000
이자비용	80,000	40,000

(2) A회사의 20×2년 매출액 중 ₩100,000은 B회사에 대한 것이며, 20×2년말 A회사의 매출채권 중 B회사에 대한 것은 ₩30,000이다.

(3) 20×2년말 B회사의 매입채무 중 ₩40,000은 A회사에 대한 것이며, A회사는 당기 중에 B회사가 발행한 어음 ₩10,000을 은행에서 할인받았는데, 매출채권의 제거조건을 충족하였다.

(4) A회사는 20×2년 7월초에 B회사에 ₩200,000을 연 10% 이자율(이자는 매년 6월 30일 지급조건)로 대여해 주었다.

A회사의 20×2년말 연결재무상태표에 표시될 매출채권, 차입금, 미수이자, 이자비용은 각각 얼마인가?

1. 연결조정분개

  (1) (차) 매 출　　　　　　　100,000　　　(대) 매출원가　　　　　　100,000
  　　*연결실체간 매출·매입거래의 상계제거

  (2) (차) 매입채무　　　　　　40,000　　　(대) ┌ 매출채권　　　　　　30,000
  　　　　　　　　　　　　　　　　　　　　　　 └ 차 입 금　　　　　　10,000
  　　*연결회사가 발행한 어음을 다른 연결회사가 할인받은 경우 연결재무상태표에 이를 차입금으로 계상해야 함

  (3) (차) ┌ 차 입 금　　　　200,000　　　(대) ┌ 대 여 금　　　　　200,000
  　　　　 │ 이자수익　　　　 10,000　　　　　 │ 이자비용　　　　　 10,000
  　　　　 └ 미지급이자　　　 10,000　　　　　 └ 미수이자　　　　　 10,000

2. 연결재무상태표상의 금액

  (1) 매출채권: ₩400,000+₩60,000−₩30,000=₩430,000

  (2) 차 입 금: ₩750,000+₩340,000+₩10,000−₩200,000=₩900,000

  (3) 미수이자: ₩15,000+₩8,000−₩10,000=₩13,000

  (4) 이자비용: ₩80,000+₩40,000−₩10,000=₩110,000

10 A회사는 20×1년 1월 1일에 B회사의 보통주 60%를 취득하여 지배력을 획득하였다. 다음은 A회사와 그 종속기업인 B회사의 20×1년 12월 31일 연결재무제표를 작성하기 위한 자료 중 일부이다.

(1) 20×1년 12월 31일 현재 A회사와 B회사의 개별재무제표에서 발췌한 자료는 다음과 같다.

	A회사	B회사
매출채권	₩1,600,000	₩700,000
매입채무	1,000,000	4,000,000
차 입 금	4,000,000	1,700,000

(2) 20×1년 중 A회사는 B회사에 ₩1,000,000의 상품을 판매하였으며, B회사는 이를 전부 외부에 판매하였다.

(3) 20×1년 중 A회사는 B회사에 대한 매출채권 ₩100,000을 은행에서 할인받았는데, 동 할인거래 중 ₩30,000은 매출채권의 제거조건을 충족하였으나 나머지 ₩70,000은 매출채권의 제거조건을 충족하지 못하였다.

(4) 20×1년 12월 31일 현재 A회사가 은행에서 할인받은 매출채권 이외의 A회사와 B회사간의 채권·채무는 없다.

위 거래를 고려할 때 A회사의 20×1년말 연결재무상태표에 표시될 매출채권 및 차입금은 각각 얼마인가?

---

1. 연결조정분개

    (1) (차) 매 출　　　　　1,000,000　　(대) 매출원가　　　1,000,000
    　　　*연결실체간 매출·매입거래의 상계제거

    (2) (차) 매입채무　　　　100,000　　(대) ┌ 매출채권　　　70,000
    　　　　　　　　　　　　　　　　　　　　　　└ 차 입 금　　　30,000
    　　　*연결대상기업에 대한 매출채권을 양도한 경우, 이러한 양도가 제거조건을 충족하는 경우에는 제거된 매출채권을 연결재무상태표상에 차입금으로 계상하고, 제거조건을 충족하지 못하는 경우에는 양도금액을 개별회계상 차입금으로 계상했으므로 매출채권과 매입채무를 상계제거한다.

2. 연결재무상태표상의 금액

    (1) 매출채권: ₩1,600,000+₩700,000−₩70,000=₩2,230,000
    (2) 차 입 금: ₩4,000,000+₩1,700,000+₩30,000=₩5,730,000

11 (주)지배는 20×1년 1월 1일에 (주)종속의 보통주 60%를 취득하여 지배력을 획득하였다. 20×1년 1월 1일에 (주)지배는 (주)종속에게 원가 ₩65,000의 상품 ₩90,000에 외상매출하였으며, 이 중 ₩60,000을 현금회수하였다. 20×1년말 현재 동 매출채권 잔액 중 ₩18,000은 은행에서 할인한 상태이며, 동 할인거래 중 ₩10,000은 매출채권의 제거조건을 만족하였으나, 나머지 ₩8,000은 매출채권의 제거조건을 만족하지 못하였다. (주)지배와 (주)종속의 대손설정률은 각각 기말 매출채권 잔액의 5%, 3%이다. (주)종속은 (주)지배로부터 매입한 상품을 20×1년 중에 전액 외부로 판매하였다.

위 거래의 영향을 반영한 후 (주)지배와 (주)종속의 20×1년도 별도(개별)재무제표상 일부 항목이 다음과 같다고 할 때, 연결재무제표의 빈칸{(1)~(2)}에 계상될 금액을 제시하시오.

	(주)지배	(주)종속	연결재무제표
매입채무	₩150,000	₩135,000	(1)
대손상각비	18,000	12,000	(2)

1. 매입채무: ₩150,000+₩135,000-₩30,000=₩255,000
2. 대손상각비: ₩18,000+₩12,000-₩1,000=₩29,000

※해설※ 연결조정분개

1.	(차)	매 출	90,000	(대)	매출원가	90,000
2.	(차)	매입채무	30,000	(대)	매출채권	20,000
					차 입 금	10,000
3.	(차)	대손충당금	1,000	(대)	대손상각비	1,000

　　*₩20,000×5%=₩1,000

12 (주)세무는 20×1년 1월 1일 (주)한국의 의결권주식 70%를 취득하여 지배력을 획득하였다. 다음 자료에 근거할 때, 20×1년도 연결포괄손익계산서의 지배기업소유주 당기순이익은?

(1) 20×1년 1월 1일 연결분개

(차) 자 본 금	200,000	(대) 투자주식	240,000
이익잉여금	30,000	비지배지분	90,000
재고자산	10,000		
유형자산	60,000		
영 업 권	30,000		

(2) 위 분개에서 재고자산은 당기에 모두 처분되었으며, 유형자산은 5년간 정액법으로 상각한다.
(3) 20×1년도 (주)세무와 (주)한국의 당기순이익은 각각 ₩50,000과 ₩30,000이다.
(4) 20×1년도 중 (주)세무와 (주)한국 간의 내부거래는 없다.

	(주)세무	(주)한국	합계
당기순이익(장부금액)	₩50,000	₩30,000	₩80,000
투자제거차액의 상각			
재고자산		(10,000)	(10,000)
유형자산		(12,000)	(12,000)
당기순이익(공정가치)	₩50,000	₩8,000	₩58,000

∴ 지배기업소유주 당기순이익: ₩50,000 + ₩8,000 × 70% = ₩55,600

13 20×1년 1월 1일에 (주)대한은 (주)민국의 지분 60%를 ₩35,000에 취득하여 (주)민국의 지배기업이 되었다. (주)대한의 (주)민국에 대한 지배력 획득일 현재 (주)민국의 자본총계는 ₩40,000(자본금 ₩5,000, 자본잉여금 ₩10,000, 이익잉여금 ₩25,000)이며, 장부금액과 공정가치가 차이를 보이는 계정과목은 다음과 같다.

계정과목	장부금액	공정가치	비고
토 지	₩17,000	₩22,000	20×2년 중 매각완료
차량운반구 (순액)	8,000	11,000	잔존내용연수 3년 잔존가치 ₩0 정액법으로 감가상각

(주)민국이 보고한 당기순이익이 20×1년 ₩17,500, 20×2년 ₩24,000일 때 (주)대한의 20×2년 연결포괄손익계산서 상 비지배주주 귀속 당기순이익과 20×2년 12월 31일 연결재무상태표 상 비지배지분은 얼마인가? 단, 비지배지분은 (주)민국의 식별가능한 순자산공정가치에 비례하여 결정하고, 상기 기간 중 (주)민국의 기타포괄손익은 발생하지 않은 것으로 가정한다.

(2021. CPA)

1. 20×2년 비지배주주 귀속 당기순이익

    (₩24,000-₩5,000-₩3,000÷3년)×40%=₩7,200

2. 20×2년말 비지배지분

20×2년말 순자산장부금액 : ₩40,000+₩17,500+₩24,000=	₩81,500
20×2년말 투자제거차액 : ₩3,000×1/3	1,000
20×2년말 순자산공정가치	₩82,500
비지배지분율	×40%
20×2년말 비지배지분	₩33,000

03
연결회계 – 투자계정과 자본계정의 상계제거

CHAPTER 04

연결회계 – 내부거래제거

ADVANCED ACCOUNTING

제1절 / 내부거래제거의 의의
제2절 / 내부거래제거 – 재고자산
제3절 / 내부거래제거 – 유형자산
제4절 / 내부거래제거 – 사채
제5절 / 연결당기순이익과 연결자본계정의 검증

01 내부거래제거의 의의

연결재무제표는 연결대상회사가 마치 하나의 기업인 것으로 간주하고 그들의 재무상태와 경영성과를 나타내기 위하여 작성하는 것이다. 따라서 연결실체간의 상품이나 기타자산들의 내부거래(intercompany transactions)는 연결과정에서 반드시 제거되어야 하며, 내부거래로부터 발생한 이익 또는 손실도 연결실체의 외부에 판매되거나 비용화되어 실현될 때까지는 제거되어야 한다.

(1) 내부거래제거의 목적은 연결실체의 내부거래에서 발생한 손익을 모두 제거하는 데 있다. 즉, 연결실체의 재무상태와 경영성과를 내부거래가 발생되지 않은 것처럼 나타내고자 하는 데 있다. 그러므로 모든 내부거래제거분개는 내부거래가 발생되지 않은 상황과 내부거래가 발생된 상황을 비교하여 차이를 조정하는 것으로 이해하면 된다.

(2) 내부거래제거분개와 관련하여 유의할 점은 내부거래로 인하여 연결손익이 과대 또는 과소계상(이를 '내부미실현손익' 또는 '미실현손익'이라고 함.)될 수도 있는데, 이 과대·과소계상된 손익이 지배기업이 내부거래를 통하여 조작한 것인지, 아니면 종속기업이 내부거래를 통하여 조작한 것인지를 구분해야 한다는 것이다. 왜냐하면, 지배기업이 내부거래를 통하여 조작한 것이면 이를 제거만 하면 되지만 종속기업이 내부거래를 통하여 조작한 것이면 종속기업의 당기순이익을 지배기업지분과 비지배지분에 배분하는 과정에서 조작된 이익을 고려해야 하기 때문이다.

① 미실현손익 : 개별회계상 손익의 합계 ≒ 연결재무제표상 손익
② 지배기업 미실현손익 – 전액 제거
   종속기업 미실현손익 – 지배기업지분과 비지배지분에 배분

본 장에서는 연결실체 간의 내부거래제거에 대해서 살펴보도록 하겠는데, 대부분의 연결실체 간의 내부거래는 다음의 세 가지로 구분된다.

(1) 상품·제품 등의 재고자산 내부거래
(2) 토지나 건물 등의 유형자산 내부거래
(3) 사채 등의 내부거래

02 내부거래제거 – 재고자산

1 재고자산의 내부거래가 연결잔액에 미치는 영향

연결포괄손익계산서의 매출액, 매출원가는 연결실체 외부의 제3자에게 판매된 금액만을 포함해야 하며 연결재무상태표상의 재고자산도 연결실체에 대한 원가로 보고되어야 한다. 따라서 연결실체 간에 재고자산거래가 있는 경우에는 개별회계상 보고된 매출액, 매출원가 및 기말재고자산의 금액을 내부거래가 발생되지 않은 것처럼 수정하여 연결재무제표에 보고해야 한다.

재고자산의 내부거래에 따라 필요한 연결조정분개를 다음의 세 가지 예를 들어 설명하고자 한다. 단, 논의의 편의상 본서에서는 포괄손익계산서를 기능별표시방법으로 작성한다고 가정한다.

> **예 1.** 지배기업은 20×1년에 원가 ₩100,000인 상품을 종속기업에 ₩125,000에 판매하였으며 종속기업은 그 해에 모든 상품을 제3자에게 ₩150,000에 판매하였다. 이와 관련된 연결정산표와 연결조정분개는 다음과 같다.

	지배기업	종속기업	연결조정 차변	연결조정 대변	연결재무제표
〈포괄손익계산서〉					
매 출 액	125,000	150,000	125,000	125,000	150,000
매출원가	100,000	125,000	(50,000)		100,000
매출총이익	25,000	25,000			50,000
〈재무상태표〉					
재고자산	0	0			0

[연결조정분개]

(차) 매　　출　　　125,000　　　(대) 매출원가　　　125,000

지배기업이 계상한 매출액과 종속기업이 계상한 매출원가는 제거해야 한다. 왜냐하면, 이러한 내부거래를 제거하지 않으면 연결재무제표상의 매출액과 매출원가는 과대계상되기 때문이다. 물론 매출액과 매출원가가 동일한 금액만큼 과대계상되었으므로 이를 제거하지 않더라도 연결당기순이익에는 아무런 영향이 없지만, 이를 제거하지 않으면 매출총이익률과 기타재무비율이 왜곡표시된다. 이 경우 지배기업이 종속기업에 판매한 상품이 전부 제3자에게 판매되었으므로 내부거래로 인하여 연결손익이 과대·과소계상된 부분은 없다. 연결조정분개의 결과 연결재무제표상의 매출액은 연결실체(종속기업)가 제3자에게 판매한 금액과 동일하고, 매출원가도 연결실체(지배기업)에 의한 매출원가와 동일하게 된다.

2. 지배기업은 20×1년에 원가 ₩100,000인 상품을 종속기업에 ₩125,000에 판매하였으나 종속기업은 20×1년에 동 상품을 외부에 판매하지 못하고 기말재고에 계상하였다. 이와 관련된 연결정산표와 연결조정분개는 다음과 같다.

	지배기업	종속기업	연결조정 차변	연결조정 대변	연결재무제표
〈포괄손익계산서〉					
매 출 액	125,000	0	125,000		0
매출원가	100,000	0		100,000	0
매출총이익	25,000	0			0
〈재무상태표〉					
재고자산	0	125,000		25,000	100,000

[연결조정분개]

(차) 매 출   125,000   (대) 매출원가   125,000
    매출원가   25,000   재고자산   25,000

매출액과 매출원가의 제거분개는 앞에서 설명한 것과 동일하다. 그러나 내부거래로 인하여 지배기업의 이익이 ₩25,000만큼 과대계상되었으며, 이 미실현이익만큼 종속기업의 기말재고자산이 과대평가되어 있다. 즉, 연결기업 상호간에 이익을 붙여 상품을 판매했을 경우 판매한 상품이 기말 현재 연결실체 외부로 판매되지 않고 기말재고로 남아 있을 때 미실현이익이 발생하게 되며, 이 미실현이익만큼 기말재고는 과대평가되어 있고 매출원가는 과소평가되어 있는 상태이다. 따라서 연결재무제표작성시 이를 조정해야 하는데, 이 과정에서 매출원가가 ₩25,000만큼 차기되어(손익계정이 차변에 기록되면 당기순이익을 차감하는 효과가 있음.) 자연스럽게 미실현이익이 제거됨을 알 수 있다.

3. 상기 예 2에서 종속기업이 20×2년에 전액 제3자에게 ₩150,000에 판매하였으며, 20×2년의 내부거래는 없다. 이와 관련된 20×2년의 연결정산표와 연결조정분개는 다음과 같다.

	지배기업	종속기업	연결조정 차변	연결조정 대변	연결재무제표
〈포괄손익계산서〉					
매 출 액	0	150,000			150,000

매출원가	0	125,000		25,000	100,000
매출총이익	0	25,000			50,000
〈재무상태표〉					
재고자산	0	0			0

[연결조정분개]

(차) 이익잉여금　　25,000　　　(대) 매출원가　　25,000

연결실체 입장에서 보면 종속기업의 기초재고자산이 ₩25,000만큼 과대계상된 상태이므로 당기 매출원가가 과대계상되었을 것이다. 따라서 연결재무제표작성시 이를 조정해야 하는데, 이 과정에서 매출원가가 ₩25,000만큼 대기되어(손익계정이 대변에 기록되면 당기순이익을 증가시키는 효과가 있음.) 자연스럽게 전기미실현이익이 실현되었음을 알 수 있다. 그리고 이익잉여금(지배기업)에 ₩25,000만큼 차기한 이유는 전기에 지배기업이 내부거래에 따른 이익 ₩25,000을 개별회계상 인식하였으므로 이를 제거시키기 위한 것이다. 결국 이러한 연결조정분개는 전기에 종속기업의 기말재고자산에 포함된 미실현이익 ₩25,000이 당기에 제3자에게 판매됨으로써 실현되었음을 의미한다.

지금까지 재고자산의 내부거래에 따라 필요한 연결조정분개에 대해서 살펴보았는데, 재고자산의 내부거래는 상품 등을 지배기업이 종속기업에 판매하였는지 아니면 종속기업이 지배기업에 판매하였는지에 따라 미실현손익에 대한 연결조정분개가 달라지게 되므로 각각의 상황에 따른 연결조정분개를 살펴보기로 한다.

2 하향거래

지배기업이 종속기업에 상품 등을 판매한 경우를 하향거래(down-stream)라고 한다. 하향거래로 인해 발생한 내부미실현손익은 지배기업이 내부거래를 통하여 이익을 조작한 것이므로 연결재무제표 작성시 이를 전액 제거하여 지배기업에 부담시켜야 한다.

예 A회사는 20×1년초에 B회사발행주식 60%를 ₩700,000에 취득하여 지배력을 획득하였다. 관련자료는 다음과 같다.
  (1) 취득시 B회사의 순자산장부금액은 ₩1,000,000(납입자본 ₩800,000, 이익잉여금 ₩200,000)이었으며 B회사의 자산·부채의 장부금액과 공정가치는 일치하였다.

(2) 20×1년 중에 A회사는 B회사에 ₩200,000의 상품을 판매하였으며 20×1년말 B회사의 기말재고자산에 남아 있는 A회사의 상품은 ₩50,000이었고 이는 20×2년에 전액 외부에 판매되었다. 단, A회사의 매출총이익률은 20%이다.

(3) B회사는 20×1년에 ₩300,000과 20×2년에 ₩400,000의 당기순이익을 보고하였으며, 이 기간 중 이익처분은 없었다.

---

1. 20×1년말 연결조정분개

    (1) 투자계정과 자본계정의 상계제거

    ① (차) 납입자본(B)   800,000   (대) B회사투자주식   700,000
           이익잉여금(B)   200,000   비지배지분   400,000
           영 업 권   100,000

    (2) 내부거래제거

    ② (차) 매   출   200,000   (대) 매출원가   200,000
    ③ (차) 매출원가   10,000   (대) 재고자산   10,000

    *₩50,000×20% = ₩10,000. 당기 재고자산의 내부거래로 인하여 기말재고자산이 ₩10,000만큼 과대계상된 상태이므로 이를 조정해야 하는데, 이때 매출원가가 차기되어 자연스럽게 미실현이익이 제거.

참고	연결 F/S		개별 F/S	
	기말재고자산	₩40,000	기말재고자산	₩50,000
	∴ 기말재고자산	₩10,000	과대계상	
	매출원가	₩10,000	과소계상	

    (3) 비지배지분순이익 계상

    ④ (차) 이익잉여금(비지배지분순이익) 120,000   (대) 비지배지분   120,000

    *₩300,000×40% = ₩120,000

2. 20×2년말 연결조정분개

    (1) 투자계정과 자본계정의 상계제거

    ① (차) 납입자본(B)   800,000   (대) B회사투자주식   700,000
           이익잉여금(B)   500,000   비지배지분   520,000
           영 업 권   100,000   이익잉여금(A)   180,000

    *1. 비지배지분 : (₩800,000 + ₩500,000)×40% = ₩520,000
     2. 이익잉여금(A) : (₩500,000 − ₩200,000)×60% = ₩180,000

(2) 내부거래제거

② (차) 이익잉여금(A)　　10,000　　(대) 매출원가　　10,000

*전기미실현이익의 실현에 따른 조정분개임. 전기 재고자산의 내부거래로 인하여 기초재고자산이 ₩10,000만큼 과대계상된 상태이므로 매출원가가 동액만큼 과대계상되었을 것임. 따라서 연결조정시 이를 조정해야 하는데, 이 과정에서 매출원가가 동액만큼 대기되어 자연스럽게 전기미실현이익이 실현되었음을 알 수 있음. 그리고 전기에 지배기업이 내부거래에 따른 이익 ₩10,000을 개별회계상 인식하였으므로 동액만큼 이익잉여금(지배기업)에 차기해야 함.

참고	연결 F/S		개별 F/S	
	기초재고자산	₩40,000	기초재고자산	₩50,000
∴ 기초재고자산	₩10,000 과대계상(전기 기말재고자산을 ₩10,000 과대계상하였으므로 전기 이익이 ₩10,000 과대계상되었음.)			
매출원가	₩10,000 과대계상			

(3) 비지배지분순이익 계상

③ (차) 이익잉여금(비지배지분순이익)　160,000　　(대) 비지배지분　　160,000
　　*₩400,000×40% = ₩160,000

3 상향거래

종속기업이 지배기업에 상품 등을 판매한 경우를 상향거래(up-stream)라고 한다. 상향거래의 경우에는 내부미실현손익은 종속기업이 내부거래를 통하여 이익을 조작한 것이므로 종속기업의 당기순이익을 지배기업지분과 비지배지분에 배분하는 과정에서 이를 고려해야 한다. 즉, 종속기업의 당기순이익이 내부거래를 통하여 과대·과소계상되었을 경우에는 내부거래에 따른 미실현손익을 제외한 순수한 독립영업이익을 기준으로 지배기업지분과 비지배지분에 배분해야 한다.

예 A회사는 20×1년초에 B회사발행주식 60%를 ₩700,000에 취득하여 지배력을 획득하였다. 관련자료는 다음과 같다.

(1) 취득시 B회사의 순자산장부금액은 ₩1,000,000(납입자본 ₩800,000, 이익잉여금 ₩200,000)이었으며 B회사의 자산·부채의 장부금액과 공정가치는 일치하였다.

(2) 20×1년 중에 B회사는 A회사에 ₩200,000의 가격으로 상품을 판매하였으며 20×1년말 A회사의 기말재고자산에 남아 있는 B회사의 상품은 ₩50,000이었고 이는 20×2년에 전액 외부에 판매되었다. 단,

B회사의 매출총이익률은 20%이다.

(3) B회사는 20×1년에 ₩300,000과 20×2년에 ₩400,000의 순이익을 보고하였으며, 이 기간 중 이익처분은 없었다.

---

1. 20×1년말 연결조정분개

    (1) 투자계정과 자본계정의 상계제거

① (차)	납입자본(B)	800,000	(대)	B회사투자주식	700,000
	이익잉여금(B)	200,000		비지배지분	400,000
	영 업 권	100,000			

    (2) 내부거래제거

② (차)	매 출	200,000	(대)	매출원가	200,000
③ (차)	매출원가	10,000		재고자산	10,000

      *₩50,000×20% = ₩10,000

    (3) 비지배지분순이익 계상

④ (차)	이익잉여금(비지배지분순이익)	116,000	(대)	비지배지분	116,000

      *(₩300,000 −₩10,000)×40% = ₩116,000
      종속기업의 연결실체간 미실현손익을 제거한 독립영업이익은 보고된 당기순이익 ₩300,000에 미실현이익 ₩10,000을 차감한 ₩290,000이 되며, 이를 지배기업지분에 ₩174,000(₩290,000×60%)과 비지배지분에 ₩116,000(₩290,000×40%)을 배분하게 됨. 즉, 모든 연결조정분개는 연결정산표를 가정한 것이므로 미실현이익 ₩10,000을 차감(③번 분개)하고 비지배지분순이익 ₩116,000을 차감하게 되면 종속기업의 당기독립영업이익에 대한 지배기업지분 ₩174,000만 지배기업에 자연스럽게 합쳐지게 됨을 알 수 있음(연결정산표 ₩300,000 − ③₩10,000 − ④₩116,000 = ₩174,000).

2. 20×2년말 연결조정분개

    (1) 투자계정과 자본계정의 상계제거

① (차)	납입자본(B)	800,000	(대)	B회사투자주식	700,000
	이익잉여금(B)	500,000		비지배지분	520,000
	영 업 권	100,000		이익잉여금(A)	180,000

    (2) 내부거래제거

② (차)	이익잉여금(A)	6,000	(대)	매출원가	10,000
	비지배지분	4,000			

*전기미실현이익의 실현에 따른 조정분개로써 하향거래와 다른 점은 하향거래의 경우 전액 이익잉여금(지배기업)에 차기하였으나 상향거래의 경우에는 전기미실현이익을 이익잉여금(지배기업)과 비지배지분에 배분하였다는 점임. 그 이유는 전기미실현이익만큼 종속기업의 이익잉여금 ₩10,000을 차기해야 되지만 종속기업의 자본계정은 이미 ①번 분개에서 지배기업의 투자계정과 비지배지분으로 상계제거되었기 때문임. 즉, 투자계정과 자본계정을 상계제거하는 시점에서의 종속기업 이익잉여금 ₩500,000에는 미실현이익 ₩10,000이 포함되어 있으므로 위의 ①번 분개에서 이익잉여금(지배기업) ₩6,000과 비지배지분 ₩4,000이 과대계상된 상태이기 때문임.

(3) 비지배지분순이익 계상

③ (차) 이익잉여금(비지배지분순이익)   164,000   (대) 비지배지분   164,000

*(₩400,000 + ₩10,000) × 40% = ₩164,000

종속기업의 전기미실현이익이 당기에 실현됨에 따라 종속기업 독립영업이익은 보고된 당기순이익 ₩400,000에 실현이익 ₩10,000을 합한 ₩410,000이 되며 이를 지배기업지분에 ₩246,000(₩410,000×60%), 비지배지분에 ₩164,000 (₩410,000×40%)을 배분하게 됨. 즉, 종속기업 당기순이익 ₩400,000에서 종속기업 실현이익 ₩10,000을 가산(②번 분개)하고 비지배지분순이익 ₩164,000(③번 분개)을 차감하게 되면 종속기업의 당기독립영업이익에 대한 지배기업지분 ₩246,000이 지배기업에 합쳐지게 되는 것임(연결정산표 ₩400,000 + ②₩10,000 − ③₩164,000 = ₩246,000).

4 재고자산의 내부거래제거와 관련된 기타사항

(1) 재고자산평가손실과 내부이익의 제거

연결실체 내에서 상품을 매입한 회사가 보고기간말에 재고자산을 저가법으로 평가하여 평가손실을 인식하는 경우가 있는데, 이때 내부이익을 어떻게 제거해야 할 것인지가 문제이다.

① 저가법으로 평가하여 내부미실현이익이 감소한 금액만큼은 연결조정시 제거할 필요가 없다.

예 지배기업이 원가 ₩40,000의 상품을 ₩50,000에 종속기업에 판매하였는데, 보고기간말 현재 모든 상품이 종속기업의 기말재고에 남아 있으며, 종속기업이 재고자산에 저가법을 적용하여 재고자산을 ₩48,000으로 평가하였다면 연결조정분개는 다음과 같다.

(차)	매출	50,000	(대)	매출원가	50,000
(차)	매출원가	10,000	(대)	재고자산	10,000
(차)	재고자산	2,000	(대)	매출원가	2,000

상기 예에서 내부미실현이익은 ₩10,000이었으나 종속기업에 의해 ₩2,000의 미실현이익이 감소되었으므로 나머지 ₩8,000만 연결재무제표작성시 제거의 대상이 되며, 연결재무제표에 계상될 재고자산은 원가 ₩40,000으로 표시된다.

② 상기 예에서 종속기업이 지배기업으로부터 매입한 재고자산을 ₩35,000으로 평가하였다면 연결조정분개는 다음과 같다.

(차) 매 출 50,000   (대) 매출원가 50,000

즉, 내부미실현이익은 ₩10,000이었으나 종속기업이 재고자산평가손실을 ₩15,000만큼 인식함에 따라 내부미실현이익이 전액 제거되었으므로 연결재무제표작성시 제거할 내부미실현이익은 없다. 따라서 연결재무제표에 계상될 재고자산은 종속기업이 개별회계상 재무제표에 계상한 ₩35,000으로 표시된다.

(2) 내부거래제거와 자산손상

기업회계기준서(연결재무제표)에서는 연결실체 내의 거래, 이와 관련된 잔액 및 수익과 비용은 모두 제거하도록 규정하고 있다.

① 수익, 비용 및 배당을 포함하는 연결실체 내의 거래와 잔액은 모두 제거하며, 재고자산이나 유형자산과 같이 자산에 인식되어 있는 연결실체의 내부거래에서 발생한 손익도 모두 제거해야 한다.
② 연결실체 내의 거래에서 발생한 손실은 연결재무제표에서 인식해야 하는 자산손상의 징후일 수도 있다. 따라서 이러한 경우에는 추가적인 손상검사를 실시해야 한다.

(3) 용역제공거래의 제거

연결실체 내에서 용역제공거래가 발생한 경우에도 이와 관련된 손익을 제거해야 하는데, 이때 유의할 점은 이 경우에는 미실현손익이 존재하지 않으므로 관련된 수익과 비용만 제거하면 된다는 것이다.

예 지배기업이 종속기업에 ₩20,000의 수선용역을 제공하였는데, 수선용역의 원가가 ₩15,000이라면 이와 관련된 개별기업의 회계처리와 연결조정분개는 다음과 같다.

[개별회계]

지배기업		종속기업	
현 금 20,000		수 선 비 20,000	
매 출 20,000		현 금 20,000	

매출원가	15,000		
	현 금 등	15,000	

[연결조정분개]

(차) 매 출 20,000   (대) ┌ 매출원가 15,000
                              └ 수 선 비   5,000

즉, 종속기업이 ₩20,000의 수선비를 계상하였으나 연결재무제표에 계상될 수선비는 ₩15,000으로 표시되어야 한다.

03 내부거래제거 – 유형자산

1 유형자산의 내부거래가 연결잔액에 미치는 영향

연결실체 간의 유형자산거래로 인한 미실현손익의 조정과정은 앞에서 살펴본 재고자산의 미실현이익을 제거하는 경우와 유사한 점이 많다. 다만, 재고자산의 경우에 미실현손익은 두 보고기간을 거쳐 모두 자동조정되지만(특별한 언급이 없는 한 선입선출법을 가정하고 있음.) 유형자산의 미실현손익은 그 유형자산이 연결실체 외부로 판매되거나 매입한 회사에서 유형자산의 내용연수에 걸쳐 사용할 때까지 연결재무제표에 영향을 미치게 된다.

유형자산의 내부거래는 비감가성자산과 감가성자산에 대한 연결조정분개가 차이가 있으므로 각각의 경우에 따른 연결조정사항에 대해서 다음의 두 가지 예를 들어 설명한다.

예 1. 지배기업은 20×1년에 장부금액 ₩800,000의 토지를 종속기업에 ₩1,000,000에 처분하였다. 이와 관련된 개별기업의 회계처리와 연결조정분개는 다음과 같다.

[개별회계]

지배기업		종속기업	
현 금 1,000,000		토 지 1,000,000	
토 지 800,000		현 금 1,000,000	
유형자산처분이익 200,000			

[연결조정분개]

| (차) | 유형자산처분이익 | 200,000 | (대) | 토　지 | 200,000 |

비감가성자산거래로 인해 발생한 미실현손익은 연결재무제표작성시 전액 제거되어야 하며, 이로 인하여 과대계상된 유형자산의 장부금액도 조정되어야 한다. 그리고 연결조정분개에 의해 제거된 미실현손익은 재고자산의 경우와 마찬가지로 이 유형자산이 연결실체의 외부로 판매되는 경우에 실현된다.

2. 지배기업은 20×1년초에 장부금액 ₩800,000인 건물을 종속기업에 ₩1,000,000에 처분하였다. 양 회사 모두 잔존내용연수 10년, 잔존가치는 없는 것으로 하여 정액법으로 감가상각한다. 이와 관련된 개별기업의 회계처리와 연결조정분개는 다음과 같다.

[개별회계]

지배기업			종속기업		
현　금	1,000,000		건　물	1,000,000	
건　물		800,000	현　금		1,000,000
유형자산처분이익		200,000			
			감가상각비	100,000	
			감가상각누계액		100,000

[연결조정분개]

| ①(차) | 유형자산처분이익 | 200,000 | (대) | 건　물 | 200,000 |
| ②(차) | 감가상각누계액 | 20,000 | (대) | 감가상각비 | 20,000 |

연결실체 간의 감가성자산의 거래로 인한 미실현손익이 발생할 경우 이 미실현손익을 상계제거함은 물론 내부거래로 인한 장부금액이 변동됨에 따른 감가상각비에 대한 조정도 고려해야 된다. 상기 예2에서 보듯이 지배기업이 건물을 그대로 가지고 있을 경우 매년 감가상각비를 ₩80,000(₩800,000÷10년)으로 계상할 것이나, ₩200,000의 이익을 붙여 종속기업에 판매하였으므로 종속기업은 매년 ₩100,000(₩1,000,000÷10년)의 감가상각비를 계상하게 된다. 따라서 연결실체의 입장에서 보면 내부거래로 인하여 감가상각비를 과대계상하였으므로 연결조정분개상 이를 조정해야 한다. 비감가성자산의 내부거래로 인한 미실현손익은 연결실체 외부로 판매되어야 실현되지만 감가성자산의 내부거래로 인한 미실현손익은 연결실체 외부로 판매되는 경우뿐만 아니라 감가상각을 통해서도 실현이 된다. 즉, 건물처분이익 ₩200,000의 미실현이익은 해당자산을 수익창출활동에 사용함에 따라 실현된다는 것이다. 이러한 과정은 건물의 잔존내용연수 10년 동안 매년 ₩20,000의 감가상각비를 줄여주는 연결조정분개를 통하여 달성된다.

지금까지 유형자산의 내부거래에 따라 필요한 연결조정분개에 대해서 살펴보았는데, 유형자산의 내부거래도 지배기업이 종속기업에 판매하였는지 아니면 종속기업이 지배기업에 판매하였는지에 따라 미실현손익에 대한 연결조정분개가 달라지므로 각각의 상황에 따른 연결조정분개를 살펴보기로 한다.

2 하향거래

지배기업이 종속기업에 유형자산을 판매한 경우 이를 하향거래(down-stream)라고 하며, 재고자산의 경우와 마찬가지로 미실현손익은 전액 제거하여 지배기업에 부담시켜야 한다.

예 A회사가 20×1년초에 B회사발행주식 60%를 ₩700,000에 취득하여 지배력을 획득하였다. 관련자료는 다음과 같다.
  (1) 취득시 B회사의 순자산장부금액은 ₩1,000,000(납입자본 ₩800,000, 이익잉여금 ₩200,000)이었으며 B회사 자산·부채의 장부금액과 공정가치는 일치하였다.
  (2) 20×1년 중 A회사는 B회사에 장부금액 ₩200,000의 토지를 ₩300,000에 처분하였다.
  (3) 20×1년 에 A회사는 B회사에 장부금액 ₩100,000(취득원가 ₩120,000, 감가상각누계액 ₩20,000)인 건물을 ₩150,000에 처분하였다. 건물은 양 회사 모두 잔존내용연수 10년, 잔존가치는 없는 것으로 하여 정액법으로 감가상각한다.
  (4) B회사는 20×1년에 ₩300,000과 20×2년에 ₩400,000의 순이익을 보고하였으며, 이 기간 중 이익처분은 없었다.

1. 20×1년말 연결조정분개
   (1) 투자계정과 자본계정의 상계제거
      ① (차) 납입자본(B)   800,000   (대) B회사투자주식   700,000
              이익잉여금(B)   200,000   비지배지분   400,000
              영 업 권   100,000

   (2) 내부거래제거
      ② (차) 유형자산처분이익(토지) 100,000   (대) 토   지   100,000
      ③ (차) 유형자산처분이익(건물)   50,000   (대) 건   물   30,000
                                                    감가상각누계액   20,000

	연결 F/S	개별 F/S
⟨20×1년초⟩ 건 물	120,000	건 물 150,000
감가상각누계액	(20,000)	

④ (차) 감가상각누계액　　　5,000　　　(대) 감가상각비　　　5,000

　　* (₩150,000÷10년) − (₩100,000÷10년) = ₩5,000. 미실현이익 ₩50,000이 잔존내용연수 10년 동안 감가상각을 통하여 매년 ₩5,000씩 실현이익화 됨.

(3) 비지배지분순이익 계상

⑤ (차) 이익잉여금(비지배지분순이익)　120,000　　(대) 비지배지분　　120,000

　　*₩300,000×40% = ₩120,000

2. 20×2년말 연결조정분개

(1) 투자계정과 자본계정의 상계제거

① (차) 납입자본(B)　　　800,000　　(대) B회사투자주식　　700,000
　　　　이익잉여금(B)　　500,000　　　　비지배지분　　　520,000
　　　　영　업　권　　　100,000　　　　이익잉여금(A)　　180,000

(2) 내부거래제거

② (차) 이익잉여금(A)　　100,000　　(대) 토　　지　　100,000

*전기 토지 내부거래의 미실현이익 조정분개임. 전기 내부거래에 따른 미실현손익만큼 지배기업의 이익잉여금이 과대계상된 상태이므로 이를 조정하는 분개임.

③ (차) 이익잉여금(A)　　45,000　　(대) 건　　물　　　30,000
　　　　　　　　　　　　　　　　　　　감가상각누계액　15,000

*전기 건물 내부거래로 인한 미실현이익은 ₩50,000이었으나 전기에 감가상각을 통해서 ₩5,000만큼이 실현되었으므로 당기초의 미실현이익은 ₩45,000이 됨.

참고		연결 F/S		개별 F/S
⟨20×2년초⟩	건　물	120,000	건　물	150,000
	감가상각누계액	(20,000)	감가상각누계액	(15,000)

∴ 건물을 ₩30,000만큼 감소시키고 감가상각누계액을 ₩15,000만큼 증가시켰음.

④ (차) 감가상각누계액　　5,000　　(대) 감가상각비　　5,000

참고		연결 F/S		개별 F/S
⟨20×2년⟩	감가상각비	10,000	감가상각비	15,000
⟨20×2년말⟩	건　물	120,000	건　물	150,000
	감가상각누계액	(40,000)	감가상각누계액	(30,000)

∴ 당기 감가상각에 따른 미실현이익의 실현에 대한 조정분개를 해줌으로써 건물 ₩30,000, 감가상각누계액 ₩10,000이 조정됨에 따라 내부거래가 없었던 것처럼 조정됨.

(3) 비지배지분순이익 계상

⑤ (차) 이익잉여금(비지배지분순이익)   160,000   (대) 비지배지분   160,000
　　　＊₩400,000×40% = ₩160,000

　감가성유형자산의 내부거래에 따른 연결조정분개시 유의할 점은 내부거래발생시 발생한 미실현손익이 감가상각을 통하여 실현손익화되어 간다는 점과 연결조정분개를 두 개로 나누어서 처리하면 연결조정분개가 간편하다는 것이다. 즉, 당기에 내부거래가 발생한 경우 내부거래 발생시점에서의 미실현손익제거와 당기 감가상각에 따른 실현손익의 인식으로 나누어서 처리하고, 전기 이전에 내부거래가 발생한 경우 기초시점에서의 미실현손익제거와 당기 감가상각에 따른 실현손익의 인식으로 나누어서 처리하면 연결조정을 보다 쉽게 할 수 있다.

3 상향거래

　종속기업이 지배기업에 유형자산을 판매한 경우를 상향거래(up-stream)라고 한다. 상향거래의 경우에 내부미실현손익은 종속기업이 내부거래를 통하여 이익을 조작한 것이므로 종속기업의 당기순이익을 지배기업지분과 비지배지분에 배분하는 과정에서 이를 고려해야 한다.

예 A회사는 20×1년초에 B회사발행주식 60%를 ₩700,000에 취득하여 지배력을 획득하였다. 관련자료는 다음과 같다.

(1) 취득시 B회사의 순자산장부금액은 ₩1,000,000(납입자본 ₩800,000, 이익잉여금 ₩200,000)이었으며 B회사 자산·부채의 장부금액과 공정가치는 일치하였다.

(2) 20×1년 중 B회사는 A회사에 장부금액 ₩200,000의 토지를 ₩300,000에 처분하였다.

(3) 20×1년 에 B회사는 A회사에 장부금액 ₩100,000(취득원가 ₩120,000, 감가상각누계액 ₩20,000)인 건물을 ₩150,000에 처분하였다. 건물은 양 회사 모두 잔존내용연수 10년, 잔존가치는 없는 것으로 하여 정액법으로 감가상각한다.

(4) B회사는 20×1년에 ₩300,000과 20×2년에 ₩400,000의 순이익을 보고하였으며, 이 기간 중 이익처분은 없었다.

1. 20×1년말 연결조정분개
　(1) 투자계정과 자본계정의 상계제거

① (차) ┌ 납입자본(B)   800,000   (대) ┌ B회사투자주식   700,000
       │ 이익잉여금(B)   200,000   └ 비지배지분   400,000
       └ 영 업 권   100,000

(2) 내부거래제거

② (차)   유형자산처분이익(토지) 100,000   (대)   토   지   100,000
③ (차)   유형자산처분이익(건물)   (대) ┌ 건   물   30,000
                                                └ 감가상각누계액   20,000
④ (차)   감가상각누계액   5,000   (대)   감가상각비   5,000

　　　　*(₩150,000÷10년) − (₩100,000÷10년) = ₩5,000

(3) 비지배지분순이익 계상

⑤ (차)   이익잉여금(비지배지분순이익) 62,000   (대) 비지배지분   62,000

　　*종속기업 당기순이익　　　　　₩300,000
　　　토 지 미실현이익　　　　　 (100,000)
　　　건 물 미실현이익　　　　　 (50,000)
　　　건 물 실현이익(감가상각비)   5,000
　　　종속기업 독립영업이익　　　 ₩155,000
　　　　　비지배지분율　　　　　　×40%
　　　　　비지배지분순이익　　　　₩62,000

2. 20×2년말 연결조정분개

(1) 투자계정과 자본계정의 상계제거

① (차) ┌ 납입자본(B)   800,000   (대) ┌ B회사투자주식   700,000
       │ 이익잉여금(B)   500,000   │ 비지배지분   520,000
       └ 영 업 권   100,000   └ 이익잉여금(A)   180,000

(2) 내부거래제거

② (차) ┌ 이익잉여금(A)   60,000   (대)   토   지   100,000
       └ 비지배지분   40,000

　　*재고자산 내부거래와 마찬가지로 유형자산의 내부거래에 있어서도 상향거래로 발생한 전기미실현손익은 이익잉여금(지배기업)과 비지배지분에 배분해야 함.

③ (차) ┌ 이익잉여금(A)   27,000   (대) ┌ 건   물   30,000
       └ 비지배지분   18,000   └ 감가상각누계액   15,000

④ (차)	감가상각누계액	5,000	(대)	감가상각비	5,000

(3) 비지배지분순이익 계상

⑤ (차)	이익잉여금(비지배지분순이익)	162,000	(대)	비지배지분	162,000

*종속기업 당기순이익	₩400,000
전기 건물 미실현이익의 실현(감가상각비)	5,000
종속기업 독립영업이익	₩405,000
비지배지분율	×40%
비지배지분순이익	₩162,000

4 유형자산의 내부거래제거와 관련된 기타사항

(1) 유형자산의 조기처분

상황에 따라서는 내부거래된 유형자산을 구매회사가 조기에 처분하는 경우도 있는데, 이러한 경우에는 재고자산의 내부거래와 마찬가지로 내부미실현손익이 일시에 실현손익으로 인식된다.

예 상기 **예**에서 A회사가 20×2년말에 토지와 건물을 제3자에게 각각 ₩350,000과 ₩170,000에 처분하였다면 20×2년의 연결조정분개는 다음과 같이 달라지게 된다. 단, 투자계정과 자본계정의 상계제거분개는 동일하므로 생략한다.

② (차)	이익잉여금(A)	60,000	(대)	유형자산처분이익	100,000
	비지배지분	40,000			

*20×1년의 내부거래에 따른 미실현이익 ₩100,000이 토지가 매각됨으로써 실현이익을 계상하는 회계처리임.

참고	20×1년		20×2년	
	미실현이익	₩(100,000)	실현이익(처분)	₩100,000

③ (차)	이익잉여금(A)	27,000	(대)	건 물	30,000
	비지배지분	18,000		감가상각누계액	15,000
④ (차)	감가상각누계액	5,000	(대)	감가상각비	5,000
(차)	건 물	30,000	(대)	유형자산처분이익	40,000
	감가상각누계액	10,000			

*내부거래된 건물이 20×2년말에 외부판매됨에 따라 20×2년말 현재 미실현이익 ₩40,000
(₩50,000 − ₩5,000×2년)을 실현이익으로 인식하는 회계처리임.

⑤ (차) 이익잉여금(비지배지분순이익)   218,000   (대) 비지배지분   218,000

*종속기업 당기순이익   ₩400,000
 토지처분에 따른 미실현이익의 실현   100,000
 건물감가상각에 따른 미실현이익의 실현   5,000
 건물처분에 따른 미실현이익의 실현   40,000
 종속기업 독립영업이익   ₩545,000
 비지배지분율   ×40%
 비지배지분순이익   ₩218,000

(2) 유형자산손상차손 및 재평가와 내부이익의 제거

연결실체 내에서 유형자산을 구입한 회사가 보고기간말에 동 유형자산에 대해서 손상차손을 인식하거나 재평가를 하는 경우가 있는데, 이때 내부이익을 어떻게 제거해야 할 것인지가 문제이다.

① 유형자산에 손상차손을 인식하여 내부미실현이익이 감소하였다면, 동 금액만큼은 연결조정시 제거할 필요가 없다.

> **예** 지배기업이 20×1년초에 내용연수 5년, 장부금액 ₩100,000의 기계장치를 종속기업에 ₩150,000에 매각하였는데, 보고기간말에 종속기업이 동 기계장치에 대하여 손상검사를 실시하여 기계장치를 ₩90,000으로 측정한 경우 연결조정분개는 다음과 같다. 단, 양 회사 모두 감가상각방법은 정액법이고 동 기계장치의 잔존가치는 없다고 가정한다.

(차) 유형자산처분이익   50,000   (대) 기계장치   50,000
    기계장치(감가상각누계액)   10,000   감가상각비   10,000
    기계장치(손상차손누계액)   30,000   유형자산손상차손   30,000

참고		연결 F/S		개별 F/S	
20×1년초	기계장치(장부금액)	100,000	기계장치(장부금액)	150,000
20×1년	감가상각비	(20,000)	감가상각비	(30,000)
			유형자산손상차손	(30,000)
20×1년말	기계장치(장부금액)	80,000	기계장치(장부금액)	90,000

상기 **예**에서 내부미실현이익은 ₩50,000이었으나 종속기업의 감가상각과 손상차손의 인식에 의하

여 각각 ₩10,000과 ₩30,000의 미실현이익이 감소되었으므로 나머지 ₩10,000만 연결재무제표작성시 제거의 대상이 된다.

② 상기 예에서 종속기업이 동 기계장치에 대해서 손상검사를 실시하여 기계장치를 ₩70,000으로 측정한 경우 연결조정분개는 다음과 같다.

(차)	유형자산처분이익	50,000	(대)	기계장치	50,000
	기계장치(감가상각누계액)	10,000		감가상각비	10,000
	기계장치(손상차손누계액)	40,000		유형자산손상차손	40,000

		연결 F/S		개별 F/S	
20×1년초	기계장치(장부금액)	100,000	기계장치(장부금액)	150,000	
20×1년	감가상각비	(20,000)	감가상각비	(30,000)	
	유형자산손상차손	(10,000)	유형자산손상차손	(50,000)	
20×1년말	기계장치(장부금액)	70,000	기계장치(장부금액)	70,000	

상기 예에서 내부미실현이익은 ₩50,000이었으나 종속기업의 감가상각과 손상차손의 인식에 의하여 각각 ₩10,000과 ₩40,000의 미실현이익이 감소되어 내부미실현이익이 전액 제거되었으므로 연결재무제표작성시 제거할 미실현이익은 없다. 따라서 연결재무제표에 계상될 기계장치(장부금액)는 종속기업이 개별회계상 재무제표에 계상한 ₩70,000으로 표시된다.

③ 유형자산에 재평가한 경우 내부미실현손익을 기타포괄손익이나 당기손익으로 대체하는 연결조정분개를 해야 한다.

예 지배기업이 20×1년초에 장부금액 ₩100,000의 토지를 종속기업에 ₩90,000에 매각하였는데, 종속기업이 동 토지를 20×1년말에 ₩120,000으로 재평가한 경우 연결조정분개는 다음과 같다.

(차)	재평가잉여금	10,000	(대)	유형자산처분손실	10,000

	연결 F/S		개별 F/S	
토 지	120,000	토 지	120,000	
재평가잉여금	20,000	유형자산처분손실	(10,000)	
		재평가잉여금	30,000	

상기 예에서 내부미실현이익은 ₩10,000이었으나 재평가잉여금 ₩30,000이 계상되어야 하므로 재평가로 인하여 내부미실현손실이 전액 제거되고 동액만큼 기타포괄이익(재평가잉여금)이 계상되어야 한다.

④ 상기 예에서 종속기업이 지배기업에 유형자산을 매각한 상향거래라면 비지배지분순이익 계상시 이를 고려해야하며 전기 이전의 내부거래인 경우에는 지배기업의 이익잉여금과 비지배지분에 적절히 반영하여야한다.

예 1. 상기 ③의 예에서 종속기업이 지배기업에 토지를 매각하였다면 연결조정분개는 다음과 같다. 단, 종속기업의 20×1년에 보고한 당기순이익은 ₩300,000이며, 비지배지분율은 40%라고 가정한다.

(차)	재평가잉여금(A)	6,000	(대)	유형자산처분손실	10,000
	비지배지분	4,000			

* 종속기업의 재평가잉여금 ₩10,000은 지배기업과 비지배지분에 배분되어야 함.

(차)	이익잉여금(비지배지분순이익)	124,000	(대)	비지배지분	124,000

*종속기업 당기순이익	₩300,000
토지 미실현손실	10,000
종속기업 독립영업이익	₩310,000
비지배지분율	×40%
비지배지분순이익	₩124,000

2. 상기 예의 경우 20×2년의 연결조정분개는 다음과 같다. 단, 종속기업이 20×2년에 보고한 당기순이익은 ₩400,000이라고 가정한다.

(차)	재평가잉여금(A)	6,000	(대)	이익잉여금(A)	6,000
	비지배지분	4,000		비지배지분	4,000

* 종속기업의 재평가잉여금 ₩10,000은 지배기업과 비지배지분에 배분되어야 하며, 종속기업의 전기미실현손실도 이익잉여금(지배기업)과 비지배지분에 배분되어야 한다.

(차)	이익잉여금(비지배지분순이익)	160,000	(대)	비지배지분	160,000

* ₩400,000×40%=₩160,000. 전기미실현손익이 당기에 실현된 것은 아니므로 종속기업의 20×2년 보고된 당기순이익과 독립영업이익은 동일함.

(3) 재고자산이 유형자산으로 사용된 경우 내부이익의 제거

연결실체가 보유한 재고자산을 다른 연결실체가 매입하여 유형자산으로 사용한 경우 내부미실현손익은 감가상각이나 연결실체의 외부에 처분함에 따라 실현손익으로 인식된다.

예 지배기업이 20×1년초에 원가 ₩10,000의 재고자산을 ₩15,000에 종속기업에 판매하였는데, 종속기업이 동 자산을 구입 후 비품으로 사용하고 정액법(내용연수 5년, 잔존가치 ₩0)으로 감가상각한 경우 이와 관련된 개별기업의 회계처리와 연결조정분개는 다음과 같다.

[개별회계]

지배기업		종속기업	
현 금 15,000		비 품 15,000	
매 출	15,000	현 금	15,000
매출원가 10,000		감가상각비 3,000	
재고자산	10,000	감가상각누계액	3,000

[연결회계]

① (차) 매 출   15,000   (대) ┌ 매출원가   10,000
                                └ 비 품   5,000

② (차) 감가상각누계액   1,000   (대) 감가상각비   1,000

　　*₩15,000÷5년 − ₩10,000÷5년 = ₩1,000

즉, 종속기업이 비품을 ₩15,000으로 계상하였으나 연결재무제표상 비품은 ₩10,000으로 표시되어야 하므로 내부미실현이익 ₩5,000이 제거되어야 하며, 이러한 내부미실현이익은 감가상각을 통하여 매년 ₩1,000(₩5,000÷5년)씩 실현이익화 된다.

04 내부거래제거 – 사채

1 사채의 내부거래가 연결잔액에 미치는 영향

연결실체가 발행한 사채를 다른 연결실체가 구입했을 경우 개별기업 입장에서는 투자채무증권(공정가치측정금융자산 또는 상각후원가측정금융자산)으로 기록되지만 연결실체의 관점에서는 자기가 발행한 사채를 자기가 구입한 것이 되므로 사채상환으로 보게 된다. 따라서 연결조정분개상 사채와 투자채무증권을 상계제거해야 하는데, 투자채무증권 취득시점에서의 사채장부금액과 투자채무증권의 취득금액에 차이가 발생하지 않을 경우에는 사채와 투자채무증권을 상계제거만 하면 되며, 투자채무증권 취득시점에서의 사채장부금액과 투자채무증권의 취득금액에 차이가 발생할 경우 연결재무제표상 사채상환손익으로 인식해야 한다. 사채의 내부거래와 관련한 연결조정분개에 대해서는 다음의 두 가지 예를 들어 설명한다.

예 1. 연결실체인 A회사는 20×1년초에 액면금액 ₩100,000, 이자율 연 10% 매년말 지급, 미상각사채할인발행차금 ₩5,000, 만기 20×5년 12월 31일인 사채가 있는데, 다른 연결실체인 B회사가 20×1년초에 A회사사채 50%를 ₩47,500에 구입하여 상각후원가측정금융자산으로 분류하였다. 이와 관련된 개별기업의 회계처리와 연결조정분개는 다음과 같다. 단, 사채발행차금과 투자채무증권할인액은 논의의 편의상 정액법으로 상각한다.

[개별기업 입장에서의 회계처리]

A회사		B회사	
① 20×1년초 장부금액		① 20×1년초 취득시	
사 채 100,000		상각원가금융자산[1] 47,500	
사채할인발행차금 (5,000)			현 금 47,500
계 95,000			
② 기말 이자지급시		② 기말 이자수취시	
이자비용 11,000		현 금 5,000	
현 금 10,000		상각원가금융자산 500	
사채할인발행차금 1,000		이자수익 5,500	

---

1 본서에서는 상각후원가측정금융자산을 재무제표에 표시할 때와 회계처리시에는 상각원가금융자산으로 표기함.

[20×1년말]   [20×1년말]
사　　채   100,000   상각원가금융자산   48,000
사채할인발행차금   (4,000)
계   96,000

[연결조정분개]

①(차) 사　　채   50,000   (대) ┌ 상각원가금융자산   47,500
                                        └ 사채할인발행차금   2,500

*20×1년 시점에서 사채와 상각후원가측정금융자산을 상계하는 회계처리임.

②(차) ┌ 이자수익   5,500   (대) ┌ 이자비용   5,500
       └ 사채할인발행차금   500   └ 상각원가금융자산   500

*20×1년말 개별회계상 인식한 이자수익과 이자비용을 상계하는 회계처리임.

B회사가 A회사사채 50%를 ₩47,500에 취득한 경우에는 상각후원가측정금융자산 취득시점에서의 사채장부금액과 상각후원가측정금융자산의 취득금액에 차이가 발생하지 않기 때문에 사채상환손익은 발생되지 않는다. 따라서 사채와 상각후원가측정금융자산 및 이자비용과 이자수익을 상계제거만 하면 20×1년말 연결재무상태표와 연결포괄손익계산서에는 다음과 같이 사채의 50%가 상환된 것처럼 표시된다.

[연결재무상태표]   [연결포괄손익계산서]
사　　채   50,000   이자비용   5,500
사채할인발행차금   (2,000)
계   48,000

2. 연결실체인 A회사는 20×1년초에 액면금액 ₩100,000, 이자율 연 10% 매년말 지급, 미상각사채할인발행차금 ₩5,000, 만기 20×5년 12월 31일인 사채가 있는데, 다른 연결실체인 B회사가 20×1년초에 A회사사채 50%를 ₩45,000에 구입하여 상각원가측정금융자산으로 분류하였다. 이와 관련된 개별기업의 회계처리와 연결조정분개는 다음과 같다. 단, 사채할인발행차금과 투자채무증권할인액은 논의의 편의상 정액법으로 상각한다.

[개별기업 입장에서의 회계처리]

A회사		B회사	
① 20×1년초 장부금액		① 20×1년초 취득시	
사 채	100,000	상각원가금융자산	45,000
사채할인발행차금	(5,000)	현 금	45,000
계	95,000		
② 기말 이자지급시		② 기말 이자수취시	
이자비용	11,000	현 금	5,000
현 금	10,000	상각원가금융자산	1,000
사채할인발행차금	1,000	이자수익	6,000
[20×1년말]		[20×1년말]	
사 채	100,000	상각원가금융자산	46,000
사채할인발행차금	(4,000)		
계	96,000		

[연결조정분개]

① (차) 사 채   50,000   (대) 상각원가금융자산   45,000
                                    사채할인발행차금   2,500
                                    사채상환이익   2,500

*20×1년초 시점에서 사채와 상각후원가측정금융자산을 상계하는 회계처리임.

② (차) 이자수익   6,000   (대) 이자비용   5,500
        사채할인발행차금 500   상각원가금융자산   1,000

*20×1년말 개별회계상 인식한 이자수익과 이자비용을 상계하는 회계처리임.

B회사가 A회사사채 50%를 ₩45,000에 취득한 경우에는 상각후원가측정금융자산 취득시점에서의 사채장부금액과 상각원가금융자산의 취득금액에 차이가 발생하므로 사채상환손익이 발생한다. 즉, 연결조정분개 ①번에서 보면 A회사장부금액(₩100,000 − ₩5,000)의 50%인 ₩47,500의 사채를 ₩45,000에 B회사가 구입(상환)하였으므로 연결실체의 관점에서 보면 ₩2,500의 사채상환이익이 발생하게 된다. 그런데 연결조정분개 ②번에서 각 개별기업 입장에서의 사채와 관련하여 ₩6,000의 이자수익과 ₩5,500의 이자비용이 계상됨에 따라 연결조정분개상 이를 상계제거해야 하는데, 이때 상계차액 ₩500이 발생하게 된다. 이러한 상계차액 ₩500은 사채상환이익 ₩2,500이 5년 동안 매년 조정되어 가는 과정으로써 앞에서 살펴본 유형자산의 내부거래로 인한 미실현손익이 감가상각비를 통해 실현손익화되어 가는 과정과 유사하다.

지금까지 사채의 내부거래에 따라 필요한 연결조정분개에 대해서 살펴보았는데, 사채의 내부거래도 지배기업이 발행한 사채를 종속기업이 구입하였는지 또는 종속기업이 발행한 사채를 지배기업이 구입하였는지에 따라 연결조정분개가 달라지게 되므로 각각의 상황에 따른 연결조정분개를 살펴보기로 한다.

2 하향거래

사채의 내부거래로 인한 사채상환손익은 사채발행회사의 사채상환손익으로 본다. 따라서 지배기업이 발행한 사채를 종속기업이 구입한 경우 이는 사채발행회사인 지배기업의 사채상환손익이 된다.

예 A회사는 20×1년초에 B회사발행주식 60%를 ₩700,000에 취득하여 지배력을 획득하였다. 관련자료는 다음과 같다.

(1) 취득시 B회사의 순자산장부금액은 ₩1,000,000(납입자본 ₩800,000, 이익잉여금 ₩200,000)이었으며 B회사 자산·부채의 장부금액과 공정가치는 일치하였다.

(2) 20×1년초 현재 A회사는 액면금액 ₩100,000, 이자율 연 10% 매년말 지급, 미상각사채할인발행차금 ₩10,000, 만기 20×5년 12월 31일인 사채가 있는데, B회사는 20×1년 에 A회사사채 50%를 ₩47,500에 구입하여 상각후원가측정금융자산으로 분류하였다. 사채발행차금과 투자채무증권할인액은 정액법으로 상각한다.

(3) B회사는 20×1년에 ₩300,000과 20×2년에 ₩400,000의 순이익을 보고하였으며, 이 기간 중 이익처분은 없었다.

1. 20×1년말 연결조정분개

   (1) 투자계정과 자본계정의 상계제거

   ① (차) 납입자본(B)   800,000   (대) B회사투자주식   700,000
          이익잉여금(B)   200,000   비지배지분   400,000
          영 업 권   100,000

   (2) 내부거래제거

   ② (차) 사   채   50,000   (대) 사채할인발행차금   5,000
          사채상환손실   2,500   상각원가금융자산   47,500

   *20×1년초 시점에서 사채와 상각후원가측정금융자산을 상계제거하는 회계처리임.

③ (차) 이자수익 5,500 (대) 이자비용 6,000
    사채할인발행차금 1,000   상각원가금융자산 500

*20×1년말 개별회계상 인식한 이자수익과 이자비용을 상계제거하는 회계처리임. 사채상환손실 ₩2,500이 잔존내용연수 5년 동안 이자수익·이자비용의 상계차액 ₩500만큼 조정됨.

참고	A회사	B회사
	① 20×1년초 장부금액	① 20×1년초 취득시
	사 채 100,000	상각원가금융자산 47,500
	사채할인발행차금 (10,000)	현 금 47,500
	계 90,000	
	② 기말 이자지급시	② 기말 이자수취시
	이자비용 12,000	현 금 5,000
	현 금 10,000	상각원가금융자산 500
	사채할인발행차금 2,000	이자수익 5,500
	[20×1년말]	[20×1년말]
	사 채 100,000	상각원가금융자산 48,000
	사채할인발행차금 (8,000)	
	계 92,000	

(3) 비지배지분순이익 계상

④ (차) 이익잉여금(비지배지분순이익) 120,000 (대) 비지배지분 120,000

*₩300,000×40% = ₩120,000

2. 20×2년말 연결조정분개

(1) 투자계정과 자본계정의 상계제거

① (차) 납입자본(B) 800,000 (대) B회사투자주식 700,000
    이익잉여금(B) 500,000   비지배지분 520,000
    영 업 권 100,000   이익잉여금(A) 180,000

(2) 내부거래제거

② (차) 사 채 50,000 (대) 사채할인발행차금 4,000
    이익잉여금(A) 2,000   상각원가금융자산 48,000

*20×2년초 시점에서 사채와 상각후원가측정금융자산을 상계제거하는 회계처리임. 전기 내부거래에 따른 미실현·실현손익이므로 이익잉여금(지배기업)으로 조정함.

③ (차) ┌ 이자수익　　　　　　　　5,500　　　(대) ┌ 이자비용　　　　　　　　6,000
　　　　└ 사채할인발행차금　　　 1,000　　　　　　└ 상각원가금융자산　　　　 500

*1. 20×2년말 개별회계상 인식한 이자수익과 이자비용을 상계제거하는 회계처리임.

참고	A회사		B회사	
	① 20×2년초 장부금액		① 20×1년초 취득시	
	사　　채	100,000	상각원가금융자산	48,000
	사채할인발행차금	(8,000)		
	계	92,000		
	② 기말 이자지급시		② 기말 이자수취시	
	이자비용　　　12,000		현　　금　　　5,000	
	현　　금	10,000	상각원가금융자산	500
	사채할인발행차금	2,000	이자수익	5,500
	[20×2년말]		[20×1년말]	
	사　　채	100,000	상각원가금융자산	48,500
	사채할인발행차금	(6,000)		
	계	94,000		

2. 20×1년초 시점에서의 사채상환손실은 ₩2,500이었으나 전기이자지급 및 수취시 ₩500 만큼이 조정 에 따라 20×2년초 시점에서의 연결조정분개상 상환손실 ₩2,000이 이익잉 여금(지배기업)에 차기됨. 그리고 연결조정분개 ②, ③을 하게 되면 A회사의 사채장부 금액의 50%인 사채 ₩50,000 및 사채할인발행차금 ₩3,000과 상각후원가측정금융자 산 ₩48,500이 상계제거됨.

(3) 비지배지분순이익 계상

④ (차) 이익잉여금(비지배지분순이익)　　160,000　　(대) 비지배지분　　　　160,000

　　　　*₩400,000×40% = ₩160,000

3 상향거래

　종속기업이 발행한 사채를 지배기업이 취득하는 경우 이는 사채발행회사인 종속기업의 사채상환손 익이 된다. 따라서 종속기업의 당기순이익을 지배기업지분과 비지배지분에 배분하는 과정에서 이를 고려해야 한다.

예 A회사는 20×1년초에 B회사발행주식 60%를 ₩700,000에 취득하여 지배력을 획득하였다. 관련자료는 다음과 같다.

(1) 취득시 B회사의 순자산장부금액은 ₩1,000,000(납입자본 ₩800,000, 이익잉여금 ₩200,000)이었으며 B회사 자산·부채의 장부금액과 공정가치는 일치하였다.

(2) 20×1년초 현재 B회사는 액면금액 ₩100,000, 이자율 연 10% 매년말 지급, 미상각사채할인발행차금 ₩10,000, 만기 20×5년 12월 31일인 사채가 있는데, A회사는 20×1년 에 B회사사채 50%를 ₩47,500에 구입하여 상각후원가측정금융자산으로 분류하였다. 사채발행차금과 투자채무증권할인액은 정액법으로 상각한다.

(3) B회사는 20×1년에 ₩300,000과 20×2년에 ₩400,000의 순이익을 보고하였으며, 이 기간 중 이익처분은 없었다.

---

1. 20×1년말 연결조정분개

    (1) 투자계정과 자본계정의 상계제거

    ① (차) 납입자본(B)   800,000   (대) B회사투자주식   700,000
            이익잉여금(B)   200,000   비지배지분   400,000
            영 업 권   100,000   이익잉여금(A)   180,000

    (2) 내부거래제거

    ② (차) 사   채   50,000   (대) 사채할인발행차금   5,000
            사채상환손실   2,500   상각원가금융자산   47,500
    *사채취득시점에서 사채와 상각후원가측정금융자산을 상계제거하는 회계처리임.

    ③ (차) 이자수익   5,500   (대) 이자비용   6,000
            사채할인발행차금   1,000   상각원가금융자산   500
    *20×1년말 개별회계상 인식한 이자수익과 이자비용을 상계제거하는 회계처리임.

    (3) 비지배지분순이익 계상

    ④ (차) 이익잉여금(비지배지분순이익) 119,200   (대) 비지배지분   119,200

    *종속기업 당기순이익   ₩300,000
        사채상환손실   (2,500)
        사채상환손실의 부분적 인식액   500
    종속기업 독립영업이익   ₩298,000
        비지배지분율   ×40%
    비지배지분순이익   ₩119,200

2. 20×2년말 연결조정분개

　(1) 투자계정과 자본계정의 상계제거

① (차)	납입자본(B)	800,000	(대)	B회사투자주식	700,000
	이익잉여금(B)	500,000		비지배지분	520,000
	영　업　권	100,000		이익잉여금(A)	180,000

　(2) 내부거래제거

② (차)	사　　채	50,000	(대)	사채할인발행차금	4,000
	이익잉여금(A)	1,200		상각원가금융자산	48,000
	비지배지분	800			

*20×2년초 시점에서 사채와 투자사채를 상계제거하는 회계처리임. 지배기업이 발행한 사채를 취득한 경우에는 전액 이익잉여금(지배기업)에 차기하였으나 종속기업이 발행한 사채를 취득한 경우에는 이익잉여금(지배기업)과 비지배지분에 배분함.

③ (차)	이자수익	5,500	(대)	이자비용	6,000
	사채할인발행차금	1,000		상각원가금융자산	500

*20×2년말 개별회계상 인식한 이자수익과 이자비용을 상계제거하는 회계처리임.

　(3) 비지배지분순이익 계상

④ (차)	이익잉여금(비지배지분순이익)	160,200	(대)	비지배지분	160,200

*종속기업 당기순이익	₩400,000
전기사채상환손실의 부분적 인식액	500
종속기업 독립영업이익	₩400,500
비지배지분율	×40%
비지배지분순이익	₩160,200

4 사채의 내부거래제거와 관련된 기타사항

(1) 투자채무증권의 조기처분

　상황에 따라서는 연결실체가 발행한 사채를 다른 연결실체가 취득하여 보유하다가 사채의 만기가 되기 전에 이를 처분하는 경우도 있다. 이러한 경우에는 개별회계상 금융자산처분손익을 인식하게 되지만 연결실체의 관점에서는 투자채무증권 취득시에 사채를 상환한 것으로 간주했기 때문에 투자채무증권의 처분은 새로운 사채가 발행된 것으로 보아야 한다. 따라서 연결재무제표에는 금융자산처분손익을 인식해서는 안 되며, 투자채무증권처분금액으로 새로운 사채를 발행한 것처럼 개별회계상의 사채와 관련된 장부금액을 전부 조정해야 한다.

예 상기 **예**에서 A회사가 20×2년말에 B회사사채를 제3자에게 ₩48,800에 처분하였다면 20×2년의 연결조정분개는 다음과 같이 달라지게 된다. 단, 투자계정과 자본계정의 상계제거분개는 동일하므로 생략한다.

② (차) 사　　채　　　　　　　50,000　　(대) 사채할인발행차금　　　4,000
　　　 이익잉여금(A)　　　　 1,200　　　　 상각원가금융자산　　 48,000
　　　 비지배지분　　　　　　 800

③ (차) 이자수익　　　　　　　 5,500　　(대) 이자비용　　　　　　　6,000
　　　 사채할인발행차금　　　 1,000　　　　 상각원가금융자산　　　 500

④ (차) 사채할인발행차금　　　 1,200　　(대) 사　　채　　　　　　 50,000
　　　 상각원가금융자산　　　48,500
　　　 금융자산처분이익　　　　 300

*개별회계상 A회사가 계상한 금융자산처분이익 ₩300은 제거되어야 하고, 사채발행가액이 ₩48,800이므로 사채할인발행차금을 ₩1,200만큼 인식하게 되며, 상각후원가측정금융자산 ₩48,500이 차기 (상기 예5, 6의 연결조정분개를 참조할 것). 이때 유의할 점은 연결조정분개시 제거되는 금융자산처분이익 ₩300은 사채발행회사의 손익으로 인식(금융자산처분이익이 차기되었으므로 당기순이익에 ₩300만큼 차감되어야 함.)해야 한다는 것임. 따라서 상향거래의 경우라면 비지배지분순이익을 계산하는 과정에서 이를 고려해야 함.

⑤ (차) 이익잉여금(비지배지분순이익)　160,080　　(대) 비지배지분　　　160,080

*종속기업 당기순이익	₩400,000
전기사채상환손실의 부분적 인식액	500
금융자산처분이익 제거	(300)
종속기업 독립영업이익	₩400,200
비지배지분율	×40%
비지배지분순이익	₩160,080

(2) 유효이자율법에 의한 상각

지금까지는 논의의 편의상 사채발행차금과 투자채무증권할인액을 정액법으로 상각한다고 가정하여 연결실체간 사채거래를 제거하는 방법에 대해서 설명하였다. 그러나 기업회계기준서에서는 사채발행차금과 투자채무증권할인·할증액을 유효이자율법으로 상각하도록 규정하고 있는데, 이러한 경우에도 지금까지 설명된 정액법으로 상각하는 경우와 다를 것이 없다.

예 20×1년초에 지배기업인 A회사가 만기 3년, 액면이자율 연 8% 매년말 지급, 액면금액 ₩100,000의 사채를 ₩95,026(유효이자율 연 10%)에 발행하였는데, 종속기업인 B회사가 20×2년초에 A회사가 발행한 사채의 전부를 ₩93,239 (유효이자율 12%)에 취득하여 상각후원가측정금융자산으로 분류하였다면 연결조정분개는 다음과 같다.

[유효이자율법에 의한 상각표]

1. 발행회사

일 자	장부금액	유효이자(10%)	액면이자(8%)	상 각 액
20×1년초	₩95,026			
20×1년말	96,529	₩9,503	₩8,000	₩1,503
20×2년말	98,182	9,653	8,000	1,653
20×3년말	100,000	9,818	8,000	1,818
계		₩28,974	₩24,000	₩4,974

2. 투자회사

일 자	장부금액	유효이자(12%)	액면이자(8%)	상 각 액
20×2년초	₩93,239			
20×2년말	96,428	₩11,189	₩8,000	₩3,189
20×3년말	100,000	11,572	8,000	3,572
계		₩22,761	₩16,000	₩6,761

[연결조정분개]

1. 20×2년

(1) (차) 사 채　　　　　　　　100,000　　(대) 사채할인발행차금　　3,471
　　　　　　　　　　　　　　　　　　　　　　　 상각원가금융자산　　93,239
　　　　　　　　　　　　　　　　　　　　　　　 사채상환이익　　　　3,290

(2) (차) 이자수익　　　　　　　 11,189　　(대) 이자비용　　　　　　9,653
　　　　 사채할인발행차금　　　 1,653　　　　　 상각원가금융자산　　3,189

2. 20×3년

(1) (차) 사 채　　　　　　　　100,000　　(대) 사채할인발행차금　　1,818
　　　　　　　　　　　　　　　　　　　　　　　 상각원가금융자산　　96,428
　　　　　　　　　　　　　　　　　　　　　　　 이익잉여금(A)　　　1,754

(2) (차) ｛이자수익　　　　　　　11,572　　　(대) ｛이자비용　　　　　　　　9,818
　　　　사채할인발행차금　　　 1,818　　　　　　상각원가금융자산　　　3,572

위의 회계처리에서 보듯이 사채상환이익 ₩3,290은 20×2년과 20×3년에 각각 ₩1,536과 ₩1,754씩 조정됨을 알 수 있다.

연결회계-내부거래제거 이론문제(기출지문)

01 연결재무제표작성시 연결실체 간의 내부거래 중 상향거래로 인한 미실현손익은 지배기업지분에 해당하는 금액만 제거한다. (×)
  ▶ 연결재무제표작성시 연결실체간 내부거래 중 상향거래로 인한 미실현손익은 전액 제거하여 지배기업지분과 비지배지분에 배분한다.

02 비지배주주는 연결실체를 구성하지 아니하므로 종속기업의 보고된 당기순이익을 기준으로 비지배지분순이익을 계상한다. (×)
  ▶ 비지배지분순이익은 종속기업의 공정가치기준 독립영업이익을 기준으로 배분된다.

03 연결실체간 감가성유형자산의 내부거래에 따른 미실현손익은 감가상각을 통해서만 실현손익화 된다. (×)
  ▶ 연결실체간 감가성유형자산의 내부거래에 따른 미실현손익은 감가상각뿐만 아니라 연결실체의 외부에 매각되거나 손상차손을 인식한 경우에도 실현손익화 된다.

04 연결실체가 발행한 사채를 다른 연결실체가 취득한 경우 연결재무제표상 사채가 상환된 것으로 본다. (○)

05 비지배지분은 연결재무상태표에서 자본에서 제외하고 지배기업의 소유주지분과는 구분하여 표시한다. (×)
  ▶ 비지배지분은 연결재무상태표에서 자본에 포함하고 지배기업의 소유주지분과는 구분하여 표시한다.

필수예제 — 내부거래제거(재고자산)

20×1년 1월 1일 A회사는 B회사의 주식 80%를 취득하였으며, 주식취득 당시 B회사의 주주지분은 ₩1,000,000이다. 관련자료는 다음과 같다.

(1) 주식취득일 현재 B회사의 장부금액과 공정가치가 다른 자산은 다음과 같다.

	장부금액	공정가치
재고자산	₩50,000	₩70,000
토　지	100,000	120,000
건　물	300,000	350,000

재고자산은 20×1년 중 전액 매출되었으며 건물은 20×1년 1월 1일부터 5년의 내용연수를 가지고 잔존가치는 없으며 정액법으로 감가상각한다.

(2) 20×1년과 20×2년의 재고자산 내부거래는 다음과 같다. 단, 양사의 매출총이익률은 모두 20%이다.

판매회사	내부거래 20×1년	내부거래 20×2년	매입회사 기말재고에 남아있는 상품 20×1년	매입회사 기말재고에 남아있는 상품 20×2년
A회사	₩300,000	₩400,000	₩40,000	₩50,000
B회사	₩200,000	₩150,000	₩30,000	₩20,000

(3) B회사는 20×1년과 20×2년에 각각 ₩200,000과 ₩250,000의 순이익을 보고하였으며, 이 기간 중 이익처분은 없었다.

20×1년 연결포괄손익계산서의 비지배지분순이익과 20×2년 연결재무상태표의 비지배지분은 각각 얼마인가?

---

1. 20×1년 비지배지분순이익

B회사 당기순이익(장부금액)	₩200,000
투자제거차액상각	
재고자산	(20,000)
건　물: ₩50,000×1/5=	(10,000)
내부미실현이익 제거(재고자산): ₩30,000×20%=	(6,000)
B회사 독립영업이익(공정가치)	₩164,000
비지배지분율	×20%
비지배지분순이익	₩32,800

2. 20×2년말 비지배지분

B회사 순자산장부금액: ₩1,000,000+₩200,000+₩250,000=	₩1,450,000
투자제거차액 미상각잔액	
재고자산	–
토　지	20,000
건　물: ₩50,000−₩50,000×2/5=	30,000
내부거래 미실현손익잔액(상향거래)	
재고자산: ₩20,000×20%=	(4,000)
B회사 순자산공정가치	₩1,496,000
비지배지분율	×20%
비지배지분	₩299,200

---

01 A회사는 20×1년 1월 1일에 B회사의 보통주 60%를 ₩700,000에 취득하여 지배력을 획득하였다. 관련자료는 다음과 같다.

(1) 주식취득일 현재 B회사의 순자산장부금액은 ₩1,000,000이었으며, 자산·부채의 장부금액과 공정가치는 일치하였다. 영업권은 20×1년말까지 손상되지 않았다.

(2) A회사는 B회사에 원가 ₩40,000의 상품을 ₩50,000에 외상매출하였으며, 20×1년 중에 B회사는 동 상품의 60%를 외부에 판매하였다. B회사에 대한 매출채권은 20×2년 중에 회수될 예정이다.

(3) B회사는 A회사에 원가 ₩10,000의 상품을 ₩15,000에 현금판매하였으며, 20×1년 중에 A회사는 동 상품의 40%를 외부에 판매하였다.

(4) 20×1년에 A회사와 B회사는 각각 ₩200,000과 ₩100,000의 당기순이익을 보고하였으며, 20×1년 A회사와 B회사의 부분재무제표는 다음과 같다.

	A회사	B회사
매출채권(순액)	₩200,000	₩100,000
재고자산	80,000	70,000
매 출 액	500,000	300,000
매출원가	400,000	200,000

20×1년 A회사와 B회사의 연결재무제표에 계상될 ① 매출채권(순액) ② 재고자산 ③ 매출액 ④ 매출원가는 각각 얼마인가?

1. 매출채권(순액): (₩200,000+₩100,000)−₩50,000=₩250,000
2. 재고자산: (₩80,000+₩70,000)−₩4,000^{*1}−₩3,000^{*2}=₩143,000
   *1. 하향거래: ₩50,000×40%×(₩10,000÷₩50,000)=₩4,000
    2. 상향거래: ₩15,000×60%×(₩5,000÷₩15,000)=₩3,000
3. 매 출 액: (₩500,000+₩300,000)−₩50,000−₩15,000=₩735,000
4. 매출원가: (₩400,000+₩200,000)−₩50,000−₩15,000+₩4,000+₩3,000=₩542,000

※해설※

1. 연결조정분개

   (1) 재고자산 내부거래제거(하향거래)

①	(차) 매 출	50,000	(대) 매출원가	50,000
②	(차) 매출원가	4,000	(대) 재고자산	4,000
	*하향거래 미실현이익제거			
③	(차) 매입채무	50,000	(대) 매출채권	50,000

   (2) 재고자산 내부거래제거(상향거래)

①	(차) 매 출	15,000	(대) 매출원가	15,000
②	(차) 매출원가	3,000	(대) 재고자산	3,000
	*상향거래 미실현이익제거			

2. 연결당기순이익

	A회사	B회사	합 계
당기순이익(장부금액)	₩200,000	₩100,000	₩300,000
내부거래제거			
재고자산	(4,000)	(3,000)	(7,000)
독립영업이익(공정가치)	₩196,000	₩97,000	₩293,000

   ∴ 연결당기순이익   ₩196,000 + ₩97,000=   ₩293,000
     ┌ 지배기업소유주 귀속분: ₩496,000 + ₩97,000×60%=   ₩254,200
     └ 비지배지분 귀속분: ₩97,000×40%=   38,800

3. 비지배지분

20×1년말 B회사 순자산장부금액	₩1,100,000
20×1년말 B회사 내부거래제거	
재고자산	(3,000)

	20×1년말 B회사 순자산공정가치	₩1,097,000
	비지배지분율	×40%
	비지배지분	₩438,800

02 (주)지배는 20×1년 1월 1일에 (주)종속의 보통주 60%를 취득하여 지배력을 획득하였다. 20×1년 1월 1일에 (주)지배는 (주)종속에게 원가 ₩100,000의 상품을 ₩120,000에 판매하였다. 동 상품의 80%는 20×1년 중에 외부로 판매되었으며, 나머지 20%는 20×1년 12월 31일 현재 (주)종속의 기말재고자산으로 남아있다. 기말에 (주)종속은 저가법에 따라 동 기말재고자산을 시가인 ₩18,000으로 평가하고 재고자산평가손실 ₩6,000을 인식하였다.

위 거래의 영향을 반영한 후 (주)지배와 (주)종속의 20×1년도 별도(개별)재무제표상 일부항목이 다음과 같다고 할 때, 연결재무제표의 빈칸{(1)~(2)}에 계상될 금액을 제시하시오.

	(주)지배	(주)종속	연결재무제표
재고자산(순액)	₩45,000	₩25,000	(1)
매출원가	700,000	200,000	(2)

1. 재고자산(순액): ₩45,000+₩25,000-₩4,000+₩4,000=₩70,000
2. 매출원가: ₩700,000+₩200,000-₩120,000=₩780,000

※해설※

1. (차) 매출 120,000 (대) 매출원가 120,000
2. (차) 매출원가 4,000 (대) 재고자산 4,000
   재고자산 4,000   매출원가 4,000

03 (주)현재는 비상장기업인 (주)미래의 지분을 100% 보유하고 있는 지배기업이다. (주)현재는 20×1년 중 (주)미래로부터 원가 ₩200의 상품을 ₩300에 매입하였으며, 20×1년말까지 해당 상품 중 50%를 ₩200에 판매하였고, 나머지는 보관 중이다. (주)현재의 20×1년도 연결재무제표상의 매출총이익은 ₩300이고, 별도재무제표상의 매출총이익은 ₩200이라고 가정할 때 (주)미래의 20×1년도 재무제표상의 매출총이익은 얼마인가?

(2010. CPA 수정)

(주)미래의 재무제표상 매출총이익을 x라 하면,

(주)현재의 매출총이익	(주)미래의 매출총이익	연결 매출총이익
₩200	x	₩300

(주)미래의 재무제표상 매출총이익 x - 내부미실현이익 ₩50* = ₩100

  *(₩300 - ₩200) × 50% = ₩50

  ∴ (주)미래의 재무제표상 매출총이익(x) : ₩150

04 다음은 A회사와 그 종속기업인 B회사의 20×1년 12월 31일 개별 및 연결재무제표에서 발췌한 부분재무제표이다.

[부분재무상태표]

	A회사	B회사	연결재무제표
재고자산	₩30,000	₩25,000	?

[부분포괄손익계산서]

	A회사	B회사	연결재무제표
매 출 액	₩200,000	₩140,000	₩310,000
매출원가	150,000	110,000	233,000

20×1년에 A회사는 외부판매와 동일한 매출총이익률로 B회사에 상품을 판매하였으며 20×1년 12월 31일 현재 B회사는 A회사로부터 구입상품 중 40%를 재고자산으로 보유하고 있다. 20×1년의 A회사와 B회사간의 내부상품거래금액과 20×1년 12월 31일 연결재무상태표에 표시될 재고자산은 얼마인가?

1. 내부상품거래액 : (₩200,000 + ₩140,000) - ₩310,000 = ₩30,000
2. 연결재무상태표상 재고자산
   (1) 매출총이익률 : ₩50,000 ÷ ₩200,000 = 25%
   (2) 미실현이익 : ₩30,000 × 40% × 25% = ₩3,000

∴ 연결재무상태표상 재고자산 : (₩30,000 + ₩25,000) - ₩3,000 = ₩52,000

필수예제 내부거래제거(유형자산)

20×1년초에 A회사는 B회사의 보통주 80%를 취득하여 지배력을 획득하였다. 관련자료는 다음과 같을 경우 20×1년의 연결당기순이익은 얼마인가?

(1) A회사와 B회사는 20×1년에 각각 ₩250,000과 ₩200,000의 당기순이익을 보고하였다.
(2) 20×1년 중에 A회사는 B회사에 ₩250,000의 상품을 판매하였으며, 20×1년 B회사의 기말재고자산에 남아 있는 A회사의 상품은 ₩40,000이었다. A회사의 매출총이익률은 20%이며, B회사는 동 상품에 대해 저가법을 적용하여 순실현가능가치인 ₩35,000으로 평가하였다.
(3) 20×1년초에 A회사는 B회사에 장부금액 ₩200,000(취득원가 ₩230,000, 감가상각누계액 ₩30,000, 잔존내용연수 5년, 잔존가치 없음)의 기계장치를 ₩250,000에 처분하였다. B회사는 20×1년말에 동 기계장치에 대하여 손상검사를 실시하여 ₩20,000(회수가능액 ₩180,000)의 손상차손을 인식하였다. 양 회사 모두 감가상각방법은 정액법이다.

		A회사	B회사	합 계
당기순이익(장부금액)		₩250,000	₩200,000	₩450,000
내부거래제거				
재고자산	미실현이익	(8,000)		(8,000)
	평가손실	5,000		5,000
건 물	미실현이익	(50,000)		(50,000)
	실현이익(감가상각)	10,000		10,000
	실현이익(손상)	20,000		20,000
독립영업이익(공정가치)		₩227,000	₩200,000	₩427,000

∴ 연결당기순이익 : ₩227,000 + ₩200,000 = ₩427,000

※해설※

1. 재고자산 내부거래제거(하향판매)

   ① (차) 매 출 250,000 (대) 매출원가 250,000
   ② (차) 매출원가 8,000 (대) 재고자산 8,000
        재고자산 5,000   매출원가 5,000

   *내부미실현이익이 ₩8,000(₩40,000×20%)이었으나 B기업이 재고자산평가손실을 ₩5,000만큼 인식함에 따라 제거해야 할 미실현이익은 ₩3,000이다.

2. 유형자산 내부거래제거(하향판매)

구 분	연결 F/S		개별 F/S	
20×1년초	기계장치	₩230,000	기계장치	₩250,000
	감가상각누계액	(30,000)		
	계	₩200,000		
감가상각비	₩200,000÷5년=	₩40,000	₩250,000÷5년=	₩50,000
손상차손			₩200,000−₩180,000=	₩20,000
20×1년말	기계장치	₩230,000	기계장치	₩250,000
	감가상각누계액	(70,000)	감가상각누계액	(50,000)
	계	₩160,000	손상차손누계액	(20,000)
			계	₩180,000

①	(차)	유형자산처분이익	50,000	(대) 기계장치	20,000
				감가상각누계액	30,000
②	(차)	감가상각누계액	10,000	(대) 감가상각비	10,000
③	(차)	손상차손누계액	20,000	(대) 유형자산손상차손	20,000

---

05 (주)지배는 20×1년 1월 1일에 (주)종속의 보통주 60%를 취득하여 지배력을 획득하였다. 20×1년 1월 1일에 (주)종속은 (주)지배에게 장부금액이 ₩50,000(취득원가 ₩80,000, 감가상각누계액 ₩30,000)인 기계장치를 ₩60,000에 판매하였다. 판매시점에 이 기계장치의 잔여내용연수는 5년이고, 추정잔존가치는 없으며, 두 회사 모두 기계장치를 정액법으로 상각한다. 20×2년 12월 31일에 (주)지배는 이 기계장치를 ₩32,000에 외부로 판매하였다.

위 거래의 영향을 반영한 후 (주)지배와 (주)종속의 20×2년도 별도(개별)재무제표상 일부항목이 다음과 같다고 할 때, 연결재무제표의 빈칸{(1)~(2)}에 계상될 금액을 제시하시오. 단, 유형자산처분손실이 계상될 경우 금액 앞에 '(−)'를 표시하시오.

	(주)지배	(주)종속	연결재무제표
감가상각비	₩80,000	₩50,000	(1)
유형자산처분이익(손실)	(7,000)	15,000	(2)

---

1. 감가상각비: ₩80,000+₩50,000−₩2,000=₩128,000
2. 유형자산처분이익: ₩(7,000)+₩15,000+₩6,000=₩14,000

※해설※

1. 계정분석

구 분		연결 F/S		개별 F/S	
20×1년초	기계장치	₩80,000	기계장치	₩60,000
	감가상각누계액	(30,000)		
	계	₩50,000		
감가상각비	₩50,000÷5년=	₩10,000	₩60,000÷5년=	₩12,000
20×1년말	기계장치	₩80,000	기계장치	₩60,000
	감가상각누계액	(40,000)	감가상각누계액	(12,000)
	계	₩40,000	계	₩48,000
감가상각비	₩50,000÷5년=	₩10,000	₩60,000÷5년=	₩12,000
20×2년말	기계장치	₩80,000	기계장치	₩60,000
	감가상각누계액	(50,000)	감가상각누계액	(24,000)
	계	₩30,000	계	₩36,000

2. 연결조정분개

(1) (차) 기계장치 20,000 (대) 감가상각누계액 28,000
    이익잉여금(지배) 4,800
    비지배지분 3,200
(2) (차) 감가상각누계액 2,000 (대) 감가상각비 2,000
(3) (차) 감가상각누계액 26,000 (대) 기계장치 20,000
    유형자산처분이익 6,000

06 (주)지배는 (주)종속 보통주의 80%를 소유하고 있는 지배기업이다. 20×1년 중 (주)지배는 취득원가 ₩25,000의 토지를 (주)종속에 매각하였으며, 20×1년말 현재 해당 토지는 (주)종속이 보유하고 있다. 20×1년말 (주)지배와 (주)종속의 별도재무제표와 연결재무제표상 토지의 장부금액이 아래와 같다면, (주)지배와 (주)종속간 토지의 매매금액은 얼마인가? 단, (주)지배와 (주)종속은 토지를 취득원가로 기록하고 있으며, 위 매각거래 이외의 내부거래는 없다. (2014. CPA)

계정과목	(주)지배	(주)종속	연결재무제표
토 지	₩100,000	₩80,000	₩168,000

토지의 내부거래 미실현이익:(₩100,000+₩80,000)-₩168,000=₩12,000

∴ 토지의 매매금액:₩25,000+₩12,000=₩37,000

07 P회사는 20×1년 7월 1일에 그 종속기업인 S회사에 취득원가 ₩300,000, 감가상각누계액 ₩100,000인 기계장치를 ₩240,000에 매각하였다. 20×1년 7월 1일 현재 기계장치의 추정내용연수는 4년이며 잔존가치는 없고 정액법으로 감가상각한다. S회사가 동 기계장치를 20×2년 말까지 그대로 보유하고 있는 경우 20×2년말 연결재무상태표에 표시될 기계장치의 장부금액은 얼마인가?

연결재무제표상 기계장치의 장부금액은 내부거래가 없었던 상황의 장부금액과 동일하다.

∴ 기계장치 장부금액:₩200,000×2.5년/4년=₩125,000

08 12월 결산법인인 (주)한강은 (주)청계 보통주의 90%를 소유하고 있다. 20×7년 1월 1일 (주)한강은 장부금액 ₩70,000의 기계를 ₩100,000의 가격으로 (주)청계에 매각하고 동일자로 (주)청계로부터 ₩200,000을 차입하였다. 동 차입금의 상환일은 20×9년 12월 31일이며 이자율은 연 3%이다. (주)청계에 매각한 기계의 내용연수는 매각시점에서 10년, 잔존가치는 ₩0으로 추정된다. (주)한강과 (주)청계는 정액법을 이용하여 감가상각하고 있다. 위에 주어진 정보를 기초로 할 때, 20×7년에 대한 연결재무제표를 작성함에 있어서 제거되어야 할 이자수익, 이자비용 및 감가상각비는 각각 얼마인가?　　　　　　　　　　　　　　　　　　　　　(2007. CPA)

1. 내부거래제거 이자수익:₩200,000×3%=₩6,000
2. 내부거래제거 이자비용:₩200,000×3%=₩6,000
3. 내부거래제거 감가상각비:(₩100,000-₩70,000)÷10년=₩3,000

09 A회사는 20×1년초에 종속기업인 B회사에 건물을 ₩36,000에 매각하였는데, 건물의 잔존내용연수는 4년이며 잔존가치는 없고 정액법으로 상각한다. 20×1년의 개별재무제표상 A회사와 B회사의 감가상각비는 각각 ₩40,000과 ₩10,000으로 되어 있으나 20×1년의 연결재무제표상 감가상각비는 ₩47,000이다. 20×1년초에 A회사가 B회사에 매각한 건물의 장부금액은 얼마인

가?

1. 건물 내부거래와 관련된 미실현이익 중 당기 실현분: (₩40,000+₩10,000)-₩47,000=₩3,000
2. 건물 내부거래 당시 발생한 미실현이익: ₩3,000×4년=₩12,000
∴ 매각한 건물의 장부금액: ₩36,000-₩12,000=₩24,000

※해설※

| (차) | 건물처분이익 | 12,000 | (대) | 건 물(순액) | 12,000 |
| (차) | 건 물(순액) | 3,000 | (대) | 감가상각비 | 3,000 |

10 20×4년 1월 1일 (주)제주는 내용연수가 5년이고 잔존가치가 ₩0인 기계를 구입하고 정액법에 따라 감가상각을 행하였다. 20×6년 1월 1일 (주)제주는 보유하고 있던 기계를 (주)한국에 처분하면서 다음과 같은 분개를 행하였다.

| (차) | 현금및현금성자산 | 63,000 | (대) | 기 계 | 75,000 |
| | 감가상각누계액 | 30,000 | | 기계처분이익 | 18,000 |

12월 결산법인인 (주)한국은 20×3년 1월 1일 (주)제주의 의결권 주식의 60%를 구입하여 지배력을 획득하였으며 동 시점에서 (주)제주의 모든 자산과 부채의 공정가치는 장부금액과 일치하였다. 또한, (주)제주 주식의 취득가액과 (주)제주의 순자산공정가치 중 지분해당액은 서로 일치하였으며, (주)제주의 20×6년 당기순이익은 ₩100,000이다. 20×6년 연결대상회사간 거래로 인한 기계 내용연수와 잔존가치의 변동은 없으며 (주)한국은 구입한 기계를 정액법으로 상각한다. (주)한국은 동 기계를 20×7년 12월 31일 ₩23,000의 가격으로 외부에 매각하였다. 20×6년의 비지배지분순이익과 20×7년 연결포괄손익계산서에 계상될 기계처분이익은 각각 얼마인가?

(2004. CPA 수정)

1. 20×6년 비지배지분순이익

(주)제주의 당기순이익(장부금액)	₩100,000
기계장치 { 미실현이익	(18,000)
{ 실현이익: ₩18,000÷3년=	6,000
(주)제주의 독립영업이익(공정가치)	₩88,000
비지배지분율	×40%

비지배지분순이익　　　　　　　　　　　　₩35,200

2. 20×7년 연결포괄손익계산서상 기계처분이익

　　　처분가액　　　　　　　　　　　　　　　₩23,000
　　　장부금액：₩75,000×1/5=　　　　　　　 (15,000)
　　　계　　　　　　　　　　　　　　　　　　　₩8,000

11 (주)갑은 20×1년 1월 1일 (주)을의 의결권 있는 보통주식 60%를 취득하여 지배력을 획득하였으며, 지배력 획득 시점에서 (주)을의 모든 자산과 부채의 공정가치는 장부금액과 일치하였다. (주)을은 20×1년에 ₩50,000의 당기순이익을 보고하였으며, 비지배지분은 종속기업의 식별가능한 순자산공정가치에 비례하여 결정한다. 20×1년말 (주)갑과 (주)을 사이에 발생한 거래는 다음과 같다. 각 상황은 독립적이다.

상황(1): 20×1년말 (주)갑은 장부금액 ₩10,000(취득원가 ₩30,000, 감가상각누계액 ₩20,000, 잔존내용연수 5년, 잔존가치 ₩0, 정액법 상각)인 기계를 (주)을에 ₩13,000에 판매하였다. (주)을은 이 기계를 20×2년에 외부로 판매하였다.

상황(2): 20×1년말 (주)을은 장부금액 ₩10,000(취득원가 ₩30,000, 감가상각누계액 ₩20,000, 잔존내용연수 5년, 잔존가치 ₩0, 정액법 상각)인 기계를 (주)갑에 ₩13,000에 판매하였다. (주)갑은 이 기계를 20×2년에 외부로 판매하였다.

(주)갑은 (주)을의 주식을 원가법으로 회계처리하고 있으며, 법인세효과는 고려하지 않는다. 각 상황에서 20×1년 비지배주주 귀속 순이익은 얼마인가? (2015. CPA)

1. 상황 (1)：비지배지분순이익：₩50,000×40%=₩20,000
2. 상황 (2)：비지배지분순이익：(₩50,000−₩3,000)×40%=₩18,800

12 A회사는 20×1년초에 종속기업인 B회사로부터 장부금액 ₩300,000(취득원가 ₩500,000)의 기계장치를 ₩250,000에 취득하였는데, A회사는 이 기계장치를 20×2년 7월 1일에 제3자에게 ₩100,000에 매각하였다. 20×1년초 현재 기계장치의 잔존내용연수 5년, 잔존가치는 없으며 정액법으로 감가상각한다. B회사는 20×1년과 20×2년에 각각 ₩200,000과 ₩300,000의 당

기순이익을 보고하였으며, 기타의 내부거래는 없었다. A회사의 B회사에 대한 지배기업지분율이 60%일 경우 20×1년과 20×2년 연결재무제표에 표시될 비지배지분순이익은 각각 얼마인가?

1. 20×1년 비지배지분순이익

B회사 당기순이익(장부금액)		₩200,000
기계장치 { 미실현손실:₩300,000−₩250,000=		50,000
실현손실:₩50,000÷5년=		(10,000)
B회사 독립영업이익(공정가치)		₩240,000
비지배지분율		×40%
비지배지분순이익		₩96,000

2. 20×2년 비지배지분순이익

B회사 당기순이익(장부금액)		₩300,000
기계장치 { 실현손실(감가상각비):₩50,000÷5년×6/12=		(5,000)
실현손실(처분):₩50,000×3.5년/5년=		(35,000)
B회사 독립영업이익(공정가치)		₩260,000
비지배지분율		×40%
비지배지분순이익		₩104,000

13 20×1년초에 P사는 S사의 주식 60%를 취득하여 지배력을 획득하였다. 20×1년초 현재 S사의 자산·부채의 장부금액과 공정가치는 일치하였다. 관련자료는 다음과 같다.

(1) 20×1년초에 P사는 S사에게 원가 ₩100,000의 상품을 ₩120,000에 판매하였다. 동 상품은 전액 20×1년말 현재 S사의 기말재고자산으로 남아 있다. 기말에 S사는 저가법에 따라 동 상품을 순실현가능가치인 ₩90,000으로 평가하고 재고자산평가손실 ₩30,000을 인식하였다. S사는 20×2년에 동 상품을 외부에 ₩130,000에 판매하였다.

(2) 20×1년초에 S사는 P사에게 장부금액이 ₩50,000(취득원가 ₩80,000, 감가상각누계액 ₩30,000)인 기계장치를 ₩60,000에 매각하였다. 이 기계장치의 잔여내용연수는 5년이고, 추정잔존가치는 없으며, P사와 S사 모두 기계장치를 정액법으로 상각한다. 20×2년말 P사는 이 기계장치를 ₩35,000에 외부로 매각하였다.

P사와 S사의 20×1년 당기순이익이 각각 ₩200,000과 ₩100,000인 경우 20×1년 연결당기순이익과 비지배지분순이익은 각각 얼마인가? 단, 20×1년말까지 영업권은 손상되지 않았다고

가정하며, 비지배지분에 대한 영업권은 인식하지 않는다.

	P사	S사	합계
당기순이익(장부금액)	₩200,000	₩100,000	₩300,000
내부거래제거			
기계장치 { 미실현이익		(10,000)	(10,000)
실현이익		2,000	2,000
독립영업이익(공정가치)	₩200,000	₩92,000	₩292,000

*재고자산의 미실현이익 ₩20,000이었으나 S사가 평가손실을 ₩30,000만큼 인식함에 따라 미실현이익이 전액 제거되었으므로 연결재무제표작성시 제거할 미실현이익은 없다.

∴ 연결당기순이익: ₩200,000+₩92,000=₩292,000
　비지배지분순이익: ₩92,000×40%=₩36,800

필수예제 내부거래제거(사채)

20×1년초에 (주)갑은 (주)을의 발행주식 60%를 취득하여 지배력을 획득하였다. 지배력획득일 현재 (주)을의 순자산장부금액은 ₩400,000이었으며 자산과 부채의 장부금액과 공정가치는 일치하였다. 관련자료는 다음과 같다.

(1) (주)갑과 (주)을은 20×1년에 각각 ₩80,000과 ₩50,000의 당기순이익을 보고하였으며, 20×1년 중에 결의되거나 지급된 배당금은 없었으며, (주)을의 순자산가액은 당기순이익으로만 변동되었다.

(2) 20×1년 1월 1일에 (주)갑은 유통시장에서 (주)을의 발행사채(액면가액 ₩100,000) 중 50%를 계약상 현금흐름 수취목적으로 ₩47,000에 취득하였다. 취득 당시 (주)을에 계상된 사채의 장부금액은 ₩90,000이며, 이자는 연 10%의 이자율로 매년말 지급되고, 만기일은 20×2년 12월 31일이다.

20×1년도 연결재무제표에 표시될 연결당기순이익과 비지배지분을 산출하시오. 단, (주)갑과 (주)을은 사채발행차금을 정액법으로 상각하며, 비지배지분에 대한 영업권은 인식하지 않는다.

1. 연결당기순이익

	(주)갑	(주)을	합계
당기순이익(장부금액)	₩80,000	₩50,000	₩130,000

내부거래제거

			(2,000)	(2,000)
사　채	상환손실 부분적인식		1,000	1,000
독립영업이익(공정가치)		₩80,000	₩49,000	₩129,000

∴ 연결당기순이익: ₩80,000+₩49,000=₩129,000

2. 비지배지분

20×1년말 (주)을의 순자산장부금액	₩450,000
내부거래미실현손익 잔액(사채): ₩(2,000)+₩1,000=	(1,000)
20×1년말 (주)을의 순자산공정가치	₩449,000
비지배지분율	×40%
계	₩179,600

※해설※ 연결조정분개

(차)	사　채	45,000	(대)	상각원가금융자산	47,000
	사채상환손실	2,000			
(차)	이자수익	6,500	(대)	이자비용	7,500
	사　채	2,500		상각원가금융자산	1,500

---

14 20×1년초에 P사는 S사주식 60%를 취득하여 지배력을 획득하였다. 20×1년초에 S사는 액면금액 ₩100,000(이자율 10%, 3년 만기)인 사채를 ₩95,200에 발행하였다. 이자는 매 연도말에 지급되며 사채발행시점의 시장이자율은 12%이다. 20×2년말에 P사는 유통시장에서 S사가 발행한 사채(액면금액 ₩100,000)를 ₩97,345에 취득하여 계약상 현금흐름 수취목적으로 보유할 예정이다. P사와 S사는 유효이자율법에 의해 이자수익과 이자비용을 인식한다. 20×2년의 연결재무제표에 표시될 사채추정상환손익은 얼마인가?

사채의 장부금액	₩98,219*
사채의 취득가액	(97,345)
추정사채상환이익	₩874

*(₩95,200×1.12−₩10,000)×1.12−₩10,000=₩98,219

15. A회사는 20×1년초에 B회사 보통주의 80%를 취득하여 지배력을 획득하였다. 한편, 20×2년 1월 1일에 종속기업인 B회사는 지배기업인 A회사가 20×1년 1월 1일에 발행한 사채(액면금액 ₩100,000, 액면이자율 10%, 발행금액 ₩90,000, 5년 만기) 중 50%를 ₩42,500에 계약상 현금흐름 수취목적으로 취득하였다. 20×2년에 B회사가 보고한 당기순이익이 ₩30,000일 경우 20×2년의 연결포괄손익계산서에 계상될 사채의 이자비용과 비지배지분순이익은 각각 얼마인가? 단, 기타 내부거래는 없으며, 사채관련차금은 정액법으로 상각한다.

1. 연결회계상 사채이자비용: (₩100,000×10%+₩10,000÷5년)×50%=₩6,000
2. 비지배지분순이익: ₩30,000×20%=₩6,000

　　*지배기업이 발행한 사채를 종속기업이 취득하였으므로 이는 하향거래에 해당하여 사채관련 내부거래 손익을 전액 지배기업에 부담시킨다.

※해설※ 연결조정분개

(차)	사　　채	50,000	(대)	사채할인발행차금	4,000
				상각원가금융자산	42,500
				사채상환이익	3,500
(차)	이자수익	6,875*²	(대)	이자비용	6,000*¹
	사채할인발행차금	1,000		상각원가금융자산	1,875

　*1. A사 이자비용 ₩12,000 − 연결회계 이자비용 ₩12,000×50%=₩6,000
　 2. B사 이자수익 (₩50,000×10%+₩7,500÷4년)−연결회계 이자수익 ₩0=₩6,875

05 연결당기순이익과 연결자본계정의 검증

지금까지 연결실체 간의 내부거래제거와 그에 따른 연결조정에 대해서 살펴보았는데, 본 절에서는 다음의 예를 토대로 연결당기순이익과 연결자본계정을 검증하는 방법에 대해서 살펴보기로 한다.

예 다음은 A회사와 그 종속기업인 B회사의 20×2년 12월 31일 현재 재무상태표와 20×2년의 포괄손익계산서이다.

재무상태표
20×2년 12월 31일

자산	A회사	B회사	부채 및 자본	A회사	B회사
현금및현금성자산	1,400,000	600,000	매입채무	1,000,000	400,000
매출채권	1,600,000	700,000	차 입 금	4,000,000	1,700,000
재고자산	1,500,000	800,000	자 본 금	3,000,000	1,500,000
B회사투자주식	2,500,000		자본잉여금	1,500,000	500,000
토 지	4,000,000	2,000,000	자본조정	1,500,000	300,000
건 물(순액)	4,000,000	1,800,000	이익잉여금	2,000,000	700,000
			기타포괄손익누계액	2,000,000	800,000
	15,000,000	5,900,000		15,000,000	5,900,000

포괄손익계산서
20×2년 1월 1일부터 20×2년 12월 31일까지

	A회사	B회사
매 출 액	25,000,000	10,000,000
매출원가	(20,000,000)	(8,000,000)
매출총이익	5,000,000	2,000,000
배당금수익	90,000	
기타수익	1,110,000	500,000
기타비용	(5,200,000)	(2,300,000)
당기순이익	1,000,000	200,000

[추가자료]

(1) A회사는 20×1년 1월 1일 B회사의 보통주 60%를 취득하고 그 대가로 ₩2,500,000을 지급하였으며 동일 A회사와 B회사의 주주지분은 다음과 같다.

	A회사	B회사
자 본 금	₩3,000,000	₩1,500,000
자본잉여금	1,000,000	300,000
자본조정	1,000,000	200,000
이익잉여금	800,000	200,000
기타포괄손익누계액	2,000,000	600,000
계	₩7,800,000	₩2,800,000

(2) 주식취득일 현재 B회사의 장부금액과 공정가치가 다른 자산은 다음과 같다.

	장부금액	공정가치
재고자산	₩600,000	₩700,000
토 지	2,000,000	2,500,000
건 물(순액)	3,000,000	3,500,000

재고자산은 20×1년 중 전액 매출되었으며, 건물은 20×1년 1월 1일부터 5년의 내용연수를 가지며 잔존가치는 없고 정액법으로 감가상각한다.

(3) 20×1년과 20×2년의 내부거래(재고자산)는 다음과 같다. 단, A회사와 B회사의 매출총이익률은 모두 20%이다.

판매회사	내부거래		매입회사 기말재고에 남아 있는 상품	
	20×1년	20×2년	20×1년	20×2년
A회사	₩3,000,000	₩4,000,000	₩50,000	₩40,000
B회사	2,000,000	1,500,000	70,000	30,000

(4) A회사는 20×1년에 ₩500,000의 당기순이익을 보고하였으며, 20×2년에 ₩300,000의 현금배당을 실시하였다. 그리고 B회사는 20×1년에 ₩450,000의 당기순이익을 보고하였으며, 20×2년에 ₩150,000의 현금배당을 실시하였다.

(5) 20×2년에 ₩60,000의 영업권이 손상되었다.

1. 영업권의 측정

B회사투자주식의 취득원가		₩2,500,000
B회사 순자산장부금액	₩2,800,000	
재고자산 과소평가	100,000	
토　지 과소평가	500,000	
건　물 과소평가	500,000	
B회사 순자산공정가치	₩3,900,000	
지배기업지분율	×60%	(2,340,000)
영　업　권		₩160,000

2. 연결조정분개

　(1) 투자계정과 자본계정의 상계제거

　　① (차) 배당금수익　　90,000　　(대) 이익잉여금(A)　　90,000

　　　*지배기업이 종속기업으로부터 수취한 배당금수익은 종속기업이 당기 이전에 벌어들인 이익을 분배한 것이므로 연결재무제표상 이를 이익잉여금으로 대체시켜야 함.

　　② (차) 자　본　금(B)　　1,500,000　　(대) B회사투자주식　　2,500,000
　　　　　 자본잉여금(B)　　500,000　　　　　 비지배지분　　1,800,000[*3]
　　　　　 자본조정(B)　　300,000　　　　　 자본잉여금(A)　　120,000[*4]
　　　　　 이익잉여금(B)　　500,000[*1]　　　 자본조정(A)　　60,000[*4]
　　　　　 기타포괄손익누계액(B)　　800,000　　 이익잉여금(A)　　60,000[*5]
　　　　　 토　　지　　500,000[*2]　　　　　 기타포괄손익누계액(A)　　120,000[*4]
　　　　　 건　　물　　400,000[*2]
　　　　　 영　업　권　　160,000

　　*1. 이익잉여금(B) : 20×2년의 당기순이익을 제외한 금액임.
　　 2. 20×2년초 투자제거차액임.
　　　　① 재고자산 : 20×1년에 전액 판매되었으므로 20×2년초 현재 차액은 없음.
　　　　② 토　　지 : 20×2년초까지 그대로 보유하고 있으므로 20×2년초 현재 차액은 ₩500,000임.
　　　　③ 건　　물 : ₩500,000 − ₩100,000(20×1년 상각분) = ₩400,000
　　 3. 비지배지분 : (₩1,500,000 + ₩500,000 + ₩300,000 + ₩500,000 + ₩800,000 + ₩500,000
　　　　　　　　　　+ ₩400,000)×40% = ₩1,800,000
　　 4. 자본잉여금(A) : (₩500,000 − ₩300,000)×60% = ₩120,000
　　　　 자본조정(A) : (₩300,000 − ₩200,000)×60% = ₩60,000
　　　　 기타포괄손익누계액(A) : (₩800,000 − ₩600,000)×60% = ₩120,000

5. 이익잉여금(A)

종속기업 이익잉여금(장부금액) 변동분 : ₩500,000 − ₩200,000 = ₩300,000
투자제거차액의 상각(20×1년)

재고자산	(100,000)
건 물	(100,000)
종속기업 이익잉여금(공정가치) 변동분	₩100,000
지배기업지분율	×60%
이익잉여금(A)	₩60,000

③ (차) 기타비용(감가상각비)　100,000　　(대) 건 물　100,000

*₩500,000÷5년 = ₩100,000. 과소평가된 건물의 당기 감가상각비

④ (차) 영업권손상차손　60,000　　(대) 영 업 권　60,000

*20×2년의 영업권손상

(2) 내부거래제거

⑤ (차) 이익잉여금(A)　10,000　　(대) 매출원가　10,000

*₩50,000×20% = ₩10,000(하향거래). 내부거래제거시 전기 이전에 발생한 하향거래로 인한 미실현손익은 이익잉여금(지배기업)에서 가감해야 함.

⑥ (차) 이익잉여금(A)　8,400　　(대) 매출원가　14,000*
　　　　비지배지분　5,600

*₩70,000×20% = ₩14,000(상향거래). 전기 이전에 발생한 상향거래로 인한 미실현손익은 이익잉여금(지배기업)과 비지배지분에 배분해야 함.

⑦ (차) 매 출　5,500,000　　(대) 매출원가　5,500,000

*₩4,000,000 + ₩1,500,000 = ₩5,500,000

⑧ (차) 매출원가　8,000　　(대) 재고자산　8,000

*₩40,000×20% = ₩8,000(하향거래)

⑨ (차) 매출원가　6,000　　(대) 재고자산　6,000

*₩30,000×20% = ₩6,000(상향거래)

(3) 비지배지분순이익 계상

⑩ (차) 이익잉여금(비지배지분순이익)　43,200　　(대) 비지배지분　43,200

*B회사 당기순이익(장부금액)	₩200,000
감가상각비	(100,000)
재고자산 실현이익	14,000
재고자산 미실현이익	(6,000)

B회사 독립영업이익(공정가치)	₩108,000
비지배지분율	×40%
비지배지분순이익	₩43,200

3. 연결재무상태표와 연결포괄손익계산서

연결재무상태표

A회사 및 종속기업　　　20×2년 12월 31일

현금및현금성자산	2,000,000	매입채무	1,400,000
매출채권	2,300,000	차 입 금	5,700,000
재고자산	2,286,000	자　　본	
토　　지	6,500,000	지배기업소유주지분	
건　물(순액)	6,100,000	자 본 금	3,000,000
영 업 권	100,000	자본잉여금	1,620,000
		자본조정	1,560,000
		이익잉여금	2,048,400
		기타포괄손익누계액	2,120,000
		비지배지분	1,837,600
	19,286,000		19,286,000

연결포괄손익계산서

A회사 및 종속기업　　20×2년 1월 1일부터 20×2년 12월 31일까지

매 출 액	29,500,000
매출원가	(22,490,000)
매출총이익	7,010,000
기타수익	1,610,000
기타비용	(7,600,000)
영업권손상차손	(60,000)
당기순이익	960,000
당기순이익의 귀속	
지배기업소유주	916,800
비지배지분	43,200

1 연결당기순이익의 검증

연결재무제표상 연결당기순이익은 지배기업과 종속기업의 공정가치기준 독립영업이익(투자제거차액의 상각 및 내부거래로 인한 미실현·실현손익을 가감한 금액)의 합계액이다. 그리고 연결당기순이익 중 비지배지분 귀속분(비지배지분순이익)은 종속기업의 독립영업이익(공정가치)에 비지배지분율을 곱한 금액이며, 연결당기순이익 중 지배기업소유주 귀속분은 연결당기순이익에서 비지배지분순이익을 차감한 금액이다. 상기 예의 경우 이를 검증하면 다음과 같다.

연결당기순이익 = 지배기업 독립영업이익(공정가치) + 종속기업 독립영업이익(공정가치)

지배기업소유주 귀속분 = 지배기업 독립영업이익(공정가치) + 종속기업 독립영업이익(공정가치)
     ×지배기업지분율
   또는 연결당기순이익 − 비지배지분순이익

비지배지분 귀속분 = 종속기업 독립영업이익(공정가치)×비지배주주지분율
(비지배지분순이익)

[연결당기순이익]

1. 20×1년 연결당기순이익

	A회사	B회사	합계
당기순이익(장부금액)	₩500,000	₩450,000	₩950,000
투자제거차액의 상각			
재고자산		(100,000)	(100,000)
건물		(100,000)	(100,000)
내부거래제거			
재고자산 미실현이익	(10,000)	(14,000)	(24,000)
독립영업이익(공정가치)	₩490,000	₩236,000	₩726,000
∴ 연결당기순이익	₩490,000 +	₩236,000 =	₩726,000
지배기업소유주 귀속분:	₩490,000 +	₩236,000×60% =	₩631,600
비지배지분 귀속분:		₩236,000×40% =	94,400

2. 20×2년 연결당기순이익

	A회사	B회사	합계
당기순이익(장부금액)	₩1,000,000	₩200,000	₩1,200,000
투자제거차액의 상각			
건물		(100,000)	(100,000)

영 업 권		(60,000)		(60,000)
내부거래제거				
배당금수익		(90,000)		(90,000)
재고자산 ┌ 실현이익		10,000	14,000	24,000
└ 미실현이익		(8,000)	(6,000)	(14,000)
독립영업이익(공정가치)		₩852,000	₩108,000	₩960,000
∴ 연결당기순이익		₩852,000 +	₩108,000 =	₩960,000
┌ 지배기업소유주 귀속분 :	₩852,000 +	₩108,000×60% =	₩916,800
└ 비지배지분 귀속분 :		₩108,000×40% =	43,200

2 연결자본계정의 검증

 연결재무제표상 자본계정은 지배기업소유주지분(지배기업의 자본계정)에 비지배지분을 합한 금액이다. 이때 유의할 점은 지배기업소유주지분은 개별회계상 지배기업의 자본계정을 다음과 같이 수정한 금액이라는 것이다. 그리고 비지배지분은 종속기업의 순자산공정가치(투자제거차액 및 내부거래로 인한 미실현손익을 가감한 금액)에 비지배지분율을 곱한 금액이다. 상기 예의 경우 20×2년말 연결자본계정을 검증하면 다음과 같다.

연결자본

지배기업소유주지분

　자 본 금 : 지배기업 자본금

　자본잉여금 : 지배기업 자본잉여금 + 지배력획득일 이후 종속기업 자본잉여금 변동분×지배기업지분율

　자 본 조 정 : 지배기업 자본조정 + 지배력획득일 이후 종속기업 자본조정 변동분×지배기업지분율

　이익잉여금 : 지배기업의 개별회계상 당기순이익을 연결당기순이익 중 지배기업소유주 귀속분으로
　　　　　　　대체한 금액(지배기업의 지배력획득시 이익잉여금 + 연결당기순이익 중 지배기업소유
　　　　　　　주 귀속분 − 지배기업 배당금)

　기타포괄손익누계액 : 지배기업 기타포괄손익누계액 + 지배력획득일 이후 종속기업 기타포괄손익
　　　　　　　　　　　누계액 변동분×지배기업지분율

비지배지분 : 종속기업 순자산공정가치×비지배지분율

[연결자본]

지배기업소유주지분

    자 본 금 : 지배기업 자본금   ₩3,000,000

    자본잉여금 : 지배기업 자본잉여금 ₩1,500,000 + 지배력획득일 이후
            종속기업 자본잉여금 변동분 ₩200,000×지배기업 지분율(60%) =   1,620,000

    자 본 조 정 : 지배기업 자본조정 ₩1,500,000 + 지배력획득일 이후
            종속기업 자본조정 변동분 ₩100,000×지배기업지분율(60%) =   1,560,000

    이익잉여금 : 지배력획득시 지배기업 이익잉여금   ₩800,000
           20×1년 연결당기순이익 중 지배기업소유주 귀속분   631,600
           20×2년 지배기업 배당금   (300,000)
           20×2년 연결당기순이익 중 지배기업소유주 귀속분   916,800   2,048,400

    기타포괄손익누계액 : 지배기업 기타포괄손익누계액 ₩2,000,000 + 지배력획득일 이후 종속
            기업 기타포괄손익누계액 변동분 ₩200,000×지배기업지분율(60%) =   2,120,000

비지배지분 : 종속기업 순자산공정가치×비지배지분율

    (1) 20×2년말 B회사 순자산장부금액   ₩3,800,000
        20×2년말 투자제거차액
            토   지   500,000
            건   물 : ₩500,000×3년/5년 =   300,000
        20×2년말 B회사 내부거래제거
            재고자산   (6,000)
    (2) 20×2년말 B회사 순자산공정가치   ₩4,594,000
    (3) 비지배지분율   ×40%   1,837,600

연결자본총계   ₩12,186,000

▶ 연결조정분개

1. 투자계정과 자본계정의 상계제거

(1) 배당금수익 취소	(차)	배당금수익	×××	(대)	이익잉여금(지배기업)	×××
(2) 투자계정과 자본계정의 상계제거	(차)	자 본 금(종속기업) 자본잉여금(종속기업) 자본조정(종속기업) 이익잉여금(종속기업) 기타포괄손익누계액(종속기업) 재고자산 토 지 건 물 영 업 권	××× ××× ××× ××× ××× ×××[*1] ×××[*1] ×××[*1] ×××	(대)	종속기업투자주식 비지배지분 자본잉여금(지배기업) 자본조정(지배기업) 이익잉여금(지배기업) 기타포괄손익누계액(지배기업)	××× ×××[*2] ×××[*3] ×××[*3] ×××[*4] ×××[*3]

*1. 투자제거차액 : 지배력획득시점의 금액에서 전기 이전에 비용화된 부분을 차감한 금액임.
 2. 비지배지분 : 종속기업 순자산공정가치×비지배지분율
 3. ① 자본잉여금(지배기업) : 지배력획득일 이후 종속기업 자본잉여금 증가분×지배기업지분율
    ② 자본조정(지배기업) : 지배력획득일 이후 종속기업 자본조정 증가분×지배기업지분율
    ③ 기타포괄손익누계액(지배기업) : 지배력획득일 이후 종속기업 기타포괄손익누계액 증가분×지배기업지분율
 4. 이익잉여금(지배기업) : 지배력획득일 이후 종속기업 이익잉여금(공정가치) 증가분×지배기업지분율

(3) 투자제거차액의 상각	(차)	기타비용	×××	(대)	건 물	×××

*투자제거차액의 당기에 비용화된 부분

2. 내부거래 및 채권·채무 상계제거(재고자산거래를 가정함.)

(1) 채권·채무 상계제거	(차)	차 입 금 미지급이자 이자수익	××× ××× ×××	(대)	대 여 금 미수이자 이자비용	××× ××× ×××
	(차)	매입채무	×××	(대)	매출채권 차 입 금*	××× ×××

*연결실체가 발행한 어음을 다른 연결실체가 할인받은 경우(제거조건 충족)

(2) 전기미실현이익의 실현	(차)	이익잉여금(지배기업) *하향거래	×××	(대)	매출원가	×××
	(차)	이익잉여금(지배기업) 비지배지분 *상향거래	××× ×××	(대)	매출원가	×××
(3) 수익·비용 상계 제거	(차)	매 출	×××	(대)	매출원가	×××
(4) 당기미실현이익의 제거	(차)	매출원가 *하향거래	×××	(대)	재고자산	×××
	(차)	매출원가 *상향거래	×××	(대)	재고자산	×××

3. 비지배지분순이익의 계상

	(차)	이익잉여금(비지배지분순이익)	×××	(대)	비지배지분	×××

*(종속기업 당기순이익 − 투자제거차액상각액 ± 실현·미실현손익)
　　　　　　　　　　　상기 회계처리에서 음영처리한 부분
× 비지배지분율

종합예제 | 연결회계 – 내부거래제거

다음은 A회사와 그 종속기업인 B회사의 20×2년12월31일 현재 재무상태표와 20×2년의 포괄손익계산서이다.

재무상태표
20×2년 12월 31일

자산	A회사	B회사	부채 및 자본	A회사	B회사
현금및현금성자산	550,800	600,000	매입채무	660,000	350,000
매출채권	680,000	700,000	차입금	800,000	303,000
재고자산	330,000	800,000	사채	289,000	94,000
B회사투자주식	1,200,000		자본금	1,500,000	500,000
상각후원가측정금융자산	38,200		자본잉여금	500,000	200,000
토지	1,200,000	700,000	자본조정	450,000	300,000
기계장치	200,000	900,000	이익잉여금	500,000	300,000
감가상각누계액	(700,000)	(300,000)	기타포괄손익누계액	600,000	250,000
	15,000,000	5,900,000		5,299,000	2,297,000

포괄손익계산서
20×2년 1월 1일부터 20×2년 12월 31일까지

	A회사	B회사
매출액	2,000,000	1,000,000
매출원가	(1,700,000)	(800,000)
매출총이익	300,000	200,000
이자수익	4,600	
배당금수익	30,000	
기타수익	50,000	40,000
이자비용	(75,000)	(20,000)
감가상각비	(109,600)	(120,000)
당기순이익	200,000	100,000

[추가자료]

1. A회사는 20×1년1월1일 B회사의 보통주60%를 취득하고 그 대가로 ₩1,100,000을 지급하였으며, A회사는 B회사투자주식을 기타포괄손익 – 공정가치측정금융자산으로 분류하여 공정가치법(이연

법)으로 평가한다. A회사가 B회사주식 취득당시 A회사와 B회사의 자본현황은 다음과 같다.

	A회사	B회사
자 본 금	₩1,500,000	₩500,000
자본잉여금	300,000	250,000
자본조정	200,000	250,000
이익잉여금	200,000	100,000
기타포괄손익누계액	300,000	200,000
계	₩2,500,000	₩1,300,000

주식취득일 현재 B회사의 재고자산과 토지는 각각 ₩50,000과 ₩200,000이 과소평가되었으며, 차입금은 ₩100,000이 과대평가되었다. 재고자산은 20×1년에 전부 판매되었고, 차입금의 만기는 20×4년 12월 31일이며, 현재가치할인차금은 정액법으로 상각한다.

2. 20×1년과 20×2년 재고자산의 내부거래내역은 다음과 같다. 양회사의 매출총이익률은 20%이다.

판매회사	내부거래		매입회사 기말재고에 남아 있는 상품	
	20×1년	20×2년	20×1년	20×2년
A회사	₩400,000	₩350,000	₩30,000	₩20,000
B회사	200,000	150,000	15,000	20,000

3. A회사의 받을어음 중 ₩100,000은 B회사에 대한 것이며 B회사의 지급어음 중 ₩140,000은 A회사에 대한 것이다. A회사는 당기중에 B회사가 발행한 어음중 ₩40,000을 은행에서 할인받았다.

4. 20×1년초에 B회사는 A회사에 취득원가 ₩300,000, 감가상각누계액 ₩100,000인 기계를 ₩240,000에 처분하였다. 20×1년초 현재 기계의 추정내용연수는 4년이며 잔존가치는 없고 정액법으로 감가상각하고 있다.

5. 20×1년 1월 3일에 A회사는 B회사가 발행한 사채 ₩100,000 중 40%를 ₩37,000에 만기보유목적으로 구입하였다. B회사의 사채는 20×1년 1월 1일 현재 장부금액 ₩90,000이며, 연이자율은 10%이고, 만기는 20×5년 12월 31일이다.

6. A회사는 20×1년에 ₩300,000의 당기순이익을 보고하였으며 20×2년에 ₩200,000의 현금배당을 실시하였다. B회사는 20×1년에 ₩150,000의 당기순이익을 보고하였으며, 20×2년에 ₩50,000의 현금배당을 실시하였다.

연결재무상태표와 연결포괄손익계산서를 작성하시오. 단, 20×2년말 영업권의 회수가능액은 ₩50,000으로 측정되었으며, 비지배지분에 대한 영업권은 인식하지 않는다.

1. 20×1년초 영업권의 측정

B회사투자주식의 취득원가		₩1,100,000
B회사 순자산장부금액	₩1,300,000	
재고자산 과소평가	50,000	
토 지 과소평가	200,000	
차 입 금 과소평가	100,000	
B회사 순자산공정가치	₩1,650,000	
투자지분율	×60%	(990,000)
영 업 권		₩110,000

2. 연결조정분개

   (1) 투자계정과 자본계정의 상계제거

   ① (차) 기타포괄손익누계액(A)   100,000   (대) B회사투자주식   100,000
           (기타공정금융자산평가이익)

   *B회사투자주식을 원가법으로 환원하는 분개임.

   ② (차) 배당금수익   30,000   (대) 이익잉여금(A)   30,000

   ③ (차) 자 본 금(B)   500,000   (대) B회사투자주식   1,100,000
           자본잉여금(B)   200,000   비지배지분   690,000^{*3}
           자본조정(B)   300,000   자본조정(A)   30,000^{*4}
           이익잉여금(B)   200,000^{*1} 이익잉여금(A)   15,000^{*5}
           기타포괄손익누계액(B) 250,000   기타포괄손익누계액(A) 30,000^{*4}
           토   지   200,000^{*2}
           차입금(현재가치할인차금) 75,000^{*2}
           자본잉여금(A)   30,000^{*4}
           영 업 권   110,000

   *1. 이익잉여금(B) : 20×2년의 당기순이익을 제외한 금액임.
    2. 20×2년초 투자제거차액임.
       ① 재고자산 : 20×1년에 전액 판매되었으므로 20×2년초 현재 차액은 없음.
       ② 토   지 : 20×2년초까지 그대로 보유하고 있으므로 20×2년초 현재 차액은 ₩200,000임.
       ③ 차 입 금 : (현재가치할인차금) : ₩100,000 − ₩100,000÷4년(20×1년상각분) = ₩75,000
    3. 비지배지분 : (₩500,000 + ₩200,000 + ₩300,000 + ₩200,000 + ₩250,000 + ₩200,000 + ₩75,000)×40% = ₩690,000

4. 자본잉여금(A) : (₩200,000 - ₩250,000)×60% = ₩(30,000)
   자본조정(A) : (₩300,000 - ₩250,000)×60% = ₩30,000
   기타포괄손익누계액(A) : (₩250,000 - ₩200,000)×60% = ₩30,000
5. 이익잉여금(A)
   종속기업 이익잉여금(장부금액) 변동분 : ₩200,000 - ₩100,000 = ₩100,000
   투자제거차액의 상각(20×1년)

재고자산	(50,000)
차 입 금	(25,000)
종속기업 이익잉여금(공정가치) 변동분	₩25,000
지배기업지분율	×60%
이익잉여금(A)	₩15,000

④ (차) 이자비용　　　　25,000　　(대) 차입금(현재가치할인차금)　25,000
　　*₩100,000÷4년 = ₩25,000

⑤ (차) 영업권손상차손　　60,000　　(대) 영 업 권　　　　60,000
　　*20×2년의 영업권손상

(2) 내부거래제거

⑥ (차) 이익잉여금(A)　　6,000　　(대) 매출원가　　　　6,000
　　*₩30,000×20% = ₩6,000(하향거래)

⑦ (차) ┌ 이익잉여금(A)　　1,800　　(대) 매출원가　　　　3,000
　　　　└ 비지배지분　　　1,200
　　*₩15,000×20% = ₩3,000(상향거래)

⑧ (차) 매　　출　　　500,000　　(대) 매출원가　　　500,000

⑨ (차) 매출원가　　　　4,000　　(대) 재고자산　　　　4,000
　　*₩20,000×20% = ₩4,000(하향거래)

⑩ (차) 매출원가　　　　4,000　　(대) 재고자산　　　　4,000
　　*₩20,000×20% = ₩4,000(상향거래)

(3) 채권·채무상계제거

⑪ (차) 매입채무　　　140,000　　(대) ┌ 매출채권　　　100,000
　　　　　　　　　　　　　　　　　　　　└ 차 입 금　　　 40,000

(4) 내부거래제거 – 유형자산

⑫ (차) 기계장치 60,000 (대) 감가상각누계액 90,000
　　　　이익잉여금(A) 18,000
　　　　비지배지분 12,000
　　　　*상향거래

⑬ (차) 감가상각누계액 10,000 (대) 감가상각비 10,000
　　　*₩40,000÷4년 = ₩10,000(상향거래)

(5) 내부거래제거 – 사채

⑭ (차) 사　채 36,800 (대) 상각원가금융자산 37,600
　　　　이익잉여금(A) 480
　　　　비지배지분 320
　　　*전기내부거래(사채) 상환손실의 조정(상향거래)

⑮ (차) 이자수익 4,600 (대) 이자비용 4,800
　　　　사　채 800 　　　상각원가금융자산 600
　　　*전기내부거래(사채)에 대한 부분적 인식(상향거래)

(6) 비지배지분순이익계상

⑯ (차) 이익잉여금 33,680 (대) 비지배지분 33,680
　　　　(비지배지분순이익)
　　　*4. 20×2년 연결당기순이익의 검증 참조

3. 연결재무상태표와 연결포괄손익계산서

<u>연결재무상태표</u>

A회사 및 종속기업　　　　　　20×2년 12월 31일

현금및현금성자산	850,800	매입채무	870,000
매출채권	1,077,000	차 입 금	1,093,000
재고자산	522,000	사　채	345,400
토　지	2,100,000	자　본	
기계장치	2,960,000	지배기업소유주지분	
감가상각누계액	(1,080,000)	자 본 금	1,500,000
영 업 권	50,000	자본잉여금	470,000
		자본조정	480,000
		이익잉여금	481,240

		기타포괄손익누계액	530,000
		비지배지분	710,160
	19,286,000		6,479,800

연결포괄손익계산서

A회사 및 종속기업 20×2년 1월 1일부터 20×2년 12월 31일까지

매 출 액	2,500,000
매출원가	(1,999,000)
매출총이익	501,000
기타수익	90,000
영업권손상차손	(60,000)
감가상각비	(219,600)
이자비용	(115,200)
당기순이익	196,200
당기순이익의 귀속	
지배기업소유주	162,520
비지배지분	33,680

4. 연결당기순이익의 검증

  (1) 20×1년

	A회사	B회사	합 계
당기순이익(장부금액)	₩300,000	₩150,000	₩450,000
투자제거차액의 상각			
재고자산		(50,000)	(50,000)
차 입 금		(25,000)	(25,000)
내부거래제거			
재고자산 미실현이익	(6,000)	(3,000)	(9,000)
기계장치 미실현이익		(40,000)	(40,000)
실현이익		10,000	10,000
사 채 상환손실		(1,000)	(1,000)
부분적인식		200	200
독립영업이익(공정가치)	₩294,000	₩41,200	₩335,200
∴ 연결당기순이익	₩294,000 +	₩41,200 =	₩335,200

⎰ 지배기업소유주 귀속분:	₩294,000	+ ₩41,200×60% =	₩318,720
⎱ 비지배지분 귀속분:		₩41,200×40% =	16,480

(2) 20×2년

	A회사	B회사	합계
당기순이익(장부금액)	₩200,000	₩100,000	₩300,000
투자제거차액의 상각			
차입금		(25,000)	(25,000)
영업권손상	(60,000)		(60,000)
내부거래제거			
배당금수익	(30,000)		
재고자산 ⎰ 실현이익	6,000	3,000	9,000
⎱ 미실현이익	(4,000)	(4,000)	(8,000)
기계장치 실현이익		10,000	10,000
사채 부분적인식		200	200
독립영업이익(공정가치)	₩112,000	₩84,200	₩196,200
∴ 연결당기순이익	₩112,000	+ ₩84,200 =	₩196,200
⎰ 지배기업소유주 귀속분:	₩112,000	+ ₩84,200×60% =	₩162,520
⎱ 비지배지분 귀속분:		₩84,200×40% =	33,680

5. 이익잉여금

	A회사	연결재무제표
20×1년초 이익잉여금	₩200,000	₩200,000
20×1년말 당기순이익	300,000	318,720*
20×1년말 이익잉여금	₩500,000	₩518,720
20×2년말 배당금	(200,000)	(200,000)
20×2년말 당기순이익	200,000	162,520*
20×2년말 이익잉여금	₩500,000	₩481,240

* 연결당기순이익 중 지배기업소유주 귀속분임.

6. 20×2년말 비지배지분의 검증

(1) 20×2년말 B회사 순자산장부금액   ₩1,550,000

    20×2년말 투자제거차액반영(영업권은제외)

토　　지	200,000
차 입 금 : ₩100,000×2/4 =	50,000
20×2년말 B회사 내부거래제거	
재고자산	(4,000)
기계장치 : ₩40,000×2/4 =	(20,000)
사　　채 : ₩1,000×3/5 =	(600)
(2) 20×2년말 B회사 순자산공정가치	₩1,775,400
비지배지분율	×40%
(3) 20×2년말 비지배지분	₩710,160

연결당기순이익과 연결자본계정의 검증

이론문제(기출지문)

01 연결당기순이익은 지배기업의 내부거래를 제거한 당기순이익에 종속기업의 내부거래를 제거한 당기순이익 중 지배기업귀속분을 합한 금액이다. (×)

▶ 연결당기순이익은 지배기업의 내부거래를 제거한 당기순이익에 종속기업의 내부거래를 제거한 당기순이익을 합한 금액이다.

02 연결재무제표상 비지배지분순이익은 종속기업의 순자산장부금액을 기준으로 계상된 당기순이익을 기준으로 산정한다. (×)

▶ 연결재무제표상 비지배지분순이익은 종속기업의 순자산공정가치를 기준으로 계상된 독립영업이익을 기준으로 산정한다.

03 연결재무상태표상 자본계정은 지배기업소유주지분에 비지배지분을 합한 금액이다. (○)

필수예제 연결당기순이익과 연결자본계정의 검증

A회사는 20×1년 1월 1일에 B회사의 보통주 60%를 ₩1,200,000에 취득하여 지배력을 획득하였다. 20×1년 1월 1일 A회사와 B회사의 자본계정은 다음과 같다.

	A회사	B회사
납입자본	₩2,500,000	₩1,000,000
이익잉여금	200,000	100,000
기타포괄손익누계액	300,000	200,000
계	₩3,000,000	₩1,300,000

[추가자료]

(1) 20×1년 1월 1일 현재 B회사의 장부금액과 공정가치가 다른 자산은 다음과 같으며, 재고자산은 20×1년에 전액 판매되었다. 영업권은 20×2년말까지 손상되지 않았다.

	장부금액	공정가치
재고자산	₩300,000	₩400,000
토　지	1,000,000	1,500,000

(2) 20×1년과 20×2년의 내부거래(재고자산)는 다음과 같다. 단, 양 회사의 매출총이익률은 20%이다.

판매회사	내부거래		매입회사 기말재고에 남아 있는 부분	
	20×1년	20×2년	20×1년	20×2년
A회사	₩500,000	₩400,000	₩30,000	₩20,000
B회사	200,000	250,000	20,000	10,000

(3) 20×2년 1월 1일에 B회사는 A회사에 취득원가 ₩200,000, 감가상각누계액 ₩70,000인 설비를 ₩150,000에 판매하였다. 20×2년 1월 1일 현재의 설비의 추정내용연수는 5년이며 잔존가치는 없고 정액법으로 감가상각하고 있다.

(4) 20×1년 1월 1일에 A회사는 B회사발행사채의 50%를 ₩44,000에 구입하여 상각후원가측정금융자산으로 분류하였다. B회사사채는 20×1년 1월 1일 현재 장부금액 ₩95,000, 액면금액 ₩100,000, 액면이자율 연 10%이며 만기는 20×5년 12월 31일이다. 사채관련차금은 정액법으로 상각한다.

(5) 20×1년말과 20×2년말 A회사의 매출채권 중 B회사에 대한 것은 각각 ₩30,000과 ₩40,000이다.

(6) A회사는 20×1년과 20×2년에 각각 ₩200,000과 ₩100,000의 당기순이익을 보고하였으며, 이 기간 중 이익처분은 없었다. 그리고 B회사는 20×1년과 20×2년에 각각 ₩150,000과 ₩50,000의 당기순이익을 보고하였으며, 20×2년에 ₩20,000의 현금배당을 실시하였다.

(7) 20×2년말 A회사와 B회사의 부분재무제표는 다음과 같다.

	A회사	B회사
납입자본	₩2,500,000	₩1,000,000
이익잉여금	500,000	280,000
기타포괄손익누계액	500,000	300,000

20×1년과 20×2년의 연결당기순이익과 20×2년말 연결재무제표에 표시될 비지배지분을 구하시오. 단, 비지배지분은 종속기업의 순자산공정가치에 대한 비례적 지분으로 측정한다.

1. 연결당기순이익

　(1) 20×1년

	A회사	B회사	합　계
당기순이익(장부금액)	₩200,000	₩150,000	₩350,000

투자제거차액의 상각

		A회사	B회사	합 계
재고자산			(100,000)	(100,000)
내부거래제거				
재고자산	미실현이익	(6,000)	(4,000)	(10,000)
사 채	상환이익		3,500	3,500
	부분적 인식		(700)	(700)
독립영업이익(공정가치)		₩194,000	₩48,800	₩242,800

∴ 연결당기순이익 ₩194,000 + ₩48,800 = ₩242,800
  지배기업소유주 귀속분: ₩194,000 + ₩48,800×60% = ₩223,280
  비지배지분 귀속분: ₩48,800×40% = 19,520

(2) 20×2년

		A회사	B회사	합 계
당기순이익(장부금액)		₩100,000	₩50,000	₩150,000
내부거래제거				
배당금수익		(12,000)		(12,000)
재고자산	실현이익	6,000	4,000	10,000
	미실현이익	(4,000)	(2,000)	(6,000)
설비자산	미실현이익		(20,000)	(20,000)
	실현이익		4,000	4,000
사채 부분적 인식			(700)	(700)
독립영업이익(공정가치)		₩90,000	₩35,300	₩125,300

∴ 연결당기순이익 ₩90,000 + ₩35,300 = ₩125,300
  지배기업소유주 귀속분: ₩90,000 + ₩35,300×60% = ₩111,180
  비지배지분 귀속분: ₩35,300×40% = 14,120

2. 비지배지분

  (1) 20×2년말 B회사 순자산장부금액   ₩1,580,000
    20×2년말 투자제거차액
      토 지   500,000
    20×2년말 B회사 내부거래제거
      재고자산   (2,000)
      설비자산: ₩20,000×4/5 =   (16,000)

사　　채: ₩3,500×3/5=		2,100
(2) 20×2년말 B회사 순자산공정가치		₩2,064,100
(3) 비지배지분율		×40%
(4) 비지배지분		₩825,640

※해설※

지배기업소유주지분
　납입자본　　　　　　　　　　　　　　　　　　　　　₩2,500,000
　이익잉여금:₩200,000+₩223,280+₩111,180=　　　　 534,460
　기타포괄손익누계액:₩500,000+(₩300,000−₩200,000)×60%=　560,000
비지배지분　　　　　　　　　　　　　　　　　　　　　 825,640
　계　　　　　　　　　　　　　　　　　　　　　　　　₩4,420,280

※다음은 [문제 01]~[문제 02]에 대한 자료이다.

- 20×1년초에 (주)지배는 (주)종속의 의결권 있는 주식 80%를 ₩140,000에 취득하는 사업결합을 하였다.
- 취득일 현재 (주)종속의 순자산의 장부금액은 ₩120,000이고 공정가치는 ₩150,000이며, 양자의 차이는 토지의 공정가치가 장부금액을 ₩30,000 초과하는데 기인한다. (주)종속은 동 토지를 20×2년 중에 연결실체의 외부로 모두 매각하였으며, 이 때 ₩35,000의 처분이익이 발생하였다.
- 20×1년 중에 (주)종속은 (주)지배에게 상품을 판매하였는데, 20×1년말 현재 내부거래 미실현이익은 ₩24,000이며, 동 미실현이익은 20×2년 중에 모두 실현되었다.
- (주)지배의 20×1년과 20×2년의 당기순이익은 각각 ₩300,000과 ₩350,000이고, (주)종속의 20×1년과 20×2년의 당기순이익은 각각 ₩60,000과 ₩70,000이다.
- 비지배지분은 (주)종속의 순자산공정가치에 지분율을 적용한 금액으로 측정한다.
- 20×1년말과 20×2년말 현재 영업권의 회수가능액은 각각 ₩15,000과 ₩16,000이다.
- 법인세효과는 고려하지 않는다.

01 20×1년말 연결재무상태표에 표시될 비지배지분 금액은 얼마인가?　　　　(2013. CPA)

20×1년말 (주)종속 순자산장부금액: ₩120,000+₩60,000=	₩180,000
20×1년말 투자제거차액 미상각잔액	
토　　지	30,000
20×1년말 내부미실현손익잔액(상향거래)	
재고자산	(24,000)
20×1년말 (주)종속 순자산공정가치	₩186,000
비지배지분율	×20%
20×1년말 비지배지분	₩37,200

 20×1년과 20×2년도 연결손익계산서에 표시될 당기순이익은 얼마인가? (2013. CPA 수정)

1. 20×1년 연결당기순이익

	(주)지배	(주)종속	합　　계
당기순이익(장부금액)	₩300,000	₩60,000	₩360,000
내부미실현손익 제거(재고자산)		(24,000)	(24,000)
영업권손상차손	(5,000)*		(5,000)
독립영업이익(공정가치)	₩295,000	₩36,000	₩331,000

　*₩15,000−(₩140,000−₩150,000×80%)=₩(5,000)

∴ 연결당기순이익: ₩295,000+₩36,000=₩331,000

2. 20×2년 연결당기순이익

	(주)지배	(주)종속	합　　계
당기순이익(장부금액)	₩350,000	₩70,000	₩420,000
투자제거차액 상각(토지)		(30,000)	(30,000)
전기미실현손익 실현(재고자산)		24,000	24,000
독립영업이익(공정가치)	₩350,000	₩64,000	₩414,000

　*영업권의 손상차손환입은 인식하지 않는다.

∴ 연결당기순이익: ₩350,000+₩64,000=₩414,000

※다음은 [문제 03]~[문제 04]에 대한 자료이다.

제조업을 영위하는 (주)대한은 20×1년 1월 1일 (주)민국의 의결권 있는 보통주식 60%를 ₩120,000에 취득하여 지배력을 획득하였다. 취득일 현재 (주)민국의 요약재무상태표는 다음과 같다.

요약재무상태표

(주)민국   20×1. 1. 1 현재   (단위:원)

계정과목	장부금액	공정가치	계정과목	장부금액	공정가치
현　금	30,000	30,000	부　채	110,000	110,000
재고자산	40,000	50,000	자 본 금	100,000	-
유형자산	120,000	150,000	이익잉여금	40,000	-
기타자산	60,000	60,000			
	250,000			250,000	

[추가자료]
· (주)민국의 재고자산은 20×1년 중에 모두 외부판매되었다.
· (주)민국의 유형자산은 본사건물이며, 취득일 현재 잔존내용연수는 5년이고 잔존가치 없이 정액법으로 감가상각한다.
· 20×1년 중에 (주)대한은 토지(장부금액 ₩30,000)를 (주)민국에게 ₩25,000에 매각하였다. (주)민국은 해당 토지를 20×1년말 현재 보유하고 있다.
· (주)대한과 (주)민국의 20×1년 당기순이익은 각각 ₩50,000과 ₩30,000이다.
· (주)대한은 (주)민국의 주식을 원가법으로 회계처리하며, 연결재무제표 작성시 비지배분은 종속기업의 식별가능한 순자산공정가치에 비례하여 결정한다.
· 취득일 현재 (주)민국의 요약재무상태표에 표시된 자산과 부채 외에 추가적으로 식별가능한 자산과 부채는 없으며, 영업권 손상은 고려하지 않는다.

 (주)대한의 20×1년말 연결재무제표에 계상되는 영업권은?   (2017. CPA)

영 업 권
    투자주식의 취득원가   ₩120,000
    (주)민국의 순자산공정가치:(₩290,000-₩110,000)×60%=   108,000
    계   ₩12,000

04 (주)대한의 20×1년도 연결재무제표에 표시되는 지배기업소유주귀속당기순이익과 비지배지분귀속당기순이익은?

(2017. CPA)

	(주)대한	(주)민국	합계
당기순이익(장부금액)	₩50,000	₩30,000	₩80,000
투자제거차액상각			
재고자산		(10,000)	(10,000)
유형자산		(6,000)	(6,000)
내부거래제거			
토지 미실현손실	5,000		5,000
독립영업이익(공정가치)	₩55,000	₩14,000	₩69,000

∴ 지배기업소유주귀속: ₩55,000+₩14,000×60%=₩63,400

    비지배지분귀속: ₩14,000×40%=₩5,600

※ 다음 자료를 이용하여 [문제 05]~[문제 06]에 답하시오.

(주)대한은 20×1년초에 (주)민국의 보통주 80%를 ₩1,200,000에 취득하여 지배력을 획득하였다. 지배력 획득시점의 (주)민국의 순자산장부금액은 공정가치와 동일하다. 다음은 지배력 획득일 현재 (주)민국의 자본 내역이다.

(주)민국	20×1년 1월 1일
보통주자본금(주당 액면금액 ₩100)	₩500,000
자본잉여금	200,000
이익잉여금	800,000
계	₩1,500,000

<추가자료>

(1) 20×1년과 20×2년 (주)대한과 (주)민국 간의 재고자산 내부거래는 다음과 같다. 매입회사 장부상 남아 있는 각 연도말 재고자산은 다음 회계연도에 모두 외부에 판매되었다.

연도	판매회사 → 매입회사	판매회사 매출액	판매회사 매출원가	매입회사 장부상 기말재고
20×1	(주)대한 → (주)민국	₩80,000	₩64,000	₩40,000
20×1	(주)민국 → (주)대한	50,000	40,000	15,000
20×2	(주)대한 → (주)민국	100,000	70,000	40,000
20×2	(주)민국 → (주)대한	80,000	60,000	20,000

(2) (주)대한은 20×1년 4월 1일에 보유 토지 ₩90,000을 (주)민국에게 ₩110,000에 매각하였다. (주)대한과 (주)민국은 20×2년 12월말부터 보유 토지에 대해 재평가모형을 적용하기로 함에 따라 (주)민국은 (주)대한으로부터 매입한 토지를 ₩120,000으로 재평가하였다.

(3) (주)대한의 20×1년과 20×2년 당기순이익은 각각 ₩300,000과 ₩200,000이며, (주)민국의 20×1년과 20×2년 당기순이익은 각각 ₩80,000과 ₩100,000이다.

(4) (주)대한의 별도재무제표상 (주)민국의 주식은 원가법으로 표시되어 있다. 연결재무제표작성시 비지배지분은 종속기업의 식별가능한 순자산공정가치에 비례하여 결정한다.

05 20×1년말 (주)대한의 연결재무상태표에 표시되는 비지배지분은 얼마인가? (2019. CPA)

20×1년말 비지배지분
20×1년말 (주)민국의 순자산장부금액:₩1,500,000+₩80,000=	₩1,580,000
20×1년말 내부미실현손익(상향거래)	
₩15,000×20%=	(3,000)
20×1년말 (주)민국의 순자산공정가치	1,577,000
비지배지분율	×20%
20×1년말 비지배지분	₩315,400

06 (주)대한의 20×2년도 연결포괄손익계산서에 표시되는 지배기업소유주귀속당기순이익과 비지배지분귀속당기순이익은 각각 얼마인가? (2019. CPA)

	(주)대한	(주)민국	합 계
당기순이익(장부금액)	₩200,000	₩100,000	₩300,000

내부거래제거			
실현이익	8,000	3,000	11,000
미실현이익	(12,000)	(5,000)	(17,000)
독립영업이익(공정가치)	₩196,000	₩98,000	₩294,000

∴ 지배기업소유주귀속 당기순이익: ₩196,000+₩98,000×80%=₩274,400

비지배지분순이익: ₩98,000×20%=₩19,600

※해설※

20×1년 연결조정분개	(차)	토지처분이익	20,000	(대)	토 지	20,000
20×2년 연결조정분개	(차)	이익잉여금(대한) 토 지	20,000 20,000	(대)	토 지 재평가잉여금	20,000 20,000

※다음 자료를 이용하여 [문제 07]~[문제 08]에 답하시오.

제조업을 영위하는 (주)지배는 20×1년초 (주)종속의 의결권 있는 보통주 80%를 취득하여 지배력을 획득하였다. 관련자료는 다음과 같다.

(1) 지배력획득일 현재 (주)종속의 순자산의 장부금액은 ₩400,000이고, 공정가치는 ₩450,000이며, 장부금액과 공정가치가 다른 자산은 토지로 차이내역은 다음과 같다.

	장부금액	공정가치
토지	₩100,000	₩150,000

(주)종속은 위 토지 전부를 20×1년 중에 외부로 매각하고, ₩70,000의 처분이익을 인식하였다.

(2) 20×1년 중에 (주)지배는 (주)종속에게 원가 ₩60,000인 상품을 ₩72,000에 판매하였다. (주)종속은 (주)지배로부터 매입한 상품의 80%를 20×1년에, 20%를 20×2년에 외부로 판매하였다.

(3) (주)지배와 (주)종속이 별도(개별)재무제표에서 보고한 20×1년과 20×2년의 당기순이익은 다음과 같다.

구 분	20×1년	20×2년
(주)지배	₩300,000	₩400,000
(주)종속	80,000	100,000

(주)종속은 20×2년 3월에 ₩10,000의 현금배당을 결의하고 지급하였다.

(4) (주)종속은 20×2년 10월 1일에 장부금액 ₩20,000(취득원가 ₩50,000, 감가상각누계액 ₩30,000, 잔존내용연수 4년, 잔존가치 ₩0, 정액법 상각)인 기계를 (주)지배에 ₩40,000에 매각하였으며, 20×2년말 현재 해당 기계는 (주)지배가 보유하고 있다.

(5) (주)지배는 별도재무제표상 (주)종속주식을 원가법으로 회계처리하고 있다. (주)지배와 (주)종속은 유형자산에 대해 원가모형을 적용하고, 비지배지분은 종속기업의 식별가능한 순자산공정가치에 비례하여 결정한다.

07 (주)지배의 20×1년도 연결포괄손익계산서에 표시되는 지배기업소유주귀속당기순이익과 비지배지분귀속당기순이익은 각각 얼마인가? 단, 영업권손상은 고려하지 않는다. (2020. CPA)

	(주)지배	(주)종속	합계
당기순이익(장부금액)	₩300,000	₩80,000	₩380,000
투자제거차액상각(토지)		(50,000)	(50,000)
내부거래제거(재고자산)	(2,400)		(2,400)
독립영업이익(공정가치)	₩297,600	₩30,000	₩327,600

∴ 지배기업소유주귀속 당기순이익: ₩297,600+₩30,000×80%=₩321,600

비지배지분귀속 당기순이익: ₩30,000×20%=₩6,000

08 (주)지배의 20×2년도 연결포괄손익계산서에 표시되는 비지배지분귀속당기순이익은 얼마인가? (2020. CPA)

20×2년 (주)종속의 당기순이익(장부금액)	₩100,000
내부거래제거(기계)	
미실현이익: ₩40,000-₩20,000=	(20,000)
실현이익: ₩20,000÷4년×3/12=	1,250
20×2년 (주)종속의 독립영업이익(공정가치)	₩81,250

∴ 비지배지분귀속 당기순이익: ₩81,250×20%=₩16,250

※다음 자료를 이용하여 [문제 09]~[문제 10]에 답하시오.

제조업을 영위하는 (주)대한은 20×1년초에 (주)민국의 보통주 60%를 ₩140,000에 취득하여 지배력을 획득하였다. 취득일 현재 (주)민국의 순자산장부금액은 ₩150,000(자본금 ₩100,000, 이익잉여금 ₩50,000)이다.

〈추가자료〉

· 취득일 현재 (주)민국의 식별가능한 자산과 부채 중 장부금액과 공정가치가 다른 내역은 다음과 같다.

구분	장부금액	공정가치	추가정보
재고자산 (상 품)	₩50,000	₩60,000	20×1년 중에 모두 외부판매됨
기계장치	120,000	160,000	취득일 현재 잔존내용연수는 8년이고, 잔존가치 없이 정액법으로 상각함

· 20×1년 중에 (주)대한은 장부금액 ₩20,000의 재고자산(제품)을 (주)민국에게 ₩30,000에 판매하였다. (주)민국은 이 재고자산의 50%를 20×1년에, 나머지 50%를 20×2년에 외부로 판매하였다.
· 20×2년 1월 1일에 (주)민국은 (주)대한으로부터 ₩100,000을 차입하였다. 동 차입금의 만기는 20×2년 12월 31일이며, 이자율은 연 10%이다.
· (주)대한과 (주)민국이 별도(개별)재무제표에서 보고한 20×1년과 20×2년의 당기순이익은 다음과 같다.

구분	20×1년	20×2년
(주)대한	₩80,000	₩100,000
(주)민국	30,000	50,000

· (주)대한은 별도재무제표에서 (주)민국에 대한 투자주식을 원가법으로 회계처리한다. 연결재무제표 작성 시 유형자산에 대해서는 원가모형을 적용하고, 비지배지분은 종속기업의 식별가능한 순자산공정가치에 비례하여 결정한다.

 (주)대한의 20×1년말 연결재무상태표에 표시되는 비지배지분은 얼마인가? (2022. CPA)

20×1년말 비지배지분: (₩150,000+₩30,000+₩40,000×7/8)×40%=₩86,000

10 (주)대한의 20×2년도 연결포괄손익계산서에 표시되는 지배기업소유주귀속당기순이익은 얼마인가?

(2022. CPA)

	(주)대한	(주)민국	합 계
당기순이익(장부금액)	₩100,000	₩50,000	₩150,000
투자제거차액의 상각			
기계장치		(5,000)	(5,000)
내부거래제거			
재고자산	5,000		5,000
독립영업이익(공정가치)	₩105,000	₩45,000	₩150,000

∴ 지배기업소유주귀속당기순이익: ₩105,000+₩45,000×60%=₩132,000

※ 다음 자료를 이용하여 [문제 11]~[문제 12]에 답하시오.

· (주)대한은 20×1년 1월 1일에 (주)민국의 의결권 있는 주식 60%를 ₩300,000에 취득하여 지배력을 획득하였다. 지배력 획득시점의 (주)민국의 순자산장부금액은 공정가치와 동일하다.
· 다음은 20×1년부터 20×2년까지 (주)대한과 (주)민국의 요약재무정보이다.

요약포괄손익계산서

계정과목	20×1년		20×2년	
	(주)대한	(주)민국	(주)대한	(주)민국
매 출	₩850,000	₩500,000	₩800,000	₩550,000
(매출원가)	(700,000)	(380,000)	(670,000)	(420,000)
기타수익	210,000	170,000	190,000	150,000
(기타비용)	(270,000)	(230,000)	(200,000)	(210,000)
당기순이익	₩90,000	₩60,000	₩120,000	₩70,000

요약재무상태표

계정과목	20×1년		20×2년	
	(주)대한	(주)민국	(주)대한	(주)민국
현 금 등	₩450,000	₩270,000	₩620,000	₩300,000
재고자산	280,000	150,000	250,000	200,000
종속기업투자	300,000	−	300,000	−
유형자산	670,000	530,000	630,000	400,000
자 산	₩1,700,000	₩950,000	₩1,800,000	₩900,000
부 채	₩710,000	₩490,000	₩690,000	₩370,000
자 본 금	700,000	250,000	700,000	250,000
이익잉여금	290,000	210,000	410,000	280,000
부채와자본	₩1,700,000	₩950,000	₩1,800,000	₩900,000

· (주)대한과 (주)민국 간의 20×1년과 20×2년 내부거래는 다음과 같다.

연도	내부거래 내용
20×1년	(주)대한은 보유 중인 재고자산을 ₩100,000(매출원가 ₩80,000)에 (주)민국에게 판매하였다. (주)민국은 (주)대한으로부터 매입한 재고자산 중 20×1년 말 현재 40%를 보유하고 있으며, 20×2년 동안 연결실체 외부로 모두 판매하였다.
20×2년	(주)민국은 보유 중인 토지 ₩95,000을 (주)대한에게 ₩110,000에 매각하였으며, (주)대한은 20×2년 말 현재 동 토지를 보유 중이다.

· (주)대한의 별도재무제표에 (주)민국의 주식은 원가법으로 표시되어 있다.
· 자산의 손상 징후는 없으며, 연결재무제표 작성 시 비지배지분은 종속기업의 식별가능한 순자산공정가치에 비례하여 결정한다.

11 20×1년 12월 31일 현재 (주)대한의 연결재무상태표에 표시되는 영업권을 포함한 자산총액은 얼마인가?

(2021. CPA)

20×1년말 연결재무제표상 자산총액	
(주)대한 자산총계	₩1,700,000
(주)민국 자산총계	950,000
종속기업투자	(300,000)
미실현이익: ₩20,000×40%=	(8,000)
영업권: ₩300,000−(₩950,000−₩490,000−₩60,000)×60%=	60,000
계	₩2,402,000

12 20×2년 (주)대한의 연결포괄손익계산서에 표시되는 연결당기순이익은 얼마인가?

(2021. CPA)

	(주)대한	(주)민국	합 계
당기순이익(장부금액)	₩120,000	₩70,000	₩190,000
내부거래제거			
재고자산	8,000		8,000
토　지		(15,000)	(15,000)
독립영업이익(공정가치)	₩128,000	₩55,000	₩183,000

∴ 연결당기순이익: ₩128,000+₩55,000=₩183,000

CHAPTER 05

연결회계 – 소유지분의 변화

ADVANCED ACCOUNTING

제1절 / 소유지분변화의 의의
제2절 / 단계적으로 이루어지는 사업결합
제3절 / 종속기업주식의 처분과 지배력의 상실
제4절 / 종속기업의 유상증자시 연결조정
제5절 / 종속기업의 자기주식매입에 따른 지분변화
제6절 / 종속기업주식의 기중취득
제7절 / 종속기업의 소유주지분과 관련된 기타연결조정사항
제8절 / 종속기업에 우선주가 있는 경우의 연결조정

01 소유지분변화의 의의

〈제2장 연결회계-총론〉부터 〈제4장 연결회계-내부거래제거〉까지 설명한 연결재무제표는 논의의 편의를 위하여 다음과 같은 가정에 기초한 것이다.

> 첫째, 종속기업의 주식은 공개시장이나 종속기업 주주들과의 개별거래에서 단 한 번의 거래로 취득되었다.
> 둘째, 지배력획득 후 지배기업의 소유지분율은 변동되지 않았다.
> 셋째, 종속기업의 주식은 전부 보고기간초에 취득된 것이다.
> 넷째, 종속기업의 자본계정은 보통주로만 구성되어 있다.

그러나 이러한 가정이 항상 적용되는 것은 아니다. 이에 대한 구체적인 예를 들면 다음과 같다.

(1) 지배기업이 종속기업의 주식을 수회에 걸쳐 단계적으로 취득하여 지배력을 획득할 수도 있다.
(2) 지배력을 획득한 이후에 종속기업의 주식을 추가로 취득함에 따라 지배기업이 소유지분율이 증가되기도 하고, 종속기업의 주식을 일부 처분함에 따라 지배기업의 소유지분율이 감소되기도 하며, 종속기업이 유상증자를 실시하거나 자기주식거래를 행함에 따라 지배기업의 소유지분율이 변동되기도 한다.
(3) 지배기업이 종속기업의 주식을 보고기간초에 취득하는 것보다 보고기간 중에 취득하는 것이 더 일반적이다.
(4) 종속기업이 우선주를 발행한 경우에는 종속기업의 자본계정이 보통주지분과 우선주지분으로 구성되어 있으므로 종속기업의 자본항목을 보통주지분과 우선주지분으로 배분해야 한다.

따라서 본 장에서는 지금까지 설명된 연결재무제표에 대한 가정을 완화하여 보다 현실적인 연결재무제표작성에 대해서 살펴보기로 한다.

02 단계적으로 이루어지는 사업결합

사업결합은 둘 이상의 교환거래로 이루어질 수 있다. 그 예로 종속기업의 주식을 수 회에 걸쳐 단계적으로 취득하여 지배력을 획득하는 경우를 들 수 있는데, 이를 단계적으로 이루어지는 사업결합 또는 단계적 취득이라고도 한다.

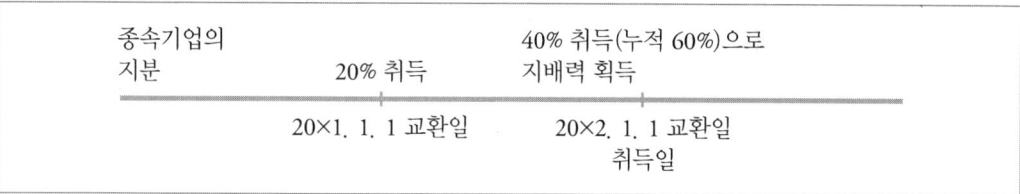

따라서 본 절에서는 이러한 단계적으로 이루어지는 사업결합의 경우 영업권의 측정과 연결조정분 개에 대해서 살펴보기로 한다.

1 영업권의 측정

단계적으로 이루어지는 사업결합, 즉 종속기업주식을 단계적으로 취득하여 지배력을 획득하는 경우 회계이론상 영업권을 측정하는 방법에는 단계법과 일괄법이 있다.

> (1) **단계법** : 주식취득시점별로 취득시점의 종속기업 순자산공정가치와 투자주식의 취득원가를 비교하여 영업권을 측정하는 방법
> (2) **일괄법** : 지배기업이 종속기업의 지배력을 획득한 시점에서 종속기업주식을 일시에 취득한 것으로 가정하고 지배력획득시점의 종속기업 순자산공정가치와 투자주식의 공정가치를 비교하여 영업권을 측정하는 방법

기업회계기준서(사업결합)에서는 단계적으로 이루어지는 사업결합의 경우 일괄법을 적용하도록 규정하고 있다.

(1) 한 기업에 대한 비지배 투자자산을 보유하는 것에서 그 기업에 대해 지배력을 획득하게 되는 변화는 그 투자자산의 본질과 그 투자와 관련된 경제적 상황의 유의적인 변화라고 할 수 있다. 즉, 지배기업은 한 기업에 대한 투자자산 소유자로서의 지위를 종속기업의 모든 자산과 부채에 대한 재무적 지배지분 및 종속기업과 그 경영진이 영업에서 그 자산을 사용하는 방법을 지시하는

권리와 교환하는 것이다. 따라서 일괄법의 논리는 기존의 비지배 투자자산을 처분하고 종속기업에 대한 지배력을 새롭게 획득하는 것으로 볼 수 있다.

(2) 지배기업은 이전에 보유하고 있던 종속기업주식을 지배력획득일의 공정가치로 재측정하고 그 결과 차손익이 있다면 당기손익(지배기업이 종속기업주식을 당기손익 – 공정가치측정금융자산으로 분류한 경우)으로 인식하거나, 기타포괄손익(지배기업이 종속기업주식을 기타포괄손익 – 공정가치측정금융자산으로 분류한 경우)으로 인식한다. 이 경우 기타포괄손익누계액에 반영된 평가손익은 당기손익으로 재분류되지 않는다.

(3) 지배력획득시점의 종속기업 순자산공정가치와 지배력획득일 이전에 취득한 종속기업주식의 지배력획득일의 공정가치 및 추가 취득한 종속기업주식의 취득원가를 합한 금액을 비교하여 영업권을 측정한다.

> 영 업 권 = (기존 취득주식의 공정가치 + 추가 취득주식의 취득원가)
>   – 종속기업 순자산공정가치×지배력획득시점의 지배기업지분율

예 A회사는 B회사의 주식을 단계적으로 취득하여 20×3년초에 지배력을 획득하였다. 관련자료는 다음과 같다.

(1) A회사의 B회사주식 취득내역

주식취득일	주식수(지분율)	취득원가
20×1년초	100주(10%)	₩500,000
20×2년말	500주(50%)	3,000,000

(2) 주식취득시점에서의 종속기업 순자산장부금액은 다음과 같으며, 종속기업 자산·부채의 장부금액과 공정가치는 일치하였다.

주식취득일	B회사 순자산장부금액			
	자본금	자본잉여금	이익잉여금	합 계
20×1년초	₩2,500,000	₩500,000	₩500,000	₩3,500,000
20×2년초	2,500,000	1,000,000	700,000	4,200,000
20×2년말	2,500,000	1,300,000	800,000	4,600,000

(3) B회사는 20×1년과 20×2년에 각각 ₩500,000과 ₩300,000의 당기순이익을 보고하였으며, 이 기간 중 이익처분은 없었다.

(4) A회사는 B회사주식을 기타포괄손익 – 공정가치측정금융자산으로 분류하여 공정가치로 측정하였는데, B회사주식의 각 시점별 1주당 공정가치는 다음과 같다.

20×1년초	20×1년말	20×2년말
₩5,000	₩5,500	₩6,000

1. 개별회계상 회계처리

일 자	회 계 처 리					
20×1년초	(차)	기타공정금융자산	500,000	(대)	현　　　금	500,000
20×1년말	(차)	기타공정금융자산	50,000	(대)	기타공정금융자산평가이익	50,000
	*100주×₩5,500 − ₩500,000 = ₩50,000					
20×2년말	(차)	기타공정금융자산	3,000,000	(대)	현　　　금	3,000,000
	(차)	기타공정금융자산	50,000	(대)	기타공정금융자산평가이익	50,000

*100주×₩6,000 − ₩550,000 = ₩50,000. 이전에 보유하고 있던 종속기업주식을 지배력획득일의 공정가치로 재측정함. 이 경우 기타포괄손익누계액에 반영된 평가손익은 당기손익으로 재분류되지 않음.

2. 영업권의 측정

   (1) 지배력획득일의 종속기업주식의 공정가치 : ₩600,000 + ₩3,000,000 = ₩3,600,000
   (2) 지배력획득일의 종속기업 순자산공정가치 : ₩4,600,000×60% = (2,760,000)
   (3) 영 업 권　₩840,000

2 연결조정

(1) 투자계정과 자본계정의 상계제거

종속기업주식을 단계적으로 취득하여 지배력을 획득한 경우 연결조정분개상 지배기업의 종속기업 투자계정과 종속기업 자본계정 상계제거시에는 다음 사항에 유의해야 한다.

① 지배력획득시점의 종속기업 순자산장부금액과 종속기업투자주식의 공정가치를 비교하여 투자제거 차액을 계산해야 한다.

② 지배력획득일 이후의 종속기업의 이익잉여금과 기타 자본항목의 변동분 중 지배기업 해당분만을 지배기업의 이익잉여금과 관련 자본항목에 가감해야 한다.

(2) 내부거래제거

지배기업이 단계적으로 종속기업주식을 취득하여 지배력을 획득한 경우에 내부거래에 따른 미실현 손익의 처리와 관련하여 유의할 사항은 다음과 같다.

① 연결실체가 성립되기 전, 즉 지배력획득 전의 내부거래에 따른 미실현손익은 연결조정시에 제거하지는 않는다. 왜냐하면, 그러한 내부거래는 상호 관련이 없는 두 기업 간의 독립된 거래로 간주되기 때문이다.

② 연결재무제표작성시 지배력을 획득한 이후에 발생한 내부거래를 제거할 때 적용될 지분율은 당해 내부거래가 발생한 시점의 지분율을 기준으로 행하여야 한다.

예 A회사는 B회사의 주식을 단계적으로 취득하여 20×2년초에 지배력을 획득하였다. 관련자료는 다음과 같다.

(1) A회사의 B회사주식 취득내역은 다음과 같다. A회사는 B회사주식을 기타포괄손익-공정가치측정 금융자산으로 분류하여 공정가치로 측정하였는데, 20×1년말과 20×2년말 B회사주식의 1주당 공정가치는 각각 ₩3,500과 ₩4,000이었다.

주식취득일	주식수(지분율)	취득원가
20×1년초	100주(10%)	₩300,000
20×2년초	500주(50%)	1,750,000

(2) 주식취득시점에서 B회사의 순자산장부금액은 다음과 같으며, B회사 자산·부채의 장부금액과 공정가치는 일치하였다.

| 주식취득일 | B회사 순자산장부금액 | | | |
	자본금	자본잉여금	이익잉여금	합 계
20×1년초	₩2,000,000	₩500,000	₩500,000	₩3,000,000
20×2년초	2,000,000	600,000	700,000	3,300,000
20×2년말	2,000,000	800,000	1,100,000	3,900,000

(3) A회사와 B회사의 상품거래내역은 다음과 같다. 단, 양사 모두 매출총이익률은 20%이다.

| 판매회사 | 내부거래 | | 매입회사 기말재고에 남아 있는 상품 | |
	20×1년	20×2년	20×1년	20×2년
A회사	₩300,000	₩250,000	₩50,000	₩25,000
B회사	200,000	150,000	70,000	15,000

(4) B회사는 20×1년에 ₩200,000, 20×2년에 ₩400,000의 당기순이익을 보고하였으며 이 기간 중 이익처분은 없었다.

1. 개별회계상 회계처리

일 자		회 계 처 리			
20×1년초	(차)	기타공정금융자산 300,000	(대)	현 금	300,000
20×1년말	(차)	기타공정금융자산 50,000	(대)	기타공정금융자산평가이익	50,000
		*100주×₩3,500 − ₩300,000 = ₩50,000			
20×2년초	(차)	기타공정금융자산 1,750,000	(대)	현 금	1,750,000
20×2년말	(차)	기타공정금융자산 300,000	(대)	기타공정금융자산평가이익	300,000
		*600주×₩4,000 − ₩2,100,000 = ₩300,000			

2. 영업권의 측정

(1) 지배력획득일의 종속기업주식의 공정가치 : ₩350,000 + ₩1,750,000 =   ₩2,100,000
(2) 지배력획득일의 종속기업 순자산공정가치 : ₩3,300,000×60% =   (1,980,000)
(3) 영 업 권   ₩120,000

3. 연결조정분개

(1) 투자계정과 자본계정의 상계제거

① (차) 기타공정금융자산평가이익 300,000   (대) 기타공정금융자산 300,000
    *기타포괄손익 − 공정가치측정금융자산을 지배력획득일의 공정가치로 환원하는 회계처리임.

② (차) 자 본 금(B) 2,000,000   (대) 기타공정금융자산 2,100,000
    자본잉여금(B) 800,000   비지배지분 1,400,000
    이익잉여금(B) 700,000   자본잉여금(A) 120,000
    영 업 권 120,000

    *1. 비지배지분 : (₩2,000,000 + ₩800,000 + ₩700,000)×40% = ₩1,400,000
     2. 자본잉여금(A) : (₩800,000 − ₩600,000)×60% = ₩120,000

(2) 내부거래제거

③ (차) 매 출 400,000   (대) 매출원가 400,000
    *₩250,000 + ₩150,000 = ₩400,000

④ (차) 매출원가 5,000   (대) 재고자산 5,000
    *₩25,000×20% = ₩5,000(하향거래). 지배력획득 이전의 내부거래는 제거하지 않음.

⑤ (차) 매출원가 3,000   (대) 재고자산 3,000
    *₩15,000×20% = ₩3,000(상향거래). 지배력획득 이전의 내부거래는 제거하지 않음.

(3) 비지배지분순이익 계상

　⑥ (차) 이익잉여금(비지배지분순이익)　158,800　(대) 비지배지분　158,800
　　　*(₩400,000 - ₩3,000)×40% = ₩158,800

3 지배력획득 후의 추가취득

　지배기업이 지배력을 획득한 후에 추가로 종속기업주식을 취득할 수도 있는데, 이와 관련하여 유의할 사항은 다음과 같다.

(1) 지배력을 획득한 이후에 추가로 종속기업주식을 취득한 경우 발생하는 투자제거차액은 연결자본잉여금(연결자본잉여금이 부족한 경우 연결자본조정으로 처리함.)으로 조정한다. 그 이유는, 연결실체를 하나의 경제적 실체로 간주하는 연결재무제표에서는 지배력획득 이후의 종속기업주식의 거래를 연결재무제표상 주주 간의 자본거래로 보기 때문이다.

> 추가 취득시 투자제거차액(연결자본잉여금)
> = 추가 취득주식의 취득원가 − 종속기업 순자산공정가치×추가 취득한 지배기업지분율

(2) 투자계정과 자본계정의 상계제거시 지배력획득일 이후 종속기업의 이익잉여금과 기타 자본항목 변동액 중 지배기업의 지분율에 해당하는 금액은 지배기업의 이익잉여금과 관련 자본항목에 가감해야 하는데, 이때 적용되는 지배기업 지분율은 종속기업의 이익잉여금과 자본항목이 변동된 시점별로 각각 다르게 적용하여 산정해야 한다. 왜냐하면, 종속기업의 자본변동액은 변동된 시점의 지분율에 따라 지배기업지분과 비지배지분으로 배분되어야 하기 때문이다.

예 A회사는 B회사의 지배력을 획득하기 위하여 B회사의 주식을 취득하였다. B회사에 대한 지배력획득일은 20×1년초이며, 관련자료는 다음과 같다.

(1) A회사의 B회사주식 취득내역은 다음과 같다. A회사는 B회사주식을 원가법으로 측정한다.

주식취득일	주식수(지분율)	취득원가
20×1년초	300주(60%)	₩3,000,000
20×2년초	100주(20%)	1,200,000

(2) 주식취득시점에서 B회사의 순자산장부금액은 다음과 같으며, B회사 자산·부채의 장부금액과 공정가치는 일치하였다.

주식취득일	B회사 순자산장부금액			
	자 본 금	자본잉여금	이익잉여금	합 계
20×1년초	₩2,500,000	₩700,000	₩800,000	₩4,000,000
20×2년초	2,500,000	1,000,000	1,300,000	4,800,000
20×2년말	2,500,000	1,200,000	1,600,000	5,300,000

(3) B회사는 20×1년과 20×2년에 각각 ₩500,000과 ₩300,000의 당기순이익을 보고하였는데, 이 기간 중 이익처분은 없었다.

1. 영업권의 측정

    (1) 지배력획득일의 종속기업주식의 공정가치   ₩3,000,000
    (2) 지배력획득일의 종속기업 순자산공정가치 : ₩4,000,000×60% =   (2,400,000)
    (3) 영 업 권   ₩600,000

2. 추가 취득시 투자제거차액

    (1) 추가 취득주식의 취득원가   ₩1,200,000
    (2) 추가 취득시점의 종속기업 순자산 공정가치   ₩4,800,000
    (3) 추가 취득한 지배기업지분율   ×20%   (960,000)
    (4) 투자제거차액   ₩240,000

3. 연결조정분개

    (1) 투자계정과 자본계정의 상계제거

    ① (차) 자 본 금(B) 2,500,000   (대) B회사투자주식 4,200,000
             자본잉여금(B) 1,200,000   비지배분 1,000,000[*2]
             이익잉여금(B) 1,300,000[*1]   자본잉여금(A) 340,000[*3]
             자본잉여금(A) 240,000[*5]   이익잉여금(A) 300,000[*4]
             영 업 권 600,000

    *1. 이익잉여금(B) : 20×2년의 당기순이익을 제외한 금액임.
       2. 비지배분 : (₩2,500,000 + ₩1,300,000 + ₩1,200,000)×20% = ₩1,000,000
       3. 자본잉여금(A) : (₩1,000,000 − ₩700,000)×60% + (₩1,200,000 − ₩1,000,000)
                    ×80% = ₩340,000
       4. 이익잉여금(A) : (₩1,300,000 − ₩800,000)×60% = ₩300,000
       5. 자본잉여금(A) : 20×2년초 추가취득시 투자제거차액임.
                   ₩1,200,000 − ₩4,800,000×20% = ₩240,000

(2) 비지배지분순이익 계상

② (차) 이익잉여금(비지배지분순이익)　60,000　　(대) 비지배지분　60,000

03 종속기업주식의 처분과 지배력의 상실

1 종속기업주식의 처분

지배기업이 종속기업주식의 일부 또는 전부를 처분할 수도 있다. 이와 관련하여 유의할 사항은 다음과 같다.

지배력이 유지되는 경우

(1) 종속기업주식의 일부를 처분한 이후에도 지배력을 계속 유지한다면 연결재무제표를 계속 작성해야 한다.

(2) 종속기업주식의 일부를 처분한 이후에 지배력을 계속 유지하는 경우 종속기업주식의 처분으로 인한 손익은 자본거래로 보아 연결자본잉여금(연결자본잉여금이 부족한 경우 연결자본조정)으로 조정한다. 따라서 연결재무제표 작성시 별도재무제표에 당기손익으로 인식한 금융자산처분손익을 제거하고 종속기업주식의 처분에 따른 처분손익을 연결자본잉여금으로 조정해야 한다. 연결자본잉여금으로 조정할 종속기업주식의 처분손익은 다음과 같다.

> 종속기업주식의 처분손익(연결자본잉여금)
> = 종속기업주식의 처분대가 − 종속기업 순자산공정가치×처분주식의 지배기업지분율
>   − 영업권×처분비율

지배력이 상실되는 경우

(1) 종속기업주식을 처분하여 지배력을 상실한 경우에는 연결재무제표를 작성할 필요가 없다. 그리고 종속기업주식의 일부만을 처분한 경우 보유중인 투자주식을 지배력을 상실한 날의 공정가치로 재측정하고, 장부금액과 공정가치의 차이를 당기손익(금융자산처분손익)으로 인식한다. 이

때 공정가치로 재측정된 보유중인 투자주식은 다음과 같이 처리한다.

① 관계기업이 된 경우 : 기업회계기준서(관계기업투자)를 적용한다.
② 공동약정 참여자가 된 경우 : 기업회계기준서(공동약정)를 적용한다.
③ 그 이외의 경우 : 기업회계기준서(금융상품 : 인식과 측정)를 적용한다.

(2) 종속기업주식을 처분하여 지배력을 상실한 경우에는 연결재무제표에서 종속기업의 자산(영업권 포함)과 부채, 비지배지분을 제거하고 지배력을 상실한 후의 보유중인 투자주식을 인식해야 한다.

① 다음을 제거한다.
 a. 지배력을 상실한 날에 종속기업의 자산(영업권 포함)과 부채의 장부금액
 b. 지배력을 상실한 날에 이전의 종속기업에 대한 비지배지분이 있다면 그 장부금액(비지배지분에 귀속되는 기타포괄손익의 모든 구성요소를 포함)

② 다음을 인식한다.
 a. 지배력을 상실하게 한 거래, 사건 또는 상황에서 수취한 대가가 있다면 그 공정가치
 b. 지배력을 상실하게 한 거래, 사건 또는 상황에서 소유주로서의 자격을 행사하는 소유주에게 종속기업에 대한 지분을 분배하는 것이 포함될 경우, 그 분배
 c. 이전의 종속기업에 대한 투자가 있다면 그 투자의 지배력을 상실한 날의 공정가치

③ 종속기업과 관련하여 기타포괄손익으로 인식한 모든 금액에 대하여 지배기업이 관련 자산이나 부채를 직접 처분한 경우의 회계처리와 동일한 기준으로 회계처리한다. 즉, 종속기업이 이전에 기타포괄손익으로 인식한 손익을 관련 자산이나 부채의 처분시 당기손익으로 재분류하거나 이익잉여금으로 직접 대체하게 되는 경우, 지배기업은 종속기업에 대한 지배력을 상실한 때에 그 손익을 자본에서 당기손익으로 재분류(재분류조정)하거나 이익잉여금으로 직접 대체한다.

 예 1. 종속기업이 해외사업장과 관련되는 누적외환차이를 보유하고 있고 지배기업이 그 종속기업에 대한 지배력을 상실한 경우, 지배기업은 그 해외사업장과 관련하여 이전에 기타포괄손익으로 인식한 손익을 당기손익으로 재분류한다.
 2. 기타포괄손익으로 인식한 재평가잉여금이 관련 자산의 처분시 직접 이익잉여금으로 대체된다면, 지배기업은 종속기업에 대한 지배력을 상실한 때 그와 같이 재평가잉여금을 직접 이익잉여금으로 대체한다.

④ 회계처리에 따른 모든 차이는 손익으로서 지배기업에 귀속하는 당기손익으로 인식한다.

예 20×1년초에 A회사는 B회사의 발행주식 80%(80주)를 ₩1,300,000에 취득하여 지배력을 획득하여 개별회계상 원가법으로 회계처리하였다. 관련자료는 다음과 같다.

(1) 취득시 B회사의 주주지분은 ₩1,500,000(자본금 ₩1,000,000, 이익잉여금 ₩500,000)이며, 자산·

부채의 장부금액과 공정가치는 일치하였다.

(2) B회사는 20×1년과 20×2년에 각각 ₩300,000과 ₩200,000의 당기순이익을 보고하였으며, 이 기간 중 이익처분은 없었다.

(3) 20×2년초에 A회사는 B회사의 총발행주식 중 10%(10주)를 ₩200,000에 처분하였다.

---

1. 개별회계상 회계처리

(차) 현 금	200,000	(대) B회사투자주식	162,500
		금융자산처분이익	37,500

  *₩1,300,000×10주/80주 = ₩162,500

2. 연결조정분개

  (1) 투자계정과 자본계정의 상계제거

  ① (차) 자 본 금(B)   1,000,000   (대) B회사투자주식   1,137,500
        이익잉여금(B)   800,000   비지배지분   540,000
        영 업 권   87,500   이익잉여금(A)   240,000
        금융자산처분이익   37,500   자본잉여금(A)   7,500

   *1. B회사투자주식 : ₩1,300,000×70주/80주 = ₩1,137,500
    2. 비지배지분 : (₩1,000,000 + ₩800,000)×30% = ₩540,000
    3. 이익잉여금(A) : (₩800,000 − ₩500,000)×80% = ₩240,000
    4. 영 업 권

      20×1년 취득분 : ₩1,300,000 − ₩1,500,000×80% =   ₩100,000
      10% 주식처분 : ₩100,000×10주/80주 =   (12,500)
      계   ₩87,500

    5. 자본잉여금(A)

      10% 주식 처분대가   ₩200,000
      B회사 순자산공정가치×처분주식지분율 : ₩1,800,000×10% = (180,000)
      영업권×처분비율 : ₩100,000×10수/80수 =   (12,500)
      계   ₩7,500

  (2) 비지배지분순이익 계상

  ② (차) 이익잉여금(비지배지분순이익)   60,000   (대) 비지배지분   60,000
      *₩200,000×30% = ₩60,000

한편, 상기 예에서 A회사가 20×2년초에 B회사주식 70주를 주당 공정가치인 ₩20,000에 처분하여 지배력을 상실한 경우 B회사와 연결재무제표를 작성할 필요가 없으므로 개별회계상 다음과 같은 회계처리를 해야 한다.

(차)	현금	1,400,000*1	(대)	B회사투자주식	1,300,000*2
	기타공정금융자산	200,000*3		이익잉여금(A)	240,000*4
				금융자산처분이익	60,000*5

*1. B회사투자주식의 처분금액: 70주×₩20,000 = ₩1,400,000
 2. 개별회계상 원가법으로 측정한 B회사투자주식 중 처분된 투자주식 70주는 제거하여야 하며, 지배력상실 후에도 보유중인 B회사투자주식 10주는 기타포괄손익–공정가치측정금융자산으로 재분류해야 하므로 원가법으로 측정한 B회사투자주식을 제거함.
 3. 10주×₩20,000 = ₩200,000. 지배력 상실 후에 보유중인 B회사투자주식을 공정가치로 평가하여 기타포괄이익–공정가치측정금융자산으로 분류함.
 4. B회사투자주식 취득 이후 증가한 B회사 당기순이익(이익잉여금) 중 A회사지분 해당액을 이익잉여금으로 인식함.
 5. 대차차액을 금융자산처분손익으로 인식함.

만약, 상기 예에서 B회사가 20×1년에 당기순이익 ₩250,000, 해외사업환산이익 ₩25,000 재평가잉여금 ₩25,000을 보고하였다면 A회사는 개별회계상 다음과 같은 회계처리를 해야 한다.

① (차)	현금	1,400,000	(대)	B회사투자주식	1,300,500
	기타공정금융자산	200,000		이익잉여금(A)	200,000
② (차)	기타포괄손익누계액(A)	40,000	(대)	금융자산처분이익	20,000
				이익잉여금	20,000

* 종속기업과 관련하여 기타포괄손익으로 인식한 모든 금액에 대해 지배기업이 관련 자산이나 부채를 직접 처분한 경우의 회계처리와 동일한 기준으로 회계처리하므로 기타포괄손익누계액(A) 중 해외사업환산손익 ₩20,000은 당기손익(금융자산처분이익)으로 인식하고 재평가잉여금 20,000은 이익잉여금으로 대체한다.

그러나 A회사의 연결대상종속기업에 B회사 이외의 다른 기업도 존재하는 경우에는 A회사가 B회사투자주식을 처분하여 지배력을 상실한 경우에도 다른 종속기업을 포함한 연결재무제표를 작성해야 한다. 따라서 이러한 상황에서는 연결재무제표상에서 지배력을 상실한 B회사와 관련된 자산(영업권포함), 부채 및 비지배지분 등을 제거해야 한다.

예 상기 예에서 20×1년말 연결재무상태표에 포함된 B회사의 자산과 부채가 각각 ₩5,000,000과 ₩3,200,000이며, 비지배지분이 ₩360,000이고 A회사가 20×2년초에 B사 주식 70주를 주당 공정가치 ₩20,000에 처분한 경우 이와 관련된 회계처리는 다음과 같다.

(1) 투자주식과 자본계정의 상계제거

(차)	자 본 금(B)	1,000,000	(대)	B사투자주식	1,300,000
	이익잉여금(B)	800,000		비지배지분	360,000
	영 업 권	100,000		이익잉여금(A)	240,000

*1. 비지배지분 : (₩1,000,000 + ₩800,000)×20% = ₩360,000
 2. 이익잉여금(A) : (₩800,000 – ₩500,000)×80% = ₩240,000
 3. 영 업 권 : ₩1,300,000 – ₩1,500,000×80% = ₩100,000

(2) 연결재무제표에서 B회사 자산, 부채 및 비지배지분 제거

(차)	부 채(B)	3,200,000	(대)	자 산(B)	5,000,000
	비지배지분	360,000		영 업 권	100,000
	현 금	1,400,000		금융자산처분이익	60,000
	기타공정금융자산	200,000			

*1. 기타포괄손익–공정가치측정금융자산 : 10주×₩20,000 = ₩200,000
 2. 금융자산처분이익 : 모든 회계처리 후 대차차액이며 연결재무제표에 인식해야 할 금액임.
 3. 처분 후 남은 이전 종속회사주식은 기업회계기준서(금융상품)에 따라 인식하고 측정함.

2 지배력의 상실

지배기업이 피투자자의 경제활동에서 효익을 얻기 위하여 그 재무정책과 영업정책을 결정할 수 있는 능력을 상실한 때에 종속기업에 대한 지배력을 상실한다.

(1) 지배력은 소유지분의 매각이나 종속기업이 제3자에게 새로운 소유지분을 발행하여 상실될 수도 있지만 소유지분이 변동하지 않더라도 종속기업에 대한 지배력을 상실할 수 있다.

  예 종속기업이 정부, 법원, 관재인 또는 감독기구의 통제를 받게 되는 경우

(2) 지배력은 거래가 없어도 계약상 합의에 의하여 상실될 수 있다. 그 예로 이전에 종속기업에 대한 지배를 허용했던 약정이 만료되는 경우를 들 수 있다.

(3) 지배기업은 둘 이상의 약정(거래)으로 종속기업에 대한 지배력을 상실할 수 있다.

  예 종속기업의 지분 70%를 보유하던 지배기업이 종속기업에 대한 지분을 모두 처분하고자 할 때 처음에 종속기업의 지분 19%를 처분하여 지배력을 유지하다 곧이어 남은 51%를 처분하여 지배력을

상실하는 경우

이러한 경우에는 복수 약정(거래)을 단일 거래로 회계처리해야 한다. 왜냐하면, 위의 예에서 종속기업의 지분 70%를 일시에 매각한 경우에는 처분손익이 당기손익으로 인식되지만, 처음에 종속기업의 지분 19%를 처분하고 나중에 51%를 처분한 경우 지분 19%의 처분손익은 자본거래로 보아 연결자본잉여금(연결자본잉여금이 부족한 경우 연결자본조정으로 처리함.)으로 인식되므로 이익조작가능성이 있기 때문이다.

(4) (3)에서 복수 약정을 단일 거래로 회계처리를 할 것인지를 결정할 때, 지배기업은 약정의 모든 조건과 상황 그리고 그 경제적 효과를 검토해야 하는데, 다음 중 하나 이상에 해당하는 상황은 지배기업이 복수 약정을 단일 거래로 회계처리해야 한다는 것을 나타낼 수 있다.

① 복수 약정을 동시에 체결하거나 서로를 고려하여 체결한다.
② 복수 약정이 종합적으로 상업적 효과를 달성하기 위하여 설계된 단일 거래를 구성한다.
③ 하나의 약정의 체결은 적어도 다른 하나의 약정의 체결에 의존한다.
④ 하나의 약정이 그 자체로서는 경제적으로 정당화되지 못하지만 다른 약정과 함께 고려할 때 경제적으로 정당화된다.

   예 주식의 일부를 시장가격보다 낮게 처분하고 후속적으로 시장가격보다 높게 처분하여 보상받는 경우

04 종속기업의 유상증자시 연결조정

지배력을 획득한 이후에 종속기업이 자금조달의 일환으로 유상증자를 실시할 수가 있다. 이와 관련하여 유의할 사항은 다음과 같다.

(1) 종속기업의 유상증자시 지배기업이 기존의 지배기업지분율만큼 추가로 취득한 경우에는 투자제거차액이 발생되지 않으므로 아무런 문제가 없다.

(2) 종속기업의 유상증자시 지배기업이 기존의 지배기업지분율보다 적게 또는 많이 취득하게 되면 지배기업지분율이 변동하게 되는데, 이때 투자제거차액은 다음과 같이 계산한다.

종속기업주식의 취득원가		×××
종속기업의 순자산가액		
유상증자 후 지배기업지분	×××	
유상증자 전 지배기업지분	(×××)	×××
투자제거차액		×××

(3) 위 (2)에서 발생한 투자제거차액은 연결자본잉여금(연결자본잉여금이 부족한 경우 연결자본조정으로 처리함.)으로 조정한다. 그 이유는 연결실체의 관점에서 볼 때 지배력획득일 이후의 종속기업주식의 거래는 연결재무제표상 주주 간의 자본거래로 보기 때문이다.

예 20×1년초에 A회사는 B회사의 발행주식 80%(160주)를 ₩1,300,000에 취득하여 지배력을 획득하였다. 관련자료는 다음과 같다.

(1) 20×1년초 B회사의 순자산장부금액은 ₩1,500,000(자본금 ₩1,000,000, 이익잉여금 ₩500,000)이며, 자산·부채의 장부금액과 공정가치는 일치하였다.

(2) B회사는 20×1년에 ₩300,000의 당기순이익을 보고하였다. 20×2년초에 B회사는 100주를 주당 ₩10,000(액면금액 ₩5,000)에 추가발행하였다. B회사는 20×2년에 ₩200,000의 당기순이익을 보고하였으며, 20×1년과 20×2년의 이익처분은 없었다.

1. 80주를 매입한 경우(지분율 80%)

   (1) 투자제거차액의 계산

20×1년 발생분 : ₩1,300,000 − ₩1,500,000×80% =　　　　　　　　　₩100,000 (영업권)
20×2년 발생분
　종속기업주식의 취득원가 : 80주×₩10,000 =　　　　　　　　　　　₩800,000
　B회사의 순자산공정가치
　　유상증자 후 지배기업지분
　　(₩1,500,000 + ₩300,000 + 100주×₩10,000)×80%* =　₩2,240,000
　　유상증자 전 지배기업지분
　　(₩1,500,000 + ₩300,000)×80% =　　　　　　　　　　(1,440,000)　(800,000)
　　　계　　　　　　　　　　　　　　　　　　　　　　　　　　　　₩0

　*유상증자 후 지분율 : (160주 + 80주)÷(200주 + 100주) = 80%

(2) 연결조정분개

① (차) 자 본 금(B)　　　2,000,000　　(대) B회사투자주식　2,100,000
　　　 이익잉여금(B)　　　　800,000　　　　 비지배지분　　　560,000
　　　 영 업 권　　　　　　100,000　　　　 이익잉여금(A)　 240,000

　*1. B회사투자주식 : ₩1,300,000 + ₩800,000 = ₩2,100,000
　 2. 비지배지분 : (₩2,000,000 + ₩800,000)×20% = ₩560,000
　 3. 이익잉여금(A) : (₩800,000 − ₩500,000)×80% = ₩240,000

② (차) 이익잉여금(비지배지분순이익)　40,000　(대) 비지배지분　40,000
　　*₩200,000×20% = ₩40,000

2. 95주를 매입한 경우(지분율 85%)

(1) 투자제거차액의 계산

20×1년 발생분 : ₩1,300,000 − ₩1,500,000×80% =　　　　　　　　　₩100,000 (영업권)
20×2년 발생분
　종속기업주식의 취득원가 : 95주×₩10,000 =　　　　　　　　　　　₩950,000
　B회사의 순자산공정가치
　　유상증자 후 지배기업지분
　　(₩1,500,000 + ₩300,000 + 100주×₩10,000)×85%* =　₩2,380,000
　　유상증자 전 지배기업지분
　　(₩1,500,000 + ₩300,000)×80% =　　　　　　　　　　(1,440,000)　(940,000)
　　　계　　　　　　　　　　　　　　　　　　　　　　　　　　₩10,000 (연결자본잉여금)

　*유상증자 후 지분율 : (160주 + 95주)÷(200주 + 100주) = 85%

(2) 연결조정분개

① (차) 자 본 금(B) 2,000,000 (대) B회사투자주식 2,250,000
　　　　이익잉여금(B) 800,000 　　　비지배지분 420,000
　　　　자본잉여금(A) 10,000 　　　이익잉여금(A) 240,000
　　　　영 업 권 100,000

*1. B회사투자주식 : ₩1,300,000 + ₩950,000 = ₩2,250,000
 2. 비지배지분 : (₩2,000,000 + ₩800,000)×15% = ₩420,000
 3. 이익잉여금(A) : (₩800,000 − ₩500,000)×80% = ₩240,000

② (차) 이익잉여금(비지배지분순이익) 30,000 (대) 비지배지분 30,000

*₩200,000×15% = ₩30,000

3. 50주를 매입한 경우(지분율 70%)

(1) 투자제거차액의 계산

20×1년 발생분 : ₩1,300,000 − ₩1,500,000×80% = ₩100,000 (영업권)

20×2년 발생분
　종속기업주식의 취득원가 : 50주×₩10,000 = ₩500,000
　B회사의 순자산공정가치
　　유상증자 후 지배기업지분
　　(₩1,500,000 + ₩300,000 + 100주×₩10,000)×70%* = ₩1,960,000
　　유상증자 전 지배기업지분
　　(₩1,500,000 + ₩300,000)×80% = (1,440,000) (520,000)
　계 ₩(20,000) (연결자본잉여금)

*유상증자 후 지분율 : (160주 + 50주)÷(200주 + 100주) = 70%

(2) 연결조정분개

① (차) 자 본 금(B) 2,000,000 (대) B회사투자주식 1,800,000
　　　　이익잉여금(B) 800,000 　　　비지배지분 840,000
　　　　영 업 권 100,000 　　　이익잉여금(A) 240,000
　　　　　　　　　　　　　　　　 자본잉여금(A) 20,000

*1. B회사투자주식 : ₩1,300,000 + ₩500,000 = ₩1,800,000
 2. 비지배지분 : (₩2,000,000 + ₩800,000)×30% = ₩840,000
 3. 이익잉여금(A) : (₩800,000 − ₩500,000)×80% = ₩240,000

② (차) 이익잉여금(비지배지분순이익) 60,000 (대) 비지배지분 60,000

*₩200,000×30% = ₩60,000

05 종속기업의 자기주식매입에 따른 지분변화

종속기업이 자기주식을 매입하게 되면 지배기업의 지분율은 증가하게 된다. 예컨대, 지배기업이 종속기업의 총발행주식 100주 중 80주를 보유한 상태에서 종속기업이 자기주식 10주를 매입하게 되면 지배기업의 지분율은 80%(80주/100주)에서 88.8%(80주/90주)로 증가하게 된다. 이와 관련하여 유의할 사항은 다음과 같다.

(1) 연결재무제표작성시 종속기업의 자본계정은 지배기업소유 종속기업투자주식계정과 상계제거 되므로 종속기업의 자기주식계정도 상계제거해야 한다.

(2) 지배기업의 지분율이 증가함에 따라 투자계정과 자본계정 상계제거시 차액이 발생한 경우에는 이를 자본거래로 보아 연결자본잉여금(연결자본잉여금이 부족한 경우 연결자본조정으로 처리함.)으로 조정한다.

예 20×1년초 A회사는 B회사의 발행주식 80%(160주)를 ₩1,300,000에 취득하여 지배력을 획득하였다. 관련자료는 다음과 같다.

(1) 20×1년초 B회사의 주주지분은 다음과 같으며, 자산·부채의 장부금액과 공정가치는 일치하였다.

자 본 금	₩1,000,000 (200주, 1주당 액면금액 ₩5,000)
이익잉여금	500,000
자본총계	₩1,500,000

(2) B회사는 20×1년에 ₩300,000과 20×2년에 ₩200,000의 당기순이익을 보고하였으며, 20×1년과 20×2년의 이익처분은 없었다.

(3) B회사는 20×2년초에 자기주식 20주를 취득하였다.

B회사가 20×2년초에 자기주식 20주를 취득함에 따라 지배기업의 지분율이 88.8%(160주÷180주)로 증가하게 되며, 자기주식의 취득금액에 따라 연결조정사항이 달라진다.

	자기주식 취득 전	자기주식 20주 취득 후		
		₩9,000	₩10,000	₩8,000
납입자본	₩1,000,000	₩1,000,000	₩1,000,000	₩1,000,000
이익잉여금	800,000	800,000	800,000	800,000
계	₩1,800,000	₩1,800,000	₩1,800,000	₩1,800,000
자 기 주 식	–	(180,000)	(200,000)	(160,000)

자 본 총 계	₩1,800,000	₩1,620,000	₩1,600,000	₩1,640,000
지배기업지분	₩1,440,000(80%)	₩1,440,000(8/9)	₩1,422,222(8/9)	₩1,457,778(8/9)
비지배지분	₩360,000(20%)	₩180,000(1/9)	₩177,778(1/9)	₩182,222(1/9)
자기주식 취득으로 인한 지분변동액		₩0	₩(17,778)	₩17,778

1. 주당 ₩9,000에 취득한 경우

    (1) 투자계정과 자본계정의 상계제거

    ① (차) 자 본 금(B)   1,000,000   (대) 자기주식(B)   180,000
          이익잉여금(B)   800,000   B회사투자주식   1,300,000
          영 업 권   100,000   비지배지분   180,000
                                                이익잉여금(A)   240,000

    *1. 비지배지분 : (₩1,000,000 + ₩800,000 − ₩180,000)×1/9 = ₩180,000
     2. 이익잉여금(A) : (₩800,000 − ₩500,000)×80% = ₩240,000
     3. 영 업 권 : ₩1,300,000 − ₩1,500,000×80% = ₩100,000

    (2) 비지배지분순이익 계상

    ② (차) 이익잉여금(비지배지분순이익)   22,222   (대) 비지배지분   22,222

        *₩200,000×1/9 = ₩22,222

2. 주당 ₩10,000에 취득한 경우

    (1) 투자계정과 자본계정의 상계제거

    ① (차) 자 본 금(B)   1,000,000   (대) 자기주식(B)   200,000
          이익잉여금(B)   800,000   B회사투자주식   1,300,000
          영 업 권   100,000   비지배지분   177,778
          자본잉여금(A)   17,778   이익잉여금(A)   240,000

    *1. 비지배지분 : (₩1,000,000 + ₩800,000 − ₩200,000)×1/9 = ₩177,778
     2. 이익잉여금(A) : (₩800,000 − ₩500,000)×80% = ₩240,000
     3. 납입자본(A. 자본잉여금) : 상계제거차액임.

    (2) 비지배지분순이익 계상

    ② (차) 이익잉여금(비지배지분순이익)   22,222   (대) 비지배지분   22,222

        *₩200,000×1/9 = ₩22,222

3. 주당 ₩8,000에 취득한 경우

    (1) 투자계정과 자본계정의 상계제거

① (차) 자 본 금(B)　　　　1,000,000　　(대) 자기주식(B)　　　　　160,000
　　　　이익잉여금(B)　　　　800,000　　　　 B회사투자주식　　 1,300,000
　　　　영 업 권　　　　　　100,000　　　　 비지배지분　　　　　182,222
　　　　　　　　　　　　　　　　　　　　　 이익잉여금(A)　　　　240,000
　　　　　　　　　　　　　　　　　　　　　 자본잉여금(A)　　　　 17,778

*1. 비지배지분 : (₩1,000,000 + ₩800,000 − ₩160,000)×1/9 = ₩182,222
 2. 이익잉여금(A) : (₩800,000 − ₩500,000)×80% = ₩240,000
 3. 자본잉여금(A) : 상계제거차액임.

(2) 비지배지분순이익 계상

② (차) 이익잉여금(비지배지분순이익)　22,222　　(대) 비지배지분　　22,222

*₩200,000×1/9 = ₩22,222

06 종속기업주식의 기중취득

지금까지는 지배기업이 종속기업주식을 전부 보고기간초에 취득한 것으로 가정하여 연결조정사항을 설명하였다. 그러나 기업실무에서 종속기업에 대한 주식투자를 보고기간초에 하는 경우는 거의 찾아보기 힘들며 종속기업의 보고기간 중에 주식을 취득하는 경우가 더 일반적이다. 따라서 본 절에서는 종속기업주식의 기중취득에 관련된 문제에 대해서 살펴보기로 한다.

1 간주취득일

지배기업이 종속기업주식을 보고기간 중에 취득한 경우 연결재무제표작성과 관련하여 유의할 사항은 다음과 같다.

(1) 지배기업이 종속기업주식을 보고기간 중에 취득한 경우에 엄격하게 연결조정을 한다면 주식취득일 현재 종속기업의 순자산을 파악해야 하므로 종속기업이 가결산을 해야 한다. 그러나 이를 적용하기란 현실적으로 불가능하기 때문에 기업실무에서는 주식취득일과 가장 가까운 결산일(분기·반기재무제표를 작성할 경우에는 분기·반기결산일을 포함함.)에 취득한 것으로 간주하여 연결조정을 한다.

(2) 간주취득일이 종속기업의 결산일이 아닌 분기·반기재무제표작성일인 경우에는 종속기업주식 취득 전에 발생한 당기 종속기업의 이익은 '종속기업의 취득일 전 순손익'이라는 계정과목을 설정하여 연결손익에서 제외시켜야 한다. 왜냐하면, 사업결합을 취득법으로 회계처리할 경우 피취득자(종속기업)의 과거 영업이익의 결과는 이전되지 않으며 피취득자(종속기업)의 수익과 비용은 취득일 이후에 발생한 것만 취득자(지배기업)에 합산되기 때문이다.

예 A회사는 B회사주식 60%를 ₩4,000에 취득하여 지배력을 획득하였다. 20×1년 12월 31일의 A회사와 B회사의 재무상태표와 포괄손익계산서는 다음과 같고 B회사의 자산·부채의 장부금액과 공정가치는 일치한다.

재무상태표
20×1년 12월 31일

자 산	A회사	B회사	부채 및 자본	A회사	B회사
B회사투자주식	4,000		부 채	10,000	5,000
기타의 자산	18,000	11,000	자 본 금	10,000	5,000
			이익잉여금	2,000	1,000
	22,000	11,000		22,000	11,000

포괄손익계산서
20×1년 1월 1일부터 20×1년 12월 31일까지

	A회사	B회사
수 익	5,000	3,000
비 용	(3,000)	(2,000)
당기순이익	2,000	1,000

1. 20×1년 6월 30일에 취득

   (1) 영업권의 측정

B회사지분 취득원가	₩4,000
B회사 순자산공정가치 : (₩5,000 + ₩500)×60% =	(3,300)
영 업 권	₩700

   (2) 연결조정분개

① (차) ｛ 자 본 금(B)　　　　　　5,000　　(대) ｛ B회사투자주식　　　4,000
　　　　영 업 권　　　　　　　　 700　　　　　 비지배지분　　　　2,000
　　　　종속기업의 취득일 전 순손익　 300*

　　*종속기업주식 취득 전에 발생한 1월 1일부터 6월 30일까지 발생한 이익 ₩500에 대한 지배기업지분율만큼인 ₩300은 '종속기업의 취득일 전 순손익'이라는 계정과목으로 하여 연결손익에서 제외시켜야 함. 왜냐하면, 사업결합을 취득법으로 회계처리할 경우 피취득자(종속기업)의 과거 영업이익의 결과는 이전되지 않으며, 피취득자(종속기업)의 수익과 비용은 취득일 이후에 발생한 것만 취득자(지배기업)에 합산되기 때문임.

② (차)　이익잉여금(비지배지분순이익)　 400　　(대)　비지배지분　　　　400
　　　　*₩1,000×40% = ₩400

(3) 연결재무상태표와 연결포괄손익계산서

연결재무상태표

A회사 및 종속기업　　　　20×1년 12월 31일

자　산	29,000	부　채	15,000
영 업 권	700	자　본	
		지배기업소유주지분	
		자 본 금	10,000
		이익잉여금	2,300
		비지배지분	2,400
	29,700		29,700

연결포괄손익계산서

A회사 및 종속기업　20×1년 1월 1일부터 20×1년 12월 31일까지

수　익	8,000
비　용	(5,000)
종속기업의 취득일 전 순손익	(300)
당기순이익	2,700
당기순이익의 귀속	
지배기업소유주	2,300
비지배지분	400

2. 20×1년 12월 31일에 취득

　(1) 영업권의 측정

B회사지분 취득원가			₩4,000	
B회사 순자산공정가치 : (₩5,000 + ₩1,000)×60% =			(3,600)	
영 업 권			₩400	

(2) 연결조정분개

(차)	자 본 금(B)	5,000	(대)	B회사투자주식	4,000
	이익잉여금(B)	1,000		비지배지분	2,400
	영 업 권	400			

*사업결합을 취득법으로 회계처리한 경우 피취득자(종속기업)의 과거 영업이익의 결과는 이전되지 으므로 종속기업의 20×1년말 재무상태표만 지배기업에 합산됨.

(3) 연결재무상태표와 연결포괄손익계산서

연결재무상태표

A회사 및 종속기업   20×1년 12월 31일

자 산	29,000	부 채	15,000
영 업 권	400	자 본	
		지배기업소유주지분	
		자 본 금	10,000
		이익잉여금	2,000
		비지배지분	2,400
	29,400		29,400

연결포괄손익계산서

A회사 및 종속기업 20×1년 1월 1일부터 20×1년 12월 31일까지

수 익	5,000
비 용	(3,000)
당기순이익	2,000
당기순이익의 귀속	
지배기업소유주	2,000
비지배지분	0

2 배당기준일과 연결조정차액의 계산

지배기업이 종속기업의 주식을 기중에 취득한 경우에는 전술한 간주취득일과 더불어 종속기업의 배당기준일에 대해서도 고려해야 한다. 왜냐하면, 종속기업주식의 실제 취득일이 종속기업의 배당기준일 이전이냐 아니면 배당기준일 이후냐에 따라 종속기업의 순자산가액이 달라지기 때문이다. 따라서 이 경우 투자제거차액은 다음과 같이 계산해야 한다.

(1) 종속기업주식의 실제 취득일이 종속기업의 배당기준일 이전인 경우에는 당해 배당금에 대한 청구권이 있으므로 당해 배당금을 포함한 금액으로 투자제거차액을 계산해야 한다. 그리고 종속기업으로부터 배당금을 수취한 경우 이를 배당금수익으로 처리하지 않고 투자주식의 가액을 감액시켜야 한다. 왜냐하면 이 경우 수취한 배당금은 종속기업주식을 취득하기 전에 벌어들인 이익에 대한 것이므로 투자수익이 아니라 투자금액의 반환으로 보기 때문이다.

(2) 종속기업주식의 실제 취득일이 종속기업의 배당기준일 이후인 경우에는 당해 배당금에 대한 청구권이 없으므로 당해 배당금을 제외한 금액으로 투자제거차액을 계산해야 한다.

예 A회사는 B회사의 지배력을 획득하기 위하여 B회사의 의결권 있는 보통주식을 취득하였다. 관련자료는 다음과 같다.

(1) 20×1년 1월 1일 B회사의 주주지분은 ₩1,500,000(자본금 ₩1,000,000, 이익잉여금 ₩500,000)이며 자산·부채의 장부금액과 공정가치는 일치하였다.

(2) B회사는 20×1년 3월에 현금배당 ₩100,000을 실시하였으며, 20×1년말에 ₩300,000의 당기순이익을 보고하였다. B회사의 배당기준일은 보고기간말이며, 비지배지분에 대한 영업권은 인식하지 않는다.

---

1. 배당기준일 이전에 취득한 경우
    (1) 영업권의 측정

B회사지분 취득원가	₩940,000
B회사 순자산공정가치 : ₩1,500,000×60% =	(900,000)
영 업 권	₩40,000

    (2) 개별회계상 B회사투자주식의 회계처리

일 자	회 계 처 리				
취 득 시	(차) B회사투자주식		940,000	(대) 현 금	940,000
배당금수취시	(차) 현 금		60,000	(대) B회사투자주식	60,000

　　　　　　　　　　*₩100,000×60% = ₩60,000. 종속기업주식을 취득하기 전에 발생한 이익
　　　　　　　　　　에 대한 배당금이므로 배당금수익으로 처리하지 않고 투자금액의 반환으
　　　　　　　　　　로 보아 투자주식의 가액을 감액시킴.

　　　　　∴ ⎰ 20×1년말 B회사투자주식　　　　　₩880,000
　　　　　　 ⎱ 20×1년의 배당금수익　　　　　　　　　0

(3) 연결조정분개

　　① (차) ⎧ 자 본 금(B)　　1,000,000　　(대) ⎰ B회사투자주식　　880,000
　　　　　 ⎨ 이익잉여금(B)　　 400,000　　　　 ⎱ 비지배지분　　　　560,000
　　　　　 ⎩ 영 업 권　　　　　 40,000

　　② (차)　이익잉여금(비지배지분순이익)　120,000　　(대)　비지배지분　　120,000

　　　　　*₩300,000×40% = ₩120,000

2. 배당기준일 이후에 취득한 경우

(1) 영업권의 측정

　　B회사지분 취득원가　　　　　　　　　　　　　　　　　　　　　₩880,000
　　B회사 순자산공정가치 : (₩1,500,000 − ₩100,000)*×60% =　　　(840,000)
　　영 업 권　　　　　　　　　　　　　　　　　　　　　　　　　　 ₩40,000

　　*주식취득일이 20×1년 1월 4일인 경우 지배기업은 종속기업이 20×1년 3월에 지급할 배당금에 대한
　　청구권이 없으므로 영업권계산시 종속기업순자산금액에서 20×1년의 배당금 ₩100,000을 차감함.

(2) 연결조정분개

　　① (차) ⎧ 납입자본(B)　　1,000,000　　(대) ⎰ B회사투자주식　　880,000
　　　　　 ⎨ 이익잉여금(B)　　 400,000　　　　 ⎱ 비지배지분　　　　560,000
　　　　　 ⎩ 영 업 권　　　　　 40,000

　　② (차)　이익잉여금(비지배지분순이익)　120,000　　(대)　비지배지분　　120,000

　　　　　*₩300,000×40% = ₩120,000

 종속기업의 소유주지분과 관련된 기타연결조정사항

1 비지배지분초과손실

종속기업의 결손금이 누적되어 종속기업 순자산공정가치가 부(-)의 금액이라면 비지배지분은 차변잔액(이를 비지배지분초과손실이라고 함.)이 되는데, 이와 관련하여 유의할 사항은 다음과 같다.

(1) 당기순손익과 기타포괄손익의 각 구성요소는 지배기업의 소유주와 비지배지분에 귀속되는데, 그 결과 비지배지분이 부(-)의 잔액이 되더라도 총포괄손익은 지배기업의 소유주와 비지배지분에 배분된다.

(2) 부(-)의 비지배지분은 연결재무상태표의 자본에 차감하는 형식으로 표시한다.

예 A회사는 20×1년 1월 1일 B회사의 주식 60%를 ₩700,000에 취득하여 지배력을 획득하였다. 관련자료는 다음과 같다.

(1) 20×1년 1월 1일 B회사의 자산·부채의 장부금액과 공정가치는 일치하였고, 20×1년 이후 B회사의 주주지분은 다음과 같으며 이익잉여금의 변동은 전액 당기순손익에 기인한다.

일 자	B회사 순자산장부금액		
	자 본 금	이익잉여금	합 계
20×1년 1월 1일	₩800,000	₩200,000	₩1,000,000
20×1년 12월 31일	800,000	(500,000)	300,000
20×2년 12월 31일	800,000	(1,000,000)	(200,000)
20×3년 12월 31일	800,000	(600,000)	200,000

(2) A회사는 B회사투자주식을 원가법으로 회계처리하며 영업권은 20×3년말까지 손상되지 않았다.

1. 20×1년 연결조정분개

① (차) 자 본 금(B) 800,000 (대) B회사투자주식 700,000
       이익잉여금(B) 200,000   비지배지분   400,000
       영 업 권   100,000

② (차) 비지배지분   280,000 (대) 이익잉여금(비지배지분순손실) 280,000
   * ₩(700,000)×40% = ₩(280,000)

2. 20×2년 연결조정분개

① (차) 자 본 금(B)　　　800,000　　(대) 결 손 금(B)　　　500,000
　　　　영 업 권　　　　100,000　　　　B회사투자주식　　700,000
　　　　이익잉여금(A)　　420,000　　　　비지배지분　　　120,000

*1. 비지배지분 : (₩800,000 − ₩500,000)×40% = ₩120,000
  2. 이익잉여금(A) : ₩(700,000)(20×1년의 당기순손실)×60% = ₩(420,000)

② (차) 비지배지분　　　200,000　　(대) 이익잉여금(비지배지분순손실)　200,000

*₩(500,000)×40% = ₩(200,000). 20×2년말 연결재무상태표에 계상될 비지배지분은 종속기업 기말순자산공정가치가 ₩(200,000)의 부(−)의 금액이므로 이 중 비지배지분의 몫(40%)인 ₩(80,000)만큼 차변잔액이 나옴. 이러한 경우 비지배지분의 차변잔액(비지배지분 초과손실액) ₩(80,000)을 연결재무상태표의 자본에서 차감하는 형식으로 표시함.

3. 20×3년 연결조정분개

① (차) 자 본 금(B)　　　800,000　　(대) 결 손 금(B)　　　1,000,000
　　　　비지배지분　　　80,000　　　　B회사투자주식　　700,000
　　　　영 업 권　　　　100,000
　　　　이익잉여금(A)　　720,000

*1. 비지배지분 : (₩800,000 − ₩1,000,000)×40% = ₩(80,000)
  2. 이익잉여금(A) : ₩(1,200,000)(20×1년과 20×2년의 당기순손실)×60% = ₩(720,000)

② (차) 이익잉여금(비지배지분순이익)　160,000　(대) 비지배지분　　160,000

*₩400,000×40% = ₩160,000

2 종속기업의 주식배당과 무상증자시 연결조정

종속기업이 주식배당이나 무상증자를 실시하게 되면 종속기업의 순자산에는 변동이 없이 자본항목의 구성요소만 달라지게 된다. 따라서 투자자인 지배기업의 입장에서는 개별회계상 별도의 회계처리 없이 주식수만 증가시키며, 연결재무제표작성시에도 별도의 연결조정분개는 필요로 하지 않는다. 다만, 종속기업이 주식배당이나 무상증자를 실시하기 전으로 종속기업의 자본항목을 환원한 후에 종속기업 자본항목의 변동분을 파악하여 연결조정을 하면 된다.

예 다음은 A회사와 그 종속기업인 B회사의 20×2년말 재무상태표와 20×2년의 포괄손익계산서이다.

재무상태표
20×2년 12월 31일

자 산	A회사	B회사	부채 및 자본	A회사	B회사
자 산	5,500	4,000	부 채	2,400	1,700
B회사투자주식	1,500		자 본 금	2,500	1,500
			자본잉여금	1,000	1,000
			이익잉여금	1,100	1,100
	7,000	4,000		7,000	7,000

포괄손익계산서
20×2년 1월 1일부터 20×2년 12월 31일까지

	A회사	B회사
매 출 액	1,300	1,000
매 출 원 가	(1,000)	(600)
매출총이익	300	400
기 타 수 익	172	100
기 타 비 용	(300)	(200)
당기순이익	172	300

[추가자료]

(1) A회사는 20×1년초에 B회사주식 80%를 ₩1,500에 취득하였는데, 취득시 A회사와 B회사의 주주지분은 다음과 같다. 주식취득시점에서 B회사의 자산·부채 장부금액과 공정가치는 일치하였다.

	A회사	B회사
자 본 금	₩2,500	₩1,000
자본잉여금	1,000	500
이익잉여금	500	300
계	₩4,000	₩1,800

(2) B회사의 20×1년 1월 1일 이후 주주지분의 변동내용은 다음과 같다.

	자 본 금	자본잉여금	이익잉여금
20×1년 1월 1일	₩1,000	₩500	₩300
당기순이익			200
20×1년 12월 31일	₩1,000	₩500	₩500
주 식 배 당	100		(100)

무상증자	400	(400)	
당기순이익			300
20×2년 12월 31일	₩1,500	₩100	₩700

1. 연결조정분개

    (1) 투자계정과 자본계정의 상계제거

    ① (차) 자 본 금(B)   1,500   (대) B회사투자주식   1,500
           자본잉여금(B)   100   비지배지분   400
           이익잉여금(B)   400   이익잉여금(A)   160
           영 업 권   60

    *1. 비지배지분 : (₩1,500 + ₩400 + ₩100)×20% = ₩400
     2. 이익잉여금(A) : ₩200×80% = ₩160. 종속기업이 주식배당이나 무상증자를 실시하기 전으로 종속기업의 자본항목을 환원한 후에 종속기업 자본항목의 변동분을 파악하여 연결조정을 해야 함.

    [참고] 종속기업 자본항목의 변동

	20×2년말 (주식배당·무상증자 후)	20×2년말 (주식배당·무상증자 전)	20×1년초
자 본 금	₩1,500	₩1,000	₩1,000
자본잉여금	100	500	500
이익잉여금 (당기순이익 제외)	400	500	300
계	₩2,000	₩2,000	₩1,800

    (2) 비지배지분순이익 계상

    ② (차) 이익잉여금(비지배지분순이익) 60   (대) 비지배지분   60

    *₩300×20% = ₩60

2. 연결재무상태표와 연결포괄손익계산서

    연결재무상태표
    A회사 및 종속기업   20×2년 12월 31일

자 산	9,500	부 채	4,100
영 업 권	60	자 본	
		지배기업소유주지분	

		자 본 금	2,500
		자본잉여금	1,100
		이익잉여금	1,400
		비지배지분	460
	9,560		9,560

연결포괄손익계산서

A회사 및 종속기업   20×2년 1월 1일부터 20×2년 12월 31일까지

매 출 액	2,300
매출원가	(1,600)
매출총이익	700
기타수익	272
기타비용	(500)
당기순이익	472
당기순이익의 귀속	
지배기업소유주	412
비지배지분	60

08 종속기업에 우선주가 있는 경우의 연결조정

지금까지는 종속기업이 보통주만을 발행하고 있는 경우의 연결회계에 대하여 설명하였다. 그러나 실제로는 많은 회사들이 우선주도 발행하고 있는데, 종속기업이 우선주를 발행하고 있는 경우에는 우선 종속기업의 자본항목을 보통주지분과 우선주지분으로 배분해야 한다. 이때 종속기업의 자본금과 자본잉여금을 보통주지분과 우선주지분으로 배분하는 것은 아무런 문제가 없지만, 종속기업의 이익잉여금과 당기순이익을 보통주지분과 우선주지분으로 배분하는 것은 우선주의 성격에 따라 배분비율이 달라지므로 매우 복잡한 문제를 야기시킨다. 또한 지배기업이 종속기업의 우선주를 소유하고 있는지의 여부에 따라 투자계정과 자본계정의 상계방법이 달라지게 된다. 따라서 본 장의 보론에서는 종속기업이 우선주를 발행하고 있는 경우 각각의 상황에 따른 연결회계를 살펴보도록 하겠다.

1 지배기업이 종속기업의 우선주를 소유하지 않는 경우

지배기업이 종속기업의 우선주를 소유하고 있지 않는 경우에는 종속기업의 자본계정 중 우선주지분 전체를 비지배지분에 배분하면 된다. 즉, 이익잉여금과 당기순이익을 우선주의 성격에 따라 보통주지분과 우선주지분으로 안분한 후 우선주지분을 모두 비지배지분으로 배분하면 된다.

연결조정분개를 예시하면 다음과 같다.

투자계정과 자본계정의 상계제거

(1) (차) 자 본 금(보통주)   ×××   (대) 종속기업투자주식(보통주) ×××
        자본잉여금(보통주)   ×××   비지배지분   ×××
        이익잉여금(보통주)   ×××

(2) (차) 자 본 금(우선주)   ×××   (대) 비지배지분   ×××
        자본잉여금(우선주)   ×××
        이익잉여금(우선주)   ×××

비지배지분순이익 계상

(3) (차) 이익잉여금(비지배지분순이익) ××× (대) 비지배지분(보통주) ×××
        *당기순이익(보통주)×비지배지분율

(4) (차) 이익잉여금(비지배지분순이익) ××× (대) 비지배지분(우선주) ×××
        *당기순이익(우선주)

2 지배기업이 종속기업의 우선주를 소유하는 경우

지배기업이 종속기업의 우선주를 소유하고 있는 경우에는 연결조정시 지배기업의 우선주취득과 관련한 투자제거차액이 발생할 수 있다. 이 경우 지배기업이 종속기업의 우선주를 매입하는 것은 연결실체의 관점에서 볼 때 우선주를 상환하는 것으로 볼 수 있으므로 우선주지분상계제거시 발생하는 투자제거차액을 다음과 같이 처리한다.

(1) 투자제거차액이 대변에 발생하는 경우 연결자본잉여금에 가산한다.
(2) 투자제거차액이 차변에 발생하는 경우에는 연결자본잉여금에서 차감하고 부족한 경우 연결자본조정으로 처리한다.

참고로 지배기업이 종속기업의 우선주를 소유하는 경우 연결조정분개를 예시하면 다음과 같다.

투자계정과 자본계정의 상계제거

(1) (차) 자 본 금(보통주) ××× (대) 종속기업투자주식(보통주) ×××
자본잉여금(보통주) ×××   비지배지분 ×××
이익잉여금(보통주) ×××
영 업 권 ×××

(2) (차) 자 본 금(우선주) ××× (대) 종속기업투자주식(우선주) ×××
자본잉여금(우선주) ×××   비지배지분 ×××
이익잉여금(우선주) ×××   자본잉여금(지배기업) ×××
자본잉여금(지배기업) ×××
자본조정(지배기업) ×××

비지배지분순이익 계상

(3) (차) 이익잉여금(비지배지분순이익) ××× (대) 비지배지분(보통주) ×××
*당기순이익(보통주)×비지배지분율

(4) (차) 이익잉여금(비지배지분순이익) ××× (대) 비지배지분(우선주) ×××
*당기순이익(우선주)×비지배지분율

연결회계 – 소유지분의 변화
이론문제(기출지문)

01 지배기업이 종속기업주식을 수회에 걸쳐 단계적으로 취득하여 지배력을 획득한 경우 지배력 획득시점에서 종속기업주식을 일시에 취득한 것으로 가정하여 영업권을 측정한다. (O)

02 지배기업이 지배력을 획득한 후에 추가로 종속기업주식을 취득한 경우 발생하는 투자제거차액은 연결자본잉여금으로 계상한다. (O)

03 지배력획득 전에 발생한 지배기업과 종속기업간의 거래에 따른 미실현손익은 연결조정시 제거하지 아니한다. (O)

04 종속기업에 대한 지배기업의 소유지분 변동은 손익거래로 회계처리하며, 지배력을 상실하는 경우 그 종속기업의 기타포괄손익과 관련하여 연결재무제표상 인식한 기타포괄손익이 있다면 해당 종속기업에 대한 소유지분의 변동이 발생한 날에 변동된 지분율에 해당하는 금액을 당기손익으로 재분류한다. (×)
▶ 지배력을 상실하지 않는 종속기업에 대한 지배기업의 소유지분 변동은 자본거래로 회계처리한다. 종속기업에 대한 지배력을 상실하는 경우 종속기업과 관련하여 인식한 기타포괄손익은 지배기업이 관련 자산이나 부채를 직접 처분한 경우와 동일하게 처리한다. 따라서 종속기업이 기타포괄손익을 관련 자산이나 부채 처분시 당기손익으로 재분류하거나 직접 이익잉여금으로 대체하는 경우 지배기업도 그 기타포괄손익을 당기손익으로 재분류하거나 이익잉여금으로 직접 대체한다.

05 지배기업이 종속기업주식을 처분하여 지배력을 상실한 경우에는 당해 처분손익을 당기손익으로 처리한다. (O)

06 지배기업이 종속기업에 대한 지배력을 상실하게 되면 그 종속기업과 관련하여 기타포괄손익으로 인식한 모든 금액을 당기손익으로 재분류한다. (×)
▶ 지배기업이 종속기업에 대한 지배력을 상실하게 되면 그 종속기업과 관련하여 기타포괄손익으로 인식한 모든 금액은 지배기업이 관련 자산이나 부채를 직접 처분한 경우의 회계처리와 동일한 기준으로 회계처리한다.

07 종속기업의 유상증자시 발생하는 투자제거차액은 연결재무상태표에 연결자본잉여금으로 인식한다. (O)

08 종속기업이 자기주식을 매입하는 경우 지배기업의 지분율이 변동됨에 따른 지분변동액은 연결자본잉여금으로 처리한다. (O)

09 종속기업의 주식을 기중에 취득하는 경우 종속기업주식취득 전에 발생한 당기 종속기업의 이익도 연결손익에 포함한다. (×)
 ▶종속기업주식을 기중에 취득하는 경우 종속기업주식취득 전에 발생한 당기 종속기업의 이익은 '종속기업의 취득일 전 순손익'이라는 계정과목을 설정하여 연결손익에서 제외시킨다.

10 당기순손익과 기타포괄손익의 각 구성요소는 지배기업의 소유주와 비지배지분에 귀속된다. 그러나 비지배지분이 부(−)의 잔액이 되는 경우 총포괄손익은 지배기업의 소유주에 전액 귀속된다. (×)
 ▶비지배지분이 부(−)의 잔액이 되는 경우에도 총포괄손익은 지배기업의 소유주와 비지배지분에 각각 배분한다.

11 종속기업의 손실 등으로 비지배지분이 영(0) 미만이 될 경우에는 연결재무제표상에 비지배지분은 표시되지 않는다. (×)
 ▶비지배지분이 영(0) 미만이 될 경우에는 이를 부(−)의 비지배지분으로 하여 연결재무상태표의 자본에서 차감하는 형식으로 표시한다.

12 종속기업이 주식배당이나 무상증자를 실시한 경우 지배기업은 교부받은 주식의 액면금액을 당기이익으로 인식한다. (×)
 ▶종속기업이 주식배당이나 무상증자를 실시한 경우 지배기업은 별도의 회계처리 없이 주식수만 증가시키며, 연결재무제표작성시에도 별도의 연결조정분개는 필요 없다.

13 지배기업이 종속기업의 우선주를 소유하고 있지 않는 경우에는 연결조정시 별도의 회계처리를 할 필요가 없다. (×)
 ▶지배기업이 종속기업의 우선주를 소유하고 있지 않은 경우에는 종속기업의 자본계정 중 우선주지분 전체를 비지배지분에 배분한다.

필수예제 — 지배력획득 후의 추가취득

다음은 지배기업인 A회사가 보유하고 있는 종속기업 B회사의 주식과 관련된 자료이다.

(1) A회사는 20×1년초에 B회사 보통주식의 60%를 ₩240,000에 취득하여 지배력을 획득하였다. 지배력 획득일인 20×1년초의 B회사 순자산장부금액은 ₩350,000이며, 공정가치와 일치하였다.

(2) A회사는 20×2년초에 추가로 B회사 보통주식의 20%를 ₩85,000에 취득하였다. 추가 취득일인 20×2년초의 B회사 순자산장부금액은 ₩400,000이며, 공정가치와 일치하였다.

(3) B회사는 20×1년과 20×2년에 ₩50,000의 당기순이익과 ₩80,000의 당기순이익을 각각 보고하였다.

(4) 20×2년말 현재 A회사와 B회사의 순자산의 구성내역은 다음과 같으며, 20×1년초 이후 당기순이익 이외에 자본의 변동을 초래한 사항은 없다.

	A회사	B회사
자 본 금	₩500,000	₩200,000
자본잉여금	300,000	50,000
이익잉여금	350,000	230,000

A회사와 B회사의 20×2년 연결재무상태표에 표시될 영업권 및 연결자본잉여금은 각각 얼마인가? 단, 비지배지분에 대한 영업권은 인식하지 않는다.

---

1. 영업권

지배력획득일의 B회사 주식취득원가	₩240,000
지배력획득일의 B회사 순자산공정가치: ₩350,000×60%=	(210,000)
계	₩30,000

2. 20×2년말 연결자본잉여금

20×2년말 A회사 자본잉여금	₩300,000
추가취득시 투자제거차액: ₩85,000−₩400,000×20%=	(5,000)*
계	₩295,000

*지배력획득일 이후에 종속기업의 주식을 추가 취득하는 경우에 발생하는 투자제거차액은 연결자본잉여금(연결자본잉여금이 부족한 경우에는 연결자본조정)으로 조정한다.

※해설※ 20×2년 연결조정분개

1. (차) 자 본 금(B)   200,000   (대) B회사투자주식   325,000
        자본잉여금(B)   50,000   이익잉여금(A)   30,000*²
        이익잉여금(B)   150,000*¹   비지배지분   80,000*³
        영 업 권   30,000
        자본잉여금(A)   5,000*⁴

   *1. B회사의 20×2년 당기순이익이 제외된 금액
    2. 지배력획득일 이후 B회사 이익잉여금 증가액 중 A회사 지분: ₩50,000×60%=₩30,000
    3. (₩200,000+₩50,000+₩150,000)×20%=₩80,000
    4. 추가취득시 발생한 투자제거차액

       20×2년초 B회사 주식 20% 취득금액   ₩85,000
       20×2년초 B회사의 순자산공정가치: ₩400,000×20%=   (80,000)
       투자제거차액   ₩5,000

2. (차) 이익잉여금   16,000   (대) 비지배지분   16,000
        (비지배지분순이익)

---

01 20×2년 1월 1일에 (주)지배는 (주)종속의 의결권 있는 보통주식 60%를 ₩360,000에 취득하여 지배력을 획득하였다. 20×2년 1월 1일 현재 (주)종속의 요약재무상태표상 장부금액과 공정가치는 다음과 같다.

요약재무상태표
20×2. 1. 1 현재   (단위: 원)

계정과목	장부금액	공정가치	계정과목	장부금액	공정가치
현 금	180,000	180,000	부 채	100,000	100,000
재고자산	140,000	160,000	자 본 금	300,000	–
유형자산	200,000	300,000	이익잉여금	120,000	–
자산총계	520,000		부채·자본총계	520,000	

20×2년 1월 1일에 (주)종속은 20×1년말 현재의 주주에게 배당금 ₩20,000을 지급하였다. 위 요약재무상태표상의 이익잉여금은 배당금 지급을 반영하기 전의 금액이다. 이 경우 (주)지배가 지배력 획득시 인식할 영업권의 금액은 얼마인가? 단, 비지배지분은 종속기업의 식별가능한 순자산공정가치에 비례하여 결정한다.

(2015. CPA)

(주)종속 지분 취득원가	₩360,000
(주)종속 순자산공정가치:(₩640,000−₩100,000−₩20,000*)×60%=	(312,000)
영 업 권	₩48,000

*배당기준일인 20×1년말 이후에 투자주식을 취득하였으므로 배당금 ₩20,000에 대한 청구권이 없음. 따라서, 취득일의 배당금지급이 반영되지 않은 (주)종속의 순자산공정가치에서 배당금을 차감함

02 A회사는 20×1년초에 B회사의 보통주식 10%를 ₩30,000에 취득하였으며, 20×1년초 현재 B회사의 순자산장부금액은 ₩280,000이었다. B회사는 20×1년도에 ₩20,000의 당기순이익을 보고하였으며 ₩5,000의 현금배당을 실시하였다. 20×2년초에 A회사는 B회사의 보통주식 50%를 추가로 ₩175,000에 취득하여 지배력을 획득하였다. 20×1년과 20×2년초의 B회사의 자산·부채의 장부금액과 공정가치는 일치하며, 20×2년초 현재 20×1년에 취득한 B회사의 보통주식 10%의 공정가치는 ₩35,000이다. A회사가 20×2년말에 연결재무제표를 작성하는 경우 연결재무상태표에 계상될 영업권은 얼마인가? 단, 비지배지분에 대한 영업권은 인식하지 않으며 영업권은 손상되지 않았다.

지배력획득일의 투자주식의 공정가치:₩35,000+₩175,000=	₩210,000
지배력획득일의 B회사 순자산공정가치:(₩280,000+₩20,000−₩5,000)×60%=	(177,000)
영 업 권	₩33,000

03 A회사는 20×1년초에 B회사 발행주식의 20%를 ₩75,000에 취득하여 공정가치법으로 회계처리하고 있다. 관련자료는 다음과 같다.

(1) 20×1년초 B회사의 순자산장부금액은 ₩300,000이며, 자산·부채의 장부금액과 공정가치는 일치하였다.
(2) 20×1년에 B회사는 ₩50,000의 당기순이익을 보고하였으며, 기타의 이익처분 및 자본변동사항은 없었다.
(3) 20×2년초에 A회사는 B회사 발행주식의 40%를 ₩250,000에 추가 취득하여 지배·종속관계가 성립되었다. 20×2년초 현재 B회사의 자산과 부채 중에서 장부금액과 공정가치가 일치하지 않는 항목은 다음과 같고, 20×1년초에 취득한 B회사주식의 20×2년초 공정가치는 ₩125,000이다.

	장부금액	공정가치
재고자산	₩50,000	₩60,000
토 지	100,000	135,000

20×2년말 연결재무제표에 표시될 영업권은 얼마인가? 단, 비지배지분은 B회사의 순자산공정가치에 대한 비례적지분으로 측정한다.

20×2년초 B회사주식의 공정가치 : ₩125,000+₩250,000=	₩375,000
20×2년초 B회사 순자산공정가치 : (₩350,000+₩10,000+₩35,000)×60%=	(237,000)
영 업 권	₩138,000

04 (주)지배는 20×3년초에 (주)종속의 보통주 발행주식의 70%를 ₩450,000에 취득하여 두 회사 간에 지배·종속관계가 성립되었다. 취득당시 (주)종속의 순자산장부금액과 공정가치간에 차이는 없었으며, (주)종속의 자본구성은 다음과 같다.

구 분	금 액
납입자본	₩300,000
이익잉여금	150,000
기타포괄손익누계액	100,000

20×3년부터 20×5년 사이에 (주)종속의 순자산에 영향을 미친 항목은 다음과 같다.

구 분	20×3년	20×4년	20×5년
당기순이익	₩30,000	₩70,000	₩100,000

20×5년초 (주)지배는 보유하고 있는 (주)종속의 주식 일부를 ₩200,000에 처분하여 (주)종속의 보통주 발행주식의 56%를 보유하게 되었다. 20×5년말 (주)지배의 연결재무제표상 영업권잔액은 얼마인가?

(2005. CPA 수정)

20×3년초 영업권 : ₩450,000−₩550,000×70%=₩65,000
∴ 주식처분 후 영업권잔액 : ₩65,000×56/70=₩52,000

필수예제 : 종속기업의 유상증자시 연결조정

20×1년초에 A사는 B사의 총발행주식 1,000주 중 600주를 ₩3,900,000에 취득하여 지배력을 획득하였다. 관련자료는 다음과 같다.

(1) 취득시 B사의 순자산장부금액은 ₩6,000,000이었으며, 자산·부채의 장부금액과 공정가치는 일치하였다.
(2) B사는 20×1년과 20×2년에 각각 ₩800,000과 ₩1,000,000의 당기순이익을 보고하였다. 이 기간 중 이익처분은 없었다.
(3) 20×2년초에 B사는 200주의 유상증자를 주당 ₩8,000에 실시하였으나 다수의 실권주가 발생하여 A사는 이 중 180주를 취득하였다. 당기순이익과 유상증자 이외의 자본항목의 변동은 없었다.

20×2년말 A사의 자본잉여금이 ₩1,000,000일 경우 20×2년말 연결재무상태표에 표시될 영업권과 연결자본잉여금은 각각 얼마인가?

---

1. 영업권

지배력획득일의 B사주식취득원가	₩3,900,000
B회사 순자산공정가치 : ₩6,000,000×60%=	(3,600,000)
계	₩300,000

*20×2년초 유상증자시 발생한 투자제거차액은 자본거래로 보아 연결자본잉여금으로 조정함

2. 연결자본잉여금

(1) 20×2년초 유상증자시 투자제거차액

유상증자시 B사주식취득원가 : 180주×₩8,000=		₩1,440,000
B사 순자산중 A사지분 변동액		
유상증자 후 A사지분 :		
(₩6,000,000+₩800,000+200주×₩8,000)×65%*=	₩5,460,000	
유상증자 전 A사지분 :		
(₩6,000,000+₩800,000)×60%=	(4,080,000)	(1,380,000)
투자제거차액		₩60,000

*유상증자 후 지분율 : (600주+180주)÷(1,000주+200주)=65%

(2) 연결자본잉여금

A사 자본잉여금	₩1,000,000
B사 유상증자시 투자제거차액	(60,000)
계	₩940,000

참고 20×2년의 연결조정분개

1. 투자계정과 자본계정의 상계제거

(차)	순 자 산(B)	8,400,000	(대) B회사투자주식	5,340,000
	영 업 권	300,000	비지배지분	2,940,000
	자본잉여금(A)	60,000	이익잉여금(A)	480,000

*1. 순 자 산(B) : ₩6,000,000+₩800,000+200주×₩8,000=₩8,400,000
 2. B회사투자주식 : ₩3,900,000+180주×₩8,000=₩5,340,000
 3. 영 업 권 : ₩3,900,000-₩6,000,000×60%=₩300,000
 4. 비지배지분 : ₩8,400,000×35%=₩2,940,000
 5. 이익잉여금(A) : ₩800,000×60%=₩480,000
 6. 자본잉여금(A) : 20×2년초 유상증자시 투자제거차액

2. 비지배지분순이익 계상

(차)	이익잉여금(비지배지분순이익)	350,000	(대)	비지배지분	350,000

* ₩1,000,000×35%=₩350,000

---

05 (주)국세는 20×1년 1월 1일에 (주)종속의 주식 70%를 ₩1,000,000에 취득하여 지배력을 획득하였다. 주식 취득당시 (주)종속의 자본은 자본금 ₩700,000과 이익잉여금 ₩300,000으로 구성되어 있었으며 자산과 부채의 장부금액과 공정가치는 차이가 없었다. (주)종속은 20×1년에 ₩1,800,000의 당기순손실을 보고하였으나, 20×2년에는 ₩1,000,000의 당기순이익을 보고하였다. 20×1년말과 20×2년말의 연결재무상태표에 표시될 비지배지분은 얼마인가? 단, 비지배지분은 (주)종속의 식별가능한 순자산 중 비지배지분의 비례적 지분으로 계산한다. 또한 (주)종속의 기타포괄손익은 없다고 가정한다.

(2010. 세무사)

1. 20×1년말 비지배지분 : (₩700,000+₩300,000-₩1,800,000)×30%=₩(240,000)
2. 20×2년말 비지배지분 : {₩(800,000)+₩1,000,000}×30%=₩60,000

 * 종속기업의 결손금이 누적되어 종속기업 순자산공정가치가 부(-)의 금액인 경우 비지배지분은 차변잔액이 된다. 이를 비지배지분초과손실이라고 하며, 부(-)의 비지배지분은 연결재무상태표의 자본에서 차감하는 형식으로 표시한다.

※해설※ 각 연도별 연결조정분개

20×1년: (차) 자 본 금 700,000 (대) 종속기업투자주식 1,000,000
　　　　　　　이익잉여금 300,000　　　　비지배지분 300,000
　　　　　　　영 업 권 300,000

　　　　(차) 비지배지분 540,000 (대) 이익잉여금(비지배지분순손실) 540,000

20×2년: (차) 자 본 금 700,000 (대) 결 손 금 1,500,000
　　　　　　　비지배지분 240,000　　　　종속기업투자주식 1,000,000
　　　　　　　영 업 권 300,000
　　　　　　　이익잉여금 1,260,000*

　　　*20×1년 당기순손실 ₩(1,800,000)×70%=₩1,260,000

　　　　(차) 이익잉여금(비지배지분순이익) 300,000 (대) 비지배지분 300,000

06 (주)지배는 20×1년초 (주)종속의 의결권 있는 보통주 800주(총 발행주식의 80%)를 취득하여 지배력을 획득하였다. 지배력획득일 현재 (주)종속의 순자산장부금액은 ₩250,000이며, 순자산공정가치와 장부금액은 동일하다. (주)종속의 20×1년과 20×2년의 당기순이익은 각각 ₩100,000과 ₩150,000이다. (주)종속은 20×2년 1월 1일에 200주를 유상증자(주당 발행가액 ₩1,000, 주당 액면가액 ₩500)하였으며, 이 중 100주를 (주)지배가 인수하였다. (주)지배는 별도재무제표상 (주)종속주식을 원가법으로 회계처리하고 있으며, 비지배지분은 종속기업의 식별가능한 순자산공정가치에 비례하여 결정한다. 20×2년 말 (주)지배의 연결재무상태표에 표시되는 비지배지분은 얼마인가?

(2020. CPA)

1. 20×2년말 (주)종속의 순자산공정가치: ₩250,000+₩100,000+₩150,000+₩1,000×200주
　　　　　　　　　　　　　　　　　　=₩700,000

2. 20×2년말 비지배지분율: $1-\dfrac{800주+100주}{1,000주+200주}=25\%$

∴ 20×2년말 비지배지분: ₩700,000×25%=₩175,000

07 (주)대한은 20×1년초에 (주)민국의 보통주 80주(80%)를 ₩240,000에 취득하여 지배력을 획득하였다. 취득일 현재 (주)민국의 순자산은 자본금 ₩150,000과 이익잉여금 ₩100,000이며, 식별가능한 자산과 부채의 장부금액과 공정가치는 일치하였다. 취득일 이후 20×2년까지 (주)대한과 (주)민국이 별도(개별)재무제표에 보고한 순자산변동(당기순이익)은 다음과 같으며, 이들 기업 간에 발생한 내부거래는 없다.

구 분	20×1년	20×2년
(주)대한	₩80,000	₩120,000
(주)민국	20,000	30,000

20×3년 1월 1일에 (주)대한은 보유중이던 (주)민국의 보통주 50주(50%)를 ₩200,000에 처분하여 (주)민국에 대한 지배력을 상실하였다. 남아있는 (주)민국의 보통주 30주(30%)의 공정가치는 ₩120,000이며, (주)대한은 이를 관계기업투자주식으로 분류하였다. (주)민국에 대한 지배력 상실시점의 회계처리가 (주)대한의 20×3년도 연결당기순이익에 미치는 영향은 얼마인가? 단, 20×3년 말 현재 (주)대한은 다른 종속기업을 지배하고 있어 연결재무제표를 작성한다. (2022. CPA)

20×3년초 (주)민국주식 처분시 회계처리

(1) (차) 현　　금　　　　200,000　　(대) 종속기업투자주식　　150,000
　　　　　　　　　　　　　　　　　　　　　이익잉여금　　　　　40,000*
　　　　　　　　　　　　　　　　　　　　　금융자산처분이익　　10,000

　　　*(₩20,000+₩30,000)×80%=₩40,000

(2) (차) 관계기업투자　　120,000　　(대) 종속기업투자주식　　90,000
　　　　　　　　　　　　　　　　　　　　　금융자산처분이익　　30,000

∴ 연결당기순이익에 영향: ₩10,000+₩30,000=₩40,000

※해설※

1. 종속기업주식을 처분하여 지배력을 상실한 경우에는 개별회계상 종속기업주식 취득 이후 종속기업 순자산변동분 중 지배기업해당분을 지배기업의 자본항목으로 인식하고 대차차액을 당기손익(금융자산처분손익)으로 인식한다.

2. 보유중인 투자주식을 지배력을 상실한 날의 공정가치로 재측정하고, 장부금액과 공정가치의 차이를 당기손익(금융자산처분손익)으로 인식한다.

05 연결회계-소유지분의 변화

CHAPTER 06

연결회계 – 복잡한 관계구조

ADVANCED ACCOUNTING

제1절 / 지배·종속관계구조
제2절 / 간접소유 – 父 – 子 – 孫의 구조
제3절 / 간접소유 – 고리형 관계구조
제4절 / 상호소유된 종속기업주식
제5절 / 상호소유된 지배기업주식
[보론] / 종속기업의 자본항목(이익잉여금 제외)이 변동된 경우

01 지배·종속관계구조

지금까지는 지배기업이 한 개의 종속기업에 직접적으로 투자한 경우에 있어서의 연결조정사항에 대해서 살펴보았다. 그러나 현실적으로 기업간 지배·종속관계의 형태는 대단히 복잡하며 다양하다. 지배·종속관계의 기본적이며 일반적인 유형을 살펴보면 다음과 같다.

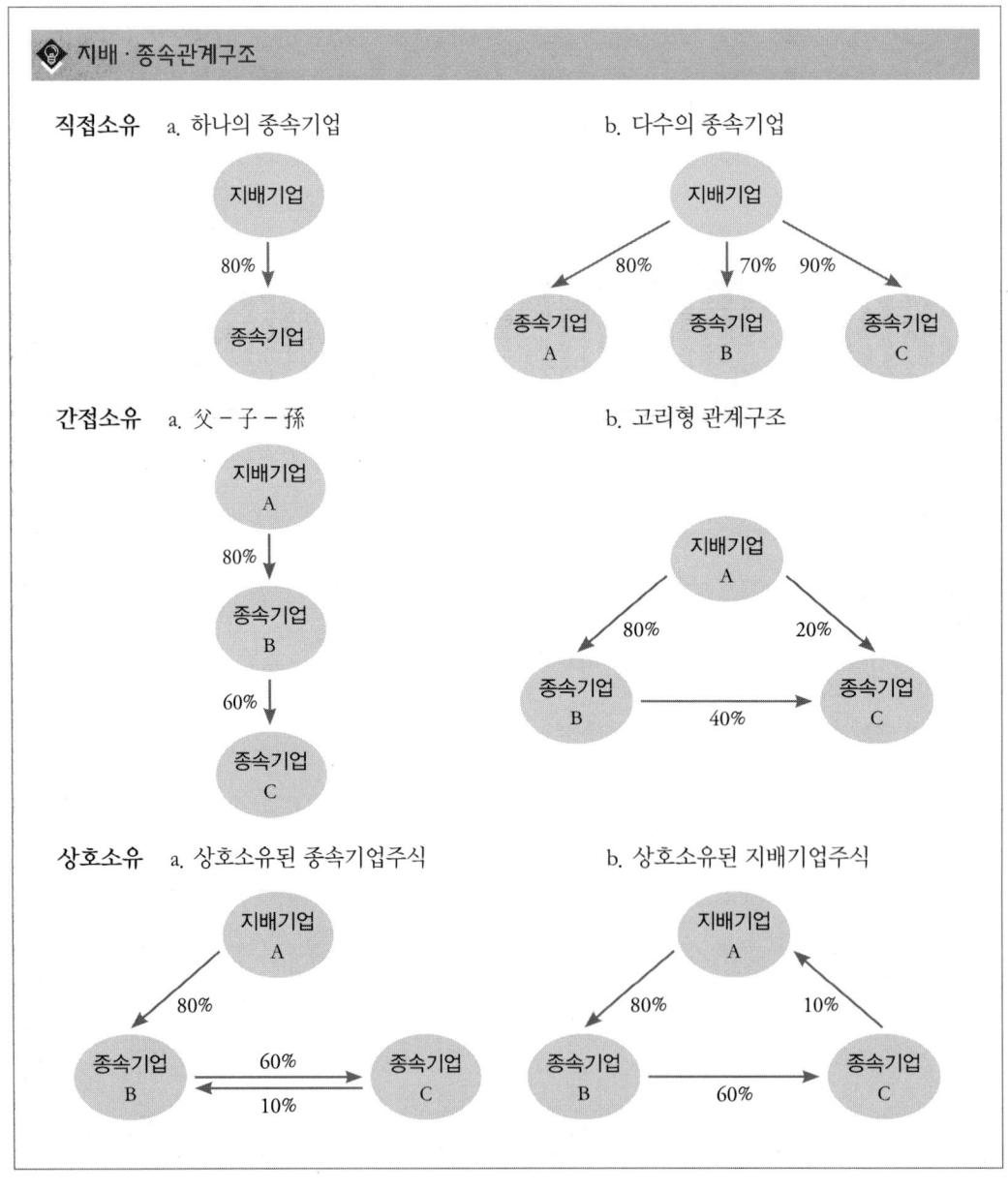

지배기업이 여러 개의 종속기업에 직접적으로 투자한 경우에는 지금까지 살펴본 연결조정사항과 차이가 없으며, 단지 종속기업 상호 간의 채권·채무 및 내부거래도 조정되어야 한다는 점만 유의하면 된다.

본 장에서는 간접소유와 상호소유에 대해서 자세히 살펴보도록 하겠는데, 간접소유와 상호소유의 경우 연결재무제표를 작성하기 위해서는 연결당기순이익을 지배기업소유주지분과 비지배지분으로 배분하는 것이 중요한 문제로 대두된다. 이 경우에는 그 복잡성으로 말미암아 당기순이익과 순자산을 관계기업 사이에 배분하기 위해서 연립방정식이나 기타의 적절한 수학적 절차를 사용할 필요가 있다.

02 간접소유 – 父 – 子 – 孫의 구조

간접소유(父 – 子 – 孫)의 대표적인 예는 A회사가 B회사의 지분 80%를 소유하고 B회사는 C회사의 지분 60%를 소유하는 경우이다. 이러한 경우에 A회사는 C회사의 지분 48%(80%×60%)를 소유하게 되므로 연결당기순이익 중 지배기업소유주 귀속분은 A회사의 독립영업이익에 B회사의 독립영업이익의 80%와 C회사의 독립영업이익의 48%를 합한 것이다.

1 취득한 보고기간의 연결재무제표작성

간접소유(父 – 子 – 孫)의 경우에 취득한 보고기간의 연결재무제표작성절차에 대해서는 다음의 예를 토대로 살펴보기로 한다.

예 다음은 20×1년 12월 31일 현재 A회사와 그 종속기업인 B회사 및 C회사의 재무상태표와 포괄손익계산서이다.

재무상태표
20×1년 12월 31일

자 산	A회사	B회사	C회사	부채 및 자본	A회사	B회사	C회사
유 동 자 산	2,000,000	1,600,000	1,200,000	유 동 부 채	2,500,000	1,700,000	700,000
비유동자산	8,500,000	6,000,000	4,800,000	비유동부채	3,500,000	2,700,000	1,600,000
B회사투자주식	4,500,000			납 입 자 본	6,000,000	4,000,000	3,000,000
C회사투자주식		2,400,000		이 익 잉 여 금	3,000,000	1,600,000	700,000
	15,000,000	10,000,000	6,000,000		15,000,000	10,000,000	6,000,000

포괄손익계산서
20×1년 1월 1일부터 20×1년 12월 31일까지

	A회사	B회사	C회사
매 출 액	13,000,000	8,000,000	5,000,000
매출원가	(10,000,000)	(6,000,000)	(3,500,000)
매출총이익	3,000,000	2,000,000	1,500,000
기타비용	(2,000,000)	(1,400,000)	(1,300,000)
당기순이익	1,000,000	600,000	200,000

[추가자료]

(1) 20×1년 1월 1일 A회사는 B회사의 보통주 80%를 ₩4,500,000에 취득하였으며, 동일 B회사는 C회사의 보통주 60%를 ₩2,400,000에 취득하였다. 20×1년 1월 1일의 A회사, B회사 및 C회사의 주주지분은 다음과 같으며 B회사 및 C회사의 순자산장부금액과 공정가치는 일치하였다.

	A회사	B회사	C회사
납 입 자 본	₩6,000,000	₩4,000,000	₩3,000,000
이익잉여금	2,000,000	1,000,000	500,000
계	₩8,000,000	₩5,000,000	₩3,500,000

(2) 연결실체간 내부거래(재고자산)는 다음과 같다. 매출총이익률은 모두 20%이다.

판매회사	매입회사	내부거래(20×1년)	매입회사 기말재고에 남아 있는 상품
A회사	B회사	₩1,500,000	₩50,000
B회사	C회사	1,000,000	40,000
C회사	B회사	1,000,000	30,000

연결당기순이익

상기 예의 관계구조를 도표로 나타내면 다음과 같다. 이를 토대로 연결당기순이익의 계산과정과 배분과정에 대해서 살펴보기로 한다.

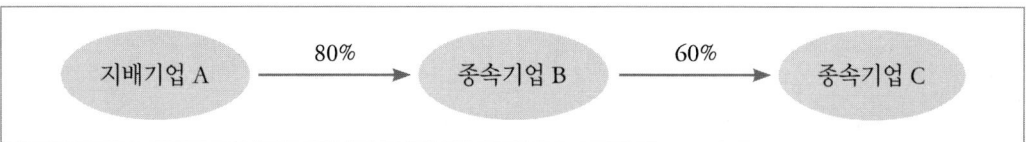

① 각 회사의 내부거래로 인한 미실현손익을 제거한 독립영업이익 및 연결당기순이익은 다음과 같다.

	A회사	B회사	C회사	합　　계
당기순이익(장부금액)	₩1,000,000	₩600,000	₩200,000	₩1,800,000
미실현이익	(10,000)	(8,000)	(6,000)	(24,000)
독립영업이익(공정가치)	₩990,000	₩592,000	₩194,000	₩1,776,000
∴ 연결당기순이익	₩990,000 +	₩592,000 +	₩194,000 =	₩1,776,000

② 복잡한 지배·종속관계에 있어서는 가장 낮은 지위에 있는 종속기업부터 점차 높은 지위에 있는 종속기업의 순으로 자본계정과 순이익을 제거해야 한다. 각 회사의 당기순이익이 제거되는 과정을 나타내면 다음과 같다.

　　C = ₩194,000

　　B = ₩592,000 + C×60%

　　A = ₩990,000 + B×80%

위의 식을 풀면

　　A = ₩1,556,720

　　B = ₩708,400

　　C = ₩194,000

③ 연결당기순이익 중 지배기업소유주 귀속분은 ₩1,556,720이며, 비지배지분 귀속분(비지배지분순이익)은 ₩219,280이다. 비지배지분순이익의 계산근거는 다음과 같다.

　　B회사 비지배지분순이익 : ₩708,400×20% =　　₩141,680
　　C회사 비지배지분순이익 : ₩194,000×40% =　　　77,600
　　　　　　　계　　　　　　　　　　　　　　　　₩219,280

연결조정분개

(1) C회사투자주식과 C회사자본계정의 상계제거

① (차) 납입자본(C) 3,000,000 (대) C회사투자주식 2,400,000
　　　　이익잉여금(C) 500,000 　　　비지배지분 1,400,000
　　　　영 업 권 300,000

(2) B회사투자주식과 B회사자본계정의 상계제거

② (차) 납입자본(B) 4,000,000 (대) B회사투자주식 4,500,000
　　　　이익잉여금(B) 1,000,000 　　　비지배지분 1,000,000
　　　　영 업 권 500,000

(3) 내부거래(재고자산)제거

③ (차) 매 출 3,500,000 (대) 매출원가 3,500,000
　　　＊₩1,500,000 + ₩1,000,000 + ₩1,000,000 = ₩3,500,000

④ (차) 매출원가 10,000 (대) 유동자산(재고자산) 10,000
　　　＊A → B ₩50,000×20% = ₩10,000

⑤ (차) 매출원가 8,000 (대) 유동자산(재고자산) 8,000
　　　＊B → C ₩40,000×20% = ₩8,000

⑥ (차) 매출원가 6,000 (대) 유동자산(재고자산) 6,000
　　　＊C → B ₩30,000×20% = ₩6,000

(4) 비지배지분순이익 계상

⑦ (차) 이익잉여금(비지배지분순이익) 219,280 (대) 비지배지분 219,280

연결재무상태표와 연결포괄손익계산서

재무상태표

A회사 및 종속기업　　　　20×2년 12월 31일

유동자산	4,776,000	유동부채	4,900,000
비유동자산	19,300,000	비유동부채	7,800,000
영 업 권	800,000	자 본	
		지배기업소유주지분	
		납입자본	6,000,000
		이익잉여금	3,556,720
		비지배지분	2,619,280
	24,876,000		24,876,000

연결포괄손익계산서

A회사 및 종속기업   20×1년 1월 1일부터 20×1년 12월 31일까지

매 출 액	22,500,000
매출원가	(16,024,000)
매출총이익	6,476,000
기타비용	(4,700,000)
당기순이익	1,776,000
당기순이익의 귀속	
지배기업소유주	1,556,720
비지배지분	219,280

영업권의 손상

상기 예의 경우에는 영업권이 손상되지 않았다고 가정하였으나, 만약 상기 예에서 B회사의 영업권이 ₩100,000, C회사의 영업권이 ₩60,000만큼 손상되었다면 연결당기순이익 및 연결조정분개는 다음과 같다.

〈연결당기순이익〉

	A회사	B회사	C회사	합 계
당기순이익(장부금액)	₩1,000,000	₩600,000	₩200,000	₩1,800,000
영업권손상	(100,000)	(60,000)		(160,000)
미실현이익	(10,000)	(8,000)	(6,000)	(24,000)
독립영업이익(공정가치)	₩890,000	₩532,000	₩194,000	₩1,616,000
∴ 연결당기순이익	₩890,000 +	₩532,000 +	₩194,000 =	₩1,161,000
당기순이익의 귀속*				
지배기업소유주				₩1,408,720
비지배지분				₩207,280

*1. C = ₩194,000
    B = ₩532,000 + C×60%
    A = ₩890,000 + B×80%
   ∴ A = ₩1,408,720
      B = ₩648,400
      C = ₩194,000

2. 지배기업소유주 귀속분 : ₩1,408,720

　　비지배지분 귀속분

　　　　B회사 비지배지분순이익 : ₩648,400×20% =　　　　₩129,680
　　　　C회사 비지배지분순이익 : ₩194,000×40% =　　　　　 77,600
　　　　　　계　　　　　　　　　　　　　　　　　　　　　₩207,280

〈연결조정분개〉

상기 예의 해답에 제시된 연결조정분개에 다음과 같이 영업권손상차손의 분개가 추가되어야 하고, 비지배지분순이익의 금액이 수정되어야 한다. 기타의 연결조정분개는 동일하다.

(차)　영업권손상차손　　　160,000　　(대)　영 업 권　　　160,000
　　　＊₩100,000 + ₩60,000 = ₩160,000

(차)　이익잉여금(비지배지분순이익)　207,280　(대)　비지배지분　207,280

2 취득한 보고기간 이후 연결재무제표작성

간접소유(父 – 子 – 孫)의 경우에 취득한 보고기간 이후 연결재무제표작성절차에 대해서는 다음의 예를 토대로 살펴보기로 한다.

예 다음은 20×2년 12월 31일 현재 A회사와 그 종속기업인 B회사 및 C회사의 재무상태표와 포괄손익계산서이다.

재무상태표
20×2년 12월 31일

자 산	A회사	B회사	C회사	부채 및 자본	A회사	B회사	C회사
유 동 자 산	2,000,000	1,600,000	1,200,000	유 동 부 채	2,100,000	1,200,000	500,000
비유동자산	8,500,000	6,000,000	4,800,000	비유동부채	3,000,000	2,500,000	1,500,000
B회사투자주식	4,500,000			납 입 자 본	6,000,000	4,000,000	3,000,000
C회사투자주식		2,400,000		이 익 잉 여 금	3,900,000	2,300,000	1,000,000
	15,000,000	10,000,000	6,000,000		15,000,000	10,000,000	6,000,000

포괄손익계산서
20×2년 1월 1일부터 20×2년 12월 31일까지

	A회사	B회사	C회사
매출액	13,000,000	8,000,000	5,000,000
매출원가	(10,000,000)	(6,000,000)	(3,500,000)
매출총이익	3,000,000	2,000,000	1,500,000
기타비용	(2,100,000)	(1,300,000)	(1,200,000)
당기순이익	900,000	700,000	300,000

[추가자료]

(1) 20×1년 1월 1일 A회사는 B회사의 보통주 80%를 ₩4,500,000에 취득하였으며, 동일 B회사는 C회사의 보통주 60%를 ₩2,400,000에 취득하였다. 20×1년 1월 1일의 A회사, B회사 및 C회사의 주주지분은 다음과 같으며 B회사 및 C회사의 순자산장부금액과 공정가치는 일치하였다. 20×1년초부터 20×2년말까지 각 회사의 이익처분은 없었다.

	A회사	B회사	C회사
납입자본	₩6,000,000	₩4,000,000	₩3,000,000
이익잉여금	2,000,000	1,000,000	500,000
계	₩8,000,000	₩5,000,000	₩3,500,000

(2) 연결실체간 내부거래(재고자산)는 다음과 같다. 매출총이익률은 모두 20%이다.

판매회사	매입회사	내부거래		매입회사 기말재고에 남아 있는 부분	
		20×1년	20×2년	20×1년	20×2년
A회사	B회사	₩1,500,000	₩2,000,000	₩50,000	₩40,000
B회사	C회사	1,000,000	1,000,000	40,000	50,000
C회사	B회사	1,000,000	1,000,000	30,000	50,000

연결당기순이익

① 각 회사의 내부거래로 인한 미실현·실현손익을 제거한 20×2년의 독립영업이익 및 연결당기순이익은 다음과 같다.

	A회사	B회사	C회사	합계
당기순이익(장부금액)	₩900,000	₩700,000	₩300,000	₩1,900,000
실현이익	10,000	8,000	6,000	24,000

미실현이익	(8,000)	(10,000)	(10,000)	(28,000)
독립영업이익(공정가치)	₩902,000	₩698,000	₩296,000	₩1,896,000
∴ 연결당기순이익	₩902,000 +	₩698,000 +	₩296,000 =	₩1,896,000

② 연결당기순이익을 지배기업소유주지분과 비지배지분으로 배분하면 다음과 같다.

   C = ₩296,000

   B = ₩698,000 + C×60%

   A = ₩902,000 + B×80%

위의 식을 풀면

   A = ₩1,602,480

   B = ₩875,600

   C = ₩296,000

③ 연결당기순이익 중 지배기업소유주 귀속분은 ₩1,602,480이며, 비지배지분 귀속분(비지배지분순이익)은 ₩293,520이다. 비지배지분순이익의 계산근거는 다음과 같다.

B회사 비지배지분순이익 : ₩875,600×20% =	₩175,120
C회사 비지배지분순이익 : ₩296,000×40% =	118,400
계	₩293,520

연결조정분개

(1) C회사투자주식과 C회사자본계정의 상계제거

① (차) 납입자본(C)   3,000,000   (대) C회사투자주식   2,400,000
       이익잉여금(C)   700,000   비지배지분   1,480,000
       영 업 권   300,000   이익잉여금(B)   120,000*

   *이익잉여금(B) : (₩700,000 − ₩500,000)×60% = ₩120,000

(2) B회사투자주식과 B회사자본계정의 상계제거

② (차) 납입자본(B)   4,000,000   (대) B회사투자주식   4,500,000
       이익잉여금(B)   1,720,000   비지배지분   1,144,000
       영 업 권   500,000   이익잉여금(A)   576,000

   *1. 이익잉여금(B) : ₩1,600,000(20×2년초 이익잉여금) + ₩120,000(①번 분개)
                    = ₩1,720,000
    2. 비지배지분 : (₩4,000,000 + ₩1,720,000)×20% = ₩1,144,000
    3. 이익잉여금(A) : (₩1,720,000 − ₩1,000,000)×80% = ₩576,000

(3) 내부거래제거

 ③ (차) 이익잉여금(A)   10,000   (대) 매출원가   10,000
   *A → B

 ④ (차) ｛이익잉여금(A)   6,400   (대) 매출원가   10,000
     비지배지분   1,600

  *B → C. 본래 이익잉여금(B)에 차기해야 하지만, B회사의 자본계정은 위 ②번 분개에서 지배기업소유 B회사투자주식계정(80%)과 비지배지분(20%)으로 상계제거되었으므로 이익잉여금(A)와 비지배지분에 배분함. 그 이유는 투자계정과 자본계정을 상계제거하는 시점에서(위 ②번 분개) B회사의 이익잉여금에는 미실현이익 ₩8,000이 포함되어 있으므로 이익잉여금(A)와 비지배지분이 과대계상된 상태이기 때문임.

 ⑤ (차) ｛이익잉여금(A)   2,880   (대) 매출원가   6,000
     비지배지분   3,120

  *C → B. 본래 이익잉여금(C)에 차기해야 하지만, C회사의 자본계정은 위 ①번 분개에서 B회사소유 C회사투자주식계정(60%)과 비지배지분으로 상계제거되었으므로 이익잉여금(B) ₩3,600(₩6,000×60%)과 비지배지분 ₩2,400(₩6,000×40%)으로 배분해야 함. 그런데 이익잉여금(B) ₩3,600은 다시 이익잉여금(A) ₩2,880(₩3,600×80%)과 비지배지분 ₩720(₩3,600×20%)으로 배분되어야 하므로 결국 C회사의 미실현이익은 이익잉여금(A) ₩2,880(₩6,000×60%×80%)과 비지배지분 ₩3,120(₩6,000×40% + ₩6,000×60%×20%)으로 배분됨.

> 1차배분{이익잉여금(C) ₩6,000}
> 이익잉여금(B) : ₩6,000×60% = ₩3,600
> 비지배지분 : ₩6,000×40% = ₩2,400
> 2차배분{이익잉여금(B) ₩3,600}
> 이익잉여금(A) : ₩3,600×80% = ₩2,880
> 비지배지분 : ₩3,600×20% = ₩720
> ∴ 이익잉여금(A) : ₩2,880(₩6,000×60%×80%)
> 비지배지분 : ₩2,400 + ₩720 = ₩3,120

 ⑥ (차) 매출   4,000,000   (대) 매출원가   4,000,000
   *₩2,000,000 + ₩1,000,000 + ₩1,000,000 = ₩4,000,000

 ⑦ (차) 매출원가   8,000   (대) 유동자산(재고자산)   8,000
   *A → B

 ⑧ (차) 매출원가   10,000   (대) 유동자산(재고자산)   10,000
   *B → C

⑨ (차) 매출원가 10,000 (대) 유동자산(재고자산) 10,000
　　　　*C → B

(4) 비지배지분순이익 계상
⑦ (차) 이익잉여금(비지배지분순이익) 293,520 (대) 비지배지분 293,520

연결조정분개 - 간편법

위의 연결조정에서 보듯이 종속기업주식을 취득한 보고기간에 연결재무제표를 작성하는 데에는 별 어려움이 없지만 종속기업주식을 취득한 보고기간 이후에 연결재무제표를 작성하는 경우에는 연결조정사항이 복잡하다. 따라서 종속기업주식을 취득한 보고기간 이후에 연결재무제표를 작성하는 경우에는 다음과 같은 방법으로 접근하면 보다 쉽게 연결재무제표를 작성할 수 있다.

1단계 연결조정분개는 주식취득일 이후 종속기업의 이익잉여금 변동분(당기순이익은 제외)을 장부금액기준으로 비지배지분에 배분한다. 이때 종속기업의 내부거래에 따른 미실현·실현손익도 전액 지배기업의 이익잉여금으로 처리한다.

2단계 주식취득일 이후 종속기업의 이익잉여금 변동분(당기순이익은 제외)을 독립영업이익(공정가치)을 기준으로 계산하고, 이 금액을 기준으로 비지배지분에 배분할 금액을 확정한다.

3단계 1단계와 2단계의 차액을 이익잉여금(지배기업)과 비지배지분으로 조정한다.

상기 예의 자료를 토대로 이러한 접근방법에 따른 연결조정을 살펴보면 다음과 같다.

[연결조정분개]

(1) C회사투자주식과 C회사자본계정의 상계제거

① (차) 납입자본(C) 3,000,000 (대) C회사투자주식 2,400,000
　　　　이익잉여금(C) 700,000 　　　비지배지분 1,480,000
　　　　영　업　권 300,000 　　　이익잉여금(A) 120,000

*1. 이익잉여금(C) : 20×2년의 당기순이익을 제외한 금액임.
 2. 비지배지분 : (₩3,000,000 + ₩700,000)×40% = ₩1,480,000
 3. 이익잉여금(A) : (₩700,000 - ₩500,000)×60% = ₩120,000. 이익잉여금(B) ₩120,000이 대기되어야 하지만 종속기업의 자본계정은 결국 지배기업의 투자주식계정과 상계되므로 이익잉여금(지배기업)으로 회계처리하고 차후에 이를 조정함.

(2) B회사투자주식과 B회사자본계정의 상계제거

② (차) 납입자본(B) 4,000,000 (대) B회사투자주식 4,500,000
　　　　이익잉여금(B) 1,600,000 　　　비지배지분 1,120,000
　　　　영　업　권 500,000 　　　이익잉여금(A) 480,000

　　　*1. 이익잉여금(B) : 20×2년의 당기순이익을 제외한 금액임.
　　　 2. 비지배지분 : (₩4,000,000 + ₩1,600,000)×20% = ₩1,120,000
　　　 3. 이익잉여금(A) : (₩1,600,000 − ₩1,000,000)×80% = ₩480,000

(3) 내부거래제거

③ (차) 이익잉여금(A) 10,000 (대) 매출원가 10,000
　　　*A → B

④ (차) 이익잉여금(A) 8,000 (대) 매출원가 8,000
　　　*B → C. 본래 이익잉여금(B)를 차기해야 하지만 이익잉여금(지배기업)으로 회계처리하고 차
　　　　후에 이를 조정함.

⑤ (차) 이익잉여금(A) 6,000 (대) 매출원가 6,000
　　　*C → B. 본래 이익잉여금(C)를 차기해야 하지만 이익잉여금(지배기업)으로 회계처리하고 차
　　　　후에 이를 조정함.

⑥ (차) 매　　출 4,000,000 (대) 매출원가 4,000,000
　　　*₩2,000,000 + ₩1,000,000 + ₩1,000,000 = ₩4,000,000

⑦ (차) 매출원가 8,000 (대) 유동자산(재고자산) 8,000
　　　*A → B

⑧ (차) 매출원가 10,000 (대) 유동자산(재고자산) 10,000
　　　*B → C

⑨ (차) 매출원가 10,000 (대) 유동자산(재고자산) 10,000
　　　*C → B

(4) 비지배지분순이익 계상

⑩ (차) 이익잉여금(비지배지분순이익) 293,520 (대) 비지배지분 293,520

(5) 이익잉여금(지배기업)과 비지배지분 수정

⑪ (차) 이익잉여금(A) 19,280 (대) 비지배지분 19,280
　　　*1. 연결조정분개상 비지배지분에 배분된 종속기업의 주식취득일 이후 이익잉여금 변동분(당
　　　　기순이익은 제외)

　　　　　C회사 : (₩700,000 − ₩500,000)×40% = ₩80,000
　　　　　B회사 : (₩1,600,000 − ₩1,000,000)×20% = 120,000
　　　　　계 　　　　　　　　　　　　　　　　　　₩200,000

2. 비지배지분에 배분되어야 할 종속기업의 주식취득일 이후 이익잉여금 변동분(당기순이익은 제외)

   20×1년의 연결당기순이익 중 비지배지분 귀속분(예 해답 참조) ₩219,280
3. 1과 2의 차액을 이익잉여금(지배기업)과 비지배지분으로 조정함.

연결재무상태표와 연결포괄손익계산서

재무상태표

A회사 및 종속기업　　　20×2년 12월 31일

유동자산	4,772,000	유동부채	3,800,000
비유동자산	19,300,000	비유동부채	7,000,000
영업권	800,000	자 본	
		지배기업소유주지분	
		납입자본	6,000,000
		이익잉여금	5,159,200
		비지배지분	2,912,800
	24,872,000		24,872,000

연결포괄손익계산서

A회사 및 종속기업　　20×1년 1월 1일부터 20×1년 12월 31일까지

매 출 액	22,000,000
매출원가	(15,504,000)
매출총이익	6,496,000
기타비용	(4,600,000)
당기순이익	1,896,000
당기순이익의 귀속	
지배기업소유주	1,602,480
비지배지분	293,520

03 간접소유 – 고리형 관계구조

간접소유(고리형 관계구조)의 대표적인 예는 A회사가 B회사의 지분 80%와 C회사지분 20%를 소유하고, B회사도 C회사의 지분 40%를 소유하는 경우이다. 이러한 경우에 A회사는 B회사의 지분 80%와 C회사의 지분 52%(20% + 80%×40%)를 소유하게 되므로 연결당기순이익 중 지배기업소유주 귀속분은 A회사의 독립영업이익에 B회사 독립영업이익의 80%와 C회사 독립영업이익의 52%를 합한 것이다.

1 취득한 보고기간의 연결재무제표작성

간접소유(고리형 관계구조)의 경우에 취득한 보고기간의 연결재무제표작성절차에 대해서는 다음의 예를 토대로 살펴보기로 한다.

예 다음은 20×1년 12월 31일 현재 A회사와 그 종속기업인 B회사 및 C회사의 재무상태표와 포괄손익계산서이다.

재무상태표
20×1년 12월 31일

자산	A회사	B회사	C회사	부채 및 자본	A회사	B회사	C회사
유동자산	1,700,000	1,400,000	1,200,000	유동부채	2,500,000	1,900,000	800,000
비유동자산	8,000,000	7,000,000	4,800,000	비유동부채	3,500,000	2,500,000	1,500,000
B회사투자주식	4,500,000			납입자본	6,000,000	4,000,000	3,000,000
C회사투자주식	800,000			이익잉여금	3,000,000	1,600,000	700,000
C회사투자주식		1,600,000					
	15,000,000	10,000,000	6,000,000		15,000,000	10,000,000	6,000,000

포괄손익계산서
20×1년 1월 1일부터 20×1년 12월 31일까지

	A회사	B회사	C회사
매출액	13,000,000	8,000,000	5,000,000
매출원가	(10,000,000)	(6,000,000)	(3,500,000)

매출총이익	3,000,000	2,000,000	1,500,000
기타비용	(2,000,000)	(1,400,000)	(1,300,000)
당기순이익	1,000,000	600,000	200,000

[추가자료]

(1) 20×1년 1월 1일 A회사는 B회사의 보통주 80%와 C회사의 보통주 20%를 각각 ₩4,500,000과 ₩800,000에 취득하였으며 B회사도 C회사의 보통주 40%를 ₩1,600,000에 취득하였다. 20×1년 1월 1일의 A회사, B회사 및 C회사의 주주지분은 다음과 같으며 B회사 및 C회사의 순자산장부금액과 공정가치는 일치하였다.

	A회사	B회사	C회사
납입자본	₩6,000,000	₩4,000,000	₩3,000,000
이익잉여금	2,000,000	1,000,000	500,000
계	₩8,000,000	₩5,000,000	₩3,500,000

(2) 연결실체간 내부거래(재고자산)는 다음과 같다. 매출총이익률은 모두 20%이다.

판매회사	매입회사	내부거래(20×1년)	매입회사 기말재고에 남아 있는 부분
A회사	B회사	₩1,500,000	₩50,000
B회사	C회사	1,000,000	40,000
C회사	B회사	1,000,000	30,000

연결당기순이익

상기 예의 관계구조를 도표로 나타내면 다음과 같다. 이를 토대로 연결당기순이익의 계산과정과 배분과정에 대해서 살펴보기로 한다.

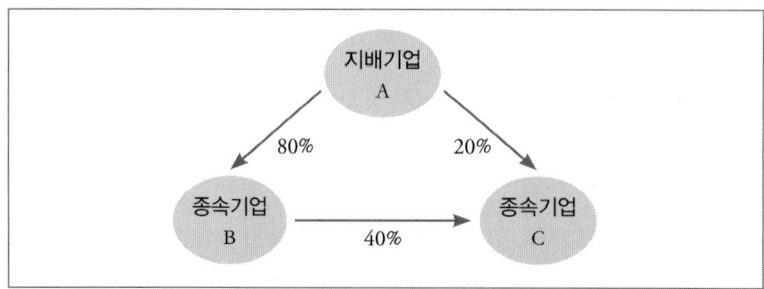

① 각 회사의 내부거래로 인한 미실현손익을 제거한 독립영업이익 및 연결당기순이익은 다음과 같다.

	A회사	B회사	C회사	합 계
당기순이익(장부금액)	₩1,000,000	₩600,000	₩200,000	₩1,800,000
미실현이익	(10,000)	(8,000)	(6,000)	(24,000)
독립영업이익(공정가치)	₩990,000	₩592,000	₩194,000	₩1,776,000
∴ 연결당기순이익	₩990,000 +	₩592,000 +	₩194,000 =	₩1,776,000

② 연결당기순이익을 지배기업소유주지분과 비지배지분으로 배분하면 다음과 같다.

C = ₩194,000

B = ₩592,000 + C×40%

A = ₩990,000 + B×80% + C×20%

위의 식을 풀면

A = ₩1,564,480

B = ₩669,600

C = ₩194,000

③ 연결당기순이익 중 지배기업소유주 귀속분은 ₩1,564,480이며 비지배지분 귀속분(비지배지분순이익)은 ₩211,520이다. 비지배지분순이익의 계산근거는 다음과 같다.

B회사 비지배지분순이익 : ₩669,600×20% =	₩133,920
C회사 비지배지분순이익 : ₩194,000×40% =	77,600
계	₩211,520

연결조정분개

(1) C회사투자주식과 C회사자본계정의 상계제거

① (차) 납입자본(C)　　　　3,000,000　　(대) C회사투자주식(A)　　800,000
　　　　이익잉여금(C)　　　　500,000　　　　 C회사투자주식(B)　1,600,000
　　　　영 업 권　　　　　　 300,000　　　　 비지배지분　　　　1,400,000

(2) B회사투자주식과 B회사자본계정의 상계제거

② (차) 납입자본(B)　　　　4,000,000　　(대) B회사투자주식　　　4,500,000
　　　　이익잉여금(B)　　　1,000,000　　　　 비지배지분　　　　1,000,000
　　　　영 업 권　　　　　　 500,000

(3) 내부거래제거

③ (차) 매　출　　　　　　3,500,000　　(대) 매출원가　　　　　3,500,000

*₩1,500,000 + ₩1,000,000 + ₩1,000,000 = ₩3,500,000

④ (차) 매출원가　　　　10,000　　　　(대) 유동자산(재고자산)　　10,000

　　　*A → B ₩50,000×20% = ₩10,000

⑤ (차) 매출원가　　　　8,000　　　　 (대) 유동자산(재고자산)　　8,000

　　　*B → C ₩40,000×20% = ₩8,000

⑥ (차) 매출원가　　　　6,000　　　　 (대) 유동자산(재고자산)　　6,000

　　　*C → B ₩30,000×20% = ₩6,000

(4) 비지배지분순이익 계상

⑦ (차) 이익잉여금(비지배지분순이익)　211,520　　(대) 비지배지분　　211,520

연결재무상태표와 연결포괄손익계산서

재무상태표

A회사 및 종속기업　　20×1년 12월 31일

유동자산	4,276,000	유동부채	5,200,000
비유동자산	19,800,000	비유동부채	7,500,000
영 업 권	800,000	자　본	
		지배기업소유주지분	
		납입자본	6,000,000
		이익잉여금	3,564,480
		비지배지분	2,611,520
	24,876,000		24,876,000

연결포괄손익계산서

A회사 및 종속기업　　20×1년 1월 1일부터 20×1년 12월 31일까지

매 출 액	22,500,000
매출원가	(16,024,000)
매출총이익	6,476,000
기타비용	(4,700,000)
당기순이익	1,776,000
당기순이익의 귀속	
지배기업소유주	1,564,480
비지배지분	211,520

2 취득한 보고기간 이후 연결재무제표작성

간접소유(고리형 관계구조)의 경우에 취득한 보고기간 이후 연결재무제표작성절차에 대해서는 다음의 예를 토대로 살펴보기로 한다.

예 다음은 20×2년 12월 31일 현재 A회사와 그 종속기업인 B회사 및 C회사의 재무상태표와 포괄손익계산서이다.

재무상태표
20×2년 12월 31일

자 산	A회사	B회사	C회사	부채 및 자본	A회사	B회사	C회사
유 동 자 산	1,700,000	1,400,000	1,200,000	유 동 부 채	1,600,000	1,200,000	500,000
비유동자산	8,000,000	7,000,000	4,800,000	비유동부채	3,500,000	2,500,000	1,500,000
B회사투자주식	4,500,000			납 입 자 본	6,000,000	4,000,000	3,000,000
C회사투자주식	800,000			이익잉여금	3,900,000	2,300,000	1,000,000
C회사투자주식		1,600,000					
	15,000,000	10,000,000	6,000,000		15,000,000	10,000,000	6,000,000

포괄손익계산서
20×2년 1월 1일부터 20×2년 12월 31일까지

	A회사	B회사	C회사
매 출 액	13,000,000	8,000,000	5,000,000
매출원가	(10,000,000)	(6,000,000)	(3,500,000)
매출총이익	3,000,000	2,000,000	1,500,000
기타비용	(2,100,000)	(1,300,000)	(1,200,000)
당기순이익	900,000	700,000	300,000

[추가자료]

(1) 20×1년 1월 1일 A회사는 B회사의 보통주 80%와 C회사의 보통주 20%를 각각 ₩4,500,000과 ₩800,000에 취득하였으며, B회사도 C회사의 보통주 40%를 ₩1,600,000에 취득하였다. 20×1년 1월 1일의 A회사, B회사 및 C회사의 주주지분은 다음과 같으며, B회사 및 C회사의 순자산장부금액과 공정가치는 일치하였다. 20×1년초부터 20×2년말까지 각 회사의 이익처분은 없었다.

	A회사	B회사	C회사
납 입 자 본	₩6,000,000	₩4,000,000	₩3,000,000
이익잉여금	2,000,000	1,000,000	500,000
계	₩8,000,000	₩5,000,000	₩3,500,000

(2) 연결실체간 내부거래(재고자산)는 다음과 같다. 매출총이익률은 모두 20%이다.

판매회사	매입회사	내부거래		매입회사 기말재고에 남아 있는 부분	
		20×1년	20×2년	20×1년	20×2년
A회사	B회사	₩1,500,000	₩2,000,000	₩50,000	₩40,000
B회사	C회사	1,000,000	1,000,000	40,000	50,000
C회사	B회사	1,000,000	1,000,000	30,000	50,000

연결당기순이익

① 각 회사의 내부거래로 인한 미실현손익을 제거한 20×2년의 독립영업이익 및 연결당기순이익은 다음과 같다.

	A회사	B회사	C회사	합 계
당기순이익(장부금액)	₩900,000	₩700,000	₩300,000	₩1,900,000
실현이익	10,000	8,000	6,000	24,000
미실현이익	(8,000)	(10,000)	(10,000)	(28,000)
독립영업이익(공정가치)	₩902,000	₩698,000	₩296,000	₩1,896,000

② 연결당기순이익을 지배기업소유주지분과 비지배지분으로 배분하면 다음과 같다.

C = ₩296,000

B = ₩698,000 + C×40%

A = ₩902,000 + B×80% + C×20%

위의 식을 풀면

A = ₩1,614,320

B = ₩816,400

C = ₩296,000

③ 연결당기순이익 중 지배기업소유주 귀속분은 ₩1,614,320이며, 비지배지분 귀속분(비지배지분순이익)은 ₩281,680이다. 비지배지분순이익의 계산근거는 다음과 같다.

B회사 비지배지분순이익 : ₩816,400×20% =   ₩163,280
C회사 비지배지분순이익 : ₩296,000×40% =   118,400
계   ₩281,680

연결조정분개

(1) C회사투자주식과 C회사자본계정의 상계제거

① (차) 납입자본(C) 3,000,000   (대) C회사투자주식(A) 2,400,000
      이익잉여금(C) 700,000   C회사투자주식(B) 1,600,000
      영 업 권 300,000   비지배지분 1,480,000
                                        이익잉여금(A) 120,000

  *1. 이익잉여금(C) : 20×2년의 당기순이익을 제외한 금액임.
    2. 비지배지분 : (₩3,000,000 + ₩700,000)×40% = ₩1,480,000
    3. 이익잉여금(A) : (₩700,000 − ₩500,000)×60% = ₩120,000

(2) B회사투자주식과 B회사자본계정의 상계제거

② (차) 납입자본(B) 4,000,000   (대) B회사투자주식 4,500,000
      이익잉여금(B) 1,600,000   비지배지분 1,120,000
      영 업 권 500,000   이익잉여금(A) 480,000

  *1. 이익잉여금(B) : 20×2년의 당기순이익을 제외한 금액임.
    2. 비지배지분 : (₩4,000,000 + ₩1,600,000)×20% = ₩1,120,000
    3. 이익잉여금(A) : (₩1,600,000 − ₩1,000,000)×80% = ₩480,000

(3) 내부거래제거

③ (차) 이익잉여금(A) 10,000   (대) 매출원가 10,000
    *A → B

④ (차) 이익잉여금(A) 8,000   (대) 매출원가 8,000
    *B → C

⑤ (차) 이익잉여금(A) 6,000   (대) 매출원가 6,000
    *C → B

⑥ (차) 매 출 4,000,000   (대) 매출원가 4,000,000
    *₩2,000,000 + ₩1,000,000 + ₩1,000,000 = ₩4,000,000

⑦ (차) 매출원가 8,000   (대) 유동자산(재고자산) 8,000
    *A → B

⑧ (차) 매출원가 10,000   (대) 유동자산(재고자산) 10,000
    *B → C

⑨ (차) 매출원가 10,000   (대) 유동자산(재고자산) 10,000
　　　 *C → B

(4) 비지배지분순이익 계상
⑩ (차) 이익잉여금(비지배지분순이익) 281,680 (대) 비지배지분 281,680

(5) 이익잉여금(지배기업)과 비지배지분 수정
⑪ (차) 이익잉여금(A) 11,520 (대) 비지배지분 11,520

*1. 연결조정분개상 비지배지분에 배분된 종속기업의 주식취득일 이후 이익잉여금 변동분(당기순이익은 제외)

C회사 : (₩700,000 - ₩500,000)×40% = ₩80,000
B회사 : (₩1,600,000 - ₩1,000,000)×20% = 120,000
　계　　　　　　　　　　　　　　　　　₩200,000

2. 비지배지분에 배분되어야 할 종속기업의 주식취득일 이후 이익잉여금 변동분(당기순이익은 제외)
   20×1년의 연결당기순이익 중 비지배지분 귀속분(예 해답 참조) ₩211,520
3. 1과 2의 차액을 이익잉여금(지배기업)과 비지배지분으로 조정함.

연결재무상태표와 연결포괄손익계산서

재무상태표
A회사 및 종속기업　　　20×2년 12월 31일

유동자산	4,272,000	유동부채	3,300,000
비유동자산	19,800,000	비유동부채	7,500,000
영 업 권	800,000	자　　본	
		지배기업소유주지분	
		납입자본	6,000,000
		이익잉여금	5,178,800
		비지배지분	2,893,200
	24,872,000		24,872,000

연결포괄손익계산서
A회사 및 종속기업 20×2년 1월 1일부터 20×2년 12월 31일까지

매 출 액	22,000,000
매출원가	(15,504,000)
매출총이익	6,496,000
기타비용	(4,600,000)
당기순이익	1,896,000
당기순이익의 귀속	
지배기업소유주	1,614,320
비지배지분	281,680

04 상호소유된 종속기업주식

상호소유된 종속기업주식의 대표적인 예는 A회사가 B회사의 지분 80%를 소유하고 B회사가 C회사의 지분 60%를 소유하고 있는 상황에서 C회사가 B회사의 지분 10%를 소유하고 있는 경우이다.

1 취득한 보고기간의 연결재무제표작성

상호소유된 종속기업주식의 경우에 취득한 보고기간의 연결재무제표작성절차에 대해서는 다음의 예를 토대로 살펴보기로 한다.

예 다음은 20×1년 12월 31일 현재 A회사와 그 종속기업인 B회사 및 C회사의 재무상태표와 포괄손익계산서이다.

재무상태표
20×1년 12월 31일

자 산	A회사	B회사	C회사	부채 및 자본	A회사	B회사	C회사
유동자산	2,000,000	1,600,000	1,400,000	유동부채	3,000,000	1,900,000	1,300,000
비유동자산	8,500,000	6,000,000	5,000,000	비유동부채	3,000,000	2,500,000	2,000,000
B회사투자주식	4,500,000			납입자본	6,000,000	4,000,000	3,000,000
C회사투자주식		2,400,000		이익잉여금	3,000,000	1,600,000	700,000
C회사투자주식			600,000				
	15,000,000	10,000,000	7,000,000		15,000,000	10,000,000	7,000,000

포괄손익계산서
20×1년 1월 1일부터 20×1년 12월 31일까지

	A회사	B회사	C회사
매출액	13,000,000	8,000,000	5,000,000
매출원가	(10,000,000)	(6,000,000)	(3,500,000)
매출총이익	3,000,000	2,000,000	1,500,000
기타비용	(2,100,000)	(1,400,000)	(1,300,000)
당기순이익	1,000,000	600,000	200,000

[추가자료]

(1) 20×1년 1월 1일 A회사는 B회사의 보통주 80%를 ₩4,500,000에 취득하였으며, 동일 B회사는 C회사의 보통주 60%를 ₩2,400,000에 취득하였다. 또한 C회사는 동일 B회사의 보통주 10%를 ₩600,000에 취득하였다. 20×1년 1월 1일의 A회사, B회사 및 C회사의 주주지분은 다음과 같으며 A회사, B회사 및 C회사의 순자산장부금액과 공정가치는 일치하였다.

	A회사	B회사	C회사
납입자본	₩6,000,000	₩4,000,000	₩3,000,000
이익잉여금	2,000,000	1,000,000	500,000
계	₩8,000,000	₩5,000,000	₩3,500,000

(2) 연결실체간 내부거래(재고자산)는 다음과 같다. 매출총이익률은 모두 20%이다.

판매회사	매입회사	내부거래(20×1년)	매입회사 기말재고에 남아 있는 부분
A회사	B회사	₩1,500,000	₩50,000
B회사	C회사	1,000,000	40,000
C회사	B회사	1,000,000	30,000

연결당기순이익

상기 예의 관계구조를 도표로 나타내면 다음과 같다. 이를 토대로 연결당기순이익의 계산과정과 배분과정에 대해서 살펴보기로 한다.

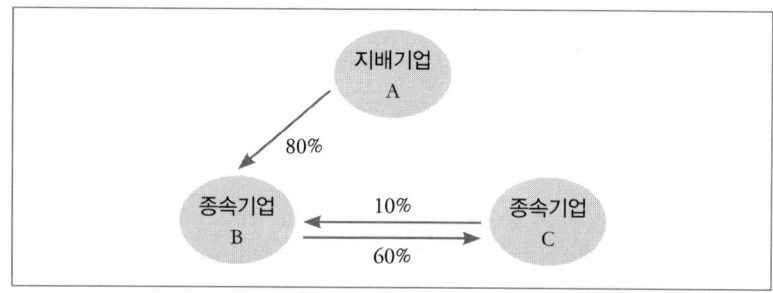

① 종속기업 상호간에 투자를 하고 있을 경우 유의할 점은 C회사가 소유하는 B회사투자주식과 B회사자본계정이 상계제거되어야 한다는 점이며, 조정차액이 발생되는 경우 영업권으로 계상해야 한다는 것이다.

② 각 회사의 내부거래로 인한 미실현손익을 제거한 독립영업이익 및 연결당기순이익을 나타내면 다음과 같다.

	A회사	B회사	C회사	합계
당기순이익(장부금액)	₩1,000,000	₩600,000	₩200,000	₩1,800,000
미실현이익	(10,000)	(8,000)	(6,000)	(24,000)
독립영업이익(공정가치)	₩990,000	₩592,000	₩194,000	₩1,776,000
∴ 연결당기순이익	₩990,000 +	₩592,000 +	₩194,000 =	₩1,776,000

③ 연결당기순이익을 지배기업소유주지분과 비지배지분으로 배분하면 다음과 같다.

C = ₩194,000 + B×10%

B = ₩592,000 + C×60%

A = ₩990,000 + B×80%

위의 식을 풀면

A = ₩1,592,893

B = ₩753,617

C = ₩269,362

④ 연결당기순이익 중 지배기업소유주 귀속분은 ₩1,592,893이며, 비지배지분 귀속분(비지배지분순이익)은 ₩183,107이다. 비지배지분순이익의 계산근거는 다음과 같다.

B회사 비지배지분순이익 : ₩753,617×10% =	₩75,362	
C회사 비지배지분순이익 : ₩269,362×40% =	107,745	
계	₩183,107	

연결조정분개

(1) C회사투자주식과 C회사자본계정의 상계제거

① (차) 납입자본(C)   3,000,000   (대) C회사투자주식   2,400,000
       이익잉여금(C)   500,000   비지배지분   1,400,000
       영 업 권   300,000

(2) B회사투자주식과 B회사자본계정의 상계제거

② (차) 납입자본(B)   4,000,000   (대) B회사투자주식(A) 4,500,000
       이익잉여금(B)   1,000,000   B회사투자주식(C)   600,000
       영 업 권   600,000   비지배지분   500,000*

*비지배지분 : ₩5,000,000×10% = ₩500,000

(3) 내부거래제거

③ (차) 매 출   3,500,000   (대) 매출원가   3,500,000

*₩1,500,000 + ₩1,000,000 + ₩1,000,000 = ₩3,500,000

④ (차) 매출원가   10,000   (대) 유동자산(재고자산)   10,000

*A → B ₩50,000×20% = ₩10,000

⑤ (차) 매출원가   8,000   (대) 유동자산(재고자산)   8,000

*B → C ₩40,000×20% = ₩8,000

⑥ (차) 매출원가   6,000   (대) 유동자산(재고자산)   6,000

*C → B ₩30,000×20% = ₩6,000

(4) 비지배지분순이익 계상

⑦ (차) 이익잉여금(비지배지분순이익) 183,107   (대) 비지배지분   183,107

연결재무상태표와 연결포괄손익계산서

연결재무상태표

A회사 및 종속기업   20×1년 12월 31일

유동자산	4,976,000	유동부채	6,200,000
비유동자산	19,500,000	비유동부채	7,500,000

영 업 권		900,000	자　　본		
			지배기업소유주지분		
			납입자본		6,000,000
			이익잉여금		3,592,893
			비지배지분		2,083,107
		25,376,000			25,376,000

연결포괄손익계산서

A회사 및 종속기업　　20×1년 1월 1일부터 20×1년 12월 31일까지

매 출 액	22,500,000
매출원가	(16,024,000)
매출총이익	6,476,000
기타비용	(4,700,000)
당기순이익	1,776,000
당기순이익의 귀속	
지배기업소유주	1,592,893
비지배지분	219,280

2 취득한 보고기간 이후 연결재무제표작성

상호소유된 종속기업주식의 경우에 취득한 보고기간 이후 연결재무제표작성절차에 대해서는 다음의 예를 토대로 살펴보기로 한다.

예 다음은 20×2년 12월 31일 현재 A회사와 그 종속기업인 B회사 및 C회사의 재무상태표와 포괄손익계산서이다.

재무상태표
20×2년 12월 31일

자　산	A회사	B회사	C회사	부채 및 자본	A회사	B회사	C회사
유동자산	2,000,000	1,600,000	1,400,000	유 동 부 채	2,100,000	1,200,000	1,000,000
비유동자산	8,500,000	6,000,000	5,000,000	비유동부채	3,000,000	2,500,000	2,000,000
B회사투자주식(A)	4,500,000			납 입 자 본	6,000,000	4,000,000	3,000,000
C회사투자주식		2,400,000		이익잉여금	3,900,000	2,300,000	1,000,000

B회사투자주식(C)   600,000
_____ 15,000,000 10,000,000 7,000,000 | _____ 15,000,000 10,000,000 7,000,000

포괄손익계산서
20×2년 1월 1일부터 20×2년 12월 31일까지

	A회사	B회사	C회사
매 출 액	13,000,000	8,000,000	5,000,000
매출원가	(10,000,000)	(6,000,000)	(3,500,000)
매출총이익	3,000,000	2,000,000	1,500,000
기타비용	(2,100,000)	(1,300,000)	(1,200,000)
당기순이익	900,000	700,000	300,000

[추가자료]

(1) 20×1년 1월 1일 A회사는 B회사의 보통주 80%를 ₩4,500,000에 취득하였으며, 동일 B회사는 C회사의 보통주 60%를 ₩2,400,000에 취득하였다. 또한 C회사는 동일 B회사의 보통주 10%를 ₩600,000에 취득하였다. 20×1년 1월 1일의 A회사, B회사 및 C회사의 주주지분은 다음과 같으며 A회사, B회사 및 C회사의 순자산장부금액과 공정가치는 일치하였다. 20×1년초부터 20×2년말까지 각 회사의 이익처분은 없었다.

	A회사	B회사	C회사
납 입 자 본	₩6,000,000	₩4,000,000	₩3,000,000
이익잉여금	2,000,000	1,000,000	500,000
계	₩8,000,000	₩5,000,000	₩3,500,000

(2) 연결실체간 내부거래(재고자산)는 다음과 같다. 매출총이익률은 모두 20%이다.

판매회사	매입회사	내부거래		매입회사 기말재고에 남아 있는 부분	
		20×1년	20×2년	20×1년	20×2년
A회사	B회사	₩1,500,000	₩2,000,000	₩50,000	₩40,000
B회사	C회사	1,000,000	1,000,000	40,000	50,000
C회사	B회사	1,000,000	1,000,000	30,000	50,000

연결당기순이익

① 각 회사의 내부거래로 인한 미실현손익을 제거한 20×2년의 독립영업이익 및 연결당기순이익은 다음과 같다.

	A회사	B회사	C회사	합　계
당기순이익(장부금액)	₩900,000	₩700,000	₩300,000	₩1,900,000
실현이익	10,000	8,000	6,000	24,000
미실현이익	(8,000)	(10,000)	(10,000)	(28,000)
독립영업이익(공정가치)	₩902,000	₩698,000	₩296,000	₩1,896,000
∴ 연결당기순이익	₩902,000 +	₩698,000 +	₩296,000 =	₩1,896,000

② 연결당기순이익을 지배기업소유주지분과 비지배지분으로 배분하면 다음과 같다.

$C = ₩296,000 + B \times 10\%$

$B = ₩698,000 + C \times 60\%$

$A = ₩902,000 + B \times 80\%$

위의 식을 풀면

$A = ₩1,647,191$

$B = ₩931,489$

$C = ₩389,149$

③ 연결당기순이익 중 지배기업소유주 귀속분은 ₩1,647,191이며, 비지배지분 귀속분은 ₩248,809이다. 비지배지분순이익의 계산근거는 다음과 같다.

B회사 비지배지분순이익 : ₩931,489×10% =	₩93,149	
C회사 비지배지분순이익 : ₩389,149×40% =	155,660	
계	₩248,809	

연결조정분개

(1) C회사투자주식과 C회사자본계정의 상계제거

① (차) 납입자본(C)　　　3,000,000　　(대) C회사투자주식　　2,400,000
　　　　이익잉여금(C)　　　 700,000　　　　 비지배지분　　　1,480,000
　　　　영 업 권　　　　　　 300,000　　　　 이익잉여금(A)　　 120,000

　　*1. 이익잉여금(C) : 20×2년의 당기순이익을 제외한 금액임.
　　 2. 비지배지분 : (₩3,000,000 + ₩700,000)×40% = ₩1,480,000
　　 3. 이익잉여금(A) : (₩700,000 − ₩500,000)×60% = ₩120,000

(2) B회사투자주식과 B회사자본계정의 상계제거

② (차) 납입자본(B)   4,000,000   (대) B회사투자주식(A)   4,500,000
       이익잉여금(B)   1,600,000   B회사투자주식(C)   600,000
       영 업 권   600,000   비지배지분   560,000
                                              이익잉여금(A)   540,000

  *1. 이익잉여금(B) : 20×2년의 당기순이익을 제외한 금액임.
   2. 비지배지분 : (₩4,000,000 + ₩1,600,000)×10% = ₩560,000
   3. 이익잉여금(A) : (₩1,600,000 - ₩1,000,000)×90% = ₩540,000

(3) 내부거래제거

③ (차) 이익잉여금(A)   10,000   (대) 매출원가   10,000
       *A → B

④ (차) 이익잉여금(A)   8,000   (대) 매출원가   8,000
       *B → C

⑤ (차) 이익잉여금(A)   6,000   (대) 매출원가   6,000
       *C → B

⑥ (차) 매 출   4,000,000   (대) 매출원가   4,000,000
       *₩2,000,000 + ₩1,000,000 + ₩1,000,000 = ₩4,000,000

⑦ (차) 매출원가   8,000   (대) 유동자산(재고자산)   8,000
       *A → B

⑧ (차) 매출원가   10,000   (대) 유동자산(재고자산)   10,000
       *B → C

⑨ (차) 매출원가   10,000   (대) 유동자산(재고자산)   10,000
       *C → B

(4) 비지배지분순이익 계상

⑩ (차) 이익잉여금(비지배지분순이익) 248,809   (대) 비지배지분   248,809

(5) 이익잉여금(지배기업)과 비지배지분 수정

⑪ (차) 이익잉여금(A)   43,107   (대) 비지배지분   43,107

*1. 연결조정분개상 비지배지분에 배분된 종속기업의 주식취득일 이후 이익잉여금 변동분(당기순이익은 제외)

C회사 : (₩700,000 − ₩500,000)×40% =	₩80,000
B회사 : (₩1,600,000 − ₩1,000,000)×10% =	60,000
계	₩140,000

2. 비지배지분에 배분되어야 할 종속기업의 주식취득일 이후 이익잉여금 변동분 (당기순이익은 제외)

   20×1년의 연결당기순이익 중 비지배지분 귀속분(예 의 해답 참조) ₩183,107

3. 1과 2의 차액을 이익잉여금(지배기업)과 비지배지분으로 배분함.

연결재무상태표와 연결포괄손익계산서

연결재무상태표
A회사 및 종속기업 20×2년 12월 31일

유동자산	4,972,000	유동부채	4,300,000
비유동자산	19,500,000	비유동부채	7,500,000
영 업 권	900,000	자 본	
		지배기업소유주지분	
		납입자본	6,000,000
		이익잉여금	5,240,084
		비지배지분	2,331,916
	25,372,000		25,372,000

연결포괄손익계산서
A회사 및 종속기업　20×2년 1월 1일부터 20×2년 12월 31일까지

매 출 액	22,000,000
매출원가	(15,504,000)
매출총이익	6,496,000
기타비용	(4,600,000)
당기순이익	1,896,000
당기순이익의 귀속	
지배기업소유주	1,647,191
비지배지분	248,809

05 상호소유된 지배기업주식

상호소유된 지배기업주식의 대표적인 예는 A회사가 B회사의 지분 80%를 소유하고, B회사는 C회사의 지분 60%를 소유하는 상황에서 종속기업인 C회사가 최상위 지배기업인 A회사의 지분 10%를 소유하는 경우이다.

앞에서 살펴본 상호소유된 종속기업주식의 경우에는 종속기업 간의 상호소유를 인정하여 각 종속기업 간의 독립영업이익을 상호배분하였다. 그러나 종속기업이 최상위 지배기업주식을 소유하고 있는 경우에는 종속기업이 보유하고 있는 최상위 지배기업주식을 자기주식으로 처리하고 최상위 지배기업 독립영업이익 중 종속기업 해당분을 배분하지 않는데, 이러한 회계처리를 자기주식법이라고 한다.

1 취득한 보고기간의 연결재무제표작성

상호소유된 지배기업주식의 경우에 취득한 보고기간의 연결재무제표작성절차에 대해서는 다음의 예를 토대로 살펴보기로 한다.

예 다음은 20×1년 12월 31일 현재 A회사와 그 종속기업인 B회사 및 C회사의 재무상태표와 포괄손익계산서이다.

재무상태표
20×1년 12월 31일

자산	A회사	B회사	C회사	부채 및 자본	A회사	B회사	C회사
유동자산	2,000,000	1,600,000	1,100,000	유동부채	3,000,000	1,900,000	1,350,000
비유동자산	8,500,000	6,000,000	5,000,000	비유동부채	3,000,000	2,500,000	1,950,000
B회사투자주식	4,500,000			납입자본	6,000,000	4,000,000	3,000,000
C회사투자주식	800,000	2,400,000		이익잉여금	3,000,000	1,600,000	700,000
A회사투자주식			900,000				
	15,000,000	10,000,000	7,000,000		15,000,000	10,000,000	7,000,000

포괄손익계산서
20×1년 1월 1일부터 20×1년 12월 31일까지

	A회사	B회사	C회사
매 출 액	13,000,000	8,000,000	5,000,000
매출원가	(10,000,000)	(6,000,000)	(3,500,000)
매출총이익	3,000,000	2,000,000	1,500,000
기타비용	(2,000,000)	(1,400,000)	(1,300,000)
당기순이익	1,000,000	600,000	200,000

[추가자료]

(1) 20×1년 1월 1일 A회사는 B회사의 보통주 80%를 ₩4,500,000에 취득하였으며, 동일 B회사는 C회사의 보통주 60%를 ₩2,400,000에 취득하였다. 또한 C회사는 동일 A회사의 보통주 10%를 ₩900,000에 취득하였다. 20×1년 1월 1일의 A회사, B회사 및 C회사의 주주지분은 다음과 같으며, A회사, B회사 및 C회사의 순자산장부금액과 공정가치는 일치하였다.

	A회사	B회사	C회사
납 입 자 본	₩6,000,000	₩4,000,000	₩3,000,000
이익잉여금	2,000,000	1,000,000	500,000
계	₩8,000,000	₩5,000,000	₩3,500,000

(2) 연결실체간 내부거래(재고자산)는 다음과 같다. 매출총이익률은 모두 20%이다.

판매회사	매입회사	내부거래	매입회사 기말재고에 남아 있는 부분
A회사	B회사	₩1,500,000	₩50,000
B회사	C회사	1,000,000	40,000
C회사	B회사	1,000,000	30,000

연결당기순이익

상기 예의 관계구조를 도표로 나타내면 다음과 같다. 이를 토대로 연결당기순이익의 계산과정과 배분과정에 대해서 살펴보기로 한다.

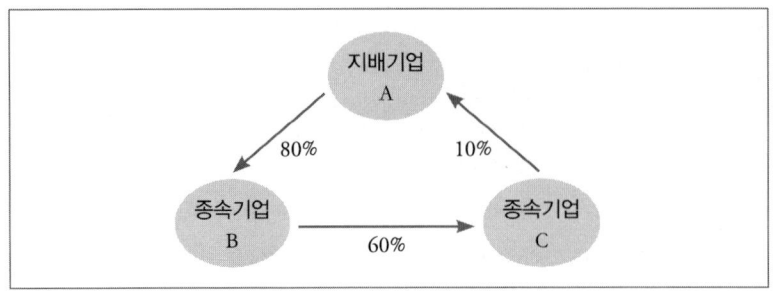

① 각 회사의 내부거래로 인한 미실현손익을 제거한 독립영업이익 및 연결당기순이익은 다음과 같다.

	A회사	B회사	C회사	합　계
당기순이익(장부금액)	₩1,000,000	₩600,000	₩200,000	₩1,800,000
미실현이익	(10,000)	(8,000)	(6,000)	(24,000)
독립영업이익(공정가치)	₩990,000	₩592,000	₩194,000	₩1,776,000
∴ 연결당기순이익	₩990,000 +	₩592,000 +	₩194,000 =	₩1,776,000

② 자기주식법에 의하여 연결당기순이익을 지배기업소유주지분과 비지배지분으로 배분하면 다음과 같다.

　　C = ₩194,000

　　B = ₩592,000 + C×60%

　　A = ₩990,000 + B×80%

위의 식을 풀면

　　A = ₩1,556,720

　　B = ₩708,400

　　C = ₩194,000

③ 연결당기순이익 중 지배기업소유주 귀속분은 ₩1,556,720이며, 비지배지분 귀속분(비지배지분순이익)은 ₩219,280이다. 비지배지분순이익의 계산근거는 다음과 같다.

B회사 비지배지분순이익 : ₩708,400×20% =	₩141,680
C회사 비지배지분순이익 : ₩194,000×40% =	77,600
계	₩219,280

연결조정분개

(1) C회사투자주식과 C회사자본계정의 상계제거

① (차) 납입자본(C)　　　3,000,000　　(대) C회사투자주식　　2,400,000
　　　　이익잉여금(C)　　　500,000　　　　　비지배지분　　　1,400,000
　　　　영　업　권　　　　300,000

(2) B회사투자주식과 B회사자본계정의 상계제거

② (차) 납입자본(B)　　　4,000,000　　(대) B회사투자주식(A)　4,500,000
　　　　이익잉여금(B)　　1,000,000　　　　　비지배지분　　　1,000,000
　　　　영　업　권　　　　500,000

(3) C회사소유 A회사투자주식의 회계처리

③ (차) 자기주식　　　　　900,000　　(대) A회사투자주식　　900,000

(4) 내부거래(재고자산)제거

④ (차) 매　출　　　　　3,500,000　　(대) 매출원가　　　　3,500,000
　　　*₩1,500,000 + ₩1,000,000 + ₩1,000,000 = ₩3,500,000

⑤ (차) 매출원가　　　　　10,000　　(대) 유동자산(재고자산)　10,000
　　　*A → B

⑥ (차) 매출원가　　　　　　8,000　　(대) 유동자산(재고자산)　　8,000
　　　*B → C

⑦ (차) 매출원가　　　　　　6,000　　(대) 유동자산(재고자산)　　6,000
　　　*C → B

⑧ (차) 이익잉여금(비지배지분순이익)　219,280　　(대) 비지배지분　　219,280

연결재무상태표와 연결포괄손익계산서

연결재무상태표

A회사 및 종속기업　　20×1년 12월 31일

유동자산	4,676,000	유동부채	6,250,000
비유동자산	19,500,000	비유동부채	7,450,000
영 업 권	800,000	자　　본	
		지배기업소유주지분	
		납입자본	6,000,000
		이익잉여금	3,556,720

		자기주식	(900,000)
		비지배지분	2,619,280
	24,976,000		24,976,000

연결포괄손익계산서

A회사 및 종속기업   20×1년 1월 1일부터 20×1년 12월 31일까지

매 출 액	22,500,000
매출원가	(16,024,000)
매출총이익	6,476,000
기타비용	(4,700,000)
당기순이익	1,776,000
당기순이익의 귀속	
지배기업소유주	1,556,720
비지배지분	219,280

2 취득한 보고기간 이후 연결재무제표작성

상호소유된 지배기업주식의 경우에 취득한 보고기간 이후 연결재무제표절차에 대해서는 다음 예를 토대로 살펴보기로 한다.

예 다음은 20×2년 12월 31일 현재 A회사와 그 종속기업인 B회사 및 C회사의 재무상태표와 포괄손익계산서이다.

재무상태표

20×2년 12월 31일

자 산	A회사	B회사	C회사	부채 및 자본	A회사	B회사	C회사
유 동 자 산	2,000,000	1,600,000	1,200,000	유 동 부 채	2,100,000	1,200,000	500,000
비유동자산	8,500,000	6,000,000	4,800,000	비유동부채	3,000,000	2,500,000	2,400,000
B회사투자주식	4,500,000			납 입 자 본	6,000,000	4,000,000	3,000,000
C회사투자주식		2,400,000		이익잉여금	3,900,000	2,300,000	1,000,000
A회사투자주식			900,000				
	15,000,000	10,000,000	6,900,000		15,000,000	10,000,000	6,900,000

포괄손익계산서
20×2년 1월 1일부터 20×2년 12월 31일까지

	A회사	B회사	C회사
매 출 액	13,000,000	8,000,000	5,000,000
매출원가	(10,000,000)	(6,000,000)	(3,500,000)
매출총이익	3,000,000	2,000,000	1,500,000
기타비용	(2,100,000)	(1,300,000)	(1,200,000)
당기순이익	900,000	700,000	300,000

[추가자료]

(1) 20×1년 1월 1일 A회사는 B회사의 보통주 80%를 ₩4,500,000에 취득하였으며 동일 B회사는 C회사의 보통주 60%를 ₩2,400,000에 취득하였다. 또한 C회사는 동일 A회사의 보통주 10%를 ₩900,000에 취득하였다. 20×1년 1월 1일의 A회사, B회사 및 C회사의 주주지분은 다음과 같으며 A회사, B회사 및 C회사의 순자산장부금액과 공정가치는 일치하였다. 20×1년초부터 20×2년말까지 각 회사의 이익처분은 없었다.

	A회사	B회사	C회사
납 입 자 본	₩6,000,000	₩4,000,000	₩3,000,000
이익잉여금	2,000,000	1,000,000	500,000
계	₩8,000,000	₩5,000,000	₩3,500,000

(2) 연결실체간 내부거래(재고자산)는 다음과 같다. 매출총이익률은 모두 20%이다.

판매회사	매입회사	내부거래		매입회사 기말재고에 남아 있는 부분	
		20×1년	20×2년	20×1년	20×2년
A회사	B회사	₩1,500,000	₩2,000,000	₩50,000	₩40,000
B회사	C회사	1,000,000	1,000,000	40,000	50,000
C회사	B회사	1,000,000	1,000,000	30,000	50,000

연결당기순이익

① 각 회사의 내부거래로 인한 미실현·실현손익을 제거한 20×2년의 독립영업이익 및 연결당기순이익은 다음과 같다.

	A회사	B회사	C회사	합 계
당기순이익(장부금액)	₩900,000	₩700,000	₩300,000	₩1,900,000
실현이익	10,000	8,000	6,000	24,000
미실현이익	(8,000)	(10,000)	(10,000)	(28,000)
독립영업이익(공정가치)	₩902,000	₩698,000	₩296,000	₩1,896,000
∴ 연결당기순이익	₩902,000 +	₩698,000 +	₩296,000 =	₩1,896,000

② 연결당기순이익을 지배기업소유주지분과 비지배지분으로 배분하면 다음과 같다.

$A = ₩902,000 + B \times 80\%$

$B = ₩698,000 + C \times 60\%$

$C = ₩296,000$

위의 식을 풀면

$A = ₩1,602,480$

$B = ₩875,600$

$C = ₩296,000$

③ 연결당기순이익 중 지배기업소유주 귀속분은 A회사의 당기순이익과 일치하므로 ₩1,602,480이며, 비지배지분 귀속분(비지배지분순이익)은 ₩293,520이다. 비지배지분순이익의 계산근거는 다음과 같다.

B회사 비지배지분순이익 : ₩875,600×20% =	₩175,120	
C회사 비지배지분순이익 : ₩296,000×40% =	118,400	
계	₩293,520	

연결조정분개

(1) C회사투자주식과 C회사자본계정의 상계제거

① (차) 납입자본(C)   3,000,000   (대) C회사투자주식   2,400,000
       이익잉여금(C)   700,000   비지배지분   1,480,000
       영 업 권   300,000   이익잉여금(A)   120,000

*1. 이익잉여금(C) : 20×2년의 당기순이익을 제외한 금액임.
 2. 비지배지분 : (₩3,000,000 + ₩700,000)×40% = ₩1,480,000
 3. 이익잉여금(A) : (₩700,000 − ₩500,000)×60% = ₩120,000

(2) B회사투자주식과 B회사자본계정의 상계제거

② (차) 납입자본(B)　　　　4,000,000　　(대) B회사투자주식(A)　4,500,000
　　　　이익잉여금(B)　　　1,600,000　　　　 비지배지분　　　　1,120,000
　　　　영　업　권　　　　　500,000　　　　　이익잉여금(A)　　　 480,000

　　*1. 이익잉여금(B) : 20×2년의 당기순이익을 제외한 금액임.
　　 2. 비지배지분 : (₩4,000,000 + ₩1,600,000)×20% = ₩1,120,000
　　 3. 이익잉여금(A) : (₩1,600,000 − ₩1,000,000)×80% = ₩480,000

(3) 회사사유 A회사투자주식의 회계처리

③ (차) 자기주식　　　　　　900,000　　(대) A회사투자주식　　　 900,000

(4) 내부거래제거

④ (차) 이익잉여금(A)　　　　10,000　　(대) 매출원가　　　　　　 10,000
　　*A → B

⑤ (차) 이익잉여금(A)　　　　 8,000　　(대) 매출원가　　　　　　　8,000
　　*B → C

⑥ (차) 이익잉여금(A)　　　　 6,000　　(대) 매출원가　　　　　　　6,000
　　*C → B

⑦ (차) 매　　　출　　　　 4,000,000　　(대) 매출원가　　　　　4,000,000
　　*₩2,000,000 + ₩1,000,000 + ₩1,000,000 = ₩4,000,000

⑧ (차) 매출원가　　　　　　 8,000　　(대) 유동자산(재고자산)　　 8,000
　　*A → B

⑨ (차) 매출원가　　　　　　10,000　　(대) 유동자산(재고자산)　　10,000
　　*B → C

⑩ (차) 매출원가　　　　　　10,000　　(대) 유동자산(재고자산)　　10,000
　　*C → B

(5) 비지배지분순이익 계상

⑪ (차) 이익잉여금(비지배지분순이익) 293,520　(대) 비지배지분　　293,520

(6) 이익잉여금(지배기업)과 비지배지분 수정

⑫ (차) 이익잉여금(A)　　　　19,280　　(대) 비지배지분　　　　　19,280

　　*1. 연결조정분개상 비지배지분에 배분된 종속기업의 주식취득일 이후 이익잉여금 변동분(당
　　　 기순이익은 제외)

　　　　C회사 : (₩700,000 − ₩500,000)×40% =　　₩80,000
　　　　B회사 : (₩1,600,000 − ₩1,000,000)×20% =　 120,000
　　　　계　　　　　　　　　　　　　　　　　　　₩200,000

2. 비지배지분에 배분되어야 할 종속기업의 주식취득일 이후 이익잉여금 변동분
 (당기순이익은 제외)
   20×1년의 연결당기순이익 중 비지배지분 귀속분(**예**의 해답 참조) ₩219,280
3. 1과 2의 차액을 이익잉여금(지배기업)과 비지배지분으로 조정함.

연결재무상태표와 연결포괄손익계산서

재무상태표

A회사 및 종속기업 20×2년 12월 31일

유동자산	4,772,000	유동부채	3,800,000
비유동자산	19,300,000	비유동부채	7,900,000
영업권	800,000	자 본	
		지배기업소유주지분	
		납입자본	6,000,000
		이익잉여금	5,159,200
		자기주식	(900,000)
		비지배지분	2,619,280
	24,872,000		24,876,000

연결포괄손익계산서

A회사 및 종속기업 20×1년 1월 1일부터 20×1년 12월 31일까지

매 출 액	22,000,000
매출원가	(15,504,000)
매출총이익	6,496,000
기타비용	(4,600,000)
당기순이익	1,896,000
당기순이익의 귀속	
지배기업소유주	1,602,480
비지배지분	293,520

보론 — 종속기업의 자본항목(이익잉여금 제외)이 변동된 경우

복잡한 관계구조하에서 종속기업의 이익잉여금을 제외한 자본항목(예 : 자본잉여금, 자본조정, 기타포괄손익누계액)이 변동된 경우의 연결조정에 대해서 다음의 예를 토대로 살펴보기로 한다.

예 다음은 20×1년 12월 31일 현재 A회사와 그 종속기업인 B회사 및 C회사의 재무상태표와 포괄손익계산서이다.

재무상태표
20×1년 12월 31일

자 산	A회사	B회사	C회사	부채 및 자본	A회사	B회사	C회사
유동자산	2,000,000	1,600,000	1,400,000	유동부채	1,500,000	900,000	800,000
비유동자산	8,500,000	6,000,000	5,000,000	비유동부채	3,000,000	2,500,000	2,000,000
B회사투자주식	4,500,000			자 본 금	5,000,000	3,000,000	2,000,000
C회사투자주식		2,400,000		자본잉여금	2,500,000	2,000,000	1,500,000
C회사투자주식			600,000	이익잉여금	3,000,000	1,600,000	700,000
	15,000,000	10,000,000	7,000,000		15,000,000	10,000,000	7,000,000

포괄손익계산서
20×1년 1월 1일부터 20×1년 12월 31일까지

	A회사	B회사	C회사
매 출 액	13,000,000	8,000,000	5,000,000
매출원가	(10,000,000)	(6,000,000)	(3,500,000)
매출총이익	3,000,000	2,000,000	1,500,000
기타비용	(2,000,000)	(1,400,000)	(1,300,000)
당기순이익	1,000,000	600,000	200,000

[추가자료]

(1) 20×1년 1월 1일 A회사는 B회사의 보통주 80%를 ₩4,500,000에 취득하였으며, 동일 B회사는 C회사의 보통주 60%를 ₩2,400,000에 취득하였다. 또한 C회사는 동일 B회사의 보통주 10%를 ₩600,000에 취득하였다. 20×1년 1월 1일의 A회사, B회사 및 C회사의 주주지분은 다음과 같으며 A회사, B회사 및 C회사의 순자산장부금액과 공정가치는 일치하였다.

	A회사	B회사	C회사
자 본 금	₩5,000,000	₩4,000,000	₩3,000,000
자본잉여금	1,000,000	1,000,000	1,000,000
이익잉여금	2,000,000	1,000,000	500,000
계	₩8,000,000	₩5,000,000	₩3,500,000

(2) 연결실체간 내부거래(재고자산)는 다음과 같다. 매출총이익률은 모두 20%이다.

판매회사	매입회사	내부거래(20×2년)	매입회사 기말재고에 남아 있는 부분
A회사	B회사	₩1,500,000	₩50,000
B회사	C회사	1,000,000	40,000
C회사	B회사	1,000,000	30,000

연결당기순이익

보론 예의 관계구조를 도표로 나타내면 다음과 같다. 이를 토대로 연결당기순이익의 계산과정과 배분과정에 대해서 살펴보기로 한다.

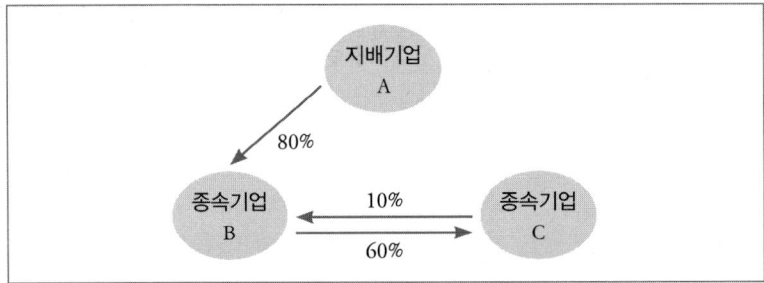

① 각 회사의 내부거래로 인한 미실현손익을 제거한 독립영업이익 및 연결당기순이익을 나타내면 다음과 같다.

	A회사	B회사	C회사	합 계
당기순이익(장부금액)	₩1,000,000	₩600,000	₩200,000	₩1,800,000
미실현이익	(10,000)	(8,000)	(6,000)	(24,000)
독립영업이익(공정가치)	₩990,000	₩592,000	₩194,000	₩1,776,000
∴ 연결당기순이익	₩990,000 +	₩592,000 +	₩194,000 =	₩1,896,000

② 연결당기순이익을 지배기업소유주지분과 비지배지분으로 배분하면 다음과 같다.

C = ₩194,000 + B×10%

B = ₩592,000 + C×60%

A = ₩990,000 + B×80%

위의 식을 풀면

A = ₩1,592,893

B = ₩753,617

C = ₩269,362

③ 연결당기순이익 중 지배기업소유주 귀속분은 ₩1,592,893이며, 비지배지분 귀속분(비지배지분순이익)은 ₩183,107이다. 비지배지분순이익의 계산근거는 다음과 같다.

B회사 비지배지분순이익 : ₩753,617×10% =	₩75,362
C회사 비지배지분순이익 : ₩269,362×40% =	107,745
계	₩183,107

연결자본잉여금

종속기업주식을 취득한 이후에 종속기업의 자본항목(이익잉여금 제외)이 변동된 경우에는 다음과 같은 방법으로 종속기업의 자본항목 변동분을 지배기업과 비지배지분에 배분한다.

1단계 연결조정분개는 주식취득일 이후 종속기업의 자본항목 변동분을 장부금액기준으로 비지배지분에 배분한다. 이때 종속기업에 배분될 자본항목을 전액 지배기업의 자본항목으로 배분한다.

2단계 비지배지분에 배분되어야 할 종속기업의 주식취득일 이후 자본항목에 변동분을 계산한다.

3단계 1단계와 2단계의 차액을 지배기업의 자본항목과 비지배지분으로 조정한다.

연결조정분개

(1) C회사투자주식과 C회사자본계정의 상계제거

① (차) 자 본 금(C)   2,000,000   (대) C회사투자주식   2,400,000
       자본잉여금(C) 1,500,000   비지배지분   1,600,000[*1]
       이익잉여금(C)   500,000   자본잉여금(A)   300,000[*2]
       영 업 권   300,000

*1. 비지배지분 : (₩2,000,000 + ₩1,500,000 + ₩500,000)×40% = ₩1,600,000
 2. 자본잉여금(A) : (₩1,500,000 − ₩1,000,000)×60% = ₩300,000

(2) B회사투자주식과 B회사자본계정의 상계제거

② (차) ┌ 자 본 금(B)   3,000,000   (대) ┌ B회사투자주식(A)   4,500,000
        │ 자본잉여금(B)   2,000,000   │ B회사투자주식(C)   600,000
        │ 이익잉여금(B)   1,000,000   │ 비지배지분   600,000*¹
        └ 영 업 권   600,000   └ 자본잉여금(A)   900,000*²

  *1. 비지배지분 : (₩3,000,000 + ₩2,000,000 + ₩1,000,000)×10% = ₩600,000
   2. 자본잉여금(A) : (₩2,000,000 − ₩1,000,000)×90% = ₩900,000

(3) 내부거래제거

③ (차) 매   출   3,500,000   (대) 매출원가   3,500,000

  *₩1,500,000 + ₩1,000,000 + ₩1,000,000 = ₩3,500,000

④ (차) 매출원가   10,000   (대) 유동자산(재고자산)   10,000

  *A → B ₩50,000×20% = ₩10,000

⑤ (차) 매출원가   8,000   (대) 유동자산(재고자산)   8,000

  *B → C ₩40,000×20% = ₩8,000

⑥ (차) 매출원가   6,000   (대) 유동자산(재고자산)   6,000

  *C → B ₩30,000×20% = ₩6,000

(4) 비지배지분순이익 계상

⑦ (차) 이익잉여금(비지배지분순이익)   183,107   (대) 비지배지분   183,107

(5) 이익잉여금(지배기업)과 비지배지분 수정

⑧ (차) 자본잉여금(A)   93,619   (대) 비지배지분   93,617

  *1. 연결조정분개상 비지배지분에 배분된 종속기업의 주식취득일 이후 자본잉여금 변동분

       C회사 : (₩1,500,000 − ₩1,000,000)×40% =   ₩200,000
       B회사 : (₩2,000,000 − ₩1,000,000)×10% =   100,000
       계   ₩300,000

   2. 비지배지분에 배분되어야 할 종속기업의 주식취득일 이후 자본잉여금 변동분
     ① 종속기입의 주식취득일 이후 종속기업의 자본잉여금 변동분의 계산

       C = ₩500,000 + B×10%
       B = ₩1,000,000 + C×60%

       위 식을 풀면

       B = ₩1,382,978
       C = ₩638,298

② 비지배지분에 배분되어야 할 종속기업의 주식취득일 이후 자본잉여금 변동분

B회사 자본잉여금 변동분 : ₩1,382,978×10% =　　₩138,298
C회사 자본잉여금 변동분 : ₩638,298×40% =　　　255,319
　　　　　　계　　　　　　　　　　　　　　　　₩393,619

3. 1과 2의 차액을 자본잉여금(지배기업)과 비지배지분으로 조정함.

연결재무상태표와 연결포괄손익계산서

재무상태표
A회사 및 종속기업　　　20×1년 12월 31일

유동자산	4,976,000	유동부채	3,200,000
비유동자산	19,500,000	비유동부채	7,500,000
영업권	900,000	자본	
		지배기업소유주지분	
		자본금	5,000,000
		자본잉여금	3,606,383
		이익잉여금	3,592,893
		비지배지분	2,476,724
	24,876,000		25,376,000

연결포괄손익계산서
A회사 및 종속기업　20×1년 1월 1일부터 20×1년 12월 31일까지

매출액	22,500,000
매출원가	(16,024,000)
매출총이익	6,476,000
기타비용	(4,700,000)
당기순이익	1,776,000
당기순이익의 귀속	
지배기업소유주	1,592,893
비지배지분	183,107

연결회계 – 복잡한 관계구조

이론문제(기출지문)

01 지배·종속관계가 연속적으로 성립하는 경우 연결재무상태표상 자본계정은 지배기업 및 중간지배기업의 자본계정과 비지배지분으로 구성된다. (×)

▶ 지배·종속관계가 연속적으로 성립하는 경우 연결재무상태표상 자본계정은 지배기업의 자본계정과 비지배지분으로 구성된다.

02 종속기업이 소유하고 있는 최상위 지배기업주식은 연결재무상태표에 자기주식으로 표시한다. (○)

필수예제 복잡한 관계구조

20×1년 1월 1일 A회사는 B회사의 보통주 80%를 ₩2,000,000에 취득하였으며, 동일 B회사는 C회사의 보통주 60%를 ₩1,200,000에 취득하였다. 관련자료는 다음과 같다.

(1) 20×1년 1월 1일 A회사, B회사 및 C회사의 주주지분은 다음과 같으며 B회사 및 C회사의 순자산장부금액과 공정가치는 일치하였다.

	A회사	B회사	C회사
납입자본	₩2,000,000	₩1,500,000	₩1,000,000
이익잉여금	1,000,000	500,000	500,000
계	₩3,000,000	₩2,000,000	₩1,500,000
당기순이익	₩500,000	₩400,000	₩200,000

(2) 연결실체간 내부거래는 나음과 같다.

① 20×1년 중에 B회사는 C회사에 ₩500,000의 상품을 판매하였으며 20×1년말 C회사의 기말재고자산에 남아 있는 B회사의 상품은 ₩150,000이었다. B회사의 매출총이익률은 20%이다.

② 20×1년 중에 C회사는 B회사에 ₩200,000의 상품을 판매하였으며 20×1년말 B회사의 기말재고자산에 남아 있는 C회사의 상품은 ₩80,000이었다. C회사의 매출총이익률은 20%이다.

20×1년의 연결당기순이익 중 지배기업소유주 귀속분과 비지배지분순이익은 각각 얼마인가?

1. 연결당기순이익

	A회사	B회사	C회사	합 계
당기순이익(장부금액)	₩500,000	₩400,000	₩200,000	₩1,100,000
내부거래제거				
재고자산		(30,000)	(16,000)	(46,000)
독립영업이익(공정가치)	₩500,000	₩370,000	₩184,000	₩1,054,000

∴ 연결당기순이익 : ₩1,054,000

2. 연결당기순이익 중 지배기업소유주 귀속분

   A=₩500,000+B×80%

   B=₩370,000+C×60%

   C=₩184,000

   위의 식을 풀면, A=₩884,320, B=₩480,400, C=₩184,000

∴ 연결당기순이익 중 지배기업소유주 귀속분 : ₩884,320

3. 연결당기순이익 중 비지배지분 귀속분(비지배지분순이익)

B회사 비지배지분순이익 : ₩480,400×20%=	₩96,080
C회사 비지배지분순이익 : ₩184,000×40%=	73,600
계	₩169,680

---

01 20×3년 1월 1일 A사는 B사 주식의 70%를 취득하였고, B사는 C사 주식의 50%를 취득하여 A사와 B사 및 B사와 C사는 지배·종속관계가 성립되었다. 20×3년도 중 A사는 B사에 원가 ₩500,000의 상품을 ₩600,000에 매출하였으며, B사는 같은 해에 동 상품을 전부 ₩750,000에 외부에 판매하였다. C사는 B사에 원가 ₩300,000의 상품을 ₩375,000에 매출하였으며, B사는 같은 해에 동 상품 중 ₩225,000을 외부에 ₩280,000에 매출하였고, 기말재고자산으로 ₩150,000을 보유하고 있다. 20×3년 12월 31일 연결재무제표를 작성하기 위한 내부거래 및 미실현손익 제거분개를 할 때 기말재고자산에 포함된 미실현손익은 얼마인가? (2003. 세무사 수정)

매출총이익률 : (₩375,000−₩300,000)÷₩375,000=20%

∴ 기말재고자산에 포함된 미실현이익 : ₩150,000×20%=₩30,000

02 20×1년 1월 1일 A사는 B사 주식 80%를 취득하였고, B사는 C사의 주식 60%를 취득하였다. 또한 C사는 A사의 주식 10%를 취득하였다. 연결실체간 20×1년에 발생한 내부거래는 다음과 같다.

(1) B사는 C사에 장부금액 ₩10,000의 토지를 ₩12,000에 처분하였으며 C사는 기말 현재 보유 중이다.
(2) 20×1년초에 A사는 B사에 장부금액 ₩10,000의 건물을 ₩15,000에 처분하였다. 잔존내용연수는 5년이며, 잔존가치는 없고 정액법으로 감가상각한다.
(3) C사는 B사에 상품을 판매하였으며 20×1년말 B사의 기말재고자산에 남아 있는 C사의 상품은 ₩10,000이었다. 모든 회사의 매출총이익률은 20%이다.
(4) B사는 20×1년초에 A사가 발행한 사채 전부를 취득하고 상각후원가측정금융자산으로 분류하였다. 추정된 사채상환이익은 ₩5,000이었으며 사채의 만기는 20×5년말이다. 사채 및 상각후원가측정금융자산의 할인액은 모두 정액법으로 상각한다.

20×1년에 보고한 당기순이익이 A사 ₩200,000, B사 ₩150,000, C사 ₩100,000일 때 20×1년 연결당기순이익 중 지배회사 소유주에 귀속될 순이익은 얼마인가?

---

1. 연결당기순이익

	A사	B사	C사	합 계
당기순이익(장부금액)	₩200,000	₩150,000	₩100,000	₩450,000
내부거래제거				
토 지			(2,000)	(2,000)
건 물	(4,000)			(4,000)
상 품			(2,000)	(2,000)
사 채	4,000			4,000
독립영업이익(공정가치)	₩200,000	₩148,000	₩98,000	₩446,000

∴ 연결당기순이익: ₩446,000

2. 연결당기순이익 중 지배기업소유주지분

　C = ₩98,000

　B = ₩148,000 + C×60%

　A = ₩200,000 + B×80%

　위 식을 풀면, A: ₩365,440, B: ₩206,800, C: ₩98,000

∴ 연결당기순이익 중 지배기업소유주귀속분: ₩365,440

03 유통업을 영위하는 (주)대한은 20×1년 1월 1일에 (주)민국의 발행주식 70%를 ₩250,000에 취득하였으며, 동 일자에 (주)민국은 (주)서울의 발행주식 60%를 ₩70,000에 취득하였다. 20×1년 1월 1일 현재 (주)대한, (주)민국, (주)서울의 자본계정은 다음과 같으며, 순자산장부금액과 공정가치는 일치하였다.

	(주)대한	(주)민국	(주)서울
자 본 금	₩500,000	₩200,000	₩60,000
이익잉여금	300,000	100,000	30,000

[추가자료]

(1) (주)대한과 (주)민국은 각각의 종속기업인 (주)민국과 (주)서울에 대한 투자주식을 원가법으로 회계처리하고 있으며, 연결재무제표 작성시 비지배지분은 종속기업의 식별가능한 순자산공정가치에 비례하여 결정한다.

(2) 20×1년 중에 (주)대한은 (주)민국 및 (주)서울로부터 아래의 상품을 매입하였다. (주)민국과 (주)서울의 매출총이익률은 모두 30%이다.

판매회사 → 매입회사	판 매 액	매입회사 기말재고
(주)민국 → (주)대한	₩30,000	₩20,000
(주)서울 → (주)대한	10,000	10,000

(3) 20×1년 7월 1일에 (주)대한은 사용하던 차량운반구(장부금액 ₩20,000)를 ₩28,000에 (주)민국에게 현금 매각하였다. 매각일 현재 차량운반구의 잔존내용연수는 2년, 잔존가치는 ₩0, 감가상각방법은 정액법이다. (주)민국은 동 차량운반구를 20×1년말 현재 사용하고 있다.

(4) (주)대한, (주)민국, (주)서울의 20×1년도의 당기순이익은 각각 ₩70,000, ₩30,000, ₩15,000이다.

(주)대한의 20×1년도 연결재무제표에 계상될 연결당기순이익을 지배기업귀속당기순이익과 비지배지분귀속당기순이익으로 구분하여 계산하시오. (2017. CPA 수정)

---

1. 연결당기순이익

	(주)대한	(주)민국	(주)서울	합 계
당기순이익(장부금액)	₩70,000	₩30,000	₩15,000	₩115,000
내부거래제거				
재고자산		(6,000)	(3,000)	(9,000)
차량운반구	(6,000)			(6,000)
독립영업이익(공정가치)	₩64,000	₩24,000	₩12,000	₩100,000

∴ 연결당기순이익: ₩100,000

2. 연결당기순이익의 배분

   (1) 지배기업귀속 당기순이익

       (주)대한＝₩64,000＋(주)민국×70%

       (주)민국＝₩24,000＋(주)서울×60%

       (주)서울＝₩12,000

     위 식을 풀면

       (주)대한＝₩85,840

       (주)민국＝₩31,200

       (주)서울＝₩12,000

       ∴ 지배기업귀속 당기순이익：₩85,840

   (2) 비지배지분귀속 당기순이익

(주)민국 비지배지분순이익：₩31,200×30%＝	₩9,360
(주)서울 비지배지분순이익：₩12,000×40%＝	4,800
계	₩14,160

04 (주)대한은 20×1년 1월 1일에 (주)민국의 보통주 60%를 ₩200,000에 취득하여 지배력을 획득하였다. 또한 동 일자에 (주)만세의 보통주 10%를 ₩10,000에 취득하였다. 한편 (주)민국도 20×1년 1월 1일에 (주)만세의 보통주 60%를 ₩60,000에 취득하여 지배력을 획득하였다. 취득일 당시 (주)민국과 (주)만세의 자본은 다음과 같으며, 자산과 부채의 장부금액과 공정가치는 일치하였다.

구 분	(주)민국	(주)만세
자 본 금	₩150,000	₩50,000
이익잉여금	100,000	30,000

(주)민국과 (주)만세의 20×1년도 별도(개별)재무제표상 당기순이익은 각각 ₩17,000과 ₩5,000이며, 배당 및 기타 자본변동은 없다. (주)대한은 별도재무제표에서 (주)민국과 (주)만세의 투자주식을 원가법으로 회계처리하며, (주)민국도 별도재무제표에서 (주)만세의 투자주식을 원가법으로 회계처리하고 있다. (주)대한이 작성하는 20×1년말 연결재무상태표에 표시되는 비지배지분은 얼마인가? 단, 비지배지분은 종속기업의 식별가능한 순자산공정가치에 비례하여 결정한다.

(2018. CPA)

1. (주)만세에 대한 비지배지분

   20×1년말 (주)만세의 순자산공정가치: ₩80,000+₩5,000=   ₩85,000
   비지배지분율   ×30%*
   계   ₩25,500

   *(주)만세에 대한 지배회사 (주)대한의 지분율은 10%+60%=70%임. 따라서 비지배지분율은 30%임

2. (주)민국에 대한 비지배지분

   20×1년말 (주)민국의 순자산공정가치: ₩250,000+₩17,000+₩5,000×60%=   ₩270,000
                            (주)민국의 (주)만세에 대한 비지배지분순이익
   비지배지분율   ×40%
   계   ₩108,000

∴ 비지배지분: 1+2=₩133,500

---

05 (주)대한은 20×1년 1월 1일 (주)민국의 보통주 80%를 ₩450,000에 취득하여 지배력을 획득하였으며, 동일자에 (주)민국은 (주)만세의 주식 60%를 ₩200,000에 취득하여 지배력을 획득하였다. 지배력 획득시점에 (주)민국과 (주)만세의 순자산공정가치와 장부금액은 동일하다. 다음은 지배력 획득시점 이후 20×1년말까지 회사별 순자산 변동내역이다.

구 분	(주)대한	(주)민국	(주)만세
20×1. 1. 1.	₩800,000	₩420,000	₩300,000
별도(개별)재무제표상 당기순이익	100,000	80,000	50,000
20×1. 12. 31.	₩900,000	₩500,000	₩350,000

20×1년 7월 1일 (주)대한은 (주)민국에게 장부금액 ₩150,000인 기계장치를 ₩170,000에 매각하였다. 매각시점에 기계장치의 잔존내용연수는 5년, 정액법으로 상각하며 잔존가치는 없다. 20×1년 중 (주)민국이 (주)만세에게 판매한 재고자산 매출액은 ₩100,000(매출총이익률은 30%)이다. 20×1년말 현재 (주)만세는 (주)민국으로부터 매입한 재고자산 중 40%를 보유하고 있다.

(주)대한과 (주)민국은 종속회사투자주식을 별도재무제표상 원가법으로 표시하고 있다. (주)대한의 20×1년도 연결포괄손익계산서에 표시되는 비지배지분귀속당기순이익은 얼마인가? 단, 연결재무제표작성시 비지배지분은 종속기업의 식별가능한 순자산공정가치에 비례하여 결정한다.

(2019. CPA)

1. 연결당기순이익

	(주)대한	(주)민국	(주)만세	합　계
당기순이익(장부금액)	₩100,000	₩80,000	₩50,000	₩230,000
내부거래제거				
기계장치 { 미실현이익	(20,000)			(20,000)
실현이익	2,000			2,000
재고자산		(12,000)		(12,000)
독립영업이익(공정가치)	₩82,000	₩68,000	₩50,000	₩200,000

2. 연결당기순이익의 배분

　(주)대한=₩82,000+(주)민국×80%

　(주)민국=₩68,000+(주)만세×60%

　(주)만세=₩50,000

　위 식을 풀면, (주)대한=₩160,400, (주)민국=₩98,000, (주)만세=₩50,000

3. 연결당기순이익 중 비지배지분귀속분

(주)민국의 비지배지분순이익:₩98,000×20%=	₩19,600
(주)만세의 비지배지분순이익:₩50,000×40%=	20,000
계	₩39,600

CHAPTER 07

연결회계 – 기타 주제

ADVANCED ACCOUNTING

제1절 / 연결재무제표작성시 법인세기간배분
제2절 / 연결현금흐름표
제3절 / 연결자본변동표
제4절 / 연결회계의 기타사항
제5절 / 회계주체이론
[보론] / 역취득

01 연결재무제표작성시 법인세기간배분

법인세기간배분회계의 목적은 한국채택국제회계기준에 의한 자산·부채의 장부금액과 법인세법상 자산·부채의 세무기준액이 일치하지 않음으로써 발생하는 일시적차이의 세금효과를 차기 이후의 기간에 배분함으로써 재무제표에 보고되는 순이익 및 자산·부채가 적정하게 표시되도록 하는 데 있다. 따라서 연결재무제표작성시 발생하는 일시적차이의 세금효과도 연결재무상태표와 연결포괄손익계산서에 반영해야 하는데, 법인세기간배분회계의 기본원리는 중급회계에서 이미 설명하였으므로 여기서는 연결재무제표작성시에 유의해야 할 사항들을 중심으로 살펴보도록 한다.

1 투자계정과 자본계정의 상계제거

지배기업소유 종속기업투자주식계정과 이에 대응하는 종속기업의 자본계정의 상계제거시에는 다음의 내용을 고려해야 한다.

(1) 연결조정시 특정 자산·부채에 배분되는 투자제거차액은 세무상 자산·부채로 인정되지 않으므로 일시적차이에 해당한다. 따라서 자산이 과소평가되거나 부채가 과대평가된 경우에는 △유보(가산할 일시적차이)가 발생한 것이므로 이에 대한 법인세효과를 이연법인세부채로 인식해야 하며, 자산이 과대평가되거나 부채가 과소평가된 경우에는 유보(차감할 일시적차이)가 발생한 것이므로 이에 대한 법인세효과를 이연법인세자산으로 인식해야 한다.

(2) 투자제거차액 중 영업권에 대해서는 이연법인세부채를 인식하지 않는다. 왜냐하면, 영업권은 잔여가액이므로 영업권과 관련하여 이연법인세부채를 인식하게 되면 순자산이 감소하게 되어 다시 동 금액만큼이 영업권의 크기에 영향을 주는 모순이 발생하기 때문이다.

(3) 주식취득일 이후 연결재무제표를 작성하는 경우에 특정 자산·부채에 배분되는 투자제거차액이 처분되거나 상각(환입)된 부분에 대해서는 일시적차이가 소멸된 것이므로 이 부분에 대한 법인세효과를 고려해야 한다.

(4) 비지배지분은 특정 자산·부채에 배분된 투자제거차액에 대한 이연법인세를 반영한 후의 금액을 기준으로 계산해야 하며, 비지배지분순이익도 특정 자산·부채에 배분되는 투자제거차액 중 당기에 처분되거나 상각(환입)된 부분에 대한 법인세효과도 고려하여 계산해야 한다.

예 A회사는 20×1년에 B회사의 보통주 60%를 ₩2,700,000에 취득하였다. 주식취득 당시 B회사의 순자산 장부금액은 ₩3,100,000(납입자본 ₩2,500,000, 이익잉여금 ₩600,000)이었다.

[추가자료]
(1) 주식취득일 현재 B회사의 장부금액과 공정가치가 다른 자산·부채는 다음과 같다.

	장부금액	공정가치
재고자산	₩500,000	₩600,000
토 지	1,500,000	1,900,000
건 물	2,000,000	2,200,000
사 채	1,500,000	1,300,000

위의 자산·부채 중 재고자산은 20×1년에 전액 매출되었고, 건물은 20×1년부터 5년의 내용연수를 가지며 잔존가치는 없고 정액법으로 감가상각하며, 사채의 만기는 20×4년말이고 사채발행차금을 정액법으로 상각한다.

(2) B회사는 20×1년에 ₩300,000의 당기순이익을 보고하였으며 20×1년 동안 A회사와 B회사의 내부 거래는 없었다.

(3) 영업권은 20×1년말까지 손상되지 않았으며, 법인세율은 20%이다.

1. 영업권의 측정

B회사투자주식의 취득원가		₩2,700,000
B회사 순자산장부금액	₩3,100,000	
재고자산 과소평가	100,000	
토 지 과소평가	400,000	
건 물 과소평가	200,000	
사 채 과대평가	200,000	
투자제거차액에 대한 이연법인세부채		
₩900,000×20% =	(180,000)	
B회사 순자산공정가치	₩3,820,000	
지배기업지분율	×60%	(2,292,000)
영 업 권		₩408,000

2. 연결조정분개

(1) 투자계정과 자본계정의 상계제거

① (차) 납입자본(B)   2,500,000   (대) B회사투자주식   2,700,000
       이익잉여금(B)   600,000   비지배지분   1,528,000
       재고자산   100,000   이연법인세부채   180,000
       토 지   400,000
       건 물   200,000
       사 채   200,000
       영 업 권   408,000

*1. 비지배지분 : (₩3,100,000 + ₩100,000 + ₩400,000 + ₩200,000 + ₩200,000
        − ₩180,000)×40% = ₩1,528,000
 2. 이연법인세부채 : (₩100,000 + ₩400,000 + ₩200,000 + ₩200,000)×20% =
        ₩180,000

② (차) 매출원가   100,000   (대) 재고자산   100,000
       이연법인세부채   20,000   법인세비용   20,000

*당해 보고기간에 비용화된 금액만큼 △유보(가산할 일시적차이)가 소멸되었으므로 이 부분에 대한 이연법인세부채도 감소되어야 함.

③ (차) 감가상각비   40,000   (대) 감가상각누계액   40,000
       이연법인세부채   8,000   법인세비용   8,000

*1. 감가상각비 : ₩200,000÷5년 = ₩40,000
 2. 이연법인세부채 : ₩40,000×20% = ₩8,000

④ (차) 이자비용   50,000   (대) 사 채   50,000
       이연법인세부채   10,000   법인세비용   10,000

*1. 이자비용 : ₩200,000÷4년 = ₩50,000
 2. 이연법인세부채 : ₩50,000×20% = ₩10,000

(2) 비지배지분순이익 계상

⑤ (차) 이익잉여금(비지배지분순이익) 59,200   (대) 비지배지분   59,200

*B회사 당기순이익(장부금액)   ₩300,000
  매출원가 : ₩100,000 − ₩20,000 =   (80,000)
  감가상각비 : ₩40,000 − ₩8,000 =   (32,000)
  이자비용 : ₩50,000 − ₩10,000 =   (40,000)
 B회사 독립영업이익(공정가치)   ₩148,000
        비지배지분율   ×40%
        비지배지분순이익   ₩59,200

2 배당금수익

지배기업이 종속기업으로부터 수령하는 배당금은 연결실체의 입장에서 보면 지배기업과 종속기업의 내부거래에 해당하므로 연결재무제표에 배당금수익을 인식하면 안 된다. 따라서 연결재무제표 작성시 지배기업이 인식한 배당금수익을 취소해야 하는데, 이때 배당금수익을 취소함에 따라 발생하는 일시적차이의 법인세효과도 연결재무제표에 적절히 반영하여야 한다.

예 지배기업은 20×1년초에 종속기업에 대한 지배력을 취득하였으며, 종속기업은 20×1년의 이익처분으로 ₩100,000의 현금배당을 실시하였다. 지배기업은 종속기업으로부터 수취한 배당금을 별도재무제표에 배당금수익으로 인식하였다. 지배기업의 지분율을 60%이고 지배기업과 종속기업에 적용되는 법인세율은 20%라고 가정한다.

[연결조정분개]

① (차)	배당금수익	60,000	(대)	이익잉여금(A)	60,000
② (차)	이익잉여금(A)	12,000	(대)	법인세비용	12,000

3 내부거래제거

지배기업과 종속기업의 내부거래에 의하여 취득한 재고자산 및 유형자산 등에 포함된 미실현손익을 제거함에 따라 발생하는 일시적차이의 법인세효과도 연결재무제표에 적절히 반영해야 한다.

예 1. 20×1년에 재고자산 내부거래(상향거래)에 따른 미실현이익 ₩10,000이 20×2년에 실현된 경우 법인세율이 20%라면 연결조정분개는 다음과 같다. 단, 종속기업은 20×1년과 20×2년에 각각 ₩100,000과 ₩200,000의 당기순이익을 보고하였으며 지배기업의 지분율은 60%라고 가정한다.

[20×1년 연결조정분개]

① (차)	매출원가	10,000	(대)	재고자산	10,000
	이연법인세자산	2,000		법인세비용	2,000

*미실현이익 ₩10,000만큼 기업회계상 재고자산의 장부금액이 세법상 재고자산금액보다 작으므로 유보(차감할 일시적차이)가 발생하게 됨. 따라서 이에 대한 법인세효과 ₩2,000(₩10,000× 20%)을 이연법인세자산으로 인식해야 함.

② (차) 이익잉여금(비지배분순이익)　36,800　　(대) 비지배지분　36,800

   *B회사 당기순이익(장부금액)　　　　₩100,000
    재고자산 미실현이익 : ₩10,000 − ₩2,000 =　(8,000)
   B회사 독립영업이익(공정가치)　　　　₩92,000
    비지배지분율　　　　　　　　　　　　×40%
   비지배지분순이익　　　　　　　　　　₩36,800

[20×2년 연결조정분개]

① (차)　이익잉여금(지배기업)　4,800　　(대) 매출원가　10,000
   비지배지분　　　　　　3,200
   법인세비용　　　　　　2,000

  *1. 실현이익 ₩10,000만큼 연결회계이익이 증가하였으므로 실현이익에 대한 법인세비용도 증가시켜야 함. 따라서 이익잉여금(지배기업)과 비지배지분에 배분되는 실현이익은 이에 대한 법인세효과를 차감한 ₩8,000(₩10,000 − ₩2,000)이어야 함.
  2. 20×2년에 재고자산이 외부에 판매됨으로써 일시적차이가 소멸되어 20×2년말 현재 일시적차이가 존재하지 않으므로 이연법인세자산(부채)을 고려할 필요가 없음.

② (차) 이익잉여금(비지배분순이익)　83,200　　(대) 비지배지분　83,200

   *B회사 당기순이익(장부금액)　　　　₩200,000
    재고자산 실현이익 : ₩10,000 − ₩2,000 =　8,000
   B회사 독립영업이익(공정가치)　　　　₩208,000
    비지배지분율　　　　　　　　　　　　×40%
   비지배지분순이익　　　　　　　　　　₩83,200

참고로 예1에서 재고자산 내부거래가 상향거래가 아니라 하향거래라고 가정할 경우 연결조정분개를 나타내면 다음과 같다.

[20×1년 연결조정분개]

① (차)　매출원가　　　　　10,000　　(대) 재고자산　　10,000
   이연법인세자산　　2,000　　　　　법인세비용　2,000

② (차)　이익잉여금(비지배지분순이익)　40,000　　(대) 비지배지분　40,000
   *₩100,000×40% = ₩40,000

[20×2년 연결조정분개]

① (차) ｛ 이익잉여금(지배기업)　　　8,000　　　(대)　매출원가　　　10,000
　　　　 법인세비용　　　　　　　　2,000

② (차)　이익잉여금(비지배지분순이익)　80,000　　(대)　비지배지분　　80,000
　　　　　*₩200,000×40% = ₩80,000

예 2. 20×1년초에 종속기업은 지배기업에 장부금액 ₩100,000의 설비자산을 ₩150,000에 판매하였다. 20×1년초 현재 설비자산의 추정내용연수는 5년이며 잔존가치는 없고 정액법으로 감가상각할 경우 법인세율이 20%라면 연결조정분개는 다음과 같다. 단, 종속기업은 20×1년과 20×2년에 각각 ₩100,000과 ₩200,000의 당기순이익을 보고하였으며 지배기업의 지분율은 60%라고 가정한다.

[20×1년 연결조정분개]

① (차) ｛ 유형자산처분이익　　　50,000　　(대) ｛ 설비자산(순액)　　　50,000
　　　　 이연법인세자산　　　　10,000　　　　　 법인세비용　　　　　10,000

　　*20×1년초 현재 미실현이익 ₩50,000만큼 기업회계상 설비자산의 장부금액이 세무상 설비자산금액보다 작으므로 유보(차감할 일시적차이)가 발생하게 됨. 따라서 이에 대한 법인세효과 ₩10,000(₩50,000×20%)을 이연법인세자산으로 인식해야 함.

(차) ｛ 설비자산(순액)　　　10,000　　(대) ｛ 감가상각비　　　10,000
　　　 법인세비용　　　　　2,000　　　　　 이연법인세자산　2,000

　　*1. 실현이익 : (₩150,000 - ₩100,000)÷5년 = ₩10,000
　　 2. 실현이익 ₩10,000만큼 연결회계이익이 증가하였으므로 실현이익에 대한 법인세비용도 증가시켜야 하며, 동액만큼 설비자산(순액)이 감소하였으므로 이연법인세자산도 감소시켜야 함.

② (차)　이익잉여금(비지배지분순이익)　27,200　　(대)　비지배지분　　27,200

　　　　*B회사 당기순이익(장부금액)　　　　　　　　　　　　₩100,000
　　　　 설비자산 미실현이익 : (₩50,000 - ₩10,000)×(1-20%) =　(32,000)
　　　　 B회사 독립영업이익(공정가치)　　　　　　　　　　　₩68,000
　　　　 　비지배지분율　　　　　　　　　　　　　　　　　　×40%
　　　　 비지배지분순이익　　　　　　　　　　　　　　　　　₩27,200

[20×2년 연결조정분개]

① (차) ｛ 이익잉여금(지배기업)　　19,200　　(대)　설비자산(순액)　　40,000
　　　　 비지배지분　　　　　　　12,800
　　　　 이연법인세자산　　　　　 8,000

*1. 20×2년초 현재 미실현이익 ₩40,000만큼 기업회계상 설비자산의 장부금액이 세무상 설비자산금액보다 작으므로 유보(차감할 일시적차이)가 발생하게 됨. 따라서 이에 대한 법인세효과 ₩8,000(₩40,000×20%)을 이연법인세자산으로 인식해야 함.
2. 이익잉여금(지배기업)과 비지배지분에 배분되는 금액은 20×2년초 미실현이익 ₩40,000에서 이에 대한 법인세효과 ₩8,000을 차감한 ₩32,000이어야 함.

(차) 설비자산(순액)   10,000   (대) 감가상각비   10,000
    법인세비용   2,000   이연법인세자산   2,000

*1. 실현이익 : (₩150,000 − ₩100,000)÷5년 = ₩10,000
 2. 실현이익 ₩10,000만큼 연결회계이익이 증가하였으므로 실현이익에 대한 법인세비용도 증가시켜야 하며, 동액만큼 설비자산(순액)이 감소하였으므로 이연법인세자산도 감소시켜야 함.

② (차) 이익잉여금(비지배지분순이익) 83,200   (대) 비지배지분   83,200

  *B회사 당기순이익(장부금액)   ₩200,000
   설비자산 실현이익 : ₩10,000 − ₩2,000 =   8,000
   B회사 독립영업이익(공정가치)   ₩208,000
   비지배지분율   ×40%
   비지배지분순이익   ₩83,200

참고로 상기 예2에서 설비자산 내부거래가 상향거래가 아니라 하향거래라고 가정할 경우 연결조정분개를 나타내면 다음과 같다.

[20×1년 연결조정분개]

① (차) 유형자산처분이익   50,000   (대) 설비자산(순액)   50,000
        이연법인세자산   10,000   법인세비용   10,000
  (차) 설비자산(순액)   10,000   (대) 감가상각비   10,000
        법인세비용   2,000   이연법인세자산   2,000
② (차) 이익잉여금(비지배지분순이익) 40,000   (대) 비지배지분   40,000

 *₩100,000×40% = ₩40,000

[20×2년 연결조정분개]

① (차) 이익잉여금(지배기업)   32,000   (대) 설비자산(순액)   40,000
        이연법인세자산   8,000
  (차) 설비자산(순액)   10,000   (대) 감가상각비   10,000
        법인세비용   2,000   이연법인세자산   2,000

② (차) 이익잉여금(비지배지분순이익)　80,000　　（대）비지배지분　80,000
　　＊₩200,000×40% = ₩80,000

지금까지 연결실체 간의 내부거래에 따른 미실현손익을 제거하는 과정에서 발생하는 일시적차이의 법인세효과를 분석하였는데, 이와 관련하여 한 가지 유의할 점은 법인세효과를 계산할 때 관련자산·부채를 보유하고 있는 기업에 적용되는 세율을 기준으로 이연법인세자산(부채)을 인식하여야 한다는 점이다. 왜냐하면, 이렇게 회계처리해야 향후 미실현손익이 실현되는 시점에서 소멸되는 일시적차이에 대한 법인세효과를 정확하게 계산할 수 있기 때문이다.

4 법인세기간배분의 종합사례

지금까지 연결재무제표를 작성하는 경우에 발생하는 일시적차이에 대한 법인세기간배분에 대해서 살펴보았는데, 이와 관련하여 다음과 같은 사항을 추가로 고려하여야 한다.

(1) 연결재무제표에 포함된 서로 다른 과세대상기업의 당기법인세자산(선급법인세)과 당기법인세부채(미지급법인세)는 다음의 조건을 모두 충족하는 경우에만 상계할 수 있다.

① 기업이 인식된 금액에 대한 법적으로 집행가능한 상계권리를 가지고 있다.
② 기업이 순액으로 결제하거나, 자산을 실현하는 동시에 부채를 결제할 의도가 있다.

(2) 연결재무제표에 포함된 서로 다른 과세대상기업의 이연법인세자산과 이연법인세부채는 다음의 조건을 모두 충족하는 경우에만 상계할 수 있다.

① 기업이 당기법인세자산(선급법인세)과 당기법인세부채(미지급법인세)를 상계할 수 있는 법적으로 집행가능한 권리를 가지고 있다.
② 이연법인세자산과 이연법인세부채가 다음의 각 경우에 동일한 과세당국에 의해서 부과되는 법인세와 관련되어 있다.
　a. 과세대상기업이 동일한 경우
　b. 과세대상기업은 다르지만 당기법인세부채와 자산을 순액으로 결제할 의도가 있거나, 중요한 금액의 이연법인세부채가 결제되거나 이연법인세자산이 회수될 미래의 각 회계기간마다 자산을 실현하는 동시에 부채를 결제할 의도가 있는 경우

예 A회사는 20×1년초에 B회사의 보통주 60%를 ₩210,000에 취득하였는데, 취득 당시 B회사의 주주지분은 납입자본 ₩200,000과 이익잉여금 ₩100,000으로 구성되어 있었으며, B회사의 자산·부채 중 공정가치가 장부금액을 초과하는 금액은 재고자산 ₩10,000과 건물(순액) ₩40,000이었다. 당해 재고자산

은 20×1년 중에 전액 외부에 판매되었고 건물은 잔존가치 없이 10년간 정액법으로 상각한다.

[추가자료]

(1) ① 20×1년에 A회사는 B회사에 원가 ₩8,000의 상품을 ₩10,000에 판매하였고, B회사는 이 중 ₩6,000은 20×1년에, 나머지 ₩4,000은 20×2년에 외부에 판매하였다.

② 20×1년에 B회사는 A회사에 원가 ₩16,000의 상품을 ₩20,000에 판매하였고, A회사는 이 중 ₩12,000은 20×1년에, 나머지 ₩8,000은 20×2년에 외부에 판매하였다.

(2) 20×1년초에 A회사는 B회사에 장부금액 ₩140,000인 기계장치를 ₩150,000에 판매하였다. 20×1년초 현재 기계장치의 추정내용연수는 10년이며, 잔존가치는 없고 정액법으로 감가상각한다.

(3) B회사는 20×1년과 20×2년에 각각 ₩40,000과 ₩50,000의 당기순이익을 보고하였으며 이 기간 중 이익처분은 없었다.

(4) 영업권은 20×2년말까지 손상되지 않았으며, 법인세율은 양사 모두 30%이다.

---

1. 영업권의 측정

B회사투자주식의 취득원가		₩210,000
B회사 순자산장부금액	₩300,000	
재고자산 과소평가	10,000	
건　물 과소평가	40,000	
투자제거차액에 대한 이연법인세부채		
₩50,000×30% =	(15,000)	
B회사 순자산공정가치	₩335,000	
지배기업지분율	×60%	(201,000)
영　업　권		₩9,000

2. 20×1년말 연결조정분개

(1) 투자계정과 자본계정의 상계제거

① (차) 납입자본(B)　　　　200,000　　(대) B회사투자주식　　210,000
　　　 이익잉여금(B)　　　100,000　　　　 비지배지분　　　 134,000
　　　 재고자산　　　　　　 10,000　　　　 이연법인세부채　 15,000
　　　 건　물(순액)　　　　 40,000
　　　 영　업　권　　　　　 9,000

　*1. 비지배지분 : (₩200,000 + ₩100,000 + ₩10,000 + ₩40,000 − ₩15,000)×40% = ₩134,000
　 2. 이연법인세부채 : (₩10,000 + ₩40,000)×30% = ₩15,000

② (차) { 매출원가 10,000   (대) { 재고자산 10,000
         이연법인세부채 3,000   법인세비용 3,000
   *과소평가된 재고자산의 매출

③ (차) { 감가상각비 4,000   (대) { 건 물(순액) 4,000
         이연법인세부채 1,200   법인세비용 1,200
   *과소평가된 건물의 감가상각 : ₩40,000÷10년 = ₩4,000

(2) 내부거래제거

④ (차) { 매 출 10,000   (대) { 매출원가 10,000
         매출원가 800   재고자산 800
         이연법인세자산 240   법인세비용 240
   *1. 하향거래(미실현이익) : ₩4,000×20% = ₩800
    2. 이연법인세자산 : 유보 ₩800×30% = ₩240

⑤ (차) { 매 출 20,000   (대) { 매출원가 20,000
         매출원가 1,600   재고자산 1,600
         이연법인세자산 480   법인세비용 480
   *1. 상향거래(미실현이익) : ₩8,000×20% = ₩1,600
    2. 이연법인세자산 : 유보 ₩1,600×30% = ₩480

⑥ (차) { 유형자산처분이익 10,000   (대) { 기계장치(순액) 10,000
         이연법인세자산 3,000   법인세비용 3,000
   *1. 하향거래(미실현이익) : ₩150,000 − ₩140,000 = ₩10,000
    2. 이연법인세자산 : 유보 ₩10,000×30% = ₩3,000

⑦ (차) { 기계장치(순액) 1,000   (대) { 감가상각비 1,000
         법인세비용 300   이연법인세자산 300
   *1. 하향거래(실현이익) : ₩10,000÷10년 = ₩1,000
    2. 이연법인세자산 : 유보 ₩1,000×30% = ₩300

(3) 비지배지분순이익 계상

⑧ (차) 이익잉여금(비지배지분순이익) 11,632   (대) 비지배지분 11,632

   *B회사 당기순이익(장부금액)   ₩40,000
    재고자산의 매출 : ₩10,000×(1 − 0.3) =   (7,000)
    건물감가상각비 : ₩4,000×(1 − 0.3) =   (2,800)
    재고자산 미실현이익 : ₩1,600×(1 − 0.3) = (1,120)
    B회사 독립영업이익(공정가치)   ₩29,080
    비지배지분율   ×40%
    비지배지분순이익   ₩11,632

3. 20×2년말 연결조정분개

   (1) 투자계정과 자본계정의 상계제거

   ① (차) 납입자본(B)   200,000   (대) B회사투자주식   210,000
          이익잉여금(B)   140,000   비지배지분   146,080
          건 물   36,000   이연법인세부채   10,800
          영 업 권   9,000   이익잉여금(A)   18,120

   *1. 건 물 : ₩40,000 − ₩4,000(20×1년 상각액) = ₩36,000
    2. 비지배지분 : (₩200,000 + ₩140,000 + ₩36,000 − ₩10,800)×40% = ₩146,080
    3. 이연법인세부채 : 건물(△유보) ₩36,000×30% = ₩10,800
    4. 이익잉여금(A)

       종속기업 이익잉여금(장부금액) 변동분 : ₩140,000 − ₩100,000 =   ₩40,000
       투자제거차액의 상각(20×1년)
          재고자산 : ₩10,000×(1 − 0.3) =   (7,000)
          건 물 : ₩4,000×(1 − 0.3) =   (2,800)
       종속기업 이익잉여금(공정가치) 변동분   ₩30,200
       지배기업지분율   ×60%
       이익잉여금(A)   ₩18,120

   ② (차) 감가상각비   4,000   (대) 건 물(순액)   4,000
          이연법인세부채   1,200   법인세비용   1,200

       *과소평가된 건물의 감가상각 : ₩40,000÷10년 = ₩4,000

   (2) 내부거래제거

   ③ (차) 이익잉여금(A)   560   (대) 매출원가   800
          법인세비용   240

       *1. 하향거래(실현이익) : ₩4,000×20% = ₩800
        2. 법인세비용 : ₩800×30% = ₩240

   ④ (차) 이익잉여금(A)   672   (대) 매출원가   1,600
          비지배지분   448
          법인세비용   480

       *1. 상향거래(실현이익) : ₩8,000×20% = ₩1,600
        2. 법인세비용 : ₩1,600×30% = ₩480

   ⑤ (차) 이익잉여금(A)   9,000   (대) 기계장치(순액)   9,000
          이연법인세자산   2,700   이익잉여금(A)   2,700

       *1. 하향거래(미실현이익) : ₩10,000 − ₩10,000÷10년 = ₩9,000
        2. 이연법인세자산 : 유보 ₩9,000×30% = ₩2,700

⑥ (차) 기계장치(순액)　　　　　1,000　　(대) 감가상각비　　　　　1,000
　　　 법인세비용　　　　　　　 300　　　 이연법인세자산　　　 300

　　*1. 하향거래(실현이익) : ₩10,000÷10년 = ₩1,000
　　 2. 이연법인세자산 : 유보 ₩1,000×30% = ₩300

(3) 비지배지분순이익 계상

⑦ (차) 이익잉여금(비지배지분순이익)　19,328　　(대) 비지배지분　　　19,328

　　*B회사 당기순이익(장부금액)　　　　　　₩50,000
　　　건물감가상각비 : ₩4,000×(1 − 0.3) =　(2,800)
　　　재고자산 실현이익 : ₩1,600×(1 − 0.3) =　1,120
　　B회사 독립영업이익(공정가치)　　　　　₩48,320
　　　비지배지분율　　　　　　　　　　　　×40%
　　비지배지분순이익　　　　　　　　　　　₩19,328

02 연결현금흐름표

　연결현금흐름표란 일정기간 동안 연결실체의 현금유입과 현금유출에 대한 정보를 제공하는 재무제표로써 특정 회계기간 동안 발생한 연결실체의 현금의 유입과 유출내용을 일목요연하게 나타낸 것이다. 이러한 연결현금흐름표의 양식과 작성방법은 개별회계상 현금흐름표와 동일하기 때문에 구체적인 설명은 생략하고 몇 가지 계정분석에 유의해야 할 사항을 중심으로 살펴보기로 한다.

1 연결현금흐름표작성시 유의할 조정사항

(1) 비지배지분

　비지배지분은 종속기업의 순자산공정가치에 비지배지분율을 곱한 금액이므로 비지배지분계정을 분석하기 위해서는 종속기업의 순자산변동사항을 파악해야 한다.

① 일반적으로 종속기업의 순자산은 당기순이익만큼 증가하고 배당금지급액만큼 감소하므로 비지배지분은 비지배지분순이익만큼 증가하고 당기에 비지배주주에 지급한 배당금만큼 감소한다. 따라서 비지배지분계정분석시 비지배지분순이익은 연결당기순이익을 구성하는 일부분이므로 영업활동현금흐름의 출발점이 되며, 종속기업의 배당금지급액 중 비지배주주에 대한 배당금은 재무활동현금흐름(또는 영업활동현금흐름)으로 표시하면 된다.

예 다음은 A회사가 80%의 지분을 소유하고 있는 B회사와의 연결재무상태표와 연결포괄손익계산서에서 발췌한 자료이다.

(1) 기초 및 기말 연결재무상태표에서 추출한 자료

	기 초	기 말
이익잉여금	₩150,000	₩210,000
비지배지분	50,000	51,000

(2) 당기 연결포괄손익계산서의 일부

당기순이익	₩104,000
당기순이익의 귀속	
지배기업소유주	₩100,000
비지배지분	4,000

(3) A회사와 B회사는 당기에 각각 ₩40,000과 ₩15,000의 현금배당을 실시하였다.

---

1. 이익잉여금계정분석

① (차) 당기순이익　　　100,000 (Ⅰ)　　(대) 이익잉여금　　　100,000
　　*연결당기순이익 중 지배기업소유주 귀속분은 연결당기순이익을 구성하는 일부분이므로 영업활동현금흐름(Ⅰ)의 출발점임.

② (차) 이익잉여금　　　40,000　　(대) 현　금　　　40,000 (Ⅲ)
　　*지배기업의 배당금지급액임.

2. 비지배지분계정분석

① (차) 당기순이익　　　4,000 (Ⅰ)　　(대) 비지배지분　　　4,000
　　*연결당기순이익 중 비지배지분 귀속분(비지배지분순이익)은 연결당기순이익을 구성하는 일부분이므로 영업활동현금흐름(Ⅰ)의 출발점임.

② (차) 비지배지분　　　3,000　　(대) 현　금　　　3,000 (Ⅲ)
　　*₩15,000×20% = ₩3,000. 종속기업의 배당금지급액 중 비지배주주에 지급한 금액임.

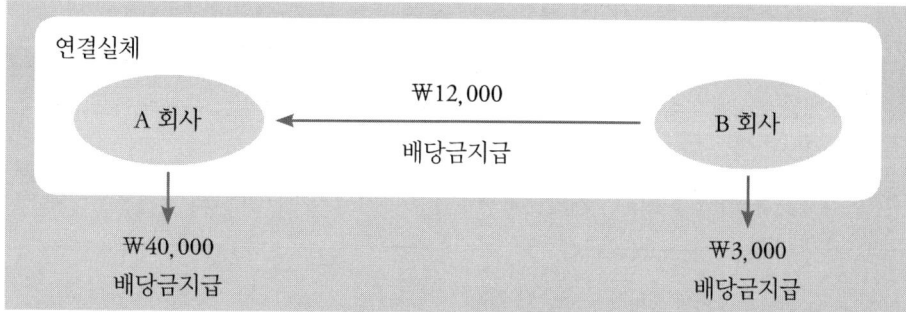

② 상기 예 에서 유의할 점은 앞의 그림에서 보듯이 지배기업의 배당금지급액과 종속기업의 배당금지급액 중 비지배주주에 지급한 금액은 연결실체의 외부로 현금유출이 발생한 거래이므로 이를 재무활동현금흐름(또는 영업활동현금흐름)으로 표시하지만, 종속기업의 배당금지급액 중 지배기업에 지급된 금액은 연결실체 내에서 현금의 이동에 불과하므로 이를 연결현금흐름표에 표시하면 안 된다는 것이다.

(2) 종속기업과 기타 사업에 대한 소유지분의 변동

종속기업과 기타 사업부문의 취득과 처분에 따른 총현금흐름은 별도로 표시하고 투자활동으로 분류한다.

① 회계기간 중 종속기업이나 기타 사업에 대한 지배력을 획득 또는 상실한 경우에는 다음 사항을 총액으로 공시한다.

 a. 총취득대가 또는 총처분대가
 b. 취득대가 또는 처분대가 중 현금및현금성자산으로 지급하거나 수취한 부분
 c. 지배력을 획득하거나 상실한 종속기업 또는 기타 사업이 보유한 현금및현금성자산의 금액
 d. 지배력을 획득하거나 상실한 종속기업 또는 기타 사업이 보유한 현금및현금성자산 이외의 자산·부채 금액에 대한 주요 항목별 요약정보

이 경우 종속기업 또는 기타 사업에 대한 지배력획득 또는 상실에 따른 현금흐름효과를 한 항목으로 구분표시하고 관련내용을 주석으로 공시하면, 다른 영업활동, 투자활동 및 재무활동으로 인한 현금흐름과 쉽게 구별할 수 있다. 이때 유의할 점은 지배력 상실의 현금흐름효과는 지배력획득의 현금흐름효과에서 차감하지 않고 각각 별도로 구분표시해야 한다는 것이다.

② 종속기업 또는 기타 사업에 대한 지배력획득 또는 상실의 대가로 현금을 지급하거나 수취한 경우에는 그러한 거래, 사건 또는 상황변화의 일부로서 취득이나 처분 당시 종속기업 또는 기타 사업이 보유한 현금및현금성자산을 가감한 순액으로 현금흐름표에 보고한다.

③ 지배력을 상실하지 않는 종속기업에 대한 소유지분의 변동으로 발생한 현금흐름은 자본거래로 보아 재무활동현금흐름으로 분류한다. 이때 유의할 점은 종속기업주식을 추가로 취득하거나 일부를 처분하는 경우에는 비지배지분이 변동하므로 비지배지분계정분석시 이를 반영해야 한다는 것이다.

예 다음은 A회사와 동 회사가 80%의 기발행보통주를 소유하고 있는 B회사의 연결재무상태표와 연결포괄손익계산서에서 발췌한 자료이다.

(1) 기초 및 기말 연결재무상태표에서 추출한 자료

	기 초	기 말
비지배지분	₩50,000	₩35,000

(2) 당기 연결포괄손익계산서의 일부

당기순이익	₩110,000
당기순이익의 귀속	
지배기업소유주	₩100,000
비지배지분	10,000

(3) A회사는 기초시점에서 B회사주식의 60%를 보유하고 있었으나 당기에 B회사주식의 20%를 추가로 구입하였다. 추가취득시 투자제거차액은 없었으며, B회사의 당기 이익처분은 없었다.

1. (차) 당기순이익　　　10,000 (Ⅰ)　　　(대) 비지배지분　　　10,000
   *연결당기순이익 중 비지배지분 귀속분(비지배지분순이익)은 연결당기순이익을 구성하는 일부분이므로 영업활동현금흐름(Ⅰ)의 출발점임.

2. (차) 비지배지분　　　25,000　　　(대) 현　금　　　25,000 (Ⅲ)
   *A회사가 종속기업주식을 추가로 취득함에 따라 비지배지분은 감소함. 따라서 당기 비지배지분의 감소액을 재무활동현금흐름으로 표시해야 함.

상기 **예**에서 보듯이 지배기업이 종속기업주식을 추가로 취득하면 비지배지분은 감소하고, 종속기업주식을 처분하면 비지배지분은 증가한다. 따라서 종속기업주식의 추가구입과 일부처분은 비지배지분의 계정분석에 반영됨을 알 수 있다.

2 연결현금흐름표작성에 필요한 정보

연결현금흐름표를 작성하기 위해서는 기초 및 기말의 연결재무상태표와 연결포괄손익계산서 및 개별회계상 현금흐름표를 검토하여 현금의 변동사항을 파악해야 한다. 다음에 제시된 예는 연결현금흐름표작성에 필요한 정보를 요약해 놓은 것이다.

예 다음은 A회사와 동 회사가 80%의 기발행보통주를 소유하고 있는 B회사와 100%의 기발행보통주를 소유하고 있는 C회사의 연결포괄손익계산서와 연결재무상태표이다.

연결포괄손익계산서
A회사 및 종속기업 20×2년 1월 1일부터 20×2년 12월 31일까지

매 출 액	500,000
매출원가	(413,000)
매출총이익	87,000
기타수익	78,000
기타비용	(61,000)
당기순이익	104,000
당기순이익의 귀속	
지배기업소유주	100,000
비지배지분	4,000

재무상태표
20×2년 12월 31일
20×1년 12월 31일
A회사 및 종속기업

자 산	20×1년말	20×2년말	부채 및 자본	20×1년말	20×2년말
현금및현금성자산	210,000	232,000	매입채무	60,000	90,000
매출채권	400,000	500,000	미지급법인세	10,000	9,000
재고자산	130,000	150,000	장기차입금	200,000	250,000
설비자산	420,000	450,000	납입자본	700,000	700,000
감가상각누계액	(20,000)	(60,000)	이익잉여금	150,000	210,000
영 업 권	30,000	38,000	비지배지분	50,000	51,000
	1,170,000	1,310,000		1,170,000	1,310,000

[추가자료]

(1) A회사는 당기에 C회사의 보통주 100%를 ₩28,000 취득하여 지배력을 획득하였다. 취득시 C회사의 자산, 부채 및 우발부채의 공정가치는 다음과 같다.

자산			부채		
	현금및현금성자산	₩5,000		매입채무	₩3,000
	매출채권	20,000		장기차입금	17,000
	재고자산	5,000		계	₩20,000
	설비자산	10,000			
	계	₩40,000			

(2) 당기 중 설비자산 ₩20,000을 구입하였다.
(3) 당기 중 B회사는 ₩33,000의 장기차입금을 차입하였다.
(4) A회사와 B회사는 당기에 각각 ₩40,000과 ₩15,000의 현금배당을 실시하였으며, C회사의 이익처분은 없었다.
(5) 당기 법인세비용과 이자비용은 각각 ₩15,000과 ₩8,000이며, 기초 및 기말 미지급이자는 없다.

1. 계정분석

   (1) (차) 현금및현금성자산   5,000   (대) 매입채무   3,000
            매출채권   20,000   장기차입금   17,000
            재고자산   5,000   현   금   28,000 (Ⅱ)
            설비자산   10,000
            영 업 권   8,000

   *종속기업의 취득대가로 현금을 지급하는 경우에 취득 당시 종속기업이 보유한 현금및현금성자산을 가감한 순액으로 현금흐름표에 보고함. 따라서 C회사를 취득하기 위하여 ₩28,000을 지불했지만 C기업이 보유한 현금및현금성자산 ₩5,000을 차감한 ₩23,000을 현금흐름표의 투자활동에 보고해야 함.

   (2) (차) 설비자산   20,000   (대) 현   금   20,000 (Ⅱ)
       *추가자료 (2)번

   (3) (차) 감가상각비   40,000 (Ⅰ) (대) 감가상각누계액   40,000
       *포괄손익계산서에서

   (4) (차) 현   금   33,000 (Ⅲ) (대) 장기차입금   33,000
       *추가자료 (3)번

   (5) (차) 당기순이익   100,000 (Ⅰ) (대) 이익잉여금   100,000

*포괄손익계산서에서. 연결당기순이익 중 지배기업소유주 귀속분은 연결당기순이익을 구성하는 일부분이므로 영업활동현금흐름(Ⅰ)의 출발점임.

(6) (차) 이익잉여금　　　　40,000　　　(대) 현　　금　　　　40,000 (Ⅲ)
　　　*지배기업의 배당금지급액임.

(7) (차) 당기순이익　　　　4,000 (Ⅰ)　　(대) 비지배지분　　　4,000
　　　*포괄손익계산서에서, 연결당기순이익 중 비지배지분 귀속분(비지배지분순이익)은 연결당기순이익을 구성하는 일부분이므로 영업활동현금흐름(Ⅰ)의 출발점임.

(8) (차) 비지배지분　　　　3,000　　　(대) 현　　금　　　　3,000 (Ⅲ)
　　　*₩15,000×20% = ₩3,000. 종속기업의 배당금지급액 중 비지배주주에 지급한 금액임.

2. 현금흐름표

연결현금흐름표(간접법)

A회사 및 종속기업　　20×2년 1월 1일부터 20×2년 12월 31일까지

영업활동현금흐름		
당기순이익		104,000
가감:		(5,000)
법인세비용	15,000	
이자비용	8,000	
감가상각비	40,000	
매출채권의 증가	(80,000)[*1]	
재고자산의 증가	(15,000)[*1]	
매입채무의 증가	27,000[*1]	
영업에서 창출된 현금		99,000
이자지급		(8,000)
법인세지급		(16,000)[*2]
영업활동순현금흐름		75,000
투자활동현금흐름		
종속기업의 취득에 따른 순현금흐름		(23,000)
설비자산의 취득		(20,000)
투자활동순현금흐름		(43,000)
재무활동현금흐름		
장기차입금의 차입		33,000

배당금지급	(43,000)
재무활동순현금흐름	(10,000)
현금및현금성자산의 증가	22,000
기초의 현금및현금성자산	210,000
기말의 현금및현금성자산	232,000

*1. 당기에 취득한 C회사의 매출채권, 재고자산 및 매입채무를 제외한 금액의 증감액임.
 2. 법인세지급액

포괄손익계산서상의 법인세비용	₩(15,000)
미지급법인세의 감소	(1,000)
계	₩(16,000)

03 연결자본변동표

연결자본변동표란 일정시점 현재 연결실체의 자본의 크기와 일정기간 동안 연결실체의 자본의 변동에 관한 정보를 나타내는 재무제표이다. 즉, 연결자본변동표란 납입자본, 이익잉여금, 기타포괄손익누계액의 각 항목별로 기초잔액, 당기변동사항, 기말잔액을 일목요연하게 나타낸 재무제표이다.

1 연결자본변동표의 구조

연결자본변동표의 양식은 개별회계상 자본변동표의 양식과 동일한데, 한 가지 차이가 있다면 비지배지분의 변동사항이 추가된다는 점이다. 기업회계기준서에 의한 연결자본변동표의 양식을 약식으로 나타내면 다음과 같다.

자본변동표재무상태표

××회사   제×기 20×2년 1월 1일부터 20×2년 12월 31일까지
             제×기 20×1년 1월 1일부터 20×1년 12월 31일까지   (단위 : 원)

구 분	납입자본			이익잉여금	기타포괄손익누계액	비지배지분	자본총계
	자본금	자본잉여금	자본조정				
20×1년 1월 1일	×××	×××	×××	×××	×××	×××	×××
회계정책변경누적효과				×××		×××	×××
전기오류수정				×××		×××	×××
수정후 기초잔액	×××	×××	×××	×××	×××	×××	×××
전기 이익처분							
연차배당				(×××)		(×××)	(×××)
기타 이익잉여금처분			×××	(×××)			
기타 변동사항							
중간배당				(×××)			(×××)
유상증자	×××	×××					×××
자기주식취득			(×××)				(×××)
기타포괄손익누계액 등의 대체				×××	(×××)		
총포괄손익				×××	×××	×××	×××
20×1년 12월 31일	×××	×××	×××	×××	×××	×××	×××
회계정책변경누적효과				×××		×××	×××
전기오류수정				×××		×××	×××
수정후 기초잔액	×××	×××	×××	×××	×××	×××	×××
전기 이익처분							
연차배당				(×××)		(×××)	(×××)
기타 이익잉여금처분			×××	(×××)			
기타 변동사항							
중간배당				(×××)			(×××)
유상증자	×××	×××					×××
자기주식취득			(×××)				(×××)
기타포괄손익누계액 등의 대체				×××	(×××)		
총포괄손익				×××	×××	×××	×××
20×2년 12월 31일	×××	×××	×××	×××	×××	×××	×××

위의 양식에서 보듯이 연결자본변동표는 연결재무상태표상 자본항목의 당기 변동사항을 나타내주는 재무제표임을 알 수 있다. 위 양식의 구성내용에 대해서 구체적으로 살펴보기로 한다.

납입자본

연결재무상태표상 납입자본은 지배기업의 납입자본에 종속기업의 납입자본 중 지배력획득일 이후 변동분에 대한 지배기업지분을 합한 금액이므로 다음과 같은 방법으로 작성한다.

① 기초납입자본은 전기말 연결재무상태표상의 납입자본이며, 만약 연결재무제표 최초작성연도의 경우 기초납입자본은 지배기업의 납입자본이다.
② 당기 연결납입자본의 증가·감소액은 지배기업의 당기 납입자본 변동분과 종속기업의 당기 납입자본 변동분 중 지배기업지분을 합한 금액이다.
③ 기말납입자본은 기초납입자본에서 당기 납입자본의 변동분을 가감한 금액이며, 이는 당기말 연결재무상태표상의 납입자본과 일치해야 한다.

이익잉여금

연결이익잉여금은 지배기업의 개별회계상 당기순손익을 연결당기손익 중 지배기업소유주 귀속분으로 대체한 금액이므로 다음과 같은 방법으로 작성한다.

① 기초연결이익잉여금은 전기말 연결재무상태표상 연결이익잉여금이며, 만약 연결재무제표 최초작성연도의 경우 기초연결이익잉여금은 지배기업의 이익잉여금이다.
② 당기 연결이익잉여금의 증가·감소액은 지배기업의 당기 이익잉여금 변동사항 중 개별회계상 당기순이익을 연결당기손익 중 지배기업소유주 귀속분으로 대체한 금액이다.
③ 기말연결이익잉여금은 기초연결이익잉여금에서 당기 연결이익잉여금의 변동분을 가감한 금액이며, 이는 당기말 연결재무상태표상 연결이익잉여금과 일치해야 한다.

기타포괄손익누계액

연결기타포괄손익누계액는 지배기업의 기타포괄손익누계액에 종속기업의 기타포괄손익누계액 중 지배력획득일 이후 변농분에 대한 지배기업지분을 합한 금액이므로 다음과 같은 방법으로 작성한다.

① 기초연결기타포괄손익누계액는 전기말 연결재무상태표상의 연결기타포괄손익누계액이며, 만약 연결재무제표 최초작성연도의 경우 기초연결기타포괄손익누계액는 지배기업의 기타포괄손익누계액이다.
② 당기 연결기타포괄손익누계액의 증가·감소액은 지배기업의 당기 기타포괄손익누계액 변동분과 종속기업의 당기 기타포괄손익누계액 변동분 중 지배기업지분을 합한 금액이다.
③ 기말연결기타포괄손익누계액는 기초연결기타포괄손익누계액에서 당기 연결기타포괄손익누계액의 변동분을 가감한 금액이며, 이는 당기말 연결재무상태표상 연결기타포괄손익누계액와 일치해야 한다.

비지배지분

비지배지분은 종속기업순자산공정가치에 비지배지분율을 곱한 금액이므로 다음과 같은 방법으로 작성한다.

① 기초비지배지분은 전기말 연결재무상태표상의 비지배지분이며, 만약 연결재무제표 최초작성연도의 경우 기초비지배지분은 기초시점의 종속기업순자산공정가치에 비지배지분율을 곱한 금액이다.
② 당기 비지배지분의 증가·감소액은 당기 종속기업의 순자산변동분 중 비지배지분율을 곱한 금액이므로 종속기업의 순자산변동내역에 따라 비지배지분의 변동사항을 표시한다.
③ 기말비지배지분은 기초비지배지분에 당기 비지배지분의 변동분을 가감한 금액이며, 이는 당기말 연결재무상태표상 비지배지분과 일치해야 한다.

2 연결자본변동표작성에 필요한 정보

연결자본변동표를 작성하기 위해서는 기초 및 기말의 연결재무상태표와 개별회계상 자본변동표를 검토하여 자본항목의 변동사항을 파악해야 한다. 다음에 제시된 예는 연결자본변동표작성에 필요한 정보를 요약해 놓은 것이다.

예 A회사는 B회사발행주식의 80%를 소유하고 있다. 다음은 A회사와 B회사의 20×2년 연결자본변동표작성에 필요한 자료이다.

(1) 연결재무상태표상 자본항목

계정과목	20×1년말	20×2년말
납입자본	₩500,000	₩596,000
이익잉여금	150,000	192,000
기타포괄손익누계액	158,000	166,000
비지배지분	52,000	62,000

(2) A회사의 20×2년 자본변동표

과목	납입자본	이익잉여금	기타포괄손익누계액	자본총계
20×2년 1월 1일	₩500,000	₩150,000	₩150,000	₩800,000
연차배당		(50,000)		(50,000)
처분후이익잉여금		100,000		750,000
유상증자	100,000			100,000
자기주식구입	(20,000)			(20,000)

당기순이익		60,000		60,000
기타공정금융자산평가이익			20,000	20,000
20×2년 12월 31일	₩580,000	₩160,000	₩170,000	₩910,000

(3) B회사의 20×2년 자본변동표

과 목	납입자본	이익잉여금	기타포괄손익누계액	자본총계
20×2년 1월 1일	₩150,000	₩70,000	₩40,000	₩260,000
연차배당		(20,000)		(20,000)
처분후이익잉여금		50,000		240,000
주식선택권	20,000			20,000
당기순이익		40,000		40,000
해외사업환산이익			10,000	10,000
20×2년 12월 31일	₩170,000	₩90,000	₩50,000	₩310,000

(4) 20×2년 연결당기순이익 중 지배기업소유주 귀속분은 ₩92,000이며, 20×2년의 A회사와 B회사 간의 내부거래에 따른 미실현·실현손익은 없었다.

연결자본변동표

A회사 및 종속기업 20×2년 1월 1일부터 20×2년 12월 31일까지

과 목	납입자본	이익잉여금	기타포괄손익누계액	비지배지분	자본총계
20×2년 1월 1일	₩500,000	₩150,000	₩158,000	₩52,000	₩860,000
연차배당		(50,000)		(4,000)	(54,000)
처분후이익잉여금		100,000		48,000	806,000
유상증자	100,000				100,000
자기주식구입	(20,000)				(20,000)
주식선택권	16,000			4,000	20,000
당기순이익		92,000		8,000	100,000
기타공정금융자산평가이익			20,000		20,000
해외사업환산이익			8,000	2,000	10,000
20×2년 12월 31일	₩596,000	₩192,000	₩186,000	₩62,000	₩1,036,000

04 연결회계의 기타사항

1 연결주당이익

기업회계기준서에서는 연결포괄손익계산서에 개별회계와 마찬가지로 주당이익(기본주당계속영업이익, 기본주당순이익, 희석주당계속영업이익, 희석주당순이익)을 별도의 항목으로 표시하고 그 산출근거를 주석으로 기재하도록 규정하고 있다.

(1) 기본주당이익은 지배기업의 보통주에 귀속되는 특정 회계기간의 당기순손익이나 계속영업손익을 그 기간에 유통된 보통주식수를 가중평균한 주식수로 나누어 산정한 것이다.

$$기본주당순이익(손실) = \frac{지배기업의\ 보통주계속영업이익(손실)}{유통보통주식수}$$

$$기본주당계속영업이익(손실) = \frac{지배기업의\ 보통주당기순이익(손실)}{유통보통주식수}$$

즉, 연결주당이익은 개별회계상 지배기업의 당기순손익(계속영업손익) 대신에 연결당기순손익(계속영업손익) 중 지배기업소유주에 귀속된 금액으로 대체하여 계산한 금액이다.

(2) 희석주당이익은 잠재적보통주의 권리행사가 기초(당해 잠재적보통주의 발행일이 당기 중인 경우에는 발행일)에 이루어진 것으로 가정하여 기본주당이익이 희석될 수 있다는 가능성을 제시한 것이므로 기본주당이익의 계산산식을 다음과 같이 조정하여 계산한다.

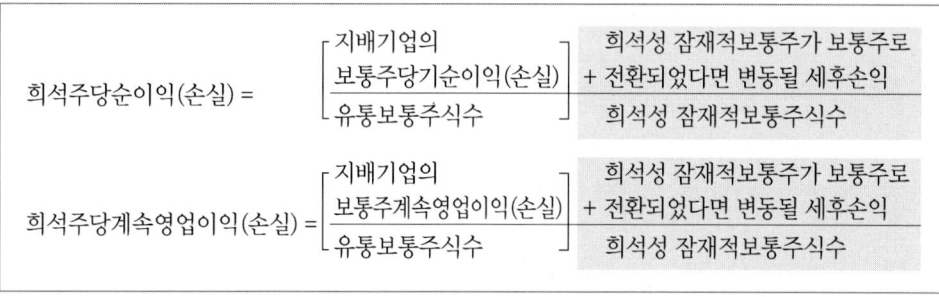

이러한 연결희석주당이익의 계산과정은 개별회계상 희석주당이익의 계산과정과 동일하다.

(3) 종속기업, 조인트벤처, 관계기업(이하 '종속기업 등'이라 함.)은 자기기업의 보통주 또는 지배기업, 조인트벤처 참여자, 관계기업 투자자(이하 '보고기업'이라 함.)의 보통주로 전환할 수 있는

잠재적보통주를 보고기업이 아닌 자에게 발행할 수 있다. 이 경우 종속기업 등이 발행한 잠재적 보통주가 보고기업의 기본주당이익을 희석하는 효과가 있다면 그 잠재적보통주는 희석주당이익의 계산에 포함한다.

예 다음은 지배기업인 A기업과 80% 지분을 소유한 종속기업인 B기업의 20×1년 주당이익과 관련된 자료이다.

(1) 지배기업인 A기업에 관한 자료

① A기업의 유통보통주식수는 10,000주이며, A기업의 이익은 다음과 같다. 단, 이 금액에는 종속기업의 이익 또는 종속기업이 지급하는 배당은 제외되어 있다.

지배기업에 귀속되는 이익	₩14,000
지배기업의 우선주배당금	2,000

② A기업은 B기업의 보통주 800주와 B기업의 보통주를 매입할 수 있는 주식매입권 30개 및 전환우선주 300주를 보유하고 있다.

(2) 종속기업인 B기업에 대한 자료

① B기업의 유통보통주식수는 1,000주이며, 당기순이익으로 ₩5,400을 보고하였다.
② B기업이 발행한 주식매입권은 150개이며, 행사가격은 개당 ₩10이다. B기업의 보통주 1주당 평균시장가격은 ₩20이다.
③ B기업이 발행한 전환우선주는 400주이며, 전환우선주 1주당 보통주 1주로 전환이 가능하다. 전환우선주배당금은 1주당 ₩1이다.

1. 종속기업인 B기업의 주당이익

   (1) 기본주당이익 : $\dfrac{₩5,400^{*1} - ₩400^{*2}}{1,000^{*3}} = ₩5$

   (2) 희석주당이익 : $\dfrac{₩5,400^{*4}}{(1,000 + 75^{*5} + 400^{*6})} = ₩3.66$

   *1. 보통주에 귀속되는 종속기업의 이익
   2. 종속기업이 지급한 전환우선주에 대한 배당
   3. 종속기업의 유통보통주식수
   4. 보통주에 귀속되는 종속기업의 이익(₩5,000)에 희석주당이익의 계산을 위하여 우선주배당금 ₩400을 가산한다.
   5. 주식매입권에 따른 증분주식 : 150주 − 150주×₩10/₩20 = 75주
   6. 전환우선주의 전환을 가정한 종속기업의 보통주식수 계산 전환우선주 400주×전환비율 1 = 400주

2. 지배기업인 A기업의 연결주당이익

(1) 기본주당이익 : $\dfrac{₩12,000^{*1} + 4,300^{*2}}{10,000^{*3}}$ = ₩1.63

(2) 희석주당이익 : $\dfrac{₩12,000 + ₩2,928^{*4} + ₩55^{*5} + ₩1,098^{*6}}{10,000}$ = ₩1.61

*1. 지배기업의 보통주에 귀속되는 지배기업의 이익 : ₩14,000 − ₩2,000 = ₩12,000
 2. 연결기본주당이익에 포함되는 종속기업의 이익 계산 : (800×₩5) + (300×₩1)
 3. 지배기업의 유통보통주식수
 4. 보통주에 귀속되는 종속기업의 이익 중 지배기업의 지분 계산
   (1,000주×₩3.66)×(800÷1,000) = ₩2,928
 5. 주식매입권에 귀속되는 종속기업의 이익 중 지배기업의 지분 계산
   (증분 주식수 75주×주당 ₩3.66)×(30÷150)
 6. 전환우선주에 귀속되는 종속기업의 이익 중 지배기업의 지분 계산
   (전환으로 인한 주식수 400주×주당 ₩3.66)×(300÷400)

2 지배·종속기업 간의 합병

지배기업과 종속기업이 합병을 하거나 종속기업과 종속기업이 합병을 하는 경우가 있는데, 이와 관련하여 유의할 사항은 다음과 같다.

(1) 피합병기업의 자산·부채는 합병시점에서 연결재무제표를 작성할 경우 연결재무제표에 계상될 자산·부채의 금액으로 승계해야 한다. 왜냐하면, 지배기업과 종속기업은 법적으로는 별개의 기업이지만 실질적으로는 하나의 경제적 실체이므로 지배·종속관계 성립일 이후의 지배·종속기업간 또는 종속기업 간의 합병은 법률적 실체의 변경만 가져올 뿐 경제적 실체의 변경은 없기 때문이다.

(2) 지배·종속기업 또는 종속기업 간의 합병시에도 합병차액이 발생할 수 있는데, 합병시 발생하는 차액은 영업권으로 처리하는 것이 일반적이지만 지배·종속기업 또는 종속기업 간의 합병시 발생하는 합병차액은 자본잉여금(주식발행초과금)에서 조정하며, 만약 주식발행초과금이 부족할 경우에는 이익잉여금으로 처리해야 한다. 이렇게 회계처리하는 이유는 연결대상회사 간의 합병은 이미 지배·종속관계가 성립된 이후에 추가로 피합병회사의 주식을 취득한 것이므로 이는 일종의 자본거래로 간주하기 때문이다.

예 다음은 A회사와 그 종속기업인 B회사의 20×1년말 재무상태표와 20×1년의 포괄손익계산서이다.

재무상태표
20×1년 12월 31일

자산	A회사	B회사	부채 및 자본	A회사	B회사
현금및현금성자산	150,000	140,000	매입채무	300,000	50,000
매출채권	150,000	150,000	장기차입금	400,000	200,000
재고자산	100,000	50,000	자본금(@1,000)	100,000	100,000
B회사투자주식	240,000		자본잉여금	100,000	50,000
토지	160,000		이익잉여금	200,000	150,000
건물(순액)	200,000	160,000			
기계장치(순액)	100,000	50,000			
	1,100,000	550,000		1,100,000	550,000

포괄손익계산서
20×1년 1월 1일부터 20×1년 12월 31일까지

	A회사	B회사
매출액	700,000	400,000
매출원가	(520,000)	(250,000)
매출총이익	180,000	150,000
감가상각비	(60,000)	(50,000)
당기순이익	120,000	100,000

[추가자료]

(1) A회사는 20×1년 1월 1일 B회사의 보통주 80%(80주)를 취득하고 그 대가로 ₩240,000을 지급하였으며, 취득 당시 A회사와 B회사의 자본현황은 다음과 같다.

	A회사	B회사
자본금	₩100,000	₩100,000
자본잉여금	100,000	50,000
이익잉여금	80,000	50,000
계	₩280,000	₩200,000

(2) 주식취득일 현재 B회사의 재고자산과 건물은 각각 ₩20,000과 ₩50,000이 과소평가되어 있다. 취득시점에서 건물의 잔존내용연수는 5년, 잔존가치 없이 정액법으로 상각하며 재고자산은 20×1년에 전부 매출되었다.

(3) 20×1년에 A회사와 B회사 간의 내부거래는 없었으며, 영업권은 20×1년말까지 손상되지 않았다.

1. A회사가 20×1년말에 연결재무제표를 작성한 경우
   (1) 연결조정분개

   ① (차) 자 본 금(B)   100,000   (대) B회사투자주식   240,000
          자본잉여금(B)   50,000   비지배지분   54,000
          이익잉여금(B)   50,000
          재고자산   20,000
          건 물   50,000
          영 업 권   24,000

   ② (차) 매출원가   20,000   (대) 재고자산   20,000

   ③ (차) 감가상각비   10,000   (대) 건 물(순액)   10,000
          *₩50,000÷5년 = ₩10,000

   ④ (차) 이익잉여금(비지배지분순이익) 14,000 (대) 비지배지분   14,000
          *(₩100,000 - ₩20,000 - ₩10,000)×20% = ₩14,000

(2) 연결재무제표

재무상태표
A회사 및 종속기업   20×1년 12월 31일

현금및현금성자산	290,000	매입채무	350,000
매출채권	300,000	장기차입금	600,000
재고자산	150,000	자 본	
토 지	160,000	지배기업소유주지분	
건 물	400,000	자 본 금	100,000
기계장치	150,000	자본잉여금	100,000
영 업 권	24,000	이익잉여금	256,000
		비지배지분	68,000
	1,474,000		1,474,000

연결포괄손익계산서
A회사 및 종속기업 20×2년 1월 1일부터 20×2년 12월 31일까지

매 출 액	1,100,000
매출원가	(790,000)

매출총이익	310,000
감가상각비	(120,000)
당기순이익	190,000
당기순이익의 귀속	
지배기업소유주	176,000
비지배지분	14,000

2. A회사가 20×1년말에 B회사를 흡수합병한 경우. (단, A회사가 B회사의 나머지 주주에게 B회사주식 1주당 A회사주식 1.5주를 발행하여 교부하였음.)

  (1) 합병시 회계처리

(차)	현금및현금성자산	140,000	(대)	매입채무	50,000
	매출채권	150,000		장기차입금	200,000
	재고자산	50,000		B회사투자주식	240,000
	건　물	200,000		자 본 금	30,000
	기계장치	50,000		자본잉여금	94,000
	영 업 권	24,000			

　　*재고자산 : 투자제거차액 ₩20,000이 발생하였으나 이는 당기에 모두 판매되었으므로 B회사 재고자산은 ₩50,000으로 계상함.
　　　건　　물 : B회사 재무상태표상에는 ₩160,000으로 표시되어 있지만 연결재무상태표에는 과소평가분 ₩40,000(₩50,000÷5년×4년)이 반영되므로 ₩200,000으로 표시되어야 함.
　　　자본잉여금(주식발행초과금) : 합병과 관련하여 발생하는 차액으로 계상함.

  (2) 합병 후 재무상태표

재무상태표
A회사 및 종속기업　　20×1년 12월 31일

현금및현금성자산	290,000	매입채무	350,000
매출채권	300,000	장기차입금	600,000
재고자산	150,000	자 본 금	224,000
토　지	160,000	자본잉여금	100,000
건　물	400,000	이익잉여금	200,000
기계장치	150,000		
영 업 권	24,000		
	1,474,000		1,474,000

상기 **예**에서 보듯이 지배·종속기업 간의 합병의 경우 피합병회사의 자산·부채는 연결재무상태표에 표시될 금액으로 승계해야 하며, 지배기업이 연결재무상태표에 인식한 영업권 ₩24,000도 그대로 승계해야 한다.

3 대가의 이전 없이 이루어지는 사업결합

취득자(지배기업)는 때로 대가를 이전하지 않고 피취득자(종속기업)에 대한 지배력을 획득할 수도 있는데, 이와 관련하여 유의할 사항은 다음과 같다.

(1) 대가의 이전 없이 이루어지는 사업결합의 경우 사업결합 회계처리방법인 취득법을 적용한다. 이러한 상황은 다음의 경우를 포함한다.

① 기존 투자자(취득자)가 지배력을 획득할 수 있도록 피취득자가 충분한 수의 자기주식을 재매수하는 경우

② 피취득자 의결권의 과반수를 보유하고 있는 취득자의 지배를 가로막고 있던 소수거부권이 소멸한 경우

③ 취득자와 피취득자가 계약만으로 사업결합하기로 약정한 경우. 취득자는 피취득자에 대한 지배력을 교환하여 대가를 이전하지 않으며, 취득일 또는 그 이전에도 피취득자의 지분을 보유하지 않는다. 계약만으로 이루어지는 사업결합의 예에는 단일화 약정으로 두 개의 사업을 통합하거나 이중 상장기업을 설립하는 것을 포함한다.

(2) 계약만으로 이루어지는 사업결합에서, 취득자는 기업회계기준서(사업결합)에 따라 인식하는 피취득자의 순자산 금액을 피취득자의 소유주에게 귀속시킨다. 즉, 피취득자에 대한 지분 모두가 비지배지분에 속하게 되더라도 취득자가 아닌 그 밖의 참여자들이 보유하고 있는 피취득자에 대한 지분은 사업결합 후 취득자의 재무제표상 비지배지분이다.

4 연결실체 내의 복수기업이 관여하는 주식기준보상약정

기업에 재화나 용역을 제공하는 자에게 기업의 지배기업 또는 동일한 연결실체 내에 있는 다른 기업의 지분상품을 이전할 수도 있다. 예를 들어, 지배기업이 종속기업의 종업원에게 자기지분상품에 대한 권리를 부여하는 경우 또는 종속기업이 자신의 종업원에게 지배기업의 지분상품에 대한 권리를 부여하는 경우이다.

(1) 지배기업이 종속기업의 종업원에게 자기지분상품에 대한 권리를 부여하는 경우에는 다음과 같이 회계처리한다.

① 주식기준보상약정을 지배기업 연결재무제표에서 주식결제형으로 회계처리하는 경우, 종속기업은 주식결제형 주식기준보상거래에 관한 규정에 따라 종업원에게서 제공받는 근무용역을 측정하여 그 금액만큼 지배기업으로부터 출자받은 것으로 보아 자본의 증가로 인식한다.

> **예** 지배기업은 20×1년에 종속기업 종업원 100명에게 그 종속기업에서 2년간 근무할 것을 조건으로 각각 주식선택권 200개를 부여하였다. 부여일에 주식선택권의 단위당 공정가치가 ₩30이며, 종업원 모두 근무조건을 충족한 경우 종속기업의 회계처리
>
> 20×1년 : (차) 주식보상비용 300,000 (대) 자본조정 300,000
> (지배기업으로부터의 출자)
>
> *100명×200개×₩30×1/2 = ₩300,000
>
> 20×2년 : (차) 주식보상비용 300,000 (대) 자본조정 300,000
> (지배기업으로부터의 출자)
>
> *100명×200개×₩30 − ₩300,000 = ₩300,000

② 지배기업이 종속기업의 종업원에게 특정기간 연결실체 내에서 근무할 것을 조건으로 자기지분상품을 부여하는 경우가 있다. 이 경우 어떤 종속기업의 종업원이 특정가득기간에 당초 주식기준보상약정에 따른 지배기업 지분상품에 대한 권리에 영향을 받지 않으면서 다른 종속기업으로 옮겨갈 수 있는데, 이때 각 종속기업은 당초 지배기업이 지분상품에 대한 권리를 부여한 날을 기준으로 측정할 지분상품의 공정가치와 전체 가득기간 중 종업원이 해당 종속기업에 근무한 기간의 비율을 고려하여 종업원에게 제공받는 근무용역을 측정한다.

③ 종업원이 연결실체 내의 다른 종속기업으로 옮긴 후 시장조건이 아닌 가득조건을 충족하지 못하는 경우가 있다. 예를 들어, 종업원이 약정용역제공기간을 채우지 못하고 연결실체에서 퇴사하는 경우가 이에 해당한다. 이 경우에 각 종속기업은 종업원에게서 제공받은 근무용역에 대해 과거에 인식한 금액을 환입한다. 따라서 종업원이 시장조건이 아닌 가득조건을 충족하지 못해 지배기업이 부여한 지분상품에 대한 권리를 가득하지 못하는 경우, 각 종속기업의 재무제표에는 종업원에게서 제공받은 근무용역에 대해 누적기준으로 어떠한 금액도 인식하지 아니한다.

(2) 종속기업이 자신의 종업원에게 지배기업 지분상품에 대한 권리를 부여하는 경우 종속기업은 종업원과의 거래를 현금결제형으로 회계처리한다. 이 규정은 종속기업이 종업원에 대한 의무를 이행하는 데 필요한 지분상품을 어떻게 획득하는지에 관계없이 적용한다.

05 회계주체이론

회계주체이론은 좁은 의미로는 기업 등 경제적 실체의 소유주지분의 본질을 설명하고, 넓은 의미로는 회계행위의 판단의 주체가 누구인가를 설명하고자 하는 이론으로써 지분이론이라고도 한다. 즉, 기업실체의 재무상태나 경영성과를 측정하여 보고한다 하더라도 그 실체의 소유주의 이해관계를 중요시하여 측정하고 보고할 것이냐, 아니면 각종 지분소유자(채권자, 주주)의 이해관계를 고려하여 기업실체 자체의 관점에서 측정하고 보고할 것이냐, 아니면 더 나아가서 아무런 지분도 가지고 있지 않은 종업원이나 고객 등 사회 일반의 후생을 이해관계의 중심으로 보고 이들 전부의 이해관계를 중요시하여 측정·보고할 것이냐 등의 문제를 설명하는 이론이 바로 회계주체이론인 것이다.

회계주체이론에는 여러 가지가 있지만 그 중에서 가장 대표적인 이론은 자본주이론과 기업실체이론이다. 그러나 오늘날 작성되고 있는 재무제표는 특정한 회계주체이론에 따라 작성되고 있지 않다. 왜냐하면 특정 주체이론에 의해서 재무제표를 작성하게 되면 다양한 정보이용자들의 욕구를 충족시킬 수 있는 일반목적의 재무제표를 작성하기가 곤란하기 때문이다. 따라서 현행 회계이론과 회계실무에 가장 많은 영향을 미치고 있는 것이 자본주이론과 기업실체이론이지만 어떤 주체이론도 모든 회계현상과 회계실무를 설명할 수는 없다. 다만, 부분적으로 어떤 항목의 처리에 있어서는 자본주이론이 적용되고, 다른 항목의 처리에 있어서는 기업실체이론이 적용될 뿐이다.

본 절에서는 여러 가지 회계주체이론들을 살펴본 후에 연결회계와 관련된 회계주체이론에 대해서 살펴보기로 한다.

1 자본주이론

자본주이론(proprietary theory)은 자본주 또는 소유주가 회계의 중심이 된다는 이론이다. 이를 구체적으로 살펴보면 다음과 같다.

(1) 자본주이론은 기업의 목적을 자본주의 부의 극대화로 본다. 따라서 회계는 주주지분의 상태와 그 변동을 보고하는 것을 목적으로 하며 재무상태표를 중요시한다. 회계등식은 다음과 같이 표현된다.

> 자 산 − 부 채 = 소유주지분

(2) 자본주이론에서 회계개념은 모두 자본주와 관련되어 설명된다. 자산은 자본주의 재산으로 보고, 자본주의 재산상태를 파악하기 위해서 공정가치로 평가한다. 부채는 자본주가 상환해야 할 의무이고, 자본은 자본주의 순재산으로써 자산총계에서 부채총계를 차감한 것이다. 그리고 수익은 자본주지분의 증가이며, 비용은 자본주지분의 감소를 의미한다. 따라서 비용을 초과하는 수익 즉, 순이익은 자본주의 것이 된다.

(3) 자본주이론에 의한 이익은 배당금의 지급이나 자본거래를 제외하고 기업의 순자산에 영향을 미치는 모든 수익·비용을 포함하여 계산한다. 이는 포괄주의개념(포괄손익계산서에 비경상적·비반복적 항목을 포함시켜야 한다는 주장)과 유사하다.

(4) 자본주이론에 따르면 자본주에 대한 배당금은 자본주가 벌어들인 이익을 자본주가 환수해 간 것이므로 비용이 아닌 이익의 분배금으로 보지만, 부채에 대한 이자와 법인세는 자본주가 부담하는 비용으로 간주한다.

(5) 자본주이론은 개인기업이나 조합기업과 같이 자본주와 기업의 인적 관계가 밀접한 경우에는 그 타당성이 있으며, 〈제8장 관계기업 및 공동약정〉에서 살펴보게 될 지분법회계처리의 이론적 토대가 된다. 그러나 오늘날 기업의 대표적인 형태인 주식회사의 경우에는 부적절한 이론으로 생각되고 있다. 왜냐하면, 주식회사는 기업의 소유와 경영이 분리되어 있어 기업과 자본주와의 관계가 밀접하지 않으며, 자본주 이외에도 다수의 이해관계자들이 존재하므로 기업을 단순히 자본주의 소유물로 보는 자본주이론에 따라 회계개념이나 회계이론을 전개하기가 어렵기 때문이다. 이러한 이유 때문에 후술하는 기업실체이론이 등장하게 되었다.

2 기업실체이론

기업실체이론(entity theory)은 기업을 주주나 채권자와는 독립된 별개의 실체로 파악하여 기업이 회계의 중심이 된다는 이론이다. 이를 구체적으로 살펴보면 다음과 같다.

(1) 기업실체이론은 기업의 목적을 기업 자체의 부의 극대화로 본다. 따라서 회계는 주주나 채권자가 위탁한 자산의 운용결과를 보고하는 것을 그 목적으로 하며, 포괄손익계산서를 중요시한다. 회계등식은 다음과 같이 표현된다.

> 자 산 = 지 분
> 또는 자 산 = 채권자지분 + 주주지분

(2) 기업실체이론에 의하면 자산은 기업의 자산이며, 소유주뿐만 아니라 채권자에 대해서도 책임을 지고 있기 때문에 객관적이고 검증가능한 취득원가로 평가한다. 부채는 기업의 의무이고, 자본은 주주의 잔여재산에 대한 청구권으로 자본거래에 의한 납입자본과 손익거래에 의한 이익잉여금에 대한 청구권을 포함한다. 여기서 이익잉여금은 기업 자체의 것이고, 주주는 오직 그 이익에 대한 청구권만이 있을 뿐이다. 그리고 수익은 기업의 경영활동의 성과를 의미하며, 비용은 수익을 얻기 위하여 희생된 재화나 용역을 의미한다.

(3) 기업실체이론에 의한 이익은 수익과 비용의 대응결과로 산출되며, 자본주이론에서처럼 자본주지분의 증가분을 의미하는 것이 아니라 기업 자체에 귀속되는 것이다. 이는 당기업적주의개념(포괄손익계산서에는 당기의 정상적인 수익·비용만을 포함시켜야 한다는 주장)과 유사하다.

(4) 기업실체이론에 따르면 자본주에 대한 배당금은 기업이 벌어들인 이익을 주주에게 분배해주는 것이므로 비용이 아니라 이익의 분배금으로 본다. 또한 채권자에게 지급하는 이자도 이익의 분배금으로 보아 비용으로 보지 않는데, 그 이유는 기업실체이론에서는 지분소유자(채권자 및 주주)에게 분배해주는 것은 모두 기업이익에 대한 배당으로 보기 때문이다. 그리고 법인세는 기업을 정부기관으로 보는 경우에는 비용이 아니라 이익의 분배금으로 해석하며, 기업을 주주나 채권자의 대리인으로 보는 경우에는 비용으로 해석한다.

(5) 기업실체이론은 자본주와 기업과의 인적관계가 밀접하지 은 주식회사에 적합한 이론이라고 할 수 있다.

▶ 자본주이론과 기업실체이론의 비교

구 분	자본주이론	기업실체이론
1. 회계주체	자본주(소유주)	기업실체
2. 기업의 목적	자본주의 부의 극대화	기업의 부의 극대화
3. 회계목적	주주지분의 상태와 그 변동파악	주주나 채권자가 위탁한 자산의 운용결과를 보고
4. 중시되는 재무제표	재무상태표	포괄손익계산서
5. 회계등식	자산 - 부채 = 소유주지분	자산 = 채권자지분 + 주주지분
6. 회계개념		
① 자 산	자본주의 재산으로 공정가치로 평가	기업의 자산으로 취득원가로 평가
② 부 채	자본주의 의무	기업의 의무
③ 자 본	자본주의 순재산	주주의 잔여재산에 대한 청구권

④ 수　　익	자본주지분의 증가	기업의 경영활동의 성과
⑤ 비　　용	자본주지분의 감소	수익을 얻기 위하여 희생된 재화나 용역
⑥ 순 손 익	자본주지분의 증감	기업 자체의 손익
⑦ 손익계산방법	포괄주의	당기업적주의
7. 기타 회계개념		
① 주주배당금	기업이익의 분배금	기업이익의 분배금
② 채권자에 대한 이자	자본주가 부담하는 비용	기업이익의 분배금
③ 법 인 세	자본주가 부담하는 비용	기업이익의 분배금(기관이론)
		기업의 비용(대리인설)
8. 적용적합한 기업	개인기업이나 조합기업	주식회사

3 기타의 지분이론

(1) 잔여지분이론

잔여지분이론(residual equity theory)은 거액의 손실이나 파산을 전제로 하여 잔여지분, 즉 보통주지분을 회계의 중심으로 보는 이론이다.

① 잔여지분이론에서는 보통주주를 제외한 회사의 모든 투자자는 외부인으로 보고 그들의 지분을 특수지분으로 간주한다. 회계등식은 다음과 같이 표현된다.

$$자 산 - 특수지분 = 잔여지분$$

② 위 등식에서 특수지분에 해당하는 것으로는 채권자지분과 우선주지분이 있다. 잔여지분이론에 의하면 보통주주가 기업에 대하여 갖는 청구권은 다른 형태의 청구권에 대한 기업의 의무가 모두 이행된 다음에 성립할 수 있는 잔여청구권이기 때문에 회계보고는 다른 어떤 지분소유자들보다도 보통주주들이 합리적인 의사결정을 할 수 있도록 이루어져야 한다는 것이다.

③ 잔여지분이론에 따르면 재무상태표에는 보통주지분과 우선주 및 채권자지분은 별도로 표시해야 하고, 법인세와 채권자에게 지급하는 이자 및 우선주주에 대한 배당금이 모두 비용으로 간주되어야 한다. 또한 현금흐름표에서는 보통주주에 배당할 수 있는 자금의 내용을 표시해야 한다.

(2) 기업체이론

기업체이론(enterprise theory)은 기업을 특정한 개인이나 집단의 사적인 이익을 추구하는 조직이 아니라, 사회공공의 경제적 후생을 증대시킬 의무를 부담하는 하나의 사회조직으로 보는 이론이다.

① 기업체이론에 의할 경우 회계는 소유주나 채권자들과 같은 기업자본의 제공자들뿐만 아니라 종업원, 고객, 정부 및 일반공중을 포함한 모든 이해관계자들이 필요로 하는 정보를 제공해주어야 한다는 것이다. 즉, 기업체이론은 회계의 주체를 기업과 관계를 맺고 있는 광범위한 사회구성원으로 보는 이론이다.

② 기업체이론에서는 이익개념을 부가가치이익개념으로 보는데, 부가가치이익이란 기업이 생산한 제품의 판매가격에서 외부로부터 매입한 재화나 용역의 원가를 차감한 금액을 말한다. 따라서 기업체이론에서는 주주에게 지급하는 배당금, 채권자에게 지급하는 이자, 정부에 지급하는 법인세 및 종업원에게 지급하는 급여를 이익의 분배로 간주한다.

(3) 자금이론

자금이론(fund theory)은 회계의 주체를 자본주나 기업 자체가 아닌 자금이라는 활동지향적인 단위로 보는 이론이다. 여기서 자금이란 자산이 어떤 용도에 사용되도록 제약을 받고 있을 때 이 제약을 받고 있는 일단의 자산을 말한다.

① 자금이론에 따르면 자산은 자금, 즉 활동단위에 대한 미래의 용역을 나타내며, 부채는 특정 또는 일반적 자산에 대한 제약을 뜻하고, 자본은 자산의 운용에 대한 법적 또는 재무적 제약을 의미한다. 부채와 자본은 자산에 대한 제약이 되는 것이므로 회계등식은 다음과 같이 표현된다.

> 자 산 = 자산에 대한 제약

예컨대, 감채기금(기타금융자산)이라는 자산은 사채라는 부채를 상환해야 한다는 의무와 연결되어 그 사용에 제한이 가해진다는 점에서 자금이론의 설명을 위한 좋은 예라고 할 수 있다.

② 자금이론에서 회계의 주된 관심대상은 자금의 조달과 사용이다. 따라서 재무상태표나 포괄손익계산서보다는 자금의 원천이나 운용상황을 나타내는 현금흐름표를 중요시한다. 자금이론은 자산의 용도와 이에 관한 제약을 강조하고 있기 때문에 기금을 중심으로 운용되는 비영리법인이나 정부회계에 적합한 이론이다.

회계주체이론과 이익의 분류

이익의 분류	회계주체이론
수 익	
− 외부로부터 매입한 재화나 용역의 원가	
부가가치이익(= 당기순이익 + 이자 + 법인세 + 급여) ┈┈┈▶	기업체이론
− 급 여	
기업이익(= 당기순이익 + 이자 + 법인세) ┈┈┈▶	기업실체이론(기관이론)
− 법 인 세	
주주및채권자이익(= 당기순이익 + 이자) ┈┈┈▶	기업실체이론(대리인설)
− 이 자	
주주이익(= 당기순이익) ┈┈┈▶	자본주이론
− 우선주배당금	
잔여지분이익(= 당기순이익 − 우선주배당금) ┈┈┈▶	잔여지분이론

4 연결회계이론

연결회계와 관련된 회계주체이론(이하 '연결회계이론'이라고 함.)은 연결실체의 주체를 누구로 볼 것이냐에 따라 지배기업이론(parent company theory. 자본주이론과 동일한 개념임.)과 기업실체이론(entity theory)으로 구분되는데, 어떤 연결회계이론을 따르냐에 따라 연결회계처리는 달라지고 또한 연결재무제표도 달라지게 된다. 따라서 본 절에서는 이들 연결회계이론이 어떠한 차이점이 있는지 상호비교해 보도록 하겠다.

(1) 종속기업 순자산의 연결

종속기업 순자산의 연결과 관련된 지배기업이론과 기업실체이론의 견해를 살펴보면 다음과 같다.

① **지배기업이론** : 연결재무제표의 주된 이용자를 지배기업의 주주와 채권자로 한정하고 있으며 연결재무제표를 지배기업재무제표의 연장으로 간주한다. 따라서 연결재무상태표에 표시되는 비지배지분을 연결실체의 외부에 존재하는 일종의 채권자로 보아 지배기업이 다른 부채항목들을 장부금액으로 평가하는 것과 마찬가지로 종속기업의 순자산장부금액을 기준으로 계산한다.

② **기업실체이론**: 연결재무제표의 주된 이용자를 지배기업은 물론 종속기업을 포함한 모든 연결실체의 주주와 채권자로 규정하고 있다. 즉, 기업실체이론에서는 지배기업의 주주와 종속기업의 비지배주주를 동등한 지위를 갖는 연결실체의 주주로 간주한다. 따라서 연결재무상태표에 표시된 비지배지분은 지배기업의 자본항목과 동일한 성격으로서 연결실체에 대한 비지배주주의 청구권을 의미하므로 지배기업이 종속기업의 순자산공정가치를 기준으로 종속기업의 순자산을 연결하듯이, 비지배지분도 종속기업의 순자산공정가치를 기준으로 계산한다.

> **지배기업이론** ─ 지배기업지분 : 종속기업 순자산공정가치 × 지분율
>   ─ 비지배지분 : 종속기업 순자산장부금액 × 지분율
>
> **기업실체이론** ─ 지배기업지분 : 종속기업 순자산공정가치 × 지분율
>   ─ 비지배지분 : 종속기업 순자산공정가치 × 지분율

예 A회사는 20×1년에 B회사의 보통주 60%를 ₩4,500,000에 취득하였다. 관련자료는 다음과 같다.

(1) 주식취득 당시 B회사의 주주지분은 다음과 같다.

	B회사
자 본 금	₩4,000,000
자본잉여금	1,000,000
이익잉여금	1,000,000
계	₩6,000,000

(2) 주식취득일(20×1년초) 현재 B회사의 장부금액과 공정가치가 다른 자산은 다음과 같으며, 재고자산은 20×1년 중 전액 매출되었고 건물의 잔존내용연수는 10년이며 정액법으로 감가상각한다.

	장부금액	공정가치
재고자산	₩200,000	₩400,000
토 지	1,000,000	1,500,000
건 물	700,000	1,000,000

(3) 20×1년에 B회사가 보고한 당기순이익은 ₩500,000이며, 연결실체 간의 채권·채무 및 내부거래는 없었다.

(4) A회사는 B회사투자주식을 원가법으로 회계처리하며, 영업권은 20×1년말까지 손상되지 았다.

1. 기업실체이론

(1) 영업권의 측정

B회사투자주식 취득원가		₩4,500,000
B회사 순자산장부금액	₩6,000,000	
재고자산 과소평가	200,000	
토 지 과소평가	500,000	
건 물 과소평가	300,000	
B회사 순자산공정가치	₩7,000,000	
지배기업지분율	×60%	(4,200,000)
영 업 권		₩300,000

(2) 연결조정분개

1) 투자계정과 자본계정의 상계제거

① (차) 자 본 금(B) 4,000,000   (대) B회사투자주식 4,500,000
      자본잉여금(B) 1,000,000   비지배지분 2,800,000
      이익잉여금(B) 1,000,000
      재고자산 200,000
      토   지 500,000
      건   물 300,000
      영 업 권 300,000

*기업실체이론에 의할 경우 종속기업의 자산·부채 장부금액과 공정가치의 차액을 전액 연결재무상태표에 반영하며, 그 중 비지배지분에 해당하는 부분은 비지배지분에 배분함.

② (차) 매출원가 200,000   (대) 재고자산 200,000

③ (차) 감가상각비 30,000   (대) 감가상각누계액 30,000
    *₩300,000÷10년 = ₩30,000

2) 비지배지분순이익 계상

④ (차) 이익잉여금(비지배지분순이익) 108,000   (대) 비지배지분 108,000

*B회사 당기순이익(장부금액)	₩500,000
매출원가	(200,000)
감가상각비	(30,000)
B회사 당기순이익(공정가치)	₩270,000
비지배지분율	×40%
비지배지분순이익	₩108,000

2. 지배기업이론

　(1) 영업권의 측정 : 기업실체이론의 경우와 동일함.

　(2) 연결조정분개

　　1) 투자계정과 자본계정의 상계제거

　　　① (차) 자 본 금(B)　　4,000,000　　(대) B회사투자주식　4,500,000
　　　　　　자본잉여금(B)　1,000,000　　　　　비지배지분　　　2,400,000
　　　　　　이익잉여금(B)　1,000,000
　　　　　　재고자산　　　　 120,000
　　　　　　토　　지　　　　 300,000
　　　　　　건　　물　　　　 180,000
　　　　　　영 업 권　　　　 300,000

　　　　＊재고자산 : ₩200,000×60% = ₩120,000
　　　　　토　　지 : ₩500,000×60% = ₩300,000
　　　　　건　　물 : ₩300,000×60% = ₩180,000
　　　　　비지배지분 : (₩4,000,000 + ₩1,000,000 + ₩1,000,000)×40% = ₩2,400,000
　　　　　지배기업이론에 의할 경우 비지배지분은 종속기업 순자산장부금액을 기준으로 계산되며 종속기업의 자산·부채 장부금액과 공정가치의 차액은 지배기업지분(60%)만 반영함.

　　　② (차) 매출원가　　　　120,000　　(대) 재고자산　　　　120,000
　　　③ (차) 감가상각비　　　 18,000　　(대) 감가상각누계액　 18,000
　　　　＊₩180,000÷10년 = ₩18,000

　　2) 비지배지분순이익 계상

　　　④ (차) 이익잉여금(비지배지분순이익)　200,000　　(대) 비지배지분　　200,000
　　　　＊₩500,000×40% = ₩200,000

③ 한편, 종속기업의 결손이 누적되어 종속기업의 순자산이 부(-)의 금액일 경우에는 부(-)의 비지배지분이 발생하는데, 이와 관련된 지배기업이론과 기업실체이론의 견해는 다음과 같다.

　a. **지배기업이론** : 비지배지분을 채권자로 간주하므로 부(-)의 비지배지분을 지배기업의 이익잉여금과 상계하며, 따라서 비지배지분은 연결재무상태표에 나타나지 않는다.

　b. **기업실체이론** : 비지배지분을 연결실체의 주주로 간주하므로 부(-)의 비지배지분을 연결재무상태표의 자본에서 차감하는 형식으로 표시한다.

④ 기업회계기준서(연결재무제표)에서는 종속기업의 순자산공정가치를 기준으로 비지배지분을 산정하고, 부(-)의 비지배지분을 연결재무상태표의 자본에서 차감하는 형식으로 표시하도록 규정하고 있으므로 기업실체이론을 따르고 있음을 알 수 있다.

(2) 내부거래제거

연결회계에 대한 지배기업이론과 기업실체이론의 차이점은 연결회사 간의 내부거래로 인한 미실현손익의 처리에서도 나타난다. 즉, 하향거래로 인한 내부미실현손익은 전액제거하며 지배기업에 부담시켜야 한다는 것에 대해서는 둘 다 동일하지만, 상향거래로 인한 내부미실현손익에 대해서는 지배기업이론과 기업실체이론이 서로 다르다.

① **지배기업이론** : 상향거래로 인한 내부미실현손익은 종속기업에 대한 지배기업의 소유비율만큼만 제거하여 지배기업에 부담시키지만, 비지배주주에 대한 미실현손익은 지배기업 관점에서 보면 비지배주주에 대해 실현된 것이므로 제거하지 않는다.

② **기업실체이론** : 상향거래로 인한 내부미실현손익을 전부 제거하여 지배기업과 비지배지분에 배분한다. 이러한 논리는 연결실체간 사채추정상환손익의 경우에도 동일하게 적용된다.

```
지배기업이론 ┌ 지배기업지분 : 종속기업 독립영업이익(공정가치)×지분율
             └ 비지배지분 : 종속기업의 당기순이익(장부금액)×지분율

기업실체이론 ┌ 지배기업지분 : 종속기업 독립영업이익(공정가치)×지분율
             └ 비지배지분 : 종속기업 독립영업이익(공정가치)×지분율
```

지금까지 살펴본 바와 같이 기업회계기준서(연결재무제표)는 상향거래로 인한 내부미실현손익을 전부 제거하여 지배지분과 비지배지분에 배분하도록 규정하고 있으므로 기업실체이론을 따르고 있음을 알 수 있다.

예 A회사는 20×1년초에 B회사의 발행주식 60%를 ₩600,000에 취득하였다. 관련자료는 다음과 같다.

(1) 취득시 B회사의 순자산장부금액은 ₩1,000,000(납입자본 ₩800,000, 이익잉여금 ₩200,000)이었으며 B회사의 자산·부채의 장부금액과 공정가치는 일치하였다.

(2) 20×1년 중에 B회사는 A회사에 ₩200,000의 상품을 판매하였으며, 20×1년말 A회사의 기말재고자산에 남아 있는 B회사의 상품은 ₩50,000이었고 이는 20×2년에 전액 외부에 매출되었다. 단, B회사의 매출총이익률은 20%이다.

(3) B회사는 20×1년에 ₩300,000과 20×2년에 ₩400,000의 순이익을 보고하였으며 이 기간 중에 B회사

의 이익처분은 없었다.

(4) A회사는 B회사투자주식을 원가법으로 회계처리하며, 영업권은 20×2년말까지 손상되지 않았다.

1. 20×1년말 연결조정분개
   (1) 기업실체이론

   1) 투자계정과 자본계정의 상계제거

   ① (차) 납입자본(B)   800,000   (대) B회사투자주식   600,000
           이익잉여금(B)   200,000   비지배지분   400,000

   2) 내부거래제거

   ② (차) 매 출   200,000   (대) 매출원가   200,000

   ③ (차) 매출원가   10,000   (대) 재고자산   10,000
           *₩50,000×20% = ₩10,000, 지배기업 기말재고에 남아 있는 종속기업의 미실현이익
           을 전액제거함.

   3) 비지배지분순이익 계상

   ④ (차) 이익잉여금(비지배지분순이익) 116,000 (대) 비지배지분   116,000
           *(₩300,000 - ₩10,000)×40% = ₩116,000
           종속기업의 연결실체간 미실현손익을 제거한 독립영업이익은 보고된 당기순이익
           ₩300,000에 미실현이익 ₩10,000을 차감한 ₩290,000이 되며, 이를 지배기업에
           ₩174,000(₩290,000×60%), 비지배지분에 ₩116,000(₩290,000×40%)을 배분함.

   (2) 지배기업이론

   지배기업이론에 의할 경우 종속기업의 순이익 중 지배기업지분은 보고된 순이익에 대한 지분 ₩180,000(₩300,000×60%)에서 종속기업 미실현이익 중 지배기업지분인 ₩6,000을 차감한 ₩174,000이 되며, 비지배지분은 ₩120,000(₩300,000×40%)이 된다. 따라서 지배기업이론에 의할 경우 연결조정분개 중 ③과 ④는 다음과 같이 회계처리해야 한다.

   ③ (차) 매출원가   6,000   (대) 재고자산   6,000
           *₩10,000×60% = ₩6,000

   ④ (차) 이익잉여금(비지배지분순이익) 120,000 (대) 비지배지분   120,000
           *₩300,000×40% = ₩120,000

2. 20×2년말 연결조정분개

(1) 기업실체이론

1) 투자계정과 자본계정의 상계제거

① (차) 납입자본(B)　　　　800,000　　(대) B회사투자주식　　600,000
　　　 이익잉여금(B)　　　　500,000　　　　 비지배지분　　　　520,000
　　　　　　　　　　　　　　　　　　　　　　 이익잉여금(A)　　180,000

2) 내부거래제거

② (차) 이익잉여금(A)　　　　6,000　　(대) 매출원가　　　　　10,000
　　　 비지배지분　　　　　　4,000

3) 비지배지분순이익 계상

③ (차) 이익잉여금(비지배지분순이익)　164,000　　　비지배지분　　164,000

*(₩400,000 + ₩10,000)×40% = ₩164,000

종속기업의 전기 미실현이익이 당기에 실현 에 따라 종속기업 독립영업이익은 보고된 당기순이익 ₩400,000에 실현이익 ₩10,000을 합한 ₩410,000이 되며, 이를 지배기업에 ₩246,000(₩410,000×60%)과 비지배지분에 ₩164,000 (₩410,000×40%)을 배분함.

(2) 지배기업이론

지배기업이론에 의할 경우 종속기업 순이익 중 지배기업지분은 ₩240,000(₩400,000×60%)에 전기 미실현이익 중 실현이익 ₩6,000을 합한 ₩246,000이 되며 비지배지분은 ₩160,000(₩400,000×40%)이 된다. 따라서 지배기업이론에 의할 경우 연결조정분개 중 ②와 ③은 다음과 같이 회계처리해야 한다.

② (차) 이익잉여금(A)　　　　6,000　　(대) 매출원가　　　　　6,000

③ (차) 이익잉여금(비지배지분순이익)　160,000　　(대) 비지배지분　　160,000

*₩400,000×40% = ₩160,000

(3) 연결포괄손익계산서

지배기업이론과 기업실체이론은 연결당기순이익의 구성요소에 있어서도 차이가 있다. 즉, 지배기업이론은 연결실체의 당기순이익에 비지배지분순이익을 차감시켜 지배기업소유주지분순이익을 연결당기순이익으로 표시하지만, 기업실체이론은 연결실체의 당기순이익에 비지배지분순이익도 포함시켜 연결당기순이익을 연결실체의 당기순이익으로 표시한다.

```
            지배기업이론                              기업실체이론
    총당기순이익           ×××*¹         당기순이익              ×××*
    비지배지분순이익        (×××)         당기순이익의 귀속
    연결당기순이익         ×××*²          지배기업소유주          ×××
                                         비지배지분             ×××

    *1. 연결실체의 당기순이익임.            *연결실체의 당기순이익임.
     2. 지배기업소유주지분순이익임.
```

지금까지 살펴본 바와 같이 기업회계기준서(연결재무제표)는 기업실체이론을 따르고 있음을 알 수 있다.

▶ 연결이론의 비교

구 분	지배기업이론	기업실체이론
(1) 연결재무제표의 주된 이용자	지배기업의 주주와 채권자	연결실체의 주주와 채권자
(2) 비지배지분	부채	연결주주지분의 일부
(3) 종속기업 순자산의 연결	① 지배기업지분은 종속기업 순자산공정가치를 기준으로 배분되며, 비지배지분은 종속기업 순자산장부금액을 기준으로 배분. ② 부(-)의 비지배지분을 지배기업의 이익잉여금과 상계함.	① 지배기업지분과 비지배지분 모두 종속기업 순자산공정가치를 기준으로 배분. ② 부(-)의 비지배지분을 연결재무상태표의 자본에서 차감하는 형식으로 표시함.
(4) 내부미실현손익의 제거		
① 하향거래	전액제거	전액제거
② 상향거래	부분제거	전액제거
(5) 비지배지분순이익	종속기업의 당기순이익(장부금액)을 기준으로 배분.	종속기업의 독립영업이익(공정가치)을 기준으로 배분.
(6) 연결당기순이익	비지배주주몫 제외	비지배주주몫 포함

연결회계 – 기타주제 이론문제(기출지문)

01 연결조정시 투자제거차액은 일시적차이에 해당하므로 이에 대한 이연법인세를 인식해야 한다. (×)
  ▶투자제거차액 중 영업권에 대해서는 이연법인세부채(자산)를 인식하지 않는다.

02 비지배지분은 특정 자산·부채에 배분된 투자제거차액에 대한 이연법인세를 반영하기 전 금액으로 계산해야 한다. (×)
  ▶비지배지분은 특정 자산·부채에 배분된 투자제거차액에 대한 이연법인세를 반영한 후의 금액을 기준으로 계산한다.

03 종속기업의 취득과 처분에 따른 총현금흐름은 연결현금흐름표에 투자활동으로 분류한다. (○)

04 지배력을 상실하지 않은 종속기업에 대한 소유지분의 변동으로 발생한 현금흐름은 재무활동 현금흐름으로 분류한다. (○)

05 취득자가 피취득자에게 대가를 이전하지 않더라도 사업결합이 이루어질 수 있다. (○)

06 종속기업의 순자산공정가치가 부(−)의 금액인 경우에 발생하는 부(−)의 비지배지분을 연결재무상태표의 자본에서 차감하는 형식으로 표시하는 것은 연결이론 중 지배기업이론에 따른 것이다. (×)
  ▶부(−)의 비지배지분을 연결재무상태표의 자본에서 차감하는 형식으로 표시하는 것은 기업실체이론에 따른 것이다.

필수예제 | 연결재무제표작성시 법인세기간배분

A회사는 20×1년초에 B회사의 보통주 60%를 ₩2,500,000에 취득하였다. 주식취득 당시 B회사의 순자산장부금액은 ₩3,100,000이었고, 주식취득일 현재 B회사의 장부금액과 공정가치가 다른 자산 및 부채는 다음과 같으며, 법인세율은 20%이다.

	장부금액	공정가치
재고자산	₩500,000	₩600,000
토　　지	1,500,000	1,900,000
건　　물	2,000,000	2,200,000
사　　채	1,500,000	1,300,000

법인세기간배분을 감안할 경우 20×1년 연결재무제표에 표시될 영업권은 얼마인가?

B회사투자주식의 취득원가		₩2,500,000
B회사 순자산장부금액	₩3,100,000	
재고자산 과소평가	100,000	
토　지 과소평가	400,000	
건　물 과소평가	200,000	
사　채 과소평가	200,000	
투자제거차액에 대한 이연법인세부채:		
₩900,000×20%=	(180,000)	
B회사 순자산공정가치	₩3,820,000	
지배기업지분율	×60%	(2,292,000)
영　업　권		₩208,000

01 (주)갑은 20×1년말과 20×2년말 현재 (주)을의 의결권있는 보통주식 60%를 보유하고 있다. 20×1년과 20×2년에 (주)갑과 (주)을 사이에 발생한 거래는 다음과 같다.

- 20×1년 중 (주)을은 (주)갑에게 장부금액 ₩100,000인 상품을 ₩150,000에 판매하였다. (주)갑은 20×1년 중에 이 상품의 40%를 외부로 판매하였으며 나머지는 20×2년에 외부로 판매하였다.
- 20×2년 중 (주)갑은 (주)을에게 장부금액 ₩60,000인 상품을 ₩80,000에 판매하였으며, (주)을은 20×2년말 현재 이 상품의 50%를 보유하고 있다.

(주)갑은 (주)을의 주식을 원가법으로 회계처리하고 있으며, 양사의 법인세율은 30%이다. 내부거래·미실현손익을 제거하기 위한 연결제거분개가 20×1년과 20×2년의 지배기업 소유주지분 당기순이익에 미치는 영향은 얼마인가?

(2012. CPA)

1. 20×1년 지배기업소유주지분의 손익효과

    당기 미실현이익 제거: (₩150,000-₩100,000)×60%*×(1-0.4)×(1-0.3)=₩12,600 감소
    *상향거래이므로 내부미실현이익 중 지배기업지분율만큼만 지배기업에 부담시킨다.

2. 20×2년 지배기업소유주지분의 손익효과

    (1) 전기 미실현이익의 실현: ₩12,600 증가
    (2) 당기미실현이익 제거: (₩80,000-₩60,000)*×(1-0.5)×(1-0.3)=₩7,000 감소
        *하향거래이므로 내부미실현이익을 전액 지배기업에 부담시킨다.

∴ 20×2년 지배기업소유주지분의 손익효과: ₩12,600-₩7,000=₩5,600 증가

※해설※ 연결조정분개

연도	번호	차/대	계정	금액	차/대	계정	금액
20×1년:	①	(차)	매 출	150,000	(대)	매출원가	150,000
	②	(차)	매출원가	30,000	(대)	재고자산	30,000
			이연법인세자산	9,000		법인세비용	9,000
20×2년:	①	(차)	이익잉여금(A)	12,600	(대)	매출원가	30,000
			비지배지분	8,400			
			법인세비용	9,000			
	②	(차)	매 출	80,000	(대)	매출원가	10,000
	③	(차)	매출원가	10,000	(대)	재고자산	10,000
			이연법인세자산	3,000		법인세비용	3,000

※ 다음의 자료를 이용하여 [문제 02]과 [문제 03]에 답하시오.

제조업을 영위하는 (주)대한은 20×1년 1월 1일 (주)민국의 보통주식 80%를 ₩270,000에 취득하여 지배력을 획득하였다. 지배력획득일 현재 (주)민국의 순자산장부금액은 ₩200,000(자본금 ₩100,000, 이익잉여금 ₩100,000)이다.

[추가자료]

(1) 지배력획득일 현재 (주)민국의 자산과 부채 중 장부금액과 공정가치가 다른 자산은 건물로서 차이내역은 다음과 같다.

	장부금액	공정가치
건 물	₩150,000	₩200,000

위 건물은 원가모형에 따라 회계처리되며, 지배력획득일 현재 잔존내용연수는 10년이고 잔존가치 없이 정액법으로 감가상각한다.

(2) 20×1년중에 (주)민국은 원가 ₩20,000의 상품을 (주)대한에게 ₩30,000에 판매하였다. (주)대한은 이 재고자산 중 80%를 20×1년에 외부로 판매하고, 나머지 20%는 20×1년말 현재 재고자산으로 보유하고 있다.

(3) (주)민국은 20×1년 당기순이익으로 ₩20,000을 보고하였다.

(4) (주)대한은 별도재무제표상 (주)민국 주식을 원가법으로 회계처리하고 있으며, 연결재무제표 작성시 비지배지분은 종속기업의 식별가능한 순자산공정가치에 비례하여 결정한다.

02 (주)대한의 20×1년말 연결재무제표에 계상되는 영업권과 비지배지분귀속당기순이익은 각각 얼마인가? 단, 영업권 손상여부는 고려하지 않는다.

1. 영업권: ₩270,000 - (₩200,000 + ₩50,000) × 80% = ₩70,000
2. 비지배지분귀속당기순이익
   (1) (주)민국의 독립영업이익(공정가치): ₩20,000 - ₩50,000 ÷ 10년 - ₩10,000 × 20% = ₩13,000
   (2) 비지배지분귀속 당기순이익: ₩13,000 × 20% = ₩2,600

03 (주)대한과 (주)민국에 적용되는 법인세율은 모두 25%이며, 이는 당분간 유지될 전망이다. 이러한 법인세효과를 추가적으로 고려하는 경우, 지배력획득일에 작성되는 (주)대한의 연결재무상태표에 계상되는 영업권은 얼마인가?

1. (주)민국투자주식의 취득원가   ₩270,000

2. (주)민국의 순자산공정가치

 (1) 순자산장부금액   ₩200,000
  건물과소평가   50,000
  투자제거차액에 대한 이연법인세부채：₩50,000×25%=   (12,500)
 (2) 순자산공정가치   ₩237,500
 (3) 지배기업지분율   ×80%   190,000
3. 영 업 권   ₩80,000

04 다음은 A회사와 동 회사가 80% 기발행보통주를 소유하고 있는 B회사의 연결재무상태표와 연결포괄손익계산서에서 발췌한 자료이다.

(1) 기초 및 기말 연결재무상태표에서 추출한 자료

	기 초	기 말
연결이익잉여금	₩150,000	₩210,000
비지배지분	50,000	51,000

(2) 당기 연결포괄손익계산서의 일부

당기순이익	₩104,000
당기순이익의 귀속	
지배기업소유주	₩100,000
비지배지분	4,000

당기 A회사와 B회사의 이익잉여금 변동이 당기순이익과 배당금지급뿐이라면 연결현금흐름표에 표시될 배당금지급액은 얼마인가?

---

1. 지배기업의 배당금지급액을 (x)라고 하면,

 ₩150,000+₩100,000−(x)=₩210,000

 ∴ 지배기업의 배당금지급액(x)=₩40,000

2. 종속기업의 배당금지급액 중 비지배주주에 지급한 금액을 (y)라고 하면,

 ₩50,000+₩4,000−(y)=₩51,000

 ∴ 비지배주주에 지급한 배당금(y)=₩3,000

3. 연결현금흐름표에 표시될 배당금지급액：₩40,000+₩3,000=₩43,000

Chapter 07 연결회계 – 기타 주제 / 403

※ 다음의 자료를 이용하여 [문제 5]와 [문제 6]에 답하시오.

〈자료〉

- (주)대한은 20×1년초에 (주)민국의 보통주 75%를 ₩150,000에 취득하여 지배력을 획득하였다. 지배력 획득일 현재 (주)민국의 순자산장부금액은 ₩150,000(자본금 ₩100,000, 이익잉여금 ₩50,000)이다.
- 지배력 획득일 현재 (주)민국의 식별가능한 자산과 부채 중 장부금액과 공정가치가 다른 내역은 다음과 같다.

구분	장부금액	공정가치	추가정보
토지	₩50,000	₩80,000	원가모형 적용

- 20×1년 중에 (주)민국은 원가 ₩10,000의 재고자산(제품)을 (주)대한에게 ₩20,000에 판매하였다. (주)대한은 이 재고자산의 50%를 20×1년 중에 외부로 판매하고, 나머지 50%는 20×1년말 현재 재고자산으로 보유하고 있다.
- (주)민국이 보고한 20×1년도 당기순이익은 ₩30,000이다.
- (주)대한은 별도재무제표에서 (주)민국에 대한 투자주식을 원가법으로 회계처리하고 있으며, 연결재무제표작성시 비지배지분은 종속기업의 식별가능한 순자산공정가치에 비례하여 결정한다.
- (주)대한과 (주)민국에 적용되는 법인세율은 모두 20%이며, 이는 당분간 유지될 전망이다.

05 법인세효과를 고려하는 경우, (주)대한이 지배력획득일에 인식할 영업권은 얼마인가?

(2023. CPA)

영업권 : ₩150,000 − (₩150,000 + ₩30,000 − ₩30,000 × 20%) × 75% = ₩19,500

06 법인세효과를 고려하는 경우, (주)대한의 20×1년 말 연결포괄손익계산서에 표시되는 비지배지분귀속당기순이익은 얼마인가? 단, 영업권 손상 여부는 고려하지 않는다. (2023. CPA)

비지배지분귀속 당기순이익 : {₩30,000 − ₩10,000 × 50% × (1 − 20%)} × 25% = ₩6,500

보론 — 역취득

역취득이란 지분교환으로 사업결합을 하는 경우에 지분을 발행하는 기업이 피취득자가 되는 사업결합을 말한다. 그 예로 비상장기업이 한국거래소에 상장하기 위해 자신보다 작은 상장기업에 의하여 취득되는 것으로 약정하는 경우를 들 수 있다. 이러한 경우 법적으로는 지분상품을 발행하는 상장기업이 지배기업으로 간주되고 비상장기업이 종속기업으로 간주됨에도 불구하고, 실질적으로는 법적 종속기업인 비상장기업이 법적 지배기업인 상장기업을 지배하고 있다면 당해 법적 종속기업인 비상장기업이 취득자가 된다. 다음에 제시된 예를 보면 쉽게 이해할 수 있다.

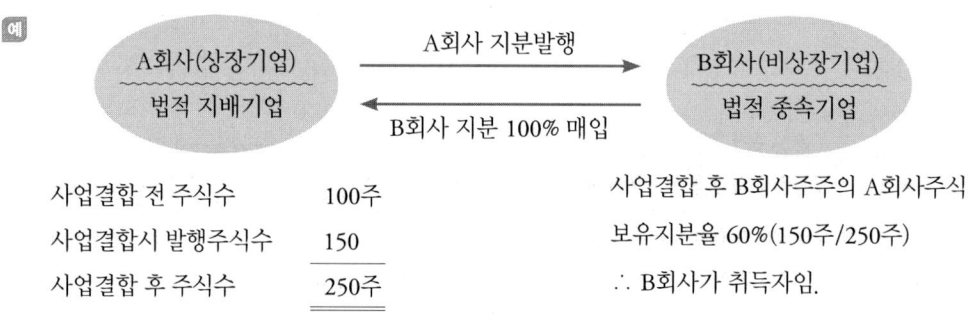

즉, 법적으로는 지분을 발행하는 A회사(상장기업)가 지배기업이지만, 사업결합 후 B회사주주의 A회사주식 보유지분율이 60%이므로 실질적으로는 B회사(비상장기업)가 취득자임을 알 수 있다.

1 이전대가의 측정

역취득의 경우 법적 지배기업(피취득자)이 법적 종속기업(취득자)에 지분상품을 발행하는데, 이때 이전대가는 다음과 같이 측정한다.

(1) 역취득에서는 법적 종속기업(취득자)이 법적 지배기업(피취득자)의 소유주에게 지분상품을 발행하는 것으로 간주하여 이전대가를 측정한다.

> 예 다음과 같은 사례에서 A회사가 사업결합을 위하여 B회사보통주 1주당 2.5주의 비율로 주식을 교환하기로 약정함에 따라 A회사가 B회사의 주식 60주에 대하여 150주(60주×2.5)를 발행하였다면,

	A회사(피취득자)	B회사(취득자)
법 적	지배기업	종속기업
사업결합 전 발행보통주식수	100주	60주
납입자본	₩300	₩600
1주당 액면금액	3	10
1주당 공정가치	16	40

A회사가 150주를 발행한 결과 B회사의 주주는 합병 후 A회사 주식의 60%{150주/(100주+150주)}의 지분을 보유하게 되었으며, 40%의 잔여지분은 A회사의 기존 주주가 보유하고 있다. 만약, B회사가 A회사를 합병한다고 가정할 경우 B회사가 A회사에 대해 소유하고 있는 지분과 같은 비율로 교환하여 사업결합을 한다면, B회사는 40주를 발행했어야 한다. 왜냐하면, B회사의 주주는 발행주식 100주 중 60주를 소유하게 될 것이므로 합병 후 B회사에 대하여 60%의 지분을 보유하게 되기 때문이다. 따라서 이러한 경우 이전대가는 B회사가 A회사를 합병한다고 가정할 경우에 발행되었을 주식수 40주에 1주당 공정가치 ₩40을 곱한 ₩1,600이 된다.

(2) 법적 종속기업(취득자)의 지분상품 공정가치가 명확하지 않은 경우, 사업결합 전에 발행한 법적 지배기업의 지분상품 총공정가치를 기초로 이전대가를 결정한다.

2 연결재무제표의 작성과 표시

역취득에 따라 작성된 연결재무제표는 법적 지배기업(피취득자)의 이름으로 발행하지만, 법적 종속기업(취득자)의 재무제표가 지속되는 것으로 주석에 기재한다.

(1) 연결재무제표상 자본구조는 법적 지배기업(피취득자)의 자본구조를 반영해야 한다. 따라서 연결재무제표상 자본항목을 다음과 같이 조정한다.

① 역취득에 따라 작성된 연결재무제표상 납입자본은 사업결합 직전 법적 종속기업(취득자)의 납입자본과 이전대가를 합한 금액이다.

예 상기 예 에서 연결재무제표상 납입자본은 다음과 같이 계산된다.

납입자본 : 사업결합 직전 B기업의 납입자본	₩600
이전대가	1,600
계	₩2,200

② 그러나 연결재무제표에 나타나는 자본구조, 즉 발행된 주식수와 유형은 사업결합을 위해 법적 지배기업(피취득자)이 발행한 지분을 포함한 법적 지배기업의 자본구조를 반영해야 한다. 따라서 상기 예의 경우 납입자본 ₩2,200은 법적 지배기업(피취득자)의 발행보통주식수 250주(100주 + 150주)를 반영하여 다음과 같이 구분할 수 있다.

납입자본(자본금) : 250주×₩3 =	₩750
납입자본(주식발행초과금) : ₩2,200 − ₩750 =	1,450
계	₩2,200

③ 법적 지배기업(피취득자)의 법적 자본을 반영하기 위하여 법적 종속기업(취득자)의 법적 자본을 소급하여 수정한다. 또한 연결재무제표에 표시된 비교정보도 법적 지배기업(피취득자)의 자본을 반영하기 위하여 소급하여 수정한다.

(2) 연결재무제표는 자본구조를 제외하고 법적 종속기업(취득자)의 재무제표가 지속되는 것을 나타내기 때문에 연결재무제표는 다음 사항을 반영한다.
① 법적 종속기업(취득자)의 자산과 부채는 역취득에 따라 작성된 연결재무제표에 사업결합 전의 장부금액으로 인식하고 측정한다.
② 법적 지배기업(피취득자)의 자산과 부채는 기업회계기준서(사업결합)에 따라 인식하고 측정한다. 즉, 취득일의 공정가치로 인식하고 측정한다.
③ 역취득에 따라 작성된 연결재무제표에 인식되고 측정된 이익잉여금과 그 밖의 자본계정잔액은 사업결합 직전의 법적 종속기업(취득자)의 이익잉여금과 그 밖의 자본계정이다. 그리고 기중에 사업결합이 이루어질 경우 당기 수익·비용은 법적 종속기업(취득자)의 것으로 구성된다.

예 20×1년 9월 30일에 상장회사인 A회사는 비상장회사인 B회사에 역취득되었다. 양 회사의 보고기간종료일은 모두 12월 31일이며, 양 회사의 역취득 직전 재무상태표와 자산·부채의 공정가치는 다음과 같다.

	A회사		B회사	
	장부금액	공정가치	장부금액	공정가치
〈자 산〉				
유동자산	500	500	700	700
비유동자산	1,300	1,500	3,000	3,500
	1,800		3,700	
〈부채 및 자본〉				
유동부채	300	300	600	600

비유동부채	400	400	1,100	1,200
납입자본	300		600	
이익잉여금	800		1,400	
	1,800		3,700	

[추가자료]

1. 역취득 직전 A회사의 발행보통주식수는 100주(액면금액 ₩3)이고 B회사의 발행보통주식수는 60주(액면금액 ₩10)이다. 20×1년초 A회사보통주 1주당 시장가격은 ₩16이며, B회사보통주 1주당 공정가치는 ₩40이다.
2. 20×1년에 A회사는 B회사보통주 1주당 2.5주의 비율로 교환하기로 합의하고 B회사의 주주들에게 B회사의 주식 60주에 대하여 150주(60주×2.5)를 발행하였다.

---

1. 영업권의 측정

    A회사가 150주를 발행한 결과 B회사의 주주는 A회사주식의 60%{150주/(100주+150주)}의 지분을 보유하게 되었으며, 40%의 잔여지분은 A회사의 기존주주가 보유하고 있다. 따라서 이러한 경우 법적 지배기업인 A회사가 피취득자이고 법적 종속기업인 B회사가 취득자인 역취득에 해당된다.

    (1) 이전대가의 계산

    역취득의 경우 이전대가는 법적 종속기업(B회사)이 법적 지배기업(A회사)의 소유주에게 지분상품을 발행한 것으로 간주하여 측정한다.

    이전대가 : B회사가 발행했어야 할 주식수 40주*×B회사 1주당 공정가치 ₩40 = ₩1,600

    *B회사가 A회사를 취득한다고 가정할 경우 B회사가 A회사에 대해 소유하고 있는 지분과 같은 비율(60%)로 교환하여 사업결합을 한다면 B회사는 40주를 발행했어야 함.

    (2) 영업권의 측정

이전대가		₩1,600
A회사의 순자산공정가치		
유동자산	₩500	
비유동자산	1,500	
유동부채	(300)	
비유동부채	(400)	(1,300)
영 업 권		₩300

2. 연결조정분개

① (차) B회사투자주식 1,600 (대) 납입자본(A) 1,600
　　　*납입자본(자본금) : 150주×₩3 = ₩450
　　　 납입자본(주식발행초과금) : ₩1,600 − ₩450 = ₩1,150

② (차) 납입자본(B)　　　600　　(대) B회사투자주식　　1,600
　　　 이익잉여금(A)　　 800*1　　　납입자본(주식발행초과금)　300*2
　　　 비유동자산　　　 200
　　　 영업권　　　　　 300

　　*1. 이익잉여금(A) : 취득일인 20×1년 9월 30일 A회사의 이익잉여금임.
　　 2. 납입자본(주식발행초과금) : 대차차액을 주식발행초과금으로 조정함.

3. 연결재무상태표

연결재무상태표
A회사 및 종속기업　　　　20×1년 9월 30일

유동자산	1,200	유동부채	900
비유동자산	4,500	비유동부채	1,500
영업권	300	자 본	
		지배기업소유주지분	
		납입자본	2,200*1
		이익잉여금	1,400*2
	6,000		6,000

*1. 납입자본 : 사업결합 직전 법적 종속기업(B회사)의 납입자본 ₩600과 이전대가 ₩1,600을 합한 금액임. 그리고 납입자본 ₩2,200은 법적 지배기업(A회사)의 발행보통주식수 250주(100주 + 150주)를 반영하여 다음과 같이 구분할 수 있음.

　　납입자본(자본금) : 250주×₩3 = 　　　　₩750
　　납입자본(주식발행초과금) : ₩2,200 − ₩750 = 　1,450
　　계　　　　　　　　　　　　　　　　　　₩2,200

 2. 이익잉여금 : 사업결합 직전 법적 종속기업(B회사)의 이익잉여금임.

3 주당이익

앞에서 언급한 바와 같이 역취득에 따른 연결재무제표상 자본구조는 사업결합을 할 때 법적 지배기업(피취득자)이 발행한 지분을 포함하여 법적 지배기업(피취득자)의 자본구조를 반영한다. 따라서 역취득시 주당이익의 산정방법은 다음과 같다.

(1) 역취득이 발생한 회계기간의 가중평균유통보통주식수는 다음과 같이 산정한다.

① 당해 회계기간의 개시일부터 취득일까지의 유통보통주식수는 그 기간의 법적 종속기업(취득자)의 가중평균유통보통주식수에 기초하여 사업결합 약정에서 정한 교환비율을 곱하여 산정한다.

예 상기 예에서 20×1년 1월 1일부터 취득일인 20×1년 9월 30일까지의 유통보통주식수는 법적 종속기업(B회사)의 유통보통주식수인 60주에 교환비율인 2.5를 곱한 150주가 된다.

② 취득일부터 당해 회계기간의 종료일까지 유통보통주식수는 그 기간에 유통되는 법적 지배기업(피취득자)의 실제 보통주식수로 한다.

예 상기 예에서 취득일인 20×1년 9월 30일부터 20×1년 12월 31일까지의 유통보통주식수는 법적 지배기업(피취득자)의 유통보통주식수인 250주이다. 따라서 상기 예의 경우 20×1년 가중평균유통보통주식수는 175주(150주×9/12 + 250주×3/12)이다.

(2) 역취득에 따른 연결재무제표에 표시되는 취득일 전 각 비교기간의 기본주당순이익은 다음의 ①을 ②로 나누어 계산한다.

① 해당 각 기간의 보통주주에게 귀속되는 법적 피취득자의 당기순손익
② 사업결합 약정에서 정한 교환비율을 곱한 법적 종속기업(취득자)의 역사적 가중평균유통보통주식수

예 상기 예의 경우 20×0년 12월 31일에 종료하는 보고기간의 B회사 당기순이익이 ₩600이라면 비교표시되는 20×0년의 기본주당순이익은 ₩4(₩600÷150주)이다.

4 비지배지분

역취득에서 법적 종속기업(취득자)의 소유주 중 일부는 자신이 보유하고 있는 지분을 법적 지배기업(피취득자)의 지분과 교환하지 않을 수 있다. 그 예로 상기 예에서 B회사의 보통주 60주 중 56주만 교환하는 경우를 들 수 있다.

(1) 법적 종속기업(취득자)의 소유주가 자신의 지분을 법적 지배기업(피취득자)의 지분으로 교환하지 않는 경우 그러한 소유주의 지분은 역취득 후 연결재무제표에서 비지배지분으로 처리된다.

왜냐하면, 그러한 소유주는 결합기업의 영업성과나 순자산이 아닌 법적 종속기업(취득자)의 영업성과나 순자산에 대한 지분만을 갖기 때문이다. 반대로 법적 지배기업은 회계목적상 피취득자이더라도 법적 지배기업의 소유주는 결합기업의 영업성과와 순자산에 대한 지분을 갖는다.

(2) 법적 종속기업(취득자)의 자산과 부채는 연결재무제표에서 사업결합 전 장부금액으로 측정하고 인식한다. 따라서 일반적인 취득의 경우에는 비지배지분을 종속기업의 순자산공정가치에 대한 비례적 지분이나 취득일의 공정가치로 측정하지만, 역취득에서 비지배지분은 법적 종속기업(취득자) 순자산의 사업결합 전 장부금액에 대한 비지배주주의 비례적 지분으로 측정한다.

예 상기 **예**에서 B회사의 보통주 60주 중 56주만 교환된다는 것 이외에 모든 내용은 동일하다.

1. 영업권의 측정

    A회사는 B회사의 보통주 1주당 2.5주를 교환하였기 때문에 A회사는 150주가 아닌 140주 (56주×2.5주)만을 발행한다. 결과적으로 B회사의 주주는 결합기업 발행주식의 58.3%(140주/240주)를 소유한다.

    (1) 이전대가의 계산: 역취득의 경우 이전대가는 법적 종속기업(B회사)이 법적 지배기업(A회사)의 소유주에게 지분상품을 발행한 것으로 간주하여 측정한다.

    이전대가 : B회사가 발행했어야 할 주식수 40주*×B회사 1주당 공정가치 ₩40 = ₩1,600

    *B회사가 A회사를 취득한다고 가정할 경우 B회사가 A회사에 대한 소유하고 있는 지분과 같은 비율(58.3%)로 교환하여 사업결합을 한다면 B회사는 40주를 추가로 발행했어야 함. 그렇게 되면 B회사가 발행한 96주 중 56주, 즉 결합기업의 58.3%를 소유할 수 있게 됨.

    (2) 영업권의 측정

이전대가		₩1,600
A회사의 순자산공정가치		
유동자산	₩500	
비유동자산	1,500	
유동부채	(300)	
비유동부채	(400)	(1,300)
영 업 권		₩300

2. 연결조정분개

    ① (차) B회사투자주식   1,600   (대) 납입자본(A)   1,600
       *납입자본(자본금) : 140주×₩3 = ₩420
        납입자본(주식발행초과금) : ₩1,600 − ₩420 = ₩1,180

② (차) ┌ 납입자본(B)   600   (대) ┌ B회사투자주식   1,600
      │ 이익잉여금(B)   94*²   │ 비지배지분   134*¹
      ┤ 이익잉여금(A)   800   └ 납입자본(주식발행초과금) 260*³
      │ 비유동자산   200
      └ 영 업 권   300

*1. 비지배지분 : A회사의 주식과 교환되지 않은 B회사의 총 60주 중 4주는 비지배지분을 의미하므로 비지배지분은 6.7%(4주/60주)이며, 이 비지배지분은 법적 종속기업인 B회사의 사업결합 전 순자산장부금액에 대한 비지배주주의 비례적 지분을 반영함. 따라서 연결재무상태표에 표시될 비지배지분은 ₩134(₩2,000×6.7%)임.
 2. 이익잉여금(B) : 20×1년초 B회사의 이익잉여금 ₩1,400 중 비지배지분에 해당하는 금액 ₩94(₩1,400×6.7%)은 비지배지분으로 재분류됨.
 3. 납입자본(주식발행초과금) : 대차차액을 주식발행초과금으로 조정함.

3. 연결재무상태표

연결재무상태표

A회사 및 종속기업   20×1년 9월 30일

유동자산	1,200	유동부채	900
비유동자산	4,500	비유동부채	1,500
영 업 권	300	자 본	
		지배기업소유주지분	
		납입자본	2,160*¹
		이익잉여금	1,306*²
		비지배지분	134*³
	6,000		6,000

*1. 납입자본 : 사업결합 전 법적 종속기업(B회사)의 납입자본 중 비지배지분을 제외한 금액 ₩560(₩600×93.3%)과 이전대가 ₩1,600을 합한 금액임.
 2. 이익잉여금 : 사업결합 직전 법적 종속기업(B회사)의 이익잉여금 ₩1,400 중 비지배지분을 제외한 금액 ₩1,306(₩1,400×93.3%)임.
 3. 비지배지분 : 사업결합 직전 법적 종속기업인 B회사의 순자산장부금액에 대한 비지배주주의 비례적 지분이며, 이는 다음의 두 가지 요소로 구성되어 있음.

납입자본(B) :	₩600	×6.7% =	₩40
이익잉여금(B) :	1,400	×6.7% =	94
순자산장부금액(B) :	₩2,000	×6.7% =	₩134

07

연결회계-기타 회계

CHAPTER 08

관계기업 및 공동약정

ADVANCED ACCOUNTING

제1절 / 관계기업투자
제2절 / 지분법회계
제3절 / 공동약정

01 관계기업투자

1 관계기업의 정의

관계기업이란 투자자가 당해 기업에 유의적인 영향력을 행사할 수 있는 기업(파트너십과 같이 법인격이 없는 실체를 포함함.)을 말한다. 여기서 유의적인 영향력이란 피투자자의 재무정책과 영업정책에 관한 의사결정에 참여할 수 있는 능력으로써 그러한 정책에 대한 지배력이나 공동지배력을 의미하는 것은 아니다. 따라서 관계기업은 당해 기업에 지배력을 행사할 수 있는 종속기업이나 둘 이상의 당사자가 공동지배를 하는 공동기업에 대한 투자지분과는 구별된다.

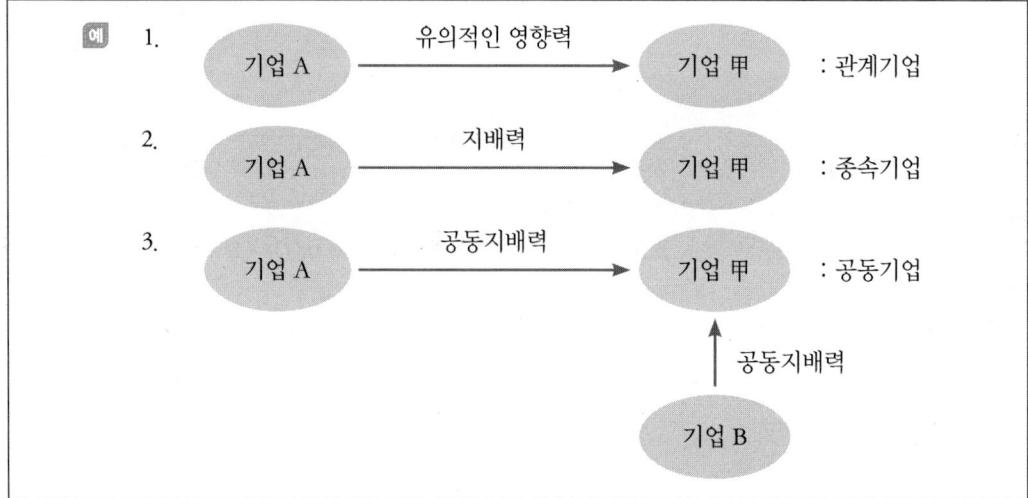

2 관계기업의 식별

관계기업이 되기 위해서는 투자자가 당해 기업에 유의적인 영향력, 즉 피투자자의 재무정책과 영업정책에 관한 의사결정에 참여할 수 있는 능력이 있어야 한다.

의결권기준

① 투자자가 직접 또는 간접(예 : 종속기업을 통하여)으로 피투자자에 대한 의결권의 20% 이상을 소유하고 있다면 유의적인 영향력이 있는 것으로 본다. 다만, 유의적인 영향력이 없다는 사실을 명백하게 제시할 수 있는 경우는 제외한다.

② 연결실체가 소유하고 있는 관계기업지분은 연결실체 내의 지배기업과 종속기업이 소유하고 있는 지분을 단순 합산한다. 그러나 연결실체의 다른 관계기업이나 공동기업이 소유하고 있는 해당 관계기업지분은 합산하지 아니한다.

③ 투자자가 직접 또는 간접(예 : 종속기업을 통하여)으로 피투자자에 대한 의결권의 20% 미만을 소유하고 있다면 유의적인 영향력이 없는 것으로 본다. 다만, 유의적인 영향력이 있다는 사실을 명백하게 제시할 수 있는 경우는 제외한다.

④ 투자자 외의 다른 투자자가 해당 피투자자의 주식을 상당한 부분 또는 과반수 이상을 소유하고 있다고 하여도 투자자가 피투자자에 대하여 유의적인 영향력을 행사할 수 있으므로, 이러한 경우에도 유의적인 영향력이 있다는 것을 배제할 필요는 없다.

 다음은 종속기업 및 관계기업의 식별과 관련된 사례이며, 각각의 사례는 상호 독립적이다.

사례 1 :

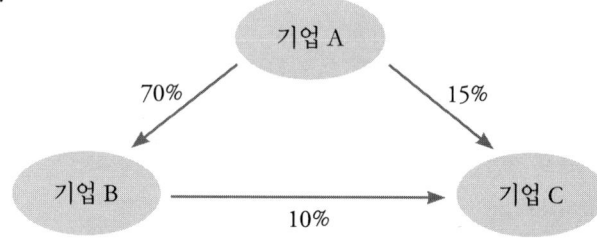

사례 2 :

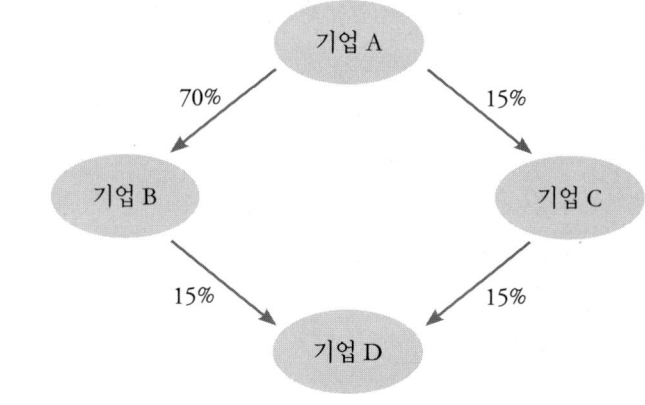

사례 1 : 기업 B는 종속기업이고 기업 C는 지배기업(A)와 종속기업(B)가 소유하고 있는 지분을 단순 합산할 경우 20% 이상 소유하고 있으므로 관계기업이다.

사례 2 : 기업 B는 종속기업이고 기업 C는 관계기업이다. 그리고 기업 D는 종속기업(B)가 소유하고 있는 지분이 20% 미만이므로 관계기업이 아니다. 이때 관계기업인 기업 C가 보유하고 있는 지분은 고려하지 아니한다. 즉, 연결실체의 다른 관계기업이 소유하고 있는 해당 관계기업지분은 합산하지 아니함에 유의해야 한다.

실질기준

투자자가 다음 중 하나 이상에 해당하는 경우에는 일반적으로 유의적인 영향력이 있다는 것이 입증된다.

① 피투자자의 이사회나 이에 준하는 의사결정기구에 참여
② 배당이나 다른 분배에 관한 의사결정에 참여하는 것을 포함하여 정책결정과정에 참여
③ 투자자와 피투자자 사이의 중요한 거래
④ 경영진의 상호 교류
⑤ 필수적 기술정보의 제공

잠재적 의결권의 고려

기업은 주식매입권, 주식콜옵션, 보통주식으로 전환할 수 있는 채무상품이나 지분상품, 또는 그 밖의 유사한 금융상품을 소유할 수 있다. 이러한 금융상품은 행사되거나 전환될 경우 해당 피투자자의 재무정책과 영업정책에 대한 기업의 의결권을 증가시키거나 다른 상대방의 의결권을 줄일 수 있는 잠재력(즉, 잠재적 의결권)을 가지고 있다.

① 기업이 해당 피투자자에 대하여 유의적인 영향력이 있는지 여부를 평가할 때에는, 다른 기업이 보유한 잠재적 의결권을 포함하여 현재 행사할 수 있거나 전환할 수 있는 잠재적 의결권의 존재와 영향을 고려해야 한다. 예를 들면, 잠재적 의결권을 미래의 특정일이 되기 전까지 또는 미래 특정 사건이 일어나기 전까지는 행사할 수 없거나 전환할 수 없는 경우라면 당해 잠재적 의결권은 현재 행사할 수 있거나 전환할 수 있는 것이 아니다.
② 잠재적 의결권이 유의적인 영향력에 영향을 미치는지 판단할 때 잠재적 의결권에 영향을 미치는 모든 사실과 상황을 검토해야 한다. 여기에는 잠재적 의결권의 행사조건과 그 밖의 계약상 합의내용을 개별적으로 또는 결합하여 검토하는 것을 포함한다. 다만, 행사나 전환에 대한 경영진의 의도와 재무능력은 고려하지 아니한다.

유의적인 영향력의 상실

기업이 피투자기업의 재무정책과 영업정책에 참여할 수 있는 능력을 상실하면 기업은 피투자자에 대한 유의적인 영향력을 상실한다. 유의적인 영향력이 상실되는 경우는 다음과 같다.

① 상대적 또는 절대적인 보유지분율의 감소
② 정부, 법원, 법정관재인, 감독기관에 의해 관계기업이 통제

③ 유의적인 영향력을 행사하지 않기로 계약상 합의

■ 다음은 관계기업의 식별과 관련된 사례이며, 각각의 사례는 상호 독립적이다.

사례 1 : A사는 B사의 지분 20%를 보유하고 있고, 5인으로 구성된 이사회의 구성원 중 한 명을 임명할 권한이 있다. 나머지 80%의 의결권과 4명의 임명 권한은 다른 두 개의 회사가 소유하고 있다. 이사회의 정족수는 4인이고, 다수결에 의해 의결된다. 다른 주주들은 짧게 공지한 후 이사회를 소집하여 A사의 대표가 없을 때 의결하는 경우가 자주 있다. 또한 A사는 B사에 재무정보를 요구하였지만 B사는 제공하지 않았다. A사의 대표가 이사회에 참석한 경우에도 의안에 포함된 제안이 무시되거나 다른 이사들에 의해서 부결되었다.

사례 2 : A사는 B사의 지분 25%를 보유하고 있다. 또한 소유지분과 동일하게 의결권을 가지고 있다. B사는 명목행사가격으로 현재 행사가능한 콜옵션을 발행하였고, 당해 콜옵션이 행사되는 경우 A사의 소유지분과 의결권은 15%로 하락할 것이다.

사례 1 : 의결권의 20%를 소유하고 있다는 사실에도 불구하고, 의결권의 상당 부분을 보유하고 있는 다른 주주가 A사가 영향력을 행사하는 것을 방해하고 있다. A사가 B사의 재무와 영업의사결정에 참여할 능력을 가진 것으로 보이지만, 다른 주주들에 의해 A사의 시도가 좌절되고 실질적으로 영향력을 행사할 수 없다. 이러한 경우 B사는 A사의 관계기업이 아니라고 볼 수 있다. 그러나 기업회계기준서(관계기업투자)에서는 "다른 투자자가 해당 피투자자의 주식을 과반수 이상 소유하고 있다고 해도 유의적인 영향력을 행사할 수 있다"고 언급하고 있으므로 여러 가지 요소에 대하여 면밀히 검토하여 유의적인 영향력이 있는지 유무를 판단할 필요가 있다.

사례 2 : 콜옵션이 현재 행사가능하고, 행사될 경우 A사의 의결권을 감소시키므로 일단 A사는 B사에 유의적인 영향력이 없는 것으로 보인다. 그러나 A사가 B사에 계속적으로 유의적인 영향력을 행사하는지 여부를 결정하기 위하여 다른 요소들을 고려할 필요가 있다. 즉, A사가 필수적인 기술정보를 제공하는 등 다른 방법으로 B사에 유의적인 영향력을 행사한다면 계속 관계기업으로 볼 수 있다.

3 관계기업투자의 회계처리

관계기업에 대한 투자지분은 개별재무제표와 별도재무제표 및 연결재무제표에 다음과 같이 회계처리한다.

(1) 개별재무제표상에서는 관계기업에 대한 투자지분을 지분법으로 회계처리한다. 예컨대, A기업이 B기업의 지분 30%를 보유하고 있는 경우에 A기업은 B기업과의 연결재무제표를 작성할 필요가 없다. 따라서 A기업은 개별재무제표상 B기업에 대한 투자지분을 지분법으로 회계처리한다. 지분법회계처리에 대한 자세한 내용은 절을 달리하여 살펴보기로 한다.

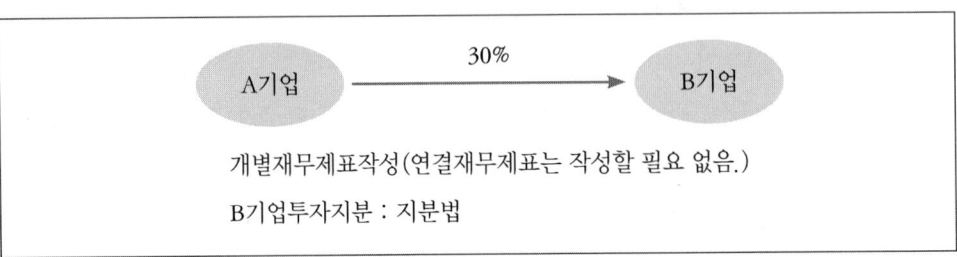

(2) 별도재무제표(separate financial statements)란 지배기업 또는 피투자자에 대하여 공동지배력이나 유의적인 영향력이 있는 투자자가 투자자산을 원가법, 기업회계기준서(금융상품 : 인식과 측정)에 따른 방법, 기업회계기준서(관계기업과 공동기업에 대한 투자)에서 규정하고 있는 지분법 중 어느 하나를 적용하여 표시한 재무제표를 말한다. 별도재무제표를 작성할 때, 종속기업, 공동기업 및 관계기업에 대한 투자자산은 다음 중 하나의 방법을 선택하여 투자자산의 각 범주별로 동일한 회계처리방법을 사용하여야 한다.

① 원가법
② 기업회계기준서(금융상품 : 인식과 측정)에 따른 방법(공정가치법)
③ 기업회계기준서(관계기업과 공동기업에 대한 투자)에서 규정하고 있는 지분법

(3) 연결재무제표상에서는 관계기업에 대한 투자지분을 지분법으로 회계처리한다.

예 A기업이 B기업의 지분 100%를 보유하고 있고 A기업과 B기업이 C기업의 지분을 각각 10%와 15% 보유하고 있는 경우 A기업과 B기업의 연결재무제표상 C기업에 대한 투자지분을 지분법으로 회계처리한다. 즉, C기업은 종속기업이 아니므로 C기업과의 연결재무제표를 작성할 필요는 없으며, A기업과 B기업의 연결재무제표상 C기업에 대한 투자지분을 지분법으로 회계처리해야 한다.

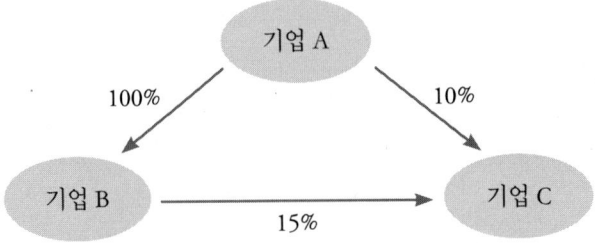

C기업투자지분의 회계처리

    A기업 별도재무제표 : 원가법 또는 공정가치법

    B기업 개별재무제표 : 공정가치법

    A기업과 B기업의 연결재무제표* : 지분법

    * C기업은 종속기업이 아니므로 C기업과의 연결재무제표를 작성할 필요는 없음.

(4) 벤처캐피탈 투자기구나 뮤추얼펀드, 단위신탁 및 이와 유사한 기업(투자와 연계된 보험펀드 포함)이 관계기업이나 공동기업에 대한 투자를 보유하거나 이 같은 기업을 통하여 간접적으로 보유하는 경우, 기업은 이러한 관계기업과 공동기업에 대한 투자를 기업회계기준서(금융상품 : 인식과 측정)에 따라 당기손익-공정가치측정금융자산으로 선택할 수도 있다.

(5) 관계기업투자가 다음에 해당하는 경우에는 지분법을 적용하여 회계처리하지 아니한다.

   ① 투자자산이 기업회계기준서(매각예정비유동자산과 중단영업)에 따라 매각예정으로 분류되는 경우. 이 경우 관계기업에 대한 투자지분은 순공정가치와 장부금액 중 낮은 금액으로 평가한다. 그러나 매각예정으로 분류된 관계기업투자가 더 이상 그 분류기준을 충족하지 않는다면 매각예정으로 분류된 그 시점부터 소급하여 지분법을 적용하여 회계처리하며, 매각예정으로 분류된 시점 이후 기간의 재무제표는 이에 따라 수정되어야 한다.

   ② 관계기업투자를 가지고 있는 지배기업으로써 기업회계기준서(연결재무제표)의 예외조항에 따라 연결재무제표작성이 면제되는 경우

   ③ 다음의 조건을 모두 충족하는 경우. 이 경우 관계기업에 대한 투자지분은 원가법 또는 기업회계기준서(금융상품 : 인식과 측정)에 따라 공정가치법으로 회계처리한다.

     a. 투자자가 그 자체의 지분 전부를 소유하고 있는 다른 기업의 종속기업이거나, 투자자가 그 자체의 지분 일부를 소유하고 있는 다른 기업의 종속기업이면서 그 투자자가 지분법을 적용하지 않는다는 사실을 그 투자자의 다른 소유주들(의결권이 없는 소유주 포함)에게 알리고 그 다른 소유주들이 그것을 반대하지 않는 경우

     b. 투자자의 채무상품이나 지분상품이 공개시장(국내·외 증권거래소나 장외시장, 지역시장 포함)에서 거래되지 않는 경우

     c. 투자자가 공개시장에서 증권을 발행할 목적으로 증권감독기구나 그 밖의 감독기관에 재무제표를 제출한 적이 없으며 현재 제출하는 과정에 있지도 않은 경우

     d. 투자자의 최상위지배기업이나 중간지배기업이 한국채택국제회계기준을 적용하여 공용가능한 연결재무제표를 작성하는 경우

관계기업투자

이론문제(기출지문)

01 관계기업이란 투자자가 당해 기업에 유의적인 영향력을 행사할 수 있는 기업으로써 법인격이 없는 실체도 포함한다. (O)

02 연결실체가 소유하고 있는 관계기업지분은 연결실체 내의 지배기업, 종속기업, 다른 관계기업 및 공동기업이 소유하고 있는 관계기업지분을 단순 합산한다. (×)
  ▶ 연결실체가 소유하고 있는 관계기업지분은 연결실체 내의 지배기업과 중소기업이 소유하고 있는 지분만을 합산하며, 다른 관계기업이나 공동기업이 소유하고 있는 관계기업지분은 합산하지 아니한다.

03 투자자 외의 다른 투자자가 해당 피투자자의 주식을 상당한 부분 또는 과반수 이상을 소유하고 있는 경우 투자자가 피투자자에 대하여 유의적인 영향력이 있다는 것을 배제한다. (×)
  ▶ 투자자 외의 다른 투자자가 해당 피투자자의 주식을 상당한 부분 또는 과반수 이상을 소유하고 있다고 하여도 투자자가 피투자자에 대하여 유의적인 영향력을 행사할 수 있으므로, 이러한 경우에도 유의적인 영향력이 있다는 것을 배제할 필요는 없다.

04 잠재적 의결권이 유의적인 영향력에 영향을 미치는지 판단할 때 행사나 전환에 대한 경영진의 의도와 재무능력을 고려하지 아니한다. (O)

05 관계기업에 대한 투자지분은 별도재무제표에서 지분법으로 회계처리한다. (×)
  ▶ 관계기업에 대한 투자지분은 연결재무제표에서만 지분법으로 회계처리하며, 별도재무제표에서는 원가법 또는 기업회계기준서(금융상품:인식과 측정)에 따라 공정가치법으로 회계처리한다.

06 관계기업에 대한 투자지분을 지분법으로 회계처리하는 경우 투자자의 내부거래에 따른 미실현손익은 전액 제거한다. (×)
  ▶ 관계기업에 대한 투자지분을 지분법으로 회계처리하는 경우 투자자의 내부거래에 따른 미실현손익은 투자지분율만큼만 제거한다.

07 관계기업투자는 피투자자에 유의적인 영향력을 획득한 시점부터 지분법을 적용하여 회계처리한다. (O)

02 지분법회계

1 기본적인 지분법회계처리

(1) 지분법의 정의

지분법(equity method)이란 투자자산을 최초에 원가로 인식하고, 취득시점 이후 발생한 피투자자의 순자산변동액 중 투자자의 지분해당액을 해당 투자자산에 가감하여 보고하는 회계처리방법을 말한다. 즉, 지분법이란 투자자산 취득일 이후 관계기업의 순자산변동액 중 투자자의 지분에 해당하는 금액을 관계기업의 순자산변동의 원천에 따라 다음과 같이 회계처리하는 방법을 말한다.

① **총포괄손익에 의한 순자산변동** : 관계기업의 순자산변동의 원천이 당기순손익인 경우에는 투자자는 지분법손익의 계정과목으로 당기손익에 반영하고, 관계기업의 순자산변동의 원천이 기타포괄손익인 경우에는 지분법기타포괄손익의 계정과목으로 기타포괄손익으로 인식하여 기타포괄손익누계액에 반영한다.

② **총포괄손익 이외의 순자산변동** : 관계기업의 순자산변동의 원천이 총포괄손익을 제외한 자본항목의 변동인 경우에는 투자자는 지분법자본변동의 계정과목으로 자본항목에 직접 반영한다.

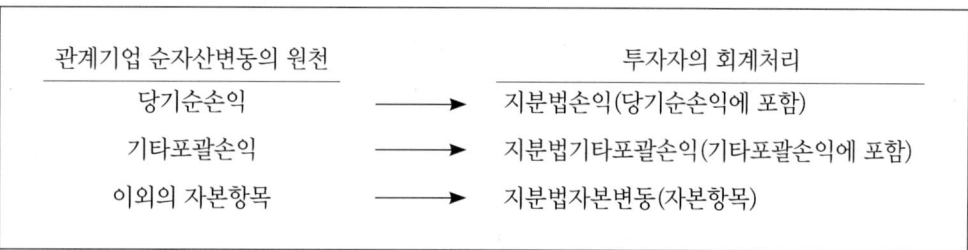

(2) 지분법의 적용

기업회계기준서(관계기업과 공동기업에 대한 투자)에 따른 지분법의 구체적인 회계처리에 대해서 살펴보면 다음과 같다.

취 득 시

취득시점에서는 원가법과 마찬가지로 취득원가를 관계기업투자계정에 기록한다.

(차) 관계기업투자 ××× (대) 현 금 ×××

총포괄이익 보고시

피투자자가 당기순이익이나 기타포괄이익을 보고할 경우 그 금액만큼 피투자자의 순자산이 증가한 것이므로 피투자자의 당기순이익이나 기타포괄이익 중 투자지분율만큼 관계기업투자의 장부금액을 증가시키고 동액만큼 지분법이익(당기이익)이나 지분법기타포괄이익(기타포괄이익)으로 인식한다.

당기순이익 보고시 : (차) 관계기업투자 ××× (대) 지분법이익 ×××
  *피투자자의 독립영업이익(공정가치)×투자지분율

기타포괄이익 보고시 : (차) 관계기업투자 ××× (대) 지분법기타포괄이익 ×××
  *피투자자의 기타포괄이익×투자지분율

반면에, 피투자자가 당기순손실이나 기타포괄손실을 보고하였다면 그 금액만큼 피투자자의 순자산이 감소한 것이므로 피투자자의 당기순손실이나 기타포괄손실 중 투자지분율만큼 관계기업투자의 장부금액을 감소시키고 동액만큼 지분법손실(당기손실)이나 지분법기타포괄손실(기타포괄손실)로 인식한다.

당기순손실 보고시 : (차) 관계기업투자 ××× (대) 지분법이익 ×××
  *피투자자의 독립영업손실(공정가치)×투자지분율

기타포괄손실 보고시 : (차) 지분법기타포괄손실 ××× (대) 관계기업투자 ×××
  *피투자자의 기타포괄손실×투자지분율

이때 유의할 점은 피투자자의 장부상 당기순손익이 아닌 공정가치에 의한 독립영업손익{장부상 당기순손익에 투자제거차액의 상각 및 피투자자의 내부거래(상향거래)로 인한 실현·미실현손익을 가감한 금액}을 기준으로 지분법손익을 인식해야 한다는 것이다.

```
    피투자자의 독립영업손익(공정가치)
      당기순이익(장부금액)              ×××
      투자제거차액의 상각               (×××)
      피투자자 내부거래제거(상향거래)    (×××)    ×××
    투자지분율                                   × %
    지분법손익                                   ×××
```

배당금수취시

피투자자가 배당금지급을 결의한 시점에서 지급받을 배당금만큼 피투자자의 순자산이 감소한 것이므로 관계기업투자계정의 장부금액을 감소시킨다.

| 배당금지급결의시 : | (차) | 미수배당금 | ××× | (대) | 관계기업투자 | ××× |
| 배당금수취시 : | (차) | 현　　금 | ××× | (대) | 미수배당금 | ××× |

그러나 실무상 피투자자의 배당금지급결의시점과 배당금지급시점이 별 차이가 없다면 배당금수취시에 관계기업투자계정의 장부금액을 감소시킨다.

투자자의 내부거래제거

투자자가 피투자자와 내부거래(하향거래)를 통해서 투자자의 당기순이익을 조작한 경우에는 조작된 이익에 투자지분율을 곱한 금액만큼 관계기업투자와 지분법손익으로 조정해야 한다.

(차) 지분법이익 ××× (대) 관계기업투자 ×××
　　　또는 지분법손실
　　*투자자의 내부거래에 따른 미실현이익×투자지분율

(차) 관계기업투자 ××× (대) 지분법이익 ×××
　　　　　　　　　　　　　　　또는 지분법손실
　　*투자자의 내부거래에 따른 실현이익×투자지분율

이와 같이 회계처리하는 이유는, 내부거래의 결과 당해 자산을 피투자자가 계속 보유하고 있다면 투자자는 자신의 보유지분을 통해 그 자산의 위험과 효익을 계속 보유하고 있는 것과 동일한 실질을 가지므로 투자자의 지분율에 해당하는 금액은 실현되지 않은 것으로 보기 때문이다. 이때 유의할 점은 연결회계의 경우에는 내부거래에 따른 미실현손익을 전액 제거하지만, 지분법회계의 경우에는 투자지분율만큼만 제거한다는 것이다.

피투자자의 순자산변동

피투자자의 순자산이 변동된 경우(총포괄손익과 배당금지급은 제외)에는 그 금액만큼 피투자자의 순자산이 변동한 것이므로 변동된 금액 중 투자지분율만큼 관계기업투자계정의 장부금액을 조정하고, 동액만큼 지분법자본변동(자본항목)으로 인식한다.

(차) 관계기업투자 ××× (대) 지분법자본변동 ×××
　　*피투자자의 순자산증가분×투자지분율

(차) 지분법자본변동 ××× (대) 관계기업투자 ×××
　　*피투자자의 순자산감소분×투자지분율

▶ 지분법회계처리 요약

구 분	회계처리					
취득시	(차)	관계기업투자	×××	(대)	현금	×××
당기순이익보고시	(차)	관계기업투자	×××	(대)	지분법이익	×××
	*피투자자의 독립영업이익(공정가치)×투자지분율					
기타포괄이익보고시	(차)	관계기업투자	×××	(대)	지분법기타포괄이익	×××
	*피투자자의 기타포괄이익×투자지분율					
배당금수취시	(차)	현금	×××	(대)	관계기업투자	×××
투자자의 내부거래제거	(차)	지분법이익	×××	(대)	관계기업투자	×××
	*미실현이익×투자지분율					
	(차)	관계기업투자	×××	(대)	지분법이익	×××
	*실현이익×투자지분율					
피투자자의 순자산변동	(차)	관계기업투자	×××	(대)	지분법자본변동	×××
	*피투자자의 순자산증가분×투자지분율					

예 A회사는 20×1년초에 B회사보통주식 5,000주를 주당 ₩280으로 취득하여 유의적인 영향력을 획득하였다. 관련자료는 다음과 같다.

(1) A회사가 취득한 B회사의 주식은 B회사 총발행주식의 25%이었고, 취득시점에서 B회사의 순자산장부금액은 ₩5,000,000이었으며, B회사의 자산·부채 장부금액과 공정가치는 일치하였다.

(2) 20×1년에 B회사는 ₩600,000의 당기순이익(내부거래를 제외한 금액임.)과 ₩200,000의 기타포괄이익을 보고하였으며, A회사가 B회사와의 내부거래를 통하여 이익을 증가시킨 금액은 ₩20,000이다.

(3) 20×2년에 B회사는 보통주식에 대하여 주당 ₩15의 현금배당을 실시하였으며, ₩700,000의 당기순이익(내부거래를 제외한 금액임.)과 ₩300,000의 기타포괄이익을 보고하였다. 그리고 20×2년에 B회사는 종업원에게 주식선택권을 교부하였는데, 이로 인하여 ₩500,000의 주식선택권(자본조정)이 발생하였다.

1. 지분법회계처리

일자	20×1년	20×2년
주식취득시	관계기업투자 1,400,000 　　현금　　1,400,000 *₩280×5,000주 = ₩1,400,000	

당기순이익보고시	관계기업투자	150,000		관계기업투자	175,000	
		지분법이익	150,000		지분법이익	175,000
	*₩600,000×25% = ₩150,000			*₩700,000×25% = ₩175,000		
기타포괄이익보고시	관계기업투자	50,000		관계기업투자	75,000	
		지분법기타포괄이익	50,000		지분법기타포괄이익	75,000
	*₩200,000×25% = ₩50,000			*₩300,000×25% = ₩75,000		
배당금수취시				현　　금	75,000	
					관계기업투자	75,000
				*₩15×5,000주 = ₩75,000		
투자자의 내부거래제거	지분법이익	5,000				
		관계기업투자	5,000			
	*₩20,000×25% = ₩5,000					
피투자자의 순자산변동				관계기업투자	125,000	
					지분법자본변동	125,000
				*₩500,000×25% = ₩125,000		

2. 관계기업투자의 장부금액

	20×1년	20×2년
관계기업투자	₩1,595,000	₩1,895,000
지분법이익	145,000	175,000
지분법기타포괄이익	50,000	75,000
지분법자본변동	–	125,000

(3) 지분법회계의 필요성

　지금까지 기본적인 지분법회계처리에 대해서 살펴보았는데, 관계기업에 대한 투자지분을 이러한 지분법으로 회계처리하는 이유는, 투자자가 관계기업에 유의적인 영향력을 행사할 수 있어 관계기업의 순자산 및 성과에 대한 권리를 보유하고 있으므로 관계기업의 순자산 및 성과에 대한 투자지분율만큼을 투자자의 순자산 및 성과에 포함시키는 것이 보다 목적적합한 정보가 되기 때문이다.

2 투자제거차액

(1) 투자제거차액의 성격

투자자산의 취득시점에서는 피투자자의 순자산장부금액에 대한 투자자의 지분과 투자자산의 취득원가가 일치하지 않는 경우가 대부분이다. 이러한 투자제거차액은 우선 피투자자의 자산·부채 장부금액과 공정가치의 차이로 설명할 수 있으며, 피투자자의 장부금액과 공정가치의 차이로도 설명되지 않는 부분은 영업권이나 염가매수차익이다.

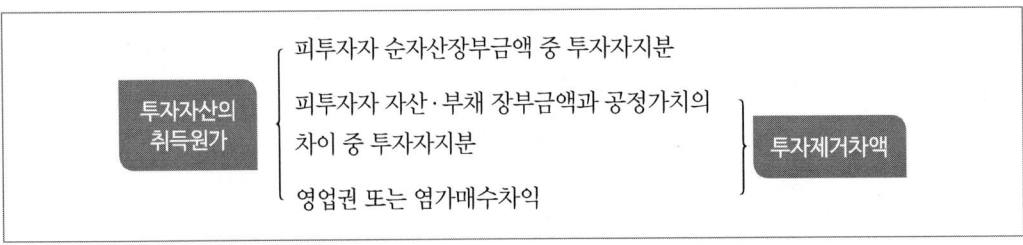

투자제거차액 = 투자자산의 취득원가 − 피투자자 순자산장부금액 × 투자지분율
영 업 권 = 투자자산의 취득원가 − 피투자자 순자산공정가치 × 투자지분율
(염가매수차익 = 피투자자 순자산공정가치 × 투자지분율 − 투자자산의 취득원가)

> **예** A회사가 20×1년초에 B회사의 주식 60%를 취득하였는데, 동일 B회사의 순자산장부금액이 ₩500이고 순자산공정가치가 ₩600(토지 및 건물이 ₩100만큼 과소평가 되었음.)인 경우 B회사주식의 취득원가가 각각 ₩390과 ₩330이라면 B회사주식의 취득원가는 다음과 같이 설명될 수 있다.

[B회사주식의 취득원가가 ₩390인 경우]

B회사 순자산장부금액에 대한 투자자지분 ₩500×60% =	₩300	
B회사 자산·부채 장부금액과		
공정가치의 차이 중 투자자지분 ₩100×60% =	60	} 투자제거차액
영 업 권 ₩390 − ₩600×60% =	30	
계	₩390	

[B회사주식의 취득원가가 ₩330인 경우]

B회사 순자산장부금액에 대한 투자자지분 ₩500×60% =	₩300	
B회사 자산·부채 장부금액과		
공정가치의 차이 중 투자자지분 ₩100×60% =	60	} 투자제거차액
염가매수차익 ₩600×60% − ₩330 =	(30)	
계	₩330	

(2) 투자제거차액의 배분

투자제거차액의 원인을 분석한 후에는 다음의 절차에 따라 이를 지분법회계처리에 반영해야 한다.

① 피투자자의 자산·부채가 과대 또는 과소평가되어 피투자자가 보고한 당기순이익이 과대 또는 과소 계상된 경우에는 관계기업투자계정과 지분법손익을 수정해야 한다.

② 영업권과 염가매수차익이 발생한 경우에는 기업회계기준서(사업결합)에서 규정하고 있는 내용을 준용하여 다음과 같이 처리한다.

    a. 영업권 : 사업결합으로 취득한 영업권은 상각하지 않는다. 그 대신 매 보고기간마다 손상검사를 해야 하며, 손상을 시사하는 징후가 있을 경우에는 영업권에 대하여 손상검사를 추가로 실시해야 한다. 그리고 영업권에 대해 인식한 손상차손은 후속기간에 환입할 수 없다.

    b. 염가매수차익 : 종속기업 자산·부채의 공정가치와 이전대가의 측정을 재검토하고 재검토 이후에도 계속해서 남는 초과분은 즉시 당기손익에 반영한다.

예 A회사는 20×1년초에 B회사보통주식 30%를 취득하여 유의적인 영향력을 획득하였다. 관련자료는 다음과 같다.

(1) 20×1년 B회사의 순자산장부금액은 ₩3,000,000이었으며, 장부금액과 공정가치가 다른 자산은 다음과 같다.

	장부금액	공정가치
재고자산	₩500,000	₩600,000
토　지	1,600,000	2,000,000
건　물	2,000,000	2,500,000

(2) 주식취득일 현재 B회사의 장부금액과 공정가치가 다른 자산 중 재고자산은 20×1년에 전액 매출되었고, 건물은 20×1년초부터 5년의 내용연수를 가지며, 잔존가치는 없고 정액법으로 상각한다.

(3) B회사의 20×1년과 20×2년의 당기순이익과 기타포괄이익 및 배당금지급액은 다음과 같다. 그리고 B회사는 20×2년에 종업원에게 주식선택권을 교부하였는데, 이로 인해 ₩100,000의 주식선택권(자본조정)이 증가하였다.

	당기순이익	기타포괄이익	배당금지급액
20×1년	₩500,000	₩100,000	—
20×2년	600,000	200,000	₩100,000

(4) 20×1년과 20×2년의 재고자산의 내부거래내역은 다음과 같다. 양 회사의 매출총이익률은 20%이다.

판매회사	내부거래		기말재고분	
	20×1년	20×2년	20×1년	20×2년
A회사	₩400,000	₩350,000	₩30,000	₩20,000
B회사	200,000	150,000	50,000	40,000

1. B회사보통주식의 30%를 ₩1,300,000에 취득한 경우

   (1) 투자제거차액의 분석

   B회사주식의 취득원가 ₩1,300,000과 B회사 순자산장부금액에 대한 A회사지분 ₩900,000 (₩3,000,000×30%)과의 차액 ₩400,000은 다음과 같이 배분된다.

   장부금액과 공정가치의 차이

재고자산 : (₩600,000 − ₩500,000)×30% =	₩30,000
토 지 : (₩2,000,000 − ₩1,600,000)×30% =	120,000
건 물 : (₩2,500,000 − ₩2,000,000)×30% =	150,000
영 업 권 : ₩1,300,000 − ₩4,000,000*×30% =	100,000
계	₩400,000

   *B회사 순자산공정가치 : ₩3,000,000 + ₩100,000 + ₩400,000 + ₩500,000 = ₩4,000,000

   (2) 20×1년 지분법회계처리

구 분	회 계 처 리
취 득 시	(차) 관계기업투자 1,300,000 (대) 현 금 1,300,000
당기순이익보고시	(차) 관계기업투자 87,000 (대) 지분법이익 87,000

*B회사 당기순이익(장부금액)	₩500,000
투자제거차액의 상각	
재고자산	(100,000)
건 물 : ₩500,000÷5년 =	(100,000)
내부거래제거	
미실현이익 : ₩50,000×20% =	(10,000)
B회사 독립영업이익	₩290,000
투자지분율	×30%
지분법이익	₩87,000

기타포괄이익보고시	(차) 관계기업투자 30,000 (대) 지분법기타포괄이익 30,000

   *₩100,000×30% = ₩30,000

| 투자자의
내부거래제거 | (차) | 지분법이익 | 1,800 | (대) | 관계기업투자 | 1,800 |

*₩30,000×20%×30% = ₩1,800

∴
- 20×1년말 관계기업투자   ₩1,415,200
- 20×1년의 지분법이익   85,200
- 20×1년의 지분법기타포괄이익   30,000

(3) 20×2년 지분법회계처리

구 분		회 계 처 리				
당기순이익보고시	(차)	관계기업투자	1,300,000	(대)	지분법이익	150,600

*B회사 당기순이익(장부금액)   ₩600,000
투자제거차액의 상각
    건   물 : ₩500,000÷5년 =   (100,000)
내부거래제거   (100,000)
    실현이익 : ₩50,000×20% =   10,000
    미실현이익 : ₩40,000×20% =   (8,000)
B회사 독립영업이익(공정가치)   ₩502,000
투자지분율   ×30%
지분법이익   ₩150,600

| 기타포괄이익보고시 | (차) | 관계기업투자 | 60,000 | (대) | 지분법기타포괄이익 | 60,000 |

*₩200,000×30% = ₩60,000

| 배당금수취시 | (차) | 현 금 | 30,000 | (대) | 관계기업투자 | 30,000 |

투자자의
내부거래제거

| 실현이익 | (차) | 관계기업투자 | 1,800 | (대) | 지분법이익 | 1,800 |

*₩30,000×20%×30% = ₩1,800

| 미실현이익 | (차) | 지분법이익 | 1,200 | (대) | 관계기업투자 | 1,200 |

*₩20,000×20%×30% = ₩1,200

| 피투자자의
순자산변동 | (차) | 관계기업투자 | 30,000 | (대) | 지분법자본변동 | 30,000 |

*₩100,000×30% = ₩30,000

$$\therefore \begin{cases} 20\times2년말\ 관계기업투자 & ₩1,626,400 \\ 20\times2년의\ 지분법이익 & 151,200 \\ 20\times2년의\ 지분법기타포괄이익 & 60,000 \\ 20\times2년말\ 지분법자본변동 & 30,000 \end{cases}$$

2. B회사보통주식의 30%를 ₩1,100,000에 취득한 경우

  (1) 투자제거차액의 분석

  B회사주식의 취득원가 ₩1,100,000과 B회사 순자산장부금액에 대한 A회사지분 ₩900,000 (₩3,000,000×30%)과의 차액 ₩200,000은 다음과 같이 배분된다.

  장부금액과 공정가치의 차이

재고자산 : (₩600,000 − ₩500,000)×30% =	₩30,000
토　　지 : (₩2,000,000 − ₩1,600,000)×30% =	120,000
건　　물 : (₩2,500,000 − ₩2,000,000)×30% =	150,000
염가매수차익 : ₩1,100,000 − ₩4,000,000*×30% =	(100,000)
계	₩200,000

  *B회사 순자산공정가치 : ₩3,000,000 + ₩100,000 + ₩400,000 + ₩500,000 = ₩4,000,000

  (2) 20×1년 지분법회계처리

구　분		회　계　처　리				
취 득 시	(차)	관계기업투자	1,100,000	(대)	현　　금	1,100,000
염가매수차익환입	(차)	관계기업투자	100,000	(대)	지분법이익	100,000
당기순이익보고시	(차)	관계기업투자	87,000	(대)	지분법이익	87,000
	*₩290,000{B회사 독립영업이익(공정가치)}×30% = ₩87,000					
기타포괄이익보고시	(차)	관계기업투자	30,000	(대)	지분법기타포괄이익	30,000
	*₩100,000×30% = ₩30,000					
투자자의 내부거래제거	(차)	지분법이익	1,800	(대)	관계기업투자	1,800
	*₩30,000×20%×30% = ₩1,800					

$$\therefore \begin{cases} 20\times1년말\ 관계기업투자 & ₩1,315,200 \\ 20\times1년의\ 지분법이익 & 185,200 \\ 20\times1년의\ 지분법기타포괄이익 & 30,000 \end{cases}$$

(3) 20×2년 지분법회계처리

구 분		회 계 처 리				
당기순이익보고시	(차)	관계기업투자	150,600	(대)	지분법이익	150,600
		*₩502,000{B회사 독립영업이익(공정가치)}×30% = ₩150,600				
기타포괄이익보고시	(차)	관계기업투자	60,000	(대)	지분법기타포괄이익	60,000
		*₩200,000×30% = ₩60,000				
배당금수취시	(차)	현 금	30,000	(대)	관계기업투자	30,000
투자자의 내부거래제거						
실현이익	(차)	관계기업투자	1,800	(대)	지분법이익	1,800
		*₩30,000×20%×30% = ₩1,800				
미실현이익	(차)	지분법이익	1,200	(대)	관계기업투자	1,200
		*₩20,000×20%×30% = ₩1,200				
피투자자의 순자산변동	(차)	관계기업투자	30,000	(대)	지분법자본변동	30,000
		*₩100,000×30% = ₩30,000				

∴
- 20×2년말 관계기업투자 ₩1,526,400
- 20×2년의 지분법이익 151,200
- 20×2년의 지분법기타포괄이익 60,000
- 20×2년말 지분법자본변동 30,000

3 관계기업투자와 지분법이익의 검증

지분법을 적용할 경우 관계기업투자의 장부금액과 지분법손익은 다음과 같은 방법으로 검증할 수 있다.

(1) 관계기업투자

관계기업투자는 ① 피투자자의 순자산공정가치(투자제거차액과 상향거래로 인한 미실현손익을 가감한 후의 금액)에 투자지분율을 곱한 금액에 ② 영업권을 가산하고 ③ 하향거래로 인한 투자자의 미실현손익에 투자지분율을 곱한 금액을 가감한 금액이다. 상기 예의 경우(B회사보통주식의 30%를 ₩1,300,000에 취득한 경우) 관계기업투자의 장부금액을 검증하면 다음과 같다.

피투자자 순자산공정가치		
순자산장부금액	×××	
투자제거차액	×××	
내부거래제거	(×××)	×××
투자지분율		×%
피투자자 순자산공정가치에 대한 지분		×××
영 업 권		×××
투자자 내부거래제거		(×××)
관계기업투자		×××

[20×1년]

20×1년말 B회사 순자산공정가치
  20×1년말 B회사 순자산장부금액   ₩3,600,000*
  20×1년말 투자제거차액
    토 지   400,000
    건 물 : ₩500,000×4년/5년 =   400,000
  20×1년말 내부거래제거
    재고자산 : ₩50,000×20% =   (10,000)   ₩4,390,000
투자지분율   ×30%
계   ₩1,317,000
영 업 권   100,000
20×1년말 A회사 미실현이익 : ₩30,000×20%×30% =   (1,800)
20×1년말 관계기업투자   ₩1,415,200

  *20×1년초 B회사 순자산장부금액   ₩3,000,000
   20×1년 B회사 당기순이익   500,000
   20×1년 B회사 기타포괄이익   100,000
   20×1년말 B회사 순자산장부금액   ₩3,600,000

[20×2년]

20×2년말 B회사 순자산공정가치
  20×2년말 B회사 순자산장부금액   ₩4,400,000*
  20×2년말 투자제거차액
    토 지   400,000

건　　물 : ₩500,000×3년/5년 =	300,000	
20×2년말 내부거래제거		
재고자산 : ₩40,000×20% =	(8,000)	₩5,092,000
투자지분율		×30%
계		₩1,527,600
영　업　권		100,000
20×2년말 A회사 미실현이익 : ₩20,000×20%×30% =		(1,200)
20×2년말 관계기업투자		₩1,626,400
*20×1년말 B회사 순자산장부금액	₩3,600,000	
20×2년 B회사 배당금지급액	(100,000)	
20×2년 B회사 당기순이익	600,000	
20×2년 B회사 기타포괄이익	200,000	
20×2년 B회사 자본조정 증가분	100,000	
20×2년말 B회사 순자산장부금액	₩4,400,000	

(2) 지분법이익

지분법이익은 ① 피투자자의 공정가치기준 독립영업이익(투자제거차액의 상각 및 상향거래로 인한 미실현·실현손익을 가감한 후의 금액)에 투자지분율을 곱한 금액에 ② 투자자의 미실현·실현손익을 가감한 금액이다. 예의 경우 지분법이익을 검증하면 다음과 같다.

피투자자의 독립영업이익(공정가치)		
당기순이익(장부금액)	×××	
투자제거차액의 상각	(×××)	
피투자자 내부거래제거(상향거래)	(×××)	×××
투자지분율		×%
피투자자의 독립영업이익(공정가치)에 대한 지분		×××
투자자 내부거래제거(하향거래)		(×××)
지분법이익		×××

[20×1년]

20×1년 B회사 독립영업이익(공정가치)
　20×1년 B회사 당기순이익(장부금액)　　　　　　　₩500,000

투자제거차액의 상각
  재고자산 (100,000)
  건물감가상각 : ₩500,000÷5년 = (100,000)
 피투자자 내부거래제거
  재고자산 : ₩50,000×20% = (10,000) ₩290,000
투자지분율 ×30%
계 ₩87,000
20×1년 A회사 미실현이익 : ₩30,000×20%×30% = (1,800)
20×1년 지분법이익 ₩85,200

[20×2년]

20×2년 B회사 독립영업이익(공정가치)
 20×2년 B회사 당기순이익(장부금액) ₩600,000
 투자제거차액의 상각
  건물감가상각 : ₩500,000÷5년 = (100,000)
 내부거래제거
  실현이익 : ₩50,000×20% = 10,000
  미실현이익 : ₩40,000×20% = (8,000) ₩502,000
투자지분율 ×30%
계 ₩150,600
20×2년 A회사 내부거래제거
 실현이익 : ₩30,000×20%×30% = 1,800
 미실현이익 : ₩20,000×20%×30% = (1,200)
20×2년 지분법이익 ₩151,200

4 지분법회계처리의 세부적 고찰

(1) 단계적 취득

투자자가 피투자자의 주식을 단계적으로 취득하여 유의적인 영향력을 행사하게 된 경우에는 다음과 같이 회계처리한다.

① 관계기업투자는 유의적인 영향력을 획득하여 관계기업이 되는 시점부터 지분법을 적용하여 회계처리한다. 이때 영업권은 일괄법을 적용하여 측정한다. 즉, 투자자가 피투자자의 유의적인 영향력을 획득

한 시점에서 피투자자의 주식을 일시에 취득한 것으로 가정하고 유의적인 영향력을 획득한 시점의 피투자자의 순자산공정가치와 투자주식의 공정가치를 비교하여 영업권을 측정한다.

> 영 업 권 = (기존 취득주식의 공정가치 + 추가 취득주식의 취득원가)
> − 관계기업 순자산공정가치×투자지분율

② 투자자는 이전에 보유하고 있던 관계기업주식을 유의적인 영향력을 획득한 시점의 공정가치로 재측정하고 그 결과 차손익이 있다면 당기손익(관계기업주식을 당기손익−공정가치측정금융자산으로 분류한 경우)으로 인식하거나, 기타포괄손익(관계기업주식을 기타포괄손익−공정가치측정금융자산으로 분류한 경우)으로 인식한다. 이 경우 기타포괄손익누계액을 반영된 평가손익은 당기손익으로 재분류되지 않는다.

③ 투자자가 관계기업에 대하여 유의적인 영향력을 획득한 이후에 추가로 주식을 취득한 경우에는 추가 취득으로 발생하는 투자제거차액은 영업권에 반영한다.

④ 투자자가 관계기업에 대하여 유의적인 영향력을 획득한 이후에 추가로 주식을 취득하여 관계기업이 종속기업이 된 경우에는 연결재무제표를 작성해야 하며, 공동기업이 된 경우에는 계속하여 지분법을 적용한다.

예 A회사는 20×1년초에 B회사지분의 10%(100주)를 ₩5,000,000에 취득하여 기타포괄손익−공정가치측정금융자산으로 분류하였다. A회사와 B회사의 보고기간종료일은 매년 12월 31일이며, 관련자료는 다음과 같다.

(1) 20×1년초 B회사의 순자산장부금액은 ₩45,000,000이었으며, 순자산장부금액과 공정가치는 일치하였다. 20×1년말 B회사주식의 1주당 공정가치는 ₩60,000이었다.

(2) 20×2년초에 A회사는 추가적으로 B회사주식의 20%(200주)를 주당 ₩60,000에 현금매입하였는데, 당시 B회사의 순자산장부금액은 ₩50,000,000이며, 순자산장부금액과 공정가치는 일치하였다. B회사는 20×2년에 ₩5,000,000의 당기순이익과 ₩1,000,000의 기타포괄이익을 보고하였다.

(3) 20×3년초에 A회사는 추가적으로 B회사주식의 10%(100주)를 주당 ₩70,000에 현금매입하였는데, 당시 B회사의 순자산장부금액은 ₩56,000,000이며, 순자산장부금액과 공정가치는 일치하였다. B회사는 20×3년에 ₩4,000,000의 당기순이익을 보고하였으며, 20×2년과 20×3년에 내부거래 및 이익처분은 없었다.

1. 영업권의 측정

   (1) 20×2년초 취득시

투자자산의 취득원가 : 300주×₩60,000 =	₩18,000,000
관계기업의 순자산공정가치 : ₩50,000,000×30% =	(15,000,000)
영 업 권	₩3,000,000

   (2) 20×3년초 취득시

투자자산의 취득원가 : 100주×₩70,000 =	₩7,000,000
관계기업의 순자산공정가치 : ₩56,000,000×10% =	(5,600,000)
영 업 권	₩1,400,000

2. 회계처리

일 자		회 계 처 리			
20×1년초	(차)	기타공정금융자산 5,000,000	(대)	현 금	5,000,000
20×1년말	(차)	기타공정금융자산 1,000,000	(대)	기타공정금융자산평가이익	1,000,000
		*100주×₩60,000 − ₩5,000,000 = ₩1,000,000			
20×2년초	(차)	기타공정금융자산 12,000,000	(대)	현 금	12,000,000
	(차)	관계기업투자 18,000,000	(대)	기타공정금융자산	18,000,000
		*300주×₩60,000 = ₩18,000,000			
20×2년말	(차)	관계기업투자 1,800,000	(대)	지분법이익	1,500,000*1
				지분법기타포괄이익	300,000*2
		*1. ₩5,000,000(당기순이익)×30% = ₩1,500,000			
		2. ₩1,000,000(기타포괄이익)×30% = ₩300,000			
20×3년초	(차)	관계기업투자 7,000,000	(대)	현 금	7,000,000
		*100주×₩70,000=₩7,000,000			
20×3년말	(차)	관계기업투자 1,600,000	(대)	지분법이익	1,600,000
		*₩4,000,000×40%(당기순이익에 대한 지분) = ₩1,600,000			

(2) 피투자자의 유상증자시 투자제거차액

투자자가 피투자자의 유의적인 영향력을 획득한 이후에 피투자자가 자금조달의 일환으로 유상증자를 실시할 수가 있는데, 이와 관련하여 유의할 사항은 다음과 같다.

① 피투자자의 유상증자시 투자자가 기존의 투자비율만큼 추가취득하면 별 문제가 없으나 기존의 투자비율보다 적게 또는 많이 취득하게 되면 투자지분율이 변동하게 된다. 이와 같이 피투자자의 유상증자에 따른 지분율변동시 투자제거차액은 다음과 같이 계산한다.

관계기업투자의 취득원가		×××
피투자자의 순자산가액		
유상증자 후 투자자지분	×××	
유상증자 전 투자자지분	(×××)	(×××)
투자제거차액		×××

② 이 경우의 투자제거차액은 다음과 같이 처리하는데, 이러한 논리는 피투자자의 유상감자, 무상증자, 무상감자 등으로 인해 투자자의 지분율이 증감하는 경우에도 동일하게 적용된다.
  a. 투자지분율이 증가한 경우 : 피투자자의 주식을 추가취득한 것이므로 투자제거차액을 영업권 또는 염가매수차익으로 조정한다.
  b. 투자지분율이 감소한 경우 : 다른 주주에게 지분을 매각한 것과 동일하므로 투자제거차액을 금융자산처분손익(당기손익)으로 인식한다.

예 A회사는 20×1년초에 B회사보통주식 30%(60주)를 ₩550,000에 취득하였다. 관련자료는 다음과 같다.
(1) 20×1년초 B회사의 순자산장부금액은 ₩1,500,000이며, 자산·부채의 장부금액과 공정가치는 일치하였다.
(2) B회사는 20×1년 중 ₩300,000의 순이익을 보고하였다. 20×2년초에 B회사는 100주를 주당 ₩10,000으로 추가발행하였다. B회사는 20×2년 중 ₩200,000의 순이익을 보고하였으며, 20×1년과 20×2년의 이익처분은 없었다.

1. 30주를 매입한 경우(지분율 30%)
  (1) 투자제거차액의 계산
    20×1년 발생분 : 영업권 ₩550,000 − ₩1,500,000×30% =   ₩100,000
    20×2년 발생분
      관계기업투자의 취득원가 : 30주×₩10,000 =   ₩300,000
      B회사의 순자산공정가치
        유상증자 후 투자자지분
          (₩1,500,000 + ₩300,000 + 100주×₩10,000)×30%* =   ₩840,000

유상증자 전 투자자지분

(₩1,500,000 + ₩300,000)×30% =   (540,000)   300,000

계   ₩0

*유상증자 후 지분율 : (60주 + 30주)÷(200주 + 100주) = 30%

(2) 지분법회계처리

적 요	20×1년		20×2년	
취 득 시	관계기업투자 550,000		관계기업투자 300,000	
	현 금	550,000	현 금	300,000
당기순이익보고시	관계기업투자 90,000		관계기업투자 60,000	
	지분법이익	90,000	지분법이익	60,000
	*₩300,000×30% = ₩90,000		*₩200,000×30% = ₩60,000	
	[20×1년말]		[20×2년말]	
	관계기업투자	₩640,000	관계기업투자	₩1,000,000
	지분법이익	90,000	지분법이익	60,000

2. 45주를 매입한 경우(지분율 35%)

(1) 투자제거차액의 계산

20×1년 발생분 : 영업권 ₩550,000 − ₩1,500,000×30% =   ₩100,000

20×2년 발생분

관계기업투자의 취득원가 : 45주×₩10,000 =   ₩450,000

B회사의 순자산공정가치

유상증자 후 투자자지분

(₩1,500,000 + ₩300,000 + 100주×₩10,000)×35%* =   ₩980,000

유상증자 전 투자자지분

(₩1,500,000 + ₩300,000)×30% =   (540,000)   (440,000)

영 업 권   ₩10,000

*유상증자 후 지분율 : (60주 + 45주)÷(200주 + 100주) = 35%

(2) 지분법회계처리

적 요	20×1년		20×2년	
취 득 시	관계기업투자 550,000		관계기업투자 450,000	
	현 금	550,000	현 금	450,000

당기순이익보고시	관계기업투자	90,000		관계기업투자	70,000
	지분법이익	90,000		지분법이익	70,000
	*₩300,000×30% = ₩90,000			*₩200,000×35% = ₩70,000	
	[20×1년말]			[20×2년말]	
	관계기업투자	₩640,000		관계기업투자	₩1,160,000
	지분법이익	90,000		지분법이익	70,000

3. 15주를 매입한 경우(지분율 25%)

 (1) 투자제거차액의 계산

  20×1년 발생분 : 영업권 ₩550,000 − ₩1,500,000×30% =   ₩100,000

  20×2년 발생분

   관계기업투자의 취득원가 : 15주×₩10,000 =   ₩150,000

   B회사의 순자산공정가치

    유상증자 후 투자자지분

     (₩1,500,000 + ₩300,000 + 100주×₩10,000)×25%* =   ₩700,000

    유상증자 전 투자자지분

     (₩1,500,000 + ₩300,000)×30% =   (540,000) (160,000)

   금융자산처분이익   ₩(10,000)

    *유상증자 후 지분율 : (60주 + 15주)÷(200주 + 100주) = 25%

 (2) 지분법회계처리

적 요	20×1년		20×2년	
취 득 시	관계기업투자	550,000	관계기업투자	160,000
	현 금	550,000	현 금	150,000
			금융자산처분이익	10,000
당기순이익보고시	관계기업투자	90,000	관계기업투자	50,000
	지분법이익	90,000	지분법이익	50,000
	*₩300,000×30% = ₩90,000		*₩200,000×25% = ₩50,000	
	[20×1년말]		[20×2년말]	
	관계기업투자	₩640,000	관계기업투자	₩850,000
	지분법이익	90,000	지분법이익	50,000
			금융자산처분이익	10,000

(3) 관계기업 투자금액이 영(0) 이하가 될 경우

지분법적용시 관계기업의 손실이 누적되어 관계기업의 투자지분이 영(0) 이하가 될 수도 있는데, 이와 관련하여 유의할 사항은 다음과 같다.

① 관계기업의 손실 중 투자자의 지분이 관계기업 투자지분과 같거나 초과하는 경우, 즉 관계기업 투자지분이 영(0) 이하가 되는 경우 투자자는 관계기업 투자지분 이상의 손실에 대하여 인식을 중지한다.

② ①에서 관계기업 투자지분은 지분법이 적용되는 투자자산(보통주)의 장부금액과 실질적으로 투자자의 순투자 일부를 구성하는 장기투자지분(우선주, 장기수취채권 및 장기대여금 등을 의미하며, 매출채권, 매입채무 또는 담보부대여금과 같이 적절한 담보가 있는 장기수취채권은 제외함.) 항목을 합한 금액이다. 이와 같이 관계기업 투자지분에 우선주, 장기수취채권 및 장기대여금 등의 장기투자지분을 포함하는 이유는 이러한 금액들은 예측가능한 미래에 상환받을 계획도 없고 상환가능성도 높지 으므로 실질적으로 관계기업투자의 연장으로 보기 때문이다.

③ 지분법적용으로 관계기업 보통주에 대한 투자금액을 초과한 손실은 관계기업 투자지분 중 보통주와 다른 구성항목이 있을 경우 관계기업이 청산된다면 상환 또는 우선순위와 반대의 순서로 적용하여 인식한다. 따라서 지분법적용으로 인한 관계기업의 손실은 다음의 순서로 인식한다.

    1순위 : 관계기업 보통주에 대한 투자금액
    2순위 : 관계기업 우선주에 대한 투자금액
    3순위 : 관계기업 장기수취채권 및 장기대여금

④ 투자자의 지분이 영(0)으로 감소된 이후 추가 손실분에 대하여 투자자는 법적의무 또는 의제의무가 있거나 관계기업을 대신하여 지불해야 하는 경우, 그 금액까지만 손실과 부채로 인식한다. 만약, 관계기업이 추후에 이익을 보고할 경우 투자자는 투자자의 지분에 해당하는 이익의 인식을 재개하되, 인식하지 못한 손실을 초과한 금액만을 이익으로 인식한다.

예 A회사는 20×1년초에 B회사의 보통주 30%를 ₩350,000에 취득하여 유의적인 영향력을 획득하였다. 관련자료는 다음과 같다.

(1) 20×1년초 B회사의 장부금액과 공정가치는 일치하였으며, 20×1년 이후 B회사의 주주지분은 다음과 같고 이익잉여금의 변동은 전액 당기순손익에 기인한다.

일 자	B회사의 순자산장부금액		
	납입자본	이익잉여금	합 계
20×1년 1월 1일	₩800,000	₩200,000	₩1,000,000
20×1년 12월 31일	800,000	(500,000)	300,000

20×2년 12월 31일	800,000	(1,500,000)	(700,000)
20×3년 12월 31일	800,000	(600,000)	200,000

(2) 20×2년초에 A회사는 B회사의 자금사정이 어려워 ₩100,000을 장기대여하였으며, 20×2년말에 B회사의 법적의무에 대하여 B회사를 대신하여 ₩30,000의 지급의무가 발생하였다.

1. 20×1년

일 자	회 계 처 리
취 득 시	(차) 관계기업투자 350,000 (대) 현 금 350,000
당기순손실보고시	(차) 지분법손실 210,000 (대) 관계기업투자 210,000
	*₩700,000×30% = ₩210,000
	∴ 20×1년말 관계기업투자 ₩140,000
	20×1년의 지분법손실 　210,000

2. 20×2년

일 자	회 계 처 리
당기순손실보고시	(차) 지분법손실 140,000 (대) 관계기업투자 140,000
	(차) 대손상각비 100,000 (대) 장기대여금(대손충당금) 100,000
	*B회사의 당기순손실 ₩1,000,000의 30%인 ₩300,000만큼 지분법손실을 계상하고 관계기업투자계정을 차감해야 하지만, 관계기업투자계정의 잔액 ₩140,000만큼만 차감하고 지분법적용을 중지함. 그리고 나머지 손실분 ₩160,000 중 ₩100,000은 B회사의 장기대여금을 감액함.
법적의무발생시	(차) 채무보증손실 30,000 (대) 채무보증충당부채 30,000
	*투자지분의 지분이 영(0)으로 감소된 이후 투자자가 관계기업을 대신하여 법적의무 또는 의제의무가 발생한 경우 그 금액까지만 손실과 부채로 인식함.
	∴ 20×2년말 관계기업투자 ₩0
	20×2년의 지분법손실 140,000

3. 20×3년

일 자	회 계 처 리
당기순손실보고시	(차) 장기대여금(대손충당금) 100,000 (대) 대손충당금환입(금융자산손상차손환입) 100,000
	(차) 관계기업투자 110,000 (대) 지분법이익 110,000

*B회사의 당기순이익 ₩900,000의 30% ₩270,000 중 전기말까지 인식하지 못한 손실 ₩60,000을 차감한 ₩210,000을 이익으로 인식하되, 장기대여금 ₩100,000을 우선 회복하고 나머지 금액을 지분법이익으로 인식함.

∴ 20×3년말 관계기업투자   ₩110,000
  20×3년의 지분법이익   110,000

(4) 관계기업투자의 처분

투자자가 관계기업투자의 일부 또는 전부를 처분하는 경우에는 관계기업투자의 장부금액과 처분금액의 차액을 당기손익(금융자산처분손익)으로 인식하는데, 이때 유의할 사항은 다음과 같다.

① 관계기업투자와 관련하여 투자자의 자본항목에 계상되어 있는 지분법기타포괄손익(또는 지분법자본변동)은 관계기업이 관련 자산이나 부채를 직접 처분한 경우의 회계처리와 동일한 기준으로 회계처리한다. 즉, 관계기업의 기타포괄손익누계액이 관련 자산이나 부채의 처분시 당기손익으로 재분류된다면, 투자자는 이와 동일하게 관련 지분법기타포괄손익을 다음과 같이 당기손익으로 재분류한다.
  a. 관계기업에 대한 유의적인 영향력을 유지하는 경우 : 지분법기타포괄손익 중 비례적 금액만을 당기손익(금융자산처분손익)으로 재분류한다.
  b. 관계기업에 대한 유의적인 영향력을 상실한 경우 : 지분법기타포괄손익 전액을 당기손익(금융자산처분손익)으로 재분류한다.

그러나 관계기업의 기타포괄손익누계액이 관련 자산이나 부채의 처분시 당기손익으로 재분류되지 않는다면, 투자자는 지분법기타포괄손익을 이익잉여금으로 대체한다.

② 관계기업투자의 처분에 의하여 관계기업에 대한 유의적인 영향력을 상실한 경우에는 당해 투자자산에 대하여 지분법적용을 중단하고 공정가치측정금융자산으로 회계처리한다.

③ 투자자는 유의적인 영향력을 상실한 시점에 다음 a와 b의 금액을 당기손익(금융자산처분손익)으로 인식한다.
  a. 보유하는 투자자산의 장부금액과 공정가치의 차액
  b. 처분된 관계기업투자의 장부금액과 처분대가의 차액

예 A회사는 20×1년초에 B회사보통주식 40%(40,000주)를 ₩5,000,000에 취득하여 유의적인 영향력을 획득하였다. 관련자료는 다음과 같다.
  (1) 20×1년 1월 1일 B회사의 순자산장부금액은 ₩12,000,000이었고, 순자산장부금액과 공정가치는 일치하였다.
  (2) B회사는 20×1년에 ₩600,000의 당기순이익을 보고하였으며, 해외사업장과 관련하여 해외사업환산

이익(기타포괄이익) ₩200,000을 인식하였다.

(3) A회사는 20×2년초에 B회사주식 중 10%(10,000주)를 ₩1,500,000에 처분하였다. B회사는 20×2년에 ₩500,000의 당기순이익을 보고하였다.

(4) A회사는 20×3년초에 B회사주식 중 15%(15,000주)를 ₩2,200,000에 처분함으로써 지분율이 15%로 하락함에 따라 피투자자에 대한 유의적인 영향력을 상실하게 되었다. A회사는 B회사주식에 대해서 20×3년부터 기타포괄손익-공정가치측정금융자산으로 분류하며, 20×3년말 B회사주식의 공정가치는 ₩1,800,000이다.

일 자	회 계 처 리
20×1년 40% 매입시	(차) 관계기업투자 5,000,000 (대) 현 금 5,000,000
20×1년말 결산시	(차) 관계기업투자 320,000 (대) ┌ 지분법이익 240,000^{*1} └ 지분법기타포괄이익 80,000^{*2} 　*1. ₩600,000×40%(당기순이익에 대한 지분) = ₩240,000 　 2. ₩200,000(해외사업환산이익)×40% = ₩80,000
20×2년 10% 매각시	(차) ┌ 현 금 1,500,000 (대) ┌ 관계기업투자 1,330,000^{*1} └ 지분법기타포괄이익 20,000^{*2} └ 금융자산처분이익 190,000 　*1. (₩5,000,000 + ₩320,000)×1/4 = ₩1,330,000 　 2. ₩80,000×1/4 = ₩20,000. 관계기업에 대한 유의적인 영향력을 유지하는 경우 이전에 기타포괄손익으로 인식한 금액 중 비례적 금액만을 당기손익으로 재분류함.
20×2년말 결산시	(차) 관계기업투자 150,000 (대) 지분법이익 150,000 　*₩500,000×30%(당기순이익에 대한 지분) = ₩150,000

20×3년초
15% 매각시
	(차) ┌ 현 금 2,200,000 (대) ┌ 관계기업투자 2,070,000
	       └ 지분법기타포괄이익 60,000 └ 금융자산처분이익 190,000
	　*관계기업에 대한 유의적인 영향력을 상실한 경우 이전에 기타포괄손익으로 인식한 금액 전액을 당기손익으로 재분류함.
	
	(차) 기타공정금융자산 2,200,000* (대) ┌ 관계기업투자 2,070,000
	                                              └ 금융자산처분이익 130,000
	　*유의적인 영향력을 상실하게 된 시점에서 관계기업에 대한 투자자산을 공정가치로 측정하며, 관계기업에 대한 투자자산의 장부금액과 공정가치의 차액을 당기손익으로 인식함.

| 20×3년말 | (차) 기타공정금융자산평가손실 | 400,000 | (대) 기타공정금융자산 | 400,000 |

*₩2,200,000 - ₩1,800,000 = ₩400,000

(5) 관계기업투자의 손상차손

관계기업의 손실인식을 포함하여 지분법을 적용한 이후, 투자자는 관계기업에 대한 순투자 및 그 밖의 투자자산에 대한 추가적인 손상차손을 인식할 필요가 있는지 여부를 결정해야 한다.

① 기업회계기준서(금융상품)에 의할 경우 금융자산(또는 금융자산의 집합)이 손상되었다는 객관적인 증거에는 당해 금융자산 보유자의 주의를 끄는 다음의 손상사건에 대한 관측가능한 자료가 포함된다.
   a. 금융자산의 발행자나 지급의무자의 유의적인 재무적 어려움
   b. 이자지급이나 원금상환의 불이행이나 지연과 같은 계약 위반
   c. 차입자의 재무적 어려움에 관련된 경제적 또는 법률적 이유로 인한 당초 차입조건의 불가피한 완화
   d. 차입자의 파산이나 기타 재무구조조정의 가능성이 높은 상태가 됨.
   e. 재무적 어려움으로 당해 금융자산에 대한 활성시장의 소멸
   f. 금융자산의 집합에 포함된 개별 금융자산의 추정미래현금흐름의 감소를 식별할 수는 없지만, 최초 인식 후 당해 금융자산 집합의 추정미래현금흐름에 측정가능한 감소가 있다는 것을 시사하는 관측가능한 자료

② 관계기업투자에 대한 장부금액에 포함된 영업권은 분리하여 인식하지 않으므로 이러한 영업권은 별도로 손상검사를 하지 않는다. 그 대신에 투자자산이 손상될 수 있는 징후가 나타날 때마다 투자자산의 전체 장부금액에 대하여 손상검사를 한다.

③ 투자자산의 회수가능액(순공정가치와 사용가치 중 큰 금액)이 장부금액에 미달하는 경우에는 손상차손을 인식해야 하는데, 이때 사용가치를 결정하기 위하여 다음 중 하나를 추정한다.
   a. 관계기업이 영업 등을 통하여 창출할 것으로 기대되는 추정미래현금흐름의 현재가치 중 투자자의 지분과 해당 투자자산의 최종 처분금액의 현재가치
   b. 투자자산에서 배당으로 기대되는 추정미래현금흐름의 현재가치와 해당 투자자산의 최종 처분금액의 현재가치

> · 손상차손 = 장부금액 - 회수가능액
> · 회수가능액 = Max{순공정가치, 사용가치}
> · 사용가치 = or { 미래순영업현금흐름의 현재가치×투자자지분율 + 최종 처분금액의 현재가치
>   미래배당받을금액의 현재가치 + 최종 처분금액의 현재가치

④ 관계기업에 대한 투자지분에 대하여 인식된 손상차손은 관계기업에 대한 투자자산의 장부금액을 구성하는 어떠한 자산(영업권포함)에도 배분하지 않는다.
⑤ 관계기업투자의 회수가능액은 각 관계기업별로 평가한다. 다만, 관계기업이 창출하는 현금유입이 그 기업의 다른 자산에서 창출되는 현금흐름과 거의 독립적으로 구별되지 않는 경우에는 그러하지 아니한다.
⑥ 손상차손을 인식한 후에 관계기업투자의 회수가능액이 회복된 경우에는 이전에 인식하였던 손상차손금액을 한도로 회복된 금액을 당기이익으로 인식한다. 이 경우 회복 후 관계기업투자의 장부금액은 당초에 손상차손을 인식하지 않았다면 회복일 현재의 관계기업투자의 장부금액이 되었을 금액(과거 손상차손인식액과 동일한 금액임.)을 초과하지 않도록 한다.

> 손상차손환입 : 회수가능액 − 장부금액
> *한도 : 과거 손상차손인식액

예 A회사는 20×1년초에 B회사보통주식 20%(2,000주)를 ₩5,000,000에 취득하였다. A회사와 B회사의 보고기간종료일은 매년 12월 31일이며, 관련자료는 다음과 같다.

(1) 20×1년 1월 1일 B회사의 순자산장부금액은 ₩20,000,000이었고, 순자산장부금액과 공정가치는 일치하였다.

(2) 20×1년에 B회사는 ₩15,000,000의 당기순손실을 보고하고 20×1년말에 화의를 신청하였다. 화의를 신청한 시점에서 B회사주식의 순공정가치는 주당 ₩200이며, 사용가치는 주당 ₩300으로 측정된다.

일 자	회 계 처 리					
20×1년 20% 매입시	(차)	관계기업투자	5,000,000	(대)	현 금	5,000,000
20×1년말 결산시	(차)	지분법손실	3,000,000	(대)	관계기업투자	3,000,000
	*₩15,000,000×20%(당기순손실에 대한 지분) = ₩3,000,000					
	(차)	금융자산손상차손	1,400,000	(대)	관계기업투자	1,400,000
	*장부금액 : ₩5,000,000 − ₩3,000,000 = ₩2,000,000					
	회수가능액 : Max[순공정가치 ₩200×2,000주, 사용가치 ₩300×2,000주] = (600,000)					
	손상차손 ₩1,400,000					
20×2년말 결산시	(차)	관계기업투자	400,000	(대)	지분법이익	400,000
	*₩2,000,000×20%(당기순이익에 대한 지분) = ₩400,000					

| (차) | 관계기업투자 | 1,400,000 | (대) | 금융자산손상차손환입 | 1,400,000 |

*1. 회수가능액 : Max[순공정가치 ₩1,500×2,000주, 사용가치 ₩1,600×2,000주] = ₩3,200,000
    장부금액 : ₩600,000 + ₩400,000 = (1,000,000)
    손상차손환입 ₩2,200,000
2. 손상차손환입한도 : 손상차손인식액 ₩1,400,000

(6) 관계기업투자의 기타사항

현물출자로 인한 취득

관계기업투자주식을 현물출자에 의하여 취득하는 경우에는 상업적 실질의 유무에 따라 다음과 같이 회계처리한다.

① 현물출자에 상업적 실질이 결여되어 있지 않다면 비화폐성자산의 처분손익은 내부거래로 인한 미실현손익으로 간주하여 투자자의 몫은 지분법손익을 인식할 때 제거한다.

> **예** A회사는 20×1년초 B회사에 토지(장부금액 ₩33,000, 공정가치 ₩35,000)를 현물출자하고 B회사 주식 30%를 취득하였다. 20×1년초 B회사의 순자산장부금액은 ₩100,000이었으며 순자산공정가치와 일치한다. 20×1년에 B회사가 보고한 당기순이익이 ₩10,000인 경우 20×1년 지분법회계처리

| 취득시 | (차) | 관계기업투자 | 35,000 | (대) | 토 지 | 33,000 |
| | | | | | 유형자산처분이익 | 2,000 |

*영업권 : ₩35,000 - ₩100,000×30% = ₩5,000

| 순이익보고시 | (차) | 관계기업투자 | 3,000 | (대) | 지분법이익 | 3,000 |

*₩10,000×30% = ₩3,000

| 투자자의 내부거래제거 | (차) | 지분법이익 | 600 | (대) | 관계기업투자 | 600 |

*₩2,000×30% = ₩600

② 상기 ①의 경우에 관계기업의 지분을 수령하면서 추가로 화폐성이나 비화폐성자산을 받는 경우 수령한 자산과 관련한 손익에 해당하는 부분은 모두 당기손익으로 인식한다. 즉, 내부거래로 인한 미실현손익으로 간주하지 않는다.

> **예** 상기 예에서 20×1년초에 B회사에 토지(장부금액 ₩33,000, 공정가치 ₩35,000)를 현물출자하고 B회사의 주식 30%와 현금 ₩10,000을 수령한 경우 20×1년 지분법회계처리

| 취득시 | (차) | 관계기업투자 | 25,000 | (대) | 토 지 | 33,000 |
| | | 현 금 | 10,000 | | 유형자산처분이익 | 2,000 |

	(차)	관계기업투자	5,000	(대)	지분법이익	5,000

*염가매수차익: ₩25,000−₩100,000×30%=₩(5,000)

순이익보고시	(차)	관계기업투자	3,000	(대)	지분법이익	3,000

*₩10,000×30%=₩3,000

투자자의 내부거래제거	(차)	지분법이익	429	(대)	관계기업투자	429

*(₩2,000×₩25,000/₩35,000)×30% = ₩429.
유형자산처분이익 중 관계기업투자주식과 관련된 부분만 제거함.

③ 현물출자에 상업적 실질이 결여되어있다면 해당 손익은 인식하지 않는다. 따라서 이 경우 내부거래로 인한 미실현손익은 발생하지 않게된다.

  예 상기 **예**에서 상업적 실질이 결여된 경우의 지분법회계처리

취 득 시	(차)	관계기업투자	33,000	(대)	토 지	33,000

*영업권: ₩33,000−₩100,000×30%=₩3,000

순익이보고시	(차)	관계기업투자	3,000	(대)	지분법이익	3,000

*₩10,000×30%=₩3,000

관계기업이 우선주를 발행한 경우

관계기업이 우선주를 발행한 경우에는 관계기업의 순자산 및 당기순손익에 대한 지분을 보통주지분과 우선주지분으로 배분한 후 지분법회계처리를 하여야 한다. 따라서 관계기업이 자본으로 분류되는 누적적우선주를 발행한 경우 투자자는 배당결의 여부에 관계없이 이러한 주식의 배당금을 조정한 후 당기순손익에 대한 자신의 몫을 인식해야 한다.

  예 A회사는 B회사의 보통주 30%를 취득하여 유의적인 영향력을 행사하고 있으며 취득시 투자제거차액은 발생하지 않았다. B회사는 우선주자본금(누적적우선주이며, 우선배당률은 5%임)이 ₩100,000이 있으며, 20×1년에 당기순이익으로 ₩20,000을 보고한 경우 지분법이익

지분법이익: (₩20,000−₩100,000×5%)×30%=₩4,500

(7) 관계기업의 재무제표

투자자는 지분법을 적용할 때 가장 최근의 이용가능한 관계기업 재무제표를 사용하는데, 이와 관련하여 유의할 사항은 다음과 같다.

① 투자자와 관계기업의 보고기간종료일이 다른 경우, 관계기업은 실무적으로 적용할 수 없는 경우가 아니면 투자자의 사용을 위하여 투자자의 재무제표와 동일한 보고기간종료일의 재무제표를 작성한다.
② 투자자와 관계기업의 보고기간종료일이 다르고 실무적으로 투자자의 보고기간종료일에 관계기업의 재무제표를 작성하기 어렵다면, 투자자 재무제표의 보고기간종료일과 관계기업 재무제표의 보고기간종료일 사이에 발생한 유의적인 거래나 사건의 영향을 반영한다.
③ 어떠한 경우라도 투자자의 보고기간종료일과 관계기업의 보고기간종료일간의 차이는 3개월 이내이어야 하며, 보고기간의 길이 그리고 보고기간종료일의 차이는 매 기간마다 동일하여야 한다.
④ 유사한 상황에서 발생한 동일한 거래와 사건에 대하여 동일한 회계정책을 적용하여 재무제표를 작성한다. 즉, 관계기업이 유사한 상황에서 발생한 동일한 거래와 사건에 대하여 투자자의 회계정책과 다른 회계정책을 사용한 경우, 투자자는 지분법을 적용하기 위하여 관계기업의 재무제표를 사용할 때 관계기업의 회계정책을 투자자의 회계정책과 일관되도록 해야 한다.
⑤ 관계기업의 자본으로 분류하는 누적적우선주를 발행하였고 이를 다른 투자자가 소유하고 있는 경우, 투자자는 배당결의 여부에 관계없이 이러한 주식의 배당금에 대하여 조정한 후 당기순손익에 대한 투자자의 지분을 산정한다.
⑥ 잠재적 의결권이나 잠재적 의결권이 포함된 파생상품이 있는 경우, 관계기업이나 공동기업에 대한 기업의 지분은 현재 소유하고 있는 소유지분에만 기초하여 산정하며, 잠재적 의결권과 그 밖의 파생상품의 행사가능성이나 전환가능성은 반영하지 않는다. 그러나 이익에 접근할 수 있게 하는 거래의 결과로 실질적으로는 현재의 소유지분을 보유하게 되는 경우에는 기업에 배분될 비례적 부분을 기업이 수익에 접근할 수 있게 하는 잠재적 의결권과 그 밖의 파생상품의 궁극적인 행사를 고려하여 결정한다.

5 지분법과 연결재무제표

연결재무제표상 관계기업에 대한 투자지분은 지분법으로 회계처리하는데, 이와 관련하여 유의할 사항은 다음과 같다.

(1) 연결실체가 소유하고 있는 관계기업지분은 연결실체 내의 지배기업과 종속기업이 소유하고 있는 지분을 단순 합산한 것이다. 그러나 연결실체의 다른 관계기업이나 공동기업의 지분은 합산하지 아니한다.

> 예 다음과 같은 지배구조에서 A기업과 B기업의 연결재무제표상 C기업지분과 D기업지분은 지분법을 적용해야 하는데, 이때 C기업지분율은 30%이고, D기업지분율은 A기업과 B기업이 보유한 지분을 단순 합산한 25%이며, C기업이 보유한 D기업의 지분 10%는 합산하지 아니한다.

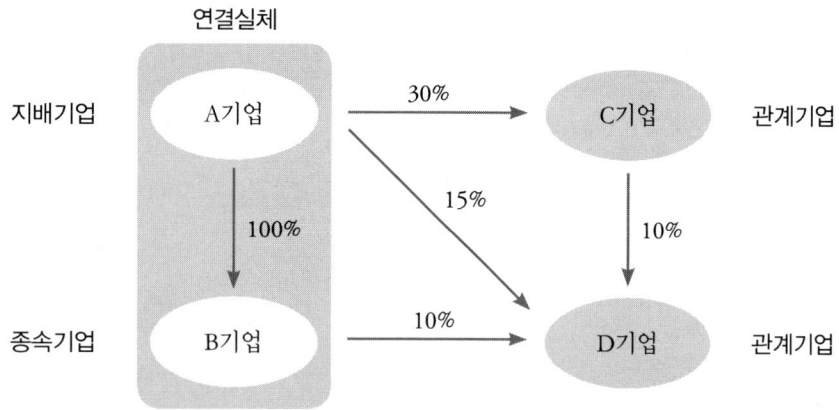

(2) 관계기업이 종속기업, 관계기업이나 공동기업의 지분을 소유하는 경우, 지분법을 적용하기 위한 당기순손익과 순자산은 동일한 회계정책의 적용효과를 가져오기 위하여 필요한 조정을 거친 후의 관계기업의 재무제표(관계기업 자신의 관계기업 및 공동기업의 당기순손익과 순자산 중 자신의 지분을 포함)에 인식된 금액이다.

예 다음은 A회사와 그 종속기업인 B회사의 20×2년 12월 31일 현재 재무상태표와 20×2년의 포괄손익계산서이다.

재무상태표

20×2년 12월 31일

자 산	A회사	B회사	부채 및 자본	A회사	B회사
현금및현금성자산	1,400,000	600,000	매입채무	1,000,000	700,000
매출채권	1,600,000	700,000	장기차입금	4,000,000	1,700,000
재고자산	1,500,000	800,000	자 본 금	5,000,000	2,000,000
B회사투자주식	2,000,000		자본잉여금	2,000,000	800,000
C회사투자주식	500,000		이익잉여금	2,000,000	700,000
토 지	3,000,000	2,000,000			
건 물(순액)	4,000,000	1,800,000			
	14,000,000	5,900,000		14,000,000	5,900,000

포괄손익계산서
20×2년 1월 1일부터 20×2년 12월 31일까지

	A회사	B회사
매 출 액	25,000,000	10,000,000
매출원가	(20,000,000)	(8,000,000)
매출총이익	5,000,000	2,000,000
배당금수익(B)	90,000	
배당금수익(C)	30,000	
기타수익	1,080,000	500,000
기타비용	(5,200,000)	(2,300,000)
당기순이익	1,000,000	200,000

[추가자료]

(1) A회사는 20×1년 1월 1일 B회사의 보통주 60%를 취득하고 그 대가로 ₩2,000,000을 지급하였으며 동일 A회사와 B회사의 주주지분은 다음과 같다. 주식취득일 현재 B회사의 자산·부채 장부금액과 공정가치는 일치하였다.

	A회사	B회사
자 본 금	₩5,000,000	₩2,000,000
자본잉여금	200,000	800,000
이익잉여금	800,000	200,000
계	₩7,800,000	₩3,000,000

(2) B회사는 20×1년에 ₩450,000의 당기순이익을 보고하였으며, 20×2년에 ₩150,000의 현금배당을 실시하였다. 20×1년과 20×2년에 A회사와 B회사의 내부거래는 없었으며 채권·채무는 모두 종결되었다.

(3) A회사는 20×1년초 C회사의 보통주 30%를 취득하고 그 대가로 ₩500,000을 지급하였다. 관련자료는 다음과 같다.

① 주식취득일 현재 C회사의 순자산장부금액은 ₩1,000,000이었으며, C회사의 장부금액과 공정가치가 다른 자산은 다음과 같다.

	장부금액	공정가치
재고자산	₩600,000	₩650,000
토 지	2,000,000	2,150,000
건 물(순액)	3,000,000	3,300,000

재고자산은 20×1년 중 전액 매출되었으며 건물은 20×1년 1월 1일부터 5년의 내용연수를 가지며 잔존가치는 없고 정액법으로 감가상각한다.

② C회사는 20×1년에 ₩200,000의 당기순이익과 ₩100,000의 기타포괄이익을 보고하였으며, 20×2년에 ₩100,000의 현금배당금을 실시하였고, ₩300,000의 당기순이익과 ₩100,000의 기타포괄이익을 보고하였다.

③ 20×1년과 20×2년의 내부거래(재고자산)는 다음과 같다. 단, 양사의 매출총이익률은 모두 20%이다.

판매회사	내부거래		매입회사 기말재고에 남아 있는 상품	
	20×1년	20×2년	20×1년	20×2년
A회사	₩3,000,000	₩4,000,000	₩50,000	₩40,000
C회사	2,000,000	1,500,000	70,000	30,000

1. C회사투자주식의 지분법적용

   (1) 20×1년 지분법회계처리

일 자	회 계 처 리
취 득 시	(차) 관계기업투자 500,000 (대) 현 금 500,000
당기순이익보고시	(차) 관계기업투자 22,800 (대) 지분법이익 22,800

　*C회사 당기순이익(장부금액)　　₩200,000
　투자제거차액의 상각
　　재고자산　　　　　　　　　　　(50,000)
　　건　물 : ₩300,000÷5년 =　　　(60,000)
　내부거래제거
　　재고자산 : ₩70,000×20% =　　(14,000)
　C회사 독립영업이익(공정가치)　₩76,000
　투자지분율　　　　　　　　　　　×30%
　지분법이익　　　　　　　　　　　₩22,800

기타포괄이익보고시	(차) 관계기업투자 30,000 (대) 지분법기타포괄이익 30,000

　*₩100,000×30% = ₩30,000

투자자의 내부거래제거	(차) 지분법이익 3,000 (대) 관계기업투자 3,000

　*₩50,000×20%×30% = ₩3,000

∴ { 20×1년말 관계기업투자 ₩549,800
    20×1년의 지분법이익 19,800
    20×1년의 지분법기타포괄이익 30,000 }

(2) 20×2년의 지분법회계처리

일 자	회 계 처 리
당기순이익보고시	(차) 관계기업투자 74,400 (대) 지분법이익 74,400

*C회사 당기순이익(장부금액)   ₩300,000
투자제거차액의 상각
   건 물 : ₩300,000÷5년 =   (60,000)
내부거래제거
   재고자산 : { 실현이익 : ₩70,000×20% =   14,000
         미실현이익 : ₩30,000×20% =   (6,000) }
C회사 독립영업이익(공정가치)   ₩248,000
투자지분율   ×30%
지분법이익   ₩74,400

기타포괄이익보고시	(차) 관계기업투자 30,000 (대) 지분법기타포괄이익 30,000

*₩100,000×30% = ₩30,000

배당금수취시	(차) 현 금 30,000 (대) 관계기업투자 30,000

투자자의
내부거래제거
실현이익	(차) 관계기업투자 3,000 (대) 지분법이익 3,000

*₩50,000×20%×30% = ₩3,000

미실현이익	(차) 지분법이익 2,400 (대) 관계기업투자 2,400

*₩40,000×20%×30% = ₩2,400

∴ { 20×1년말 관계기업투자 ₩624,800
    20×1년의 지분법이익 75,000
    20×1년의 지분법기타포괄이익 30,000 }

[별해]

1. 관계기업투자

   (1) 20×1년

    20×1년말 C회사 순자산공정가치
     20×1년말 C회사 순자산장부금액   ₩1,300,000*
     20×1년말 투자제거차액
      토　지   150,000
      건　물 : ₩300,000×4년/5년 =   240,000
     20×1년말 내부거래제거
      재고자산 : ₩70,000×20% =   (14,000)   ₩1,676,000
    투자지분율   ×30%
    계   ₩502,800
    영　업　권 : ₩500,000 − (₩1,000,000 + ₩50,000 + ₩150,000 + ₩300,000)×30% =   50,000
    20×1년말 A회사 내부거래제거 : ₩50,000×20%×30% =   (3,000)
    20×1년말 관계기업투자   ₩549,800

     *20×1년초 C회사 순자산장부금액   ₩1,000,000
      20×1년 C회사 당기순이익   200,000
      20×1년 C회사 기타포괄이익   100,000
      20×1년말 C회사 순자산장부금액   ₩1,300,000

   (2) 20×2년

    20×2년말 C회사 순자산공정가치
     20×2년말 C회사 순자산장부금액   ₩1,600,000
     20×2년말 투자제거차액
      토　지   150,000
      건　물 : ₩300,000×3년/5년 =   180,000
     20×2년말 내부거래제거
      재고자산 : ₩30,000×20% =   (6,000)   ₩1,924,000
    투자지분율   ×30%

    계   ₩577,200
    영　업　권   50,000
    20×2년말 A회사 내부거래제거 : ₩40,000×20%×30% =   (2,400)
    20×2년말 관계기업투자   ₩624,800

*20×2년초 C회사 순자산장부금액	₩1,300,000	
20×2년 C회사 배당금지급액	(100,000)	
20×2년 C회사 당기순이익	300,000	
20×2년 C회사 기타포괄이익	100,000	
20×2년말 C회사 순자산장부금액	₩1,600,000	

2. 지분법이익

(1) 20×1년

20×1년 C회사 독립영업이익(공정가치)		
20×1년 C회사 당기순이익(장부금액)	₩200,000	
투자제거차액의 상각		
재고자산	(50,000)	
건　물 : ₩300,000÷5년 =	(60,000)	
내부거래제거		
재고자산 : ₩70,000×20% =	(14,000)	₩76,000
투자지분율		×30%
계		₩22,800
20×1년 A회사 미실현이익 : ₩50,000×20%×30% =		(3,000)
20×1년 지분법이익		₩19,800

(2) 20×2년

20×2년 C회사 독립영업이익(공정가치)		
20×2년 C회사 당기순이익(장부금액)	₩300,000	
투자제거차액의 상각		
건　물 : ₩300,000÷5년 =	(60,000)	
내부거래제거		
재고자산　실현이익 : ₩70,000×20% =	14,000	
미실현이익 : ₩30,000×20% =	(6,000)	₩248,000
투자지분율		×30%
계		₩74,400
20×2년 A회사 내부거래제거		
재고자산　실현이익 : ₩50,000×20%×30% =		3,000
미실현이익 : ₩40,000×20%×30% =		(2,400)
20×2년 지분법이익		₩75,000

2. 연결조정분개

　(1) 투자계정과 자본계정의 상계제거

　　① (차) 배당금수익　　　　90,000　　(대) 이익잉여금(A)　　90,000

　　　　＊지배기업이 종속기업으로부터 수취한 배당금수익은 종속기업이 당기 이전에 벌어들인 이익을 분배한 것이므로 연결재무제표상 이를 이익잉여금으로 대체시켜야 함.

　　② (차) 자 본 금(B)　　　2,000,000　　(대) B회사투자주식　　2,000,000
　　　　　 자본잉여금(B)　　　　800,000　　　　 비지배지분　　　　1,320,000[*2]
　　　　　 이익잉여금(B)　　　　500,000[*1]　　 이익잉여금(A)　　　 180,000[*3]
　　　　　 영 업 권　　　　　　 200,000

　　　＊1. 이익잉여금(B) : 20×2년의 당기순이익을 제외한 금액임.
　　　　2. 비지배지분 : (₩2,000,000 + ₩800,000 + ₩500,000)×40% = ₩1,320,000
　　　　3. 이익잉여금(A) : (₩500,000 − ₩200,000)×60% = ₩180,000

　(2) 비지배지분순이익 계상

　　③ (차) 이익잉여금(비지배지분순이익)　80,000　　(대) 비지배지분　　80,000
　　　　＊₩200,000×40% = ₩80,000

　(3) C회사투자주식의 지분법적용

　　④ (차) 관계기업투자　　　624,800　　(대) C회사투자주식　　500,000
　　　　　 배당금수익(C)　　　 30,000　　　　 지분법이익　　　　 75,000
　　　　　　　　　　　　　　　　　　　　　　 지분법기타포괄이익　60,000
　　　　　　　　　　　　　　　　　　　　　　 이익잉여금　　　　　19,800＊

　　　＊20×1년의 지분법이익임.

3. 연결재무상태표와 연결포괄손익계산서

연결재무상태표
A회사 및 종속기업 20×2년 12월 31일

현금및현금성자산	2,000,000	매입채무	1,700,000
매출채권	2,300,000	장기차입금	5,700,000
재고자산	2,300,000	자 본	
관계기업투자	624,800	지배기업소유주지분	
토 지	5,000,000	자 본 금	5,000,000
건 물(순액)	5,800,000	자본잉여금	2,000,000
영 업 권	200,000	이익잉여금	2,364,800
		기타포괄손익누계액	60,000
		비지배지분	1,400,000
	18,224,800		18,224,800

(3) 상기 예에서 지배기업인 A기업이 아닌 종속기업인 B기업이 C회사의 보통주에 30%를 투자한 경우라면, B회사의 당기순이익 및 이익잉여금을 C회사의 보통주를 지분법으로 회계처리한 경우의 금액으로 조정한 후 연결조정을 해야 한다. 연결조정분개를 나타내면 다음과 같다. 단, B회사의 20×2년 당기순이익은 C회사로부터 받은 배당금수익 ₩30,000을 감안하여 ₩230,000이라고 가정한다.

(1) C회사투자주식의 지분법적용

① (차) 관계기업투자 624,800 (대) C회사투자주식 500,000
       배당금수익 30,000   지분법이익 75,000
                                                  이익잉여금(B) 19,800
                                                  지분법기타포괄이익(B) 60,000

(2) 투자계정과 자본계정의 상계제거

② (차) 배당금수익 90,000 (대) 이익잉여금(A) 90,000

③ (차) 자 본 금(B) 2,000,000 (대) B회사투자주식 2,000,000
       자본잉여금(B) 800,000   비지배지분 1,351,920[*3]
       이익잉여금(B) 519,800[*1]   이익잉여금(A) 191,880[*4]
       기타포괄손익누계액(B) 60,000[*2]   기타포괄손익누계액(A) 36,000[*5]
       영 업 권 200,000

*1. 이익잉여금(B) : ₩500,000(20×2년의 당기순이익을 제외한 금액임.) + ₩19,800
　　　　　(연결조정분개 ①) = ₩519,800
 2. 기타포괄손익누계액(B) : 지분법기타포괄이익 ₩60,000(연결조정분개 ①)
 3. 비지배지분 : (₩2,000,000 + ₩800,000 + ₩519,800 + ₩60,000×40% = ₩1,351,920
 4. 이익잉여금(A) : (₩519,800 − ₩200,000)×60% = ₩191,880
 5. 기타포괄손익누계액(A) : ₩60,000×60% = ₩36,000

(3) 비지배지분순이익 계상

④ (차) 이익잉여금(비지배지분순이익) 110,000　　(대) 비지배지분　110,000

*B회사 당기순이익(장부금액)	₩230,000
배당금수익	(30,000)
지분법이익	75,000
B회사 독립영업이익(공정가치)	₩275,000
비지배지분율	×40%
비지배지분순이익	₩110,000

(4) 관계기업에 대한 투자를 지분법을 적용하여 회계처리하는 경우, 투자자는 배당금이나 선급금과 같이 투자자와 피투자자 사이에 발생한 현금흐름만을 현금흐름표에 보고한다.

　■ 상기 ■의 경우에 A회사와 B회사의 20×2년 연결재무제표상 C회사에 대한 투자주식(관계기업투자)의 장부금액과 지분법이익이 다음과 같을 경우 연결현금흐름표를 작성하기 위한 계정분석과 이와 관련된 영업활동현금흐름을 나타내면 다음과 같다. 단, 20×2년에 A회사가 B회사로부터 받은 배당금수익은 ₩30,000이며, 배당금유입액은 영업활동현금흐름으로 분류한다.

	20×1년말	20×2년말
관계기업투자	₩549,800	₩624,800
지분법기타포괄이익	30,000	60,000
지분법이익		75,000

〈계정분석〉

① (차) 관계기업투자　105,000　　(대) ┌ 지분법기타포괄이익　30,000*1
　　　　　　　　　　　　　　　　　　　└ 지분법이익　　　　　75,000(Ⅰ)*2

　*1. C회사의 기타포괄손익누계액 변동으로 인한 지분법기타포괄이익(기타포괄손익누계액)의 증가액은 현금의 유입과 유출이 없는 거래이므로 주석으로 공시함.
　 2. 지분법이익은 현금의 유입이 없는 수익이므로 영업활동현금흐름(Ⅰ)에서 제거해야 함.

② (차) 현　　금　　　　　30,000(Ⅰ)　　　(대) 관계기업투자　　　30,000
　　　*당기에 C회사로부터 수취한 배당금은 영업활동현금흐름(Ⅰ)에 가산해야 함.

〈영업활동현금흐름〉

간 접 법		직 접 법	
당기순이익(지분법이익)	₩75,000	배당금유입액	₩30,000
지분법이익	(75,000)		
배당금유입액	30,000		
영업활동현금흐름	₩30,000		

상기 예에서 보듯이 지분법은 피투자회사로부터 현금배당을 받은 경우에 관계기업투자계정을 감액시키므로 포괄손익계산서에 배당금수익이 계상되지 않는다. 따라서 영업활동현금흐름을 간접법으로 표시하는 경우에는 당기에 수취한 배당금을 당기순이익에 가산해야 한다.

지분법회계
이론문제(기출지문)

01 잠재적 의결권이 있는 경우 관계기업의 당기순손익과 자본변동 중 투자자의 지분은 잠재적 의결권의 행사가능성이나 전환가능성을 반영한다. (×)
▶ 잠재적 의결권이 있는 경우, 관계기업의 당기순손익과 자본변동 중 투자자의 지분은 현재 소유하고 있는 지분율에 기초하여 산정한다.

02 피투자자의 순자산변동 중 투자자의 몫은 전액 투자자의 당기손익으로 인식한다. (×)
▶ 당기손익에 기인한 순자산변동만을 당기손익으로 인식한다.

03 지분법적용으로 관계기업 보통주에 대한 투자금액을 초과한 손실에 대해서는 인식을 중지한다. (×)
▶ 지분법적용으로 관계기업 보통주에 대한 투자금액을 초과한 손실은 관계기업 우선주에 대한 투자금액, 관계기업 장기수취채권 및 장기대여금의 순서로 인식한다.

04 관계기업에 대한 투자지분에 대하여 인식된 손상차손은 관계기업에 대한 투자자산의 장부금액을 구성하는 자산에 배분하지 아니한다. (○)

05 관계기업에 대한 투자자의 지분이 '영(0)'으로 감소된 이후 추가 손실분에 대하여 투자자는 어떠한 회계처리도 하지 않는다. (×)
▶ 투자자의 지분이 '영(0)'으로 감소된 이후 추가 손실분에 대하여 투자자는 법적의무 또는 의제의무가 있거나 관계기업을 대신하여 지불하여야 하는 경우, 그 금액까지는 손실과 부채로 인식한다.

06 관계기업투자에 대한 장부금액에 포함된 영업권은 별도로 손상검사를 하지 않는다. (○)

07 관계기업의 정의를 충족하지 못하게 되어 지분법 사용을 중단하는 경우로서 종전 관계기업에 대한 잔여보유지분이 금융자산이면 기업은 잔여보유지분을 공정가치로 측정하고, 지분법을 중단한 시점의 투자자산의 장부금액과의 차이를 기타포괄손익으로 인식한다. (×)
▶ 당기손익으로 인식한다.

필수예제: 관계기업투자와 지분법이익

A회사는 20×1년초에 B회사 보통주식 30%를 ₩1,300,000에 취득하여 유의적인 영향력을 획득하였다. 관련자료는 다음과 같다.

(1) 20×1년초 B회사의 순자산장부금액은 ₩3,000,000이었으며, 건물이 공정가치보다 ₩500,000만큼 과소평가되었고, 나머지 자산·부채는 장부금액과 공정가치가 일치하였다. 동 건물의 잔존내용연수는 5년이며 잔존가치는 없고 정액법으로 상각한다.

(2) B회사는 20×1년과 20×2년에 당기순이익으로 각각 ₩500,000과 ₩600,000을 보고하였으며, 20×2년에 ₩100,000의 현금배당을 실시하였다.

(3) 20×1년과 20×2년의 재고자산의 내부거래내역은 다음과 같다. 양 회사의 매출총이익률은 20%이다.

판매회사	내부거래 20×1년	내부거래 20×2년	기말재고분 20×1년	기말재고분 20×2년
A회사	₩400,000	₩350,000	₩30,000	₩20,000
B회사	200,000	150,000	50,000	40,000

A회사의 20×2년말 개별재무제표에 표시될 관계기업투자의 장부금액과 20×2년에 인식할 지분법이익은 각각 얼마인가?

---

1. 20×2년말 관계기업투자

20×2년말 B회사 순자산장부금액	
₩3,000,000+₩500,000+₩600,000−₩100,000=	₩4,000,000
투자제거차액 미상각잔액	
건 물: ₩500,000−₩500,000×2/5=	300,000
내부미실현손익 잔액	
재고자산: ₩40,000×20%=	(8,000)
20×2년말 B회사 순자산공정가치	₩4,292,000
투자지분율	×30%
계	₩1,287,600
영 업 권: ₩1,300,000−(₩3,000,000+₩500,000)×30%=	250,000
20×2년말 A회사 내부미실현손익 잔액: ₩20,000×20%×30%=	(1,200)
20×2년말 관계기업투자	₩1,536,400

2. 20×2년 지분법이익

20×2년 B회사 당기순이익(장부금액)	₩600,000
투자제거차액의 상각	
건 물:₩500,000×1/5=	(100,000)
내부거래손익제거	
실현이익:₩50,000×20%=	10,000
미실현이익:₩40,000×20%=	(8,000)
20×2년 B회사 독립영업이익(공정가치)	₩502,000
투자지분율	×30%
계	₩150,600
20×2년 A회사 내부거래손익제거	
실현이익:₩30,000×20%×30%=	1,800
미실현이익:₩20,000×20%×30%=	(1,200)
20×2년 지분법이익	₩151,200

01 (주)대한은 20×1년초에 (주)민국의 의결권 있는 보통주 250주(지분율 25%)를 ₩100,000에 취득하고, 유의적인 영향력을 행사할 수 있게 되었다. 취득일 현재 (주)민국의 식별가능한 순자산의 장부금액과 공정가치는 모두 ₩500,000으로 동일하다. 20×1년 중 발생한 두 기업 간 거래 내역 및 (주)민국의 보고이익 정보는 다음과 같다.

(1) 20×1년 10월초 (주)대한은 (주)민국에게 원가 ₩50,000인 상품을 ₩80,000에 판매하였다. (주)민국은 20×1년말 현재 동 상품의 50%를 외부에 판매하였고, 나머지 50%는 재고자산으로 보유하고 있다.

(2) 20×1년 12월초 (주)민국은 (주)대한에게 원가 ₩50,000인 상품을 ₩30,000에 판매하였고, (주)대한은 20×1년말 현재 동 상품 모두를 재고자산으로 보유하고 있다. 판매가격 ₩30,000은 해당 상품의 순실현가능가치에 해당한다.

(3) (주)민국이 보고한 20×1년도 당기순이익은 ₩60,000이다.

(주)대한이 (주)민국에 대한 투자주식과 관련하여, 20×1년도의 재무재표에 보고할 관계기업투자주식과 지분법이익(염가매수차익 포함)은 얼마인가?

(2018. CPA 수정)

1. 20×1년말 관계기업투자

    20×1년말 (주)민국의 순자산장부금액

    ₩500,000+₩60,000=   ₩560,000

    　투자지분율   ×25%

    　　계   ₩140,000

    20×1년말 (주)대한 내부미실현손익 잔액:₩30,000×50%×25%=   (3,750)

    20×1년말 관계기업투자   ₩136,250

    *염가매수차익이 발생하였으므로 영업권을 가산할 필요가 없음

2. 20×1년 지분법이익

    20×1년 (주)민국 당기순이익(장부금액)   ₩60,000

    　투자지분율   ×25%

    　　계   ₩15,000

    20×1년 (주)대한 내부미실현손익제거

    　미실현이익:₩30,000×50%×25%=   (3,750)

    염가매수차익:₩500,000×25%-₩100,000=   25,000

    20×1년 지분법이익   ₩36,250

※해설※

구 분	회 계 처 리				
취득시	(차) 관계기업투자	100,000	(대)	현 금	100,000
염가매수차익환입	(차) 관계기업투자	25,000	(대)	지분법이익	25,000
	*₩500,000×25%-₩100,000=₩25,000				
당기순이익보고시	(차) 관계기업투자	15,000	(대)	지분법이익	15,000
	*₩60,000×25%=₩15,000				
투자자의 내부거래제거	(차) 지분법이익	3,750	(대)	관계기업투자	3,750
	*₩30,000×50%×25%=₩3,750				

02 (주)국세는 20×3년초에 (주)대한의 주식 20%를 ₩50,000에 취득하면서 유의적인 영향력을 행사할 수 있게 되었으며, 주식취득일에 (주)대한의 순자산장부금액과 공정가치는 일치하였다. 추가자료는 다음과 같다.

· 20×3년 중에 (주)대한은 토지를 ₩20,000에 취득하고 재평가모형을 적용하였다.
· (주)대한은 20×3년말 당기순이익 ₩10,000과 토지의 재평가에 따른 재평가이익 ₩5,000을 기타포괄이익으로 보고하였다.
· 20×3년 중에 (주)대한은 중간배당으로 현금 ₩3,000을 지급하였다.

(주)국세의 20×3년말 재무상태표에 인식될 관계기업투자주식은 얼마인가? (2014. 세무사)

관계기업투자: ₩50,000+(₩10,000+₩5,000−₩3,000)×20%=₩52,400

03 (주)대한은 20×1년 1월 1일에 (주)민국의 발행주식 총수의 40%에 해당하는 100주를 총 ₩5,000에 취득하여 유의적인 영향력을 획득하게 됨으로써 지분법을 적용하기로 하였다. 취득일 현재 (주)민국의 순자산장부금액은 ₩10,000이었고, (주)민국의 순자산장부금액과 공정가치가 일치하지 않는 이유는 재고자산과 건물의 공정가치가 장부금액보다 각각 ₩2,000과 ₩400이 많았기 때문이다. 한편, 재고자산은 모두 20×1년 중에 전액 외부에 판매되었으며, 20×1년 1월 1일 기준 건물의 잔존내용연수는 4년이고 잔존가치는 ₩0이며, 정액법으로 상각한다. (주)민국은 20×1년도 당기순이익 ₩30,000과 기타포괄이익 ₩10,000을 보고하였으며, 주식 50주(주당 액면 ₩50)를 교부하는 주식배당과 ₩5,000의 현금배당을 결의하고 즉시 지급하였다. (주)대한이 20×1년도 재무제표에 보고해야 할 관계기업투자주식과 지분법손익은? (2013. 세무사)

1. 20×1년말 관계기업투자주식

피투자회사 순자산장부금액*: ₩10,000+₩30,000+₩10,000−₩5,000=	₩45,000
투자제거차액 미상각잔액	
건 물: ₩400−₩400×1/4=	300
피투자회사 순자산공정가치	₩45,300
투자지분율	×40%
계	₩18,120
영 업 권: ₩5,000−(₩10,000+₩2,000+₩400)×40%=	40
20×1년말 관계기업투자주식	₩18,160

*주식배당은 관계기업의 이익잉여금이 감소하는 동시에 납입자본이 증가하게 되어 순자산에 미치는 영향이 없으므로 고려하지 않는다.

2. 20×1년 지분법손익

당기순이익(장부금액)	₩30,000
투자제거차액의 상각	
재고자산	(2,000)
건 물: ₩400×1/4=	(100)
당기순이익(공정가치)	₩27,900
투자지분율	×40%
지분법이익	₩11,160

04 A회사는 20×1년초에 B회사의 보통주식 30%를 ₩1,300,000에 취득하여 유의적인 영향력을 획득하였다. 관련자료는 다음과 같다.

(1) 20×1년초 B회사의 순자산장부금액은 ₩3,000,000이었으며, 장부금액과 공정가치가 다른 자산은 다음과 같다.

	장부금액	공정가치
재고자산	₩500,000	₩600,000
토 지	1,600,000	2,000,000
건 물	2,000,000	2,500,000

(2) 주식취득일 현재 B회사의 장부금액과 공정가치가 다른 자산 중 재고자산은 20×1년에 전액 매출되었으며, 건물은 20×1년초부터 5년의 내용연수를 가지며, 잔존가치는 없고 정액법으로 상각한다.

(3) B회사는 20×1년과 20×2년에 주식선택권(자본조정)이 각각 ₩100,000과 ₩200,000 증가하였으며, 20×1년과 20×2년의 당기순이익과 배당금지급액은 다음과 같다.

	당기순이익	배당금지급액
20×1년	₩500,000	-
20×2년	600,000	₩100,000

A회사의 20×2년말 개별재무제표에 표시될 관계기업투자의 장부금액과 20×2년에 인식할 지분법이익은 각각 얼마인가?

1. 20×2년말 관계기업투자

20×2년말 B회사 순자산장부금액	₩4,300,000[*1]
20×2년말 투자제거차액 미상각잔액	
토　지	400,000
건　물:₩500,000−₩500,000×2/5=	300,000
20×2년말 B회사 순자산공정가치	₩5,000,000
투자지분율	×30%
계	₩1,500,000
영 업 권	100,000[*2]
20×2년말 관계기업투자	₩1,600,000

*1. ₩3,000,000+₩500,000+₩600,000−₩100,000+₩100,000+₩200,000=₩4,300,000
 2. ₩1,300,000−(₩3,000,000+₩100,000+₩400,000+₩500,000)×30%=₩100,000

2. 20×2년 지분법이익

20×2년 B회사 당기순이익(장부금액)	₩600,000
투자제거차액의 상각	
건　물:₩500,000×1/5=	(100,000)
20×2년 B회사 독립영업이익(공정가치)	₩500,000
투자지분율	×30%
20×2년 지분법이익	₩150,000

05 A회사는 20×1년초에 B회사 발행주식의 30%를 ₩1,500,000에 취득하여 유의적인 영향력을 획득하였다. 취득 당시 B회사의 순자산장부금액은 ₩4,000,000이고, 장부금액과 공정가치가 다른 항목은 다음과 같으며 나머지 차액은 영업권의 대가로 지급된 것이다.

	장부금액	공정가치	차　액
재고자산	₩120,000	₩160,000	₩40,000 과소
유형자산	1,000,000	800,000	200,000 과대

위 재고자산은 20×1년 중에 모두 판매되었으며, 유형자산은 4년간 정액법으로 잔존가치 없이 상각한다. 한편, B회사의 최근 2년간 자본의 변동을 초래한 항목은 다음과 같다.

항 목	20×1년	20×2년
당기순이익(손실)	₩200,000	₩(20,000)
현금배당금	60,000	–
자본잉여금	–	30,000

A회사의 20×2년말 재무제표상 관계기업투자의 장부금액은 얼마인가?

20×2년말 B회사 순자산장부금액
  ₩4,000,000+₩200,000−₩20,000−₩60,000+₩30,000=   ₩4,150,000
20×2년말 투자제거차액 미상각잔액
  유형자산: ₩200,000−₩200,000×2/4=   (100,000)
20×2년말 B회사 순자산공정가치   ₩4,050,000
투자지분율   ×30%
 계   ₩1,215,000
영 업 권: ₩1,500,000−(₩4,000,000+₩40,000−₩200,000)×30%=   348,000
20×2년말 관계기업투자   ₩1,563,000

---

06 (주)한국은 20×1년초에 (주)서울의 의결권 있는 주식 30%를 ₩40,000에 취득하여 유의적인 영향력을 갖게 되었다. (주)한국은 (주)서울의 투자주식에 대해서 지분법을 적용하기로 하였으며, 관련자료는 다음과 같다.

- 20×1년초 (주)서울의 순자산의 장부금액은 ₩100,000이고, 공정가치는 ₩130,000인데, 건물(잔존내용연수 10년, 잔존가치 0, 정액법 상각)의 공정가치가 장부금액을 ₩30,000 초과한다.
- 20×1년 중에 (주)한국이 (주)서울에 원가 ₩20,000인 상품을 ₩25,000에 판매하였는데 (주)서울은 이 중 40%를 20×1년말 현재 보유하고 있다.
- 20×1년 중에 (주)서울의 순자산의 장부금액이 ₩20,000 증가하였는데, 이 중 ₩15,000은 당기순이익이며, 나머지 ₩5,000은 기타포괄이익이다.

(주)한국이 20×1년에 (주)서울의 투자주식에 대해서 당기손익으로 인식할 지분법이익은 얼마인가?

(2013. CPA 수정)

(주)서울의 당기순이익(장부금액)	₩15,000
투자제거차액의 상각	
건　　물:₩30,000×1/10=	(3,000)
(주)서울의 독립영업이익(공정가치)	₩12,000
투자지분율	×30%
계	₩3,600
(주)한국의 내부미실현손익:(₩25,000−₩20,000)×40%×30%=	(600)
지분법이익	₩3,000

07 (주)대한은 20×1년초에 (주)민국의 의결권 있는 보통주 30주(지분율 30%)를 ₩120,000에 취득하였다. 이로서 (주)대한은 (주)민국에 대해 유의적인 영향력을 행사할 수 있게 되었다.

- 취득일 현재 (주)민국의 순자산장부금액은 ₩350,000이며, 자산·부채의 장부금액과 공정가치가 차이나는 내역은 다음과 같다.

계정과목	장부금액	공정가치
재고자산	₩50,000	₩60,000
기계장치	100,000	150,000

- 위의 자산 중 재고자산은 20×1년 중에 전액 외부에 판매되었으며, 기계장치는 20×1년초 현재 잔존내용연수 5년에 잔존가치 없이 정액법으로 상각한다.
- 20×1년에 (주)민국이 보고한 당기순이익은 ₩50,000이며, 동 기간 중에 결의되거나 지급된 배당금은 없다.

(주)대한이 (주)민국의 보통주를 지분법에 따라 회계처리하는 경우, 20×1년말 재무제표에 계상되는 관계기업투자주식의 장부금액은 얼마인가? 단, 법인세효과는 고려하지 않는다. (2014. CPA)

20×1년말 (주)민국 순자산장부금액:₩350,000+₩50,000=	₩400,000
20×1년말 투자제거차액 미상각잔액	
기계장치:₩50,000−₩50,000×1년/5년=	40,000
20×1년말 (주)민국 순자산공정가치	₩440,000
투자지분율	×30%
계	₩132,000
영 업 권	0*
20×1년말 관계기업투자	₩132,000

*₩120,000−(₩350,000+₩10,000+₩50,000)×30%=₩(3,000) 염가매수차익

08 A회사는 20×1년초에 B회사의 보통주 30%를 ₩350,000에 취득하여 유의적인 영향력을 획득하였다. 관련자료는 다음과 같다.

(1) 취득시 B회사의 순자산장부금액은 ₩1,000,000이었으며, B회사 자산·부채의 장부금액과 공정가치는 일치하였다.

(2) 20×1년 중 A회사는 B회사에 장부금액 ₩200,000의 토지를 ₩300,000에 매각하였는데 B회사는 이 토지를 20×2년말 현재 보유하고 있다.

(3) 20×1년초에 B회사는 A회사에 잔존내용연수 5년, 장부금액 ₩100,000의 설비자산을 ₩150,000에 처분하였다. 양 사 모두 감가상각방법은 정액법이다.

(4) B회사는 20×1년에 ₩300,000과 20×2년에 ₩400,000의 당기순이익을 보고하였으며 이 기간 중 이익처분은 없었다.

A회사의 20×2년말 개별재무제표에 표시될 관계기업투자의 장부금액과 20×2년에 인식할 지분법이익은 얼마인가?

---

1. 20×2년말 관계기업투자

20×2년말 B회사 순자산장부금액:₩1,000,000+₩300,000+₩400,000=	₩1,700,000
내부미실현손익 잔액	
기계장치:₩50,000−₩50,000×2/5=	(30,000)
20×2년말 B회사 순자산공정가치	₩1,670,000
투자지분율	×30%
계	₩501,000
영 업 권:₩350,000−₩1,000,000×30%=	50,000
20×2년말 A회사 미실현이익 잔액:₩100,000×30%=	(30,000)
20×2년말 관계기업투자	₩521,000

2. 20×2년 지분법이익

20×2년 B회사 당기순이익(장부금액)	₩400,000
내부거래손익제거	
실현이익(설비자산):₩50,000×1/5=	10,000
20×2년 B회사 독립영업이익(공정가치)	₩410,000
투자지분율	×30%
20×2년 지분법이익	₩123,000

09 12월 결산법인인 (주)서울은 20×7년 중에 (주)광주 및 (주)대구와 다음과 같은 거래를 행하였다.

(1) (주)서울은 원가 ₩100,000의 상품을 (주)광주에 ₩120,000의 가격으로 매출하였다. 20×7년말 현재 (주)광주는 동 재고자산 중 40%를 재고자산으로 보유하고 있다. (주)서울은 (주)광주의 의결권주식의 25%를 보유하고 있으며 유의적인 영향력을 행사하기 때문에 동 주식에 대하여 연결재무제표상 지분법을 적용하여 회계처리하고 있다.

(2) (주)서울은 (주)대구로부터 ₩300,000의 재고자산을 구입하였다. 동 재고자산의 판매로부터 (주)대구가 인식한 매출총이익은 ₩50,000이다. (주)서울은 20×7년 기말 현재 동 재고자산의 50%를 재고자산으로 보유하고 있다. (주)서울은 (주)대구의 의결권주식 60%를 소유함으로써 (주)대구에 대한 지배권을 가지고 있다.

20×7년말 연결재무상태표를 작성할 때 재고자산계정에서 차감할 미실현이익은 얼마인가?

(2007. CPA 수정)

연결재무제표상 재고자산에서 차감될 미실현이익은 지배기업인 (주)서울과 종속기업인 (주)대구 간의 내부거래에 의한 미실현손익이다. 한편, (주)광주는 관계기업이므로 미실현이익은 연결재무제표상 재고자산에서 차감하지 않고 관계기업투자에서 차감하여 반영한다.

∴ 연결재무제표상 재고자산에서 차감할 미실현이익 : ₩50,000×50% = ₩25,000

※ 다음 자료를 이용하여 [문제10]~[문제 11]에 답하시오.

(주)대한은 20×1년초에 (주)민국의 보통주 30%를 ₩350,000에 취득하여 유의적인 영향력을 행사하고 있으며 지분법을 적용하여 회계처리한다. 20×1년초 현재 (주)민국의 순자산장부금액과 공정가치는 동일하게 ₩1,200,000이다.

〈추가자료〉

(1) 다음은 (주)대한과 (주)민국 간의 20×1년 재고자산 내부거래 내역이다.

판매회사→매입회사	판매회사 매출액	판매회사 매출원가	매입회사 장부상 기말재고
(주)대한→(주)민국	₩25,000	₩20,000	₩17,500

(2) 20×2년 3월 31일 (주)민국은 주주에게 현금배당금 ₩10,000을 지급하였다.

(3) 20×2년 중 (주)민국은 20×1년 (주)대한으로부터 매입한 재고자산을 외부에 모두 판매하였다.

(4) 다음은 (주)민국의 20×1년도 및 20×2년도 포괄손익계산서 내용의 일부이다.

구 분	20×1년	20×2년
당기순이익	₩100,000	₩(-)100,000
기타포괄이익	50,000	110,000

10 20×1년말 현재 (주)대한의 재무상태표에 표시되는 (주)민국에 대한 지분법적용투자주식 기말 장부금액은 얼마인가?

(2019. CPA)

20×1년말 지분법적용투자주식

20×1년말 (주)민국 순자산장부금액: ₩1,200,000+₩100,000+₩50,000=	₩1,350,000
투자지분율	×30%
계	₩405,000
20×1년말 (주)대한의 미실현이익 잔액: ₩17,500×20%×30%=	(1,050)
20×1년말 지분법적용투자주식	₩403,950

※해설※

구 분	회계처리				
취득시	(차) 관계기업투자	350,000	(대) 현금	350,000
염가매수차익환입	(차) 관계기업투자	10,000	(대) 지분법이익	10,000
	*₩1,200,000×30%-₩350,000=₩10,000			
당기순이익보고시	(차) 관계기업투자	45,000	(대) 지분법이익	30,000
			지분법기타포괄이익	15,000
	*₩150,000×30%=₩45,000			
투자자의 내부거래제거	(차) 지분법이익	1,050	(대) 관계기업투자	1,050
	*₩17,500×20%×30%=₩1,050			

11 지분법적용이 (주)대한의 20×2년도 당기순이익에 미치는 영향은 얼마인가? (2019. CPA)

20×2년 지분법손실

20×2년 (주)민국 당기순손실	₩(100,000)
투자지분율	×30%
계	₩(30,000)
투자자 내부거래제거	
실현이익	1,050
20×2년 지분법손실	₩(28,950)

12 20×1년 1월 1일 (주)대한은 (주)민국의 의결권 있는 보통주 30주(총 발행주식의 30%)를 ₩400,000에 취득하여 유의적인 영향력을 행사하게 되었다. 취득일 현재 (주)민국의 순자산장부금액은 ₩1,300,000이며, (주)민국의 자산·부채 중에서 장부금액과 공정가치가 일치하지 않는 항목은 다음과 같다. (주)대한이 20×1년 지분법이익으로 인식할 금액은 얼마인가? (2020. CPA)

(1) 주식취득일 현재 공정가치와 장부금액이 다른 자산은 다음과 같다.

구 분	재고자산	건물(순액)
공정가치	₩150,000	₩300,000
장부금액	100,000	200,000

(2) 재고자산은 20×1년 중에 전액 외부로 판매되었다.
(3) 20×1년초 건물의 잔존내용연수는 5년, 잔존가치 ₩0, 정액법으로 감가상각한다.
(4) (주)민국은 20×1년 5월말에 총 ₩20,000의 현금배당을 실시하였으며, 20×1년 당기순이익으로 ₩150,000을 보고하였다.

20×1년 지분법이익

20×1년 (주)민국의 당기순이익(장부금액)	₩150,000
투자제거차액의 상각	
재고자산	(50,000)
건　　물: ₩100,000÷5년=	(20,000)
20×1년 (주)민국의 독립영업이익(공정가치)	₩80,000
투자지분율	×30%

계	₩24,000
염가매수차익: (₩1,300,000+₩50,000+₩100,000)×30%−₩400,000=	35,000
20×1년 지분법이익	₩59,000

필수예제 — 관계기업투자주식의 단계적 취득

다음은 12월말 결산법인인 A회사의 관계기업투자와 관련된 자료이다.

(1) A회사는 20×1년 1월 1일에 주식시장에서 거래되고 있는 B회사의 의결권 있는 보통주 10%를 총 ₩100,000에 취득하여 기타포괄손익-공정가치측정금융자산으로 분류하였으며, 20×1년말 동 주식의 공정가치는 ₩120,000이다.

(2) A회사는 20×2년 1월 1일에 B회사의 의결권 있는 보통주 20%를 주식시장에서 총 ₩250,000에 추가로 취득하여 유의적인 영향력을 행사할 수 있게 되었다. 20×2년초 B회사의 주식을 추가로 취득할 당시 B회사의 순자산장부금액은 ₩1,000,000이었으며, 기계장치를 제외한 자산과 부채의 장부금액은 공정가치와 일치하였다. 20×2년초 기계장치의 장부금액과 공정가치는 각각 ₩250,000과 ₩300,000이었으며, 5년간 잔존가치 없이 정액법으로 상각한다.

(3) 20×2년에 B회사가 당기순이익으로 ₩40,000을 보고하였으며, 배당금지급은 없다.

위 거래가 A회사가 20×2년 당기순이익에 미친 영향은 얼마인가? 단, 법인세효과는 무시한다.

1. 20×2년초 기타포괄손익

10%주식의 20×2년초 공정가치: ₩250,000×10%/20%=	₩125,000
10%주식의 20×2년초 장부금액	(120,000)
계	₩5,000*

*이 경우 기타포괄손익누계액에 반영된 평가손익은 당기손익으로 재분류되지 않음

2. 20×2년 지분법이익

20×2년 B회사 당기순이익(장부금액)	₩40,000
투자제거차액 상각	
기계장치: ₩50,000×1/5=	(10,000)
20×2년 B회사 독립영업이익(공정가치)	₩30,000

투자지분율 ×30%

20×2년 지분법이익 ₩9,000

∴ 20×2년 당기순이익의 영향: ₩9,000

※해설※

구 분	회 계 처 리					
20×1년초	(차)	기타공정금융자산	100,000	(대)	현 금	100,000
20×1년말	(차)	기타공정금융자산	20,000	(대)	기타공정금융자산평가이익	20,000
20×2년초	(차)	기타공정금융자산	5,000	(대)	기타공정금융자산평가이익	5,000
	*₩250,000×10%/20%-₩120,000=₩50,000					
	(차)	기타공정금융자산	250,000	(대)	현 금	250,000
	(차)	관계기업투자	375,000	(대)	기타공정금융자산	375,000
20×2년말	(차)	관계기업투자	9,000	(대)	지분법이익	9,000

13 12월 결산법인인 (주)한국은 (주)고려의 의결권 있는 보통주식(총발행주식수 100주)의 30%를 다음과 같이 단계적으로 취득함으로써 유의적인 영향력을 행사하게 되었다.

취 득 일	취득원가	주 식 수	(주)고려의 순자산장부금액
20×1. 1. 1	₩10,000	10주	₩78,000
20×2. 1. 1	₩30,000	20주	₩90,000

[추가자료]

(1) 20×1년과 20×2년 (주)고려의 당기순이익은 각각 ₩12,000과 ₩20,000이다.

(2) 20×2년 7월 (주)고려는 ₩1,000의 중간배당을 지급하였으며 20×2년 중에 (주)고려의 자본잉여금이 ₩5,000 증가하였다.

(3) 각 주식취득일에서 (주)고려의 순자산장부금액은 공정가치와 일치하였다.

(4) 20×2년 1월 1일 시점에서 20×1년초에 취득한 (주)고려주식의 공정가치는 ₩15,000이다.

(주)한국이 20×2년말 개별재무제표에 보고할 (주)고려의 관계기업투자 장부금액은 얼마인가?

20×2년말 (주)고려의 순자산공정가치
   ₩90,000+₩20,000−₩1,000+₩5,000=   ₩114,000
투자지분율   ×30%
    계   ₩34,200
영 업 권:(₩15,000+₩30,000)−₩90,000×30%=   18,000
20×2년말 관계기업투자   ₩52,200

14 A회사는 B회사의 의결권 있는 보통주식(총발행주식수 100주)의 40%를 다음과 같이 단계적으로 취득하여 유의적인 영향력을 행사하게 되었다.

취 득 일	취득원가	주 식 수	B회사의 순자산장부금액
20×1. 1. 1	₩35,000	30주	₩100,000
20×2. 1. 1	13,000	10	120,000

[추가자료]

(1) 20×1년과 20×2년 B회사의 당기순이익은 ₩25,000과 ₩30,000이었다.
(2) 20×1년 7월 B회사는 ₩5,000의 중간배당금을 지급하였으며, 20×2년 중에 기타포괄이익이 ₩8,000 발생하였다.
(3) 각 주식취득일에서 B회사의 순자산장부금액은 공정가치와 일치하였다.
(4) 20×2년 1월 1일 시점에서 20×1년초에 취득한 B회사주식의 공정가치는 ₩39,000이었다.

A회사가 20×2년말 개별재무제표에 보고할 B회사의 관계기업투자 장부금액은 얼마인가?

20×2년말 B회사의 순자산공정가치
   ₩120,000+₩30,000+₩8,000=   ₩158,000
투자지분율   ×40%
    계   ₩63,200
영 업 권
   20×1년초 취득분:₩35,000−₩100,000×30%=   ₩5,000
   20×2년초 취득분:₩13,000−₩120,000×10%=   1,000*   6,000
20×2년말 관계기업투자   ₩69,200

* 투자자가 관계기업에 대하여 유의적인 영향력을 획득한 이후에 추가로 주식을 취득한 경우 추가취득으로 발생하는 투자제거차액은 영업권에 반영함

필수예제 피투자자의 유상증자시 투자제거차액

다음은 12월말 결산법인인 (주)파주의 관계기업투자와 관련된 자료이다.

(1) (주)파주는 20×1년 1월 1일에 (주)경기의 의결권 있는 보통주식 10,000주 중 3,000주(30%)를 주당 ₩1,000에 취득하였다. 주식취득 당시 (주)경기의 순자산장부금액은 ₩8,000,000이었으며 공정가치와 일치하였다.

(2) (주)경기는 20×2년 1월 1일에 50%(5,000주)의 유상증자를 주당 ₩2,500에 실시하였으며, (주)파주는 유상증자에 참여하여 750주를 취득하였다. 20×2년 1월 1일 유상증자 직전의 (주)경기의 순자산장부금액은 ₩12,000,000이었으며 공정가치와 일치하였다.

(3) (주)경기는 20×1년과 20×2년에 각각 ₩4,000,000과 ₩5,000,000의 당기순이익을 보고하였으며, 당기순이익 이외에 자본의 변동내역은 없다.

20×2년말 (주)파주의 개별재무제표에 계상될 관계기업투자금액과 (주)경기의 주식이 (주)파주의 20×2년 당기손익에 미치는 영향은 각각 얼마인가? 단, (주)파주와 (주)경기의 내부거래는 없다고 가정한다.

---

1. 관계기업투자

    20×2년말 (주)경기의 순자산공정가치

    ₩12,000,000+5,000주×₩2,500+₩5,000,000=   ₩29,500,000
    투자지분율   ×25%
    계   ₩7,375,000
    영 업 권:3,000주×₩1,000−₩8,000,000×30%=   600,000
    20×2년말 관계기업투자   ₩7,975,000

2. 당기손익의 영향

    (1) 금융자산처분손익(유상증자시 투자제거차액)

    유상증자주식 취득원가:750주×₩2,500=   ₩1,875,000
    (주)경기의 순자산공정가치
         유상증자 후 투자회사지분:
            (₩12,000,000+5,000주×₩2,500)×25%=   ₩6,125,000
         유상증자 전 투자회사지분:₩12,000,000×30%=   (3,600,000)   (2,525,000)
    투자제거차액(금융자산처분이익)   ₩(650,000)

    * (3,000주+750주)÷(10,000주+5,000주)=25%. 지분율이 유상증자 전보다 감소하였으므로 투자제거차액을 당기손익(금융자산처분손익)으로 인식한다.

(2) 지분법이익

20×2년 (주)경기의 당기순이익(공정가치)	₩5,000,000
투자지분율	×25%
20×2년 지분법이익	₩1,250,000

∴ 20×2년 당기순이익의 영향:₩650,000+₩1,250,000=₩1,900,000

※해설※

구 분	회 계 처 리				
20×1년초	(차) 관계기업투자	3,000,000	(대) 현 금	3,000,000	
20×1년말	(차) 관계기업투자	1,200,000	(대) 지분법이익	1,200,000	
	*₩4,000,000×30%=₩1,200,000				
20×2년초	(차) 관계기업투자	1,875,000	(대) 현 금	1,875,000	
	(차) 관계기업투자	650,000	(대) 금융자산처분이익	650,000	
	*유상증자시 투자제거차액				
20×2년말	(차) 관계기업투자	1,250,000	(대) 지분법이익	1,250,000	

---

15. A회사는 20×1년초에 B회사주식 8,000주(총발행주식수 20,000주)를 ₩64,000,000에 취득하여 유의적인 영향력을 획득하였다. 취득당시 B회사의 순자산장부금액은 ₩150,000,000으로 공정가치와 일치하였다. B회사가 20×2년초에 보통주 5,000주를 주당 ₩10,000에 유상증자하였으며, A회사는 이 중 4,000주를 인수하였다. 유상증자 전 B회사 순자산의 장부금액이 ₩160,000,000이었다면, A회사의 20×2년에 관계기업투자금액에 포함된 영업권금액은 얼마인가?

1. 유의적 영향력 획득시점의 영업권:₩64,000,000-₩150,000,000×40%=₩4,000,000
2. 유상증자시 투자제거차액

투자주식의 취득원가: 4,000주×₩10,000=	₩40,000,000
B회사 순자산공정가치	
유상증자 후 투자회사지분	
(₩160,000,000+5,000주×₩10,000)×48%*=	₩100,800,000

유상증자 전 투자회사지분:₩160,000,000×40%=	(64,000,000)	(36,800,000)
투자제거차액(영업권)		₩3,200,000

  *(8,000주+4,000주)÷(20,000주+5,000주)=48%. 지분율이 유상증자 전보다 증가하였으므로 투자제거차액을 영업권으로 조정한다.

∴ 관계기업투자 중 영업권:₩4,000,000+₩3,200,000=₩7,200,000

16 (주)웅지는 20×1년초에 (주)파주의 발행주식의 30%를 ₩1,600,000에 취득하여 유의적인 영향력을 획득하였다. 취득 당시 (주)파주의 순자산장부금액은 ₩4,000,000이었는데, 유형자산이 공정가치보다 ₩200,000만큼 과소평가되었으며, 나머지 차액은 영업권 대가로 지급된 것이다. 유형자산은 4년간 정액법으로 감가상각하며 잔존가치는 없는 것으로 가정한다. (주)파주의 최근 2년간 당기순이익(손실)은 다음과 같다.

	20×1년	20×2년
당기순이익(손실)	₩(4,000,000)	₩(3,000,000)

(주)웅지가 20×1년과 20×2년에 인식할 지분법이익(손실)은 각각 얼마인가?

1. 20×1년 지분법손실

20×1년 (주)파주의 당기순손실(장부금액)	₩(4,000,000)
투자제거차액 상각	
유형자산:₩200,000×1/4=	(50,000)
20×1년 (주)파주의 독립영업이익(공정가치)	₩(4,050,000)
투자지분율	×30%
20×1년 지분법손실	₩(1,215,000)

2. 20×2년 지분법손실

20×2년 (주)파주의 당기순손실(장부금액)	₩(3,000,000)
투자제거차액 상각	
유형자산:₩200,000×1/4=	(50,000)
20×2년 (주)파주의 독립영업이익(공정가치)	₩(3,050,000)
투자지분율	×30%
20×2년 지분법손실(한도:₩385,000)*	₩(915,000)

*관계기업투자의 장부금액이 ₩385,000(₩1,600,000-₩1,215,000)이므로 지분법손실은 ₩385,000까지만 인식하고 관계기업투자지분 이상의 손실 ₩530,000에 대해서는 손실을 인식하지 않는다.

∴ 20×1년 지분법손실:₩1,215,000,
　20×2년 지분법손실:₩385,000

17 A회사는 20×1년 1월 1일 B회사 및 C회사 발행주식의 30%와 40%를 각각 ₩22,000,000과 ₩10,000,000에 취득하였다. 주식취득시점인 20×1년초 현재 B회사와 C회사의 순자산장부금액은 각각 ₩40,000,000과 ₩20,000,000이며, 공정가치와 일치한다. 20×1년도에 B회사는 ₩20,000,000의 당기순이익을 보고하였으며, C회사는 ₩40,000,000의 당기순손실을 보고하였다. C회사는 20×1년 중 장부금액이 ₩7,000,000인 토지를 A회사에게 ₩12,000,000에 처분하였으며, 이 토지는 20×1년말 현재 A회사가 계속 보유하고 있다. 20×1년 12월말 A회사의 개별재무제표에 표시되는 지분법손익과 관계기업투자의 금액은 각각 얼마인가? 단, 관계기업별 지분법이익과 지분법손실은 상계하며, 법인세효과는 무시한다.

1. 20×1년 지분법손익

　(1) B회사 지분법손익

B회사 당기순이익(공정가치)	₩20,000,000
투자지분율	×30%
지분법이익	₩6,000,000

　(2) C회사 지분법손익

C회사 당기순손실(장부금액)	₩(40,000,000)
내부거래손익제거:토　　지	(5,000,000)
C회사 독립영업손실(공정가치)	₩(45,000,000)
투자지분율	×40%
지분법손실(한도:₩10,000,000)*	₩(18,000,000)

* C회사의 지분법손실은 ₩18,000,000이나 관계기업투자의 장부금액 ₩10,000,000이 ₩0이 될 때까지만 지분법을 적용하고 그 이후에는 지분법을 중단하므로 지분법손실 중 ₩10,000,000만을 인식한다.

∴ 20×1년 지분법손익:₩6,000,000+₩(10,000,000)=₩(4,000,000) 손실

2. 20×1년말 관계기업투자

   (1) B회사 관계기업투자

B회사 순자산공정가치: ₩40,000,000+₩20,000,000=	₩60,000,000
투자지분율	×30%
계	₩18,000,000
영 업 권: ₩22,000,000−₩40,000,000×30%=	10,000,000
관계기업투자	₩28,000,000

   (2) C회사 관계기업투자: ₩0

   * C회사의 20×1년 지분법손실 ₩18,000,000이 관계기업투자 ₩10,000,000을 초과하여 ₩10,000,000까지 지분법손실을 인식하였으므로 C회사에 대한 관계기업투자는 ₩0이다.

   ∴ 20×1년말 관계기업투자: ₩28,000,000+₩0=₩28,000,000

필수예제 관계기업투자의 처분

A회사는 20×1년초에 B회사 보통주의 30%(300주)를 ₩1,800,000에 취득하여 유의적인 영향력을 획득하였다. 취득 당시 B회사의 순자산장부금액은 ₩5,000,000이었으며 순자산장부금액과 공정가치는 일치하였다. 20×1년에 B회사는 ₩1,200,000의 당기순이익을 보고하였고 후속적으로 당기손익으로 재분류될 수 있는 ₩100,000의 금융자산평가이익(기타포괄손익누계액)이 발생하였다. A회사는 20×2년초에 B회사주식 중 20%(200주)를 처분하여 유의적인 영향력을 상실하였다. 20×2년초 B회사주식의 1주당 공정가치가 ₩8,000이라고 할 때 B회사 투자주식이 A회사의 20×2년 당기손익에 미치는 영향은 얼마인가?

1. 20×2년초 관계기업투자의 장부금액

20×2년초 B회사 순자산공정가치	
₩5,000,000+₩1,200,000+₩100,000=	₩6,300,000
투자지분율	×30%
계	₩1,890,000
영 업 권: ₩1,800,000−₩5,000,000×30%=	300,000
20×2년초 관계기업투자	₩2,190,000

2. 당기손익의 영향
   (1) 처분된 B회사주식(200주)

처분대가:200주×₩8,000=	₩1,600,000
관계기업투자 장부금액:₩2,190,000×200주/300주=	(1,460,000)
계	₩140,000
지분법기타포괄이익:₩100,000×30%=	30,000
금융자산처분이익	₩170,000

   (2) 보유중인 B회사주식(100주)

공정가치:100주×₩8,000=	₩800,000
관계기업투자 장부금액:₩2,190,000×100주/300주=	(730,000)
금융자산처분이익	₩70,000

   ∴ 당기손익의 영향:₩160,000+₩80,000=₩240,000 이익

   ※해설※ 처분시 회계처리

(차)	현 금	1,600,000	(대)	관계기업투자	1,460,000
	지분법기타포괄이익	30,000		금융자산처분이익	170,000
(차)	기타공정금융자산	800,000	(대)	관계기업투자	730,000
				금융자산처분이익	70,000

---

18 한양회사는 20×1년 1월 1일에 P회사의 보통주 10,000주(발행주식의 25%)를 ₩72,000,000에 구입하여 유의적인 영향력을 획득하였다. 구입 당시 P회사의 장부상 순자산가액은 ₩264,000,000이었는데, 취득원가와 P회사의 순자산에 대한 지분액의 차이는 영업권 성격으로 확인되었다. 20×1년도에 P회사는 ₩20,000,000의 당기순이익을 보고하고 금융자산의 공정가치 증가에 의하여 후속적으로 당기손익으로 재분류될 수 있는 ₩4,000,000의 기타포괄이익이 발생하였으며, 20×1년에 중간배당금으로 ₩16,000,000의 현금배당을 실시하였다. 또한 20×1년 12월 31일에 P회사주식의 주당 공정가치는 ₩8,000이었다. 만일, 한양회사가 20×2년 1월 1일에 보유하고 있는 P회사주식의 1/5을 주당 ₩7,600에 처분하였다면, 한양회사의 20×2년 개별재무제표에 관계기업투자의 처분으로 인식되는 금융자산처분손익은 얼마인가? 단, 한양회사는 결산일이 12월 31일이며, P회사주식 처분 후에도 P회사에 대한 유의적인 영향력을 행사하고 있다.

1. 20×2년초 관계기업투자의 장부금액

   20×2년초 P회사의 순자산공정가치

₩264,000,000+₩20,000,000+₩4,000,000−₩16,000,000=	₩272,000,000
투자지분율	×25%
계	₩68,000,000
영 업 권 : ₩72,000,000−₩264,000,000×25%=	6,000,000
20×2년초 관계기업투자	₩74,000,000

2. 금융자산처분손익

처분대가 : 2,000주×₩7,600=	₩15,200,000
관계기업투자 장부금액 : ₩74,000,000×1/5=	(14,800,000)
계	₩400,000
지분법기타포괄이익 : ₩4,000,000×25%×1/5=	200,000
금융자산처분이익	₩600,000

※해설※ 처분시 회계처리

(차)	현 금	15,200,000	(대)	관계기업투자	14,800,000
	지분법기타포괄이익	200,000		금융자산처분이익	600,000

19 (주)대한은 20×1년초에 (주)민국의 의결권 있는 보통주식 30주(지분율 30%)를 ₩150,000에 취득하여 유의적인 영향력을 행사하게 되었다. 취득당시 (주)민국의 순자산장부금액은 ₩500,000이며 공정가치와 일치하였다. 20×1년도에 (주)민국은 당기순이익 ₩120,000과 후속적으로 당기손익으로 재분류 될 수 있는 기타포괄이익(기타포괄손익-공정가치측정금융자산평가이익) ₩50,000을 보고하였으며 배당결의나 지급은 없었다. (주)대한은 20×2년초에 보유하고 있던 (주)민국의 주식 20주(지분율 20%)를 주당 공정가치 ₩6,500에 매각하여 유의적인 영향력을 상실하였다. 나머지 10주는 기타포괄손익-공정가치측정금융자산으로 재분류하였다. (주)민국의 주식 20주 처분과 10주의 재분류가 (주)대한의 20×2년도 당기순이익에 미치는 영향은? (2017. CPA)

1. 20×2년초 관계기업투자의 장부금액

   (₩500,000+₩120,000+₩50,000)×30%=₩201,000

2. 20×2년초 처분시 회계처리

(1) (차) 현 금　　　　　　　130,000　　(대) 관계기업투자　　　134,000*
　　　　지분법기타포괄이익　 15,000　　　　 금융자산처분이익　 11,000
　　　　　*₩201,000×20주/30주=₩134,000

(2) (차) 기타공정금융자산　　65,000　　(대) 관계기업투자　　　 67,000
　　　　금융자산처분손실　　 2,000

∴ 당기순이익에 미치는 영향: ₩11,000+₩(2,000)=₩9,000 증가

필수예제　관계기업투자의 손상차손

(주)우진은 20×5년초에 (주)태양의 발행주식 중 30%의 지분을 ₩320,000에 취득하여 유의적인 영향력을 행사하게 되었다. 20×5년초 현재 (주)태양의 순자산의 장부금액은 ₩1,000,000이며 자산·부채의 장부금액은 공정가치와 동일하였다. 20×5년말 (주)태양의 순자산장부금액은 ₩850,000인데, 순자산 장부금액의 변동은 당기순손실 ₩200,000과 기타포괄이익 ₩50,000에 기인한다. 한편, (주)우진은 20×5년말 현재 (주)태양에 대한 투자주식의 회수가능액을 ₩230,000이라고 추정하였으며, 손상차손 발생에 대한 객관적 증거가 있다고 판단하였다. (주)우진이 20×5년말 개별재무제표에 관계기업투자에 대해서 인식해야 할 손상차손은 얼마인가?

(2005. 세무사 수정)

1. 20×5년말 관계기업투자의 장부금액

20×5년말 (주)태양의 순자산공정가치: ₩1,000,000−₩200,000+₩50,000=	₩850,000
투자지분율	×30%
계	₩255,000
영 업 권: ₩320,000−₩1,000,000×30%=	20,000
20×5년말 관계기업투자	₩275,000

2. 관계기업투자 손상차손

관계기업투자 장부금액	₩275,000
회수가능액	(230,000)
계	₩45,000
지분법기타포괄이익	(15,000)

관계기업투자 손상차손		₩30,000		

※해설※ 손상차손 회계처리

(차) ┌ 지분법기타포괄이익　　15,000　　　(대)　관계기업투자　　45,000
　　　└ 관계기업투자손상차손　30,000

---

20 (주)한국은 20×1년초에 (주)서울의 의결권 있는 보통주식 30%를 ₩40,000에 취득하여 유의적인 영향력을 갖게 되었다. 20×1년초 (주)서울의 순자산의 장부금액은 ₩73,000이고 공정가치는 ₩70,000인데, 건물(잔존내용연수 10년, 잔존가치 ₩0, 정액법 상각)의 공정가치가 장부금액보다 ₩3,000 낮음에 기인한다. 20×1년 (주)서울의 당기순이익은 ₩10,000이지만, 자금난으로 결국 부도처리 되었으며 이는 손상차손 발생에 대한 객관적 증거에 해당한다. 20×1년 12월 31일 현재 (주)한국이 보유한 (주)서울 주식의 회수가능액은 ₩14,000이다. (주)한국이 (주)서울의 관계기업투자주식에 대해서 지분법을 적용할 때 20×1년말에 인식해야 할 손상차손은 얼마인가?

(2015. CPA)

1. 20×1년말 관계기업투자의 장부금액

(주)서울의 순자산장부금액: ₩73,000+₩10,000=	₩83,000
투자제거차액 미상각잔액	
건　물: ₩3,000−₩3,000×1/10=	(2,700)
(주)서울의 순자산공정가치	₩80,300
투자지분율	×30%
계	₩24,090
영　업　권: ₩40,000−₩70,000×30%=	19,000
20×1년말 관계기업투자	₩43,090

2. 관계기업투자 손상차손

관계기업투자 장부금액	₩43,090
회수가능액	(14,000)
계	₩29,090

21 (주)대한은 20×1년 초에 보유하던 토지(장부금액 ₩20,000, 공정가치 ₩30,000)를 (주)민국에 출자하고, 현금 ₩10,000과 (주)민국의 보통주 30%를 수취하여 유의적인 영향력을 행사하게 되었다. 출자 당시 (주)민국의 순자산장부금액은 ₩50,000이며 이는 공정가치와 일치하였다. 20×1년말 현재 해당 토지는 (주)민국이 소유하고 있으며, (주)민국은 20×1년도 당기순이익으로 ₩10,000을 보고하였다. (주)민국에 대한 현물출자와 지분법회계처리가 (주)대한의 20×1년도 당기순이익에 미치는 영향은 얼마인가? 단, 현물출자는 상업적 실질이 결여되어 있지 않다.

(2023. CPA)

20×1년초	(차)	현 금	10,000	(대)	토 지	20,000
		관계기업투자	20,000		유형자산처분이익	10,000
20×1년말	(차)	관계기업투자	3,000	(대)	지분법이익	3,000
		*₩10,000×30%=₩3,000				
	(차)	지분법이익	2,000	(대)	관계기업투자	2,000
		*₩10,000×2/3×30%=₩2,000				

∴ 당기순이익에 미치는 영향 : ₩1,000

※해설※

관계기업투자주식을 현물출자에 의하여 취득하는 경우 현물출자에 상업적 실질이 결여되어 있지 않다면 비화폐성자산의 처분손익은 내부거래로 인한 미실현손익으로 간주한다. 다만, 추가로 화폐성이나 비화폐성자산을 받는 경우 이와 관련된 손익은 내부거래로 인한 미실현손익으로 간주하지 않는다.

03 공동약정

1 공동약정의 정의

공동약정(joint venture)이란 둘 이상의 당사자들이 공동지배력을 보유하는 약정이다. 공동약정은 공동영업이거나 공동기업으로 분류되며, 다음과 같은 특징이 있다.

(1) 당사자들이 계약상 약정에 의해 구속된다.
(2) 계약상 약정은 둘 이상의 당사자들에게 약정의 공동지배력을 부여한다.

즉, 공동약정의 핵심개념은 공동지배력(joint control)이며, 이러한 공동지배력은 계약상 약정(contractual arrangement)에 의해 성립되어야 한다는 것이다.

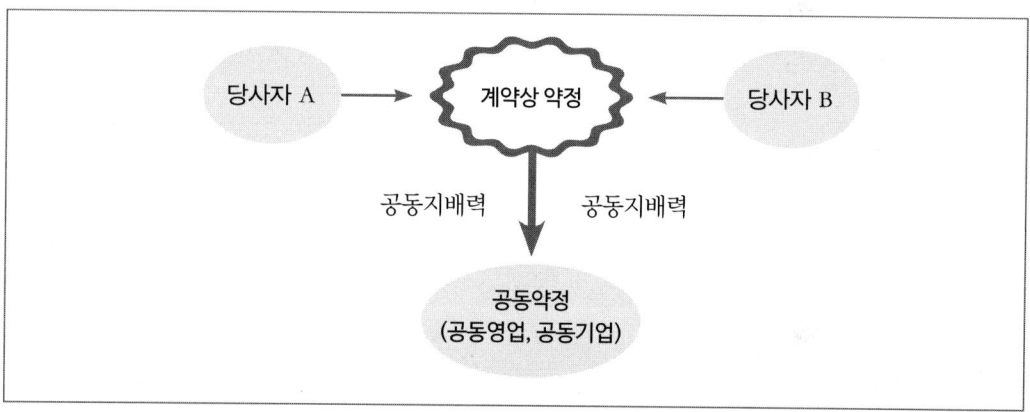

공동지배력

공동지배력이란 약정의 지배력에 대한 합의된 공유를 말한다. 이와 관련하여 유의할 사항은 다음과 같다.

(1) 공동지배력은 관련활동에 대한 결정에 지배력을 공유하는 당사자들 전체의 동의가 요구될 때에만 존재한다.
(2) 공동약정에서, 단일의 당사자는 그 약정을 단독으로 지배할 수 없다. 그러나 약정의 공동지배력을 보유하는 한 당사자는 다른 당사자들이나 일부 당사자들 집단이 약정을 지배하는 것을 방해할 수 있다.
(3) 약정의 모든 당사자들이 약정의 공동지배력을 보유하지 않더라도 그 약정은 공동약정이 될 수 있다.

> **예** 甲기업에 당사자 A와 당사자 B는 40% 지분율을 가지고 있으며 공동지배력을 보유하고 있고, 당사자 C는 20% 지분율을 가지고 있으며 공동약정에는 참여하지만 공동지배력을 보유하지 않다.

따라서 공동약정의 당사자들은 공동약정의 공동지배력을 보유하는 당사자들과 공동약정에는 참여하지만 공동지배력을 보유하지 않는 당사자로 구분된다.

계약상 약정

계약상 약정은 여러 가지 방법으로 나타낼 수 있다. 강제할 수 있는 계약상 약정은 일반적으로 당사자들 간에 계약이나 회의록 방식으로 문서화된다.

(1) 공동약정이 별도기구를 통하여 설계되는 경우, 계약상 약정 또는 계약상 약정의 일부는 경우에 따라 별도기구의 정관, 인가서 또는 내규에 편입될 것이다. 여기서 별도기구란 별도의 법적 기업 또는 법에 의해 인식되는 기업을 포함하여, 그러한 기업이 법인격이 있는지 상관없이, 별도로 식별가능한 재무구조를 말한다.

(2) 계약상 약정은 당사자들이 약정의 대상인 활동에 참여하는 조건을 제시한다. 계약상 약정은 일반적으로 다음과 같은 사항을 다룬다.
① 공동약정의 목적, 활동 및 존속기간
② 공동약정에 대한 이사회나 이에 준하는 집행기구의 구성원 선임방법
③ 의사결정과정
④ 당사자들에게 요구되는 자본 또는 그 밖의 출자
⑤ 공동약정의 자산, 부채, 수익, 비용이나 손익의 당사자들 간의 분배방법

2 공동약정의 유형

기업은 자신이 관여된 공동약정의 유형을 결정한다. 공동약정은 약정 당사자들의 권리와 의무에 따라 공동영업이나 공동기업으로 분류한다.

(1) **공동영업** : 약정의 공동지배력을 보유하는 당사자들이 약정의 자산에 대한 권리와 부채에 대한 의무를 보유하는 공동약정이다. 그러한 당사자들은 공동영업자들로 지칭한다.

(2) **공동기업** : 약정의 공동지배력을 보유하는 당사자들이 약정의 순자산에 대한 권리를 보유하는 공동약정이다. 그러한 당사자들은 공동기업 참여자들로 지칭한다.

(3) 공동약정이 공동영업 또는 공동기업인지 평가할 때 판단을 적용한다. 즉, 공동약정에서 발생하는 기업의 권리와 의무를 고려하여 관여된 공동약정의 유형을 결정하는데, 이때 약정의 구조와 법적 형식, 계약상 약정에 대한 당사자들 간의 합의조건, 그리고 관련이 있다면, 그 밖의 사실과

상황을 고려하여 기업의 권리와 의무를 평가한다.

(4) 사실과 상황이 변경되는 경우, 관여하고 있는 공동약정의 유형이 변경되는지 재평가한다.

3 공동영업 당사자의 회계처리

공동영업의 당사자, 즉 공동영업자는 공동영업에 대한 자신의 지분에 해당하는 자산과 부채(관련 수익·비용 포함)를 직접 소유한 것처럼 회계처리해야 한다.

(1) 공동영업자는 공동영업에 대한 자신의 지분과 관련하여 다음을 인식한다.

① 자신의 자산. 공동으로 보유하는 자산 중 자신의 몫을 포함한다.
② 자신의 부채. 공동으로 발생한 부채 중 자신의 몫을 포함한다.
③ 공동영업에서 발생한 산출물 중 자신의 몫의 판매수익
④ 공동영업의 산출물 판매수익 중 자신의 몫
⑤ 자신의 비용. 공동으로 발생한 비용 중 자신의 몫을 포함한다.

(2) 공동영업자는 공동영업에 대한 자신의 지분에 해당하는 자산, 부채, 수익 및 비용을 특정 자산, 부채, 수익 및 비용에 적용하는 기업회계기준서에 따라 회계처리한다.

> **예** A기업과 B기업은 20×1년초에 공동으로 임대를 목적으로 하는 부동산을 구입하기로 약정하였다. 관련자료는 다음과 같다.
>
> (1) 부동산의 매입가격은 ₩10,000(토지 ₩4,000, 건물 ₩6,000)이고, 건물의 내용연수는 10년이며 잔존가치는 없다.
> (2) 부동산의 매입가격과 임대수익 및 관리비용은 동일한 비율로 안분하기로 약정하였다.
> (3) 20×1년의 임대수익은 ₩2,000이며 관리비용은 ₩400이었다. 건물은 정액법으로 감가상각한다.

일 자	회 계 처 리				
부동산취득시	(차)	토 지 건 물	2,000 3,000	(대) 현 금	5,000
임대수익발생시	(차)	현 금	1,000	(대) 임 대 료	1,000
		*₩2,000×50% = ₩1,000			
관리비용발생시	(차)	관리비용	200	(대) 현 금	200
		*₩400×50% = ₩200			
결 산 시	(차)	감가상각비	300	(대) 감가상각누계액	300
		*₩3,000÷10년 = ₩300			

(3) 기업과 그 기업이 공동영업자인 공동영업 간에 이루어진 자산의 판매, 출자 또는 구매 등의 거

래는 다음과 같이 회계처리한다.

① 공동영업자인 기업이 공동영업에 자산을 판매하거나 출자하는 것과 같은 거래를 하는 경우, 그것은 공동영업의 다른 당사자와의 거래를 수행하는 것이고, 공동영업자는 거래의 결과인 손익을 다른 당사자들의 지분 한도까지만 인식한다.

예 A기업이 장부금액 ₩100의 토지를 공동영업에 ₩200에 매각한 경우 회계처리. 단, A기업은 공동영업에 30% 지분을 보유하고 있다.

A기업:	(차) 현 금	200	(대)	토 지	100
				유형자산처분이익	100
공동영업:	(차) 토 지	60	(대)	현 금	60

*A기업은 공동영업에 30% 지분을 보유하고 있으므로 토지 구입금액 ₩200의 30%인 ₩60만큼 지급했을 것임.

결산시: 차이조정	(차) 유형자산처분이익	30	(대)	토 지	30

*토지처분이익 ₩100 중 공동영업자(A기업)의 지분 30%에 해당하는 ₩30은 인식하지 않음.

② 위 ①의 거래가 공동영업에 판매되거나 출자되는 자산의 순실현가능가치 감소 또는 그러한 자산의 손상차손의 증거를 제공하는 경우, 공동영업자는 그러한 손실을 전부 인식한다.

예 A기업이 장부금액 ₩300의 토지를 공정가치 ₩250에 매각한 경우 회계처리. 단, 토지에 자산손상의 징후가 있으며 A기업은 공동영업에 30% 지분을 보유하고 있다.

A기업:	(차) 현 금	250	(대)	토 지	300
	유형자산처분손실	50			
공동영업:	(차) 토 지	75	(대)	현 금	75

*A기업은 공동영업에 30% 지분을 보유하고 있으므로 토지 구입금액 ₩250에 30%인 ₩75만큼 지급했을 것임.

결산시: － 회계처리 없음* －
차이조정

*손상차손의 증거를 제공하는 경우 공동영업자는 그러한 손실을 전부 인식함.

③ 공동영업자인 기업이 공동영업과 자산의 구매와 같은 거래를 하는 경우, 기업은 자산을 제3자에게 재판매하기 전까지는 손익에 대한 자신의 몫을 인식하지 않는다.

예 A기업이 공동영업으로부터 장부금액 ₩100의 토지를 ₩200에 구입한 경우 회계처리. 단, A기업은 공동영업에 30% 지분을 보유하고 있다.

공동영업:	(차)	현 금	200	(대)	토 지	100
					유형자산처분이익	100
A기업:	(차)	토 지	200	(대)	현 금	200
결산시 : 차이조정	(차)	유형자산처분이익	30	(대)	토 지	30

*토지처분이익 ₩100 중 공동영업자(A기업)의 지분 30%에 해당하는 ₩30은 인식하지 않음.

④ 위 ③의 거래가 공동영업으로 구매되는 자산의 순실현가능가치 감소 또는 그러한 자산의 손상차손의 증거를 제공하는 경우, 공동영업자는 그러한 손실에 대한 자신의 몫을 인식한다.

예 A기업이 공동영업으로부터 장부금액 ₩300의 토지를 공정가치 ₩250에 구입한 경우 회계처리. 단, 토지에 자산손상의 징후가 있으며 A기업은 공동영업에 30% 지분을 보유하고 있다.

공동영업:	(차)	현 금	250	(대)	토 지	300
		유형자산처분손실	50			
A기업:	(차)	토 지	250	(대)	현 금	250
결산시 : 차이조정		– 회계처리 없음* –				

*손상차손의 증거를 제공하는 경우 공동영업자는 그러한 손실을 전부 인식함.

(4) 공동영업에 참여는 하지만 공동지배력을 보유하지 않은 당사자가 공동영업과 관련된 자산에 대한 권리와 부채에 대한 의무를 보유한다면, 당사자도 약정에 대한 자신의 지분을 앞에서 설명한 방법에 따라 회계처리한다. 그러나 공동영업에 참여는 하지만 공동지배력을 보유하지 않는 당사자가 공동영업에 자산에 대한 권리와 부채에 대한 의무를 보유하지 않는다면, 그 당사자는 그러한 지분에 적용하는 기업회계기준서에 따라 공동영업에 대한 자신의 지분을 회계처리한다.

4 공동기업 참여자의 회계처리

공동기업의 당사자, 즉 공동기업 참여자는 공동기업에 대한 자신의 지분을 투자자산으로 인식하여 지분법으로 회계처리한다.

(1) 기업이 기업회계기준서(관계기업과 공동기업에 대한 투자)에 명시된 것처럼 지분법 적용이 면제되는 경우에는 원가법 또는 공정가치법(이연법)으로 회계처리한다.

(2) 공동기업에 참여는 하지만 공동지배력을 보유하지 않는 당사자는 약정에 대한 자신의 지분을

원가법 또는 공정가치법(이연법)으로 회계처리한다. 그러나 공동기업에 대하여 유의적인 영향력이 있는 경우에는 지분법으로 회계처리한다.

공동약정

이론문제(기출지문)

01 공동약정은 약정 당사자들의 권리와 의무에 따라 공동영업, 공동자산 및 공동기업으로 분류된다. (×)
  ▶공동약정은 공동영업이거나 공동기업으로 분류된다.

02 공동영업자인 기업이 공동영업에 자산을 판매하는 경우 발생한 손익은 자신의 지분한도까지만 인식한다. (×)
  ▶공동영업자인 기업이 공동영업에 자산을 판매하거나 출자하는 경우에 발생하는 손익은 다른 당사자들의 지분 한도까지만 인식한다.

03 공동영업자인 기업이 공동영업으로부터 자산을 구매하는 경우에 발생하는 손실은 자산을 제3자에게 판매하기 전까지는 손익에 대한 자신의 몫을 인식하지 않는다. 다만, 자산의 순실현가능가치의 감소 또는 그러한 자산의 손상차손의 증거를 제공하는 경우에는 그러한 손실에 대한 자신의 몫을 인식한다. (○)

04 공동기업에 참여는 하지만 공동지배력을 보유하지 않는 당사자라 하더라도 공동기업에 대하여 유의적인 영향력이 있는 경우에는 지분법으로 회계처리한다. (○)

01 A기업과 B기업은 20×1년초에 공동으로 임대를 목적으로 하는 부동산을 구입하기로 약정하였다. 관련자료는 다음과 같다.

(1) 부동산의 매입가격은 ₩20,000(토지 ₩4,000, 건물 ₩16,000)이고, 건물의 내용연수는 10년이며 잔존가치는 없다.
(2) 부동산의 매입가격과 임대수익 및 관리비용은 동일한 비율로 안분하기로 약정하였다.
(3) 20×1년의 임대수익은 ₩5,000이며 관리비용은 ₩800이었다. 건물은 정액법으로 감가상각한다.

A기업이 20×1년에 공동영업과 관련하여 인식할 이익은 얼마인가? 단, 법인세효과는 무시한다.

공동영업이익: ₩5,000×50% - ₩800×50% - ₩16,000×50%÷10년 = ₩1,300

※해설※

구 분	회 계 처 리					
부동산취득시	(차)	토 지 건 물	2,000 8,000	(대)	현 금	10,000
임대수익발생시	(차)	현 금	2,500	(대)	임 대 료	2,500
		*₩5,000×50%=₩2,500				
관리비용발생시	(차)	관리비용	400	(대)	현 금	400
		*₩800×50%=₩400				
결 산 시	(차)	감가상각비	800	(대)	감가상각누계액	800
		*₩8,000÷10년=₩800				

02 20×1년초에 공동영업의 지분 25%를 보유하고 있는 A기업이 장부금액이 ₩100인 유형자산을 공동영업에 ₩200에 매각한 경우, A기업이 인식할 유형자산처분이익은 얼마인가?

A기업의 유형자산처분이익: (₩200 - ₩100) × (1 - 25%) = ₩75

* 공동영업자인 기업이 공동영업에 자산의 판매 및 출자 등의 거래를 하는 경우, 이는 공동영업의 다른 당사자들과 거래를 하는 것이며 공동영업자는 거래의 손익을 다른 당사자들의 지분한도까지만 인식한다. 즉, 공동영업자 자신의 지분에 해당하는 손익은 인식하지 아니한다.

03 (주)한국은 20×1년 아래 자료에서 제시하는 주식을 모두 취득하였다. (주)한국이 20×1년말 연결재무제표 작성에 있어서, 보유지분에 대한 회계처리방법으로 타당한 것은? (2010. CPA 수정)

(가) 음식점 운영을 주업으로 하는 (주)한식의 지분 20%: (주)한식의 나머지 지분 80%를 보유한 주주들은 서로 특수관계가 없고 단순 배당투자만을 목적으로 하며, (주)한국에게 의결권을 위임한다. (주)한국은 주식취득 직후 (주)한식의 이사회 구성원 전원을 임명하였고, (주)한식의 재무정책과 영업정책은 이사회가 결정한다.

(나) 자동차부품을 제조하는 기업인 (주)엔진의 지분 30%: (주)한국의 해당 주식 취득과는 무관하게 (주)한국과 특수관계가 없는 기업인 (주)고속이 (주)엔진의 지분 중 40%를 보유하고 있다. 나머지 30%의 지분 역시 (주)한국과 특수관계가 없는 다수의 주주들이 각각 1% 미만의 지분을 보유하고 있다.

(다) 원자력발전소 건설이 주요 사업인 (주)원전의 지분 50%: (주)원전은 (주)원자력과 (주)발전이 각각 50%씩 출자하여 설립한 기업이다. (주)한국은 (주)원자력으로부터 해당 지분을 인수하였다. (주)원전의 주요의사결정은 (주)원전의 이사회결의에 의해 이루어지며, 정관상 이사회의 구성원인 이사는 (주)원전의 지분비율에 비례하여 임명되고, 이사회는 이사의 전체 동의에 의해 의결한다.

(가) 투자자가 다른 투자자와 결합하여 의결권의 과반수를 보유하며, 관련활동을 지시하는 능력이 있는 이사회 구성원 전원을 임명하였으므로 투자자는 피투자자에 대한 힘이 있다. 따라서 연결회계처리를 적용한다.

(나) 투자자가 피투자자 지분의 30%를 보유하여 유의적인 영향력이 있으므로 지분법회계처리를 적용한다. 이때, 다른 투자자가 40%의 지분을 소유하고 있어도 투자자가 피투자자에 대하여 유의적인 영향력이 있다는 것을 배제할 필요는 없다.

(다) 공동약정에 해당하므로 공동영업(공동영업인 경우) 또는 지분법회계처리(공동기업인 경우)를 적용한다.

08 관계기업 및 공동약정

CHAPTER 09

환율변동효과

ADVANCED ACCOUNTING

제1절 / 외화환산의 기본개념
제2절 / 기능통화에 의한 외화거래의 보고
제3절 / 기능통화가 아닌 표시통화의 사용

01 외화환산의 기본개념

1 외화환산의 의의

기업의 활동영역이 넓어지고 국제화에 따라 국가 간의 무역 및 자본교류가 활발해지고 있다. 특히 1990년대에 들어서면서 우리나라의 기업들은 인건비 절감과 원재료의 원활한 조달을 위하여 해외사업장(보고기업과 다른 국가에서 또는 다른 통화로 영업활동을 하는 종속기업, 관계기업, 공동기업이나 지점)에 직접 투자하는 것을 적극적으로 추진해오고 있다.

기업이 국가 간의 거래를 수행함에 따라 발생하는 외화거래나 해외사업장의 재무제표가 외화로 측정·표시되면 이를 기록하고 보고하는 문제에 당면하게 된다. 즉, 외화로 결제되어야 하는 거래들은 우리 기업의 국내거래와 통합되기 전에 원화로 환산되어야 하며, 해외사업장의 회계기록과 재무제표들이 그들이 주재하는 나라의 외화로 작성되었다면 재무제표가 결합되기 전에 외화로 표시된 재무제표는 원화로 환산되어야 한다. 왜냐하면, 모든 거래와 계정잔액들이 동일한 화폐단위로 표시되지 으면 유용한 재무보고서를 만들 수 없기 때문이다.

기업회계기준서(환율변동효과)는 이러한 외화거래와 해외사업장의 재무제표를 표시통화(원화)로 환산하는 방법에 대해서 규정하고 있는데, 그 주요한 내용은 다음과 같다.[1]

(1) 외화거래와 외화표시잔액의 회계처리
(2) 연결재무제표 또는 지분법을 적용하여 작성하는 재무제표에 포함되는 해외사업장의 성과와 재무상태의 환산
(3) 기업의 경영성과와 재무상태를 표시통화로 환산

---

[1] 다음의 경우에는 기업회계기준서(환율변동효과)를 적용하지 아니한다.
① 기업회계기준서(금융상품 : 인식과 측정)를 적용하는 외화파생상품. 단, 기업회계기준서(금융상품 : 인식과 측정)를 적용하지 않는 외화파생상품(예 : 기타 계약에 내재된 일부 외화파생상품) 및 파생상품과 관련된 금액을 기능통화에서 표시통화로 환산하는 경우에는 기업회계기준서(환율변동효과)를 적용한다.
② 해외사업장에 대한 순투자의 위험회피 등과 같은 외화항목에 대한 위험회피회계. 이 경우에는 기업회계기준서(금융상품 : 인식과 측정)를 적용한다.
③ 외화거래에서 생기는 현금흐름을 현금흐름표에 표시하거나 해외사업장의 현금흐름을 환산하는 경우. 이 경우에는 기업회계기준서(현금흐름표)를 적용한다.

따라서 기업회계기준서(환율변동효과)의 핵심 주제는 외화환산에 사용하는 환율의 결정과 환율변동의 효과를 재무제표에 보고하는 방법이라고 할 수 있다.

2 기능통화의 결정

(1) 기능통화의 정의

기능통화란 영업활동이 이루어지는 주된 경제 환경, 즉 주로 현금을 창출하고 사용하는 환경의 통화를 의미하는데, 우리나라 대부분 기업의 기능통화는 원화이다. 그리고 외화란 기능통화 이외의 다른 통화를 말한다. 모든 기업은 재무제표를 작성할 때 기능통화를 결정해야 하는데, 그 이유는 기능통화가 결정되어야만 외화항목을 기능통화로 환산하고 그 환산효과를 재무제표에 보고할 수 있기 때문이다.

(2) 기능통화 결정시 고려사항

주요지표

기능통화를 결정할 때에는 우선적으로 다음의 사항을 고려해야 한다.

① 재화와 용역의 공급가격에 주로 영향을 미치는 통화(흔히 재화와 용역의 공급가격을 표시하고 결제하는 통화)
② 재화와 용역의 공급가격을 주로 결정하는 경쟁요인과 법규가 있는 국가의 통화
③ 재화를 공급하거나 용역을 제공하는 데 드는 노무원가, 재료원가와 그 밖의 원가에 주로 영향을 미치는 통화(흔히 이러한 원가를 표시하고 결제하는 통화)

보조지표 1

다음 사항도 기능통화를 결정하는 데 추가적인 보조 증거를 제공한다.

① 재무활동(즉, 채무상품이나 지분상품의 발행)으로 조달되는 통화
② 영업활동에서 유입되어 통상적으로 보유하는 통화

보조지표 2

해외사업장의 기능통화를 결정할 때 그리고 이러한 해외사업장의 기능통화가 보고기업(종속기업, 지점, 관계기업, 조인트벤처 형태로 해외사업장을 갖고 있는 기업)의 기능통화와 같은지 판단할 때 다음 사항을 추가적으로 고려한다.

① 해외사업장의 활동이 보고기업활동의 일부로써 수행되는지 아니면 상당히 독자적으로 수행되는지
    a. 해외사업장이 보고기업에서 수입한 재화를 판매하고 그 판매대금을 보고기업으로 송금하는 역할만 한다면 해외사업장이 보고기업의 일부로써 활동하는 예에 해당한다.
    b. 해외사업장이 대부분 현지통화로 현금 등의 화폐성항목을 축적하고 비용과 수익을 발생시키며 차입을 일으킨다면 해외사업장의 활동이 상당히 독자적으로 수행되는 예에 해당한다.
② 보고기업과의 거래가 해외사업장의 활동에서 차지하는 비중이 높은지 낮은지
③ 해외사업장 활동에서의 현금흐름이 보고기업의 현금흐름에 직접 영향을 주고 보고기업으로 쉽게 송금될 수 있는지
④ 보고기업의 자금 지원 없이 해외사업장 활동에서의 현금흐름만으로 현재의 채무나 통상적으로 예상되는 채무를 감당하기에 충분한지

(3) 기능통화가 분명하지 않은 경우

주요지표와 보조지표들이 서로 다른 결과를 제시하여 기능통화가 분명하지 않은 경우에는 경영진이 판단하여 실제 거래, 사건과 상황의 경제적 효과를 가장 충실하게 표현하는 기능통화를 결정한다. 이때 경영진은 기능통화를 결정하는 데 추가적인 보조 증거를 제공하는 보조지표를 고려하기 전에 주요지표를 우선하여 고려한다.

(4) 기능통화의 변경

기능통화는 그와 관련된 실제 거래, 사건과 상황을 반영한다. 따라서 일단 기능통화를 결정하면 변경하지 아니한다. 그러나, 실제 거래, 사건과 상황에 변화가 있다면 기능통화를 변경할 수 있는데, 기능통화가 변경되는 경우에는 새로운 기능통화에 의한 환산절차를 변경한 날부터 전진적용한다.

3 환율

(1) 환율의 정의

환율(exchange rate)이란 두 통화 사이의 교환비율을 말한다. 이러한 환율을 표시하는 방법에는 직접환율과 간접환율이 있다. 직접환율(direct exchange rate, 자국통화표시환율 또는 지급환율)이란 외국통화를 기준으로 하여 외국통화 1단위의 가격을 자국통화로 표시하는 방법이며, $1 = ₩1,000의 방식을 그 예로 들 수 있다. 반면에 간접환율(indirect exchange rate, 외국통화표시환율 또는 수취환율)이란 자국통화를 기준으로 하여 자국통화 1단위의 가격을 외국통화로 표시하는 방법이며, ₩1 =

$0.001의 방식을 그 예로 들 수 있다. 국제외환시장에서 대부분의 환율고시는 미국 달러(USD : $)를 기준으로 하여 $1에 대한 각국 통화의 교환비율로 표시되고 있다. 우리나라의 경우도 이러한 관행을 중시하여 미국 달러에 대한 환율을 직접환율로 표시하고 있으며 기타의 통화에 대해서도 혼란을 피하기 위해 직접환율로 표시하고 있다.

(2) 환율의 종류

일반적으로 외환거래는 그 거래의 형태에 따라 적용되는 환율이 서로 다르다. 우리나라의 환율은 크게 ① 기준환율 ② 외국환매매기준환율 ③ 외국환은행간 매매환율 ④ 한국은행매매환율 ⑤ 외국환은행 대고객매매환율로 구분되며, 외국환은행의 대고객매매환율은 다시 몇 가지 종류로 구분된다.

▶ 우리나라의 환율체계

종류	내용
① 기준환율	모든 환율의 하한이 되는 환율로써 실제 외환거래에 적용되는 환율이 아니라 정부의 외환관리에 있어서 상징적인 의미를 갖는 환율
② 외국환매매기준환율	외국환은행 간 매매환율 등과 같이 실제 외환거래에 적용되는 여러 가지 환율의 기준이 되는 환율
③ 외국환은행간 매매환율	외국환은행 간의 매매에 적용되는 환율
④ 한국은행매매환율	한국은행과 외국환은행의 거래시 적용되는 환율
⑤ 외국환은행 대고객매매환율	외국환은행이 일반고객과 거래시에 적용하는 환율로써 전신환매매율, 일람출급환어음매매율, 기한부어음매매율, 수입어음결제환율 등

이 중에서 우리나라 기업의 외환거래와 가장 밀접하게 관련된 환율은 외국환은행 대고객매매환율(전신환매매율)로써 은행이 고객에게 외환을 팔 때 적용되는 매도율과 고객으로부터 외환을 살 때 적용되는 매입률이다.

(3) 외화환산과 관련된 환율

외화환산과 관련하여 사용되는 환율에는 ① 마감환율 ② 역사적환율 ③ 평균환율이 있다.

① 마감환율 : 보고기간말의 현물환율(즉시 인도가 이루어지는 거래에서 사용하는 환율)
② 역사적환율 : 특정한 거래나 사건이 발생한 당시의 환율
③ 평균환율 : 일정기간의 환율을 평균한 환율

4 화폐성항목과 비화폐성항목

환율변동이 재무제표에 미치는 영향을 고려하기 위해서는 재무제표항목들을 화폐성항목과 비화폐성항목으로 구분하는 것이 필요하다. 왜냐하면, 화폐성항목과 비화폐성항목은 그 성격상 환율변동에 따른 영향을 받는 것이 서로 다르기 때문이다.

(1) 화폐성항목

화폐성항목(monetary items)이란 확정되었거나 결정가능할 수 있는 화폐단위를 받을 권리나 지급할 의무가 있는 항목을 말한다. 대표적인 예는 다음과 같다.

① 현금과 대부분의 채권·채무
② 상각후원가측정금융자산
③ 현금으로 지급하는 연금과 그 밖의 종업원급여
④ 현금으로 상환하는 충당부채
⑤ 부채로 인식하는 현금배당 등

(2) 비화폐성항목

비화폐성항목(nonmonetary items)이란 확정되었거나 결정가능할 수 있는 화폐단위의 수량으로 받을 권리나 지급할 의무가 없는 항목을 말한다. 대표적인 예는 다음과 같다.

① 재화나 용역에 대한 선급금(선수금), 선급임차료(선수임차료)
② 공정가치측정금융자산
③ 재고자산, 유형자산, 무형자산, 영업권
④ 비화폐성자산의 인도에 의해 상환되는 충당부채
⑤ 자본항목(이익잉여금은 제외) 등

(3) 화폐성항목과 비화폐성항목의 구분

재무제표의 모든 항목을 화폐성항목과 비화폐성항목으로 구분하는 것은 어렵지만 일반적으로는 다음과 같이 구분한다.

▶ 화폐성항목과 비화폐성항목

구 분	화폐성항목	비화폐성항목
자 산	① 현금및현금성자산 ② 수취채권 ③ 금융기관이 취급하는 금융상품(정기예금, 정기적금 등) ④ 상각후원가측정금융자산(채무상품) ⑤ 미수수익	① 재고자산 ② 당기손익-공정가치측정금융자산 ③ 기타포괄손익-공정가치측정금융자산 ④ 유형자산 ⑤ 무형자산 ⑥ 영업권 ⑦ 선급금 ⑧ 선급비용
부 채	① 매입채무 ② 차입금 ③ 퇴직급여충당부채(현금지급연금) ④ 사채(전환사채·신주인수권부사채 포함) ⑤ 미지급비용 ⑥ 상환우선주 ⑦ 현금상환 충당부채 ⑧ 부채로 인식하는 현금배당	① 선수금 ② 비화폐성자산의 인도로 상환하는 충당부채 ③ 선수수익
자 본	① 납입자본과 기타포괄손익누계액은 비화폐성항목이다. ② 이익잉여금은 어느 쪽에도 구분되지 않는다.	

위의 표에서 분류상 유의해야 할 항목을 살펴보면 다음과 같다.

① 지분상품(채무상품 중 전환사채 포함)의 경우에는 비화폐성항목으로 분류되지만, 채무상품의 경우 당기손익-공정가치측정금융자산으로 분류된 경우에는 시세차익을 얻을 목적으로 보유하고 있기 때문에 비화폐성항목으로 분류되고, 상각후원가측정유금융자산으로 분류된 경우에는 확정이자수익을 얻을 목적으로 보유하고 있기 때문에 화폐성항목으로 분류된다.

② 선급비용과 선수수익의 경우 고정되거나 확정될 수 있는 화폐단위의 수량으로 받을 권리나 지급할 의무가 없다면(광고료, 보험료, 임차료 등) 비화폐성항목으로 분류되고, 그렇지 않다면 화폐성항목으로 분류된다.

③ 충당부채의 경우 비화폐성자산의 인도에 의해 상환된다면 비화폐성항목으로 분류되고, 현금으로 상환된다면 화폐성항목으로 분류된다.

④ 전환사채는 보통주로 전환되기 전까지는 전환가능성의 정도에 관계없이 화폐성으로 분류하며, 신주인수권부사채도 신주인수권이 행사되더라도 만기에 상환해야 하므로 화폐성항목으로 분류된다.
⑤ 수량이 확정되지 않은 기업 자신의 지분상품이나 금액이 확정되지 않은 자산을 받거나 주기로 한 계약의 공정가치가 화폐단위로 확정되었거나 결정가능할 수 있는 경우 화폐성항목으로 분류되고, 그렇지 않다면 비화폐성항목으로 분류된다.

02 기능통화에 의한 외화거래의 보고

1 최초 인식

기능통화로 외화거래를 최초로 인식하는 경우에 거래일의 외화와 기능통화 사이의 현물환율을 외화금액에 적용하여 기록한다.

(1) 외화거래는 외화로 표시되어 있거나 외화로 결제되어야 하는 거래로써 다음을 포함한다.
  ① 외화로 가격이 표시되어 있는 재화나 용역의 매매
  ② 지급하거나 수취할 금액이 외화로 표시된 자금의 차입이나 대여
  ③ 외화로 표시된 자산의 취득이나 처분, 외화로 표시된 부채의 발생이나 상환

(2) 거래일은 한국채택국제회계기준에 따라 거래의 인식요건을 최초로 충족하는 날이다. 실무적으로는 거래일의 실제 환율에 근접한 환율을 자주 사용한다. 예를 들어, 일주일이나 한 달 동안 발생하는 모든 외화거래에 대하여 해당 기간의 평균환율을 사용할 수 있다. 그러나 환율이 중요하게 변동된 경우에 해당기간의 평균환율을 사용하는 것은 부적절하다.

2 후속 보고기간말의 보고

매 보고기간말의 외화항목의 환산방법은 다음과 같다.

(1) 화폐성 외화항목은 마감환율(보고기간말의 현물환율)로 환산한다.
(2) 역사적원가로 측정하는 비화폐성 외화항목은 역사적환율(거래가 발생한 당시의 환율)로 환산한다.
(3) 공정가치로 측정하는 비화폐성 외화항목은 공정가치가 측정된 날의 환율로 환산한다.

(1) 장부금액은 기업회계기준서(환율변동효과) 이외의 다른 기업회계기준서를 함께 고려하여 결정한다. 예를 들어, 유형자산은 기업회계기준서(유형자산)에 따라 공정가치나 역사적원가로 측정할 수 있다. 공정가치를 기준으로 결정하든 역사적원가를 기준으로 결정하든 장부금액이 외화로 결정된다면 이 기준서에 따라 기능통화로 환산한다.

(2) 둘 이상의 금액을 비교하여 장부금액이 결정되는 항목이 있다. 예를 들어, 재고자산의 장부금액은 기업회계기준서(재고자산)에 따라 취득원가와 순실현가능가치 중에서 적은 금액으로 한다. 또 손상을 시사하는 징후가 있는 자산의 장부금액은 기업회계기준서(자산손상)에 따라 잠재적 손상차손을 고려하기 전 장부금액과 회수가능액 중 적은 금액으로 한다. 이러한 자산이 비화폐성 항목이고 외화로 측정되는 경우에는 다음의 두 가지를 비교하여 장부금액을 결정한다.

① 그 금액이 결정된 날의 환율(즉, 역사적원가로 측정한 항목의 경우 거래일의 환율)로 적절하게 환산한 취득원가나 장부금액

② 그 가치가 결정된 날의 환율(예 : 보고기간말의 마감환율)로 적절하게 환산한 순실현가능가치나 회수가능액

위 ①과 ②를 비교하는 경우 기능통화를 기준으로 할 때는 손상차손을 인식하나 외화를 기준으로 할 때는 손상차손을 인식하지 않을 수 있으며 반대의 경우도 나타날 수 있다.

(3) 어떤 국가에서는 한 가지 이상의 환율을 사용하는 경우가 있다. 이와 같이 여러 가지 환율을 사용할 수 있는 경우에는 해당 거래나 잔액에 따른 미래현금흐름이 측정일에 발생하였다면 결제하였을 환율을 사용한다. 그리고 일시적으로 두 통화의 교환이 불가능한 경우에는 그 이후에 처음으로 교환이 이루어지는 때의 환율을 사용한다.

예 A회사는 원화를 기능통화로 하고 있으며, 보고기간은 매년 1월 1일부터 12월 31일까지이다. 관련자료는 다음과 같다.

(1) A회사는 재고자산을 $100에 매입하였다. 매입시 환율은 ₩900/1$이며, A회사는 재고자산을 달러화($)로 판매할 예정이다.

(2) 기말에 재고자산의 손상으로 인하여 A회사는 재고자산의 순실현가능가치를 $90로 측정하였다. 기말환율은 ₩1,000/1$이다.

보고기간말의 장부금액은 다음의 금액을 비교하여 결정한다.

(1) 재고자산 금액이 결정된 날의 환율로 적절하게 환산한 취득원가나 장부금액 : ₩90,000($100×₩900)

(2) 보고기간말의 결산환율로 적절하게 환산한 순실현가능가치 : ₩90,000($90×₩1,000)

(1)과 (2) 금액이 모두 ₩90,000이므로 재고자산평가손실을 재무제표에 기록하지 않는다. 즉, 기말에 재고자산은 달러화($)로 손상되었으나 환율이 변동되어 원화로는 손상되지 않았다.

3 외환차이의 인식

외화항목에 대한 환율변동으로 인한 손익, 즉 외환차이는 다음과 같이 인식한다.

(1) 화폐성항목의 결제시점에 생기는 외환차이 또는 화폐성항목의 환산에 사용한 환율이 보고기간 중 최초로 인식한 시점이나 전기의 재무제표 환산시점의 환율과 다르기 때문에 생기는 외환차이는 그 외환차이가 생기는 보고기간의 손익으로 인식한다.

(2) 비화폐성항목에서 생긴 손익을 기타포괄손익으로 인식하는 경우에 그 손익에 포함된 환율변동효과도 기타포괄손익으로 인식한다. 그러나 비화폐성항목에서 생긴 손익을 당기손익으로 인식하는 경우에는 그 손익에 포함된 환율변동효과도 당기손익으로 인식한다.

예 甲회사는 원화를 기능통화로 하고 있으며, 보고기간은 매년 1월 1일부터 12월 31일까지이다. 관련자료는 다음과 같다.

(1) 20×1년 7월에 상품을 $1,000에 외상으로 판매하였으며, 판매시 환율은 ₩800/1$이었다. 판매대금은 20×1년 8월에 회수되었고 회수시 환율은 ₩820/1$이었다.

(2) 20×1년 9월에 기계장치를 $2,000에 외상으로 취득하였다. 취득시 환율은 ₩850/1$이었으며, 구입대금은 20×2년에 지급할 예정이다.

(3) 20×1년 10월에 미국에 있는 해외지사의 사옥을 건설할 목적으로 토지(A)를 $3,000에 현금으로 구입하였다. 구입시 환율은 ₩900/1$이었다.

(4) 20×1년 11월에 투기목적으로 미국에 소재한 토지(B)를 $5,000에 현금으로 구입하였다. 구입시 환율은 ₩920/1$이었다.

(5) 甲회사는 유형자산과 투자부동산을 재평가모형(공정가치모형)으로 평가하고 있으며, 기말 현재 토지(A)와 토지(B)의 공정가치는 각각 $4,000와 $6,000이다.

일 자		회 계 처 리				
20×1년 7월	(차)	매출채권	800,000	(대)	매　　출	800,000
		*$1,000×₩800 = ₩800,000				
20×1년 8월	(차)	현　　금	820,000*	(대)	매출채권	800,000
					환율변동이익	20,000
		*$1,000×₩820 = ₩820,000				
20×1년 9월	(차)	기계장치	1,700,000	(대)	미지급금	1,700,000
		*$2,000×₩850 = ₩1,700,000				
20×1년 10월	(차)	토　지(A)	2,700,000	(대)	현　　금	2,700,000
		*$3,000×₩900 = ₩2,700,000				
20×1년 11월	(차)	토　지(B)	4,600,000	(대)	현　　금	4,600,000
		*$5,000×₩920 = ₩4,600,000				
20×1년 결산시	(차)	환율변동손실	300,000	(대)	미지급금	300,000
		*$2,000×(₩1,000 − ₩850) = ₩300,000				
	(차)	토　지(A)	1,300,000	(대)	재평가잉여금	1,300,000
					(기타포괄손익)	
		*$4,000×₩1,000 − $3,000×₩900 = ₩1,300,000				
	(차)	토　지(B)	1,400,000	(대)	투자부동산평가이익	1,400,000
					(당기손익)	
		*$6,000×₩1,000 − $5,000×₩920 = ₩1,400,000				

(3) 상기 예에서 토지(A)와 토지(B)의 경우 재평가잉여금(기타포괄손익)과 투자부동산평가이익(당기손익)은 다음과 같이 공정가치변동분과 환율변동효과가 혼합되어 있다.

[토지(A)]

공정가치변동분 : ($4,000 − $3,000)×₩1,000 =	₩1,000,000
환율변동효과 : $3,000×(₩1,000 − ₩900) =	300,000
계	₩1,300,000

[토지(B)]

공정가치변동분 : ($6,000 − $5,000)×₩1,000 =	₩1,000,000
환율변동효과 : $5,000×(₩1,000 − ₩920) =	400,000
계	₩1,400,000

이때 토지(A)의 경우 재평가잉여금을 기타포괄손익으로 인식하여 자본항목(기타포괄손익누계액)으로 처리하므로 환율변동효과도 기타포괄손익으로 인식하여 재평가잉여금에 포함한다. 그리고 토지(B)의 경우 투자부동산평가이익을 당기손익으로 처리하므로 환율변동효과도 당기손익으로 인식하여 투자부동산평가이익에 포함한다.

4 기능통화의 변경

기능통화를 변경하는 경우에는 새로운 기능통화에 의한 환산절차를 변경한 날부터 전진적용한다.

(1) 기능통화는 기업과 관련된 실제 거래, 사건과 상황을 반영한다. 따라서 일단 기능통화가 결정되면 이러한 실제 거래, 사건과 상황에 변화가 일어난 경우에만 기능통화를 변경할 수 있다. 예를 들어, 재화나 용역의 공급가격에 주로 영향을 미치는 통화의 변경은 기능통화의 변경을 초래할 수 있다.

(2) 기능통화의 변경에 따른 효과는 전진적용하여 회계처리한다. 즉, 기능통화를 변경한 날의 환율을 사용하여 모든 항목을 새로운 기능통화로 환산한다. 비화폐성항목의 경우에는 새로운 기능통화로 환산한 금액이 역사적원가가 된다.

기능통화에 의한 외화거래의 보고 이론문제(기출지문)

01 기능통화란 영업활동이 이루어지는 주된 경제환경의 통화를 말하며, 재무제표를 표시할 때 사용하는 통화를 말한다. (×)
▶재무제표를 표시할 때 사용하는 통화는 표시통화이다.

02 재무제표는 어떠한 통화로도 보고할 수 있으며, 표시통화와 기능통화가 다른 경우에는 경영성과와 재무상태를 기능통화로 환산한다. (×)
▶재무제표는 표시통화로 보고하여야 한다.

03 당기손익-공정가치측정금융자산 중 채무상품은 비화폐성항목이다. (O)

04 매 보고기간말에 비화폐성 외화항목은 거래가 발생한 당시의 환율로 환산한다. (×)
▶매 보고기간말에 역사적원가로 측정하는 비화폐성 외화항목은 거래가 발생한 당시의 환율로 환산하며, 공정가치로 측정하는 비화폐성 외화항목은 공정가치가 결정된 날의 환율로 환산한다.

05 비화폐성항목에서 발생한 환율변동효과는 기타포괄손익으로 인식한다. (×)
▶비화폐성항목에서 생긴 손익을 기타포괄손익으로 인식하는 경우에 그 손익에 포함된 환율변동효과도 기타포괄손익으로 인식한다. 그러나 비화폐성항목에서 생긴 손익을 당기손익으로 인식하는 경우에는 그 손익에 포함된 환율변동효과도 당기손익으로 인식한다.

06 기능통화의 변경에 따른 효과는 전진적용하여 회계처리한다. (O)

필수예제 기능통화에 의한 외화환산

원화를 기능통화로 사용하고 있는 (주)갑은 20×1년 3월 1일 중국에서 생산시설을 확장하기 위하여 토지를 CNY10,000에 취득하였다. (주)갑은 토지를 회계연도말의 공정가치로 재평가하고 있으며, 20×1년말에 토지의 공정가치는 CNY9,500이다. 또한, (주)갑은 20×1년 10월 1일에 중국 현지공장에서 재고자산을 CNY2,000에 매입하여 기말까지 보유하고 있으며, 이 재고자산의 기말 순실현가능가치는 CNY1,800이다. CNY 대비 원화의 환율은 다음과 같다.

· 20×1년 3월 1일: CNY1=₩100
· 20×1년 10월 1일: CNY1=₩110
· 20×1년 12월 31일: CNY1=₩115

외화표시 토지와 재고자산의 기능통화로의 환산이 (주)갑의 20×1년도 총포괄손익에 미치는 영향은?

(2012, CPA)

1. 토 지

   (1) 토지의 기말장부금액(공정가치): CNY9,500×₩115=₩1,092,500

     *토지는 공정가치로 평가하는 비화폐성 외화항목이므로 기말 공정가치(외화)를 기말의 마감환율로 환산해야 한다.

   (2) 재평가잉여금(기타포괄이익): ₩1,092,500−CNY10,000×₩100=₩92,500

     *재평가잉여금은 다음과 같이 환율변동손익과 공정가치변동에 의한 손익으로 구성된다.

토지 환율변동효과: CNY10,000×(₩115−₩100)=	₩150,000 이익
토지 공정가치감소: (CNY9,500−CNY10,000)×₩115=	(57,500) 손실
기타포괄손익의 효과	₩92,500 이익

2. 재고자산

   (1) 기말재고자산 장부금액: Min[₩220,000^{*1}, ₩207,000^{*2}]=₩207,000

     *1. 취득원가: CNY2,000×₩110=₩220,000
     2. 순실현가능가치: CNY1,800×₩115=₩207,000

   (2) 재고자산평가손실(당기손익의 영향): ₩207,000−₩220,000=₩(13,000)

     *재고자산평가손실은 다음과 같이 환율변동손익과 공정가치변동에 의한 손익으로 구성된다.

재고자산 환율변동효과: CNY2,000×(₩115−₩110)=	₩10,000 이익
재고자산 순실현가능가치감소: (CNY1,800−CNY2,000)×₩115=	(23,000) 손실
당기손익의 효과	₩(13,000) 손실

01 (주)샛별은 통신 및 관측에 사용되는 민간용 인공위성을 제조 판매하는 기업이다. (주)샛별의 경영환경을 고려하여 자료에서 제시된 통화들을 기능통화, 표시통화 및 외화로 분류하시오.

(2010. CPA)

(가) 인공위성의 제조판매 산업은 단위당 판매금액이 ₩100억 이상이며, 매출순이익률(당기순이익/매출)이 80% 내외가 되는 높은 이익률이 보장된 산업이다.

(나) (주)샛별이 생산하는 인공위성의 수요자 중 90%는 유럽연합(EU)에 속한 국가의 통신회사이고, 나머지 10%는 미국의 통신회사이다. 따라서 (주)샛별은 영업활동이 이루어지는 주된 경제 환경인 유럽의 법규와 제품규격에 맞게 제품을 생산하며, 제품의 가격 역시 해당 기준 충족 여부에 따라 차이가 있다.

(다) (주)샛별의 매매계약서에 표시된 인공위성 제품의 가격은 수요자가 속한 국가의 통화인 유로(£) 또는 달러($)로 표시하고, 제품이 판매되는 거래일의 국제환율을 적용하여 구매자로부터 유럽통화인 유로(£)로 수령하여 보유 관리한다. (주)샛별이 인공위성을 제조하는데 필요한 부품의 매입과 제작에 종사하는 근로자의 임금지급 결제통화는 한국통화인 원(₩)이다.

---

1. 기능통화: 영업활동이 이루어지는 주된 경제환경의 통화를 말한다. 따라서 기능통화는 유로화가 된다.
2. 표시통화: 재무제표를 작성하는데 사용되는 통화. 따라서 표시통화는 원화가 된다.
3. 외   화: 기능통화 이외의 통화를 말한다. 따라서 외화는 달러화와 원화가 된다.

02 (주)대한의 기능통화는 원화이다. (주)대한은 20×1년 7월 1일에 은행으로부터 미화 1,000달러를 1년 만기로 차입하였다. 차입금의 표시이자율은 연 6%이며, 만기시점에 원금과 이자를 일시상환하는 조건이다. 차입기간 중 달러화 대비 원화의 환율변동내역은 다음과 같다.

구 분	일자 또는 기간	환율(₩/$)
차 입 일	20×1. 7. 1	1,100
평 균	20×1. 7. 1~20×1. 12. 31	1,080
기 말	20×1. 12. 31	1,050
평 균	20×2. 1. 1~20×2. 6. 30	1,020
상 환 일	20×2. 6. 30	1,000

(주)대한은 20×2년 6월 30일에 외화차입금의 원리금을 모두 상환하였다. (주)대한의 20×2년도 포괄손익계산서에 당기손익으로 보고되는 외환차이(환율변동손익)는 얼마인가? 단, 이자비용은 월할 계산한다.

(2018. CPA)

구 분	회계처리				
20×1. 7. 1	(차) 현 금	1,100,000	(대) 차 입 금	1,100,000	
	*$1,000×₩1,100=₩1,100,000				
20×1.12.31	(차) 이자비용	32,400	(대) 미지급이자	32,400	
	*$1,000×6%×6/12×₩1,080=₩32,400				
	(차) ⎰ 차 입 금	50,000*¹	(대) 환율변동이익	50,900	
	⎱ 미지급이자	900*²			
	*1. $1,000×(₩1,050−₩1,100)=₩50,000				
	2. $1,000×6%×6/12×(₩1,050−₩1,080)=₩900				
20×2. 6.30	(차) ⎧ 차 입 금	1,050,000	(대) ⎰ 현 금	1,060,000	
	⎨ 미지급이자	31,500	⎱ 환율변동이익	52,100	
	⎩ 이자비용	30,600			
	*1. 차 입 금 : $1,000×₩1,050=₩1,050,000				
	2. 미지급이자 : $30×₩1,050=₩31,500				
	3. 현 금 : $1,060×₩1,000=₩1,060,000				
	4. 이자비용 : $30×₩1,020=₩30,600				

03 해외사업장이 없는 (주)갑의 기능통화는 원(₩)화이며, 20×1년말 현재 외화자산·부채와 관련된 자료는 다음과 같다.

계정과목	외화금액	최초 인식금액
매출채권	$20	₩22,000
기타포괄손익-공정가치측정금융자산*	50	44,000
선 급 금	10	9,000
매입채무	30	28,000
선 수 금	40	43,000
차 입 금	80	85,000

*기타포괄손익-공정가치측정금융자산은 지분증권으로 $40에 취득하였고, 20×1년말 공정가치는 $50이다.

20×1년말의 마감환율은 $1당 ₩1,000이다. 위 외화자산·부채와 관련하여 발생하는 외환차이가 (주)갑의 20×1년도 포괄손익계산서의 당기순이익에 미치는 영향은 얼마인가? 단, 위 외화자산·부채에 대해서는 위험회피회계가 적용되지 않으며, 모두 20×1년에 최초로 인식되었고, 법인세효과는 고려하지 않는다.

(2013. CPA)

계정과목	최초 인식금액	환산액		환율변동이익(손실)
매출채권	₩22,000	$20×₩1,000=	₩20,000	₩(2,000)
매입채무	28,000	$30×₩1,000=	30,000	(2,000)
차 입 금	85,000	$80×₩1,000=	80,000	5,000
계				₩1,000

※해설※

1. 선급금과 선수금은 비화폐성항목이며 역사적원가로 측정하므로 환율변동손익은 발생하지 않는다.
2. 기타포괄손익-공정가치측정금융자산은 공정가치가 결정된 날의 환율(마감환율)을 적용하여 환산하지만, 환율변동효과가 기타포괄손익으로 인식되므로 당기손익에 미치는 영향은 없다.

04 (주)대한은 원화를 기능통화로 하고 있으며, 회계기간은 매년 1월 1일부터 12월 31일까지이다. (주)대한의 20×1년 외화환산과 관련된 자료는 다음과 같다.

(1) 20×1년 10월에 미국에 있는 해외지사의 사옥을 건설할 목적으로 토지 A를 $3,000에 현금으로 구입하였다. 구입시 환율은 ₩900/$이었다.
(2) 20×1년 11월에 투기목적으로 미국에 소재한 토지 B를 $5,000에 현금으로 구입하였다. 구입시 환율은 ₩920/$이었다.
(3) (주)대한은 유형자산은 원가모형으로 평가하고, 투자부동산은 공정가치모형으로 평가하고 있으며, 기말 현재 토지 A와 토지 B의 공정가치는 각각 $4,000와 $6,000이다.

20×1년 12월 31일의 현물환율이 ₩1,000/$인 경우 토지 A와 토지 B의 장부금액을 계산하시오.

1. 20×1년말 토지 A의 장부금액 : $3,000×₩900=₩2,700,000
2. 20×1년말 토지 B의 장부금액 : $6,000×₩1,000=₩6,000,000
    *1. 토지 A(원가모형 유형자산) : 역사적원가로 평가하는 비화폐성 외화항목이므로 역사적원가($3,000)를 역사적환율(₩900)로 환산하며, 외환차이는 발생하지 않는다.
    2. 토지 B(공정가치모형 투자부동산) : 공정가치로 측정하는 비화폐성 외화항목이므로 공정가치($6,000)을 공정가치가 결정된 날의 환율(₩1,000)로 환산하며, 평가이익을 당기손익으로 인식하므로 평가이익에 포함된 환율변동효과 ₩1,400,000($6,000×₩1,000-$5,000×₩920)도 당기손익으로 인식한다.

05 기능통화가 원화인 (주)한국이 20×1년 12월 31일 현재 보유하고 있는 외화표시 자산·부채 내역과 추가정보는 다음과 같다.

계정과목	외화표시금액	최초인식금액
당기손익-공정가치측정금융자산	$30	₩28,500
매출채권	200	197,000
재고자산	300	312,500
선 수 금	20	19,000

· 20×1년말 현재 마감환율은 ₩1,000/$이다. 위 자산·부채는 모두 20×1년 중에 최초 인식되었으며, 위험회피회계가 적용되지 않는다.
· 당기손익-공정가치측정금융자산은 지분증권으로 $25에 취득하였으며, 20×1년말 공정가치는 $30이다.
· 20×1년말 현재 재고자산의 순실현가능가치는 $310이다.

위 외화표시 자산·부채에 대한 기말평가와 기능통화로의 환산이 (주)한국의 20×1년도 당기순이익에 미치는 영향(순액)은?

(2017. CPA)

계정과목	최초 인식금액	환 산 액		환율변동이익(손실)
당기손익-공정가치측정금융자산	₩28,500	$30×₩1,000=	₩30,000	₩1,500
매출채권	197,000	$200×₩1,000=	200,000	3,000
재고자산	312,500	$310×₩1,000=	310,000	(2,500)
계				₩2,000

06 (주)대한(기능통화는 원화(₩)임)의 다음 외화거래 사항들로 인한 손익효과를 반영하기 전 20×1년 당기순이익은 ₩20,400이다.

(1) (주)대한은 20×1년 11월 1일에 재고자산 ¥500을 현금 매입하였으며 기말 현재 순실현가능가치는 ¥450이다. (주)대한은 계속기록법과 실지재고조사법을 병행·적용하며 장부상 수량은 실제수량과 같았다.

(2) (주)대한은 20×1년 1월 1일에 일본 소재 토지를 장기 시세차익을 얻을 목적으로 ¥2,000에 현금 취득하였으며 이를 투자부동산으로 분류하였다.

(3) 동 토지(투자부동산)에 대해 공정가치모형을 적용하며 20×1년 12월 31일 현재 공정가치는 ¥2,200이다.

(4) 20×1년 각 일자별 환율정보는 다음과 같다.

구분	20×1. 1. 1.	20×1. 11. 1.	20×1. 12. 31.	20×1년 평균
₩/¥	10.0	10.3	10.4	10.2

(5) 기능통화와 표시통화는 모두 초인플레이션 경제의 통화가 아니다.

(6) 거래일을 알 수 없는 수익과 비용은 해당 회계기간의 평균환율을 사용하여 환산하며, 설립 이후 기간에 환율의 유의한 변동은 없었다.

위 외화거래들을 반영한 후 (주)대한의 20×1년 포괄손익계산서 상 당기순이익은 얼마인가?

(2021. CPA)

1. 재고자산평가손실: ¥450×₩10.4−¥500×₩10.3=₩(470)
2. 투자부동산평가이익: ¥2,200×₩10.4−¥2,000×₩10=₩2,880

∴ 당기순이익: ₩20,400−₩470+₩2,880=₩22,810

07 유럽에서의 사업확장을 계획중인 (주)대한(기능통화 및 표시통화는 원화(₩)임)은 20×1년 10월 1일 독일 소재 공장용 토지를 €1,500에 취득하였다. 그러나 탄소 과다배출 가능성 등 환경 이슈로 독일 주무관청으로부터 영업허가를 얻지 못함에 따라 20×2년 6월 30일 해당 토지를 €1,700에 처분하였다. 이와 관련한 추가정보는 다음과 같다.

· 환율(₩/€) 변동정보

일자	20×1. 10. 1.	20×1. 12. 31.	20×2. 6. 30.
환율	1,600	1,500	1,550

· 20×1년 12월 31일 현재 (주)대한이 취득한 토지의 공정가치는 €1,900이다.

상기 토지에 대해 (1) 원가모형과 (2) 재평가모형을 적용하는 경우, (주)대한이 20×2년 6월 30일 토지처분 시 인식할 유형자산처분손익은 각각 얼마인가?

(2022. CPA)

1. 원가모형: €1,700×₩1,550−€1,500×₩1,600=처분이익 ₩235,000
2. 재평가모형: €1,700×₩1,550−€1,900×₩1,500=처분손실 ₩215,000

03 기능통화가 아닌 표시통화의 사용

재무제표는 어떠한 통화로도 보고할 수 있다. 이때 재무제표를 표시할 때 사용하는 통화를 표시통화라고 하는데, 일반적인 경우 표시통화와 기능통화는 일치한다. 그러나 표시통화와 기능통화가 다른 경우에는 재무제표를 표시통화로 환산해야 한다. 예컨대, 국내에 소재한 甲기업(기능통화 : 원화)이 해외지점이나 해외종속기업(기능통화 : 달러화)이 있는 경우 본지점결합재무제표나 연결재무제표를 작성하기 위해서는 해외지점이나 해외종속기업의 재무제표를 표시통화인 원화로 환산해야 한다.

따라서 본 절에서는 해외사업장의 재무상태나 경영성과를 보고기업의 재무제표에 포함되도록 하기 위하여 해외사업장의 재무제표를 표시통화로 환산하는 방법에 대해서 살펴보기로 한다.

1 표시통화로의 환산방법

해외사업장의 재무상태와 성과를 기능통화(기능통화가 초인플레이션 경제의 통화가 아닌 경우에 한함.)와 다른 표시통화로 환산하는 방법[2]은 다음과 같다.

> (1) 재무상태표(비교표시하는 재무상태표 포함)의 자산과 부채는 해당 보고기간말의 마감환율로 환산하고, 자본은 역사적환율로 환산한다.
> (2) 포괄손익계산서(비교표시하는 포괄손익계산서 포함)의 수익과 비용은 해당 거래일의 환율(실무적으로는 해당 기간의 평균환율)로 환산한다.
> (3) 위 (1)과 (2)의 환산에서 생기는 외환차이는 기타포괄손익{해외사업환산손익의 과목으로 하여 자본항목(기타포괄손익누계액)으로 처리함}으로 인식한다.

이러한 기능통화와 다른 표시통화로 환산하는 방법과 관련하여 유의할 사항은 다음과 같다.

(1) 실무적으로 수익과 비용항목을 환산할 때 거래일의 환율에 근접한 환율(예 : 해당 기간의 평균환율)을 자주 사용한다. 그러나 환율이 중요하게 변동한 경우에는 일정기간의 평균환율을 사용하는 것은 부적절하다.
(2) 외환차이(해외사업환산손익)의 발생원인은 다음과 같다.

---

[2] 기능통화가 초인플레이션 경제의 통화가 아닌 경우의 환산방법이다.

① 수익과 비용은 해당 거래일의 환율로 환산하고 자산과 부채는 마감환율로 환산하기 때문이다. 이러한 외환차이는 당기손익으로 인식하는 수익과 비용 항목에서도 생기고 자본으로 직접 인식하는 수익과 비용 항목에서도 생긴다.

② 순자산의 기초 잔액을 전기의 마감환율과 다른 마감환율로 환산하기 때문이다.

(3) 상기(2)의 환율의 변동은 현재와 미래의 영업현금흐름에 직접적으로 영향을 미치지 않거나 거의 미치지 않으므로 이러한 외환차이는 당기손익으로 인식하지 아니한다.

2 해외지점의 외화환산

해외에 지점이 있고 지점의 기능통화가 본점의 기능통화와 다른 경우 본지점결합재무제표를 작성하기 위해서는 해외지점의 재무제표를 표시통화인 본점의 기능통화로 환산해야 한다.

(1) 본점이 지점을 설치하게 되면 지점에 현금이나 비품 등을 보내게 된다. 이때 본점은 지점에 투자한 자산을 대변에 기록하고 동시에 그 금액만큼 지점계정의 차변에 기록한다. 그리고 지점은 본점으로부터 인수받은 자산을 차변에 기록하고 그 금액만큼 본점계정의 대변에 기록한다.

예 1. (주)한국이 A지점을 설치하고 A지점에 현금 ₩1,000,000과 비품 ₩2,000,000을 이전한 경우 본점과 지점의 회계처리

본 점			지 점		
(차) 지 점	3,000,000		(차) 현 금	1,000,000	
(대) 현 금		1,000,000	비 품	2,000,000	
비 품		2,000,000	(대) 본 점		3,000,000

2. 본점에서 매입원가 ₩100,000의 상품을 지점에 이전한 경우 본점과 지점의 회계처리

본 점			지 점		
(차) 지 점	100,000		(차) 본점매입	100,000	
(대) 지점매출		100,000	(대) 본 점		3,000,000

본점의 지점에 대한 투자거래는 단순히 본점의 자산을 지점에 이전하는 것에 지나지 않으므로 기업의 재무상태에 아무런 변동을 가져오지 못한다.

(2) 지점의 본점계정과 본점매입계정은 본점의 지점계정과 지점매출계정의 금액으로 하기 때문에 환산과정을 거치지 않는다. 그리고 본지점결합재무제표를 작성하는 과정에서 지점의 본점계정과 본점매입계정은 본점의 지점계정과 지점매출계정과 상계되어 외부공표용 재무제표에 나타나지 않는다.

(3) 포괄손익계산서를 먼저 환산하고 재무상태표를 나중에 환산한다. 따라서 포괄손익계산서 환산과정에서 당기순이익이 확정되며, 재무상태표 환산과정에서 발생하는 외환차이는 해외사업환산손익의 과목으로 하여 기타포괄손익으로 처리하고 해외지점의 처분손익을 인식하는 시점에서 자본항목(기타포괄손익누계액)에서 당기손익으로 재분류한다.

해외지점의 잔액시산표

자 산	마감환율	부 채	마감환율
		본 점	본점의 지점계정
		이익잉여금	역사적환율
비 용	평균환율	수 익	평균환율
대차차액	해외사업환산손실	대차차액	해외사업환산이익
	×××		×××

예 20×1년초에 한국(주)는 미국에 하와이지점을 설치하였다. 지점설치 후 2차연도인 20×2년도 하와이지점의 재무제표와 환율자료는 다음과 같다.

재무상태표

하와이지점　　　20×2년 12월 31일　　　　　　단위 : $

현금및현금성자산	1,000	매입채무	2,000
매출채권	2,000	단기차입금	3,000
재고자산	3,000	본 점	4,000
비 품(순액)	4,000	이익잉여금	1,000
	10,000		10,000

포괄손익계산서

하와이지점　　20×2년 1월 1일부터 20×2년 12월 31일까지　　단위 : $

매 출 액		20,000
매출원가		17,000
기초재고	2,000	
당기매입	18,000	
기말재고	(3,000)	
매출총이익		3,000
기타수익		2,000

감가상각비		(1,000)
기타비용		(3,000)
당기순이익		1,000

[추가자료]

(1) 환율변동에 관한 자료는 다음과 같다.

20×1년 1월 1일	$1 = ₩700	20×2년 12월 31일	$1 = ₩740
20×1년 12월 31일	$1 = ₩720	20×2년 4/4분기 평균	$1 = ₩730
20×1년 4/4분기 평균	$1 = ₩705	20×2년 평균	$1 = ₩725

(2) 매출·매입은 연평균적으로 발생하였으며, 기타수익과 기타비용도 연평균적으로 발생되었다.

(3) 기초 및 기말 재고자산은 모두 4/4분기에 구입되었으며 비품은 설립시(20×1년 1월 1일)에 구입되었다.

(4) 20×2년 12월 31일 현재 한국(주)의 하와이지점계정잔액은 ₩2,910,000이다.

포괄손익계산서

하와이지점 20×2년 1월 1일부터 20×2년 12월 31일까지

	$	수정계수	₩
매 출 액	20,000	725(평균환율)	14,500,000
매출원가			
기초재고	2,000	725	1,450,000
당기매입	18,000	725	13,050,000
기말재고	(3,000)	725	(2,175,000)
	17,000		12,325,000
매출총이익	3,000		2,175,000
기타수익	2,000	725	1,450,000
감가상각비	(1,000)	725	(725,000)
기타비용	(3,000)	725	(2,175,000)
당기순이익	1,000		725,000
해외사업환산이익		재무상태표에서	65,000
총포괄이익			790,000

재무상태표

하와이지점　　　　　　　20×2년 12월 31일

	$	수정계수	₩
현금및현금성자산	1,000	740(마감환율)	740,000
매출채권	2,000	740	1,480,000
재고자산	3,000	740	2,220,000
비　품(순액)	4,000	740	2,960,000
	10,000		7,400,000
매입채무	2,000	740	1,480,000
단기차입금	3,000	740	2,220,000
본　　점	4,000		2,910,000[*1]
이익잉여금(당기순이익)	1,000	포괄손익계산서에서	725,000[*2]
해외사업환산이익		대차차액	65,000
	10,000		7,400,000

*1. 지점의 본점계정은 본점의 지점계정으로 하기 때문에 환산과정을 거치지 않음.
　2. 당기순이익은 포괄손익계산서상에 환산된 금액으로 하며 이 금액과 재무상태표상의 대차차액과의 차이는 해외사업환산손익으로 계상함.

3 해외종속기업 등의 외화환산

해외사업을 연결 또는 지분법을 적용하여 보고기업의 재무제표에 포함되도록 하기 위해서는 해외사업장의 재무상태와 경영성과를 표시통화인 보고기업의 기능통화로 환산해야 한다.

해외사업장에 대한 순투자

해외사업장에 대한 채권·채무 중 미래에 결제할 계획이 없거나 결제될 가능성이 낮은 화폐성항목과 관련해서는 다음 사항에 유의해야 한다.

① 해외사업장에 대한 채권·채무 중에서 예측할 수 있는 미래에 결제할 계획이 없고 결제될 가능성이 낮은 화폐성항목은 실질적으로 그 해외사업장에 대한 순투자(해외사업장의 순자산에 대한 보고기업의 지분 해당 금액)로 본다. 이러한 화폐성항목에는 장기채권이나 대여금은 포함될 수 있으나 매출채권과 매입채무는 포함되지 아니한다.

② 위 ①에서 언급한 해외사업장에 대한 채권·채무는 보유한 기업이 연결실체의 종속기업일 수 있다.

예 종속기업 A와 B를 소유한 기업이 있으며 종속기업 B는 해외사업장이다. 종속기업 A가 종속기업 B에게 자금을 대여하였으나 이 대여금이 예측할 수 있는 미래에 결제할 계획이 없고 결제될 가능성이 낮다면, 종속기업 A의 대여금은 종속기업 B에 대한 순투자의 일부가 된다. 종속기업 A가 해외사업장인 경우에도 이러한 관계는 똑같이 성립한다.

③ 보고기업의 해외사업장에 대한 순투자의 일부인 화폐성항목에서 생기는 외환차이는 보고기업의 별도재무제표나 해외사업장의 개별재무제표에서 당기손익으로 적절하게 인식한다. 그러나 보고기업과 해외사업장을 포함하는 재무제표(예 : 해외사업장이 종속기업인 경우의 연결재무제표)에서는 이러한 외환차이를 처음부터 기타포괄손익으로 인식하고 관련 해외사업장에 대한 순투자의 처분시점에 자본에서 당기손익으로 재분류한다.

예 甲회사(보고기업이며 국내에 소재한 기업임.)가 해외에 소재한 A회사에 $10,000를 장기대여하였는데, 대여한 시점의 환율이 ₩900/1$이었고 보고기간종료일의 환율이 ₩1,000/1$인 경우 연결조정분개를 나타내면 다음과 같다.

| 甲회사 별도재무제표 : | (차) | 장기대여금 | 9,000,000 | (대) | 현 금 | 9,000,000 |
| | (차) | 장기대여금 | 1,000,000 | (대) | 환율변동이익
(당기손익) | 1,000,000 |

*$10,000×(₩1,000 − ₩900) = ₩1,000,000

| A회사 개별재무제표 : | (차) | 현 금 | $10,000 | (대) | 장기차입금 | $10,000 |
| 연결조정분개 : | (차) | 장기차입금 | 10,000,000 | (대) | 장기대여금 | 1,000,000 |

*$10,000×₩1,000 = ₩10,000,000

| | (차) | 환율변동이익
(당기손익) | 1,000,000 | (대) | 해외사업환산이익
(기타포괄손익) | 1,000,000 |

연결재무제표 또는 지분법 대상인 해외사업장

보고기업과 해외사업장의 재무상태와 경영성과를 연결하는 경우 연결실체 내의 잔액 제거와 종속기업의 연결실체 내 내부거래제거와 같은 정상적인 연결절차를 수행한다. 그러나 내부거래에서 생긴 화폐성자산(또는 화폐성부채)은 장·단기 여부에 관계없이, 대응하는 화폐성부채(또는 화폐성자산)와 상계하더라도 관련된 환율변동효과는 연결재무제표에 나타나게 된다. 내부거래에서 생긴 화폐성항목도 특정 통화를 다른 통화로 교환하는 과정이 따르므로 환율변동으로 보고기업의 손익이 영향을 받기 때문이다. 따라서 이러한 외환차이는 연결재무제표에서 당기손익으로 인식한다. 다만, 해외사업장의 순투자에서 생기는 외환차이는 해외사업장이 처분될 때까지 기타포괄손익으로 인식하고 별도의 자본항목으로 누계한다.

해외사업장과 보고기업의 보고기간말이 다른 경우

① 해외사업장과 보고기업의 보고기간말이 다른 경우, 보고기업의 보고기간말 현재로 해외사업장의 재무제표를 추가로 작성하기도 한다. 그러나 보고기간말의 차이가 3개월 이내이고 그 기간 동안 있었던 중요한 거래나 기타 사건의 영향을 반영한 경우에는 보고기업의 보고기간말이 아닌 해외사업장 보고기간말 현재의 재무제표를 사용할 수 있다. 이 경우 해외사업장의 자산과 부채는 해외사업장의 보고기간말 현재의 환율로 환산한다.
② 보고기업의 보고기간말까지 환율이 유의적으로 변동한 경우에는 그 영향을 반영하며, 기업회계기준서(관계기업과 공동기업에 대한 투자)에 따라 관계기업이나 공동기업에 대하여 지분법을 적용하는 경우에도 같은 방법을 사용한다.

해외사업장 취득시 영업권과 공정가치 조정액

해외사업장의 취득으로 생기는 영업권과 자산·부채의 장부금액에 대한 공정가치 조정액은 해외사업장의 자산·부채로 본다. 따라서 이러한 영업권과 자산·부채의 장부금액에 대한 공정가치 조정액은 해외사업장의 기능통화로 표시하고 마감환율로 환산한다.

해외사업장의 처분 또는 일부 처분

포괄손익계산서를 먼저 환산하고 재무상태표를 나중에 환산한다. 따라서 포괄손익계산서 환산과정에서 당기순이익이 확정되며, 재무상태표 환산과정에서 발생하는 외환차이는 해외사업환산손익의 과목으로 하여 기타포괄손익으로 처리한다.

① 해외사업장을 처분하는 경우에는 기타포괄손익과 별도의 자본항목으로 인식한 해외사업장관련 외환차이의 누계액은 해외사업장의 처분손익을 인식하는 시점에(재분류조정으로) 자본에서 당기손익으로 재분류한다.
② 해외사업장에 대한 기업의 전체지분의 처분뿐만 아니라 다음의 부분적 처분의 경우에도 처분으로 회계처리한다.
　a. 부분적 처분 후에도 이전 종속기업에 대한 비지배지분을 유지하는지에 상관없이, 부분적 처분으로 해외사업장을 포함한 종속기업에 대한 지배력을 상실하는 경우
　b. 공동약정의 지분의 부분적 처분이나 해외사업장을 포함한 관계기업에 대한 지분의 부분적 처분 이후 보유하는 지분이 해외사업장을 포함하는 금융자산의 경우
③ 해외사업장을 포함한 종속기업의 처분시 비지배지분에 귀속되는 그 해외사업장과 관련된 외환차이의 누계액은 제거하지만, 당기손익으로 재분류하지는 않는다.
④ 해외사업장을 포함한 종속기업을 일부 처분시 기타포괄손익에 인식된 외환차이의 누계액 중 비례적

지분을 그 해외사업장의 비지배지분으로 재귀속시킨다. 이외의 경우에는 해외사업장을 일부 처분할 때에 기타포괄손익에 인식된 외환차이의 누계액 중 비례적 지분만을 당기손익으로 재분류한다.

⑤ 해외사업장의 매각, 청산, 자본의 환급 또는 해외사업장 전체나 일부를 포기하는 등의 방법으로 해외사업장에 대한 지분 전체나 일부를 처분할 수 있다. 해외사업장의 손실 또는 투자자가 인식한 손상으로 인한 해외사업장의 장부금액에 대한 감액의 인식은 해외사업장의 일부를 처분하는 경우에 해당하지 않는다. 따라서 기타포괄손익으로 인식된 외환손익은 감액을 인식한 시점에 손익으로 재분류하지 아니한다.

외환차이로 인한 법인세효과

외화거래에 따른 손익과 기업(해외사업장 포함)의 재무상태와 성과를 다른 통화로 환산함에 따라 생기는 외환차이로 법인세효과가 발생할 수 있다. 이러한 법인세효과는 기업회계기준서(법인세)를 적용한다.

해외종속기업의 잔액시산표

자 산	마감환율	부 채	마감환율
		자 본	역사적환율
비 용	평균환율	수 익	평균환율
대차차액	해외사업환산손실	대차차액	해외사업환산이익
	×××		×××

예 다음은 한국에 소재하는 A회사와 미국에 소재하는 종속기업인 B회사의 20×1년 12월 31일 현재의 재무상태표와 20×1년의 포괄손익계산서이다.

재무상태표
20×2년 12월 31일

자 산	A회사	B회사	부채 및 자본	A회사	B회사
현금및현금성자산	₩2,000,000	$1,000	매입채무	₩2,750,000	$4,000
매출채권	3,000,000	3,000	장기차입금	5,000,000	1,000
재고자산	3,000,000	2,000	납입자본	10,000,000	3,000
장기대여금	800,000		이익잉여금	2,800,000	2,000
B회사투자주식	1,750,000				
토 지	10,000,000	4,000			
	₩20,550,000	$10,000		₩20,550,000	$10,000

포괄손익계산서
20×2년 1월 1일부터 20×2년 12월 31일까지

	A회사	B회사
매 출 액	₩15,000,000	$7,000
매출원가	(14,000,000)	(6,000)
매출총이익	1,000,000	1,000
환율변동이익	100,000	
기타수익	394,000	1,000
기타비용	(200,000)	(1,000)
당기순이익	₩1,294,000	$1,000

[추가자료]

(1) A회사는 20×1년 1월 1일 B회사의 보통주 60%를 취득하고 그 대가로 $2,500를 지급하였다. 동일 B회사의 주주지분은 $4,000(납입자본 $3,000, 이익잉여금 $1,000)이며 자산·부채의 장부금액과 공정가치는 일치하였다. 비지배지분에 대한 영업권은 인식하지 않는다.

(2) A회사는 20×1년 1월 1일에 B회사에 $1,000를 장기대여하였는데, 이는 예측할 수 있는 미래에 결제될 가능성이 없으며, 포괄손익계산서에 계상된 환율변동이익 ₩100,000은 이 장기대여금에 대한 것이다.

(3) 20×1년에 A회사는 B회사에 $2,000(매출총이익률 20%)의 상품을 현금으로 판매하였으며 20×1년 말 B회사의 기말재고자산에 남아 있는 A회사의 상품은 $1,000이다.

(4) B회사의 토지는 20×1년 1월 1일 이전에 취득한 것이다. 그리고 B회사의 재고자산은 연평균적으로 구입되었으며, 기타수익과 기타비용은 연평균적으로 발생하였다.

(5) 20×1년의 환율은 다음과 같고, 법인세효과는 무시한다.

1월 1일	$: ₩700	평균환율	$: ₩750
12월 31일	$: ₩800		

1. 외화표시재무제표의 원화환산

포괄손익계산서

B회사　　　　　20×1년 1월 1일부터 20×1년 12월 31일

	외 화($)	환 율	원 화(₩)
매 출 액	7,000	750	5,250,000
매출원가	(6,000)	750	(4,500,000)
매출총이익	1,000		750,000
기타수익	1,000	750	750,000
기타비용	(1,000)	750	(750,000)
당기순이익	1,000		750,000
해외사업환산이익		재무상태표에서	450,000
총포괄이익			1,200,000

재무상태표

B회사　　　　　20×1년 12월 31일

	외 화($)	환 율	원 화(₩)
현금및현금성자산	1,000	800	800,000
매출채권	3,000	800	2,400,000
재고자산	2,000	800	1,600,000
토 지	4,000	800	3,200,000
	10,000		8,000,000
매입채무	4,000	800	3,200,000
장기차입금	1,000	800	800,000
납입자본	3,000	700	2,100,000
이익잉여금 　기 초	1,000	700	700,000
당기순이익	1,000	포괄손익계산서에서	750,000
해외사업환산이익		대차차액	450,000
	10,000		8,000,000

2. 연결조정분개

(1) 투자계정과 자본계정의 상계제거

① (차) 납입자본(B)　　　　 2,100,000　　(대) B회사투자주식　　 1,750,000
　　　　이익잉여금(B)　　　　 700,000　　　　 비지배지분　　　　 1,300,000*1
　　　　해외사업환산이익(B)　 450,000　　　　 해외사업환산이익(A) 270,000*2
　　　　영　업　권　　　　　　 70,000*3

*1. 비지배지분 : (₩2,100,000 + ₩700,000 + ₩450,000)×40% = ₩1,300,000
 2. 해외사업환산이익(A) : ₩450,000×60% = ₩270,000
 3. 영　업　권 : ($2,500 − $4,000×60%)×₩700 = ₩70,000

② (차) 영　업　권　　　　　　 10,000　　(대) 해외사업환산이익　　 10,000

*($2,500 − $4,000×60%)×(₩800 − ₩700) = ₩10,000. 영업권과 자산·부채의 장부금액에 대한 공정가치 조정액은 해외사업장의 기능통화로 표시하고 마감환율로 환산함.

(2) 채권·채무상계제거

③ (차) 장기차입금　　　　　 800,000　　(대) 장기대여금　　　　 800,000
④ (차) 환율변동이익　　　　 100,000　　(대) 해외사업환산이익　 100,000
　　　　(당기손익)　　　　　　　　　　　　　　 (기타포괄손익)

*해외사업장에 대한 순투자의 일부인 화폐성항목에서 생기는 외환차이는 연결재무제표상 기타포괄손익으로 처리함.

(3) 내부거래제거

⑤ (차) 매　출　액　　　　 1,500,000　　(대) 매출원가　　　　 1,500,000
　　　　*$2,000×₩750 = ₩1,500,000
⑥ (차) 매출원가　　　　　　 160,000　　(대) 재고자산　　　　　 160,000
　　　　*$1,000×20%×₩800 = ₩160,000

(4) 비지배지분순이익 계상

⑦ (차) 이익잉여금(비지배지분순이익) 300,000　　(대) 비지배지분　　 300,000
　　　　*₩750,000×40% = ₩300,000

3. 연결재무상태표와 연결포괄손익계산서

연결포괄손익계산서
A회사 및 종속기업   20×1년 12월 31일

현금및현금성자산	2,800,000	매입채무	5,950,000
매출채권	5,400,000	장기차입금	5,000,000
재고자산	4,440,000	자　본	
토　　지	13,200,000	지배기업소유주지분	
영 업 권	80,000	납입자본	10,000,000
		이익잉여금	2,990,000
		기타포괄손익누계액(해외사업환산이익)	380,000
		비지배지분	1,600,000
	25,920,000		25,920,000

연결포괄손익계산서
A회사 및 종속기업   20×1년 1월 1일부터 20×1년 12월 31일까지

매 출 액	18,750,000
매출원가	(17,160,000)
매출총이익	1,590,000
기타수익	1,144,000
기타비용	(950,000)
당기순이익	1,784,000
기타포괄손익	
해외사업환산이익	560,000*
총포괄이익	2,344,000
당기순이익의 귀속	
지배기업소유주	1,484,000
비지배지분	300,000
총포괄이익의 귀속	
지배기업소유주	1,864,000
비지배지분	480,000

*종속기업의 해외사업환산이익 ₩450,000 + 연결조정분개 ₩110,000 = ₩560,000

> [참고] 상기 예에서 연결당기순이익과 연결총포괄이익의 귀속

[연결당기순이익]

비지배지분 귀속분 : ₩750,000×40% =	₩300,000
지배기업소유주 귀속분 : ₩1,784,000 − ₩300,000 =	1,484,000
연결당기순이익	₩1,784,000

[연결총포괄이익]

비지배지분 귀속분 : ₩300,000 + ₩450,000×40% =	₩480,000
지배기업소유주 귀속분 : ₩2,344,000 − ₩480,000 =	1,864,000
연결총포괄이익	₩2,344,000

4. B회사투자주식의 지분법적용시 회계처리

일 자	회 계 처 리					
취 득 시	(차)	B회사투자주식	1,750,000	(대)	현 금	1,750,000
당기순이익보고시	(차)	B회사투자주식	450,000	(대)	지분법이익	450,000
	*₩750,000×60% = ₩450,000					
기타포괄손익보고시	(차)	B회사투자주식	270,000	(대)	지분법기타포괄이익	270,000
	*₩450,000×60% = ₩270,000. 해외사업장의 환산손익임.					
	(차)	B회사투자주식	10,000	(대)	지분법기타포괄이익	10,000
	*($2,500 − $4,000×60%)×(₩800 − ₩700) = ₩10,000. 영업권의 환산손익이며, 전액 지배기업에 대한 것임.					
투자자의 내부거래제거	(차)	지분법이익	96,000	(대)	B회사투자주식	96,000
	*$1,000×20%×₩800×60% = ₩96,000					

$$\therefore \begin{cases} 20\times1년말\ B회사투자주식 & ₩2,384,000 \\ 20\times1년의\ 지분법이익 & 354,000 \\ 20\times1년말\ 지분법기타포괄이익 & 280,000 \end{cases}$$

기능통화가 아닌 표시통화의 사용
이론문제(기출지문)

01 해외사업장의 재무제표를 기능통화(초인플레이션 경제의 통화가 아님.)와 다른 표시통화로 환산할 때 재무제표의 모든 항목은 마감환율로 환산한다. (×)
▶ 기능통화가 초인플레이션 경제의 통화가 아닌 경우 경영성과와 재무상태를 기능통화와 다른 표시통화로 환산하는 방법은 재무상태표의 자산과 부채는 해당 보고기간말의 마감환율로 환산하고 자본은 역사적환율로 환산하며, 포괄손익계산산서의 수익과 비용은 해당 거래일의 환율(실무적으로는 해당 기간의 평균환율)로 환산한다.

02 해외사업장에 대한 채권·채무 중 미래에 결제할 계획이 없는 화폐성항목에서 생기는 외환차이는 보고기업의 별도재무제표에 기타포괄손익으로 인식한다. (×)
▶ 해외사업장에 대한 채권·채무 중 미래에 결제할 계획이 없는 화폐성항목에서 생기는 외환차이는 보고기업의 별도재무제표나 해외사업장의 개별재무제표에서는 당기손익으로 인식하고, 연결재무제표에서는 기타포괄손익으로 인식한다.

03 해외사업장과 보고기업의 보고기간말이 다른 경우, 보고기간의 보고기간말 현재로 해외사업장의 재무제표를 추가로 작성한다. 그러나 보고기간말의 차이가 3개월 이내이고 그 기간 동안 있었던 중요한 거래나 기타 사건의 영향을 반영한 경우에는 보고기업의 보고기간말이 아닌 해외사업장 보고기간말 현재의 재무제표를 사용할 수 있다. (O)

04 해외사업장의 취득으로 생기는 영업권과 자산·부채의 장부금액에 대한 공정가치 조정액은 해외사업장의 기능통화로 표시하고 마감환율로 환산한다. (O)

05 해외사업장을 처분하는 경우에 기타포괄손익으로 인식한 해외사업장과 관련된 외환차이의 누계액은 해외사업장의 처분손익을 인식하는 시점에 자본에서 당기손익으로 재분류한다. (O)

필수예제 표시통화에 의한 재무제표환산

(주)한국(기능통화는 원화임)은 20×1년초에 미국에 소재하는 (주)ABC(기능통화는 달러화임)의 의결권 있는 주식 70%를 $1,800에 취득하여 지배기업이 되었다. 취득일 현재 (주)ABC의 순자산의 장부금액은 $2,000이며, 공정가치와 일치하였다. 20×1년 중에 두 회사 간의 내부거래는 없었으며, 20×1년도 (주)ABC의 당기순이익은 $200이고, 그 이외의 자본변동은 없다. 20×1년도 원화 대 달러화의 환율(₩/$)은 다음과 같다.

20×1년초	20×1년 평균	20×1년말
₩1,100	₩1,130	₩1,200

(주)한국이 표시통화인 원화로 20×1년말을 기준일로 하여 연결재무제표를 작성할 경우 연결재무상태표에 표시할 외환차이(기타포괄손익)의 금액은 얼마인가? 단, (주)ABC의 외화재무제표를 원화로 환산할 때 수익과 비용은 평균환율을 적용하며, (주)한국의 별도재무제표에는 외환차이가 표시되어 있지 않다. 또한 비지배지분은 종속기업 순자산의 공정가치에 지분율을 적용한 금액으로 측정하며, 법인세효과는 고려하지 않는다.

(2013. CPA 수정)

---

1. 종속기업 재무제표 환산에서 발생한 외환차이(기타포괄손익)

기말순자산:($2,000+$200)×₩1,200=		₩2,640,000
기초자본:$2,000×₩1,100=	₩2,200,000	
당기순이익:$200×₩1,130=	226,000	(2,426,000)
해외사업환산이익 발생액		₩214,000
지배기업 지분율		×70%
해외사업환산이익(지배기업지분)		₩149,800

2. 영업권 환산에서 발생한 외환차이(기타포괄손익)

   (1) 20×1년말 외화기준 영업권:$1,800-$2,000×70%=$400

   (2) 영업권의 외환차이(기타포괄이익):$400×(₩1,200-₩1,100)=₩40,000

   * 해외사업장의 취득으로 생기는 영업권과 자산·부채의 장부금액에 대한 공정가치 조정액은 해외사업장의 자산·부채로 봄. 이러한 영업권과 자산·부채의 장부금액에 대한 공정가치 조정액은 해외사업장의 기능통화로 표시하고 마감환율로 환산하며, 환산에 의한 외환차이는 해외사업환산손익(기타포괄손익)에 포함함

   ∴ 연결재무상태표에 표시될 해외사업환산이익(기타포괄이익):₩149,800+₩40,000=₩189,800

01 12월말 결산법인인 (주)피크는 20×5년초 미국에 해외지점을 설치하였는데, 동 해외지점의 영업·재무활동은 (주)피크의 통제를 받고 있다.

(1) 20×5년말 해외지점의 요약재무제표

재무상태표 (단위:$)

매출채권	26,000	매입채무	10,000
유형자산	35,000	본　점	51,000
	61,000		61,000

포괄손익계산서 (단위:$)

매 출 액	120,000
매출원가	(90,000)
감가상각비	(5,000)
기타영업비용	(7,000)
당기순이익	18,000

(2) 유형자산은 20×5년초에 구입한 것이며 매출, 매출원가와 기타 영업비용은 연중 평균적으로 발생함
(3) 본점계정의 금액 중 당기순이익을 제외한 금액은 20×5년초 사업소 설립시 (주)피크가 송금한 금액임
(4) 환율정보

20×5년초	20×5년 평균	20×5년 12월말
₩1,000/$1	₩1,100/$1	₩900/$1

위의 자료에 근거할 때 해외지점의 재무제표 환산결과, 20×5년말 (주)피크의 재무제표에 나타날 계정과목과 금액은 얼마인가?　　　　　　　　　　　　　　　　　　　　　　　(2006. CPA)

1. 순 자 산: ($61,000−$10,000)×₩900= ₩45,900,000
2. 본　　 점: ($51,000−$18,000)×₩1,000= ₩33,000,000
　　당기순이익: $18,000×₩1,100= 19,800,000　　(52,800,000)
3. 해외사업환산손실　　　　　　　　　　　　　　　₩(6,900,000)

02 (주)워드파크는 뉴욕에 영업·재무활동이 독립적으로 운영되는 현지법인을 20×5년 1월 1일에 설립하였다.

(1) 현지법인의 20×5년 결산일인 12월 31일 현재 재무상태표이며, 이익잉여금은 전부 당기순이익이다.

재무상태표
(단위:$)

자 산	500	부 채	200
		납입자본	100
		이익잉여금	200
	500		500

(2) 현지법인의 20×5년 포괄손익계산서는 다음과 같다. 포괄손익계산서의 모든 항목은 연평균 균등하게 발생하였다.

포괄손익계산서
(단위:$)

매 출 액	1,000
매출원가	(700)
매출총이익	300
판매비와관리비	(100)
당기순이익	200

(3) 20×5년 환율(₩/1$)자료는 다음과 같다.

기 초	평 균	기 말
₩1,000	₩950	₩900

위의 자료를 이용하여 현지법인의 재무제표를 표시통화인 원화로 환산하는 경우 외환차이(해외사업환산손실 또는 해외산업환산이익)는 얼마인가? 단, 법인세효과는 무시한다. (2005. CPA 수정)

1. 순 자 산: ($500−$200)×₩900 = ₩270,000
2. 납입자본: $100×₩1,000 = ₩100,000
   당기순이익: $200×₩950 = 190,000 (290,000)
3. 해외사업환산손실 ₩(20,000)

03 20×1년 1월 1일 (주)웅지는 미국 현지법인인 웨버(주)의 보통주 80%를 $880에 취득하여 지배력을 획득하였다. 웨버(주)의 20×1년 기초 및 기말 재무상태표는 다음과 같으며, 자산과 부채의 장부금액과 공정가치는 일치하였다.

재무상태표

(단위:$)

	20×1. 1. 1	20×1. 12. 31
현금 및 매출채권	400	600
유형자산	1,000	950
계	1,400	1,550
차 입 금	300	350
납입자본	900	900
이익잉여금	200	300
계	1,400	1,550

(1) 20×1년 웨버(주)의 당기순이익은 $100이고 손익항목 중에서 감가상각비 $50를 제외하고는 모두 현금거래로 이루어졌으며 연중 균등하게 발생하였다. 또한, (주)웅지와 웨버(주)의 내부거래는 없다.

(2) 20×1년의 환율(₩/$)정보는 다음과 같다.

기 초	평 균	기 말
₩900	₩960	₩1,000

위의 자료를 이용하여 (주)웅지가 20×1년말에 표시통화인 원화로 연결재무제표를 작성할 경우 연결포괄손익계산서에 기타포괄손익으로 인식될 외환차이(해외사업환산손익)는 얼마인가?

(2017. CPA 수정)

1. 순 자 산:($1,550−$350)×₩1,000=		₩1,200,000
2. 납입자본:$900×₩900=	₩810,000	
이익잉여금:$200×₩900=	180,000	
당기순이익:$100×₩960=	96,000	(1,086,000)
3. 해외사업환산이익 발생액		₩114,000
지배기업지분율		×80%
4. 해외사업환산이익(지배기업지분)		₩91,200

04 (주)갑은 20×1년초에 설립되었으며, 미국달러화(USD)를 기능통화로 사용하여 왔다. 20×3년초 주된 경제환경의 변화로 인해 (주)갑은 원화(KRW)를 새로운 기능통화로 결정하였다. 달러화로 측정된 (주)갑의 20×3년초 현재 요약재무상태표와 환율정보는 다음과 같다.

요약재무상태표

(주)갑	20×3년 1월 1일 현재		(단위:$)
자 산	8,400	부 채	5,250
		자 본 금	2,000
		이익잉여금	1,150
자산총계	8,400	부채 및 자본총계	8,400

· 자본금은 설립시의 발행금액으로서 설립 후 변동은 없다. 또한 20×1년과 20×2년의 당기순이익은 각각 $450과 $700이다.

· (주)갑의 설립시부터 20×3년초까지 환율변동정보는 다음과 같다.

일 자	환 율(₩/$)
20×1년초	1,000
20×1년 평균	1,020
20×1년말 ~ 20×2년초	1,050
20×2년 평균	1,080
20×2년말 ~ 20×3년초	1,100

20×3년초 현재 새로운 기능통화로 환산된 재무상태표상 자본금, 이익잉여금 및 환산차이(기타포괄손익누계액)는 각각 얼마인가?

(2014. CPA)

1. 자 본 금: $2,000×₩1,100=₩2,200,000
2. 이익잉여금: $1,150×₩1,100=₩1,265,000
3. 환산차이: ₩0

*기능통화를 변경하는 경우에는 새로운 기능통화에 의한 환산절차를 변경한 날부터 전진적용한다.

05 20×1년초에 (주)갑은 지분 100%를 소유한 해외종속기업 (주)ABC에 무이자로 $1,000을 대여하였다. (주)갑의 기능통화와 표시통화는 원화(₩)이고, (주)ABC의 기능통화는 달러화($)이다. 동 외화대여금은 해외사업장에 대한 순투자의 일부'에 해당한다. 20×1년 환율정보는 다음과 같다.

구 분	환 율(₩/$)
20×1년초	1,000
20×1년말	1,100
20×1년 평균	1,050

20×1년도에 동 외화대여금과 관련된 회계처리(연결절차 포함)는 모두 적절히 수행되었다. (주)갑이 작성하는 20×1년말 연결재무상태표상 외화대여금의 잔액과 동 회계처리가 20×1년도 연결포괄손익계산서상 기타포괄이익에 미치는 영향은 각각 얼마인가? 단, 20×1년초 연결재무상태표상 외화대여금 잔액은 ₩0이고, 동 외화대여거래 이외에 다른 거래는 없었다. (2015. CPA)

1. 외화대여금 잔액: ₩0*

   *지배기업이 보유한 대여금과 종속기업이 보유한 차입금은 연결재무제표 작성시 상계제거된다.

2. 기타포괄이익에 미치는 영향: $1,000×(₩1,100/$−₩1,000/$)=₩100,000* 증가

   *보고기업의 해외사업장에 대한 순투자의 일부인 화폐성항목에서 생기는 외환차이는 보고기업의 별도 재무제표나 해외사업장의 개별재무제표에서 당기손익으로 적절하게 인식한다. 그러나 해외사업장이 종속기업인 경우의 연결재무제표에서는 이러한 외환차이를 처음부터 기타포괄손익으로 인식하고 관련 해외사업장에 대한 순투자의 처분시점에 자본에서 당기손익으로 재분류한다.

06 (주)한국은 20×1년초 미국에 지분 100%를 소유한 해외현지법인 (주)ABC를 설립하였다. 종속기업인 (주)ABC의 기능통화는 미국달러화($)이며 지배기업인 (주)한국의 표시통화는 원화(₩)이다. (주)ABC의 20×2년말 요약재무상태표와 환율변동정보 등은 다음과 같다.

요약재무상태표

(주)ABC	20×2. 12. 31. 현재		(단위: $)
자 산	3,000	부 채	1,500
		자 본 금	1,000
		이익잉여금	500
	3,000		3,000

· 자본금은 설립 당시의 보통주 발행금액이며, 이후 변동은 없다.
· 20×2년의 당기순이익은 $300이며, 수익과 비용은 연중 균등하게 발생하였다. 그 외 기타 자본변동은 없다.
· 20×1년초부터 20×2년말까지의 환율변동정보는 다음과 같다.

	기초(₩/$)	평균(₩/$)	기말(₩/$)
20×1년	800	?	850
20×2년	850	900	1,000

· 기능통화와 표시통화는 모두 초인플레이션 경제의 통화가 아니다. 수익과 비용은 해당 회계기간의 평균환율을 사용하여 환산하며, 설립 이후 기간에 환율의 유의한 변동은 없었다.

20×2년말 (주)ABC의 재무제표를 표시통화인 원화로 환산하는 과정에서 대변에 발생한 외환차이가 ₩100,000일 때, 20×1년말 (주)ABC의 원화환산 재무제표의 이익잉여금은 얼마인가?

1. 20×2년 말 (주)ABC 순자산: $1,500×₩1,000 =   ₩1,500,000
2. 자본금: $1,000×₩800 =   ₩800,000
   20×1년 당기순이익 x
   20×2년 당기순이익: $300×₩900 =   270,000   1,400,000
3. 해외사업환산이익   ₩100,000

∴ (주) ABC의 이익잉여금(x) : ₩330,000

07 (주)대한(기능통화와 표시통화는 원화(₩))은 20×1년 1월 1일에 일본소재 기업인 (주)동경(기능통화는 엔화(¥))의 보통주 80%를 ¥80,000에 취득하여 지배력을 획득하였다. 지배력 획득일 현재 (주)동경의 순자산장부금액과 공정가치는 ¥90,000으로 동일하다. (주)동경의 20×1년도 당기순이익은 ¥10,000이며 수익과 비용은 연중 균등하게 발생하였다. 20×1년말 (주)동경의 재무제표를 표시통화인 원화로 환산하는 과정에서 대변에 발생한 외환차이는 ₩19,000이다. (주)동경은 종속회사가 없으며, 20×1년의 환율정보는 다음과 같다.

(환율 : ₩/¥)

20×1년 1월 1일	20×1년 12월 31일	20×1년 평균
10.0	10.2	10.1

(주)대한은 (주)동경 이외의 종속회사는 없으며 지배력획득일 이후 (주)대한과 (주)동경 간의 내부거래는 없다. 기능통화와 표시통화는 초인플레이션 경제의 통화가 아니며, 위 기간에 환율의 유의한 변동은 없었다. 20×1년말 (주)대한의 연결재무상태표상 영업권금액과 비지배지분금액은 각각 얼마인가? 단, 연결재무제표작성 시 비지배지분은 종속기업의 식별가능한 순자산공정가치에 비례하여 결정한다.

(2019. CPA)

1. 영업권
   (1) 20×1년말 외화기준 영업권: ¥80,000 − ¥90,000×80% = ¥8,000
   (2) 20×1년말 연결재무제표상 영업권: ¥8,000×₩10.2 = ₩81,600
2. 비지배지분
   (1) (주)동경의 기말순자산: (¥90,000 + ¥10,000)×₩10.2 = ₩1,020,000
   (2) 20×1년말 비지배지분: ₩1,020,000×20% = ₩204,000

08 (주)대한은 20×1년초 설립된 해운기업이다. 우리나라에 본사를 두고 있는 (주)대한의 표시통화는 원화(₩)이나, 해상운송을 주된 영업활동으로 하고 있어 기능통화는 미국달러화($)이다. 기능통화로 표시된 (주)대한의 20×1년 및 20×2년 요약 재무정보(시산표)와 관련 정보는 다음과 같다.

(1) (주)대한의 20×1년 및 20×2년 요약 재무정보(시산표)

계정과목	20×1년 차변	20×1년 대변	20×2년 차변	20×2년 대변
자 산	$3,000		$4,000	
부 채		$1,500		$2,300
자 본 금		1,000		1,000
이익잉여금		−		500
수 익		2,500		3,000
비 용	2,000		2,800	
합 계	$5,000	$5,000	$6,800	$6,800

(2) 20×1년 및 20×2년 환율(₩/$) 변동정보

구분	기초	연평균	기말
20×1년	1,000	1,100	1,200
20×2년	1,200	1,150	1,100

(3) 기능통화와 표시통화는 모두 초인플레이션 경제의 통화가 아니며, 설립 이후 환율에 유의적인 변동은 없었다.

(4) 수익과 비용은 해당 회계기간의 연평균환율을 사용하여 환산한다.

(주)대한의 20×1년도 및 20×2년도 원화(₩) 표시 포괄손익계산서 상 총포괄이익은 각각 얼마인가?   (2022. CPA)

---

1. 20×1년

   (1) 해외사업환산손익

   ① 순 자 산: ($3,000−$1,500)×₩1,200=   ₩1,800,000
   ② 자 본 금: $1,000×₩1,000=   ₩1,000,000
       당기순이익: $500×₩1,100=   550,000   ₩1,550,000
   ③ 해외사업환산이익   ₩250,000

(2) 총포괄이익: ₩550,000+₩250,000=₩800,000

2. 20×2년

 (1) 해외사업환산손익

   ① 순 자 산: ($4,000-$2,300)×₩1,100=   ₩1,870,000

   ② 자 본 금: $1,000×₩1,000=   ₩1,000,000

    이익잉여금: $500×₩1,100=   550,000

    당기순이익: $200×₩1,150=   230,000   1,780,000

   ③ 해외사업환산이익   ₩90,000

 (2) 총포괄이익: ₩230,000-(₩250,000-₩90,000)*=₩70,000

  * 해외사업환산이익의 감소분임

CHAPTER 10

파생상품회계

ADVANCED ACCOUNTING

제1절 / 파생상품의 의의
제2절 / 파생상품의 기초개념
제3절 / 파생상품 일반회계
제4절 / 공정가치위험회피회계
제5절 / 현금흐름위험회피회계
제6절 / 스왑거래(이자율스왑)
[보론] / 파생상품의 세부적 고찰

01 파생상품의 의의

오늘날에는 거래기법과 금융기법의 발달로 인하여 기존의 상거래 개념과는 다른 재무적 위험을 거래하는 상품들이 개발되어 거래되고 있다. 이러한 상품들은 기본이 되는 일반상거래(기초상품)로부터 미래의 불확실성으로 인한 위험요소를 가치화하여 파생(derive)되었기에 '파생상품(derivatives, 파생금융상품이라고도 함.)'이라고 한다. 파생상품의 대표적인 예로는 선도, 선물, 스왑, 옵션 등을 들 수 있는데, 각 상품의 기본적인 정의를 살펴보면 다음과 같다.

- **선 도** : 미래의 특정 시점에 특정 자산을 미리 약정한 가격에 매매할 것을 현재시점에서 약정하는 거래를 말한다.
- **선 물** : 미래의 특정 시점에 수량, 규격, 품질 등이 표준화되어 있는 특정 대상을 미리 약정한 가격에 매매할 것을 현재시점에서 약정하는 계약으로써 조직화된 시장에서 표준화된 방법으로 거래하는 것을 말한다.
- **옵 션** : 미래의 특정 시점(또는 특정 기간 이내)에 특정 자산을 미리 약정한 가격으로 사거나 팔 수 있는 권리가 부여된 계약을 말한다.
- **스 왑** : 특정 기간 동안에 발생하는 일정한 현금흐름을 다른 현금흐름과 교환하기로 계약당사자 간에 합의한 연속된 선도거래를 말한다.

이러한 파생상품은 그 특성상 끊임없이 새로운 유형의 상품이 개발되고 있으므로 기업회계기준서(금융상품 : 표시, 금융상품 : 인식과 측정)에서는 파생상품에 관한 회계처리를 구체적으로 규정하고 있다. 즉, 파생상품과 관련하여 당해 계약에 따라 발생된 권리와 의무를 자산·부채로 인식하고, 그 평가손익을 매 결산기에 당기손익으로 인식하며, 주어진 요건에 부합하는 위험회피회계를 적용할 경우에는 해당 규정에 따라 회계처리하도록 하고 있다.

본 장에서는 기업회계기준서에 규정된 내용 중 파생상품과 관련된 일반적인 내용과 회계처리에 대해서 살펴보기로 한다.

02 파생상품의 기초개념

1 파생상품의 거래목적

기업이 파생상품을 거래하는 목적은 다음과 같이 매매목적(투기목적)과 위험회피목적으로 분류할 수 있다.

(1) 매매목적

매매목적이라 함은 파생상품가격 자체의 변동을 예측하여, 위험을 부담하면서도 그러한 가격변동에 따른 시세차익을 목적으로 파생상품을 거래하는 것을 말하며, 투기목적이라고도 한다. 기업회계기준서에서는 후술하는 위험회피목적이 아닌 모든 파생상품의 거래목적을 매매목적이라고 규정하고 있다.

(2) 위험회피목적

위험회피목적이란 위험회피대상항목의 미래가격변동에 따른 위험 또는 현금흐름변동에 따른 위험을 상쇄할 목적으로 파생상품을 거래하는 것을 말하며, 이는 다시 공정가치위험회피와 현금흐름위험회피 및 해외사업장순투자의 위험회피로 나누어 진다.

공정가치위험회피

공정가치위험회피란 특정위험에 기인하고 당기손익에 영향을 줄 수 있는 것으로써, 인식된 자산이나 부채 또는 미인식된 확정계약의 전체 또는 일부의 공정가치변동에 대한 위험회피를 말한다. 즉, 위험회피대상항목이 자산·부채인 경우에는 결산시의 공정가치평가 또는 처분시의 손익인식을 상쇄하고자 파생상품을 이용하는 것을 말하며, 위험회피대상항목이 확정계약인 경우에는 계약이행시의 공정가치(취득원가 또는 처분금액)의 변동위험을 상쇄하고자 파생상품을 이용하는 것을 말한다. 여기서 확정계약이란 미래의 특정시기에 거래대상의 특정 수량을 특정 가격으로 교환하기로 하는 구속력 있는 약정을 의미한다.

현금흐름위험회피

현금흐름위험회피란 특정위험에 기인하고 당기손익에 영향을 줄 수 있는 것으로써, 인식된 자산이나 부채 또는 발생가능성이 매우 높은 예상거래의 현금흐름변동에 대한 위험회피를 말한다. 즉, 예상거래에 의해서 발생할 현금수입·지출의 변동을 상쇄할 수 있는 적절한 파생상품을 이용하여 미래현금흐름의 규모를 현재에 확정하는 것을 말한다. 여기서 예상거래란 이행해야 하는 구속력은 없으나, 향후 발생할 것으로 예상되는 거래를 의미한다.

해외사업장순투자의 위험회피

해외사업장순투자의 위험회피란 해외사업장의 순자산에 대한 보고기업의 지분해당금액의 위험회피를 말한다. 즉, 해외사업장의 순투자를 지배기업의 표시통화로 환산하는 과정에서 발생하는 환율변동위험을 회피하고자 위험회피수단으로 파생상품을 이용하는 것을 말한다. 해외사업장순투자의 위험회피는 현금흐름위험회피와 유사하다.

2 파생상품회계처리의 일반원칙

(1) 파생상품의 인식

파생상품은 해당 계약에 따라 발생된 권리와 의무를 자산 또는 부채로 인식하여 당기손익-공정가치측정금융자산 또는 당기손익-공정가치측정금융부채(단, 금융보증계약인 파생상품이나 위험회피수단으로 지정되고 위험회피에 효과적인 파생상품은 제외함.)로 재무제표에 인식해야 한다. 왜냐하면 파생상품이 그 포지션에 따라 결제시점에서 현금유입을 가져올 수 있는 것은 미래경제적효익에 대한 권리로써 일반적인 자산의 인식조건을 충족하는 것이며, 반대로 결제시점에서 현금지출을 수반하게 되는 것은 미래에 자산을 희생해야 하는 의무로써 일반적인 부채의 인식조건을 충족하기 때문이다. 이때 유의할 점은 자산 또는 부채로 재무제표에 표시해야 할 금액은 계약금액(또는 계약단위의 수량)이 아니라 계약의 공정가치(예를 들면 차액결제금액)를 의미하는 것이므로 자산과 부채를 동시에 총액으로 인식해서는 안 된다는 것이다.

(2) 파생상품의 평가

모든 파생상품은 공정가치로 평가해야 한다. 따라서 파생상품의 계약체결시에는 계약에 따라 발생된 권리와 의무를 자산 또는 부채로 인식하고 결산시에는 모든 파생상품을 공정가치로 평가해야 한다.

(3) 총액인식

파생상품의 공정가치와 평가손익은 파생상품 계약별로 구분하여 표시하며 이를 상계하지 않는다. 이렇게 파생상품의 표시에 있어 총액주의를 적용하는 이유는 보고기간말 현재 미실현된 파생상품평가손익은 실현시기가 각각 다르므로 이를 상계할 경우 기업이 부담하고 있는 총위험이 과소표시되는 문제점이 있기 때문이다.

(4) 거래원가와 위탁증거금

파생상품은 특정한 경우를 제외하고 일반적으로 당기손익-공정가치측정금융자산 또는 당기손익-공정가치측정금융부채로 분류되므로 파생상품거래와 직접 관련되는 거래원가(예: 지급수수료, 중개수수료, 기타 부과금 및 세금 등)는 발생시점에서 당기비용으로 인식하고, 파생상품거래를 위한 위탁증거금은 유동자산(선물거래예치금)으로 처리한다.

(5) 파생상품의 회계처리

파생상품의 회계처리는 크게 일반회계와 위험회피회계로 나눌 수 있다. 파생상품의 일반회계는 일반적인 유가증권의 회계처리와 큰 차이가 없는데, 그 이유는 파생상품 자체가 기본적으로 시장성 유가증권의 성격을 갖고 있으므로 파생상품에 투자하는 것이 시장성 유가증권에 투자하는 것과 다름이 없기 때문이다. 그리고 위험회피회계는 파생상품을 위험회피목적으로 이용할 경우에 일정요건을 충족하면 그 목적에 맞추어 손익을 인식함으로써 위험회피효과가 재무제표에 적절히 반영될 수 있도록 하는 회계처리방법을 말한다.

파생상품의 거래목적에 따른 회계처리방법을 나타내면 다음과 같다.

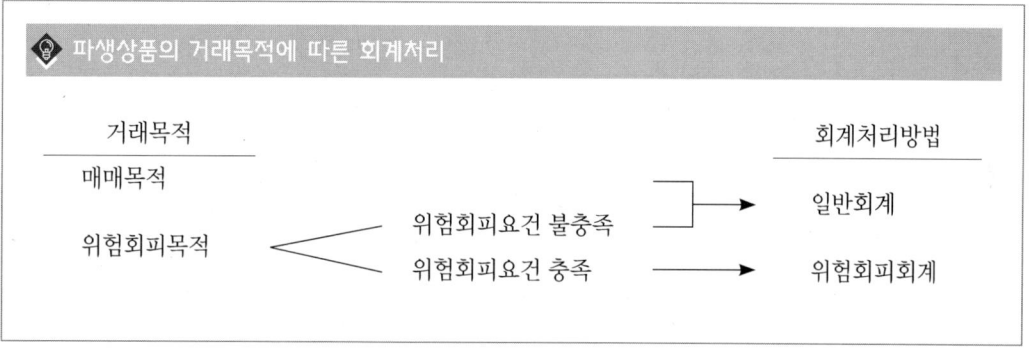

3 위험회피회계

위험회피회계란 위험회피대상항목과 위험회피수단인 파생상품사이에 위험회피관계가 설정되었으나 파생상품의 일반회계처리로는 위험회피효과를 적절히 재무제표상에 반영할 수 없는 경우 별도의 회계처리방법을 적용하도록 하는 것을 말한다.

(1) 위험회피회계의 종류

위험회피회계는 파생상품의 거래목적에 따라 다음과 같이 세 가지 종류로 구분된다.

① **공정가치위험회피회계**: 위험회피수단으로 지정된 파생상품의 공정가치변동을 파생상품평가손익(당기손익)으로 인식하고 위험회피대상항목(자산, 부채, 확정계약)의 평가손익을 파생상품평가손익과 반대로 인식하여 특정위험이 당기손익에 미치는 영향을 상쇄시키는 회계처리를 말한다.

② **현금흐름위험회피회계**: 미래현금흐름변동을 감소시키기 위하여 지정된 파생상품의 평가손익 중 위험회피에 효과적인 부분은 기타포괄손익으로 인식하고 위험회피에 비효과적인 부분은 당기손익으로 인식하는 회계처리를 말한다.

③ **해외사업장순투자의 위험회피회계**: 현금흐름위험회피회계와 유사하게 위험회피수단의 손익 중 위험회피에 효과적인 부분은 기타포괄손익으로 인식하고 위험회피에 비효과적인 부분은 기타포괄손익으로 인식하는 회계처리를 말한다.

(2) 위험회피회계의 적용요건

위험회피목적으로 파생상품을 이용한다 하더라도 다음의 조건을 모두 충족하는 위험회피관계에 대해서만 위험회피회계를 적용한다

① **적격성**: 위험회피관계는 적격한 위험회피수단과 적격한 위험회피대상항목으로만 구성된다.

② **문서화**: 위험회피의 개시시점에 위험회피관계와 위험회피를 수행하는 위험관리의 목적과 전략을 공식적으로 지정하고 문서화한다. 이 문서에는 위험회피수단, 위험회피대상항목, 회피대상위험의 특성과 위험회피관계가 위험회피효과에 대한 요구사항을 충족하는지를 평가하는 방법(위험회피의 비효과적인 부분의 원인분석과 위험회피비율의 결정방법 포함)이 포함되어야 한다.

③ **위험회피효과**: 위험회피관계는 다음의 위험회피효과에 관한 요구사항을 모두 충족한다.
   a. 위험회피대상항목과 위험회피수단 사이에 경제적 관계가 있다.
   b. 신용위험의 효과가 위험회피대상항목과 위험회피수단의 경제적 관계로 인한 가치변동 보다 지배적이지 않다.
   c. 위험회피관계의 위험회피비율은 기업이 실제로 위험을 회피하는 위험회피대상항목의 수량과 위험회피대상항목의 수량의 위험을 회피하기 위해 기업이 실제 사용하는 위험회피수단의 수량의 비율과 같다. 그러나 위험회피대상항목과 위험회피수단의 가중치의 불균형은 위험회피의 비효과적인 부분(인식 여부와 관계없이)을 만들어 내고 위험회피회계의 목적과 일치하지 않는 회계처리 결과를 가져올 수 있으므로 지정할 때 가중치의 불균형을 반영해서는 안 된다.

(3) 위험회피대상항목

위험회피대상항목은 공정가치변동위험과 현금흐름변동위험에 노출되어 있으며, 위험회피대상으로

지정된 자산이나 부채, 확정계약, 발생가능성이 매우 높은 예상거래 또는 해외사업장순투자를 말한다. 이와 관련하여 유의할 사항은 다음과 같다.

① **관계기업투자**(지분법적용투자주식): 공정가치위험회피의 위험회피대상항목이 될 수 없다. 지분법이 투자주식의 공정가치변동이 아닌 피투자기업의 손익 중 투자기업의 지분을 당기손익으로 인식하는 방법이기 때문이다.

② **종속기업투자주식**: 공정가치위험회피의 위험회피대상항목이 될 수 없다. 연결재무제표는 투자주식의 공정가치변동이 아닌 종속기업의 손익을 당기손익으로 인식하기 때문이다.

③ **관계기업투자와 종속기업투자주식이 해외사업장순투자인 경우**: 해외사업장순투자의 위험회피대상은 될 수 있다. 이는 투자지분의 공정가치변동에 대한 공정가치위험회피가 아니라 외화위험의 회피이므로 위험회피대상항목이 될 수 있다.

④ **사업결합**: 사업을 취득하기로 하는 확정계약은 위험회피대상항목이 될 수 없다. 다만, 외화위험에 대하여는 위험회피대상항목으로 지정할 수 있다. 그 이유는 외화위험이 아닌 다른 회피대상위험 즉, 사업위험은 특정하여 식별할 수도 없고 측정할 수도 없기 때문이다.

⑤ **연결실체의 내부거래**: 연결실체 내의 개별기업의 개별재무제표나 별도재무제표에서 위험회피대상항목으로 지정할 수 있으나, 연결재무제표에서는 위험회피대상항목으로 지정할 수 없다. 다만, 연결재무제표에서 전부 제거되지 않는 외환손익에 노출되어 있다면, 연결실체 내의 화폐성항목(예: 종속기업 사이의 채무나 채권)의 외화위험은 연결재무제표에서 위험회피대상항목으로 지정할 수 있다.

⑥ **통합익스포저**: 위험회피대상항목의 조건을 충족할 수 있는 익스포저(exposure, 위험에 노출된 상태)와 파생상품이 결합된 통합익스포저는 위험회피대상항목으로 지정할 수 있다. 원칙적으로 파생상품은 위험회피의 수단으로 활용되므로 위험회피의 대상이 될 수 없지만, 파생상품이 통합익스포저로 이용되는 경우에는 위험회피의 대상이 될 수도 있다.

⑦ **위험회피대상의 지정**: 위험회피관계에서 항목 전체나 항목의 구성요소를 위험회피대상항목으로 지정할 수 있다. 전체 항목은 항목의 모든 현금흐름변동이나 모든 공정가치변동을 말하며, 항목의 구성요소는 전체 항목보다 더 작은 위험회피대상항목을 말한다.

(4) 위험회피수단

위험회피수단은 위험회피대상항목의 공정가치변동이나 현금흐름변동을 상쇄할 것으로 기대하여 지정한 파생상품 또는 비파생금융상품을 말한다. 이와 관련하여 유의할 사항은 다음과 같다.

① 위험회피수단은 위험회피대상이 당기손익에 미치는 영향을 상쇄시켜야 하므로 공정가치변동을 당기손익으로 인식하는 금융상품이어야 한다. 따라서 당기손익-공정가치측정 파생상품을 위험회피수단

으로 지정할 수 있다.

② 당기손익-공정가치측정 비파생금융자산이나 비파생금융부채를 위험회피수단으로 지정할 수 있다. 다만, 당기손익-공정가치로 측정한 금융부채로서 신용위험의 변동으로 생기는 공정가치의 변동금액을 기타포괄손익으로 인식하는 금융부채는 제외한다.

③ 외화위험회피의 경우 비파생금융자산이나 비파생금융부채의 외화위험부분을 위험회피수단으로 지정할 수 있다. 다만, 공정가치의 변동을 기타포괄손익으로 표시하기로 선택한 지분상품의 투자는 제외한다.

④ 분리하여 회계처리하지 않는 복합계약에 내재된 파생상품을 별도의 위험회피수단으로 지정할 수 없다. 또한 자기지분상품은 해당 기업의 금융자산이나 금융부채가 아니므로 위험회피수단으로 지정할 수 없다.

⑤ 외화위험회피 외의 위험회피에서, 당기손익-공정가치측정 비파생금융자산이나 비파생금융부채를 위험회피수단으로 지정하는 경우에는 그 비파생금융상품 전체 또는 비례적 부분만을 지정할 수 있다.

⑥ 위험회피수단과 위험회피대상항목이 되는 여러 위험 포지션을 특정하여 지정한다면 하나의 위험회피수단을 여러 가지 종류의 위험에 대한 위험회피수단으로 지정할 수 있다. 그러한 위험회피대상항목들은 여러 위험회피관계에 있을 수 있다.

(5) 위험회피회계의 중단

위험회피수단이 소멸·매각·행사로 인하여 위험회피관계가 적용조건을 충족하지 않는 경우에만 위험회피회계를 중단한다.

① 위험회피수단의 소멸·매각·종료·행사로 인하여 위험회피관계가 적용조건을 충족하지 않는 경우에만 위험회피회계를 중단한다.

② 위험회피회계의 중단은 적용조건을 충족하지 못하는 날부터 전진적으로 적용한다.

③ 위험회피관계의 일부만이 적용조건을 더 이상 충족하지 못하는 경우에는 위험회피관계의 일부만 위험회피회계를 중단한다.

03 파생상품 일반회계

앞에서 설명한 바와 같이 파생상품의 대표적인 예로 선도, 선물, 스왑, 옵션 등을 들 수 있는데, 본 장에서는 이러한 파생상품 중 선도거래를 중심으로 파생상품의 회계처리를 살펴보기로 하고 선물, 스왑, 옵션의 회계처리에 대해서는 본 장의 보론에서 설명한다.

1 선도거래의 의의

선도거래는 미래의 특정 시점에 특정 자산을 미리 약정한 가격에 매매할 것을 현재시점에서 약정하는 거래를 말한다.

(1) 선도계약을 체결한다함은 계약당사자 간에 미래의 특정시점(만기시점)에 매매를 하기로 계약체결시점에서 미리 약정하는 것을 의미하며, 이러한 선도계약을 통해 만기시점에 매매할 거래대상(기초자산)과 매매시 적용할 가격(선도가격)이 계약을 체결하는 시점에 미리 결정된다.

> **예** 20×1년 4월 1일에 선도계약을 체결하면서 20×2년말에 $1를 ₩1,000/$에 매수·매도하기로 계약당사자 간에 약정했다면, 이러한 계약의 체결시점은 20×1년 4월 1일이지만, 실제 매매거래가 이루어지는 시점(만기시점)은 20×2년말이며, 만기시점에서의 매매거래대상(기초자산)은 $1이고, 매매시 적용할 가격(선도가격)은 ₩1,000/$이다.

(2) 상기 **예** 에서 만기시점에 시장에서의 환율($의 가격)이 ₩1,100/$이라면, 선도거래의 매수자(만기시점에 기초자산을 매수하기로 약정한 자)는 ₩100만큼의 이익이 발생하고, 반대로 매도자는 ₩100만큼의 손실이 발생한다. 왜냐하면, 매수자의 경우에는 만기시점에 시장에서의 환율로 $1를 매수하려고 하면 ₩1,100을 지급해야 하지만, 기존에 체결했던 선도계약으로 인해 ₩1,000만으로도 $1를 매수할 수 있기 때문이다. 또한 매도자의 경우에는 만기시점에 시장에서의 환율로 $1를 매도하면 ₩1,100을 받을 수 있으나, 기존에 체결했던 선도계약으로 인해 $1를 넘겨주면서 ₩1,000밖에 받을 수 없기 때문이다.

(3) 선도계약을 만기시점에 청산하는 방법에는 실물결제방법과 차액결제방법이 있다.
   ① **실물결제방법**: 만기시점에 실제로 선도계약의 기초자산 및 약정가액을 수수(실제 실물의 인수도 및 약정대금의 수수)하는 방법이다.
   ② **차액결제방법**: 만기시점에 기초자산의 시장가격과 미리 약정된 선도가격과의 차액만을 현금으로 결제하는 방법이다.

선도계약의 만기청산방법은 실물결제방법이 대부분이지만, 계약내용에 따라 차액결제방법이 이용되기도 한다.

2 선도거래의 일반회계

매매목적(투기목적)으로 거래하는 파생상품과 위험회피목적으로 이용하더라도 위험회피요건이 충족되지 않은 파생상품은 파생상품이 일반회계를 적용한다. 따라서 선도거래에 따라 발생된 권리와 의무를 공정가치로 평가하여 자산 또는 부채로 인식하고 선도거래에서 발생한 평가손익은 당기손익으로 인식한다.

예 A회사는 20×6년 11월 1일에 통화선도거래계약을 체결하였다. A회사의 결산일은 매년말이며 관련자료는 다음과 같다.

(1) 계약에 대한 자료

① 계약체결일 : 20×6년 11월 1일

② 계약기간 : 3개월 (20×6. 11. 1~20×7. 1. 31)

③ 계약조건 : $100를 약정통화선도환율 ₩980/$에 매입하기로 함.

(2) 환율에 대한 자료

일 자	현물환율(₩/$)	통화선도환율(₩/$)
20×6. 11. 1	960	980(만기 3개월)
20×6. 12. 31	1,060	1,040(만기 1개월)
20×7. 1. 31	990	

(3) 통화선도거래계약의 목적

A회사는 20×6년 11월 1일과 20×7년 1월 31일 사이에 $의 가치가 상승할 것으로 예상하고 상기 조건의 통화선도계약을 체결하였다.

일 자	통화선도계약			
20×6. 11. 1	- 회계처리 없음 -			
20×6. 12. 31	(차) 통화선도(B/S) 6,000	(대) 통화선도평가이익(NI) 6,000		

*$100×(₩1,040 - ₩980) = ₩6,000

| 20×7. 1. 31 | (차) | 통화선도거래손실(NI) | 5,000 | (대) | 통화선도(B/S) | 5,000 |

* $100×(₩990 − ₩1,040) = ₩(5,000)

| | (차) | 현　금($) | 99,000 | (대) | 현　금
통화선도(B/S) | 98,000
1,000 |

(1) 상기 예에서 통화선도(B/S)는 당기손익−공정가치측정금융자산으로 분류되며, 통화선도평가이익(NI)도 당기손익에 반영된다.

(2) 상기 예에서 통화선도거래의 공정가치를 산정함에 있어 현재가치를 고려한다면 20×6년 12월 31일과 20×7년 1월 31일의 회계처리는 다음과 같이 달라진다. 단, 20×6년 12월 31일 현재 적절한 할인율은 5%라고 가정한다($1.05^{31/365} = 1.004152$).

일　자		회　계　처　리				
20×6. 12. 31	(차)	통화선도(B/S)	5,975	(대)	통화선도평가이익(NI)	5,975

　* 통화선도환율변동액 : $100×(₩1,040 − ₩980) = ₩6,000
　　통화선도평가이익 : ₩6,000÷1.004152 = ₩5,975

| 20×7. 1. 31 | (차) | 통화선도거래손실(NI) | 4,975 | (대) | 통화선도(B/S) | 4,975 |

　*통화선도(B/S)잔액 : $100×($990 − $980) = ₩1,000
　　통화선도거래손실 : ₩1,000 − ₩5,975 = ₩(4,975)

| | (차) | 현　금($) | 99,000 | (대) | 현　금
통화선도(B/S) | 98,000
1,000 |

(3) 위의 회계처리에서 보듯이 통화선도거래의 공정가치를 산정함에 있어 현재가치를 고려하든 고려하지 않든 통화선도거래계약과 관련하여 회사가 인식할 총손익은 ₩1,000의 이익으로 동일하며, 단지 손익의 귀속시기만 다름을 알 수 있다.

파생상품 일반회계

이론문제(기출지문)

01 파생상품은 해당 계약에 따라 발생된 권리와 의무를 자산과 부채로 각각 인식하고 이를 총액으로 인식해야 한다. (×)
   ▶파생상품은 해당계약에 따라 발생된 권리와 의무를 자산 또는 부채로 인식해야 하는데, 이때 자산 또는 부채로 인식할 금액은 계약금액이 아니라 계약의 공정가치(차액결제금액)를 의미하는 것이므로 자산과 부채를 동시에 총액으로 인식해서는 안 된다.

02 파생상품에 해당되는지를 결정하기 위해서 거래당사자가 서로 금액을 지급(총액결제)하는지 또는 순액으로 결제하는지가 영향을 주지 않는다. (○)

03 파생상품의 공정가치와 평가손익은 파생상품 계약별로 구분하여 표시하며, 이를 상계하지 않는다. (○)

04 매매목적으로 거래되는 파생상품에 대한 평가손익은 기업의 고유영업활동과는 관계가 없으므로 전액 자본항목으로 인식한다. (×)
   ▶매매목적으로 거래하는 파생상품과 위험회피목적으로 이용하더라도 위험회피요건이 충족되지 않는 파생상품은 당해 계약에 따라 발생된 권리와 의무를 공정가치로 평가하여 자산 또는 부채로 인식하고 파생상품에서 발생한 평가손익은 당기손익으로 인식한다.

05 해외사업장순투자의 위험회피는 공정가치위험회피와 유사하게 회계처리한다. (×)
   ▶해외사업장순투자의 위험회피는 현금흐름위험회피와 유사하게 회계처리한다.

필수예제 · 파생상품 일반회계

A회사는 원화의 환율인상을 예상하고 통화선도거래계약을 20×1년 10월 1일에 체결하였다. A회사의 결산일은 매년말이며, 관련자료는 다음과 같다.

(1) 계약에 대한 자료
- 계약기간: 6개월(20×1. 10. 1~20×2. 3. 31)
- 계약조건: $100를 약정통화선도환율 ₩1,180/$로 매입하기로 함

(2) 환율에 대한 자료

일 자	현물환율(₩/$)	통화선도환율(₩/$)
20×1. 10. 1	1,160	1,180(만기 6개월)
20×1. 12. 31	1,210	1,190(만기 3개월)
20×2. 3. 31	1,130	–

A회사 통화선도거래계약과 관련하여 20×1년과 20×2년에 인식할 손익은 각각 얼마인가? 단, 현재가치평가는 생략한다.

---

1. 20×1년: 통화선도평가이익 $100×(₩1,190−₩1,180)=₩1,000
2. 20×2년: 통화선도거래손실 $100×(₩1,130−₩1,190)=₩(6,000)

※해설※

일 자	회 계 처 리				
20×1. 10. 1	\-회계처리 없음-				
	(비망기록)	$미수액: $100×₩1,180=	₩118,000		
		₩미지급액	118,000		
20×1. 12. 31	(차) 통화선도(B/S)	1,000	(대) 통화선도평가이익(NI)	1,000	
	*$100×(₩1,190−₩1,180)=₩1,000				
20×2. 3. 31	(차) 통화선도거래손실(NI)	6,000	(대) 통화선도(B/S)	6,000	
	*$100×(₩1,130−₩1,190)=₩(6,000)				
	(차) { 현금($)	113,000*	(대) 현금	118,000	
	{ 통화선도(B/S)	5,000			
	*$100×₩1,130=₩113,000				

01 12월 결산법인인 (주)한국은 환율인하를 예상하고 다음과 같은 통화선도거래계약을 (주)대한은행과 체결하였다.

· 통화선도거래계약 체결일:20×1년 9월 1일
· 계약기간:6개월(20×1. 9. 1~20×2. 2. 28)
· 계약조건:미화 $100를 $1당 ₩1,200의 선도환율로 매도하기로 함
· 환율에 대한 자료는 다음과 같다.

일 자	현물환율(₩/$)	통화선도환율(₩/$)
20×1년 9월 1일	1,190	1,200(만기 6개월)
20×1년 12월 31일	1,185	1,190(만기 2개월)
20×2년 2월 28일	1,160	–

(주)한국은 5%의 할인율을 사용하며, 만기일에 미화를 실물인도하였다. 위 통화선도거래와 관련된 (주)한국의 20×1년말 통화선도평가이익과 20×2년 만기일의 통화선도거래이익 및 순현금유입액을 계산하시오. 단, 소수점 아래 숫자는 반올림하며, 단, $(1+0.05)^{2/12}=1.00806$, $(1+0.05)^{6/12}=1.0247$이다.

1. 20×1년말 통화선도평가이익:$100×(₩1,200−₩1,190)÷1.00806=₩992
2. 20×2년 만기일의 통화선도거래이익:₩4,000−₩992=₩3,008
3. 20×2년 만기일의 순현금유입액:$100×(₩1,200−₩1,160)=₩4,000

※해설※

일 자	회 계 처 리
20×1. 9. 1	-회계처리 없음-
	(비망기록) ₩미수액 ₩120,000
	$미지급액:$100×₩1,200= 120,000
20×1. 12. 31	(차) 통화선도(B/S) 992 (대) 통화선도평가이익(NI) 992
	*미지급액 변동액:$100×(₩1,190−₩1,200)=₩(1,000)
	통화선도평가이익:₩1,000/1.00806=₩992
20×2. 2. 28	(차) 통화선도(B/S) 3,008 (대) 통화선도거래이익(NI) 3,008
	*통화선도(B/S)잔액:$100×(₩1,200−₩1,160)=₩4,000
	통화선도거래이익:₩4,000−₩992=₩3,008

(차) 현 금	120,000	(대) { 현 금($)	116,000*
		통화선도(B/S)	4,000

*$100×₩1,160=₩116,000

02 12월말 결산법인인 (주)경기는 최근 환율의 지속적인 하락추세를 염려하여 20×1년 11월 1일에 다음과 같은 통화선도계약을 금융기관과 체결하였다.

(1) 20×2년 3월 31일의 환율이 ₩1,200~₩1,300이면 $1,000을 $당 ₩1,300의 환율로 매도할 수 있다.
(2) 20×2년 3월 31일의 환율이 ₩1,300을 초과하면 $2,000을 $당 ₩1,300의 환율로 매도하여야 하며, ₩1,200 미만이면 통화선도계약을 무효로 한다.
(3) 환율에 대한 자료는 다음과 같다.

일 자	현물환율(₩/$)	통화선도환율(₩/$)
20×1년 11월 1일	1,350	1,300(만기 5개월)
20×1년 12월 31일	1,280	1,250(만기 3개월)
20×2년 3월 31일	1,450	–

위 통화선도거래계약과 관련하여 (주)경기가 결산일인 20×1년 12월 31일에 인식할 손익과 만기일인 20×2년 3월 31일에 인식할 손익은 각각 얼마인가? 단, 현재가치평가는 생략한다.

(2009, 세무사 수정)

1. 20×1년 12월 31일 파생상품평가손익: (₩1,300-₩1,250)×$1,000=₩50,000 이익
2. 20×2년 3월 31일 파생상품거래손익: (₩1,300-₩1,450)×$2,000-₩50,000=₩(350,000) 손실

04 공정가치위험회피회계

1 공정가치위험회피회계의 의의

위험회피회계란 위험회피대상항목과 위험회피수단인 파생상품 사이에 위험회피관계가 설정되었으나 파생상품의 일반회계처리로는 위험회피효과를 적절히 재무제표상에 반영할 수 없는 경우 별도의 회계처리방법을 적용하도록 하는 것을 말한다. 이러한 위험회피회계는 그 성격에 따라 공정가치위험회피회계와 현금흐름위험회피회계 및 해외사업장순투자의 위험회피회계로 나뉘어지는데, 본절에서는 공정가치위험회피회계에 대해서 살펴보기로 한다.

(1) 공정가치위험회피회계는 위험회피수단으로 지정된 파생상품의 재측정에 따른 공정가치의 변동을 당기손익으로 인식하고, 특정위험으로 인한 위험회피대상항목(자산, 부채, 확정계약)의 손익은 위험회피대상항목의 장부금액을 조정하여 당기손익으로 인식하는 회계처리를 말한다.[1]

(2) 위험회피수단인 파생상품의 회계처리는 파생상품의 일반회계와 동일하게 처리하고 위험회피대상항목의 평가손익을 파생상품평가손익과 반대로 인식하여 특정위험이 당기순이익에 미치는 영향을 상쇄시키는 것이다. 참고로 공정가치위험회피회계의 회계처리를 나타내면 다음과 같다.

구 분	일반거래(위험회피대상항목)		파생상품(위험회피수단)	
파생상품평가이익이 발생한 경우	평가손실(NI)	×××	파생상품(B/S)	×××
	자산·부채·확정계약(B/S)	×××	파생상품평가이익(NI)	×××
파생상품평가손실이 발생한 경우	자산·부채·확정계약(B/S)	×××	파생상품평가손실(NI)	×××
	평가이익(NI)	×××	파생상품(B/S)	×××

2 확정계약

공정가치위험회피회계가 적용되는 선도거래의 경우 위험회피수단인 선도거래의 회계처리는 선도거래의 일반회계와 동일하게 처리하고 위험회피대상항목의 손익은 위험회피대상항목의 장부금액을

---

[1] 기타포괄손익-공정가치측정금융자산(지분상품)이 위험회피대상인 경우 평가손익을 기타포괄손익으로 인식하고 위험회피수단의 손익도 기타포괄손익으로 인식한다. 그러나 기타포괄손익-공정가치측정금융자산(채무상품)이 위험회피대상인 경우 평가손익을 당기손익으로 인식하고 위험회피수단의 손익도 당기손익으로 인식한다.

조정하여 당기손익으로 인식한다.

예 A회사는 20×6년 11월 1일에 통화선도거래계약을 체결하였다. A회사의 결산일은 매년말이며 관련자료는 다음과 같다.

(1) 계약에 대한 자료

① 계약체결일 : 20×6년 11월 1일

② 계약기간 : 3개월 (20×6. 11. 1~20×7. 1. 31)

③ 계약조건 : $100를 약정통화선도환율 ₩980/$에 매입하기로 함.

(2) 환율에 대한 자료

일 자	현물환율(₩/$)	통화선도환율(₩/$)
20×6. 11. 1	960	980(만기 3개월)
20×6. 12. 31	1,060	1,040(만기 1개월)
20×7. 1. 31	990	

(3) 통화선도거래계약의 목적

A회사는 20×6년 11월 1일 $100의 재고자산을 구입하기로 하는 확정계약을 체결하였으며, 구입대금은 20×7년 1월 31일에 지급될 예정이다. A회사는 재고자산 구입대금의 환율변동위험에 대비하기 위하여 20×6년 11월 1일에 상기 조건의 통화선도계약을 체결하였다.

1. 위험회피회계를 적용하지 않는 경우

일 자	확정계약		통화선도계약	
20×6. 11. 1	-회계처리 없음-		-회계처리 없음-	
			(비망기록)	
			$미수액 : $100×₩980 = ₩98,000	
			₩미지급액 : ₩98,000	
20×6. 12. 31	-회계처리 없음-		통화선도(B/S) 6,000	
			통화선도평가이익(NI)	6,000
			*$100×(₩1,040 - ₩980) = ₩6,000	
20×7. 1. 31	재고자산	99,000	통화선도거래손실(NI) 5,000	
	현 금($)	99,000	통화선도(B/S)	5,000
			현 금($) 99,000	
			현 금	98,000
			통화선도(B/S)	1,000

2. 공정가치위험회피회계를 적용하는 경우

일 자	확정계약	통화선도계약
20×6. 11. 1	-회계처리 없음-	-회계처리 없음- (비망기록) $미수액 : $100×₩980 = ₩98,000 ₩미지급액 : ₩98,000
20×6. 12. 31	확정계약평가손실(NI) 6,000 　　확정계약(B/S) 6,000 *$100×(₩980-₩1,040) = ₩(6,000)	통화선도(B/S) 6,000 　　통화선도평가이익(NI) 6,000 *$100×(₩1,040-₩980) = ₩6,000
20×7. 1. 31	확정계약(B/S) 5,000 　　확정계약평가이익(NI) 5,000 *$100×(₩1,040-₩990) = ₩(5,000) 재고자산 98,000 확정계약(B/S) 1,000 　　현　금($) 99,000 *$100×990 = ₩99,000	통화선도거래손실(NI) 5,000 　　통화선도(B/S) 5,000 *$100×(₩990-₩1,040) = ₩(5,000) 현　금($) 99,000 　　현　금 98,000 　　통화선도(B/S) 1,000

(1) 상기 예의 경우 최초에 A회사는 재고자산 구입가격($)의 변동위험을 부담하고 있었으나 이러한 $가격의 변동위험은 확정구입계약($100)을 통해 제거되었다. 그리고 확정계약이 $-Base로 이루어지게 됨에 따라 실제 부담할 ₩지급액(지급할 $100을 구입할 ₩금액)도 변동될 위험이 있었으나 통화선도거래를 통해 ₩지급액도 현재시점(20×6. 11. 1)에서 ₩98,000으로 확정되었다. 또한 위험회피대상항목인 확정계약과 위험회피수단인 통화선도거래의 금액과 기간 및 평가기준이 동일하므로 완전한 위험회피가 가능한 상황이다.

(2) 상기 예의 경우와 같이 확정계약의 공정가치변동위험을 회피하기 위한 수단으로 지정된 통화선도거래의 경우에는 위험회피회계를 적용하여 파생상품의 평가손익이 인식되는 보고기간에 위험회피대상항목의 평가손익을 인식함으로써 파생상품의 평가손익이 당기순이익에 미치는 영향을 상쇄시키는 것이 타당하다.

(3) 참고로 상기 예의 회계처리에 따른 재고자산의 취득원가를 비교하면 다음과 같다.

	위험회피회계를 적용하지 않는 경우	위험회피회계를 적용하는 경우
취득원가	₩99,000	₩98,000

상기 예의 경우에 재고자산의 취득원가가 결정되는 시점은 20×6. 11. 1이다. 왜냐하면, 미래시

점에 구입할 재고자산이지만, 확정계약을 통해서 $지급액은 $100로 확정되었고 ₩지급액도 통화선도계약을 통해서 ₩98,000으로 확정되었기 때문이다. 즉, A회사는 ₩98,000을 지급하여 $100을 수취하고 $100을 지급하여 재고자산을 구입하는 것이므로 구입하는 시점에서 A회사가 실제로 부담하는 금액은 ₩98,000이다. 따라서 재고자산의 취득원가는 위험회피회계를 적용하는 ₩98,000이 타당함을 알 수 있다.

(4) 공정가치위험회피회계와 관련하여 한 가지 유의할 점은 위험회피대상 자산·부채에 대해서 먼저 공정가치위험회피회계에 따라 평가손익을 인식한 후에 기업회계기준서에 따른 손상차손의 인식여부를 고려해야 한다는 것이다.

(5) 확정계약의 위험회피는 공정가치위험회피이지만, 외화위험은 위험회피대상항목의 현금흐름과 공정가치 모두에 영향을 미치기 때문에 확정계약의 외화위험회피에 대해서는 공정가치위험회피회계와 현금흐름위험회피회계를 선택적으로 적용할 수 있다.

3 일반상거래채무

위험회피수단으로 파생상품을 이용하더라도 위험회피대상항목이 매출채권, 매입채무 등 화폐성 외화자산·부채라면 일반회계처리로도 해당 위험회피대상항목의 평가손익(환율변동손익)을 인식하므로 외화위험에 대한 위험회피회계가 불필요하다.

예 A회사는 20×6년 11월 1일에 통화선도거래계약을 체결하였다. A회사의 결산일은 매년말이며 관련자료는 다음과 같다.

(1) 계약에 대한 자료

① 계약체결일 : 20×6년 11월 1일

② 계약기간 : 3개월 (20×6. 11. 1~20×7. 1. 31)

③ 계약조건 : $100를 약정통화선도환율 ₩980/$에 매입하기로 함.

(2) 환율에 대한 자료

일 자	현물환율(₩/$)	통화선도환율(₩/$)
20×6. 11. 1	960	980(만기 3개월)
20×6. 12. 31	1,060	1,040(만기 1개월)
20×7. 1. 31	990	

(3) 통화선도거래계약의 목적

A회사는 20×6년 11월 1일 $100의 재고자산을 구입하였으며, 구입대금은 20×7년 1월 31일에 지급될 예정이다. A회사는 재고자산 구입대금의 환율변동위험에 대비하기 위하여 20×6년 11월 1일에 상기 조건의 통화선도계약을 체결하였다.

일 자	일반상거래채무		통화선도계약	
20×6. 11. 1	재고자산	96,000	-회계처리 없음-	
	매입채무	96,000	(비망기록)	
			$미수액 : $100×₩980 =	₩98,000
			₩미지급액 :	₩98,000
20×6. 12. 31	환율변동손실(NI)	10,000	통화선도(B/S)	6,000
	매입채무	10,000	통화선도평가이익(NI)	6,000
	*$100×(₩960−₩1,060) = ₩(10,000)		*$100×(₩1,040−₩980) = ₩6,000	
20×7. 1. 31	매입채무	106,000	통화선도거래손실(NI)	5,000
	현　금($)	99,000	통화선도(B/S)	5,000
	환율변동이익(NI)	7,000	현　금($)	99,000
			현　금	98,000
			통화선도(B/S)	1,000

상기 예의 경우 위험회피대상항목인 매입채무(화폐성부채)의 환율변동손실(₩3,000)과 위험회피수단인 통화선도거래의평가이익(₩1,000)이 상쇄되어 통화선도계약의 목적인 ₩2,000의 손실(20×6. 11. 1 현물환율 ₩960/$과 선물환율₩980/$의 차액에 $100를 곱한 금액)과 일치하게 된다. 따라서 이러한 경우에는 위험회피회계를 적용하지 않아도 위험회피효과가 인식되므로 위험회피회계가 불필요하다는 것이다. 즉, 위험회피목적으로 파생상품을 거래하더라도 위험회피회계가 필요하지 않는 경우라면 파생상품의 일반회계를 적용한다.

공정가치위험회피회계

이론문제(기출지문)

01 공정가치위험회피회계를 적용하는 파생상품의 평가손익은 위험회피대상항목의 공정가치변동과 항상 동일한 보고기간에 대칭적으로 인식한다. (O)

02 확정계약에 대하여 공정가치위험회피회계를 적용할 경우 위험회피대상항목의 평가손익을 파생상품평가손익과 반대로 인식하여 특정 위험이 당기순이익에 미치는 영향을 상쇄시켜야 한다. (O)

03 화폐성 외화자산·부채에 대하여 공정가치위험회피회계를 적용할 경우 위험회피대상항목의 평가손익을 인식하지 않는다. (×)
▶ 화폐성 외화자산·부채는 일반회계처리로도 해당 위험회피대상항목의 평가손익을 인식하므로 공정가치위험회피회계가 불필요하다.

04 사업결합에서 사업을 취득하기로 하는 확정계약은 외화위험을 제외하고는 위험회피대상항목이 될 수 없다. 그러나 지분법적용투자주식과 연결대상 종속기업에 대한 투자주식은 공정가치위험회피의 위험회피대상항목이 될 수 있다. (×)
▶ 지분법적용투자주식과 연결대상 종속기업에 대한 투자주식은 공정가치위험회피의 위험회피대상항목이 될 수 없다.

05 외화위험회피의 경우 비파생금융자산이나 비파생금융부채의 외화위험부분은 위험회피수단으로 지정할 수 있다. 다만, 공정가치의 변동을 기타포괄손익으로 표시하기로 선택한 지분상품의 투자는 제외한다. (O)

06 확정계약의 외화위험회피에 공정가치위험회피회계 또는 현금흐름위험회피회계를 적용할 수 있다. (O)

| 필수예제 | 공정가치위험회피회계-확정계약 |

A회사는 20×1년 10월 1일에 기계 1대를 5개월 후인 20×2년 2월 28일에 $200에 구입하기로 하는 확정계약을 체결하였다. 관련자료는 다음과 같다.

(1) A회사가 체결한 확정계약의 내용에는 계약 불이행시 그에 따른 위약금을 지불하기로 하는 내용이 포함되어 있다.
(2) A회사는 확정계약의 환율변동에 따른 위험을 회피하기 위하여 다음과 같은 통화선도거래계약을 20×1년 10월 1일에 체결하였다.
  · 계약기간: 5개월(20×1. 10. 1~20×2. 2. 28)
  · 계약조건: $200를 수취하고 ₩220,000을 지급함(선도환율: ₩1,100/$)
(3) A회사의 결산일은 매년말이며, 환율에 대한 자료는 다음과 같다.

일 자	현물환율(₩/$)	통화선도환율(₩/$)
20×1.10. 1	1,050	1,100(만기 5개월)
20×1.12.31	1,100	1,140(만기 2개월)
20×2. 2.28	1,150	–

위의 확정계약 및 통화선도거래가 A회사의 20×1년과 20×2년의 당기손익에 미치는 영향은 각각 얼마인가? 단, 현재가치평가는 생략한다.

1. 20×1년 당기손익의 영향
   (1) 확정계약: $200×(₩1,100-₩1,140)=₩(8,000) 손실
   (2) 통화선도거래: $200×(₩1,140-₩1,100)=₩8,000 이익
   ∴ 20×1년 당기손익의 영향: ₩8,000+₩(8,000)=₩0

2. 20×2년 당기손익의 영향
   (1) 확정계약: $200×(₩1,140-₩1,150)=₩(2,000) 손실
   (2) 통화선도거래: $200×(₩1,150-₩1,140)=₩2,000 이익
   ∴ 20×2년 당기손익의 영향: ₩2,000+₩(2,000)=₩0

※해설※

일 자	확정계약	통화선도거래
20×1.10. 1	-회계처리 없음-	-회계처리 없음- (비망기록) $미 수 액:$200×₩1,100= ₩220,000 ₩미지급액 220,000
20×1.12.31	확정계약평가손실(NI) 8,000 　　확정계약(B/S) 8,000 *$200×(₩1,100-₩1,140)=₩(8,000)	통화선도(B/S) 8,000 　　통화선도평가이익(NI) 8,000 *$200×(₩1,140-₩1,100)=₩8,000
20×2. 2.28	확정계약평가손실(NI) 2,000 　　확정계약(B/S) 2,000 *$200×(₩1,140-₩1,150)=₩(2,000) 기계장치 220,000 확정계약(B/S) 10,000 　　현　금($) 230,000	통화선도(B/S) 2,000 　　통화선도거래이익(NI) 2,000 *$200×(₩1,150-₩1,140)=₩2,000 현　금($) 230,000 　　현　금 220,000 　　통화선도(B/S) 10,000

*20×2년 기계장치 취득원가:자산의 취득원가를 고정시키기 위한 공정가치위험회피회계에 해당하기 때문에 기계장치의 취득원가는 통화선도계약을 통해 확정시킨 ₩220,000($200×₩1,100)이다.

---

01 (주)경기는 20×1년 11월 1일에 재고자산을 $100에 구입하는 확정계약을 체결하였다. 계약상 재고자산의 구입일은 계약일로부터 3개월 후인 20×2년 1월 31일이며, 계약 불이행시 위약금을 지불하여야 한다. (주)경기는 확정계약으로부터 발생할 수 있는 환율변동위험을 회피하기 위한 수단으로써 통화선도계약을 체결하였으며, 이와 관련된 내용은 다음과 같다.

· 통화선도계약체결일:20×1년 11월 1일
· 계약기간:3개월(20×1년 11월 1일부터 20×2년 1월 31일까지)
· 계약조건:$100를 약정통화선도환율 ₩980/$로 매입하기로 함
· 일자별 환율에 대한 정보는 다음과 같다.

일 자	현물환율(₩/$)	통화선도환율(₩/$)
20×1년 11월 1일	960	980(만기 3개월)
20×1년 12월 31일	1,060	1,040(만기 1개월)
20×2년 1월 31일	990	-

(주)경기가 20×2년 1월 31일에 재고자산의 취득원가로 인식할 금액은 얼마인가? 단, 현재가치 평가는 생략한다.

자산취득원가를 고정시키기 위한 공정가치위험회피에 해당하기 때문에 자산의 취득원가는 선도환율 ₩980을 적용한 ₩98,000($100×₩980)으로 고정된다.

※해설※

일 자	확정계약		통화선도거래	
20×1.11. 1	-회계처리 없음-		-회계처리 없음-	
			(비망기록)	
			$미 수 액:$100×₩980=	₩98,000
			₩미지급액	98,000
20×1.12.31	확정계약평가손실(NI)	6,000	통화선도(B/S)	6,000
	확정계약(B/S)	6,000	통화선도평가이익(NI)	6,000
	*$100×(₩980−₩1,040)=₩(6,000)		*$100×(₩1,040−₩980)=₩6,000	
20×2. 3.31	확정계약(B/S)	5,000	통화선도거래손실(NI)	5,000
	확정계약평가이익(NI)	5,000	통화선도(B/S)	5,000
	*$100×(₩1,040−₩990)=₩5,000		*$100×(₩990−₩1,040)=₩(5,000)	
	재고자산	98,000	현 금($)	99,000
	확정계약(B/S)	1,000	현 금	98,000
	현 금($)	99,000	통화선도(B/S)	1,000

02 회계시스템을 수출하는 (주)선진은 20×1년 10월 1일에 6개월 후 뉴욕에 있는 고객에게 새로 개발된 회계시스템을 $2,000에 판매하는 확정계약을 체결하였다. 이 확정계약은 법적 강제력을 갖는 계약으로 불이행시에는 그에 따른 위약금을 지불해야 한다. (주)선진은 환율하락위험을 회피하기 위해 20×2년 3월 31일에 $2,000를 ₩1,060/$에 매도하는 통화선도계약을 20×1년 10월 1일 체결하였다. 환율에 대한 정보는 아래와 같다.

일 자	현물환율(₩/$)	통화선도환율(₩/$)
20×1.10. 1	1,020	1,060(만기 6개월)
20×1.12.31	1,080	1,130(만기 3개월)
20×2. 3.31	1,150	−

확정계약이 (1)공정가치위험회피대상으로 지정된 경우와 (2)위험회피대상으로 지정되지 않은 경우 각각에 대하여, 위 거래가 20×1년말 순자산에 미치는 영향은 얼마인가? (2015. CPA)

1. 공정가치위험회피대상으로 지정된 경우

일 자	확정계약		통화선도계약	
20×1. 10. 1	-회계처리 없음-		-회계처리 없음-	
20×1. 12. 31	확정계약(B/S)	140,000	통화선도평가손실(NI)	140,000
	확정계약평가이익(NI)	140,000	통화선도(B/S)	140,000

*$2,000×(₩1,060−₩1,130)=₩(140,000)

∴ 20×1년말 순자산에 미치는 영향: ₩140,000+₩(140,000)=₩0

2. 위험회피대상으로 지정되지 않은 경우

일 자	확정계약	통화선도계약	
20×1. 10. 1	-회계처리 없음-	-회계처리 없음-	
20×1. 12. 31	-회계처리 없음-	통화선도평가손실(NI)	140,000
		통화선도(B/S)	140,000

*$2,000×(₩1,060−₩1,130)=₩(140,000)

∴ 20×1년말 순자산에 미치는 영향: ₩140,000 감소

필수예제 공정가치위험회피회계–화폐성 외화자산·부채

A회사는 20×1년 10월 1일에 장부금액이 ₩100,000인 기계장치를 $100에 외상으로 수출하고 대금은 6개월 후에 받기로 하였다. A회사의 결산일은 매년말이며, 관련자료는 다음과 같다.

(1) A회사는 기계장치 매각대금의 환율변동위험을 회피하기 위하여 다음과 같은 통화선도거래계약을 동 일자에 체결하였다.
  · 계약기간: 6개월(20×1. 10. 1~20×2. 3. 31)
  · 계약조건: $100을 ₩1,150/$(Forward rate)로 매도하기로 함
  · 계약기간: 6개월(20×1. 10. 1~20×2. 3. 31)

· 계약조건: $100을 ₩1,150/$(Forward rate)로 매도하기로 함

(2) 환율에 대한 자료는 다음과 같다.

일 자	현물환율(₩/$)	통화선도환율(₩/$)
20×1.10. 1	1,050	1,150(만기 6개월)
20×1.12.31	1,030	1,120(만기 3개월)
20×2. 3.31	1,130	-

위의 매출거래 및 통화선도거래가 A회사의 20×1년과 20×2년의 당기손익에 미치는 영향은 각각 얼마인가? 단, 현재가치평가는 생략한다.

---

1. 20×1년 당기손익의 영향

   (1) 유형자산처분이익: $100×₩1,050-₩100,000=₩5,000

   (2) 통화선도평가이익: $100×(₩1,150-₩1,120)=₩3,000

   (3) 환율변동손실: $100×(₩1,030-₩1,050)=₩(2,000)

   ∴ 당기손익의 영향: ₩5,000+₩3,000+₩(2,000)=₩6,000

2. 20×2년 당기손익의 영향

   (1) 통화선도거래손실: $100×(₩1,120-₩1,130)=₩(1,000)

   (2) 환율변동이익: $100×(₩1,130-₩1,030)=₩10,000

   ∴ 당기손익의 영향: ₩(1,000)+₩10,000=₩9,000

※해설※

일 자	일반상거래		통화선도거래	
20×1.10. 1	미 수 금　　　　　105,000　　　　　　　　　　　　기계장치　　　100,000　　　　　　　　　　　　유형자산처분이익　5,000		-회계처리 없음-	
20×1.12.31	환율변동손실　　　2,000　　　　　　　　　　　　미 수 금　　　2,000　　　*$100×(₩1,030-₩1,050)=₩(2,000)		통화선도(B/S)　　3,000　　　　　　통화선도평가이익(NI)　3,000　　　*$100×(₩1,150-₩1,120)=₩3,000	
20×2. 3.31	현　금($)　　　　113,000　　　　　　　　　　　　미 수 금　　　103,000　　　　　　　　　　　　환율변동이익　　10,000*　　*$100×(₩1,130-₩1,030)=₩10,000		통화선도거래손실(NI)　1,000　　　　　　통화선도(B/S)　　1,000　　　*$100×(₩1,120-₩1,130)=₩(1,000)	

	현　금	115,000	
		현　금($)	113,000*
		통화선도(B/S)	2,000

*$100×₩1,130=₩113,000

---

03 (주)경기는 20×1년 10월 1일 미국으로부터 원재료 $200를 수입하고 대금은 5개월 후에 지급하기로 하였다. 현재 환율은 상승세에 있으며 현 추세가 당분간 지속될 것으로 예상되어 (주)경기는 5개월 후에 $200를 ₩1,200/$에 매입하는 파생상품계약을 체결하였다. 회사의 결산일은 12월 31일이며, 모든 거래에서 현재가치할인은 무시한다. 환율정보는 다음과 같다.

일　자	현물환율(₩/$)	선도환율(₩/$)
20×1년 10월 1일	1,180	1,200(만기 5개월)
20×1년 12월 31일	1,210	1,225(만기 2개월)
20×2년 2월 28일	1,150	−

재고자산 매입거래와 파생상품계약으로 인한 20×1년과 20×2년 당기손익에 미치는 영향을 계산하시오.

---

1. 20×1년의 당기손익 영향

환율변동손익:$200×(₩1,180−₩1,210)=	₩(6,000) 손실
통화선도평가손익:$200×(₩1,225−₩1,200)=	5,000 이익
계	₩(1,000) 손실

2. 20×2년의 당기손익 영향

환율변동손익:$200×(₩1,210−₩1,150)=	₩12,000 이익
통화선도거래손익:$200×(₩1,150−₩1,225)=	(15,000) 손실
계	₩(3,000) 손실

※해설※

일　자	일반상거래	통화선도계약
20×1.10. 1	재고자산　　236,000 　　매입채무　　　236,000 *$200×₩1,180=₩236,000	−회계처리 없음−

20×1.12.31	환율변동손실	6,000		통화선도(B/S)	5,000
	매입채무	6,000		통화선도평가이익(NI)	5,000
	*$200×(₩1,180−₩1,210)=₩(6,000)			*$200×(₩1,225−₩1,200)=₩5,000	
20×2. 2.28	매입채무	242,000		통화선도거래손실(NI)	15,000
	현 금	230,000*		통화선도(B/S)	15,000
	환율변동이익	12,000		*$200×(₩1,225−₩1,150)=₩15,000	
	*$200×₩1,150=₩230,000			현 금($)	230,000
				통화선도(B/S)	10,000
				현 금	240,000

04 (주)선망은 20×2년 12월 1일에 외국으로부터 원재료 $100,000를 외상매입하고 대금은 20×3년 3월 31일에 달러로 지급하기로 하였다. 급박한 국내외 경제사정의 변화로 인한 환율변동위험을 회피하기 위해 다음과 같은 통화선도계약을 체결하고, 이를 공정가치위험회피 통화선도계약으로 처리하였다. 20×2년 12월 1일의 현물환율은 ₩1,160/$이었다.

· 계약기간:4개월(20×2. 12. 1~20×3. 3. 31)
· 계약조건:$100,000를 약정 통화선도환율 ₩1,200/$에 매입

결산일인 20×2년 12월 31일 현재 현물환율이 ₩1,185/$이고, 20×3년 3월 31일 만기 통화선도환율이 ₩1,230/$로 나타났다. 만약 위 통화선도계약을 매매목적 통화선도계약으로 처리했다면, 공정가치위험회피목적으로 회계처리했을 경우와 비교해서 20×2년도 재무제표 중 자산, 부채 및 당기순이익에 미치는 영향을 계산하시오.

위험회피수단으로 파생상품을 이용하더라도 위험회피대상항목이 매출채권, 매입채무 등 화폐성 외화자산·부채라면 일반회계처리로도 해당 위험회피대상항목의 평가손익(환율변동손익)을 인식하므로 공정가치위험회피회계가 불필요하다. 따라서 이 경우 매매목적으로 회계처리한다 하더라도 변화하는 것은 없다.

05 (주)한국은 20×1년 10월 1일에 제품을 $200에 수출하고 판매대금은 20×2년 3월 31일에 받기로 하였다. (주)한국은 동 수출대금의 환율변동위험을 회피하기 위해 다음과 같은 통화선도계약을 체결하였다.

· 통화선도계약 체결일: 20×1년 10월 1일
· 계약기간: 20×1년 10월 1일~20×2년 3월 31일(만기 6개월)
· 계약조건: 계약만기일에 $200를 ₩1,100/$(선도환율)에 매도하기로 함
· 환율정보

일 자	현물환율(₩/$)	통화선도환율(₩/$)
20×1. 10. 1	1,070	1,100(만기 6개월)
20×1. 12. 31	1,050	1,075(만기 3개월)
20×2. 3. 31	1,090	

외화매출채권 및 통화선도거래가 (주)한국의 20×2년 당기순이익에 미치는 영향(순액)은 얼마인가? 단, 현재가치평가 및 채권의 회수가능성에 대한 평가는 고려하지 않으며, 통화선도거래의 결제와 매출채권의 회수는 예정대로 이행되었음을 가정한다.   (2016. CPA)

1. 매출채권 환율변동이익: $200×(₩1,090−₩1,050)=₩8,000
2. 통화선도거래손실: $200×(₩1,075−₩1,090)=₩(3,000)

∴ 당기순이익 영향: ₩8,000+₩(3,000)=₩5,000 증가

05 현금흐름위험회피회계

1 현금흐름위험회피회계의 의의

현금흐름위험회피회계는 미래현금흐름변동위험을 감소시키기 위하여 지정된 파생상품의 평가손익 중 위험회피에 효과적인 부분은 기타포괄손익(OCI)으로 인식하고 위험회피에 비효과적인 부분은 당기손익(NI)으로 인식하는 회계처리를 말한다.

(1) 현금흐름위험회피회계를 적용하는 거래는 위험회피대상항목이 아직 발생하지 않은 예상거래이 므로 해당 예상거래에 대한 평가손익을 인식할 수 없기 때문에 이에 대응하는 파생상품평가손 익도 당기손익이 아닌 기타포괄손익으로 인식하여 자본항목(기타포괄손익누계액으로 분류하는 데, 이를 현금흐름위험회피적립금이라고 함.)에 계상하며, 파생상품의 평가손익 중 위험회피에 비효과적인 부분은 당기손익으로 인식한다. 그 후 위험회피대상항목인 예상거래가 당기손익에 영향을 미치는 보고기간(예: 예상매출이 발생한 때)에 재분류조정으로 자본항목(기타포괄손익 누계액)에서 당기손익으로 재분류한다.

(2) 위험회피대상항목인 예상거래에 따라 향후 금융자산이나 금융부채를 인식한다면, 기타포괄손 익으로 인식된 관련 손익은 위험회피대상 예상현금흐름이 당기손익에 영향을 미치는 보고기간 (예: 이자수익이나 이자비용이 인식되는 기간)에 재분류조정으로 자본항목(기타포괄손익누계 액)에서 당기손익으로 재분류한다.

(3) 위험회피대상항목인 예상거래에 따라 향후 비금융자산이나 비금융부채를 인식하거나 비금융자 산이나 비금융부채에 대한 예상거래가 공정가치위험회피회계를 적용하는 확정계약이 된다면, 기타포괄손익으로 인식된 관련 손익은 당해 비금융자산이나 비금융부채가 당기손익에 영향을 미치는 보고기간(예: 감가상각비나 매출원가가 인식되는 기간)에 재분류조정으로 자본항목(기 타포괄손익누계액)에서 당기손익으로 재분류하거나, 관련 자산이나 부채의 최초원가 또는 장부 금액에 포함한다.

> 예상거래
> ① 향후 금융자산이나 금융부채를 인식하는 경우: 당기손익으로 재분류
> ② 향후 비금융자산 또는 비금융부채로 인식하거나, 비금융자산이나 비금융부채에 대한 예상거 래가 공정가치위험회피회계를 적용하는 확정계약이 되는 경우: ⓐ 당기손익으로 재분류 또 는 ⓑ 장부금액조정으로 선택가능

예 1. 파생상품평가이익이 ₩110이고 위험회피대상항목의 미래예상현금흐름의 공정가치(현재가치) 변동액이 ₩100일 경우 해당 기간에 파생상품평가이익 중 ₩100은 기타포괄손익(OCI)으로 인식하여 자본항목(기타포괄손익누계액)에 계상하고, 위험회피에 비효과적인 부분에 해당하는 차액 ₩10을 당기손익(NI)으로 인식한다. 회계처리를 나타내면 다음과 같다.

(차) 파생상품(B/S) 110 (대) ┌ 파생상품평가이익(OCI) 100
　　　　　　　　　　　　　　　　　　　└ 파생상품평가이익(NI) 10

2. 파생상품평가이익이 ₩100이고, 위험회피대상항목의 미래예상현금흐름의 공정가치(현재가치) 변동액이 ₩110일 경우에는 차액 ₩10이 위험회피에 비효과적인 부분이기는 하지만 파생상품평가이익은 ₩100뿐이므로 이를 당기손익으로 인식하지 않는다. 회계처리를 나타내면 다음과 같다.

(차) 파생상품(B/S) 100 (대) 파생상품평가이익(OCI) 100

따라서 파생상품평가손익이 미래예상현금흐름의 공정가치(현재가치) 변동액 보다 큰 경우에만 그 차액을 위험회피에 비효과적인 부분으로 보아 당기손익으로 인식한다.

(4) 현금흐름위험회피회계의 회계처리와 관련하여 유의할 점은 기타포괄손익으로 인식해야 할 파생상품평가손익은 보고기간기준으로 산정하는 것이 아니라 누적기준으로 산정한다는 것이다. 따라서 보고기간말 재무상태표에 표시되는 관련 자본항목(기타포괄손익누계액)은 다음의 금액이 된다.

Min ┌ 위험회피개시 이후 위험회피수단(파생상품)의 손익누계액
　　 └ 위험회피개시 이후 위험회피대상항목의 미래예상현금흐름의 공정가치(현재가치) 변동누계액

예 20×1년과 20×2년의 파생상품평가손익과 미래예상현금흐름의 공정가치(현재가치) 변동액이 다음과 같을 경우 20×1년과 20×2년의 회계처리를 나타내면 다음과 같다.

	20×1년	20×2년	합계
파생상품평가손익	75	70	145
위험회피대상항목의 미래예상현금흐름의 공정가치(현재가치) 변동액	70	75	145

· 20×1년

(차) 파생상품(B/S) 75 (대) ┌ 파생상품평가이익(OCI) 70
　　　　　　　　　　　　　　　　└ 파생상품평가이익(NI) 5

· 20×2년

| | (차) | 파생상품(B/S) | 70 | (대) | 파생상품평가이익(OCI) | 70 |
| | (차) | 파생상품평가손실(NI) | 5 | (대) | 파생상품평가이익(OCI) | 5 |

20×2년을 기준으로 파생상품평가손익의 누계액과 위험회피대상항목의 미래예상현금흐름의 공정가치(현재가치) 변동누계액이 ₩145으로 동일하므로 위험회피에 비효과적인 부분은 없으며, 따라서 20×2년에 파생상품평가이익 ₩70을 기타포괄손익으로 인식함과 동시에 추가로 ₩5을 기타포괄손익으로 인식하여 자본항목(기타포괄손익누계액)에 계상하면서 동액을 당기의 파생상품평가손실(당기손익)로 인식하는 것이다.

(5) 자본항목으로 인식된 파생상품평가손익(기타포괄손익누계액)은 향후 예상현금흐름이 당기손익에 영향을 미치는 보고기간에 당기손익으로 재분류하거나, 예상거래 발생시 관련 자산이나 부채의 장부금액에 조정한다. 회계처리를 예시하면 다음과 같다.

구 분	파생상품평가이익(OCI)이 발생한 경우	파생상품평가손실(OCI)이 발생한 경우
당기손익으로 재분류	파생상품평가이익(OCI) ××× 관련수익·비용(NI) ×××	관련수익·비용(NI) ××× 파생상품평가손실(OCI) ×××
장부금액조정	파생상품평가이익(OCI) ××× 관련자산·부채(B/S) ×××	관련자산·부채(B/S) ××× 파생상품평가손실(OCI) ×××

2 예상거래

현금흐름위험회피회계가 적용되는 선도거래의 경우에는 특정위험으로 인한 예상거래의 미래현금흐름변동위험을 감소시키기 위한 것이므로 파생상품평가손익 중 위험회피에 비효과적인 부분은 당기손익으로 인식하고, 위험회피에 효과적인 부분은 기타포괄손익으로 인식하여 자본항목(기타포괄손익누계액)에 계상한 후 향후 예상현금흐름이 당기손익에 영향을 미치는 보고기간에 당기손익으로 재분류하거나, 예상거래 발생시 관련 자산·부채의 장부금액에 조정해야 한다.

예 A회사는 20×6년 11월 1일에 통화선도거래계약을 체결하였다. A회사의 결산일은 매년말이며 관련자료는 다음과 같다.

(1) 계약에 대한 자료
① 계약체결일 : 20×6년 11월 1일
② 계약기간 : 3개월 (20×6. 11. 1~20×7. 1. 31)

③ 계약조건 : $100를 약정통화선도환율 ₩980/$에 매입하기로 함.

(2) 환율에 대한 자료

일 자	현물환율(₩/$)	통화선도환율(₩/$)
20×6. 11. 1	960	980(만기 3개월)
20×6. 12. 31	1,060	1,040(만기 1개월)
20×7. 1. 31	990	

(3) 통화선도거래계약의 목적

A회사는 20×7년 1월 31일에 $100의 재고자산을 구입할 계획을 세우고 있으며, 예상 생산량을 고려할 때 구입거래가 이루어질 것이 거의 확실하다. A회사는 20×7년 1월 31일에 매입할 예정으로 있는 재고자산의 매입가격이 환율변동으로 인하여 상승할 위험에 대비하여 20×6년 11월 1일에 상기 조건의 통화선도계약을 체결하였다.

(4) A회사는 실제로 20×7년 1월 31일에 $100의 재고자산을 매입하였다.

일 자	재고자산 매입거래	통화선도계약
20×6. 11. 1	– 회계처리 없음 –	– 회계처리 없음 – (비망기록) $미수액 : $100×₩980 = ₩98,000 ₩미지급액 : ₩98,000

20×6. 12. 31	– 회계처리 없음 –	통화선도(B/S) 6,000
		  통화선도평가이익(OCI) 6,000
		*파생상품평가이익:
		  $100×(₩1,040 − ₩980) = ₩6,000
		예상현금흐름변동액:
		  $100×(₩1,060 − ₩960) = ₩10,000

20×7. 1. 31	재고자산 99,000
	  현 금($) 99,000
	*$100×990) = ₩99,000
	통화선도평가이익(OCI) 1,000
	  재고자산 1,000
		통화선도평가이익(OCI) 5,000
		  통화선도(B/S) 5,000
		*파생상품평가이익:
		  $100×(₩990 − ₩1,040) = ₩(5,000)
		당기예상현금흐름변동액:
		  $100×(₩990 − ₩1,060) = ₩(7,000)
		파생상품평가이익누계액:
		  ₩6,000+₩(5,000) = ₩1,000

예상현금흐름변동누계액:
₩10,000+₩(7,000) = ₩3,000
현　금($)　　　99,000
　　　현　금　　　98,000
　　　통화선도(B/S)　5,000

　　상기 **예**에서 20×6년말의 통화선도평가이익 ₩6,000은 파생상품의 일반회계에 의할 경우 당기손익으로 인식하게 되지만, 여기서는 현금흐름위험회피회계를 적용하기 때문에 기타포괄손익으로 인식하여 자본항목(기타포괄손익누계액)에 계상하였다가 이후 실제 재고자산의 매입시 재고자산의 취득원가에서 차감함을 알 수 있다. 이처럼 현금흐름위험회피의 대상인 예상거래가 향후 비금융자산이나 비금융부채로 인식되는 경우에는 자본항목(기타포괄손익누계액)으로 인식되어 있는 파생상품평가손익을 관련 자산이나 부채의 최초원가 또는 장부금액에서 조정할 수도 있고, 당해 비금융자산이나 비금융부채가 당기손익에 영향을 미치는 보고기간(예: 감가상각비나 매출원가가 인식되는 기간)에 재분류조정으로 당기손익으로 재분류할 수도 있다. 당기손익으로 재분류하는 경우의 회계처리를 나타내면 다음과 같다.

일　자	재고자산 매입거래		통화선도계약	
20×7. 1. 31	재고자산　　99,000		통화선도평가이익(OCI)　5,000	
	현　금($)　　　99,000		통화선도(B/S)　　　5,000	
			현　금($)　　99,000	
			현　금　　　　　98,000	
			통화선도(B/S)　　1,000	
매출시	매출원가　　99,000		통화선도평가이익(OCI)　1,000	
	재고자산　　　99,000		통화선도평가이익(NI)　1,000	

3 해외사업장순투자의 위험회피

　　해외사업장순투자의 위험회피란 해외사업장의 순투자를 지배기업의 표시통화로 환산하는 과정에서 발생하는 환율변동위험을 회피하고자 위험회피수단으로 파생상품을 이용하는 것인데, 해외사업장순투자의 위험회피는 현금흐름위험회피와 유사하게 회계처리한다. 즉, 위험회피수단의 손익 중 위험회피에 비효과적인 부분은 당기손익으로 인식하고 위험회피에 효과적인 부분은 기타포괄손익으로 인식한다. 그 후 위험회피에 효과적이어서 기타포괄손익으로 인식한 부분은 향후 해외사업장의 처분시점에 재분류조정으로 자본항목(기타포괄손익누계액)에서 당기손익으로 재분류한다.

예 해외종속기업의 재무제표를 환산하는 과정에서 해외사업환산손실(기타포괄손익)₩100이 발생하였는데, 해외사업장순투자의 위험을 회피할 목적으로 통화선도계약을 체결하여 ₩150의 평가이익이 발생한 경우 회계처리

통화선도거래:	(차) 통화선도(B/S)	150	(대) 통화선도평가이익(NI)	150
연결조정분개:	(차) 통화선도평가이익(NI)	100	(대) 통화선도평가이익(OCI)	100
	(차) 통화선도평가이익(OCI)	100	(대) 해외사업환산손실(OCI)	100

현금흐름위험회피회계

이론문제(기출지문)

01 인식된 자산이나 부채, 인식되지 않은 확정계약, 예상거래나 해외사업장순투자는 위험회피대상항목이 될 수 있다. 이 중 위험회피대상항목이 예상거래(또는 예상거래의 구성요소)인 경우 그 거래는 발생가능성이 매우 커야 한다. (O)

02 현금흐름위험회피회계를 적용하는 예상거래가 향후 금융자산이나 금융부채로 인식된다면, 파생상품의 평가손익 중 기타포괄손익으로 인식된 손익은 관련 자산이나 부채의 장부금액에서 조정할 수 있다. (×)
▶ 금융자산이나 금융부채를 인식하게 되는 예상거래의 위험회피에 대해서는 장부금액조정을 적용할 수 없다. 왜냐하면, 금융자산이나 금융부채는 최초 인식시 공정가치로 측정해야 하기 때문이다.

03 현금흐름위험회피회계를 적용하는 파생상품의 평가손익 중 위험회피에 비효과적인 부분은 기타포괄손익으로 인식하여 자본항목(기타포괄손익누계액)에 계상한 후 향후 예상거래 발생시 당기손익으로 재분류한다. (×)
▶ 현금흐름위험회피회계를 적용하는 파생상품의 평가손익 중 위험회피에 비효과적인 부분은 당기손익으로 인식하고, 위험회피에 효과적인 부분은 기타포괄손익으로 인식하여 자본항목(기타포괄손익누계액)에 계상한 후 향후 예상거래가 당기손익에 영향을 미치는 보고기간에 당기손익으로 재분류하거나, 예상거래 발생시 관련 자산·부채의 장부금액에 반영한다.

04 현금흐름위험회피회계가 위험회피회계의 적용조건을 충족한다면 위험회피대상항목과 관련된 별도의 자본요소(현금흐름위험회피적립금)는 (가) 위험회피 개시 이후 위험회피수단의 손익누계액 (나) 위험회피개시 이후 위험회피대상항목의 공정가치(현재가치) 변동누계액 중 적은 금액(절대금액기준)으로 조정한다. (O)

필수예제 — 현금흐름위험회피회계-일반적인 회계처리

A회사는 제조공정의 원재료로 금을 사용하고 있는데, 향후 예상매출을 고려했을 때 금 10온스(OZ)를 20×2년 3월 31일에 매입할 것이 거의 확실하다. A회사의 결산일은 매년말이며, 관련자료는 다음과 같다.

(1) A회사는 20×2년 3월 31일에 매입할 금의 시장가격변동에 따른 미래현금흐름변동위험을 회피하기 위하여 다음과 같은 조건으로 금선도계약을 체결하였다.
 · 금선도거래계약 체결일: 20×1. 10. 1
 · 계약기간: 6개월(20×1. 10. 1~20×2. 3. 31)
 · 계약조건: 결제일에 금 10온스의 선도거래 계약금액과 결제일 시장가격과의 차액을 현금으로 수수함
  (금선도계약가격 ₩160,000/1OZ)
 · 선도거래 공정가치의 현재가치평가는 고려하지 않는다.

(2) 금의 현물가격 및 선도가격에 대한 자료는 다음과 같다.

일 자	현물가격(₩/1OZ)	선도가격(₩/1OZ)
20×1. 10. 1	150,000	160,000(만기 6개월)
20×1. 12. 31	160,000	165,000(만기 3개월)
20×2. 3. 31	180,000	-

(3) A회사는 실제로 20×2년 3월 31일에 금 10OZ를 당일의 시장가격으로 매입하였다.

위의 금선도계약이 A회사의 20×1년 12월 31일 재무상태표의 순자산에 미치는 영향과 A회사가 20×2년 3월 31일에 기록할 원재료(금)의 취득원가는 얼마인가? 단, A회사는 기타포괄손익으로 인식된 파생상품평가손익을 예상거래 발생시 비금융자산의 장부금액에서 조정하는 회계정책을 채택하고 있다.

---

1. 20×1년 순자산의 영향
 금선도거래: (₩165,000-₩160,000)×10OZ=₩50,000 이익(기타포괄손익)

2. 20×2년 3월 31일 원재료(금) 취득원가: 자산의 취득원가를 고정시키기 위한 현금흐름위험회피회계에 해당하기 때문에 금의 취득원가는 금선도계약을 통해 확정시킨 ₩1,600,000(10OZ×₩160,000)임

※해설※

일 자	금매입거래	금선도거래
20×1. 10. 1	-회계처리 없음-	-회계처리 없음- (계약금액 등을 비망기록)
20×1. 12. 31	-회계처리 없음-	금 선 도(B/S) 50,000 　　금선도평가이익(OCI) 50,000 *금선도평가이익: (₩165,000-₩160,000) 　　　　　　　　×10OZ=₩50,000 　현금흐름변동액: (₩160,000-₩150,000) 　　　　　　　　×10OZ=₩100,000 ∴금선도평가이익 ₩50,000이 전액 위험 　회피에 효과적이므로 자본항목으로 계상
20×2. 3. 31	원 재 료(금) 1,800,000 　　현 금 1,800,000 금선도평가이익(OCI) 200,000 　　원 재 료(금) 200,000 * 금의 취득원가는 공정가치 ₩1,800,000에서 금선도평가이익 ₩200,000을 차감한 ₩1,600,000으로 계상됨	금 선 도(B/S) 150,000 　　금선도평가이익(OCI) 150,000 *1. 당기 금선도평가이익: 　(₩180,000-₩165,000)×10OZ=₩150,000 　당기 현금흐름변동액: 　(₩180,000-₩160,000)×10OZ=₩200,000 2. 누적 금선도평가이익: 　₩50,000+₩150,000=₩200,000 　누적현금흐름변동액: 　₩100,000+₩200,000=₩300,000 ∴누적 금선도평가이익 ₩200,000이 전액 위험회피에 효과적이므로 ₩150,000을 추가로 자본항목으로 계상함. 현 금 200,000 　　금 선 도(B/S) 200,000

01 (주)대한은 20×2년 3월말에 미화 100달러의 재고자산(원재료)을 구입할 계획이며, 예상 생산량을 고려할 때 구입거래가 이루어질 것이 거의 확실하다. (주)대한은 원재료 매입에 관한 환율변동위험을 회피하고자 20×1년 10월 1일에 다음과 같은 통화선도계약을 체결하고, 이에 대해 위험회피회계를 적용(적용요건은 충족됨을 가정)하였다.

- 계약기간: 20×1년 10월 1일~20×2년 3월 31일(만기 6개월)
- 계약내용: 계약만기일에 미화 100달러를 ₩1,110/$(선도환율)에 매입하기로 함
- 환율정보

일 자	현물환율(₩/$)	통화선도환율(₩/$)
20×1.10. 1	1,100	1,110(만기 6개월)
20×1.12.31	1,110	1,130(만기 3개월)
20×2. 3.31	1,130	

(주)대한은 예상한대로 20×2년 3월말에 원재료를 미화 100달러에 매입하여 보유하고 있다. 통화선도계약 만기일에 (주)대한이 당기손익으로 보고할 파생상품손익은 얼마인가? 단, 현재시점의 현물환율이 미래시점의 기대현물환율과 동일한 것으로 가정하며, 현재가치평가는 고려하지 않는다.

(2018. CPA)

구 분	20×1년	20×2년	20×2년 누적
파생상품평가손익	₩2,000[*1]	–	₩2,000[*1]
예상거래의 현금흐름변동	(1,000)[*2]	(2,000)	(3,000)[*3]
위험회피에 효과적인 부분(기타포괄손익)	1,000	1,000	2,000
위험회피에 비효과적인 부분(당기손익)	1,000	(1,000)	–

*1. $100×(₩1,130−₩1,110)=₩2,000
 2. $100×(₩1,100−₩1,110)=₩(1,000)
 3. $100×(₩1,100−₩1,130)=₩(3,000)

∴ 당기손익에 미치는 영향: ₩1,000 손실

※해설※

일 자		회 계 처 리				
20×1년말	(차)	파생상품	2,000	(대)	파생상품평가이익(OCI)	1,000
					파생상품평가이익(NI)	1,000
20×2. 3. 31	(차)	파생상품평가손실(NI)	1,000	(대)	파생상품평가이익(OCI)	1,000

※ 다음의 자료를 이용하여 [문제 02]~[문제 03]에 답하시오.

기능통화가 원화인 (주)갑은 20×1년 10월 1일에 외국으로부터 원재료 $2,000을 6개월 후에 매입하기로 하는 확정계약을 체결하였다. 관련자료는 다음과 같다.

(1) 이 확정계약은 법적 강제력을 갖는 계약으로서 불이행시 그에 따른 위약금을 지불해야 하는 내용을 포함하고 있다.
(2) 동 계약일에 (주)갑은 환율변동위험을 회피하기 위하여 6개월 후 $2,000를 ₩1,150/$에 매입하기로 하는 통화선도계약을 체결하였다. 이 통화선도계약은 확정계약에 대한 효과적인 위험회피수단이며, 문서화 등 위험회피요건을 충족하였다.
(3) 환율에 대한 정보는 다음과 같다.

일 자	현물환율(₩/$)	통화선도환율(₩/$)
20×1년 10월 1일	1,000	1,150(만기 6개월)
20×1년 12월 31일	1,080	1,100(만기 3개월)
20×2년 3월 31일	1,180	–

02 (주)갑이 상기 확정계약에 대한 위험회피를 공정가치위험회피로 회계처리한다면, 동 확정계약과 통화선도계약이 (주)갑의 20×1년말 현재 자산과 부채에 미치는 영향은 얼마인가? 단, (주)갑이 통화선도환율을 적용하여 확정계약의 공정가치를 측정한다고 가정하며, 현재가치계산은 생략한다.
(2012. CPA)

20×1년 12월 31일 회계처리

1. 통화선도거래

(차) 통화선도평가손실(NI)	100,000	(대) 통화선도(부채)	100,000

*$2,000×(₩1,100-₩1,150)=₩(100,000)

2. 확정계약

(차) 확정계약(자산)	100,000	(대) 확정계약평가이익(NI)	100,000

*$2,000×(₩1,150-₩1,100)=₩100,000

∴ 자산 ₩100,000 증가
   부채 ₩100,000 증가

03 (주)갑은 현금흐름위험회피회계를 적용하는 경우, 기타포괄손익으로 인식되는 위험회피수단의 평가손익을 위험회피대상인 예상거래에 따라 향후 인식하는 비금융자산의 최초 장부금액에 조정하는 정책을 채택하고 있다. 만일 (주)갑이 상기 확정계약에 대한 위험회피를 현금흐름위험회피로 회계처리한다면, 20×2년 3월 31일 확정계약과 통화선도계약이 실행될 때 기타포괄손익누계액이 재고자산의 최초장부금액에 미치는 영향은 얼마인가? 단, 통화선도계약에서 발생하는 손익은 전액 위험회피에 효과적이라고 가정하며, 현재가치계산은 생략한다. (2012. CPA)

20×2년 3월 31일 통화선도평가이익(기타포괄손익누계액) 잔액*: $2,000×(₩1,180−₩1,150)
=₩60,000

*현금흐름위험회피회계가 적용되는 선도거래의 경우, 파생상품평가손익 중 위험회피에 효과적인 부분은 기타포괄손익으로 인식하여 자본항목(기타포괄손익누계액)으로 계상하고, 위험회피에 비효과적인 부분은 당기손익으로 인식한다. 한편, 자본항목에 계상된 기타포괄손익누계액은 예상현금흐름이 당기손익에 영향을 미치는 보고기간에 당기손익으로 재분류하거나 예상거래 발생시 관련 자산·부채의 장부금액을 조정한다.

∴ 재고자산의 취득금액은 ₩60,000 만큼 감소함

※해설※

20×2년 3월 31일 재고자산 취득관련 회계처리

(차) 재고자산   2,360,000   (대) 현   금   2,360,000
   *$2,000×₩1,180=₩2,360,000
(차) 통화선도평가이익(OCI) 60,000   (대) 재고자산   60,000

04 (주)한국이 아래 자료의 확정계약의 위험회피에 대하여 현금흐름위험회피회계를 적용한다면, 동 위험회피거래에 대한 회계처리가 20×1년 12월 31일 현재의 재무상태표의 자산·부채·자본 및 20×1년도 포괄손익계산서의 당기순이익·총포괄손익에 미치는 영향은? (2010. CPA)

12월 결산법인인 (주)한국은 20×1년 11월 1일에 $20,000,000의 계약을 수주하고 5개월 후 제품인도 및 현금수취 계약을 체결하였다. 동 계약일에 (주)한국은 환율변동의 위험을 회피하기 위하여 5개월 후 $20,000,000를 달러당 ₩1,160에 매도하기로 하는 통화선도계약을 체결하였다. 환율에 대한 자료는 다음과 같다. 단, 매출계약은 확정계약이고 수익은 제품인도시점에 인식하며 현재가치계산은 생략한다. 또한 통화선도계약은 확정계약에 대한 효과적인 위험회피수단이며 문서화 등 위험회피요건을 충족한 것으로 가정한다.

일자	현물환율(₩/$)	통화선도환율(₩/$)
20×1. 11. 1	1,100	1,160(만기 5개월)
20×1. 12. 31	1,120	1,180(만기 3개월)
20×2. 3. 31	1,150	–

일자	회계처리
20×1. 11. 1	－회계처리 없음－
20×1. 12. 31	(차) 통화선도평가손실(OCI) 400,000,000　(대) 통화선도(부채) 400,000,000

　　　　　　　　　*$20,000,000×(₩1,180−₩1,160)=₩400,000,000

∴ 자산:변화 없음, 부채:증가, 자본:감소, 당기순이익:변화 없음, 총포괄손익:감소

05 (주)한국은 20×2년 2월 28일에 $500의 상품수출을 계획하고 있으며 판매대금은 미국달러화($)로 수취할 것이 예상된다. (주)한국은 동수출과 관련된 환율변동위험에 대비하기 위해 20×1년 11월 1일에 다음과 같은 통화선도계약을 체결하였다.

· 계약기간:20×1년 11월 1일~20×2년 2월 28일(만기 4개월)
· 계약내용:계약만기일에 $500를 ₩1,050/$(선도환율)에 매도하기로 함
· 환율정보

일자	현물환율(₩/$)	통화선도환율(₩/$)
20×1. 11. 1	1,060	1,050(만기 4개월)
20×1. 12. 31	1,040	1,020(만기 2개월)
20×2. 2. 28	1,000	–

(주)한국이 위 통화선도계약을 (가)위험회피수단으로 지정한 경우, 또는 (나)위험회피수단으로 지정하지 않은 경우에 20×1년 당기손익으로 인식하는 파생상품평가손익은? 단, 파생상품에 대한 현재가치평가는 고려하지 않는다.

(2017. CPA)

1. (가)의 경우 (주)한국은 4개월 후에 상품수출을 계획하고 있으므로 현금흐름위험회피회계를 적용해야 한다.
2. 회계처리

일 자	(가) 위험회피수단으로 지정한 경우		(나) 위험회피수단으로 지정하지 않은 경우	
20×1.12.31	통화선도	15,000	통화선도	15,000
	통화선도평가이익(OCI)	10,000*	통화선도평가이익(NI)	15,000
	통화선도평가이익(NI)	5,000		

*위험회피에 효과적인 부분: $500×(₩1,060−₩1,040)=₩10,000

필수예제 ─ 현금흐름위험회피회계-파생상품평가손익의 회계처리

12월 결산법인인 (주)경기는 20×1년부터 예상매출에 대한 현금흐름위험회피목적의 파생상품계약을 위험회피수단으로 지정하여 운용하고 있다. 20×1년과 20×2년의 2개 연도의 파생상품계약과 관련된 자료는 다음과 같다.

파생상품의 공정가치변동	· 20×1년 파생상품평가이익	₩220,000
	· 20×2년 파생상품평가이익	140,000
위험회피대상의 현금흐름변동액	· 20×1년 위험회피대상의 현금흐름 변동으로 인한 손실	₩200,000
	· 20×2년 위험회피대상의 현금흐름 변동으로 인한 손실	150,000

위의 파생상품과 관련된 자료를 기초로 하여, (주)경기의 20×2년 포괄손익계산서에 당기손익에 반영되는 파생상품평가손익과 20×2년말 재무상태표에 자본항목(기타포괄손익누계액)으로 표시될 파생상품평가손익을 산정하면 각각 얼마인가?

현금흐름위험회피회계에서 기타포괄손익으로 인식해야 할 파생상품평가손익(파생상품의 평가손익 중 위험회피에 효과적인 부분)은 각 보고기간기준으로 산정하는 것이 아니라 누적기준으로 산정해야 한다.

구 분	20×1년	20×2년	20×2년 누적
파생상품평가손익	₩220,000	₩140,000	₩360,000
예상거래의 현금흐름변동	200,000	150,000	350,000
위험회피에 효과적인 부분(기타포괄손익)	200,000	140,000	350,000
위험회피에 비효과적인 부분(당기손익)	20,000	0	10,000

∴ 20×2년의 당기손익에 반영될 금액: ₩10,000−₩20,000=₩(10,000) 손실

   20×2년의 재무상태표에 자본항목으로 표시될 금액: ₩350,000

※해설※

일 자	회 계 처 리					
20×1년말	(차)	파생상품	220,000	(대)	파생상품평가이익(OCI) 파생상품평가이익(NI)	200,000* 20,000

                          *위험회피에 효과적인 부분: Min[₩220,000, ₩200,000]=₩200,000

20×2년말	(차)	파생상품 파생상품평가손실(NI)	140,000 10,000*²	(대)	파생상품평가이익(OCI)	150,000*¹

        *1. 위험회피에 효과적인 부분(누적): Min[₩360,000, ₩350,000]−과거 인식액
           ₩200,000=₩150,000
        2. 위험회피에 비효과적인 부분(누적): ₩10,000−과거 인식액 ₩20,000=₩(10,000)

---

06 (주)한국은 20×1년 중 미래의 재고매입에 대한 현금흐름위험을 회피하고자 파생상품계약을 체결하였으며, 이를 위험회피수단으로 지정하였다. 동 거래에서 발생한 20×1년과 20×2년의 연도별 파생상품평가손익과 위험회피대상의 현금흐름변동액(현재가치)이 다음과 같다면, 20×2년의 당기손익에 보고될 파생상품평가이익(손실)은 얼마인가?   (2014. CPA)

구 분	20×1년	20×2년
파생상품평가이익(손실)	₩50,000	₩(30,000)
예상거래 현금흐름변동액의 현재가치	₩(48,000)	₩32,000

구 분	20×1년	20×2년	20×2년 누적*
파생상품평가이익(손실)	₩50,000	₩(30,000)	₩20,000
예상거래의 현금흐름변동	(48,000)	32,000	(16,000)
위험회피에 효과적인 부분(기타포괄손익)	48,000	(30,000)	16,000
위험회피에 비효과적인 부분(당기손익)	2,000	0	4,000

*현금흐름위험회피회계에서 기타포괄손익으로 인식해야 할 파생상품평가손익(파생상품평가손익 중 위험회피에 효과적인 부분)은 각 보고기간기준으로 산정하는 것이 아니라 누적기준으로 산정한다.

∴ 20×2년의 당기손익에 반영될 금액: ₩4,000−₩2,000=₩2,000 이익

※해설※

일 자	회 계 처 리					
20×1년말	(차)	파생상품	50,000	(대)	파생상품평가이익(OCI)	48,000
					파생상품평가이익(NI)	2,000
20×2년말	(차)	파생상품평가이익(OCI)	32,000	(대)	파생상품	30,000
					파생상품평가이익(NI)	2,000

07 액정표시 기계장치를 제조하는 (주)건지는 미국기업인 TH&Co.에 동 기계장치 10대(대당 판매가격:US$100)를 20×2년 2월 28일에 수출할 가능성이 매우 높다. (주)건지는 동 예상거래에서 발생할 수 있는 현금흐름변동위험을 회피하기 위해 20×2년 2월 28일에 기계장치의 판매대금인 US$1,000를 ₩1,100/US$에 매도하는 통화선도계약을 20×1년 12월 1일 EC Bank와 체결하였다. 통화선도계약의 최초원가와 공정가치는 '₩0'이며, 통화선도계약은 법적 구속력을 갖는 해지불능계약이다. (주)건지는 위 예상거래의 현금흐름변동에 대한 위험회피수단으로 통화선도계약을 지정하고 문서화하는 등 위험회피회계의 적용요건을 모두 충족한다.

일 자	현물환율(₩/US$)	선도환율(₩/US$)
20×1. 12. 1	1,076	1,100(만기 3개월)
20×1. 12. 31	1,040	1,080(만기 2개월)
20×2. 2. 28	1,076	−

(주)건지가 위 거래에 대해 현금흐름위험회피회계를 적용하는 경우 통화선도계약이 (주)건지의 20×1년도와 20×2년도의 포괄손익계산서상 당기순이익에 미치는 영향은 얼마인가? 단, 통화선도계약에 대한 현재가치평가와 법인세효과는 고려하지 않는다. (2011. CPA)

1. 연도별 파생상품평가손익 및 위험회피대상의 현금흐름변동액

(1) 20×1년파생상품평가손익: (₩1,100-₩1,080)×$1,000=₩20,000

위험회피대상의 현금흐름변동액: (₩1,076-₩1,040)×$1,000=₩36,000

(2) 20×2년파생상품평가손익: (₩1,080-₩1,076)×$1,000=₩4,000

위험회피대상의 현금흐름변동액: (₩1,040-₩1,076)×$1,000=₩(36,000)

2. 연도별 당기손익의 영향

구 분	20×1년	20×2년	20×2년 누적
파생상품평가손익	₩20,000	₩4,000	₩24,000
예상거래의 현금흐름변동	36,000	(36,000)	0
위험회피에 효과적인 부분(기타포괄손익)	20,000	0	0
위험회피에 비효과적인 부분(당기손익)	0	4,000	24,000

∴ 20×1년의 당기순이익의 영향: ₩0

*파생상품평가이익 ₩20,000이 전액 위험회피에 효과적이므로 기타포괄손익으로 인식한다.

20×2년의 당기순이익의 영향: ₩24,000-₩0=₩24,000 이익

※해설※

일 자	회 계 처 리
20×1.12.31	(차) 통화선도 20,000 (대) 통화선도평가이익(OCI) 20,000
	*위험회피에 효과적인 부분: Min[₩20,000, ₩36,000]=₩20,000
20×1.2.28	(차) 통화선도 4,000 (대) 통화선도평가이익(NI) 24,000[*2]
	통화선도평가이익(OCI) 20,000[*1]
	*1. 위험회피에 효과적인 부분(누적): Min[₩24,000, ₩0]-과거 인식액 ₩20,000=₩(20,000)
	2. 위험회피에 비효과적인 부분(누적): ₩24,000-과거 인식액 ₩0=₩24,000

08 (주)대한은 제조공정에서 사용하는 금(원재료)을 시장에서 매입하고 있는데, 향후 예상매출을 고려할 때 금 10온스를 20×2년 3월 말에 매입할 것이 거의 확실하다. 한편 (주)대한은 20×2년 3월 말에 매입할 금의 시장가격 변동에 따른 미래현금흐름변동위험을 회피하기 위해 20×1년 10월 1일에 다음과 같은 금선도계약을 체결하고, 이에 대해 위험회피회계를 적용하였다.

· 계약기간: 6개월(20×1. 10. 1. ~ 20×2. 3. 31.)
· 계약조건: 결제일에 금 10온스의 선도계약금액과 결제일 시장가격의 차액을 현금으로 수수함(금선도계약가격: ₩200,000/온스)
· 금의 현물가격, 선도가격에 대한 자료는 다음과 같다. 단, 현재가치평가는 고려하지 않는다.

일 자	현물가격(₩/온스)	선도가격(₩/온스)
20×1년 10월 1일	190,000	200,000(만기 6개월)
20×1년 12월 31일	195,000	210,000(만기 3개월)
20×2년 3월 31일	220,000	

(주)대한은 예상과 같이 20×2년 3월 말에 금(원재료)을 시장에서 매입하여 보유하고 있다. 금선도계약 만기일에 (주)대한이 당기손익으로 인식할 파생상품평가손익은 얼마인가? (2020. CPA)

일 자	금매입거래	금선도거래
20×1. 10. 1	-회계처리 없음-	-회계처리 없음-

20×1. 12. 31	-회계처리 없음-	금 선 도(B/S) 100,000
		    금선도평가이익(OCI) 50,000
		    금선도평가이익(NI) 50,000
		*위험회피에 효과적이지 않은 ₩50,000은 당기손익으로 인식함.

20×2. 3. 31	원 재 료(금) 2,200,000
	    현 금 2,200,000
		금 선 도(B/S) 100,000
		금선도평가손실(NI) 50,000*
		    금선도평가이익(OCI) 150,000
		*누적 금선도평가이익이 위험회피에 효과적이므로 차액을 당기손실로 인식함.

	금선도평가이익(OCI) 200,000
	    원 재 료(금) 200,000
		현 금 200,000
		    금 선 도(B/S) 200,000

∴ 20×2년 당기손익에 미치는 영향: ₩50,000 손실

09 (주)대한은 20×1년 9월 1일에 옥수수 100단위를 ₩550,000에 취득하였다. 20×1년 10월 1일에 (주)대한은 옥수수 시가하락을 우려하여 만기가 20×2년 3월 1일인 선도가격(₩520,000)에 옥수수 100단위를 판매하는 선도계약을 체결하여 위험회피관계를 지정하였으며, 이는 위험회피회계 적용요건을 충족한다. 일자별 옥수수 현물가격 및 선도가격은 다음과 같다.

일 자	옥수수 100단위 현물가격	옥수수 100단위 선도가격
20×1. 10. 1.	₩550,000	₩520,000(만기 5개월)
20×1. 12. 31.	510,000	480,000(만기 2개월)
20×2. 3. 1.	470,000	

자산에 대한 손상징후에 따른 시가하락은 고려하지 않는다. 파생상품평가손익 계산시 화폐의 시간가치는 고려하지 않는다. 20×2년 3월 1일에 수행하는 회계처리가 포괄손익계산서상 당기순이익에 미치는 순효과는 얼마인가?

(2021. CPA)

일 자	옥수수판매거래	옥수수선도거래
20×1.10. 1.	-회계처리 없음-	-회계처리 없음-
20×1.12.31.	-회계처리 없음-	옥수수선도(B/S) 40,000 　　옥수수선도평가이익(OCI) 40,000
20×2. 3. 1.	현　금 470,000 　　매　출 470,000 매출원가 550,000 　　재고자산 550,000 옥수수선도평가이익(OCI) 50,000 　　옥수수선도평가이익(NI) 50,000	옥수수선도(B/S) 10,000 　　옥수수선도평가이익(OCI) 10,000 현　금 50,000 　　옥수수선도(B/S) 50,000

∴ 20×2년 당기순이익에 미치는 영향 : ₩30,000 손실

10 (주)대한은 전기차용 배터리를 생산 및 판매하는 회사이다. (주)대한은 20×2년 3월말에 100개의 배터리를 국내 전기차 제조사들에게 판매할 가능성이 매우 높은 것으로 예측하였다. (주)대한은 배터리의 판매가격 하락을 우려하여 20×1년 12월 1일에 선도계약을 체결하고, 이를 위험회피수단으로 지정하였다. 관련 정보는 다음과 같다.

> · 선도거래 계약기간: 20×1년 12월 1일 ~ 20×2년 3월 31일(만기 4개월)
> · 선도거래 계약내용: 결제일에 100개의 배터리에 대해 선도거래 계약금액(개당 ₩12,000)과 시장가격의 차액이 현금으로 결제된다.
> · 현물가격 및 선도가격 정보:
>
> | 일 자 | 현물가격(개당) | 선도가격(개당) |
> | --- | --- | --- |
> | 20×1. 12. 1. | ₩13,000 | ₩12,000 (만기 4개월) |
> | 20×1. 12. 31. | 12,500 | 11,300 (만기 3개월) |
> | 20×2. 3. 31. | 10,500 | |
>
> · 배터리의 개당 제조원가는 ₩10,000이고, 판매와 관련하여 다른 비용은 발생하지 않는다.

예측과 같이, (주)대한은 20×2년 3월말에 배터리를 판매하였다. (주)대한이 위 거래에 대해 현금흐름위험회피회계를 적용하는 경우 (주)대한의 20×2년도 당기순이익에 미치는 영향은 얼마인가? 단, 파생상품평가손익 계산 시 화폐의 시간가치는 고려하지 않으며, 배터리 판매가 당기순이익에 미치는 영향은 포함한다.   (2023. CPA)

일 자	배터리판매거래		배터리선도거래	
20×1.12.31			파생상품(B/S) 70,000	
			파생상품평가이익(OCI)	50,000
			파생상품평가이익(NI)	20,000
20×2. 3.31	현　　금 1,050,000		파생상품(B/S) 80,000	
	매　　출	1,050,000	파생상품평가손실(NI) 20,000	
			파생상품평가이익(OCI)	100,000
	매출원가 1,000,000		현　　금 150,000	
	재고자산	1,000,000	파생상품(B/S)	150,000
	파생상품평가이익(OCI) 150,000			
	파생상품평가이익(NI)	150,000		

∴ 20×2년 당기순이익에 미치는 영향 : ₩180,000 증가

06 스왑거래(이자율스왑)

1 스왑거래의 의의

스왑(swap) 또는 스왑거래란 특정 기간 동안에 발생하는 일정한 현금흐름을 다른 현금흐름과 교환하는 연속된 선도거래를 말한다.

(1) 스왑거래는 크게 이자율스왑(금리스왑)과 통화스왑(외환스왑)으로 구분되는데, 이자율스왑은 두 거래 당사자가 스왑만기까지의 기간 동안 일정 원금에 대한 고정금리이자와 변동금리이자를 교환하기로 하는 계약이며, 통화스왑은 상이한 통화로 표시되는 일정 원금에 대한 이자뿐만 아니라 원금까지 교환하기로 한 계약이다.

(2) 스왑을 이용하는 목적은 자본시장의 불완전성을 이용한 금융비용의 절감과 위험관리(위험회피)를 위한 것인데, 여기서는 스왑거래의 이해를 돕기 위해 내용이 보다 단순한 이자율스왑을 통해 스왑을 이용한 금융비용의 절감과 위험관리에 대해서 살펴보기로 한다.

예 20×1년초에 A기업과 B기업 모두 금융기관으로부터 각각 100억원을 차입하고자 하며, 각 기업에 적용되는 차입조건은 다음과 같다고 가정함

	고정금리 차입조건	변동금리 차입조건
A기업	10%	LIBOR+1%
B기업	15	LIBOR+4%
이자율차이	5%	3%

1. A기업은 B기업에 비하여 고정금리시장에서는 5%만큼의 우위를 가지고 있으며, 변동금리시장에서는 3%만큼의 우위를 가지고 있음. 따라서 A기업은 고정금리시장에서 B기업은 변동금리시장에서 상대적비교우위를 가지고 있음. 이러한 상황에서 A기업은 변동금리로 차입하기를 원하고 있고, B기업은 고정금리로 차입하기를 원하고 있다고 가정하면, 각 기업은 자신이 비교우위를 가지는 차입조건으로 차입한 후(A기업은 고정금리이자 10% 지급조건 차입, B기업은 변동금리이자 LIBOR+4% 지급조건 차입), 상대방과의 이자율스왑거래를 통해 각자의 금융비용을 절감할 수 있음

2. 상기 예에서 A기업이 B기업에게 매년말 LIBOR를 지급하고, B기업으로부터 매년말 10%를 수취하는 이자율스왑계약을 체결하면, A기업이 차입과 스왑거래에서 실제로 부담하는 금리는 변동금리(LIBOR)가 되고, B기업이 차입과 스왑거래에서 실제로 부담하는 금리는 고정금리(14%)가 됨

	차입금리 ①	스왑계약 수취 ②	스왑계약 수취 ③	실제 부담금리 ①-②+③	시장에서의 차입조건	금융비용 절감효과
A기업	고정금리 10%	10%	LIBOR	변동금리 LIBOR	(변동금리 차입시) LIBOR+1%	1%
B기업	변동금리 LIBOR+4%	LIBOR	10%	고정금리 14%	(고정금리 차입시) 15%	1%
계						2%

상기 예에서 보듯이 각 기업은 스왑계약을 통해 자산이 원하는 금리(고정/변동)조건으로 시장에서의 차입조건보다 더 낮은 금리를 부담하는 결과를 가져올 수 있는데, 이를 스왑거래의 금융비용 절감효과라고 함

3. 상기 예에서 위험관리(위험회피)에 대한 사항도 확인할 수 있음. 즉, 스왑계약을 각 기업의 입장에서 행한 위험회피내용으로 살펴보면, 우선 A기업은 금융기관으로부터 고정금리로 차입함에 따라 이후에 지급할 이자지급금액은 고정되었으나, 부담하는 부채의 공정가치가 변동될 위험에 처하게 되는데, 이 경우에 A기업은 고정금리이자를 수취하고, 변동금리이자를 지급하는 스왑계약을 맺음으로써 부채의 공정가치 변동위험에서 벗어날 수 있음. 또한 B기업은 금융기관으로부터 변동금리로 차입함에 따라 이후에 지급할 이자지급액이 변동될 위험을 부담하게 되는데, 이 경우에 B기업은 변동금리이자를 수취하고, 고정금리이자를 지급하는 스왑계약을 맺음으로써 미래 지급할 이자지급액을 확정시킬 수 있음

2 이자율스왑의 회계처리

(1) 일반회계

스왑거래를 매매목적(투기목적)으로 이용하는 경우 스왑거래에 따라 발생된 권리와 의무를 공정가치로 평가하여 자산 또는 부채로 인식하고 스왑거래에서 발생한 평가손익은 당기손익으로 인식한다.

예 (주)웅지는 20×1. 1. 1에 계약금액 ₩1,000(매년말 연 6% 고정금리이자지급조건)에 대하여 동일자로 연 5% 고정금리이자를 수취하고 연 LIBOR의 변동금리이자를 지급하는 이자율스왑계약을 체결함.

1. 연 LIBOR: 20×1년초 5%, 20×1년말 7%, 20×2년말 2%
2. 차입금과 이자율스왑의 공정가치

구 분	20×1년초	20×1년말	20×2년말
차 입 금	₩1,000	₩964	₩1,029
이자율스왑	0	(36)	29

1. 이자율스왑의 공정가치

	20×1년초	20×1년말	20×2년말	20×3년말
		PV: (36)	(20)	(20)
			PV: 29	30

2. 회계처리

일 자	회 계 처 리					
20×1. 1. 1:	-회계처리 없음-					
20×1. 12. 31:	-순이자수수 없음-					
	(차)	이자율스왑평가손실(NI)	36	(대)	이자율스왑(B/S)	36
20×2. 12. 31:	(차)	이자비용	20	(대)	현 금	20
	(차)	이자율스왑(B/S)	65	(대)	이자율스왑평가이익(NI)	65
20×3. 12. 31:	(차)	현 금	30	(대)	이자비용	30
	(차)	이자율스왑평가손실(NI)	29	(대)	이자율스왑(B/S)	29

(2) 공정가치위험회피회계

고정이자율 수취조건의 대여금이나 고정이자율 지급조건의 차입금의 경우에는 자산·부채의 공정가치변동위험에 노출되어있다. 왜냐하면, 고정금리조건의 경우에는 시장이자율의 변동에 따라 자산·부채의 공정가치가 변동하기 때문이다. 따라서 이러한 경우에는 이자율스왑거래를 통해 해당 위험을 회피할 수 있는데, 이때 위험회피수단인 이자율스왑거래의 회계처리는 스왑거래의 일반회계와 동일하게 회계처리하고 위험회피대상항목(대여금·차입금)의 평가손익은 위험회피대상항목의 장부금액을 조정하여 당기손익으로 인식한다.

예 A회사는 20×1. 1. 1에 만기 3년 차입금 ₩1,000(매년말 연 6% 고정금리이자지급조건) 차입. 동일자로 연 5% 고정금리이자를 수취하고 연 LIBOR의 변동금리이자를 지급하는 이자율스왑계약을 체결함. (이자는 매년말 교환하는 조건임).

· 연 LIBOR: 20×1년초 5%, 20×1년말 7%, 20×2년말 2%

· 차입금과 이자율스왑의 공정가치

구 분	20×1년초	20×1년말	20×2년말
차 입 금	₩1,000	₩964	₩1,029
이자율스왑	0	(36)	29

일 자	차 입 금		이자율스왑	
20×1. 1. 1	현 금　　　　1,000		-회계처리 없음-	
	차 입 금　　　　1,000			
20×1.12.31	이자비용　　　　60		-순이자수수 없음-	
	현 금　　　　60			
	차 입 금　　　　36		이자율스왑평가손실(NI)　　36	
	차입금평가이익(NI)　　36		이자율스왑(B/S)　　36	
20×2.12.31	이자비용　　　　60		이자비용　　　　20	
	현 금　　　　60		현 금　　　　20	
	차입금평가손실(NI)　　65		이자율스왑(B/S)　　65	
	차 입 금　　　　65		이자율스왑평가이익(NI)　　65	
20×3.12.31	이자비용　　　　60		현 금　　　　30	
	현 금　　　　60		이자비용　　　　30	
	차 입 금　　　　1,029			
	현 금　　　　1,000			
	이자율스왑(B/S)　　29			

(3) 현금흐름위험회피회계

변동이자율 수취조건의 대여금이나 변동이자율 지급조건의 차입금의 경우에는 이자율의 변동에 따라 향후 수취·지급할 이자액이 변동될 위험에 노출되어 있다. 따라서 이러한 경우에도 이자율스왑거래를 통해 해당 위험을 회피할 수 있는데, 이때 파생상품평가손익 중 위험회피에 비효과적인 부분은 당기손익으로 인식하고 위험회피에 효과적인 부분은 기타포괄손익으로 인식하여 자본항목(기타포괄손익누계액)에 계상한 후 향후 대여금 또는 차입금의 이자수취·지급시에 자본항목(기타포괄손익누계액)에서 당기손익으로 재분류한다.

예 B회사는 20×1. 1. 1에 만기 3년 차입금 ₩1,000(매년말 연 'LIBOR+1%'의 변동금리이자지급조건) 차입. 동일자로 연 LIBOR 변동금리이자를 수취하고 연 5% 고정금리이자를 지급하는 이자율스왑계약을 체결함. (이자는 매년말 교환하는 조건임).

· 연 LIBOR: 20×1년초 5%, 20×1년말 7%, 20×2년말 2%
· 이자율스왑의 공정가치

구 분	20×1년초	20×1년말	20×2년말
이자율스왑	0	36	(29)

일 자	차 입 금		이자율스왑	
20×1. 1. 1	현 금	1,000	−회계처리 없음−	
	차 입 금	1,000		
20×1. 12. 31	이자비용	60	−순이자수수 없음−	
	현 금	60		
			이자율스왑(B/S)	36
	−차입금평가 없음−		이자율스왑평가이익(OCI)	36
20×2. 12. 31	이자비용	80	현 금	20
	현 금	80	이자비용	20
			이자율스왑평가이익(OCI)	36
	−차입금평가 없음−		이자율스왑평가손실(OCI)	29
			이자율스왑(B/S)	65
20×3. 12. 31	이자비용	30	이자비용	30
	현 금	30	현 금	30
	차 입 금	1,000	이자율스왑(B/S)	29
	현 금	1,000	이자율스왑평가손실(OCI)	29

상기 예의 이자율스왑 회계처리는 간편법으로 행한 것이다. 즉, 화폐의 시간가치를 고려하고 자본항목으로 분류된 이자율스왑평가손익을 당기손익으로 재분류하기 위해서는 20×3년 12월 31일 이자율스왑의 회계처리를 다음과 같이 행하여야 한다.

20×2. 12. 31:   (차)   이자율스왑(B/S)   1   (대)   이자율스왑평가손실(OCI)   1
*시간경과에 따른 스왑가치의 증가분임.

(차) { 이자율스왑(B/S)   30   (대) { 현 금   30
     { 이자비용   30   { 이자율스왑평가손실(OCI)   30

즉, 자본항목에 계상된 이자율스왑평가손실(OCI)을 차입금의 이자비용으로 인식하여 당기손익으로 재분류하는 것이다.

스왑거래(이자율스왑) 이론문제(기출지문)

01 고정이자율 지급조건의 차입금의 경우 이자율스왑평가손익은 현금흐름위험회피회계를 적용하여 기타포괄손익으로 인식한다. (×)
▶ 고정이자율 지급조건의 차입금의 경우에는 시장이자율의 변동에 따라 부채의 공정가치 변동위험에 노출되어 있으므로 이 경우의 이자율스왑평가손익은 공정가치위험회피회계를 적용하여 위험회피대상항목의 평가손익과 대칭적으로 인식한다. 반면에, 변동이자율 지급조건의 차입금의 경우에는 이자율의 변동에 따라 향후 지급할 이자액이 변동될 위험에 노출되어 있으므로 이 경우의 이자율스왑평가손익은 현금흐름위험회피회계를 적용한다.

02 생명보험계약, 손해보험계약이 기초변수의 변동에 따라 가치가 변동하고, 순투자금액이 거의 없으며, 미래에 결제된다면 파생상품으로 분류한다. (×)
▶ 생명보험계약, 손해보험계약은 파생상품의 요건을 모두 충족하더라도 파생상품으로 분류하지 않는다.

03 위험회피의 개시시점에 위험회피회계, 위험관리목적 및 위험관리전략을 공식적으로 지정하고 문서화하였다면 사후적인 위험회피결과와 관계없이 위험회피회계를 적용할 수 있다. (×)
▶ 위험회피회계를 적용하기 위해서는 문서화뿐만 아니라 높은 위험회피효과를 기대할 수 있어야 한다.

필수예제 스왑거래(이자율스왑)

(주)한국은 20×1년 1월 1일에 만기가 3년인 차입금 ₩100,000을 'LIBOR+1%'로 차입하였다. (주)한국은 시장이자율 변동에 따른 위험을 회피하고자 다음과 같은 이자율스왑계약을 체결하고, 이를 위험회피수단으로 지정하였다.

- 이자율스왑계약 체결일: 20×1년 1월 1일
- 만 기 일: 20×3년 12월 31일
- 계약금액: ₩100,000
- 계약내용: 고정이자율 4%를 지급하고, 변동이자율 LIBOR를 수취함

차입금의 이자지급과 이자율스왑의 결제는 매년말에 이루어지고, 이를 결정하는 LIBOR는 직전년도 말(또는 매년초)에 확정된다. 계약체결일에 수수된 프리미엄은 없으며, 확정된 LIBOR는 다음과 같다.

20×1년초	20×1년말	20×2년말
4%	5%	3%

위 거래와 관련하여 (주)한국은 현금흐름위험회피회계를 적용하였다. 이자율스왑계약의 위험회피효과는 100%이며, 동 계약에 따른 순결제금액은 이자비용으로 인식할 때 20×1년에 (주)한국이 당기손익으로 인식하는 이자비용과 20×1년말 및 20×2년말 장기차입금의 장부금액을 계산하시오. (2016. CPA)

1. 20×1년에 (주)한국이 당기손익으로 인식하는 이자비용은 ₩5,000이다.
2. 20×1년말 (주)한국의 장기차입금 장부금액은 ₩100,000이다.
3. 20×2년말 (주)한국의 장기차입금 장부금액은 ₩100,000이다.

※ 다음은 [문제 01]~[문제 02]에 대한 자료이다.

위험회피회계가 적용되는 위험회피수단 및 위험회피대상항목과 관련된 (주)갑의 자료는 다음과 같다.

[상황 1]

(주)갑은 20×1년 1월 1일에 만기가 3년인 차입금 ₩1,000을 연 'LIBOR+1%'로 차입하였다. (주)갑은 시장이자율 변동에 따른 위험을 회피하기 위하여 동 일자에 LIBOR를 수취하고 고정이자율 연 4%를 지급하는 이자율스왑계약을 체결하였다.

[상황 2]

(주)갑은 20×1년 1월 1일에 만기가 3년인 차입금 ₩1,000을 고정이자율 연 5%로 차입하였다. (주)갑은 시장이자율 변동에 따른 위험을 회피하기 위하여 동 일자에 고정이자율 연 4%를 수취하고 LIBOR를 지급하는 이자율스왑계약을 체결하였다.

[공통사항]

장기차입금과 이자율스왑 각각의 만기, 원금과 계약금액, 이자지급일과 이자율스왑 결제일은 동일하며, 장기차입금의 이자지급과 이자율스왑의 결제는 매년말에 이루어지고, 이를 결정하는 LIBOR는 매년초에 각각 확정된다. 12개월 만기 LIBOR는 다음과 같다.

20×1년초	20×2년초	20×3년초
4.0%	5.0%	2.0%

장기차입금과 이자율스왑계약의 공정가치는 무이표채권할인법(zero-coupon method)에 의하여 산정하며, 20×1년초와 20×1년말 및 20×2년말의 이자율스왑[상황 2]의 공정가치는 각각 ₩0, ₩(18), ₩19으로 한다. (주)갑의 차입원가는 모두 비용으로 인식하고, 매년말 이자율스왑의 위험회피효과는 모두 효과적이며, 법인세효과는 고려하지 않는다.

01 위 [상황 1]에서 장기차입금과 이자율스왑 관련거래가 (주)갑의 20×2년도 포괄손익계산서의 당기순이익에 미치는 영향과 20×2년말 재무상태표에 계상될 차입금 금액은 얼마인가? (2013. CPA)

(주)갑은 변동금리지급조건으로 차입하였으므로 미래 이자율 변동시 이자지급액 변동위험을 부담한다. 따라서 변동금리이자수취, 고정금리이자지급 조건의 스왑계약을 체결함으로써 실제로는 고정금리로 이자지급을 하여 현금흐름변동위험회피를 하고자 한다.

1. 당기순이익에 미치는 영향

   차입금 이자비용:₩1,000×(5%+1%)=   ₩(60)
   스왑 순이자수취액:₩1,000×5%−₩1,000×4%=   10
   당기순이익에 미치는 영향(순이자비용)   ₩(50) 감소

2. 차입금 장부금액(취득원가):₩1,000

   *현금흐름위험회피가 적용되는 변동금리이자지급조건의 차입금에 대해서 공정가치평가가 불가능하므로 취득원가를 장부금액으로 기록한다.

※해설※

일 자	장기차입금		이자율스왑	
20×1. 1. 1	현 금 1,000		-회계처리 없음-	
	차 입 금	1,000		
20×1. 12. 31	이자비용 50		-순이자수수 없음-	
	현 금	50		
	-차입금평가 없음-		이자율스왑 18	
			이자율스왑평가이익(OCI)	18
20×2. 12. 31	이자비용 60		현 금 10	
	현 금	60	이자비용	10
	-차입금평가 없음-		이자율스왑평가이익(OCI) 18	
			이자율스왑평가손실(OCI) 19	
			이자율스왑(B/S)	37

02 위 [상황 2]에서 장기차입금과 이자율스왑 관련 거래가 (주)갑의 20×2년도 포괄손익계산서의 당기순이익에 미치는 영향과 20×2년말 재무상태표에 계상될 차입금 금액은 얼마인가?

(2013. CPA)

(주)갑은 고정금리지급조건으로 차입하였으므로 미래 이자율 변동시 부채의 공정가치 변동위험을 부담한다. 따라서 고정금리이자수취, 변동금리이자지급 조건의 스왑계약을 체결함으로써 실제로는 변동금리로 이자지급을 하여 공정가치변동위험회피를 하고자 한다.

1. 당기순이익에 미치는 영향

   순이자비용
      차입금 이자비용: ₩1,000×5%=　　　　　　　₩(50)
      스왑 순이자수취액: ₩1,000×4%-₩1,000×5%=　₩(10)　₩(60)
     차입금평가손실: ₩(18)-₩19=　　　　　　　　　　　　(37)
     이자율스왑평가이익: ₩19-₩(18)=　　　　　　　　　　37
     당기순이익에 미치는 영향　　　　　　　　　　　　　₩(60)

2. 차입금 장부금액(공정가치): ₩1,000−₩18+₩37=₩1,019

   *공정가치위험회피가 적용되는 고정금리이자지급조건의 차입금에 대해서는 공정가치를 장부금액으로 기록한다.

※해설※

일자	장기차입금		이자율스왑	
20×1. 1. 1	현 금 1,000		−회계처리 없음−	
	차 입 금	1,000		
20×1. 12. 31	이자비용 50		−순이자수수 없음−	
	현 금	50		
	차 입 금 18		이자율스왑평가손실(NI) 18	
	차입금평가이익(NI)	18	이자율스왑(B/S)	18
20×2. 12. 31	이자비용 50		이자비용 10	
	현 금	50	현 금	10
	차입금평가손실(NI) 37		이자율스왑(B/S) 37	
	차 입 금	37	이자율스왑평가이익(NI)	37

보론 파생상품의 세부적 고찰

1 파생상품의 정의

파생상품이란 기초상품인 현물을 바탕으로 새롭게 창출되어 거래되는 상품을 의미하므로 그 영역이 확정된 것이 아니라 주어진 조건과 금융기법을 활용하여 얼마든지 새로운 상품의 개발이 가능하다. 기업회계기준서에서도 파생상품을 '다음의 특성을 모두 가진 금융상품이나 기타계약'이라고 포괄적으로 정의함으로써 요건주의를 택하고 있는데, 이는 선도, 선물, 옵션, 스왑 등 대표적인 유형의 파생상품뿐만 아니라 새롭게 개발되는 많은 파생상품에도 공통적으로 적용될 수 있게 하기 위한 것이다.

(1) 파생상품의 요건

기업회계기준서에서는 파생상품에 대한 3가지 요건을 제시하고 이 요건을 모두 충족하는 경우에만 기업회계기준서상의 파생상품으로 회계처리하도록 규정하고 있다.

1) 기초변수의 변동에 따라 가치가 변동한다

이 요건은 파생상품의 기초가 되는 기초상품과 해당 파생상품의 성격을 정하는 규정이다. 여기서 기초변수란 해당 파생상품의 결제금액을 결정하기 위한 변수를 말하는 것으로 통상 기초상품의 거래대상을 말하는데, 이러한 예로는 상품가격, 이자율, 주가, 환율, 신용등급이나 신용지수 또는 기타 변수 등이 있다. 다만, 비금융변수인 경우에는 계약의 당사자에게 특정되지 않아야 한다. 일반적으로 파생상품은 보통 화폐금액, 주식 수, 무게나 부피의 단위 또는 계약에서 정해진 그 밖의 단위를 계약단위의 수량으로 한다.

참고로 기초변수 및 계약단위의 수량을 나타내면 다음과 같다.

▶ 기초변수 및 계약단위의 수량

파생상품	기초변수	계약단위	수 량	계약단위의 수량
$10,000를 ₩1,000/$에 매입하기로 한 통화선도계약	환율(₩/$)	$	10,000	$10,000

₩1,000,000에 대하여 변동이자율을 지급하고 고정이자율을 수취하기로 한 이자율스왑계약	변동이자율	원	1,000,000	₩1,000,000
금 1,000OZ를 ₩300,000,000에 구입하기로 한 금선도계약	금의 가격	OZ	1,000	1,000OZ
통안증권금리선물 2계약	100 – 유통수익률 (연율)	2억원	2	2계약 (또는 4억원)
KOSPI200선물 3계약	KOSPI200 지수	50만원× KOSPI200 지수	3	3계약 (또는 3×50만원× KOSPI200지수)

이와는 달리 계약단위의 수량과 관계없이 지급규정에 의하여 미래사건의 결과에 따라 변동하는 금액이나 확정된 금액을 지급해야 하는 파생상품이 있을 수 있다. 예를 들면, 6개월 LIBOR가 100 베이시스 포인트 상승하면 ₩1,000을 정액으로 지급하는 계약은 비록 정해진 계약단위의 수량이 없더라도 파생상품이다.

2) 최초 계약시 순투자금액이 필요하지 않거나 시장요소의 변동에 유사한 영향을 받을 것으로 기대되는 다른 유형의 계약보다 적은 순투자금액이 필요하다

이 요건은 파생상품의 파생이라는 성격을 나타내는 것인데, 그 이유는 자산을 직접 보유하지 않고도 기초변수의 가격변동에 참여할 수 있다는 것이 파생상품의 본원적 특성이기 때문이다.

> **예** 상품을 직접 구입할 경우와 해당 상품에 대한 선물계약을 체결하는 경우를 비교한다면 시장가격의 변동에 따른 손익은 거의 유사하나 전자의 경우에는 상품의 취득원가만큼의 투자금액이 필요하지만 후자의 경우에는 최초 투자금액이 필요하지 않다. 마찬가지로 선도계약 등 대부분의 파생상품이 최초 계약시 순투자금액을 필요로 하지 않는다. 또한 매입옵션의 경우에도 기초금융상품을 취득하는데 필요한 투자금액보다 옵션프리미엄이 작으며, 최초 계약시에 동일한 공정가치를 가지는 다른 통화를 교환하는 통화스왑 또한 최초 순투자금액이 영(0)이다.

한편, 파생상품의 거래를 위해서는 계약 체결시점에서 일정금액을 증거금으로 예치하는 경우가 있는데, 이는 계약의 이행을 담보하기 위한 예치금의 성격이므로 순투자금액에 해당하지 않는다.

3) 미래에 결제된다

이 요건은 파생상품의 해당여부를 결정할 때 거래당사자와의 결제방법이 총액결제인지 차액결제인지에 영향을 받지 않는다는 것을 의미한다.

> **예** A사가 B사와 매 분기마다 8%의 고정이자금액을 지급하고, 3개월 LIBOR에 기초하는 변동이자금액을 수취하는 이자율스왑계약을 체결하는 경우 매 분기에 8%와 3개월 LIBOR의 차이에 기초하여 결정된 순액의 현금을 수수하는 경우나 총액기준에서 결제하는 경우나 결제방법과 무관하게 파생상품의 정의를 충족한다.

(2) 파생상품에서 제외되는 경우[2]

파생상품의 요건 중 1), 2), 3)을 모두 충족하더라도 다음의 경우에는 현물거래 또는 미이행계약에 해당한다고 보아 파생상품으로 인식하지 않는다.

① 정형화된 매입 또는 매도 : 관련 시장의 규정이나 관행에 의하여 일반적으로 설정된 기간 내에 당해 금융상품을 인도하는 계약조건에 따라 금융자산을 매입하거나 매도하는 것은 파생상품으로 인식하지 는다. 즉, 정형화된 매매거래는 매매일과 결제일 사이에 거래가격을 고정시키는 거래이며 파생상품 의 정의를 충족하나 계약기간이 짧기 때문에 파생상품으로 인식하지 않는다.

② 비금융항목을 매입하거나 매도하는 계약 : 기업이 예상하는 매입, 매도 또는 사용 필요에 따라 비금 융항목을 수취하거나 인도할 목적(정상적인 매입 또는 매도)으로 체결되어 계속 유지되고 있는 계약 은 파생상품으로 인식하지 않는다. 그러나 비금융항목을 매입하거나 매도하는 계약이 ⓐ 차액결제될 수 있거나 금융상품의 교환으로 결제될 수 있고 ⓑ 기업이 예상하는 매입, 매도 또는 사용 필요에 따 라 비금융항목을 수취하거나 인도할 목적으로 유지되고 있지 않는다면, 당해 계약을 파생상품으로 회 계처리해야 한다.

---

[2] 파생상품의 인식여부는 다른 기업회계기준서와 비교함으로써 구분하는 것이 중요하다. 대표적인 사례는 다음과 같다. 단, 주식기준보상거래에 따른 주식선택권(주식옵션)은 파생상품의 정의를 충족하나 '주식기준보상'과 관련된 별도의 기업회계기준서(주식기준보상)를 적용한다.
  ① 보험계약
    보험계약 : 기후, 지질 또는 기타 물리적 기초변수의 특정 수준이 계약 보유자에게 불리한 영향을 미치는 경우에만 지급을 요구하는 계약
    파생상품 : 계약 보유자에게 불리한 영향이 있는지에 상관없이 기초변수의 특정 수준에 기초하여 지급을 요구하는 계약
  ② 대출약정
    대출약정 : 확정계약
    파생상품 : 현금으로 차액결제될 수 있거나 다른 금융상품을 인도하거나 발행하여 결제될 수 있는 대출약정

2 내재파생상품

내재파생상품(embedded derivative)이란 파생상품이 아닌 주계약을 포함하는 복합상품의 구성요소로써, 복합상품의 현금흐름 중 일부를 독립적인 파생상품의 경우와 유사하게 변동시키는 것을 말한다. 내재파생상품의 대표적인 예로 채무상품의 보유자 입장에서 전환사채에 포함된 지분전환옵션(전환권)을 들 수 있다.

(1) 내재파생상품은 내재파생상품이 포함되지 않았을 경우에 발생할 현금흐름의 전부나 일부를 이자율, 금융상품가격, 일반상품가격, 환율, 가격 또는 비율의 지수, 신용등급이나 신용지수 및 기타 변수에 따라 변경시킨다. 이때 당해 변수가 비금융변수인 경우는 계약의 당사자에게 특정되지 않아야 한다. 그리고 특정 금융상품에 부가되어 있더라도, 계약상 당해 금융상품과는 독립적으로 양도할 수 있거나 당해 금융상품과는 다른 거래상대방이 있는 파생상품은 내재파생상품이 아니며, 별도의 금융상품이다.

> **예** 비분리형 신주인수권부사채의 신주인수권은 내재파생상품이지만, 분리형 신주인수권부사채의 신주인수권은 독립적으로 양도할 수 있으므로 내재파생상품이 아니며, 별도의 금융상품이다.

(2) 주계약이 기업회계기준서(금융상품)의 적용범위에 포함되는 경우 내재파생상품을 분리하지 않고 복합상품 전체를 하나의 금융자산으로 회계처리한다. 그러나 주계약이 기업회계기준서(금융상품)의 적용범위에 포함되지 않고 다음의 요건을 모두 충족하는 경우 내재파생상품을 주계약과 분리하여 파생상품으로 회계처리한다.

① 내재파생상품의 경제적 특성 및 위험이 주계약의 경제적 특성 및 위험과 밀접하게 관련되어 있지 않다.
② 내재파생상품과 동일한 조건을 가진 별도의 금융상품 등이 파생상품의 정의를 충족한다.
③ 복합상품의 공정가치 변동이 당기손익으로 인식되지 아니한다(즉, 당기손익-공정가치측정금융자산 또는 당기손익-공정가치측정금융부채에 내재된 파생상품은 분리하지 않는다.).

> **예** 전환채무상품에 내재된 지분전환특성은 채무상품의 보유자 입장에서 주계약인 채무상품과 밀접하게 관련되어 있지 않으므로 ①의 조건을 충족한다. 그러나 발행자의 입장에서는 지분전환옵션이 기업회계기준서(금융상품 : 표시)에 따라 지분상품 분류의 조건을 충족하는 경우 당해 지분전환옵션은 지분상품이므로 이러한 지분전환옵션은 파생상품회계처리의 적용범위에서 제외된다.

(3) 위 (2)의 규정에 불구하고 하나 이상의 내재파생상품을 포함하는 계약의 경우, 복합계약 전체를 당기손익-공정가치측정금융자산 또는 당기손익-공정가치측정금융부채로 지정할 수 있다. 다만, 다음의 경우를 제외한다.

① 내재파생상품으로 인해 변경되는 복합계약의 현금흐름의 변동이 유의적이지 아니한 경우
② 유사한 복합계약을 고려할 때, 별도로 상세하게 분석하지 않아도 내재파생상품의 분리가 금지된 것을 명백하게 알 수 있는 경우. 이러한 복합계약의 예로는 차입자가 상각후원가에 근사한 금액으로 중도상환할 수 있는 권리가 내재된 대출채권을 들 수 있다.

(4) 주계약과 분리되어야 하는 내재파생상품이 취득시점이나 후속 보고기간말에 주계약과 분리하여 측정될 수 없는 경우에는 복합계약 전체를 당기손익인식항목으로 지정한다. 또한 계약조건에 기초하여 내재파생상품의 공정가치를 신뢰성 있게 측정할 수 없는 경우에는 복합상품의 공정가치와 주계약의 공정가치의 차이를 내재파생상품의 공정가치로 결정한다. 이러한 방법으로 내재파생상품의 공정가치를 측정할 수 없는 경우에는 복합상품 전체를 당기손익인식항목으로 지정한다.

CHAPTER 11

정부회계

ADVANCED ACCOUNTING

제1절 / 정부회계 총론
제2절 / 재정상태표
제3절 / 재정운영표
제4절 / 기타의 결산보고서와 결산

01 정부회계 총론

1 정부회계의 의의

(1) 정부회계의 정의

정부회계(government accounting)란 정부조직이 수행하는 재정활동에 관한 재무적 정보를 식별하고 측정하여 정보이용자에게 보고하는 회계를 말한다.

① 정부조직은 국가(중앙정부)와 지방자치단체(지방정부)로 구분되므로 정부회계는 중앙정부의 회계활동인 국가회계와 지방정부의 회계활동인 지방자치단체회계를 포함한다.

② 재정(public finance)활동이란 세입과 세출을 주축으로 하는 정부의 경제활동을 말한다. 여기서 세입과 세출은 다음과 같이 구성된다.

 a. **세입**: 정부의 수입을 의미하는 것으로 조세수입, 세외수입 및 자본수입으로 나누어지는데, 조세수입과 세외수입을 합하여 경상수입이라고 한다.
  · 조세수입: 국민으로부터 거둬들인 세금
  · 세외수입: 수수료, 과징금, 벌금 등 조세 이외의 수입
  · 자본수입: 국가가 소유하는 부동산 등의 처분에 따른 수입

 b. **세출**: 정부의 지출을 의미하는 것으로 세출을 경제적으로 분류하면 경상지출과 자본지출로 나누어진다.
  · 경상지출: 지출로 인한 효익(benefit, '편익'이라고도 함.)이 당기에만 발생하는 지출
  · 자본지출: 지출로 인한 효익이 미래에도 발생하는 지출

③ 정부회계의 정보이용자는 정부에 대한 자원의 제공자, 조달된 자원의 배분과 관련된 의사결정자 및 정부활동에 대한 감독기능을 수행하는 감독기관 등 그 이용목적에 따라 다양하게 존재한다. 정부회계의 정보이용자를 구체적으로 살펴보면 다음과 같다.

 a. **국회 및 지방의회**: 국회 및 지방의회는 국민을 대표하는 기관으로서 중앙정부나 지방정부가 작성한 예산의 승인여부, 특정 정책이나 사업의 계속여부나 예산배정 등의 의사결정 및 정부의 수탁책임과 업무의 효율적 이행여부를 판단하기 위해 정부의 회계정보를 필요로 한다.

 b. **행정부**: 행정부는 예산편성의 기초자료로 활용하거나 한정된 예산의 효율적 배분과 집행을 위해 정부의 회계정보를 필요로 한다. 또한 행정책임자나 사업수행자 등은 진행중인 정부의 사업이나 활동이 효율적으로 수행되고 있는지의 여부를 평가하기 위해 정부의 회계정보를 필요로 한다.

c. **납세자 및 유권자** : 납세자는 자신이 국가나 지방자치단체에 납부한 세금이 정당하고 효율적으로 사용되고 있는지 알고 싶어 하며, 미래에 납부해야 할 세금의 종류나 금액에 대하여 예측하고자 하는데, 이러한 정보욕구를 충족시키기 위해 정부의 회계정보를 필요로 한다. 또한 유권자는 투표권을 행사하여 간접적으로 자신의 이해관계를 충족하고자 하는데, 이를 위해 자신이 선출한 공직자가 업무를 성실하게 수행하였는지를 평가하고 미래의 공직자 선출을 위한 기초자료로써 정부의 회계정보를 필요로 한다.
d. **투자자 및 채권자** : 국채나 지방채에 투자하는 투자자 및 채권자는 국가나 지방자치단체의 재무건전성 및 지급능력을 평가하기 위하여 정부의 회계정보를 필요로 한다.
e. **감독기관 및 시민단체** : 정부의 하급기관은 상급기관의 감독을 받고 상급기관은 국회 및 지방의회, 감사원 등 외부기관의 감독을 받게 되므로, 감독기관은 감독대상기관의 업무수행결과에 대한 감독을 위해 정부의 회계정보를 필요로 한다. 또한 중앙정부는 지방정부에 다양한 보조금을 지원하거나 사업을 위탁하여 수행하는데, 중앙정부는 보조금 지원대상사업이나 위탁사업의 수행여부를 판단하기 위한 정보로써 해당 사업에 대한 정부의 회계정보를 필요로 한다. 그리고 언론기관과 시민단체 등 비정부단체들은 정부활동에 대한 감시와 비판을 위해 정부의 회계정보를 필요로 한다.
f. **기타 이해관계자** : 정부회계의 기타 이해관계자에는 공무원, 납품업자, 일반국민 등이 있다.
- 정부업무를 수행하는 공무원은 정부를 구성하는 구성원인 반면, 정부에 고용된 피고용인으로서 정당한 노동의 대가 등을 필요구하기 위해 정부의 회계정보를 필요로 한다.
- 정부에 물자를 납품하는 납품업자는 정부의 사업내용과 관련된 예산의 규모 및 집행시기 등에 관한 정보를 얻기 위해 정부의 회계정보를 필요로 한다.
- 국가로부터 서비스를 제공받는 일반국민의 경우 제공받는 서비스에 대하여 지급하는 대가와 서비스의 질을 비교하거나 연금 등의 수혜기간이나 금액 등을 예측하기 위한 목적으로 정부의 회계정보를 필요로 한다.

(2) 정부회계의 분류

정부회계는 일정한 법규에 의해 규제를 받고 있는데, 그 규제를 받는 법규에 따라 크게 국가회계와 지방자치단체회계로 구분할 수 있다.

국가회계

국가회계란 중앙정부회계로서 이와 관련한 법규로는 국가재정법과 국가회계법, 국가회계법 시행령 및 시행규칙(국가회계기준) 등이 있다.

① 국가재정법은 국가의 예산·기금·결산·성과관리 및 국가채무 등 재정운용에 관한 사항을 규정하고 있는데, 국가회계와 관련해서는 국가회계법에서 정하는 바에 따라 결산을 수행하고 작성한 결산보고서를 제출하도록 함으로써 국가회계의 결산 및 결산보고서의 작성을 국가회계법의 내용에 따라 실시하도록 규정하고 있다.

② 국가회계법은 국가회계를 투명하게 처리하고, 재정에 관한 유용하고 적정한 정보를 생산·제공하기 위해 국가회계와 이와 관계되는 기본적인 사항을 규정하고 있다.

③ 국가회계법에서는 국가의 재정활동에서 발생하는 경제적 거래 등을 발생 사실에 따라 복식부기방식으로 회계처리하는 데 필요한 기준('국가회계기준에 관한 규칙'이라고 하는데, 본서에서는 이를 '국가회계기준'이라고 함.)을 기획재정부령으로 정하도록 규정함으로써 국가회계에 발생기준·복식부기시스템을 적용할 것을 명문화하고 있다.

지방자치단체회계

지방자치단체회계란 지방정부회계로서 이와 관련한 법규로는 지방재정법과 지방회계법, 지방회계법 시행령 및 시행규칙(지방자치단체회계기준) 등이 있다.

① 지방재정법은 지방재정의 건전하고 투명한 운용과 자율성을 보장하기 위해 지방자치단체의 재정에 관한 기본원칙을 규정하고 있는데, 지방회계와 관련해서는 지방회계법에서 정하는 바에 따라 결산을 수행하고 작성한 결산보고서를 제출하도록 함으로써 지방회계의 결산 및 결산보고서의 작성을 지방회계법의 내용에 따라 실시하도록 규정하고 있다.

② 지방회계법에서는 지방자치단체의 재정상태 및 운용결과를 명백히 하기 위해 발생기준·복식부기시스템을 기초로 하여 행정자치부장관이 정하는 회계기준('지방자치단체회계기준에 관한 규칙'이라고 하는데, 본서에서는 이를 '지방자치단체회계기준'이라고 함.)에 따라 거래의 사실과 경제적 실질을 반영하여 회계처리하고 재무보고서를 작성하도록 규정함으로써 지방자치단체회계에 발생기준·복식부기시스템을 적용할 것을 명문화하고 있다.

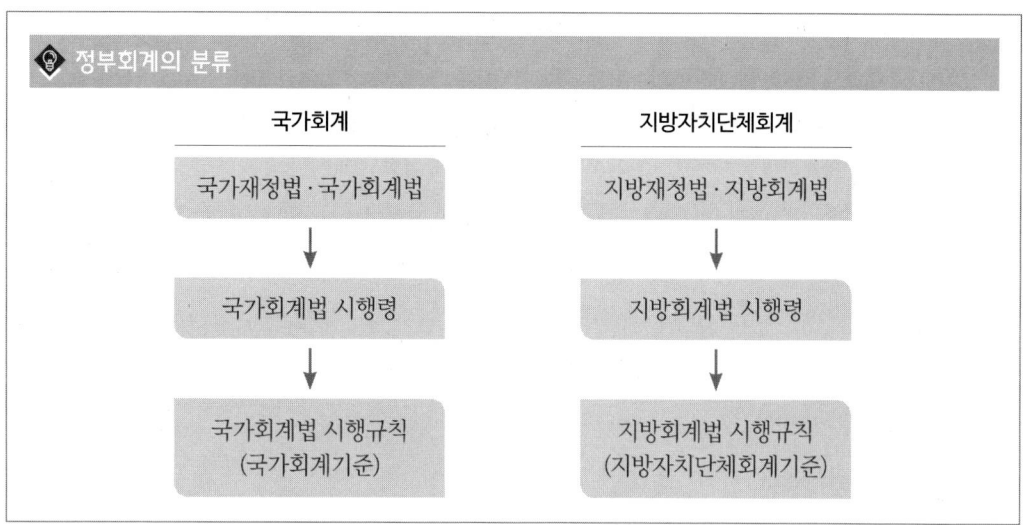

(3) 정부회계의 목적

우리나라의 정부회계기준(국가회계기준과 지방자치단체회계기준을 말함.)은 정부회계의 목적을 ① 정보이용자들의 의사결정에 유용한 정보를 제공하고 ② 공공회계책임의 이행여부평가에 필요한 정보를 제공하는 것으로 규정하고 있다.

① **정보이용자의 의사결정에 유용한 정보제공** : 정부회계는 정부의 재정활동에 직접적 또는 간접적으로 이해관계를 갖는 정보이용자가 정부의 재정활동의 내용을 파악하여 합리적으로 의사결정을 할 수 있도록 유용한 정보를 제공하는 것을 목적으로 한다.

② **공공회계책임의 이행여부평가에 필요한 정보제공** : 정부회계는 정부가 공공회계책임을 적절히 이행하였는지의 여부를 평가하는데 필요한 정보를 제공하는 것을 목적으로 한다.

  a. 정부의 공공회계책임이란 정부가 맡은 업무를 적절히 수행하고 그 이행여부에 관한 정보를 제공해야 할 의무를 말한다.

  b. 국가회계기준에서는 중앙정부의 공공회계책임의 이행여부를 평가하기 위한 정보로서 다음과 같은 정보를 제공하도록 규정하고 있다.

- 재무보고책임(reporting accountability) : 국가의 재정상태 및 그 변동과 재정운영결과에 관한 정보
- 운영관리책임(management accountability) : 국가사업의 목적을 능률적, 효과적으로 달성하였는지에 관한 정보
- 수탁관리책임(stewardship) : 예산과 그 밖의 관련법규의 준수에 관한 정보

  c. 지방자치단체회계기준에서는 지방정부의 공공회계책임의 이행여부를 평가하기 위한 정보로서 다음과 같은 정보를 제공하도록 규정하고 있다.

· 재무보고책임 : 재정상태 · 재정운영성과 · 현금흐름 및 순자산변동에 관한 정보
· 기간간 형평성 : 당기의 수입이 당기의 서비스를 제공하기에 충분하였는지 또는 미래의 납세자가 과거에 제공된 서비스에 대한 부담을 지게 되는지에 대한 기간간 형평성에 관한 정보
· 수탁관리책임 : 예산과 그 밖의 관련법규의 준수에 관한 정보

d. 공공회계책임의 이행여부를 평가하기 위한 정보와 관련하여 지방자치단체회계기준에서는 기간간 형평성에 관한 정보를 강조하고 있는데, 기간간 형평성(interperiod equity)은 국가로부터 혜택을 받는 세대가 그에 상응하는 부채와 비용을 부담함으로써 다음세대가 이러한 부채와 비용을 부담하지 않아야 한다는 것을 의미하는 것으로 '세대간 형평성'이라고도 한다.

2 정부회계의 특징

정부회계는 정부조직이 수행하는 재정활동에 관한 재무적 정보를 정보이용자에게 보고하는 회계이므로 기업회계와는 많은 차이점이 존재한다. 정부회계의 특징을 기업회계와 비교하여 구체적으로 살펴보기로 한다.

(1) 비영리회계

정부는 이윤추구를 목적으로 하는 기업과는 달리 국가 전체의 질서유지와 공공서비스의 제공을 통한 공공의 이익을 추구하는 것을 목적으로 한다. 따라서 정부회계를 비영리회계라고 할 수 있다.

① 비영리회계(non-profit accounting)란 정부 · 종교 · 교육 · 의료 · 자선단체 등 영리를 추구하지 않는 비영리공공기관의 회계를 의미한다. 이러한 비영리회계는 영리회계인 기업회계와 대칭되는 개념이라고 할 수 있다.

② 기업회계의 정보이용자들은 주주, 채권자 등 기업과 직접 관련되어 있지만, 정부회계 등 비영리회계의 정보이용자들은 국민 등으로 대부분 정부 또는 비영리공공기관과 간접적으로 관련되어 있다.

③ 정부회계는 정부가 제공한 공공서비스(정책사업)별 원가산출 및 평가를 중요시한다. 따라서 정부회계는 기업회계처럼 당기순이익을 중요시하지 않는데, 그 이유는 정부가 이익을 창출하기 위해서 정부의 기능을 축소하고 지출을 감소하는 경우 정부 고유의 기능을 적절하게 수행했다고 보기는 어렵기 때문이다.

④ 정부회계는 기업회계처럼 수익과 비용의 적절한 대응이 이루어지지 않는다. 왜냐하면, 정부수입의 대부분은 조세수입에 의존하고 있으며, 지출은 수입과 별개로 예산에 의해 이루어지는 경우가 일반적이기 때문이다.

⑤ 정부는 공공서비스의 제공을 목적으로 하기 때문에 정부회계에서는 미래경제적효익을 창출하거나 창출에 기여할 것으로 기대되는 자원뿐만 아니라 미래에 공공서비스를 제공할 수 있는 자원까지 자산에 포함한다.

⑥ 정부회계에서는 소유권개념을 적용할 수 없다. 즉, 기업회계처럼 자산에서 부채를 차감한 잔여액을 소유주지분 또는 주주지분이라고 표현할 수 없다. 따라서 정부회계에서는 자산에서 부채를 차감한 잔여액을 순자산(net assets)이라고 표현한다.

(2) 법령에 의한 관리

정부활동은 엄격한 법령 또는 규정에 의해 관리와 통제를 받는다. 즉, 정부활동은 예산편성, 수입·지출 및 재산관리 등 모든 부분에서 법적 통제를 받는다.

① 예산(budget)이란 정부가 한 회계연도에 수행할 재정활동, 즉 수입(세입)과 지출(세출)에 대한 실행계획을 말한다. 이러한 예산은 국가재정법, 지방재정법 및 예산회계법에 따라 정부가 예상되는 지출의 규모를 결정하고 결정된 지출을 충당할 수 있는 수입의 규모를 확정하는 형태로 편성된다. 그리고 예산은 의회의 의결을 거친 후 집행되어야 하며, 정부가 예산 외의 추가적인 지출이 필요한 경우에는 반드시 의회의 승인을 얻어야 하는데, 이러한 엄격한 절차는 국민의 대표기관인 의회가 정부의 활동을 견제하고 감시하기 위한 것이다. 예산에 관한 보다 자세한 내용에 대해서는 절을 달리하여 설명한다.

② 예산의 집행에 따른 수입·지출의 기록이나 절차는 국고금관리법의 규정에 따라 이루어져야 하며, 국유재산 등의 취득 및 매각 절차는 국유재산법의 규정에 따라 행해져야 한다.

▶ 정부회계와 기업회계의 비교

구 분	정부회계	기업회계
목 표	공공서비스 제공	이윤추구
정보이용자	간접적인 정보이용자(국민)	직접적인 정보이용자(주주, 채권자)
당기순이익	당기순이익이 중요하지 않음	당기순이익이 중요함
수익·비용 대응	수익·비용 대응이 비합리적임	수익·비용 대응이 합리적임
자산의 정의	미래경제적효익뿐만 아니라 미래에 공공서비스를 제공할 수 있는 자원까지 자산에 포함	미래경제적효익을 창출하는 자원만을 자산에 포함
법적 통제	예산편성, 수입·지출 및 재산관리 등에 법적 통제를 받음	예산은 참고자료이며, 수입·지출 및 재산관리가 기업 자율적으로 결정됨

(3) 다수의 회계실체

정부는 다양한 형태의 공공서비스의 제공을 목적으로 하므로 정부의 재정활동도 서로 다른 목적을 가진 다수의 회계실체(accounting entity, 독립적인 회계기록단위를 말함.)에 의해 수행되고 있다. 따라서 정부회계도 각 회계실체의 목적 및 특성에 따라 다르게 이루어져야 하는데, 우리나라의 정부회계는 정부의 활동목적에 따라 크게 일반회계, 특별회계 및 기금으로 구분할 수 있다.[1]

① **일반회계** : 정부가 한 회계기간 동안 발생하는 국가 및 지방자치단체의 모든 수입과 지출, 즉 세입·세출을 처리하는 회계를 말한다. 일반회계의 세입은 주로 조세수입을 통하여 조달되고 세출은 예산에 따라 일반행정비, 경제개발비, 사회개발비 등 각 활동이나 기관별로 지출되고 있다.

② **특별회계** : 정부가 특정한 사업을 수행하거나 일반회계와 구분하여 경리할 필요가 있는 경우에 법률에 의해 설치하여 운영하는 회계를 말한다.

　a. 기타특별회계 : 정부가 특정한 세입으로 특정한 세출에 충당함으로써 일반회계와 구분하여 경리할 필요가 있는 경우에 설치하여 운영하는 회계

　　예 중앙정부의 경우 우체국보험, 환경개선, 국가균형발전, 혁신도시건설, 등기, 교통시설, 농어촌구조개선, 국방, 군사시설이전, 에너지 및 지원사업, 주한미군기지이전, 행정중심복합도시, 아시아중심도시조성 등 13개 특별회계

　b. 기업특별회계 : 정부가 통신, 조달사업 등 특정한 사업을 수행하기 위해 설치하여 운영하는 회계

　　예 중앙정부의 경우 우편사업, 우체국예금, 조달, 양곡관리, 책임운영기관 등 5개 특별회계

③ **기금** : 기금('기금회계'라고도 함.)이란 일반회계와 특별회계 이외에 정부가 특정한 목적을 위해 특정한 자금을 신축적으로 운용할 필요성이 있을 때에 한하여 법률에 따라 설치하여 운영하는 것을 말한다.

　a. 기금은 중앙관서의 장이 관리하는 정부관리기금(정부기금)과 중앙관서의 장이 관리하지 않고 기금재원의 대부분이 민간부담금으로 조성되는 민간관리기금(민간기금)으로 분류된다.

　　예 정부관리기금은 기금의 성격에 따라 다음과 같이 구분할 수 있음.

　　　1. 사회보장성기금 : 고용보험기금, 국민연금기금, 공무원연금기금, 군인연금기금, 사립학교교직원연금기금 등

　　　2. 사업성기금 : 과학기술진흥기금, 국민건강진흥기금, 국민주택기금, 국민체육진흥기금, 남북협력기금, 근로자복지진흥기금, 방송발전기금, 농산물가격안정기금 등

---

1 회계실체는 그 활동의 성격에 따라 행정형 회계실체와 사업형 회계실체로 구분할 수 있다
　(1) 행정형 회계실체: 징수한 세금 등을 재원으로 하며 공공재를 공급하는 국가의 일반적이고 고유한 행정활동을 하는 회계실체로서 일반회계와 기타특별회계가 이에 해당한다.
　(2) 사업형 회계실체: 개별적인 보상 관계가 적용되는 독립적인 수익창출활동을 하는 회계실체로서 기업특별회계와 기금이 이에 해당한다.

3. 금융성기금 : 신용보증기금, 기술신용보증기금, 주택금융신용보증기금 등
4. 계정성기금 : 공공자금관리기금, 공적자금상환기금, 복권기금 등

b. 일반회계와 특별회계는 정부의 세입·세출예산에 포함되지만 기금은 세입·세출예산에 포함되지 고 별도로 운용할 수 있는데, 이는 정부의 사업을 보다 원활하게 수행하기 위해 필요한 자금을 적시에 조달하고 필요시마다 지출할 수 있도록 함으로써 사업의 자율성과 신축성을 확보하기 위한 것이다.

▶ 일반회계와 특별회계 및 기금의 비교

구 분	일반회계	특별회계	기 금
설치사유	모든 국가재정활동	·기타특별회계 : 특정 세입으로 특정 세출에 충당 ·기업특별회계 : 특정 사업운영	특정 목적을 위해 특정 자금을 신축적으로 운용할 필요가 있을 때
재원조달 및 운용형태	공권력에 의한 조세수입과 무상적 급부 제공 원칙	일반회계와 기금운용형태 혼재	부담금, 출연금 등 다양한 수입원으로 유상적 급부 제공
확정절차 및 예산에 포함여부	·정부가 예산안 편성 ·국회가 심의·확정 ·예산에 포함	좌 동	·기금관리주체가 계획안 작성 ·국회가 심의·확정 ·예산에 불포함
결 산	국회가 심의·의결	좌 동	좌 동
관련지출 및 회계	일반행정비, 경제개발비, 사회개발비 등	·기타특별회계 : 교통시설, 농어촌구조개선 등 ·기업특별회계 : 우편사업, 양곡관리 등	·정부관리기금 : 고용보험기금, 국민연금기금, 국민건강진흥기금, 신용보증기금 등 ·민간관리기금

(4) 국고금회계

1) 국고금회계의 정의

정부회계 중 국가회계는 국고금회계의 적용을 받는다. 국고금회계란 국고통일주의의 원칙에 따라 해당 회계에 속하는 중앙관서의 수입과 지출을 단일 국고계정에서 통합적으로 관리하는 것을 말한다.

① 국고금회계가 적용되는 회계의 경우 각 중앙관서의 장은 법률에 특별한 규정이 없는 한 해당 중앙관서에서 발생하는 수입을 기획재정부의 국고계정에 불입해야 하며, 지출도 예산배정에 의해 국고계정에서 자금을 받아 집행해야 한다.
② 국고금회계는 세입·세출예산의 적용을 받는 일반회계와 기타특별회계에만 적용된다. 따라서 세입·세출예산의 적용을 받지 않는 기금회계와 자금운용의 특수성을 인정해야 하는 기업특별회계 및 예산외 우체국보험특별회계는 제외된다.
③ 국고금회계의 수입(국고이전수입)이 지출(세출예산지출액)보다 많은 경우 잉여금이 발생되는데, 이를 세계잉여금(歲計剩餘金, surplus)이라고 한다. 따라서 국고금회계, 즉 일반회계 및 기타특별회계와 관련하여 예산상 당해연도에 세계잉여금이 발생하면 재무제표에는 당해연도 국고금의 순증가분으로 반영된다.
④ 국고금회계는 기획재정부의 독립된 하부회계로서 독립적으로 결산을 수행한다. 따라서 국고금(정부가 보유하는 현금및현금성자산을 의미함.)은 각 중앙관서의 재무제표에는 포함되지 않으며, 국가 재무제표작성시 반영된다. 즉, 국가결산보고서를 작성하는 경우 중앙관서 통합재무제표에 국고금회계를 추가반영하여 국가 재무제표를 작성한다.

2) 국고금회계의 일반적인 회계처리

국고금수납

일반회계와 기타특별회계의 재원이 되는 모든 수입은 각 중앙관서에서 '국고이전지출'로 처리하고, 국고금회계에서는 '국고이전수입'으로 처리한다. 회계처리를 예시하면 다음과 같다.

각 중앙관서 :	(차)	한국은행국가예금 등	×××	(대)	수 익	×××
		국고이전지출	×××		한국은행국가예금 등	×××
국고금회계 :	(차)	한국은행국가예금	×××	(대)	국고이전수입	×××

위의 회계처리에서 한국은행국가예금은 한국은행에서 관리하는 국고금을 의미하며, 국고금회계를 포함한 국가결산보고서 재무제표에는 국고이전지출과 국고이전수입은 상계제거되어 나타나지 않는다. 국고금수납은 다음과 같이 국(관)세청에서 징수하는 세금과 기타 수입금의 수납의 경우로 구분된다.

① **국(관)세청에서 징수하는 세금** : 납세자가 국(관)세를 납부하는 경우 국(관)세청은 해당 세목의 수익으로 계상함과 동시에 국고로 이전하는 회계처리를 하고, 국고금회계에서는 이를 받아 한국은행국가예금으로 계상함과 동시에 '국고이전수입'으로 처리한다. 이때 신고하였으나 납부하지 아니한 미수채

권의 경우에는 국고금회계로 이전되지 않고 실제 납부한 수익만을 국고금회계로 이전한다.

예 국세청(일반회계)에서 소득세 ₩10,000,000을 신고받았으나 ₩5,000,000이 납부된 경우 회계처리

국세청 - 일반회계	(차)	미 수 금	10,000,000	(대)	소득세수익	10,000,000
		한국은행국가예금	5,000,000		미 수 금	5,000,000
	(차)	국고이전지출	5,000,000	(대)	한국은행국가예금	5,000,000
국고금회계	(차)	한국은행국가예금	5,000,000	(대)	국고이전수입	5,000,000

② **기타 수입금의 수납** : 납부자가 부담금 등을 납부하는 경우 각 중앙관서에서는 '국고이전지출'로 처리하고 국고금회계에서는 '국고이전수입'으로 처리한다.

예 대법원(일반회계)이 건물을 임대하고 ₩1,000,000의 임대료를 수납한 경우 회계처리

대법원 - 일반회계	(차)	한국은행국가예금	1,000,000	(대)	사용료수익(임대료)	1,000,000
		국고이전지출	1,000,000		한국은행국가예금	1,000,000
국고금회계	(차)	한국은행국가예금	1,000,000	(대)	국고이전수입	1,000,000

국고금지출

일반회계와 기타특별회계의 모든 지출은 각 중앙관서에서 '국고수입'으로 처리하고 국고금회계에서는 '세출예산지출액'으로 처리한다. 회계처리를 예시하면 다음과 같다.

각 중앙관서 :	(차)	한국은행국가예금	×××	(대)	국고수입	×××
		비 용	×××		한국은행국가예금	×××
국고금회계 :	(차)	세출예산지출액	×××	(대)	한국은행국가예금	×××

위의 회계처리에서 국가결산보고서 재무제표에는 국고수입과 세출예산지출액이 상계제거되어 나타나지 않는다. 국고금지출은 다음과 같이 세출예산지출과 관서운영경비로 구분된다.

① **세출예산지출** : 정부는 각 정부부처의 연간 예산배정에 대하여 국회의 승인을 얻은 후 기획재정부의 승인하에 월별자금계획 등을 통해 자금을 배정한다. 그리고 실제 예산집행(지출)시 각 중앙관서에서는 '국고수입'으로 처리하고, 국고금회계에서는 한국은행 본점의 국고금계좌에서 채권자의 예금계좌에 입금함과 동시에 '세출예산지출액'으로 처리한다.

예 국토교통부(기타특별회계)에서 정부산하기관에 장기로 ₩10,000,000을 대여하기 위해 기획재정부의 승인을 얻어 예산 내에서 집행한 경우 회계처리

국토교통부-기타특별회계	(차)	한국은행국가예금	10,000,000	(대)	국고수입	10,000,000
		장기융자금(대여금)	10,000,000		한국은행국가예금	10,000,000
국고금회계	(차)	세출예산지출액	10,000,000	(대)	한국은행국가예금	10,000,000

② **관서운영경비** : 관서운영경비는 사전에 교부받은 일정금액 내에서 지출건마다 승인을 얻지 않고 지출하도록 함으로써 업무절차를 간소화시킨 제도로서 기업회계의 소액현금제도라고 할 수 있다. 관서운영경비의 회계처리는 다음과 같다.

a. 각 중앙관서에서는 관서운영경비를 교부받은 경우 '국고예금'과 '국고수입'으로 처리하고, 국고금회계에서는 '세출예산지출액'과 '한국은행국가예금'으로 처리한다. 회계처리를 예시하면 다음과 같다.

| 각 중앙관서 : | (차) | 국고예금 | ××× | (대) | 국고수입 | ××× |
| 국고금회계 : | (차) | 세출예산지출액 | ××× | (대) | 한국은행국가예금 | ××× |

위의 회계처리에서 국고예금은 관서운영경비의 지급을 위해 금융기관에 예치한 금액을 의미한다.

b. 각 중앙관서에서 관서운영경비를 지출한 경우 해당 '비용'과 '국고예금'으로 처리한다. 회계처리를 예시하면 다음과 같다.

| 각 중앙관서 : | (차) | 비 용 | ××× | (대) | 국고예금 | ××× |

c. 각 중앙관서에서 관서운영경비의 잔액을 반납한 경우 각 중앙관서에서는 관서운영경비를 배정받을 때 인식한 국고수입을 차감하고, 국고금회계에서는 관서운영경비를 교부할 때 인식한 세출예산지출액을 차감한다. 회계처리를 예시하면 다음과 같다.

| 각 중앙관서 : | (차) | 국고수입 | ××× | (대) | 국고예금 | ××× |
| 국고금회계 : | (차) | 한국은행국가예금 | ××× | (대) | 세출예산지출액 | ××× |

예 20×1년 3월 1일 국토교통부(일반회계)에서 직원의 해외출장비로 여비를 관서운영경비 규정에 따라 ₩1,000,000을 선지급하였다. 그리고 직원은 해외출장 후 20×1년 5월 1일 사후정산을 위해 여비와 관련한 증빙을 제출하고 남은 잔액 ₩200,000을 반납하였다.

1. 20×1년 3월 1일 국고금회계로부터 관서운영경비 교부시

| 국토교통부 : | (차) | 국고예금 | 1,000,000 | (대) | 국고수입 | 1,000,000 |
| 국고금회계 : | (차) | 세출예산지출액 | 1,000,000 | (대) | 한국은행국가예금 | 1,000,000 |

2. 20×1년 3월 1일 관서운영경비 지출시

| 국토교통부 : | (차) | 여비교통비 | 1,000,000 | (대) | 국고예금 | 1,000,000 |

3. 20×1년 5월 1일 관서운영경비잔액 반납시

국토교통부:	(차)	국고예금	200,000	(대)	여비교통비	200,000
	(차)	국고수입	200,000	(대)	국고예금	200,000
국고금회계:	(차)	한국은행국가예금	200,000	(대)	세출예산지출액	200,000

3 결산보고서

(1) 결산보고서의 의의

우리나라의 국가회계기준 및 지방자치단체회계기준에서는 결산보고서를 작성하도록 규정하고 있는데, 결산보고서는 정부의 재정상태와 재정운영에 대한 총괄보고서를 의미한다(국가회계에서는 '결산보고서'라고 하며, 지방자치단체회계에서는 '결산서'라고 함.). 국가회계법과 지방재정법에서 규정하고 있는 결산보고서(결산서)는 다음과 같이 구성된다.

국가의 결산보고서	지방자치단체의 결산서
1. 결산개요	1. 결산개요
2. 세입·세출결산	2. 세입·세출결산
3. 재무제표	3. 재무제표
① 재정상태표	① 재정상태표
② 재정운영표	② 재정운영표
③ 순자산변동표	③ 순자산변동표
4. 성과보고서	④ 현금흐름표
	4. 성과보고서

이러한 결산보고서 중 정부의 재정상태와 재정운영현황을 나타내는 가장 중요한 보고서가 재무제표이므로 국가 및 지방자치단체의 재무제표를 중심으로 결산보고서에 대해서 간단하게 살펴보기로 한다.

① 국가의 재무제표는 재정상태표, 재정운영표, 순자산변동표로 구성하되, 재무제표에 대한 주석을 포함한다. 또한 재무제표의 부속서류로 필수보충정보와 부속명세서가 있다.

② 국가회계는 다수의 중앙관서별로 일반회계, 특별회계 및 기금으로 각각 이루어지고 있다. 따라서 국가회계법에서는 각 중앙관서별로 일반회계, 특별회계 및 기금을 통합한 결산보고서를 작성하고, 국가는 정부 전체의 국가통합 결산보고서를 작성하도록 규정하고 있다.

③ 국가회계기준에서는 현금흐름표를 재무제표에 포함하지 않는데, 그 이유는 국가의 각 중앙관서는 주로 예산의 배정 및 집행에 의해 현금흐름이 발생하며, 현금기준에 의해 작성되는 세입·세출결산보고서가 현금흐름표의 기능을 대신할 수 있기 때문이다.

④ 지방자치단체의 재무제표는 재정상태표, 재정운영표, 순자산변동표, 현금흐름표 및 주석으로 구성된다. 또한 재무제표의 부속서류로 필수보충정보와 부속명세서가 있다. 지방자치단체의 재무제표도 일반회계, 특별회계 및 기금회계를 통합하여 재무제표를 작성하는데, 지방자치단체의 경우 재무제표 본문에 각 계정과목별로 일반회계, 기타특별회계, 기금회계, 지방공기업특별회계 및 내부거래 등을 각각 구분하여 표시하고 있다.

(2) 회계실체와 보고실체

회계실체(accounting entity)란 독립적인 회계기록 단위를 말하며, 보고실체(reporting entity)란 재무제표를 작성하여 보고하는 주체를 의미한다.

① 각 중앙관서에서 일반회계, 특별회계 및 기금별로 회계기록을 유지하고 각 중앙관서가 이를 통합한 재무제표를 작성할 경우 각 중앙관서의 일반회계, 특별회계 및 기금이 각각의 회계실체이며 중앙관서가 보고실체가 된다. 또한 각 중앙관서가 일반회계, 특별회계 및 기금을 포함한 독립적인 회계기록을 유지하고 국가가 각 중앙관서의 회계기록을 취합하여 통합된 재무제표를 작성할 경우 각 중앙관서가 회계실체가 되고 국가는 보고실체가 된다. 따라서 회계실체와 보고실체가 동일할 수 있으나 반드시 동일한 것은 아니다.

② 정부의 경우 크고 작은 수많은 산하기관 및 직속기관들로 구성되어 있는데, 이러한 모든 기관들이 별도의 독립적인 회계기록을 유지할 수는 없다. 따라서 정부의 재무정보를 정보이용자에게 제공하기 위해서는 독립적인 회계기록을 유지해야 하는 회계실체의 범위와 재무제표를 작성하여 보고하는 실체, 즉 보고실체에 대한 규정이 선행되어야 한다.

(3) 우리나라의 회계실체와 보고실체

우리나라의 경우 회계실체와 보고실체에 대하여 국가와 지방자치단체가 각각 다르게 규정하고 있는데, 이를 구체적으로 살펴보면 다음과 같다.

국가

① **회계실체** : 국가회계기준에서는 각 중앙관서별로 구분된 일반회계, 특별회계 및 기금을 국가의 회계실체로 규정하고 있다. 따라서 각 중앙관서는 일반회계, 특별회계 및 기금에 대하여 독립적인 회계기록을 유지해야 한다.

② **보고실체** : 국가재정법과 국가회계법에서는 각 중앙관서의 장은 매 회계연도마다 중앙관서 결산보고서를 작성하여 기획재정부장관에게 제출하도록 규정하고 있으며, 기획재정부장관은 매 회계연도마다 국가의 결산보고서를 작성하여 감사원에 제출하도록 하고 있다. 따라서 국가의 보고실체는 다음과 같이 두 가지로 구분할 수 있다.

    a. 각 중앙관서 : 각 중앙관서의 경우 각 중앙관서의 장이 소관하는 모든 회계와 기금의 재무제표를 통합하여 결산보고서를 작성하고 공표하므로 각 중앙관서의 장이 보고실체가 된다.

    b. 정부통합 : 기획재정부장관은 각 중앙관서별 보고실체의 재무제표를 통합하여 국가 전체의 통합된 결산보고서를 작성하고 공표하므로 국가의 정부통합 보고실체는 기획재정부장관이 된다.

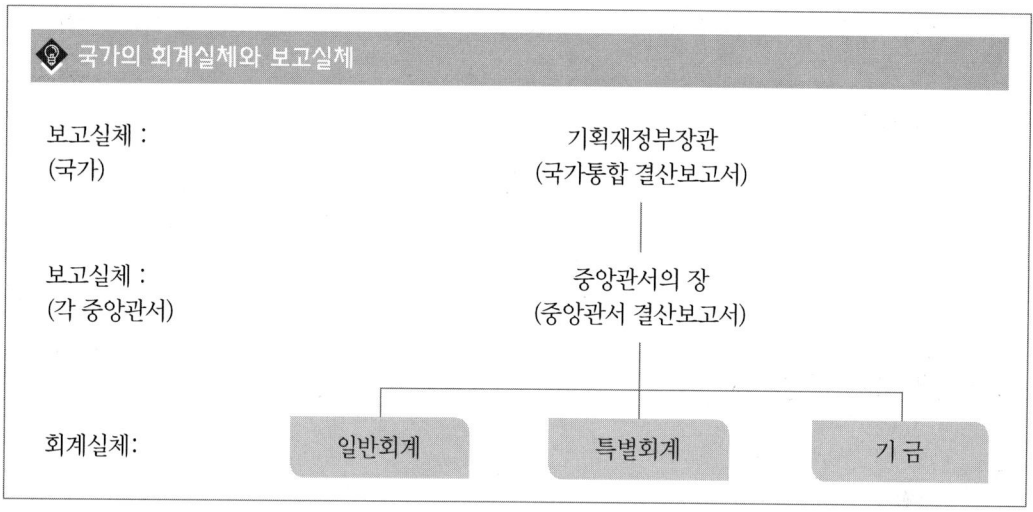

지방자치단체

① **회계실체** : 지방자치단체회계기준에서는 재무제표를 작성하는 단위에 따라 회계실체를 다음과 같이 구분하고 있다.

    a. 개별 회계실체 : 일반회계, 특별회계 및 기금으로서 재무제표를 작성하는 최소단위를 말한다.

    b. 유형별 회계실체 : 개별 회계실체를 그 성격이나 특성에 따라 유형별로 구분한 것으로서, 회계구분에 따라 일반회계, 기타특별회계, 기금회계 및 지방공기업특별회계로 구분한다.

    c. 통합회계실체 : 유형별 회계실체의 재무제표를 모두 통합하여 재무제표를 작성하는 단위로서 지방자치단체를 말한다.

② **보고실체** : 지방재정법에서는 각 지방자치단체의 장이 그 지방자치단체의 재무보고서를 작성하도록 규정하고 있으므로 지방자치단체의 경우 지방자치단체의 장이 단일의 보고실체가 된다.

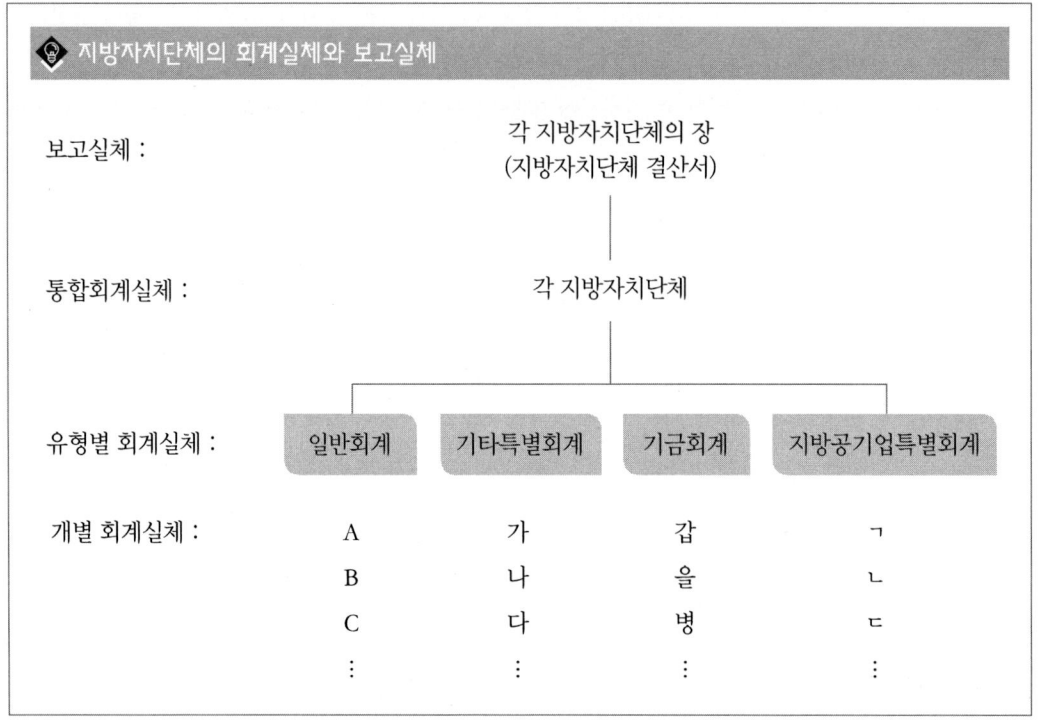

(4) 재무제표의 작성원칙

국가

우리나라의 국가회계기준에서 규정하고 있는 재무제표의 작성원칙은 다음과 같다.

① **비교가능성** : 재무제표는 해당 회계연도분과 직전 회계연도분을 비교하는 형식으로 작성한다.

② **계속성** : 비교하는 형식으로 작성되는 두 회계연도의 재무제표는 계속성의 원칙에 따라 작성하며 적용범위, 회계정책 또는 적용규칙 등이 변경된 경우에는 그 내용을 주석으로 공시한다.

③ **중요성** : 재무제표의 과목은 해당 항목의 중요성에 따라 별도의 과목으로 표시하거나 다른 과목과 통합하여 표시할 수 있다.

④ **통합작성 및 내부거래제거** : 중앙정부의 각 중앙관서와 지방정부의 각 지방자치단체는 일반회계, 특별회계, 기금회계 및 지방공기업특별회계의 유형별 재무제표를 통합하여 작성하며, 이 경우 각 회계실체간의 내부거래는 상계하여 작성한다.

⑤ **출납정리기한 내의 거래포함** : 출납정리기한(다음 회계연도 1월 20일까지) 내의 수입과 지출을 당해 회계연도말일에 발생한 것으로 보아 당해 회계연도의 거래에 포함하여 회계처리한다. 예를 들어, 국

가가 20×1년 중에 세입금을 고지하였거나 지출행위가 발생하였지만 현금의 수납과 지출이 출납정리기한인 20×2년 1월 20일 내에 이루어졌다면 이를 20×1년말에 발생한 것으로 보아 20×1년의 입금과 출금으로 처리해야 한다는 것이다. 따라서 출납정리기한 내에 출납이 이루어진 수익과 비용은 미수수익과 미지급비용의 설정대상에서 제외한다.

지방자치단체

우리나라의 지방자치단체 회계기준에서 규정하는 있는 재무제표의 작성원칙은 다음과 같다

① **개별 회계실체의 재무제표작성**: 지방자치단체 안의 다른 개별 회계실체와의 내부거래를 상계하지 않고 작성한다.

② **유형별 회계실체의 재무제표작성**: 해당 유형에 속한 개별 회계실체의 재무제표를 합산하여 작성한다. 단, 유형별 회계실체 안에서의 내부거래는 상계한다

③ **지방지치단체의 재무제표작성**: 유형별 회계실체의 재무제표를 통합하여 작성한다. 이 경우 내부거래는 상계하고 작성한다.

④ **비교가능성 및 계속성**: 재무제표는 당해 회계년도분과 직전 회계년도분을 비교하는 형식으로 표시하되 계속성의 원칙에 따라 작성되어야 하며, 회계정책상의 변화 등 회계변경이 발생한 경우에는 그 내용을 주석으로 공시하여야 한다.

⑤ **출납폐쇄기한 내의 거래포함**: 출납폐쇄기한 (다음 회계연도 1월 20일까지) 내의 세입금수입과 세출금지출을 해당 회계년도의 거래로 처리한다

참고로 지방자치단체회계기준에서는 해당 회계연도에 속하는 세입·세출의 출납에 관한 사무는 다음 회계연도 2월 1일까지 마치도록 규정하고 있는데, 이를 '출납사무 완결기한'이라고 한다.

4 정부회계기준

정부회계기준(국가회계기준과 지방자치단체회계기준을 말함.)은 기업회계의 일반적으로 인정된 회계원칙과 동일한 기능을 수행한다. 따라서 본 절에서는 우리나라의 정부회계기준에 대해서 살펴보기로 한다.

(1) 정부회계기준의 의의

정부는 최근에 정부회계기준을 현금기준·단식부기시스템에서 발생기준·복식부기시스템으로 전환하고 준칙 및 세부지침 등을 공표하였다.

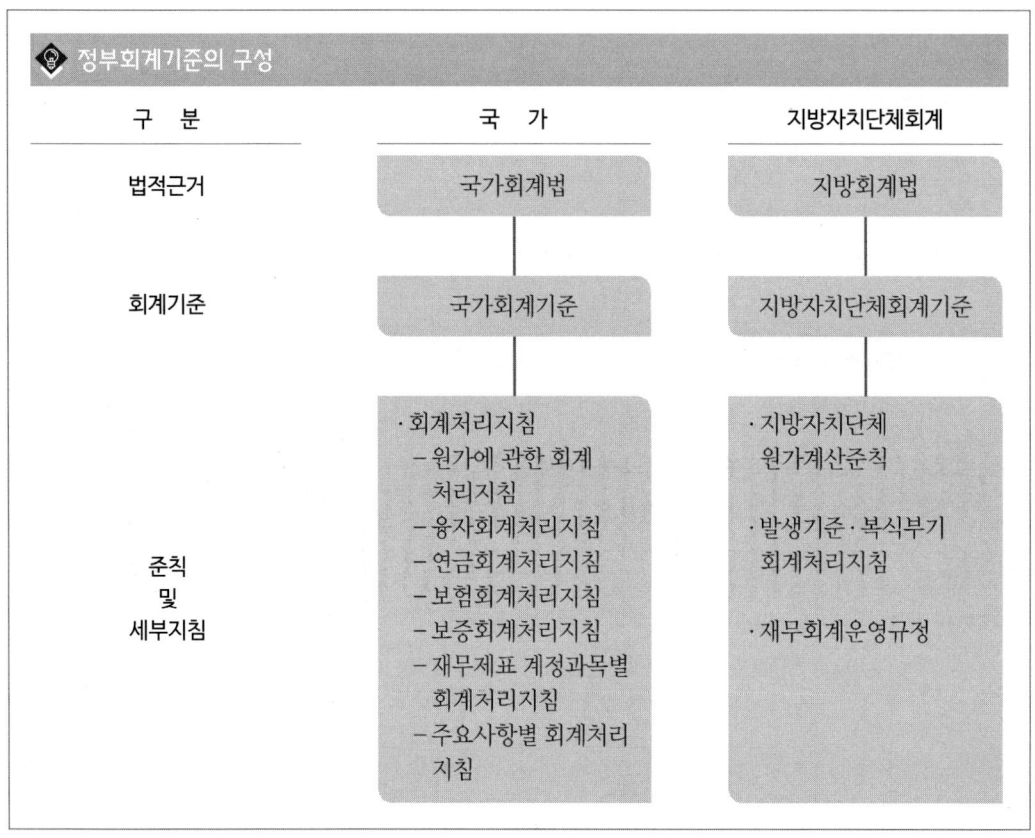

① 국가회계는 2009년부터, 지방자치단체회계는 2007년부터 발생기준·복식부기시스템으로 전환되었다. 국가회계기준과 지방자치단체회계기준은 회계처리에 관한 일반원칙과 재무제표의 작성 및 자산·부채의 평가방법 등 기본적인 사항만을 규정하고 있으며, 세부적인 사항에 대해서는 준칙이나 회계처리지침 등의 형태로 제정되어 운영되고 있다.

② 정부회계에 발생기준·복식부기시스템을 도입함으로써 얻을 수 있는 효과에 대해서 살펴보면 다음과 같다.

　a. 정부재정 전반에 대한 종합적인 파악·관리 : 정부 전체의 재정현황을 종합적이고 체계적으로 파악하여 재정에 관한 유용한 정보를 생산·제공함으로써 재정관리의 건전성을 제고할 수 있고 장기적이고 미래지향적인 재정관리가 가능해진다.

b. 성과중심의 재정운영체계구축 : 사업별로 투입된 원가정보의 산출을 통하여 성과중심의 재정운영체계를 구축할 수 있는 기반을 마련할 수 있으며, 이에 따라 사업의 우선순위결정과 투입·성과에 따른 효율적인 예산배정이 이루어지게 함으로써 예산수립과 집행의 효율성을 제고할 수 있다.
c. 정부자산에 대한 관리강화 : 정부가 활용가능한 모든 자원을 결산에 포함하고 정부회계기준에 따라 측정 및 회계처리함으로써 정부자산에 대한 관리에 일관성이 유지될 수 있다.
d. 투명하고 양질의 재정정보제공 : 복식부기시스템을 통한 자동검증기능으로 재정정보의 신뢰성을 제고하고 내부통제기능이 강화된다.

(2) 정부회계기준의 일반원칙

정부회계기준의 일반원칙이란 정부회계정보가 정보이용자의 합리적 의사결정에 유용한 정보가 되기 위해서 갖추어야 하는 원칙을 말한다. 기업회계에 적용되는 '재무보고를 위한 개념체계'에서는 이러한 일반원칙을 재무정보의 질적특성이라고 표현하는데, 정부회계의 경우 질적특성이라는 표현 대신 일반원칙이라고 표현하고 있다.

국가회계기준과 지방자치단체회계기준에서는 회계처리 및 재무보고를 발생기준·복식부기시스템에 따라 다음과 같은 일반원칙에 의해 이루어지도록 규정하고 있다.

① **신뢰성** : 회계처리와 보고는 신뢰할 수 있도록 객관적인 자료와 증거에 의해 공정하게 처리해야 한다는 원칙을 말한다. 이는 신뢰성 있는 회계정보가 되기 위해서는 검증가능성과 중립성을 갖추어 회계처리와 보고가 이루어져야 함을 의미한다.

② **이해가능성** : 재무제표의 양식, 과목 및 회계용어는 이해하기 쉽도록 간단명료하게 표시해야 한다는 원칙을 말한다. 이는 정보이용자가 회계정보를 쉽게 이해할 수 있는 용어를 사용하고 표준화된 재무제표 양식을 사용해야 함을 의미한다.

③ **충분성** : 중요한 회계방침, 회계처리기준, 과목 및 금액에 관하여는 그 내용을 재무제표상 충분히 표시해야 한다는 원칙을 말한다. 이는 정보이용자의 의사결정에 유용한 회계정보와 그 회계정보의 근거가 되는 회계방침, 회계처리기준 등을 주석 및 부속명세서 등을 통하여 충분히 보고해야 함을 의미한다.

④ **비교가능성** : 회계처리에 관한 기준 및 추정은 기간별 비교가 가능하도록 기간마다 계속하여 적용하고 정당한 사유없이 변경해서는 안 된다는 원칙을 말한다. 이는 회계정보가 비교가능성을 갖기 위해서는 유사한 거래나 그 밖의 사건의 영향을 측정하고 표시할 때 기간별로 일관된 방법이 계속 적용되어야 함을 의미한다. 이러한 계속성이 필요구되는 이유는 회계자료의 비교가능성을 높여 회계정보의 유용성을 증대시킬 수 있을 뿐만 아니라 회계기준 및 추정의 변경에 의한 재무제표의 왜곡표시를 방지할 수 있기 때문이다.

⑤ **중요성** : 회계처리와 재무제표작성을 위한 계정과목과 금액은 그 중요성에 따라 실용적인 방법을 통

하여 결정해야 한다는 원칙을 말한다. 이는 정보이용자의 의사결정에 영향을 미칠 수 있는 중요한 정보를 누락하거나 생략해서는 안 된다는 것으로, 회계항목이 정보로 제공되기 위한 최소한의 필요건, 즉 재무제표의 표시와 관련된 임계치(cut-off point)나 판단기준이라고 할 수 있다.

⑥ **실질의 우선** : 회계처리는 거래의 사실과 경제적 실질을 반영할 수 있어야 한다는 원칙을 말한다. 이는 거래나 그 밖의 사건을 법률적인 형식뿐만이 아니라 그 실질과 경제적 현실에 따라 회계처리하고 보고해야 한다는 것으로, 거래나 사건의 형식과 실질이 다른 경우에는 형식보다는 실질을 우선시하여 회계처리해야 함을 의미한다.

5 예산

정부의 모든 재정활동은 국가재정법, 지방재정법 및 예산회계법에 따라 편성된 예산의 범위 내에서 이루어지므로 정부회계를 '예산회계'라고도 한다. 따라서 정부회계를 정확하게 이해하기 위해서는 예산에 대한 이해가 선행되어야 하므로 본 절에서는 예산에 대해서 구체적으로 살펴보기로 한다.

(1) 예산의 의의

예산(budget)이란 정부가 한 회계연도에 수행할 재정활동, 즉 수입(세입)과 지출(세출)에 대한 실행계획을 말한다. 이러한 예산은 일반적으로 다음과 같은 기능을 수행한다.

① **계획기능** : 정부는 국방, 외교, 교육, 사회복지 등 다양한 공공서비스를 제공하는 기능을 수행하며 이러한 서비스에 대한 수요는 점차 확대되고 있다. 그러나 정부는 예산이 수립되어야 사업을 수행할 수 있으며, 정부가 지출할 수 있는 예산은 한정되어 있기 때문에 정부는 한정된 자원을 효율적으로 배분하여 사회복지를 극대화할 수 있는 사업을 우선적으로 선정하여 수행하게 된다. 따라서 예산은 정부가 여러 가지 사업 중 우선적으로 수행할 사업을 분석·평가·선택하도록 하는 계획기능을 수행하며, 이러한 계획기능은 정부의 정책을 결정하는 기능이라고 할 수 있으므로 '정책기능'이라고도 한다.

② **통제기능** : 예산은 정부의 사업계획에 따라 수립된 것이므로 지출은 예산의 범위 내에서 예산내역에 따라 이루어져야 한다. 따라서 예산은 사전에 수립된 내역과 사후의 집행결과를 비교하여 예산의 집행이 사전에 수립된 내역에 따라 적법하고 타당하게 이루어졌는지를 확인할 수 있게 함으로써 예산의 집행이 적법하고 타당하게 이루어질 수 있게 하는 통제기능을 수행한다.

③ **평가기능** : 회계연도말에 정부가 수행한 사업의 결과와 예산을 비교함으로써 예산의 범위 내에서 지출이 이루어졌는지의 여부 및 사업목적에 따라 적법하고 적정하게 예산의 집행이 이루어졌는지를 확인할 수 있다. 따라서 예산은 회계연도 동안 정부가 얼마나 사업을 효과적이고 효율적으로 수행하였는지를 평가할 수 있게 하는 평가기능을 제공한다.

(2) 예산의 원칙

정부의 재정활동은 예산에 의해 이루어지며 정부의 수입과 지출은 명확해야 한다. 따라서 예산의 수립과 집행이 일정한 원칙에 따라 이루어져야 명확한 예산의 수립, 집행 및 효율적인 감독이 이루어질 수 있다. 예산의 원칙에 대하여는 다양한 의견이 있으나 우리나라 국가재정법, 지방재정법 및 예산회계법 등에서 규정하고 있는 주요 원칙을 살펴보면 다음과 같다.

① **회계연도독립의 원칙** : 각 회계연도의 경비는 그 연도의 세입 또는 수입으로 충당해야 한다는 원칙이다. 정부의 수입과 지출은 세출을 확정한 후 이에 따라 세입을 결정하여 이루어진다. 따라서 이 원칙이 없을 경우 적자재정이 편성되어 세입을 초과하여 세출이 발생될 가능성이 있으며, 회계연도별 예산집행에 대한 적정한 평가와 감독이 이루어지지 않을 수 있다. 이 원칙은 회계연도를 구분하여 회계연도별로 예산을 수립하고 집행하기 위한 것으로 현금회계뿐만 아니라 물품, 채권, 국유재산 등에도 공통적으로 적용된다. 우리나라 정부의 경우 회계연도를 매년 1월 1일부터 12월 31일까지로 규정하고 있다.

② **수입의 직접사용금지의 원칙** : 조세와 기타 국가 및 지방자치단체의 모든 수입은 다른 법률에 특별한 규정이 있는 경우를 제외하고는 국고에 납부해야 하고 직접 사용하지 못한다는 원칙이다.
   a. 국가 및 지방자치단체의 예산은 세입·세출이 세부기능별로 구분되어 운용되는데 수입을 국고에 납부하지 않고 직접 지출에 사용한다면 세입·세출을 파악할 수 없어 예산을 통한 통제가 불가능하기 때문에 수입의 직접사용을 금지하고 있다. 따라서 이 원칙을 '세입·세출혼동금지의 원칙'이라고도 한다.
   b. 정부의 모든 수입이 국고에 납부되어야 하므로 지출 또한 국고를 통하여 지출되어야 한다.

③ **예산총계주의의 원칙** : 한 회계연도의 모든 수입을 세입으로 하고, 모든 지출을 세출로 하여 모두 예산에 계상해야 한다는 원칙이다.
   a. 국가의 모든 정책이나 활동은 예산에 의해 계획되고 수행되므로 정책이나 활동을 위해 필요한 자금의 유입인 세입과 자금의 지출인 세출을 모두 예산에 계상하고 그 범위 내에서 정책이나 활동이 이루어져야 하므로 이 원칙을 '예산의 완전성의 원칙'이라고도 하며, '예산을 통하여 정부의 활동을 통제하기 위한 원칙'이라고도 한다.
   b. 예산총계주의의 원칙에 의하면 세입·세출을 엄격하게 분리하는 예산체제에 따라 수입과 이에 관련된 지출의 상계 및 동일인에 대한 채권·채무의 상계가 금지된다.

④ **예산단일의 원칙** : 정부의 예산은 하나로 존재하여 세입·세출이 통일적으로 경리되어야 한다는 원칙이다. 이는 복수의 예산이 존재하는 경우 예산의 중복 등에 의해 예산에 의한 통제기능이 약화될 수 있기 때문에 이를 방지하기 위한 것이다.

⑤ **사전의결의 원칙** : 예산은 의회의 의결을 거친 후 집행되어야 한다는 원칙이다. 국가의 예산은 회계

연도 개시 30일 전까지 국회의 의결을 거쳐야 하며, 지방자치단체의 예산은 기초자치단체의 경우 회계연도 개시 10일 전까지, 광역자치단체의 경우 회계연도 개시 15일 전까지 지방의회의 의결을 거쳐야 한다.

⑥ **예산공개의 원칙** : 정부는 예산 등 국가와 지방자치단체의 재정에 관한 중요한 사항을 알기 쉽고 투명하게 공표해야 한다는 원칙이다. 이는 예산에 관한 내용을 공표함으로써 예산집행이 적법하고 효율적으로 이루어졌는지의 여부 등 정부활동에 대한 감시 및 감독을 강화하기 위한 원칙이다. 국가의 경우 예산이 국회에서 의결되어 확정되면 지체없이 당해연도 예산, 전년도 예산, 국채·차입금·국유재산의 현재액 및 기타 재정에 관한 일반사항을 국민에게 공표해야 한다. 지방자치단체의 경우에도 지방의회에서 예산이 의결되어 확정되면 그 내용을 지체없이 고시해야 하며, 매 회계연도마다 세입·세출예산의 집행상황 등 재정운영에 관한 주요 사항을 공개해야 한다.

(3) 예산의 분류

예산은 목적, 수립과정, 확정여부 등에 따라 여러 가지 형태로 분류할 수 있는데, 이러한 예산의 분류에 대하여 살펴보면 다음과 같다.

일반회계예산과 특별회계예산

정부회계는 정부의 활동목적에 따라 일반회계, 특별회계 및 기금으로 구분되는데, 이중 기금은 세입·세출예산에 포함되지 않는다. 따라서 정부회계의 구분에 따라 예산을 분류하면 다음과 같이 일반회계예산과 특별회계예산으로 분류할 수 있다.

① **일반회계예산** : 일반적인 정부활동이라고 할 수 있는 세입·세출을 포괄하는 예산으로 정부가 고유활동을 수행하는데 필요한 예산을 의미하며 정부예산의 근간이 된다. 통상 예산이라고 하면 일반회계예산을 의미하는 경우가 많다. 일반회계예산의 세입은 주로 조세수입을 통하여 조달되고, 세출은 주로 정부의 재정활동을 위한 기본적 경비지출이 중심이 된다.

② **특별회계예산** : 일반회계예산과 구분하여 수립한 예산으로 정부의 회계 중 특정한 사업을 수행하거나 일반회계와 구분하여 경리할 필요가 있는 특별회계에 대한 예산을 말한다. 특별회계예산은 예산단일의 원칙에 위배되지만 정부가 운영하는 특정사업에서 발생하는 수입과 지출을 명확히 파악할 수 있을 뿐만 아니라 행정기관의 재량권을 확대함으로써 해당 사업의 능률향상과 효율적인 사업성과를 달성할 수 있게 해준다.

한편, 정부가 특정한 목적을 위해 특정한 자금을 신축적으로 운용할 필요가 있을 때 운영하는 기금이 있는데, 기금은 예산에 비하여 자율성과 신축성이 높은 반면, 예산에 비하여 통제기능이 약하기 때문에 비효율적인 운영이 이루어질 가능성이 있다.

본예산, 수정예산 및 추가경정예산

예산은 예산수립과정에 따라 다음과 같이 본예산, 수정예산 및 추가경정예산으로 분류할 수 있다.

① **본예산** : 매 회계연도마다 국회에서 의결되어 확정된 최초의 예산으로 '당초예산'이라고도 한다. 본예산은 각 회계연도의 예산 중 가장 기본이 되는 예산이지만 정부가 예산안을 편성하여 제출하고 국회에서 확정되는 기간 동안 여러 가지 사정이나 상황변화에 의하여 본예산을 수정·변경할 필요성이 발생하게 된다.

② **수정예산** : 정부가 예산안을 국회에 제출한 후 부득이한 사유로 인하여 예산안이 국회에서 의결되기 전에 그 내용의 일부를 수정하여 제출하는 예산을 말한다. 수정예산안은 이미 제출된 예산안이 국회에서 의결되기 전에 제출되어야 하며, 수정예산안이 제출되면 이미 제출된 예산에 흡수되어 의결된다.

③ **추가경정예산** : 예산안이 국회의 의결을 거쳐 확정된 이후에 발생한 사유로 인하여 이미 확정된 예산에 추가 또는 변경하는 예산을 말한다. 추가경정예산은 예산의 추가 및 경정을 포괄하는 개념으로 추가경정예산이 성립하면 본예산에 흡수되어 운용된다.

확정예산과 잠정예산(준예산)

예산은 국회의 의결을 거쳐 확정되었는지 여부에 따라 다음과 같이 확정예산과 잠정예산(준예산)으로 분류할 수 있다.

① **확정예산** : 예산안은 회계연도 개시 전까지 국회의 의결을 거쳐 확정되어야 비로소 당해 회계연도부터 효력을 발생하게 되는데, 이와 같이 국회의 의결을 거쳐 확정된 예산을 말한다.

② **잠정예산(준예산)** : 예산안이 회계연도 개시 전까지 국회의 의결을 거쳐 확정되지 못한 경우에 예산안이 확정되는 일정기간 동안 일정한 금액의 필요한 경비에 대하여 지출을 허용한 예산을 말한다. 우리나라는 잠정예산을 채택하지 않고 잠정예산과 유사한 성격의 준예산제도를 채택하고 있는데, 준예산이란 예산안이 회계연도 개시일까지 의결되지 못한 경우에 예산안이 의결될 때까지 헌법이나 법률에서 정하는 범위 내에서 정부가 전년도 예산에 준하여 지출할 수 있는 예산을 말한다. 준예산에 의해 집행된 예산은 당해연도의 예산이 확정되면 그 확정예산이 집행된 것으로 본다.

경상예산과 자본예산

예산은 정부지출의 효과가 지속되는 기간에 따라 다음과 같이 경상예산과 자본예산으로 분류할 수 있다.

① **경상예산** : 정부지출의 효과가 당해연도에 소멸되는 항목과 관련된 예산을 말하며 '운영예산'이라고

도 한다. 경상예산의 세입은 조세수입 및 정부기업수입 등으로 구성되며, 세출은 인건비·여비·이자보조금 등으로 구성된다. 일반적으로 예산의 대부분은 경상예산에 속한다.

② **자본예산** : 정부지출의 효과가 수년간 계속되는 항목과 관련된 예산을 말한다. 자본예산의 세입은 자본수입으로 하되 부족한 경우 국공채를 발행하거나 차입을 통하여 충당하며, 세출은 토지·건물의 매입 및 도로·교량·댐 등 사회간접시설과 관련된 지출로 구성된다.

우리나라의 국가예산에서는 경상예산과 자본예산을 구분하지 않고 통합하여 사용하고 있지만, 사회간접자본과 같은 자본예산에 의한 지출은 미래의 수익이나 서비스를 창출할 수 있는 자산을 취득하는 것이므로 경상예산과 자본예산을 구분하여 예산을 편성하는 것이 정부지출의 효율성을 증대시킬 수 있을 것이다. 따라서 우리나라의 경우에도 기업특별회계 및 정부투자기관 등에서는 경상예산과 자본예산을 구분하여 수립하도록 하고 있다.

(4) 예산의 구성

예산은 정부가 제출한 예산안을 의회에서 의결하여 확정되는데, 정부가 제출하는 예산은 국가재정법, 지방재정법 및 예산회계법 등에서 정한 일정한 내용으로 구성되어야 한다. 예산의 내용은 다음과 같이 예산총칙, 세입·세출예산, 계속비, 명시이월비, 국고채무부담행위로 구분된다.

① **예산총칙** : 예산총칙에는 다음의 사항이 규정되어야 한다.
   a. 세입·세출예산, 계속비, 명시이월비 및 국고채무부담행위에 관한 총괄적 규정
   b. 국채, 지방채와 차입금의 한도액
   c. 재정증권의 발행과 일시차입금의 최고액
   d. 그 밖의 예산집행에 관하여 필요한 사항

② **세입·세출예산** : 예산의 가장 중요한 부분으로 한 회계연도의 모든 수입과 지출액이 포함되고 정부의 주요 정책, 사업계획 및 경비지출 등이 세입·세출예산에 의하여 산출되고 운용된다.
   a. 예산과목은 그 내용을 구체적으로 표시하기 위해 세입예산과목과 세출예산과목으로 구분할 수 있는데, 세입예산과목의 경우 장·관·항으로 세분하며, 세출예산과목의 경우 세항·목으로 세분할 수 있다.
   b. 세입·세출예산은 독립기관 및 중앙관서의 소관별로 구분한 후 소관 내에서 일반회계와 특별회계로 다시 구분한다. 그리고 세입예산은 그 내용을 성질별(성격별)로 구분하고 세출예산은 그 내용을 기능별·성질별 또는 기관별로 구분한다.
   c. 예산은 정부의 재정활동에 소요될 것으로 예상되는 지출을 중심으로 편성된다. 따라서 세출예산은 세입예산과 달리 기능별·성질별로 구분하여 보다 구체적인 항목으로 편성하고 있다. 즉, 각 사

업별로 성과를 측정하기 위해 세출예산을 일반공공행정, 공공질서 및 안전, 통일·외교, 국방, 교육 등과 같이 기능별로 구분하여 편성한다. 그리고 각 경비의 성격별로 세출을 통제하기 위해 기능별 세출예산과는 별도로 인건비, 물건비, 이전지출, 자산취득 등 경비의 성질별 분류에 따라 예산을 편성한다.

③ **계속비** : 공사나 제조 및 연구개발사업에 있어서 그 완성에 수 년을 필요하는 경우 소요경비의 총액과 연부액을 정하여 미리 국회 및 지방의회의 의결을 얻은 범위 내에서 수년도에 지출할 수 있는 경비를 말한다. 이는 사업을 중심으로 한 예산제도로서 거액의 투자자금과 장기간이 소요되는 사업에 대해서는 소요되는 총액과 연도별 지출금액을 사전에 국회 및 지방의회의 의결을 얻어 지속적으로 일관성 있게 추진하고자 하는 데 그 목적이 있다.

④ **명시이월비** : 회계연도독립의 원칙에 대한 예외로 세출예산 중 경비의 성질상 연도 내에 그 지출을 끝내지 못할 것이 예측될 때에 그 취지를 세입·세출예산에 명시하여 국회 및 지방의회의 승인을 얻어 다음연도에 이월하여 사용할 수 있도록 한 것을 말한다. 계속비는 공사나 제조 및 연구개발사업에 한정하여 지출총액과 연도별 지출액을 사전에 정하여 각 연도의 경비는 해당연도에 지출하는 것이 원칙이지만, 명시이월비는 사업의 제한이 없고 예산에 포함된 금액의 범위 내에서 당해연도에 경비를 지출할 수도 있고 다음연도에 이월하여 집행할 수도 있다.

⑤ **국고채무부담행위** : 정부가 정책이나 사업을 수행하기 위해 의회로부터 채무를 부담하는 행위를 승인받는 것을 말하며, 지방자치단체회계의 경우 '채무부담행위'라고 한다. 즉, 정부는 법률에 의한 것과 세출예산금액 또는 계속비 총액의 범위 내의 것 이외에 채무를 부담하는 행위를 할 때는 미리 예산으로 국회 및 지방의회의 승인을 얻어야 하는데, 세출예산은 당해연도에 지출될 금액만을 포함하고 있으므로 정부가 수행할 사업의 총사업비가 당해연도 세출예산을 초과하는 경우 그 초과하는 사업비를 국고채무부담행위로 예산에 포함하는 것을 말한다. 예를 들어, 당해연도에 국도를 건설하기 위해 국회로부터 국고채무부담행위로 100억원을 승인받아 계약을 체결하고 그 지출은 다음연도부터 행하는 것이다. 따라서 국고채무부담행위는 예산지출 없이 채무의 부담만 인정되는 예산이라고 할 수 있다.

(5) 예산의 순환과정

예산은 예산안 편성, 국회 및 지방의회의 심의·의결, 예산의 집행, 결산 및 회계검사의 순환과정을 거쳐 이루어진다.

① **예산안 편성** : 예산은 정부가 예상되는 지출의 규모를 결정하고 결정된 지출을 충당할 수 있는 수입의 규모를 확정하는 형태로 편성된다. 국가의 경우 기획재정부장관이 예산안을 편성하고 있으며, 지방자치단체의 경우 지방자치단체의 장이 예산안의 편성권을 가지고 있다. 예산안 편성은 예산안요구, 예산안 사정, 예산안 확정, 국회 및 지방의회 제출의 순서로 이루어진다.

② **국회 및 지방의회의 심의·의결** : 예산안이 제출되면 국회 및 지방의회의 심의·의결을 거쳐 최종 확정된다. 국회 및 지방의회에서는 정부나 지방자치단체 장의 동의 없이는 제출된 지출예산 각 항의 금액을 증가하거나 새 비목을 설치할 수 없다.

③ **예산의 집행** : 성립된 예산에 따라 수입을 조달하고 경비를 지출하는 정부의 활동을 '예산의 집행'이라고 한다.

    a. 예산안이 국회 및 지방의회에서 의결되면 예산이 확정되며, 정부는 예산의 범위 내에서 집행해야 한다. 예산의 집행은 세입예산과 세출예산의 집행으로 구분할 수 있는데, 세입은 일반적으로 법률에 의하여 징수하기 때문에 세입예산에 표시된 금액의 영향을 받지 않는 반면, 세출은 세출예산에 표시된 금액의 범위 내에서 지출해야 하는 제한을 받고 있다.

    b. 예산을 집행하는 과정에서 예측할 수 없는 사유로 인한 경비의 부족, 예산초과지출의 발생, 예정된 세입이 수납되지 않는 경우 등 의결된 예산대로 집행할 수 없는 경우에 대비하여 몇 가지 신축적인 제도를 규정하고 있는데, 이러한 제도로는 예산의 이용과 전용, 예산의 이체, 예산의 이월, 예비비 등이 있다.

④ **결산 및 회계검사** : 결산은 수립된 예산과 실제 예산의 집행내역을 비교하여 평가하는 과정이다. 결산의 목적은 예산과 실제 예산의 집행실적을 비교하여 예산의 범위 내에서 지출이 이루어졌는지 확인하고, 세입·세출의 내역을 파악하여 이를 다음 예산편성이나 집행에 반영함으로써 효율적인 예산운용을 하기 위함이다. 따라서 회계연도가 종료되면 각 중앙관서의 장은 결산보고서를 작성하여 기획재정부장관에게 제출하고 기획재정부장관은 계속비결산보고서, 국가채무에 관한 계산서 등을 첨부하여 감사원의 결산확인을 받고 의회의 결산심사를 받게 된다.

6 예산회계와 재무회계의 연계시스템[2]

정부의 재정활동은 예산에 의해 통제를 받는다. 따라서 정부회계는 원칙적으로 예산회계, 즉 예산업무를 처리하도록 설계되어 있는데, 이러한 예산회계는 예산행위를 통한 현금의 수입·지출을 측정

---

2 (1) 국가회계재정통계센터: 국가회계기준 관련업무를 수행하는 전문성을 갖춘 기관으로서 국내외 국가회계기준에 대한 조사 및 연구업무, 국가 재무제표작성 및 국가회계 교육업무, 국제기준에 따른 재정통계산출 및 연구, 공기업 및 준정부기관의 결산지원업무를 수행하고 있다.
   (2) 지방회계통계센터: 지방회계에 관한 업무를 효율적으로 수행하기 위해 설립된 기관으로서 회계업무에 대한 전문적인 연구와 지원, 정확한 통계분석과 검증으로 지방재정혁신을 위한 정책개발, 회계공무원의 전문성 향상을 위한 교육업무를 수행하고 있다.

대상으로 하기 때문에 현금기준·단식부기시스템이다. 그러나 우리나라의 경우 정부회계에 발생기준·복식부기시스템을 도입하였으므로 결산시 재무제표를 작성하기 위해서는 예산회계를 재무회계, 즉 발생기준·복식부기시스템으로 전환할 필요가 있으며, 이러한 필요성에 의해서 도입된 것이 예산회계와 재무회계의 연계시스템(이를 '통합재정정보시스템'이라고도 함.)이다. 현재 우리나라의 경우 중앙정부는 디지털예산회계시스템(D-BRAIN system)을 구축하여 운영하고 있으며, 지방정부는 복식부기회계정보시스템(DAIS ; double-entry accounting information system)을 개발하여 운영하고 있는데, 본 절에서는 이러한 예산회계와 재무회계의 연계시스템에 대해서 살펴보기로 한다.

(1) 예산회계와 재무회계의 연계

예산회계와 재무회계의 가장 큰 차이점은 인식기준의 차이, 즉 현금기준과 발생기준의 차이이다. 따라서 예산회계와 재무회계를 병행하여 운영하는 경우 현금기준에 의한 예산집행사항을 발생기준으로 처리하기 위해 예산회계를 재무회계와 연계하는 절차가 필요한데, 이를 그림으로 나타내면 다음과 같다.

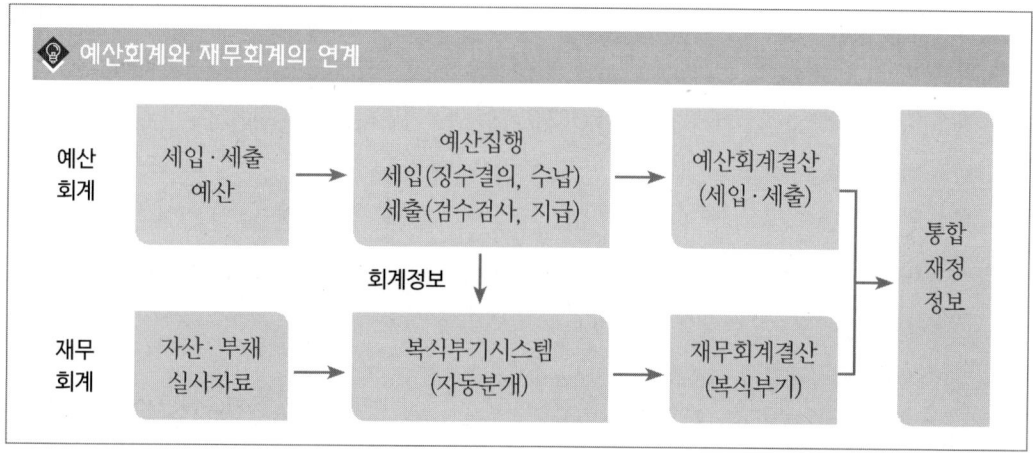

즉, 예산회계와 재무회계를 병행하는 경우 예산의 집행내역 등이 재무회계에서 발생기준에 따른 자동분개에 의해 기록되며, 예산회계에서는 현금기준에 의해 예산의 배정 및 집행내역 등에 대하여만 기록하고 이에 대한 별도의 회계처리는 이루어지지 않는다.

(2) 예산과목과 재무회계과목

예산회계와 재무회계를 연계하기 위해서는 예산회계의 예산과목과 발생기준에 의한 재무회계과목을 연계하는 과정이 필요한데, 예산과목과 재무회계과목의 성격 및 체계를 살펴보면 다음과 같다.

예산과목

정부는 예산의 기능 중 가장 중요한 부분인 지출에 대한 통제기능을 수행하기 위해 예산편성시 예산과목별로 지출내역을 설정한다.

① 정부가 수행하는 사업에 대한 세부적인 내역을 예산과목을 통해서 편성하며, 이를 수행한 후에는 예산결산을 통해서 정부자원이 효율적으로 사용되었는가를 파악하고, 정부가 설정한 사업의 목표가 달성되었는가에 대한 운영 및 성과평가의 기능을 수행한다. 따라서 예산과목은 정부의 예산편성, 집행, 성과평가 활동을 표현하는 최소한의 단위라고 할 수 있다.

② 예산과목의 체계는 목과 세목으로 구성되어 있다. 이 중 목은 인건비(100), 물건비(200), 이전지출(300), 자산취득(400), 상환지출(500), 전출금등(600), 예비비및기타(700)로 구성되어 있으며, 세목은 일반수용비(210-01), 공공요금및제세(210-02) 등 각각의 목의 하위개념으로 포괄적인 개념인 목을 상세히 구분하여 세부적인 내역을 표시하고 있다.

재무회계과목

재무회계는 발생기준·복식부기시스템에 따라 재무상태, 경영성과 등의 입체적인 재무정보를 제공해야 하므로 재무회계과목은 예산과목보다 더 복잡하다.

① 재무회계의 특성상 재무회계과목은 예산과목처럼 현금기준에 의한 계정과목뿐만 아니라 발생기준에 의한 계정과목도 포함하고 있다. 따라서 재무회계과목이 예산과목보다 더 포괄적인 개념이라고 할 수 있다.

② 재무회계과목의 체계는 다음과 같이 대분류(Level Ⅰ), 중분류(Level Ⅱ), 회계과목(Level Ⅲ), 관리과목(Level Ⅳ) 및 세부관리과목(Level Ⅴ)으로 구성되어 있다.

    a. 대분류 : 재무제표의 기본요소인 자산, 부채, 순자산, 수익, 비용을 말한다.
    b. 중분류 : 대분류를 국가회계기준에 따라 유동자산, 투자자산, 일반유형자산 등 유동성기준으로 분류한 것을 말한다.
    c. 회계과목 : 예산과목에 대응되는 재무결산보고의 기본단위로 현금및현금성자산, 단기금융상품 등과 같이 회계기준의 규정에 따라 재무제표에 표시되는 공시과목을 말하며, 임의로 수정 및 변경이 불가능하다.
    d. 관리과목 및 세부관리과목 : 회계과목의 상세한 정보제공을 위하여 회계처리할 때 사용되는 장부상 기표과목을 말하며, 필요시 추가로 설정가능하다.

예	Ⅰ. 대분류	Ⅱ. 중분류	Ⅲ. 회계과목	Ⅳ. 관리과목	Ⅴ. 세부관리과목
	자산	유동자산	단기투자증권	채무증권	국채 공채 지방채 회사채
				지분증권	주식 기타지분증권

(3) 예산과목과 재무회계과목의 연계

앞에서 언급한 바와 같이 예산의 집행은 예산과목에 따라 이루어지는데 예산과목은 자산, 부채, 수익, 비용의 구분이 없을 뿐만 아니라 현금기준에 의하여 예산의 집행을 인식함으로써 발생기준에 의한 회계과목이 존재하지 않는다. 따라서 예산의 집행내역을 복식부기시스템에 의하여 발생기준으로 처리하기 위해서는 각각의 예산과목을 재무회계과목과 연계시키는 과정이 반드시 필요하므로 이를 위해 국가회계에서는 계정과목매핑표를 통해서 해결하고 있으며, 지방자치단체회계에서는 분개연계표를 이용하고 있다.

계정과목매핑표

계정과목매핑(mapping)표란 예산과목과 재무회계 계정과목이 연계되도록 예산의 최하위 단위인 세목 내의 세무항목별로 재무회계과목을 연결시킨 총괄표이다. 계정과목매핑표의 일부를 예시하면 다음과 같다.

예	예산과목 구분			매핑구분	재무계정과목	레벨별 계정과목			
	목		세목	세부항목	code	Ⅰ	Ⅱ	Ⅲ	Ⅳ
	201	운영비	01	일반 수용비	사무용품 구입비	51040100	비용	프로그램총원가/ 관리운영비/ 비배분비용	소모품비	사무용품비
	201	운영비	01	일반 수용비	인쇄비 및 유인비	51050000	비용	프로그램총원가/ 관리운영비/ 비배분비용	인쇄비	

분개연계표

분개연계표(JMT: journalizing mapping table)란 예산과목과 재무회계와의 연결 및 분개를 위하여 예산집행에 따르는 거래유형을 예산과목, 회계처리유형, 관리과목의 차변과 대변으로 연계시킨 표이다. 즉, 예산회계와 재무회계의 연계를 위하여 예산과목과 재무회계과목을 연결시켜주는 역할을 하는 표이다.

분개연계표는 거래의 형태에 따라 예산거래인 수입거래분개연계표와 지출거래분개연계표, 예산외거래인 예산외거래분개연계표의 3종류로 분류되고 있다. 분개연계표의 체계를 나타내면 다음과 같다.

▶ 분개연계표의 체계

거래	분류	예산과목	분개연계표	분개 차변	분개 대변
예산거래	수입거래	세입과목	수입거래 분개연계표	관리과목	관리과목
예산거래	지출거래	세출과목	지출거래 분개연계표	관리과목	관리과목
예산외거래	예산외거래, 결산보정거래 및 재수정분개 등		예산외거래 분개연계표	관리과목	관리과목

예 공무원 기본급을 지출한 경우, 예산과목은 '10101 기본급', 회계처리유형은 '일반지출 002 기본급지출' 관리과목은 차변에 '2199-05 일반미지급비용', 대변에 '1101-01 현금및현금등가물'로 회계처리하도록 되어 있다. 분개연계표를 예시하면 다음과 같다.

예산과목	회계처리유형	차변과목	대변과목
10101 기본급	일반지출 002 기본급지출	2199-05 일반미지급비용	1101-01 현금및현금등가물

정부회계 총론

이론문제(기출지문)

01 「국가회계기준에 관한 규칙」은 국가의 재정활동에서 발생하는 경제적 거래 등을 발생사실에 따라 복식부기방식으로 회계처리하는 데에 필요한 기준으로 소관 중앙관서의 장이 감사원과 협의하여 제정한다. (×)
▶「국가회계기준에 관한 규칙」은 기획재정부장관이 정하는 바에 따른다.

02 정부회계의 목적은 정보이용자의 의사결정에 유용한 정보를 제공하고 공공회계책임의 이행여부평가에 필요한 정보를 제공하는 것이다. (O)

03 국가회계기준에서는 공공회계책임의 이행여부를 평가하기 위한 정보로서 재무보고책임, 운영관리책임, 수탁관리책임 및 기간간 형평성에 관한 정보를 제공하도록 규정하고 있다. (×)
▶공공회계책임의 이행여부를 평가하기 위한 정보로서 기간간 형평성에 관한 정보를 제공하도록 규정하고 있는 것은 지방자치단체회계기준이다.

04 정부회계는 정부수입의 대부분이 조세수입에 의존하고 있으며, 지출은 수입과 별개로 예산에 의해 이루어지므로 합리적인 수익·비용대응을 기대하기 어렵다. (O)

05 정부회계는 예산편성, 수입·지출 및 재산관리 등에 법적 통제를 받으며, 결산보고서가 재무보고의 중심적 수단이다. (O)

06 일반회계와 기타특별회계는 정부의 세입·세출예산에 포함되지만 기업특별회계와 기금은 세입·세출예산에 포함되지 않고 별도로 운영된다. (×)
▶기업특별회계도 정부의 세입·세출예산에 포함된다.

07 재무제표는「국가회계법」제14조 제3호에 따라 재정상태표, 재정운영표, 순자산변동표로 구성하되, 재무제표에 대한 주석을 포함한다. (O)

08 재무제표의 부속서류는 필수보충정보와 부속명세서로 한다. (O)

09 국가회계기준에서는 각 중앙관서별로 구분된 일반회계, 특별회계 및 기금을 국가의 회계실체로 규정하고 있다. 따라서 각 중앙관서는 일반회계, 특별회계 및 기금에 대하여 독립적인 회계기록을 유지해야 한다. (O)

10 각 중앙관서가 재무제표를 작성할 경우 각 중앙관서의 일반회계, 특별회계 및 기금이 각각의 회계실체이며, 중앙관서가 보고실체가 된다. 또한 국가가 각 중앙관서의 회계기록을 취합하여 통합된 재무제표를 작성할 경우 각 중앙관서가 회계실체가 되고 국가는 보고실체가 된다. (O)

11 지방자치단체의 유형별 회계실체는 그 회계의 구분에 따라 일반회계, 기타특별회계, 기금회계 및 지방공기업특별회계로 구분된다. (O)

12 국가회계기준에서 규정하고 있는 재무제표의 작성원칙은 비교가능성, 충분성, 중요성, 통합작성 및 내부거래제거, 출납정리기한 내의 거래포함이다. (X)
▶ 국가회계기준에서 규정하고 있는 재무제표의 작성원칙은 비교가능성, 계속성, 중요성, 통합작성 및 내부거래제거, 출납정리기한 내의 거래포함이다.

13 지방자치단체 회계기준에 의할 경우 지방자치단체 개별 회계실체의 재무제표를 작성할 때에는 지방자치단체 안의 다른 개별 회계실체와의 내부거래를 상계한다. (X)
▶ 개별 회계실체의 재무제표를 작성할 때에는 지방자치회계실체 안의 다른 개별 회계실체와의 내부거래를 상계하지 않는다.

14 국가회계기준의 일반원칙은 목적적합성, 신뢰성, 이해가능성, 충분성, 비교가능성, 중요성, 실질의 우선이다. (X)
▶ 목적적합성은 정부회계기준의 일반원칙이 아니다.

15 국가회계기준에서 규정하고 있는 일반원칙에 의할 경우 회계처리와 재무보고는 계속기업의 가정에 따라 거래의 사실과 경제적 실질을 반영할 수 있어야 한다. (X)
▶ 계속기업의 가정은 국가회계기준의 일반원칙과 관계가 없다.

16 출납정리기한 내에 출납이 이루어진 수익과 비용은 미수수익과 미지급비용의 설정대상에 포함한다. (X)
▶ 출납정리기한 내에 출납이 이루어진 수익과 비용은 미수수익과 미지급비용의 설정대상에서 제외한다.

17 출납정리기한이란 다음 회계연도 20일 내의 수입과 지출을 당해 회계연도말일에 발생한 것으로 보아 당해 회계연도의 거래에 포함하여 회계처리하는 것을 의미한다. (O)

18 국고채무부담행위는 국가의 재정상태표에 부채로 인식한다. (×)
   ▶국고채무부담행위는 정부가 정책이나 사업을 수행하기 위해 의회로부터 채무를 부담하는 행위를 승인받는 것이다. 따라서 재정상태표 보고시점에서 현재의무가 발생한 것은 아니므로 부채로 인식하지 않는다.

19 예산회계는 현금기준, 단식부기시스템이므로 발생기준, 복식부기시스템보다 예산을 통한 현금의 수입·지출을 명확하게 표시할 수 있다. (○)

20 중앙정부가 발생주의 회계를 도입함에 따라 기준의 현금주의 예산회계제도가 폐지되고 발생주의 정부회계제도로 단일화되어 국가의 예산이 편성된 범위 내에서 효과적으로 집행되도록 관리할 수 있게 되었다. (×)
   ▶예산회계는 현금기준·단식부기시스템인데, 이를 유지하면서 발생기준·복식부기시스템으로 재무제표를 작성하기 위해 통합재정정보시스템을 도입하였다.

02 재정상태표

1 자산회계

국가회계기준과 지방자치단체회계기준은 많은 부분에서 그 내용이 동일하다. 따라서 본서에서는 특별한 언급이 없는 한 국가회계기준을 중심으로 설명하고 지방자치단체회계기준은 국가회계기준과 중요한 차이점이 있는 사항에 대해서만 살펴보기로 한다.

(1) 자산의 의의

자산의 정의 및 인식

국가회계기준에서는 자산(assets)을 "과거의 거래나 사건의 결과로 현재 국가회계실체가 소유(실질적으로 소유하는 경우를 포함.) 또는 통제하고 있는 자원으로서, 미래에 공공서비스를 제공할 수 있거나 직접 또는 간접적으로 경제적효익을 창출하거나 창출에 기여할 것으로 기대되는 자원"으로 정의하고 있다.

① 자산은 ⓐ 공용 또는 공공용으로 사용되는 등 공공서비스를 제공할 수 있거나 직접적 또는 간접적으로 경제적효익을 창출하거나 창출에 기여할 가능성이 매우 높고 ⓑ 그 금액을 신뢰성 있게 측정할 수 있을 때 인식한다.

② 정부회계는 공공서비스의 제공을 목적으로 하기 때문에 미래경제적효익을 창출하거나 창출할 것으로 기대되는 자원뿐만 아니라 미래에 공공서비스를 제공할 수 있는 자원까지 자산에 포함한다. 여기서 미래경제적효익이란 자원의 이용으로 미래에 순현금유입이 창출되는 경우를 의미하며, 미래에 공공서비스를 제공할 수 있는 자원이란 자원의 사용을 통해 직접적으로 미래에 순현금유입이 기대되지 아니한 경우를 말한다.

③ 유산자산(현재세대와 미래세대를 위하여 정부가 영구히 보존해야 할 자산으로서 문화재, 국립공원, 보호구역 등 역사적, 자연적, 문화적, 교육적 및 예술적으로 중요한 가치를 갖는 자산)은 자산으로 인식하지 아니하고 그 종류와 현황 등을 재무제표의 필수보충정보로 공시한다. 이는 자산금액을 합리적으로 측정하기가 곤란한 점을 고려한 것이다. 다만, 청사와 같이 공용으로 사용되거나 구입 또는 기증 받은 예술품 중 문화재보호법의 적용을 받지 않는 유산자산은 자산으로 인식하고 취득원가나 기부시점의 공정가치로 재정상태표에 계상해야 한다.

④ 국가안보와 관련된 자산은 기획재정부장관과 협의하여 자산으로 인식하지 아니할 수 있다.

자산의 평가(측정)

자산의 평가(측정)란 자산에 화폐가치를 부여하는 과정을 말한다. 즉, 재정상태표에 보고될 자산금액을 결정하는 과정인데, 국가회계기준에서 규정하고 있는 자산평가와 관련하여 유의할 사항은 다음과 같다.

① 재정상태표에 표시하는 자산은 원칙적으로 역사적원가로 인식한다. 다만, 무주부동산(소유주가 없는 부동산)의 취득 또는 기부채납(타인이 정부에 무상으로 자산을 기부하는 것) 등으로 취득한 경우에는 취득 당시의 공정가치(공정가액)[3]로 인식한다.

② 압수품 및 몰수품은 판결이나 법령에 따라 국가에 귀속된 때에 다음과 같이 평가하며, 몰수금수익의 계정과목으로 재정운영표에 반영하고 그 명세는 주석으로 공시한다.

    a. 화폐성자산 : 압류 또는 몰수 당시의 시장가격

    b. 비화폐성자산 : 압류 또는 몰수 당시의 감정가액 또는 공정가치

③ 자산의 물리적인 손상 또는 시장가치의 급격한 하락 등으로 인하여 해당 자산의 회수가능액이 장부금액에 미달하고 그 미달액이 중요한 경우에는 장부금액을 회수가능액으로 조정하고, 장부금액과 회수가능액의 차액은 그 자산에 대한 감액손실(손상차손)의 과목으로 재정운영표에 반영한다. 그리고 과거에 감액(손상차손)을 인식한 자산의 회수가능액이 회복되는 경우에는 감액되지 않았을 경우의 장부금액을 한도로 하여 감액손실환입(손상차손환입)의 과목으로 재정운영표에 반영한다.

④ 국가회계기준에서 규정하고 있는 주요 자산별 평가방법을 필요약하면 다음과 같다. 이에 대한 구체적인 내용은 자산별 회계처리에서 살펴보기로 한다.

구 분	평가방법
유가증권	취득원가(상각후원가)를 원칙으로 하되, 투자목적으로 보유하는 유가증권은 측정가능한 경우 공정가치로 평가
대 여 금	회수가능성 여부를 고려하여 대손충당금을 설정
유·무형자산	정액법으로 내용연수 동안 감가상각
외화자산	화폐성 외화자산은 기말 현재의 기준환율로 환산
장기채권	현재가치평가
모든자산	자산의 가치가 현저히 하락(진부화, 물리적 손상 등)할 경우 감액

---

3 국가회계기준과 지방자치단체회계기준에서는 K-IFRS가 도입되기 전 기업회계기준서의 용어를 사용하고 있으므로 본서에서는 K-IFRS에서 개정된 용어와 병기하여 표시함을 부언해둔다.

자산의 분류

국가회계기준에서는 자산을 재정상태표에 공시할 때 유동성이 높은 항목부터 배열하고 구체적으로 유동자산, 투자자산, 일반유형자산, 사회기반시설, 무형자산 및 기타비유동자산으로 구분하여 표시하도록 규정하고 있다. 여기서 유동자산은 재정상태표일로부터 1년 이내에 현금화되거나 사용될 것으로 예상되는 자산을 말하며, 그 이외의 항목은 비유동자산에 해당된다.

유동자산 : 현금및현금성자산, 단기금융상품, 단기투자증권, 미수채권, 단기대여금 및 기타유동자산

투자자산 : 장기금융상품, 장기투자증권, 장기미수채권, 장기대여금 및 기타투자자산

일반유형자산 : 토지, 건물, 구축물, 기계장치, 집기·비품·차량운반구, 전비품(전쟁에 소요되는 물품·설비), 기타 일반유형자산 및 건설중인 일반유형자산

사회기반시설 : 도로, 철도, 항만, 댐, 공항, 기타사회기반시설 및 건설중인 사회기반시설

무형자산 : 산업재산권, 광업권, 소프트웨어, 기타무형자산

기타비유동자산 : 유동자산, 투자자산, 일반유형자산, 사회기반시설 및 무형자산에 해당하지 아니하는 자산

(2) 자산별 회계처리

1) 현금및현금성자산

정 의

현금및현금성자산이란 현금(통화 및 통화대용증권)과 요구불예금(당좌예금, 보통예금) 및 현금성자산(확정된 금액의 현금으로 전환이 용이하고, 가치변동의 위험이 중요하지 않은 자산으로서 취득일로부터 만기일이 3개월 이내인 것)을 말한다.

평 가(측정)

외화현금및현금성자산은 재정상태표일 현재 기준환율로 환산한 금액으로 평가하며 이로 인한 외화평가손익은 '외화평가이익' 또는 '외화평가손실'의 계정과목으로 재정운영표에 반영한다.

예) A민간기금은 기말 현재 보통예금 $200,000을 보유하고 있다. 취득 당시 기준환율은 ₩1,000/$이었으나 기말 현재 기준환율이 ₩1,200/$인 경우 기말결산시 회계처리

| (차) | 보통예금 | 40,000,000 | (대) | 외화평가이익 | 40,000,000 |

*$200,000×(₩1,200 − ₩1,000) = ₩40,000,000

2) 금융상품(유가증권 제외)

정 의

금융상품이란 금융기관이 취급하는 정기예금, 정기적금, 기타 정형화된 상품을 말하며, 질권설정 등으로 인하여 사용이 제한되어 있는 상품을 포함한다.

평 가(측정)

외화금융상품은 재정상태표일 현재 기준환율로 환산한 금액으로 하며, 이로 인한 외화평가손익은 '외화평가이익' 또는 '외화평가손실'의 계정과목으로 재정운영표에 반영한다.

3) 투자증권(유가증권)

정 의

투자증권이란 채무증권{국채, 공채, 지방채, 회사채}과 지분증권{주식, 출자금, 주가연계증권 (ELS), 장기사모채권투자신탁, 단기금융투자신탁(MMF), 주가연계펀드(ELF), 주가지수연동예금 (ELD), 상장지수펀드(ETF), 연기금풀에 비율로 투자하는 경우 등} 및 기타투자증권 등 재산적 가치가 있는 증권을 말한다.

최초인식과 측정

① 유가증권은 최초인식시 매입가액, 즉 제공한 대가의 시장가격으로 측정한다.

② 유가증권의 취득에 직접 관련된 거래원가는 취득원가에 포함하지만, 유가증권의 취득원가는 당해 유가증권 취득시점의 유가증권 공정가치와 취득부대비용의 합계금액을 초과할 수 없다. K-IFRS에서는 당기손익 - 공정가치측정금융자산의 경우 취득부대비용을 당기비용으로 인식하지만, 정부회계에서는 모든 유가증권의 취득부대비용을 취득원가에 포함한다는 점에서 차이가 있다.

후속측정

① 채무증권은 상각후원가(상각후취득원가)로, 지분증권과 기타 장·단기투자증권은 취득원가로 평가하며, 종목별로 총평균법 등을 적용하여 단가를 산정한다. 다만, 투자목적(여유자금의 운용목적과 채무증권의 만기보유목적은 투자목적이 아님.)의 유가증권은 재정상태표일 현재 공정가치를 신뢰성 있게 측정할 수 있는 경우 공정가치로 평가하고, 장부금액과 공정가치의 차액은 '투자증권평가손익'의 계정과목으로 순자산변동표상 순자산조정항목으로 인식한다.

② 장·단기투자증권을 처분한 경우에 장부금액과 처분가액의 차액을 처분손익으로 계상한다. 이때 처분가액은 매각대금에서 매각과 관련된 수수료를 차감한 금액이다. 그리고 투자목적의 장·단기투자

증권을 처분한 경우에는 순자산조정항목으로 인식된 평가손익을 처분손익에 반영하며, 기타의 내용은 기업회계의 유가증권회계처리와 동일하다.

감 액(손상)

① 유가증권의 회수가능액이 채무증권의 상각후원가 또는 지분증권의 취득원가보다 적은 경우에는 감액손실을 인식할 것을 고려해야 한다.

② 감액손실의 발생에 대한 객관적인 증거가 있는지는 재정상태표일마다 평가하고 그러한 증거가 있는 경우에는 감액이 필요하지 않다는 명백한 반증이 없는 한 회수가능액을 추정하여 감액손실을 인식해야 한다. 감액손실금액은 재정운영표에 반영한다.

4) 미수채권

정 의

미수채권이란 정부 고유의 행정활동, 재화 및 용역제공활동 등의 거래에 의하여 장래에 일정한 현금을 수취할 권리를 갖게 되는 경우 등에서 발생한 채권을 말한다.

현재가치평가

장기미수채권의 경우 명목금액과 현재가치의 차이가 중요한 경우에는 현재가치로 평가해야 한다.

① 현재가치란 특정 채권·채무로 인하여 미래에 수취하거나 지급할 총금액을 적정한 이자율로 할인한 금액을 말한다. 이때 할인율로는 그 거래에 내재된 이자율, 즉 유효이자율을 적용하되, 그 거래의 유효이자율을 확인하기 어려운 경우에는 유사한 조건의 국채유통수익률을 적용한다.

② 현재가치평가는 거래발생시 또는 계약조건변경시에 한하여 적용하며, 현재가치로 평가한 이후 유효이자율이 변경될 경우에도 원칙적으로 이를 반영하지 않는다. 그리고 현재가치할인차금은 유효이자율법을 적용하여 상각한다.

③ 장기미수채권 중 장기미수국세는 현재가치는 평가하지 않는다. 장기미수국세의 미래현금흐름을 정확히 예측하기 어려울 뿐만 아니라 장기미수국세를 현재가치로 평가하면 국세수익은 국세징수활동표에 표시되지만, 현재가치할인차금상각에 따른 이자수익은 재정운영표에 표시되는 문제가 있기 때문이다.

회수불능미수채권

기말 미수채권잔액에 대한 대손예상액을 추정하는 방법에는 연령분석법, 채권잔액비례법, 대손실적률법 등이 있는데, 원칙적으로 대손율의 합리적 추정이 가능한 경우에는 연령분석법 또는 채권잔액

비례법을 사용하여 대손예상액을 추산하며, 대손율의 합리적 추정이 불가능한 경우에는 대손실적률법을 사용하여 대손예상액을 추산할 수 있다.

5) 대여금

의의

대여금이란 유상으로 자금을 제공하는 경우에 발생하는 금전에 대한 채권을 말한다. 대여금의 종류는 다음과 같다.

전대차관대여금 : 외국환은행이 국내거주자 또는 공공기관 등에게 수입결제자금으로 전대할 것을 조건으로 도입하는 외화자금(계정분류상 해외차입금임.)을 공공자금관리기금 차관계정을 통하여 대여하는 것으로서 정부외 전대차관대여금과 정부내 전대차관대여금으로 구분할 수 있음.

정부내예탁금 : 정부내부거래로서 일반회계, 특별회계 및 기금에 유상으로 빌려주는 자금

융 자 금 : 공공기관, 통화금융기관, 비통화금융기관, 기타 민간기관, 지방자치단체 또는 개인에 대한 정부대여금 중 공공자금관리기금 차관계정을 통하여 대여하는 전대차관대여금을 제외한 나머지 대여금

현재가치평가

융자금은 현재가치로 평가하지만, 전대차관대여금과 정부내예탁금은 현재가치로 평가하지 않는다. 전대차관대여금은 이자비용, 이자수익 및 환율변동 등을 모두 전대차주에게 이전할 수 있어 미래현금흐름을 정확히 예측할 수 없으므로 현재가치평가에서 제외되며, 정부내예탁금은 국가재무제표를 작성하는 과정에서 내부거래로 제거되기 때문에 현재가치평가에서 제외된다.

융자금의 회계처리

융자금의 회계처리는 융자회계처리지침을 적용하여 회계처리한다. 이를 구체적으로 살펴보면 다음과 같다.

① 융자사업에서 발생하는 융자금에 대해서는 원금과 회수가능액의 현재가치와의 차액을 융자보조비용과 융자보조원가충당금으로 계상한다. 이때 융자금 회수가능액의 현재가치는 미래에 수취할 총금액을 동 융자금이 실행된 회계기간의 유효이자율(동 융자금과 만기가 유사한 국채이자율을 적용함을 원칙으로 하고 해당 융자사업을 위해 직접적으로 조달된 재원이 있는 경우 해당 재원의 조달이자율도 적용가능)로 할인한 금액으로 한다.

예 20×1년초에 융자프로그램을 실행하였는데, 융자금의 원금은 ₩1,000이며 현재가치가 ₩800인 경우

(차) ┌ 융 자 금   1,000   (대) ┌ 현   금   1,000
     └ 융자보조비용   200   └ 융자보조원가충당금   200

② 융자보조원가충당금은 실행 당시의 현재가치평가에 적용한 유효이자율을 사용하여 상각한다. 그리고 융자보조원가충당금상각액은 유효이자율로 계산한 이자수익과 명목이자의 차이로 계산하며 이자수익의 증가 또는 감소로 인식한다.

예 융자금의 명목이자가 ₩50이고 유효이자가 ₩70인 경우

(차) ┌ 현   금   50   (대)   융자금이자수익   70
     └ 융자보조원가충당금   20

③ 융자보조원가충당금은 매년 재정상태표일을 기준으로 평가한다. 이때 융자금의 조기상환, 채무불이행, 체납 및 회수, 기타 현금유출입에 영향을 주는필요소를 고려하며, 최초인식시 적용한 유효이자율을 적용한다. 그리고 융자보조원가충당금 평가결과 발생하는 증감액은 당기 융자보조비용에서 가감하고, 융자보조원가충당금감소액 차감 후 잔액은 융자보조원가충당금환입으로 인식한다.

예 융자금 ₩1,000의 20×1년말 현재가치가 ₩800인 경우

· 결산 직전 융자보조원가충당금이 : (차) 융자보조비용   50   (대) 융자보조원가충당금   50
  ₩150인 경우
· 결산 직전 융자보조원가충당금이 : (차) 융자보조원가충당금   30   (대) 융자보조원가충당금환입 30
  ₩230인 경우

④ 융자금의 조정(조건변경)이란 새로운 입법조치나 행정조치를 통해 현재의 융자조건을 변경하여 융자금의 현재가치를 조정하는 것을 의미하는데, 여기에는 원리금의 지급유예, 채무의 전부 혹은 일부면제, 이자율의 조정, 만기연장 등이 포함된다. 이러한 융자금의 조정이 발생한 경우 장부금액은 융자금의 조건변경을 반영한 현금흐름을 융자금 실행시 적용한 할인율(최초인식시 적용한 유효이자율)로 할인한 추정 순현재가치로 변경되며, 융자금의 조정 전 장부금액과 조정 후 장부금액의 차액은 당기의 융자보조비용으로 인식한다.

예 장부금액이 ₩1,000인 융자금의 조건변경으로 조정 후 장부금액이 ₩950인 경우

(차) 융자보조비용   50   (대) 융자보조원가충당금   50

⑤ 융자금의 매각이 발생할 경우 매각에 따른 이익 또는 손실은 매각된 융자금의 장부금액에서 순매각액을 차감한 금액으로 한다. 융자금의 매각이익 또는 손실은 당기 융자보조비용에 가감하고, 융자보조비용 차감 후 매각이익 잔액은 융자보조원가충당금환입으로 인식한다. 또한 상환청구권이 있는 융자금 매각에 대해서는 잠재적 추정손실의 현재가치를 매각이 이루어진 시점에 융자보조비용으로 인식한다.

> 예) 20×1년말 현재 융자금이 ₩912이고 융자보조원가충당금이 ₩498인데, 20×2년초에 상기 융자금을 ₩100에 매각한 경우

(차)	융자보조원가충당금	498	(대)	융 자 금	912
	국 고 금	100			
	융자보조비용	314			

⑥ 융자금에서 대손이 발생한 경우 융자금잔액을 제거하고 융자보조원가충당금에서 차감한다. 이때 융자보조원가충당금을 초과하는 금액은 융자보조비용으로 인식한다.

> 예) 20×1년말 현재 융자금이 ₩912이고 융자보조원가충당금이 ₩498인데, 20×2년초에 융자금 ₩600에서 대손이 확정된 경우

(차)	융자보조원가충당금	498	(대)	융 자 금	600
	융자보조비용	102			

지금까지 융자금의 회계처리에 대해서 설명하였는데, 다음과 같은 종합적인 예를 토대로 이에 대한 내용을 살펴보기로 한다.

> 예) 20×1년 1월 1일에 국가회계실체는 융자프로그램으로 총 ₩10,000의 융자를 실행하였다. 관련자료는 다음과 같다.
> (1) 융자조건은 만기 5년이며, 5년 동안 매년말 원리금 균등상환방식이다. 융자시점에서 유사한 만기를 가지는 국채의 연평균이자율은 6%이므로 매년말 수취해야 할 원리금은 ₩2,374로 책정하였다.
> (2) 20×1년말 원리금 수취 후 채무자의 재정상태가 악화됨에 따라 20×2년부터 20×5년까지 원리금 30%의 손실이 예상된다.
> (3) 20×2년초에 원금 ₩8,226의 40%인 ₩3,290을 면제하고, 나머지 원금 ₩4,936은 만기를 1년 연장하여 20×2년말부터 5년에 걸쳐 상환받기로 하였다. 따라서 조건변경 후 매년말 수취해야 할 원리금은 ₩1,172이다.

1. 20×1년말 융자보조원가충당금

    20×1년말 융자금의 장부금액

    ₩10,000 − ₩1,774(총회수액 ₩2,374 − 이자회수액 ₩600) =   ₩8,226

    20×1년말 융자금 회수가능액의 현재가치

    ₩2,374×70%×3.46511(4년, 6% 연금현가) =   (5,758)

    20×1년말 융자보조원가충당금   ₩2,468

2. 회계처리

일 자		회 계 처 리			
20×1년초	(차) 융 자 금	10,000	(대) 국 고 금	10,000
20×1년말	(차) 현 금	2,374	(대) 융자금이자수익 융 자 금	600 1,774
	(차) 융자보조비용	2,468	(대) 융자보조원가충당금	2,468
20×2년초	(차) 융자보조원가충당금 융자보조비용	2,468 822	(대) 융 자 금	3,290
20×2년말	(차) 현 금	1,172	(대) 융자금이자수익 융 자 금	296* 876

*₩4,936×6% = ₩296

6) 일반유형자산과 사회기반시설

정 의

① **일반유형자산** : 재화의 생산, 용역의 제공 또는 자체적으로 사용할 목적으로 보유하는 물리적 형태가 있는 자산으로서, 1년을 초과하여 사용할 것이 예상되는 자산 {예 : 토지, 건물, 구축물, 기계장치, 집기·비품·차량운반구, 기타일반유형자산, 전비품(전쟁에 소요되는 물품·설비) 및 건설중인 일반유형자산}

② **사회기반시설** : 행정투자와 국가기업투자의 누적액인 공공적 자본을 가리키는 것으로 사회구성원 모두에 대해 제공되며 무상 또는 일정한 대가를 지급하고 이용할 수 있는 시설(예 : 국가의 기반형성을 위하여 대규모 투자로 건설되고 파급효과가 장기간에 걸쳐 나타나는 도로, 철도, 항만, 댐, 공항 기타 사회기반시설 및 건설중인 사회기반시설 등의 유형자산)

일반적인 경우 취득원가의 측정

유형자산(일반유형자산 및 사회기반시설 포함. 이하 동일)의 취득원가는 취득을 위하여 공급한 자산의 공정가치와 취득부대비용을 포함하되, 무상으로 취득한 자산에 대하여는 취득한 자산의 공정가치와 취득부대비용을 취득원가로 한다.

① **차입원가** : 유형자산의 제작, 매입, 건설을 위하여 사용된 자금을 차입금으로 충당하는 경우 동 차입금에 대한 이자비용 등은 취득원가에 산입하지 않고 발생시점에 비용으로 처리한다.

② **건설중인자산**: 결산시점의 일괄적인 기성평가(사업계획서상 계약이행정도가 달성된 부분을 확인하는 절차)에 따른 금액을 재무제표에 계상하는 것이 원칙이나, 신뢰성 있는 기성평가가 불가능한 경우에는 중간대금지급액(미지급금 포함)을 건설중인자산으로 처리한다.

③ **담보권행사로 인한 취득**: 담보권행사 당시 자산의 공정가치를 취득원가로 인식한다.

④ **물납으로 인한 취득**: 공정가치로 인식하지 않고 국세수익 등으로 인식한 금액을 취득원가로 인식한다.

⑤ **전비품**: 군수품관리법에 의해 관리되는 전비품과 방위사업청이 관리하는 장비 및 물품은 국방부장관이 정하는 바에 따라 평가할 수 있으며, 상기 자산에 대해 표준원가를 적용하는 경우 표준단가와 취득원가의 차이는 전액 비용으로 처리할 수 있다.

⑥ **장기연불계약** : 자산의 매입대금을 장기에 걸쳐서 지급하는 경우 매입대금의 명목금액과 현재가치의 차이가 중요한 때에는 현재가치를 취득원가로 계상하고 현재가치할인차금의 상각에 따른 금액을 이자비용으로 인식하여야 한다.

⑦ **무상취득**: 무주부동산(소유주가 없는 부동산)의 취득 또는 기부채납(타인이 정부에 무상으로 자산을 기부하는 것)등으로 취득하는 경우에는 취득당시의 공정가치로 인식한다.

⑧ **교환에 의한 취득**: 국가회계실체 외의 상대방과 교환으로 자산을 취득한 경우에는 취득 당시 제공한 자산의 공정가치를 취득원가로 한다. 다만, 제공한 자산의 공정가치가 불확실한 경우에는 취득한 자산의 공정가치로 측정할 수 있다.

관리(전)환에 의한 취득

관리(전)환이란 각 관리청 간에 자산을 이관하는 것을 말하는데, 관리청 간의 자산의 이동은 세입·세출 예산과는 관련없이 회계실체의 경제적 자원의 변동이 발생하는 예산외거래에 해당한다.

① 관리전환은 무상관리전환과 유상관리전환으로 분류될 수 있는데, 무상관리전환의 경우 취득실체의 취득원가는 처분실체의 장부금액으로 하며, 유상관리전환의 경우는 관리전환대상자산의 공정가치를 취득원가로 하고 지불되는 대가를 공정가치로 간주하여 장부금액과 공정가치의 차이를 처분손익으로 처리한다.

② 용도폐지에 따른 전환 및 조직개편에 따른 자산이전에 대해서는 취득시 공정가치가 아닌 장부금액으로 승계한다.

> **예 1.** 국토교통부가 소유중인 건물(취득원가 ₩400,000,000, 감가상각누계액 ₩100,000,000)을 기획재정부로 무상관리전환한 경우 회계처리

국토교통부 : (차) 감가상각누계액 100,000,000 (대) 건 물 400,000,000
            정부내자산기부 300,000,000

기획재정부 : (차) 건 물 300,000,000 (대) 정부내자산수증 300,000,000

*정부내자산기부와 정부내자산수증은 각 중앙관서의 재무제표작성시 비교환수익 등의 과목으로 재정운영표 또는 순자산변동표에 반영되며, 국가의 통합재무제표작성시에는 상계제거된다.

2. 국토교통부가 소유중인 건물(취득원가 ₩400,000,000, 감가상각누계액 ₩100,000,000)을 기획재정부로 ₩450,000,000에 유상관리전환한 경우 회계처리

국토교통부 : (차) 감가상각누계액 100,000,000 (대) 건 물 400,000,000
            국 고 금 450,000,000   유형자산처분이익 150,000,000

기획재정부 : (차) 건 물 450,000,000 (대) 국 고 금 450,000,000

출자금 및 민간투자사업에 의한 취득

예산상 '출자금'에 의한 취득 및 '민간투자사업'[4]에 의해 자산을 취득한 경우 다음과 같이 회계처리한다.

① 해당 자산 완공시 국가에 귀속되고 사용수익권을 주는 경우 투입된 전체금액을 취득원가로 하여 자산으로 계상하고 국가사용권 비율만큼을 사용수익권으로 회계처리한다.

② 일반유형자산과 사회기반시설에서 발생하는 사용수익권은 해당 자산의 차감항목으로 표시하며, 사용수익권의 내용연수 동안 상각처리하고 정부외자산수증의 계정과목으로 하여 수익으로 인식한다.

> **예** 국토교통부가 20×1년초에 공정가치가 2억원인 기타사회기반시설(내용연수 20년)을 기부채납 받았는데, 동 기타사회기반시설에 대한 사용수익권(내용연수 5년)이 1억원으로 평가된 경우 회계처리

20×1년초:	(차)	기타사회기반시설	200,000,000	(대)	사용수익권	100,000,000
					정부외자산수증	100,000,000
20×1년말:	(차)	감가상각비	10,000,000	(대)	감가상각누계액	10,000,000
	(차)	사용수익권	20,000,000	(대)	정부외자산수증	20,000,000

*₩100,000,000÷5년 = ₩20,000,000

---

4 (1) BTO(Build-Transfer-Operation 수익형 민자사업): 자산을 기부받고 이에 대한 사용수익권을 민간에 이전하는 것

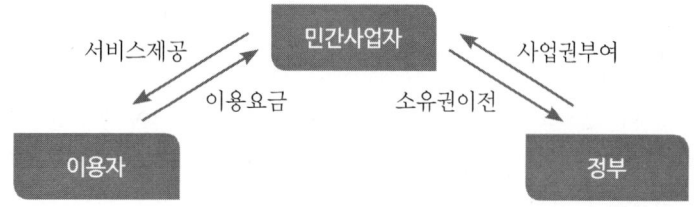

(2) BTL(Build-Transfer-Lease. 임대형 민자사업): 자산을 금융리스형식으로 구입하여 정부가 직접 사업을 시행하는것

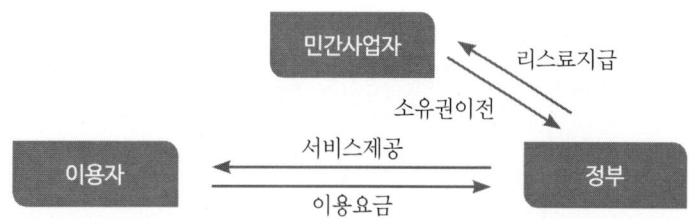

```
            20×1년말 재정상태표
        기타사회기반시설              200,000,000
        감가상각누계액                (10,000,000)
        사용수익권                    (80,000,000)       110,000,000
```

감가상각

① 일반유형자산과 사회기반시설 등에 대한 감가상각은 정액법으로 실시하되, 감가상각대상자산 및 내용연수 등 세부적인 사항에 대해서는 기획재정부장관이 별도로 정하는 바에 따른다.

② 사회기반시설 중 관리·유지노력에 따라 취득 당시의 용역잠재력을 그대로 유지할 수 있는 시설에 대해서는 감가상각하지 아니하고 관리·유지에 투입되는 비용으로 감가상각비를 대체할 수 있다. 다만, 이러한 회계처리는 객관적으로 증명되는 경우로 한정한다.

재평가

① 일반유형자산과 사회기반시설은 취득원가로 계상하는 것이 원칙이지만, 예외적으로 공정가치에 의한 재평가를 인정하고 있다. 다만, 전비품, 집기·비품·차량운반구, 기계장치, 기타일반유형자산, 건설중인 일반유형자산, 건설중인 사회기반시설은 재평가대상에서 제외한다.

② 재평가시 해당 자산의 공정가치에 대한 합리적인 증거가 없는 경우에는 재평가일 기준으로 재생산 또는 재취득한 경우에 필요한 가격에서 경과연수에 따른 감가상각누계액 및 감액손실누계액(손상차손누계액)을 차감한 금액으로 재평가하여 계상할 수 있다. 재평가에 관한 회계처리는 기업회계기준을 준용한다.

감액손실(손상차손)

① 유형자산의 물리적인 손상 또는 시장가치의 급격한 하락 등으로 인하여 해당 자산의 회수가능액이 장부금액에 미달하고 그 미달액이 중요한 경우에는 장부금액을 회수가능액으로 조정하고, 장부금액과 회수가능액의 차액은 그 자산에 대한 감액손실(손상차손)의 과목으로 재정운영표에 반영한다. 그리고 과거에 감액(손상차손)을 인식한 자산의 회수가능액이 회복되는 경우에는 감액되지 않았을 경우의 장부금액을 한도로 하여 감액손실환입(손상차손환입)의 과목으로 재정운영표에 반영한다.

② 보유자산의 일부멸실, 일부손망실의 경우 자산감액손실(손상차손)로 처리하며, 보유자산의 전액멸실, 전액손망실, 폐기의 경우에는 자산폐기손실로 처리한다.

7) 무형자산

정의

무형자산이란 국가회계실체가 행정목적 등으로 일정기간 독점적·배타적으로 이용할 수 있는 권리를 말한다. 무형자산은 산업재산권, 광업권, 소프트웨어, 기타무형자산으로 구분된다.

회계처리

무형자산의 일반적인 회계처리는 기업회계와 거의 동일하지만, 다음과 같은 점에서 차이가 있다.

① **차입원가** : 무형자산을 취득하는 기간 동안 발생한 금융비용은 당기 이자비용으로 처리한다.

② **상각** : 무형자산은 정액법에 따라 해당 자산을 사용할 수 있는 시점부터 합리적인 기간 동안 상각한다. 이 경우 상각기간은 독점적·배타적인 권리를 부여하고 있는 관계법령이나 계약에서 정한 경우를 제외하고는 20년을 초과할 수 없다.

8) 기타자산

의의

기타자산이란 기타유동자산, 기타투자자산, 기타의기타비유동자산을 말하는데, 이에 대한 정의는 다음과 같다.

① **기타유동자산** : 유동자산 중 현금및현금성자산, 단기금융상품, 단기투자증권, 미수채권, 정부내단기대여금 및 단기융자금에 해당하지 아니하는 유동자산으로서 파생상품자산, 재고자산, 선급금, 선급비용 및 지급보증금 등을 말한다.

② **기타투자자산** : 투자자산 중 장기금융상품, 장기대여금 및 장기투자증권에 해당하지 아니하는 투자자산으로서 투자회원권, 파생상품자산 및 신탁사업수익권 등을 말한다.

③ **기타의기타비유동자산** : 기타비유동자산 중 장기미수채권 및 관련계정 이외의 각종 기타비유동자산으로서 장기선급금, 장기선급비용, 지급보증금 및 구상채권 등을 말한다.

재고자산의 회계처리

① **재고자산의 정의**: 재고자산이란 판매 또는 용역제공을 위하여 보유하거나 생산과정에 있는 자산, 생산과정 또는 용역제공과정에 투입될 원재료나 소모품 형태로 존재하는 자산을 말한다.

예 **재고자산의 종류**

1. 기업특별회계

구 분	종 류
양곡관리특별회계	미곡, 잡곡, 기타부산물, 포장재 등
조달특별회계	6대원자재(유연탄, 우라늄, 철광석, 동광석, 아연, 니켈), 희귀금속 등 비축물자
우편사업/우체국예금	저장품, 미착자산
국립경찰병원/국립의료원/국립재활원	의약품, 진료재료, 의료소모품

2. 기 금

구 분	종 류
공무원연금기금/국민체육진흥기금/군인복지기금/사립학교교직원연금기금	상품, 식재료, 원재료, 저장품, 용지, 미성공사(분양주택), 분양주택
농산물가격안정기금/농기관리기금	비축농산물, 농산물 종자, 조성토지
축산발전기금	생장물 및 정액
수산발전기금	비축재고
중소기업진흥및산업기반기금	협동화용 자산, 아파트형 공장, 중소기업 전용산업단지, 미성공사(단지)

② **취득원가의 결정** : 재고자산은 매입가액에 취득과정에서 정상적으로 발생한 부대비용을 가산한 금액으로 취득원가를 결정한다. 매입부대비용 중 운임, 보험료, 관세(단, 환급관세 제외), 하역비, 매입수수료, 통관비 등과 같이 외부로 지급되는 비용은 매입원가에 포함시키나 검수, 정리, 선별, 이관 등과 같은 내부용역비용은 당기비용으로 처리한다. 직접 제조, 채굴, 채취, 재배, 양식, 그 밖의 이에 준하는 행위에 의하여 취득한 재고자산의 취득원가는 제조 또는 생산하기 위하여 지출된 재료비, 노무비 및 경비 등의 합계액인 제조원가 또는 생산원가로 취득원가를 결정한다.

③ **재고자산의 원가배분** : 재고자산의 취득원가는 판매된 부분(재화판매원가)과 미판매된 부분(재고자산)으로 배분해야 하는데, 원칙적으로 국가회계기준은 품목별로 선입선출법을 적용하여 평가하도록 규정하고 있다. 다만, 실물흐름 및 원가산정방법 등에 비추어 다른 방법을 적용하는 것이 보다 합리적이라고 인정되는 경우에는 개별법, 이동평균법 등을 적용하고 그 내용을 주석으로 공시하며, 한 번 선택된 재고자산 평가방법은 정당한 사유 없이 이를 변경할 수 없다.

④ **재고자산의 저가평가** : 재고자산의 시가가 취득원가보다 낮은 경우에는 시가를 재정상태표가액으로 한다. 이 경우 재고자산 중 제품, 상품 및 재공품의 시가는 순실현가능가치를 말하며, 생산과정에 투입될 원재료의 시가는 현행원가(현행대체원가)를 말한다. 이러한 재고자산의 평가는 종목별로 실시한다.

9) 기타사항

외화자산 및 외화부채의 평가

① 화폐성 외화자산: 부채는 재정상태표일 현재의 적절한 환율로 평가하며, 이때 발생된 외화평가손익은 재정운영표에 반영한다.

② 역사적원가로 측정하는 외화자산·부채는 해당 자산을 취득하거나 해당 부채를 부담한 당시의 적절한 환율로 평가한 가액을 재정상태표가액으로 한다. 따라서 이 경우에는 외화평가손익이 발생하지 않는다.

③ 공정가치로 측정하는 비화폐성 외화자산·부채는 공정가치로 측정된 날의 적절한 환율로 평가한다. 이때 외화평가손익을 관련손익의 처리방법과 동일하게 순자산변동표의 조정항목으로 인식하거나 재정운영표에 반영한다.

리스에 따른 자산과 부채의 평가

① 금융리스는 리스자산의 소유에 따른 위험과 효익이 실질적으로 리스이용자에게 이전되는 리스를 말하며, 그 외의 리스는 운용리스로 구분한다.

② 금융리스는 리스료를 내재이자율로 할인한 가액과 리스자산의 공정가액 중 낮은 금액을 리스자산과 리스부채로 각각 계상하여 감가상각하고, 운용리스는 리스료를 해당 회계연도의 비용으로 회계처리한다.

파생상품의 평가

① 파생상품은 해당 계약에 따라 발생한 권리와 의무를 각각 자산 및 부채로 계상하여야 하며, 공정가액으로 평가한 금액을 재정상태표가액으로 한다.

② 파생상품에서 발생한 평가손익은 발생한 시점에 재정운영순원가에 반영한다. 다만, 미래예상거래의 현금흐름변동위험을 회피하는 계약에서 발생하는 평가손익은 순자산변동표의 조정항목 중 파생상품평가손익으로 표시한다.

③ 파생상품거래는 그 거래 목적 및 거래명세 등을 주석으로 표시한다. 이 경우 위험회피목적의 파생상품거래인 경우에는 위험회피대상항목, 위험회피대상범위, 위험회피활동을 반영하기 위한 회계처리방법, 이연된 손익금액 등을 표시한다.

압수품 및 몰수품의 평가

압수품 및 몰수품은 판결이나 법령에 따라 국가에 귀속된 때에 다음과 같이 평가하며, 몰수금수익의 계정과목으로 재정운영표에 반영하고 그 명세는 주석으로 공시한다.

① 화폐성자산 : 압류 또는 몰수 당시의 시장가격
② 비화폐성자산 : 압류 또는 몰수 당시의 감정가액 또는 공정가치

(3) 지방자치단체회계기준

자산의 정의 및 인식

지방자치단체회계기준에서는 자산을 "과거의 거래나 사건의 결과로 현재 회계실체가 소유 또는 통제하고 있는 자원으로서 미래에 공공서비스를 제공할 수 있거나 직접적 또는 간접적으로 경제적효익을 창출하거나 창출에 기여할 가능성이 높은 자원"으로 정의하고 있다.

① 국가회계기준의 자산에 대한 정의와 실질적인 차이가 없다.
② 관리책임자산(문화재, 예술작품, 역사적 문건 등 유산자산 및 자연자원과 같이 합리적인 가치측정이 어렵고 보존을 위한 비용만 발생하며, 처분대상이 되지 않는 자산)은 국가의 유산자산과 마찬가지로 자산으로 인식하지 아니하고 그 내역을 필수보충정보로 공시한다.

자산의 분류

지방자치단체회계기준에서는 재정상태표에 자산을 유동자산, 투자자산, 일반유형자산, 주민편의시설, 사회기반시설, 기타비유동자산으로 구분하여 표시하도록 규정하고 있다. 따라서 지방자치단체회계기준에서는 무형자산을 기타비유동자산에 포함시키고 주민편의시설을 별도항목으로 분류하도록 하고 있음에 유의해야 한다. 여기서 주민편의시설이란 주민의 편의를 위하여 1년 이상 반복적 또는 계속적으로 사용되는 자산으로서 도서관, 주차장, 박물관, 미술관 등을 말한다.

자산의 평가(측정)

지방자치단체회계기준에서는 재정상태표에 기록하는 자산의 금액은 자산의 취득원가를 기초로 하여 계상함을 원칙으로 하되, 교환, 기부채납, 관리전환, 기타 무상으로 취득한 자산의 금액은 공정가치를 취득원가로 하도록 규정하고 있다. 따라서 국가회계기준과 거의 유사하지만 다음과 같은 점에서 차이가 있다.

① 장기투자증권은 매입가격에 부대비용을 가산하고 종목별로 총평균법을 적용하여 산정한 취득원가로 평가함을 원칙으로 한다. 따라서 장기투자증권에 대한 공정가치변동은 인식하지 않지만, 시장가치의 급격한 하락 등으로 장기투자증권의 회수가능액이 장부금액에 미달하고 그 미달액이 중요한 경우에는 감액손실을 인식한다. 그리고 단기투자증권에 대해서는 특별한 언급이 없으나 장기투자증권의 회계처리를 준용해야 할 것으로 생각한다.

② 무상관리전환과 유상관리전환을 구분하지 않고 모든 관리전환에 대해서 장부가액을 취득원가로 인식한다. 또한 관리전환에 의한 자산의 증감을 수익과 비용으로 처리하지 않고 '관리전환에 의한 자산증가' 또는 '관리전환에 의한 자산감소'의 계정과목으로 직접 순자산변동표에 표시한다.

③ 기부채납, 기타 무상으로 취득한 자산은 공정가치를 취득원가로 계상하고 '기부채납에 의한 자산증가'의 계정과목으로 직접 순자산변동표에 표시한다.

④ 일반유형자산과 사회기반시설 및 주민편의시설에 대한 자산재평가를 인정하지 않는다.

⑤ 비화폐성 외화자산·부채는 당해 자산을 취득하거나 당해 부채를 부담한 당시의 적절한 환율로 평가한 가액을 재정상태표의 가액으로 하기 때문에 외화환산손익이 발생하지 않는다.

2 부채회계

(1) 부채의 의의

부채의 정의 및 인식

국가회계기준에서는 부채를 "과거의 거래나 사건의 결과로 현재 국가회계실체가 부담하고 있고 미래에 자원의 유출 또는 사용이 예상되는 현재의 의무"로 정의하고 있다.

① 국가회계기준에 의할 경우 부채는 국가회계실체가 부담하는 현재의 의무를 이행하기 위하여 ⓐ 지출의 발생가능성이 매우 높고 ⓑ 그 금액을 신뢰성 있게 측정할 수 있을 때 인식한다. 따라서 지출의 발생가능성이 '높은' 경우에도 부채를 인식하는 기업회계상 부채의 인식요건과는 차이가 있다.

② 국가안보와 관련된 부채는 기획재정부장관과 협의하여 부채로 인식하지 아니할 수 있다.

부채의 평가(측정)

재정상태표에 표시하는 부채의 금액은 국가회계기준에서 따로 정한 경우를 제외하고는 원칙적으로 부채의 만기에 상환될 현금액으로 평가한다. 주요 부채별 평가방법을 필요약하면 다음과 같다.

구 분	종 류
국 채	액면금액과 발행금액의 차이를 국채할인(할증)발행차금으로 계상
퇴직급여충당부채	공무원연금법 및 군인연금법을 적용받지 아니하는 퇴직금 지급대상자가 일시에 퇴직할 경우 지급하여야 할 퇴직금으로 평가
보증충당부채	보증채무불이행에 따른 추정 순현금유출액의 현재가치로 평가
외화부채	화폐성 외화부채는 기말 현재의 기준환율로 환산
장기채무	현재가치평가

부채의 분류

국가회계기준에서는 부채를 재정상태표에 공시할 때 유동성이 높은 항목부터 배열하고, 구체적으로 유동부채, 장기차입부채, 장기충당부채 및 기타비유동부채로 구분하여 표시하도록 규정하고 있다. 여기서 유동부채는 재정상태표일로부터 1년 이내에 상환하여야 하는 부채를 말하며, 그 이외의 항목은 비유동부채에 해당된다.

- **유 동 부 채** : 재정상태표일부터 1년 이내에 상환하여야 하는 단기국채, 단기차입금, 유동성장기차입부채, 기타유동부채 등
- **장기차입부채** : 재정상태표일부터 1년 후에 만기가 되는 확정부채로서 국채, 장기차입금 및 기타장기차입부채 등
- **장기충당부채** : 지출시기 또는 지출금액이 불확실한 부채로서 퇴직급여충당부채, 보증충당부채 등
- **기타비유동부채** : 장기차입부채, 장기충당부채로 분류되지 아니한 비유동부채로서 장기미지급금, 장기예수금 등

(2) 부채별 회계처리

1) 국채

정의

국채란 국가가 발행한 채권(bond)으로서 국가가 세입으로 부족한 자금을 조달하고 미래에 정해진 시점에서 일정한 이자와 원금을 지급하기로 약속한 증권을 말하며, '국고채'라고도 한다.[5] 참고로 지방

---

5 국가가 국채 이외에 재원조달을 목적으로 발생하는 채권을 공채라고 하는데, 국채와 공채의 회계처리에 특별한 차이가 없으므로 여기서는 국채회계처리에 포함하여 설명한다.

자치단체가 발행하는 채권을 지방채라고 하며, 한국은행·금융기관·한국자산관리공사 등 특별법에 의해 설립된 공공기관이 발행하는 채권을 특수채라고 하는데, 일반적으로 국채, 지방채 및 특수채를 포괄하여 국공채라고 한다.

회계처리

국채는 발행시 국채의 액면이자율과 시장이자율의 차이로 인하여 할인 또는 할증발행된다. 국채의 회계처리를 살펴보면 다음과 같다.

① 국채발행시 실수령액이 액면금액보다 적은 경우 그 차액을 국채할인발행차금이라 하고, 실수령액이 액면금액보다 많은 경우 그 차액을 국채할증발행차금이라고 한다.

② 국채발행시 발생하는 인쇄비, 수수료 등의 발행비용은 별도의 비용으로 처리하지 않고 국채의 발행금액에서 차감한다.

③ 국채는 액면금액으로 기록하며, 국채할인발행자금과 자기국채는 국채의 차감항목이고, 국채할증발행차금은 국채의 가산항목이다.

④ 국채할인발행차금과 국채할증발행차금은 국채발행시부터 최종상환시까지의 기간에 유효이자율법을 적용하여 상각 또는 환입하고 동 상각 또는 환입액은 국채이자에 가감한다.

2) 차입금

의 의

차입금이란 금전소비대차계약에 의해 국내 및 국외의 제3자로부터 자금을 조달함으로써 발생하는 부채를 말한다. 차입금의 종류는 다음과 같다.

재정증권 : 재정적자의 보전 또는 일시적인 국고자금의 부족을 조달하기 위해 발행된 만기 1년 이내의 단기증권

국내차입금 : 국내의 공공기관, 통화금융기관, 비통화금융기관, 기타 민간으로부터의 차입금

해외차입금 : 해외공공기관, 해외금융기관 등 해외로부터 차입된 외화표시 또는 원화표시 차입금

전대차관 : 외국환은행이 국내거주자 또는 공공기관 등에게 수입결제자금으로 전대할 것을 조건으로 도입하는 외화자금

금융리스부채 : 금융리스를 통하여 자산을 취득하는 경우에 발생하는 부채

3) 충당부채

의의

충당부채란 재정상태표일 현재 지출의 시기 또는 금액이 불확실한 부채를 말한다. 충당부채를 재정상태표에 부채로 인식하기 위해서는 ① 과거사건의 결과로 현재의무가 존재하고 ② 당해 의무를 이행하기 위하여 경제적효익이나 서비스잠재력 형태의 자원이 유출될 가능성이 매우 높으며 ③ 당해 의무의 이행에 소요되는 금액을 신뢰성 있게 추정할 수 있어야 한다.

충당부채의 종류에는 퇴직급여충당부채, 연금충당부채, 보증충당부채, 보험충당부채 등이 있는데, 이에 대해서는 항을 달리하여 살펴보기로 한다.

인식

충당부채를 재정상태표에 부채로 인식하기 위해서는 당해 의무를 이행하기 위해 경제적효익이 내재된 자원의 유출가능성이 매우 높아야 한다. 따라서 자원의 유출가능성이 높은(발생확률 50% 초과) 경우에도 부채로 인식하는 K-IFRS의 규정과는 차이가 있다. 우발상황과 관련된 국가회계기준의 내용을 살펴보면 다음과 같다.

① 재정상태표일 현재 우발손실의 발생이 확실하고 그 손실금액을 합리적으로 추정할 수 있는 경우 : 우발손실을 재정운영표의 재정운영순원가와 재정상태표의 충당부채에 반영하고 그 내용을 주석으로 공시

② 재정상태표일 현재 우발손실의 발생이 확실하지 아니하거나 우발손실의 발생은 확실하지만 그 손실금액을 합리적으로 추정할 수 없는 경우 : 우발상황의 내용, 우발손실에 따른 재무적 영향을 주석으로 공시

③ 우발이익의 발생이 확실하고 그 이익금액을 합리적으로 추정할 수 있는 경우 : 우발상황의 내용을 주석으로 공시

참고로 지금까지 설명한 충당부채와 우발부채의 회계처리를 요약하면 다음과 같다.

금액의 추정가능성 자원의 유출가능성	신뢰성있게 추정 가능	추정 불가능
가능성이 매우 높음	충당부채 인식	우발부채로 주석 공시
가능성이 높지 않음	우발부채로 주석 공시	
희박함	공시하지 않음	

4) 퇴직급여충당부채

정 의

재정상태표일 현재 「공무원연금법」 및 「군인연금법」을 적용받지 아니한 퇴직금지급대상자가 일시에 퇴직할 경우 지급하여야 할 퇴직금을 추정하여 계상한 것을 말한다.

회계처리

퇴직급여충당부채의 차감적 평가계정으로서 다음과 같이 퇴직보험예치금과 국민연금전환금이 있다.

① **퇴직보험예치금** : 직원의 수급권을 보장하기 위하여 보험사, 은행 등에 퇴직금의 일정 부분을 적립해 두는 금액
② **국민연금전환금** : 국민연금법의 규정에 의하여 납부한 퇴직금전환금

> **예** A부처는 충당금의 60% 상당을 퇴직보험예치금으로 유지하는 정책을 가지고 있다. 관련자료가 다음과 같을 경우 A부처의 회계처리
>
> (1) 20×1년 중 퇴직이 발생하여 퇴직금으로 ₩30,000,000이 지출되었다.
> (2) A부처는 20×1년 12월 31일 현재 충당부채 설정 전의 퇴직급여충당부채계정은 다음과 같으며, 20×1년 12월 31일 현재 퇴직급여추계액은 ₩100,000,000이다.
>
> | | |
> |---|---:|
> | 퇴직급여충당부채 | ₩80,000,000 |
> | 퇴직보험예치금 | (48,000,000) |
> | 계 | ₩32,000,000 |

〈회계처리〉

· 퇴직급지급시 : (차) 퇴직급여충당부채 30,000,000 (대) { 국 고 금 12,000,000
　　　　　　　　　　　　　　　　　　　　　　　　　　　　 퇴직보험예치금 18,000,000*

*₩30,000,000×60% = ₩18,000,000

· 결산시 : (차) { 퇴직급여 20,000,000 (대) { 퇴직급여충당부채 20,000,000
　　　　　　　　 퇴직보험예치금 12,000,000*　　　　　국 고 금 12,000,000

*퇴직급여충당부채 추가설정액 ₩20,000,000×60% = ₩12,000,000

5) 연금충당부채

연금충당부채란 공무원연금, 군인연금에 가입한 연금가입자에게 지급할 것으로 예상된 연금지급액을 추정하여 계상한 것이다. 국가회계기준은 연금충당부채에 대해서 연금회계처리지침에 따라 평가하도록 규정하고 있다.

공무원연금과 군인연금

① 연금충당부채는 적절하고 일반적으로 인정되는 보험수리적가정을 적용하여 측정한다. 보험수리적가정이란, 할인율, 급여상승률, 물가상승률 등 연금충당부채를 측정하는 데 필요한 재무적·인구통계적 가정을 말한다.

② 보험수리적가정에 적용되는 할인율은 재정상태표일 현재 국공채의 시장수익률을 참조하여 결정한다. 재정상태표일 현재 인식하여야 할 연금충당부채는 다음의 합계액으로 한다.

   a. 연금수급자(이미 퇴직하여 연금을 받는자)에게 재정상태표일 이후 장래 연금수급기간 동안 지급할 것으로 추정되는 연금을 재정상태표일의 현재가치로 평가한 금액

   b. 연금미수급자(재직자)에게 장래에 지급하여야 할 연금추정지급액 중 재정상태표일 현재 귀속되는 금액을 재정상태표일의 현재가치로 평가한 금액. 즉, 연금미수급자의 연금추정지급액 중 재정상태표일 현재 연금충당부채로 계상된 금액은 연금가입자의 연금추정지급액에 전체추정근무기간 중 재정상태표일 현재까지 근무한 기간의 비율 또는 재직기간에 상응하는 비율을 곱한 금액

③ 연금비용은 재정상태표일 현재 연금충당부채에서 직전 재정상태표일 현재 연금충당부채를 차감한 후 회계연도중 지급기일이 도래한 다음의 금액을 더하여 계산한다.

   a. 당기근무원가 : 회계연도 중 연금가입자가 근무용역을 제공함에 따라 발생하는 연금충당부채의 현재가치 증가액

   b. 이자원가 : 직전 재정상태표일보다 1회계연도만큼 연금개시일에 더 가까워짐에 따라 발생하는 연금충당부채의 현재가치 증가액

   c. 과거근무원가 : 연금제도의 변경에 따라 과거기간 근무용역에 대한 연금충당부채의 현재가치가 증가하거나 감소하는 경우 그 증감액

   d. 보험수리적손익 : 보험수리적 가정과 실제로 발생한 결과의 차이 및 보험수리적 가정의 변경에 따른 연금충당부채의 감소 또는 증가액

당기근무원가, 이자원가, 과거근무원가는 재정운영표에 프로그램총원가 또는 관리운영비로 인식하며, 보험수리적손익은 순자산변동표에 조정항목으로 인식한다.

④ 연금사업과 관련된 수익은 다음과 같이 구성된다.

a. 고용주부담금 : 「공무원연금법」 및 「군인연금법」에 따라 국가회계실체가 연금기금에 납부하여야 할 금액
b. 피고용자기여금 : 「공무원연금법」 및 「군인연금법」에 따라 연금가입자가 연금기금에 납부하여야 할 금액
c. 보전금 : 연금기금이 재원부족 등으로 인해 다른 국가회계실체로부터 보조받는 금액

고용주부담금과 피고용자기여금은 재정운영표에 프로그램수익으로 인식하며, 보전금은 순자산변동표 또는 재정운영표에 비교환수익 등으로 인식한다.

사립학교교직원연금 및 국민연금

사립학교교직원연금과 국민연금에 대해서는 국가가 고용주체가 아니라는 이유로 연금충당부채를 인식하지 않는다. 대신 필수보충정보인 연금보고서를 통해 연금수입액과 연금지출액의 추정내역을 보고하고 있다. 따라서 국가의 재정상태표에는 공무원연금과 군인연금만 연금충당부채로 계상됨에 유의해야 한다.

6) 보증충당부채

보증충당부채란 국가회계실체가 신용보증사업에서 보증채무불이행에 따라 지급하여야 할 금액을 추정하여 계상한 부채를 말한다. 신용보증사업이란 국가회계실체(기금)가 담보능력이 미약한 자 등의 채무에 대한 지급을 보증하는 사업을 말하는데, 현재 신용보증사업을 하는 기금에는 기술보증기금, 신용보증기금, 농림수산업자신용보증기금, 산업기반신용보증기금, 주택금융신용보증기금 등이 있다. 국가회계기준에서는 보증충당부채에 대해서 보증회계처리지침에 따라 평가하도록 규정하고 있다.

인식과 측정

① 국가회계실체는 보증약정 등의 규정에 따른 보증채무를 이행할 가능성이 매우 높고 그 금액을 신뢰성 있게 측정할 수 있을 때 보증충당부채를 인식한다.
② 보증충당부채는 국가회계실체가 부담하게 될 추정순현금유출액의 현재가치로 평가한다. 다만, 추정순현금유출액의 현재가치를 추정하기 어려운 경우 재정상태표일 현재의 보증잔액에 대하여 피보증자의 신용위험, 경험손실율 및 예상손실율 등 신뢰성 있고 객관적인 기준을 적용하여 산출한 추정손실예상액을 추정순현금유출액의 현재가치로 할 수 있다.
③ 보증약정 등에 따른 주채무불이행 등에 따라 국가회계실체가 보증채무를 이행하는 때 대위변제한 금액을 재정상태표에 구상채권으로 인식하며, 신뢰성있고 객관적인 기준에 따라 산출한 대손추산액을 대손충당금으로 설정한다.

보증수익과 보증비용

① 보증수수료 등의 보증수익은 수익창출활동이 끝나고 그 금액을 합리적으로 측정할 수 있을 때 재정운영표에 프로그램수익으로 인식한다.

② 보증비용은 직전 재정상태표일과 비교한 보증충당부채증감액으로 재정운영표에 인식한다. 보증비용은 재정운영표에 프로그램총원가로 인식하며 그 금액이 부(-)의 금액인 경우 프로그램수익으로 인식한다.

7) 보험충당부채

보험충당부채란 국가회계실체가 보험사업이나 사회보험사업의 시행에 따른 보험계약에 대해 장래 보험금의 지급이 발생할 가능성이 매우 높고 그 금액을 신뢰성 있게 측정할 수 있어 부채로 계상한 것을 말한다. 국가회계기준에서는 보험충당부채에 대해서 보험회계처리지침에 따라 평가하도록 규정하고 있다.

보험사업

① 보험사업이란 국가회계실체가 개인이나 법인에게 특정한 위험에 대해 보장을 제공하는 사업으로, 농어촌재해보험, 무역보험, 우체국보험 등을 포함한다.

② 보험계약에 대해 장래 보험금의 지급이 발생할 가능성이 매우 높고 그 금액을 신뢰성 있게 측정할 수 있을 때 보험충당부채를 인식한다. 보험충당부채는 다음과 같이 구성된다.

    a. 재정상태표일 이전에 보험사고가 발생하였으나 미지급된 보험금 지급예상액

    b. 재정상태표일 현재 보험사고가 발생하지는 않았으나 장래 발생할 보험사고를 대비하여 적립하는 지급예상액

③ 보험수익은 수익창출활동이 끝나고 그 금액을 합리적으로 측정할 수 있을 때 재정운영표에 프로그램수익으로 인식한다. 다만, 보험료납입의 유예 등의 사유로 보험료의 회수가 불확실한 경우에는 현금을 수취하는 시점에 인식한다.

④ 보험비용은 재정상태표일 현재 보험충당부채에서 직전 재정상태표일 현재 보험충당부채를 차감한 후 회계연도 중 지급한 금액을 더하여 계산한다. 보험비용은 재정운영표에 프로그램총원가로 인식하며 그 금액이 부(-)의 금액인 경우 프로그램수익으로 인식한다.

⑤ 구상채권은 보험사고의 해결과정에서 취득한 채권으로서 담보자산의 매각 또는 구상권 등 기타 권리의 행사로 회수가능한 금액을 추정하여 인식한다. 구상채권 중 회수불가능하다고 예상되는 금액을 대손충당금으로 계상한다.

사회보험사업

① 사회보험사업이란 「고용보험법」 및 「산업재해보상보험법」 등 관련법령에 따라 사회보장정책의 일환으로 실업, 업무상 재해 등의 사회적 위험으로부터 보험방식에 의하여 국민의 소득 등을 보장하는 사업으로, 고용보험, 산업재해보험 등을 포함한다.

② 「고용보험법」 및 「산업재해보상보험법」에 따라 적립하는 준비금은 기타부채로 인식한다. 또한 재정상태표일 현재 지급기일이 도래하였으나 보험계약자에게 지급하지 않은 보험금은 사회보험미지급금으로 인식한다.

③ 사회보험수익은 다음과 같이 구성되며, 부과고지시점에 재정운영표의 비교환수익으로 인식한다.

    a. 피고용자기여금 : 「고용보험 및 산업재해보상보험의 보험료징수 등에 관한 법률」에 따라 근로자가 납부하여야 할 금액

    b. 고용주부담금 : 「고용보험 및 산업재해보상보험의 보험료징수 등에 관한 법률」에 따라 사업주가 납부하여야 할 금액

④ 사회보험비용은 다음과 같이 구성되며 재정운영표의 프로그램총원가로 인식한다. 이때 기타부채 증가액이 부(-)의 금액인 경우 프로그램수익 인식한다.

    a. 재정상태표일 현재 사회보험미지급금에서 직전 재정상태일 현재 사회보험미지급금을 차감한 후 회계연도 중 지급한 금액을 더하여 계산한 금액

    b. 직전 재정상태일과 비교한 기타부채 증가액

8) 기타부채

기타부채란 기타유동부채와 기타비유동부채를 말한다.

① **기타유동부채** : 유동부채 중 단기차입금 및 유동성장기차입부채 이외의 부채(예: 미지급금, 예수금, 예수보증금, 선수금, 선수수익, 미지급비용 등)

② **기타비유동부채** : 재정상태일로부터 1년 이후에 상환해야 하는 부채로서 장기차입부채와 장기충당부채 이외의 부채 (예: 장기미지급금, 장수예수금, 장기선수금 등)

(3) 지방자치단체회계기준

① 지방자치단체회계기준에서는 재정상태표에 부채를 유동부채, 장기차입부채, 기타비유동부채로 구분하여 표시하도록 규정하고 있다. 즉, 국가회계기준에서 장기충당부채를 별도항목으로 분류하도록 하고 있는데 반해 지방자치단체회계기준에서는 기타비유동부채에 포함하고 있다.

② 지방공무원의 퇴직금은 공무원연금법에 의하여 공무원연금에서 퇴직금이 지급되므로 국가회계의 연금충당부채로 인식된다. 따라서 별도의 연금충당부채를 인식하지 않는다.

③ 지방자치단체의 퇴직급여충당부채는 회계연도말 현재 「공무원연금법」을 적용받는 지방공무원을 제외한 무기계약근로자 등이 일시에 퇴직할 경우 지방자치단체가 지급하여야 할 퇴직금에 상당한 금액으로 한다.

④ 지방자치단체회계기준에 의할 경우 충당부채를 재정상태표에 부채로 인식하기 위해서는 재정상태일 현재 우발손실의 발생이 확실하고 그 손실금액을 합리적으로 추정할 수 있어야 한다. 따라서 자원의 유출가능성이 매우 높아야 한다는 국가회계기준과 차이가 있다.

⑤ 지방자치단체회계기준에서는 재정상태표 보고일과 출납사무 완결기한(다음회계연도 2월 10일)사이에 발생한 사건 중 당해연도의 재무제표에 영향을 미치는 것은 당해연도의 재무제표에 반영하도록 규정하고 있다.

3 순자산회계

(1) 순자산의 의의

순자산이란 자산에서 부채를 차감한 잔여액을 말하며, 미래의 공공서비스에 사용될 순자산을 의미한다. 정부회계에서는 소유권개념을 적용할 수 없으므로 기업회계처럼 순자산을 소유주지분 또는 주주지분이라고 표현할 수 없다. 국가회계기준에서는 순자산을 다음과 같이 분류하도록 규정하고 있다.

기본순자산 : 순자산에서 적립금 및 잉여금과 순자산조정을 뺀 금액

적립금 및 잉여금 : 임의적립금, 전기이월결손금·잉여금, 재정운영결과의 합계액

순자산조정 : 투자증권평가손익, 파생상품평가손익 및 기타 순자산의 증감

(2) 순자산의 변동

1) 회계변경 및 오류수정

회계변경

회계변경이란 과거의 회계정책 및 회계추정을 변경하는 것을 의미하는데, 회계정책 및 회계추정의 변경은 재무제표를 보다 적절히 표시할 수 있는 경우 또는 법령 등에서 새로운 회계기준을 채택하거나 기존의 회계기준을 폐지함에 따라 변경이 불가피한 경우에 한하여 가능하다.

① 회계정책의 변경에 따른 영향은 해당 회계연도 재정상태표의 순자산에 반영(순자산변동표상 기초순자산의 변동항목으로 표시, 즉 소급적용)하되, 회계정책의 변경에 따른 누적효과를 합리적으로 추정하기 어려운 경우에는 회계정책의 변경에 따른 영향을 해당 회계연도와 그 회계연도 후의 기간에 반영(전진적용)한다.

② 회계추정의 변경에 따른 영향은 해당 회계연도 후의 기간에 반영(전진적용)한다.

오류수정

오류수정이란 회계기준 또는 법령 등에서 정한 기준에 합당하지 아니한 회계처리를 올바른 회계처리로 수정하는 것을 말한다.

① **중대한 오류**: 오류가 발생한 회계연도 재정상태표의 순자산에 반영(순자산변동표상 기초순자산의 변동항목으로 표시, 즉 소급적용)하고, 관련된 계정잔액을 수정한다. 이 경우 비교재무제표를 작성할 때에는 중대한 오류의 영향을 받는 회계기간의 재무제표항목을 다시 작성한다.

② **중대한 오류 이외의 오류**: 오류를 수정한 회계연도의 재정운영표에 반영(당기적용)한다.

2) 재정운영결과

재정운영결과란 재정운영표상의 재정운영결과로 산정된 금액을 의미하는데, 재정운영결과에 따른 순자산의 변동은 다음과 같다.

① 재정운영결과 비용보다 수익이 많은 경우 잉여금이 발생하며, 동 금액만큼 순자산은 증가한다.

② 재정운영결과 비용이 수익보다 많은 경우 결손금이 발생하며, 동 금액만큼 순자산은 감소한다.

3) 기타 순자산의 변동

① **투자증권평가손익**: 투자목적의 장기투자증권 또는 단기투자증권인 경우 재정상태표일 현재 신뢰성 있게 공정가치를 측정할 수 있으면 공정가치로 평가하며, 장부금액과 공정가치의 차액은 순자산조정항목으로 표시한다.

② **파생상품평가손익**: 파생상품에서 발생한 평가손익은 발생한 시점에 재정운영순원가에 반영하되, 미래 예상거래의 현금흐름변동위험을 회피하기 위해 지정된 파생상품계약에서 발생하는 평가손익 중 위험회피에 효과적인 부분은 순자산조정항목으로 표시한다.

③ **자산재평가손익**: 일반유형자산과 사회기반시설을 공정가치에 의한 재평가함에 따라 발생한 손익으로서 순자산조정항목으로 표시한다.

④ **보험수리적손익**: 보험수리적가정과 실제로 발생한 결과의 차이 및 보험수리적가정의 변경에 따른 연금충당부채의 증감액으로서 순자산조정항목으로 표시한다.

⑤ **기타 순자산의 증감**: 기업특별회계의 납입자본금이 당 회계연도에 증가 또는 감소하거나, 자산의 수증 또는 기부 등으로 자산이 증가 또는 감소하는 경우를 말한다.

예 다음은 B중앙관서의 20×1년말 결산서류에서 추출한 자산, 부채 및 순자산변동에 관한 자료이다.

자 산	₩10,000	부 채	₩8,000
투자증권평가이익	200	전기이월잉여금	500
재정운영결과	400	파생상품평가손실	300

B중앙관서의 재정상태표에 표시될 순자산

기본순자산: 순자산₩2,000-적립금 및 잉여금 ₩900-순자산조정(₩100)=	₩1,200
적립금 및 잉여금: 전기이월잉여금₩500+재정운영결과 ₩400=	900
순자산조정: 투자증권평가이익₩200+파생상품평가손실₩(300)=	(100)
계	₩2,000*

* 자산₩10,000-부채₩8,000=순자산 ₩2,000

(3) 지방자치단체회계기준

지방자치단체회계기준에서는 국가회계기준과는 다르게 순자산을 다음과 같이 분류하도록 규정하고 있다.

고정순자산: 일반유형자산, 주민편의시설 및 사회기반시설의 투자액에서 그 시설의 투자재원을 마련할 목적으로 조달한 장기차입금 및 지방채증권 등을 차감한 금액

특정순자산: 채무상환목적이나 적립성기금의 원금과 같이 그 사용목적이 특정되어 있는 재원과 관련된 순자산

일반순자산: 전체 순자산에서 고정순자산과 특정순자산을 제외한 나머지 금액으로 용도가 특정되어 있지 않고 일반적으로 사용가능한 금액

예 다음은 어떤 지방자치단체의 결산서류에서 추출한 자산, 부채 및 시설투자액 등에 관련된 사료이나

(단위 : 억원).

구 분	일반회계	기타특별회계	기금회계	합 계
자 산	700	350	250	1,300
부 채	200	100	–	300
일반유형자산의 시설투자액	400	180	–	580
시설투자액과 관련된 차입금	100	–	–	100

채무상환목적의 금융상품	–	20	–	20
적립성기금의 원금	–	–	150	150

동 지방자치단체의 재정상태표에 표시될 순자산은 다음과 같다(단위 : 억원).

구　　분	일반회계	기타특별회계	기금회계	합　　계
고정순자산	300	180	–	480
특정순자산	–	20	150	170
일반순자산	200	50	100	350
계	500	250	250	1,000

4 재정상태표

(1) 재정상태표의 의의

재정상태표의 정의

재정상태표(statement of financial position.)란 일정시점에서 정부의 재정상태, 즉 자산, 부채 및 순자산을 나타내는 재무제표를 말한다. 재정상태표는 기업회계의 재무상태표와 동일한 재무제표이다.

재정상태표의 작성기준

국가회계기준과 지방자치단체회계기준에서 규정하고 있는 재정상태표의 작성기준을 살펴보면 다음과 같다.

① **유동성배열** : 자산과 부채는 유동성이 높은 항목부터 배열한다. 이 경우 유동성이란 현금으로 전환되기 쉬운 정도를 말한다.

② **총액기준** : 자산, 부채 및 순자산은 총액으로 표시한다. 이 경우 자산항목과 부채 또는 순자산항목을 상계함으로써 그 전부 또는 일부를 재정상태표에서 제외해서는 안 된다.

③ **미결산항목의 대체** : 가지급금이나 가수금 등의 미결산항목은 그 내용을 나타내는 적절한 과목으로 표시하고, 비망계정(備忘計定)은 재정상태보고서의 자산 또는 부채항목으로 표시하지 아니한다. 여기서 유의할 점은 미결산항목을 적정한 과목으로 표시하도록 하는 내용은 지방자치단체회계기준에만 규정되어 있으며, 국가회계기준에는 규정되어 있지 않다는 것이다. 그러나 미결산항목은 재무제표에 표시되어서는 안 될 항목이므로 중앙정부의 재정상태표에도 당연히 적용될 기준이라고 할 수 있다.

(2) 재정상태표의 양식

국가의 재정상태표

국가의 경우 각 중앙관서 또는 기금의 재정상태표와 국가 전체의 재정상태표가 각각 작성되어야 하는데, 각 재정상태표의 양식과 구성내역은 동일하다. 국가회계기준에서 규정하고 있는 재정상태표의 양식을 요약하여 나타내면 다음과 같다.

재정상태표
당기 : 20×2년 12월 31일 현재
전기 : 20×1년 12월 31일 현재

○○기금, ○○부처, 대한민국 정부 (단위 : 원)

	20×2년		20×1년	
자 산				
Ⅰ. 유동자산		×××		×××
1. 현금및현금성자산		×××		×××
2. 단기금융상품		×××		×××
3. 미수채권	×××		×××	
미수채권현재가치할인차금	×××		×××	
미수채권대손충당금	×××	×××	×××	×××
4. :		×××		×××
Ⅱ. 투자자산		×××		×××
1. 장기금융상품		×××		×××
2. :		×××		×××
Ⅲ. 일반유형자산		×××		×××
1. 토 지	×××		×××	
토지사용수익권	×××	×××	×××	×××
2. 건 물	×××		×××	
건물감가상각누계액	×××		×××	
건물사용수익권	×××	×××	×××	×××
3. :		×××		×××

Ⅳ. 사회기반시설		×××		×××
1. 도 로	×××		×××	
도로감가상각누계액	×××		×××	
도로사용수익권	×××	×××	×××	×××
2. ⋮		×××		×××
Ⅴ. 무형자산		×××		×××
1. 산업재산권		×××		×××
2. ⋮		×××		×××
Ⅵ. 기타비유동자산		×××		×××
1. 장기구상채권	×××		×××	
장기구상채권현재가치할인차금	×××		×××	
장기구상채권대손충당금	×××	×××	×××	×××
2. ⋮		×××		×××
자산총계		×××		×××
부 채				
Ⅰ. 유동부채		×××		×××
1. 단기국채	×××		×××	
단기국채할증(할인)발행차금	×××		×××	
단기자기국채	×××	×××	×××	×××
2. ⋮		×××		×××
Ⅱ. 장기차입부채		×××		×××
1. 국 채	×××		×××	
국채할증(할인)발행차금	×××		×××	
자기국채	×××	×××	×××	×××
2. ⋮		×××		×××
Ⅲ. 장기충당부채		×××		×××
1. 퇴직급여충당부채		×××		×××
2. ⋮		×××		×××
Ⅳ. 기타비유동부채		×××		×××
1. 장기미지급금	×××		×××	
장기미지급금현재가치할인차금	×××	×××	×××	×××
2. ⋮		×××		×××
부채총계		×××		×××

순 자 산
   Ⅰ. 기본순자산   ×××   ×××
   Ⅱ. 적립금 및 잉여금   ×××   ×××
   Ⅲ. 순자산조정   ×××   ×××
   순자산총계   ×××   ×××
   부채와순자산 총계   ×××   ×××

지방자치단체의 재정상태표

지방자치단체회계기준에서 규정하고 있는 재정상태표의 양식을 요약하여 나타내면 다음과 같다. 지방자치단체의 경우 재무제표 본문에 각 계정과목별로 일반회계, 기타특별회계, 기금회계, 지방공기업특별회계, 내부거래 등을 각각 구분하여 표시함에 유의하기 바란다.

재정상태표

해당연도 20×2년 12월 31일 현재
직전연도 20×1년 12월 31일 현재

지방자치단체명 (단위 : 원)

과 목	해당연도(20×2년)							직전연도(20×1년)						
	일반회계	기타특별회계	기금회계	지방공기업특별회계	내부거래	계	일반회계	기타특별회계	기금회계	지방공기업특별회계	내부거래	계
자 산												
Ⅰ. 유동자산												
현금및현금성자산												
단기금융상품												
⋮												
Ⅱ. 투자자산												
장기금융상품												
장기대여금												
⋮												
Ⅲ. 일반유형자산												
토 지												
건 물												

건물감가상각누계액	
⋮	
Ⅳ. 주민편의시설	
도 서 관	
주 차 장	
⋮	
Ⅴ. 사회기반시설	
도　　로	
도시철도	
⋮	
Ⅵ. 기타비유동자산	
보 증 금	
무형자산	
자산총계	
부　채	
Ⅰ. 유동부채	
단기차입금	
⋮	
Ⅱ. 장기차입부채	
장기차입금	
⋮	
Ⅲ. 기타비유동부채	
퇴직급여충당부채	
⋮	
부채총계	
순 자 산	
Ⅰ. 고정순자산	
Ⅱ. 특정순자산	
Ⅲ. 일반순자산	
순자산 총계	
부채와순자산 총계	

재정상태표

이론문제(기출지문)

01 국가의 유산자산은 자산으로 인식하고 그 종류와 현황 등을 재무제표의 필수보충정보로 공시한다. (×)
▶ 국가의 유산자산은 자산으로 인식하지 아니한다.

02 국가회계기준에 관한 규칙에 의할 경우 국가안보와 관련된 자산은 일반유형자산의 전비품으로 계상한다. (×)
▶ 국가안보와 관련된 자산을 자산으로 인식하지 아니할 수 있다.

03 일반회계와 특별회계 및 정부관리기금이 보유하는 국고금은 각 중앙관서의 재정상태표에 표시되지 않는다. (×)
▶ 기업특별회계와 정부관리기금의 국고금은 국고금회계의 적용을 받지 않으므로 해당 중앙관서의 재무제표에 표시된다.

04 국가회계기준에 의할 경우 채무증권은 상각후 취득원가로 평가하고 재정상태표일 현재 공정가치로 조정하지 않는다. (O)

05 국가회계기준에 의할 경우 투자목적의 유가증권은 재정상태표일 현재 공정가치를 신뢰성 있게 측정할 수 있는 경우 공정가치로 평가하고 장부금액과 공정가치의 차액은 순자산변동표에 직접 반영한다. (O)

06 국가회계기준에 의할 경우 단기투자목적의 유가증권은 공정가치의 변동을 재정운영표에 반영한다. (×)
▶ 장,단기를 불문하고 모든 투자증권평가손익을 순자산변동으로 처리한다.

07 정부회계에서 현재가치평가시 적용할 할인율은 유효이자율을 적용하되, 이를 확인하기 어려운 경우 국채유통수익률을 적용한다. (O)

08 융자사업에서 발생하는 융자금에 대한 현재가치평가로 발생하는 융자보조비용은 거래발생시 또는 계약조건변경시에 한하여 인식한다. (×)
▶ 융자사업에서 발생하는 융자금은 매년 재정상태표일을 기준으로 회수가능액의 현재가치를 평가

하여 이를 융자보조원가충당금에 반영한다.

09 융자금의 조정이 발생한 경우 장부금액은 융자금의 조건변경을 반영한 현금흐름을 융자금의 조정이 발생한 시점의 유효이자율로 할인한 추정 순현재가치로 변경된다. (×)
▶ 융자금의 조정이 발생한 경우 장부금액은 융자금의 조건변경을 반영한 현금흐름을 융자금 실행 시 적용한 할인율로 할인한 추정 순현재가치로 변경된다.

10 국가회계기준에 관한 규칙에 의할 경우 일반유형자산에는 국가의 기반을 형성하기 위하여 대규모로 투자하여 건설하고 그 경제적 효과가 장기간에 걸쳐 나타나는 철도, 항만, 댐, 공항 등이 포함된다. (×)
▶ 위 문구는 사회기반시설에 대한 내용이다.

11 국가회계기준에 의할 경우 관리전환으로 자산을 취득하는 경우 장부금액을 취득원가로 한다. (×)
▶ 무상관리전환은 장부금액을, 유상관리전환은 공정가치를 취득원가로 한다.

12 유형자산에서 발생하는 사용수익권은 해당 자산의 차감항목으로 표시하며, 사용수익권의 내용연수 동안 상각처리하고 정부외자산수증의 계정과목으로 하여 수익으로 인식한다. (○)

13 국가의 재정상태표상 일반유형자산과 사회기반시설에 대한 감가상각은 정액법을 원칙으로 한다. (○)

14 사회기반시설 중 관리·유지노력에 따라 취득 당시의 용역잠재력을 그대로 유지할 수 있는 시설에 대해서는 감가상각하지 아니하고 관리·유지에 투입되는 비용으로 감가상각비를 대체할 수 있다. 다만, 이를 객관적으로 증명되는 경우로 한정한다. (○)

15 국가회계기준에 의할 경우 일반유형자산과 사회기반시설 및 무형자산을 취득원가로 계상하는 것이 원칙이지만, 예외적으로 공정가치에 의한 재평가도 인정하고 있다. (×)
▶ 무형자산에 대해서는 재평가를 인정하지 않는다.

16 국가회계기준에 의할 경우 재고자산의 취득원가는 원칙적으로 품목별로 총평균법을 적용하여 평가하되, 예외적으로 개별법과 이동평균법도 인정한다. (×)
▶ 원칙적으로 품목별로 선입선출법을 적용하여 평가한다.

17 국가회계기준에 의할 경우 압수품 및 몰수품은 비화폐성자산일 경우 압류 또는 다시의 감정가액 또는 공정가치를 측정한다. (O)

18 지방자치단체의 재정상태표에는 관리책임자산을 자산으로 인식하지 않고 그 내역을 필수보충정보로 공시한다. (O)

19 지방자치단체의 재정상태표에는 자산을 유동자산, 투자자산, 일반유형자산, 주민편의시설, 사회기반시설, 기타비유동자산으로 구분하여 표시하고, 무형자산을 기타비유동자산에 포함시킨다. (O)

20 지방자치단체의 장기투자증권은 종목별로 총평균법을 적용하며, 공정가치변동은 인식하지 않는다. (O)

21 지방자치단체회계기준에 의할 경우 관리전환으로 취득한 자산은 공정가치를 취득원가로 인식하며, 재정운영표의 수익으로 인식하지 않고 직접 순자산변동표에 반영한다. (O)

22 지방자치단체회계기준에 의할 경우 일반유형자산과 사회기반시설에 대해서는 자산재평가를 인정하며, 자산재평가손익을 직접 순자산변동표에 반영한다. (×)
▶자산재평가를 인정하지 않는다.

23 지방자치단체회계기준에 의할 경우 기부채납으로 취득한 자산은 공정가치를 취득원가로 계상하고 '기부채납에 의한 자산증가'의 계정과목으로 하여 재정운영표에 반영한다. (×)
▶지방자치단체회계기준에 의할 경우 기부채납, 기타 무상으로 취득한 자산은 공정가치를 취득원가로 계상하고 '기부채납에 의한 자산증가'의 계정과목으로 직접 순자산변동표에 표시한다.

24 지방자치단체의 비화폐성 외화자산·부채에 대해서는 거래발생일의 환율을 적용하여 평가하기 때문에 외화환산손익이 발생하지 않는다. (O)

25 국가회계기준에서는 퇴직급여충당부채, 연금충당부채, 보험충당부채 등을 기타비유동부채로 분류하여 표시한다. (×)
▶장기충당부채로 분류하여 표시한다.

26 국채발행시 발생하는 인쇄비, 수수료 등의 발행비용은 별도의 비용으로 처리하지 않고 국채의 발행금액에서 차감한다. (O)

27 국가의 퇴직급여충당부채란 재정상태표일 현재 모든 공무원이 일시에 퇴직할 경우 지급하여야 할 퇴직금을 추정하여 계상한 것이다. (×)
   ▶ 퇴직급여충당부채란 재정상태표일 현재 공무원연금법 및 군인연금법을 적용받지 아니하는 퇴직금 지급대상자가 일시에 퇴직할 경우 지급해야 할 퇴직금을 추정하여 계상한 것이다.

28 국가회계기준에 의할 경우 공무원연금, 군인연금, 사립학교교직원연금 및 국민연금에 대해서는 충당부채를 인식해야 한다. (×)
   ▶ 사립학교교직원연금과 국민연금에 대해서는 충당부채를 인식하지 않고 필수보충정보로 그 내역을 보고한다.

29 국가회계기준에 의할 경우 연금충당부채로 계상될 금액은 연금수급자뿐만 아니라 연금미수급자에게 지급할 금액도 포함되어야 한다. (O)

30 공무원연금과 군인연금의 경우 고용주부담금과 피고용자기여금은 재정운영표에 프로그램수익으로 인식하며, 보전금은 순자산변동표 또는 재정운영표에 비교환수익 등으로 인식한다. (O)

31 보증충당부채는 보증 등의 약정에 따라 피보증인인 주채무자의 채무불이행에 따라 국가회계실체가 부담하게 될 추정순현금유출액의 현재가치로 평가한다. (O)

32 지방자치단체의 경우 재정상태표에 부채를 유동부채, 장기차입부채 및 기타비유동부채로 분류한다. (O)

33 지방자치단체회계기준에 의할 경우 재정상태표 보고일 이후 발생한 사건은 재정상태표 보고일과 출납사무 완결기한 사이에 발생한 사건으로서 재정상태표 보고일 현재 존재하였던 상황에 대한 추가적 증거를 제공하는 사건을 말한다. (O)

34 정부회계에서 순자산이란 자산에서 부채를 차감한 금액으로서 국민의 소유권, 즉 국민이 국가에 청구할 수 있는 잔여재산청구권을 의미한다. (×)
   ▶ 정부회계에서 순자산이란 미래의 공공서비스에 사용될 순자산을 의미하는 것이지 국민의 소유권을 의미하는 것은 아니다.

35 국가회계기준에 의할 경우 회계정책의 변경과 회계추정의 변경은 변경에 따른 영향을 재정상태표 순자산에 반영(소급적용)한다. (×)
　▶회계추정의 변경에 따른 영향은 해당 회계연도 이후에 기간에 반영(전진적용)한다.

36 국가회계기준에 의할 경우 전기 이전에 발생한 오류를 수정한 경우 중대한 오류인 경우 오류가 발생한 회계연도의 재정상태표 순자산에 반영(소급적용)하고, 중대한 오류가 아닌 경우 오류를 수정한 회계연도의 재정운영표에 반영(당기적용)한다. (○)

37 국가회계기준에 의할 경우 미래예상거래의 현금흐름변동위험을 회피하기 위해 지정된 파생상품계약에서 발생하는 평가손익은 재정운영표에 반영한다. (×)
　▶미래예상거래의 현금흐름변동위험을 회피하기 위해 지정된 파생상품계약에서 발생하는 평가손익 중 위험회피에 효과적인 부분은 순자산변동표에 조정항목으로 표시한다.

38 지방자치단체회계기준에 의할 경우 일반유형자산 등의 투자액에서 그 시설의 투자재원을 마련할 목적으로 조달한 차입금 등을 차감한 금액은 재정상태표에 고정순자산으로 표시한다. (○)

39 지방자치단체의 재정상태표에는 본문에 각 계정과목별로 일반회계, 기타특별회계, 기금회계, 지방공기업특별회계, 내부거래 등을 각각 구분하여 표시한다. (○)

필수예제 — 재정상태표

다음 자료에 의할 경우 20×1년말 국가의 재정상태표에 표시될 기본순자산은?

자산총계	₩350,000	부채총계	₩190,000	전기이월잉여금	₩30,000
재정운영결과	20,000	투자유가증권평가이익	4,000	자산재평가이익	6,000

기본순자산	₩100,000[*2]
적립금 및 잉여금: ₩30,000+₩20,000=	50,000
순자산조정: ₩4,000+₩6,000=	10,000
계	₩160,000[*1]

*1. 자산총계 ₩350,000-부채총계 ₩190,000=기말순자산 ₩160,000
 2. 역산한 것임

---

01 20×1년 1월 1일에 국가회계실체는 융자프로그램으로 총 ₩10,000,000의 융자를 실행하였다. 관련자료는 다음과 같다.

(1) 융자조건은 만기 3년, 표시이자율 연 5%(연도말 후급조건), 만기에 일시상환조건이며, 표시이자율 5%는 융자실행시 만기가 유사한 국채이자율을 적용한 것이다.
(2) 20×1년 12월 31일 표시이자 수취 후 채무자의 재정상태가 악화됨에 따라 20×2년 이후의 표시이자 전액과 원금의 30%는 회수가 불가능할 것으로 판단되었다.
(3) 20×1년 12월 31일의 2년 만기 국채이자율은 연 6%이며, 이자율별 현가요소는 다음과 같다.

이자율	1년 현가요소	2년 현가요소	3년 현가요소
5%	0.95238	0.90703	0.86384
6%	0.94340	0.89000	0.83962

국가회계실체가 20×1년 12월 31일 재정상태표에 인식할 융자보조원가충당금은 얼마인가?

20×1년 12월 31일 융자보조원가충당금	
20×1년 12월 31일 융자금의 장부금액	₩10,000,000
20×1년 12월 31일 융자금 회수가능액의 현재가치	(6,349,210)*
계	₩3,650,790

*₩10,000,000×70%×0.90703(2년, 5% 현가)=₩6,349,210

02 다음은 어떤 지방자치단체의 결산서류에서 추출한 자산, 부채 및 시설투자액 등에 관련된 자료이다(단위:억원).

자　산	3,900
부　채	900
일반유형자산의 시설투자액	1,740
시설투자액과 관련된 차입금	300
채무상환목적의 금융상품	60
적립성기금의 원금	450

동 지방자치단체의 재정상태표에 표시될 고정순자산, 특정순자산 및 일반순자산은 각각 얼마인가?

고정순자산:₩1,740-₩300=₩1,440

특정순자산:₩60+₩450=₩510

일반순자산:₩3,000-₩1,440-₩510=₩1,050

03 다음의 자료를 이용하여 지방자치단체의 재정상태보고서에 표시될 고정순자산, 특정순자산 및 일반순자산은 각각 얼마인가?　　　　　　　　　　　　　　　　　　　　　　　(2014. CPA)

·자산총계	₩1,900,000
·부채총계	1,000,000
·일반유형자산, 주민편의시설, 사회기반시설투자액	900,000
·무형자산투자액	200,000
·일반유형자산 등의 투자재원을 위해 조달된 차입금	450,000
·적립성기금의 원금	150,000

고정순자산:₩900,000+₩200,000-₩450,000=₩650,000

특정순자산:₩150,000

일반순자산:(₩1,900,000-₩1,000,000)-(₩650,000+₩150,000)=₩100,000

04 중앙관서 A부처와 B부처는 20×1년 초에 각각 도로와 건물을 다음과 같은 조건으로 취득하였다. A부처는 도로를 수익형 민자사업(BTO: Build-Transfer-Operate) 방식으로 취득하였으며, B부처는 건물을 임대형 민자사업(BTL: Build-Transfer-Lease) 방식으로 취득하였다.

> · 취득원가: ₩10,000
> · 기대수익률: 연 5%
> · 사용수익권 부여기간: 10년
> · B부처는 연간시설임대료를 동일한 금액으로 지급하기로 한다.

해당 자산 취득 시 A부처의 자산증가액과 B부처의 자산증가액의 차이는 얼마인가? 단, ₩1의 정상연금 현가계수(5%, 10년)는 7.7217이다. (2023 CPA)

---

1. A부처(BTO: 자산을 기부받고 이에 대한 사용수익권을 민간에 이전하는 것)

   (차) 사회기반시설(도로)   10,000   (대) 사용수익권   10,000
   *사용수익권은 사회기반시설(도로)의 차감항목임

2. B부처(BTL: 자산을 금융리스형식으로 구입하여 정부가 직접 사업을 진행하는 것)

   (차) 건 물   10,000   (대) 장기미지급금   10,000

   ∴ 자산증가액의 차이: ₩10,000

03 재정운영표

1 수익회계

(1) 수익의 의의

1) 수익의 정의

국가회계기준에서는 수익(income)을 "국가의 재정활동과 관련하여 재화나 용역을 제공한 대가로 발생하거나, 직접적인 반대급부 없이 법령에 따라 납부의무가 발생한 금품의 수납 또는 자발적인 기부금 수령 등에 따라 발생하는 순자산의 증가"로 정의하고 있다. 이러한 정의에 비추어 보면 국가회계기준에서의 수익은 다음과 같은 특징이 있다.

① 재화나 용역을 제공한 대가로 발생하는 수익(교환수익)뿐만 아니라 직접적인 반대급부 없이 발생하는 수익(비교환수익)까지 포함하고 있다.
② 일정기간 동안에 발생한 수익을 인식하면 자산이 증가하거나 부채가 감소함에 따라 순자산이 증가한다.

2) 수익의 분류

국가회계기준에서는 수익을 수익획득에 따른 반대급부의 제공여부에 따라 교환수익과 비교환수익으로 구분하고 있다.

교환수익

교환수익이란 재화나 용역을 제공하고 벌어들인 수익으로서 프로그램수익과 비배분수익으로 구분된다.

① 프로그램수익 : 특정 프로그램(국가의 정책이나 사업)의 운영에 따라 재화나 용역을 제공한 대가로 발생하는 수익으로서 특정 프로그램과 직접 관련성이 있는 수익을 말한다.
② 비배분수익 : 특정 프로그램이 제공하는 재화나 용역과 직접적인 관련없이 발생하는 수익으로서 특정 프로그램으로의 추적이 불가능한 수익을 말한다.

이러한 교환수익을 원천별로 분류하면 재화및용역제공수익, 연금수익, 보험수익, 보증수익, 이자수익, 평가이익, 자산처분이익, 기타수익으로 구분할 수 있다.

비교환수익

비교환수익이란 직접적인 반대급부 없이 지급을 필요구할 수 있는 권력을 행사함으로써 발생하는 수익을 말한다. 이러한 비교환수익을 원천별로 분류하면 국세수익, 부담금수익, 제재금수익, 사회보험수익, 기타비교환수익으로 구분할 수 있다.

3) 수익인식기준

국가회계기준에서는 교환수익과 비교환수익의 수익인식기준을 다음과 같이 규정하고 있다.

> **교환수익**
> · 실현요건(측정요건) : 수익금액을 합리적으로 측정할 수 있다.
> · 가득요건(발생요건) : 수익창출활동이 완료되어야 한다.
>
> **비교환수익**
> · 실현요건(측정요건) : 수익금액을 합리적으로 측정할 수 있다.
> · 가득요건(발생요건) : 해당 수익에 대한 청구권이 발생하여야 한다.

① 교환수익의 경우 실현요건과 가득요건을 충족한 시점에서 수익을 인식하게 되는데, 이는 기업회계와 동일하다. 그러나 비교환수익의 경우는 재화나 용역을 제공한 대가로 발생하는 것이 아니기 때문에 수익창출활동이라는 개념이 발생하지 않는다. 따라서 비교환수익의 가득요건은 국가의 강제적인 청구권이 발생할 때 충족된다고 규정하고 있다.

② 비교환수익의 대표적 수익인 국세수익의 경우 해당 수익에 대한 청구권의 발생시점은 세법에서 규정하고 있는 납세의무의 확정시점이다. 여기서 납세의무의 확정이란 과세요건의 충족에 따라 성립된 납세의무를 구체적으로 확인하는 것을 의미하는데, 이러한 납세의무의 확정방법에는 ⓐ 납세자의 신고에 의하여 확정하는 방법(신고납세제도) ⓑ 정부의 부과에 의하여 확정하는 방법(정부부과제도)이 있으며 ⓒ 별도의 특별한 절차없이 자동적으로 확정되는 경우도 있다. 현행세법상 신고납세제도와 정부부과제도를 비교하면 다음과 같다.

구 분	신고납세제도	정부부과제도
확정권자	납세의무자	정부(과세관청)
확정절차	과세표준신고서의 제출	정부의 조사결정·납세고지
적용세목	법인세, 소득세, 부가가치세, 개별소비세, 교통·에너지·환경세, 주세, 증권거래세, 교육세	상속세, 증여세, 종합부동산세(납세자의 선택으로 신고납부 가능함.)

③ 국세수익을 제외한 비교환수익의 경우 해당 수익에 대한 청구권이 발생해야 된다는 의미는 법적 또는 행정적 처분에 의하여 대금을 청구하고 수령할 권리가 확정되는 시점에 수익을 인식하라는 의미이다.

예 A부처는 (주)진리상사와 수익이 발생하는 계약을 체결하였다. 계약기간은 20×1년 7월 1일부터 20×2년 6월 30일까지이며, 총계약금액은 ₩100,000,000이다. 계약서상 A부처는 매 3개월 단위로 20×1년 9월 1일 ₩30,000,000, 12월 1일 ₩30,000,000, 20×2년 3월 1일 ₩20,000,000, 6월 1일 ₩20,000,000의 4차에 걸쳐서 대금지급을 청구할 수 있다.

1. 교환수익일 경우
   (1) 수익인식시기 : 발생기준에 따라 기간경과에 의하여 수익을 인식함.
   (2) 수익인식금액

20×1년	₩100,000,000×6/12 =	₩50,000,000
20×2년	₩100,000,000×6/12 =	50,000,000
계		₩100,000,000

2. 비교환수익일 경우
   (1) 수익인식시기 : 계약에 의하여 청구권이 발생하는 시점
   (2) 수익인식금액

20×1년	₩30,000,000 + ₩30,000,000 =	₩60,000,000
20×2년	₩20,000,000 + ₩20,000,000 =	40,000,000
계		₩100,000,000

(2) 교환수익의 회계처리

1) 재화의 판매

재화의 판매란 ① 상품의 인도와 ② 대금청구권의 확정, 이 두 가지필요건이 충족되는 경우를 말하는데, 재화의 판매는 수익이 가득되기 위한 결정적인 사건이며, 재화의 판매시점에서는 교환거래가 발생하므로 측정이 용이하기 때문에 대부분 수익인식방법으로 판매기준이 적용된다.

① 재화의 판매로 인한 수익은 다음 조건이 모두 충족될 때 인식한다.

> **가득요건**
> · 재화의 소유에 따른 위험과 효익의 대부분이 구매자에게 이전된다.
> · 판매자는 판매한 재화에 대하여 소유권이 있을 때 통상적으로 행사하는 정도의 관리나 효과적인 통제를 할 수 없다.
>
> **실현요건**
> · 수익금액을 신뢰성 있게 측정할 수 있다.
> · 경제적효익의 유입가능성이 매우 높다.
> · 거래와 관련하여 발생했거나 발생할 거래원가와 관련 비용을 신뢰성 있게 측정할 수 있다.

② 일반적으로 소유에 따른 위험과 효익의 이전은 법적 소유권의 이전 또는 재화의 물리적 이전과 동시에 이루어지므로 인도시점이 수익인식시점이 된다.

③ 거래 이후에도 판매자가 관련 재화의 소유에 따른 위험의 대부분을 부담하는 경우에는 그 거래를 판매로 보지 아니하며, 수익을 인식하지 아니한다.

④ 국가회계에서 재화판매수익은 양곡관리특별회계의 미곡과 잡곡의 판매수입, 조달특별회계의 비축물자 사업수입, 복권기금의 복권판매수익 등이 있다.

2) 용역의 제공

우편사업, 병원운영 등의 용역을 제공하는 경우 용역을 생산함과 동시에 거래처에 제공하며, 그 대금은 사전약정에 따라 계산되므로 용역의 제공과 동시에 청구권이 발생한다. 이와 같은 용역제공거래에서는 용역의 생산과 제공이라는 사실을 수익창출활동에 있어서 결정적 사건으로 볼 수 있으며, 사전약정에 의하여 수익금액을 신뢰성 있게 추정할 수 있으므로 발생기준, 즉 진행기준에 의하여 수익을 인식하는 것이 바람직하다.

① 용역의 제공으로 인한 수익은 장·단기를 불문하고 다음 조건이 모두 충족하는 경우(용역제공의 성과를 신뢰성 있게 추정할 수 있는 경우)에 발생기준, 즉 진행기준에 따라 인식한다. 따라서 용역제공거래의 진행률은 가장 신뢰성 있게 측정할 수 있는 방법으로 결정해야 한다.

> · 거래 전체의 수익금액을 신뢰성 있게 측정할 수 있다.
> · 경제적효익의 유입가능성이 매우 높다.
> · 진행률을 신뢰성 있게 측정할 수 있다.
> · 이미 발생한 원가와 거래를 완료하기 위해 추가로 발생할 원가를 신뢰성 있게 측정할 수 있다.

② 용역제공과 관련하여 위의 조건을 하나라도 충족하지 못하는 경우에는 다음과 같이 수익과 비용을 인식한다.

> · 수익 : 인식된 비용 범위 내에서 회수가능한 금액
> · 비용 : 발생비용 전액

③ 국가회계에서 용역제공수익은 우편사업특별회계의 우편사업수입, 시설계약대행수익, 병원운영에 따른 용역제공수입 등이 있다.

3) 사용료수익과 수수료수익

사용료수익

사용료수익이란 토지, 건물 등의 유·무형자산(인적자산 제외)을 타인에게 사용하게 함으로써 발생하는 수익을 말한다. 사용료수익은 계약의 경제적 실질에 따라 다음과 같이 수익을 인식한다.

① **기간단위의 계약일 경우** : 발생기준, 즉 기간배분에 따라 수익을 인식한다.
② **1회성으로 사용하고 즉시 대금을 수취하는 계약일 경우** : 대금을 수납하는 시점에 수익을 인식한다.

그러나 사용료수익과 별개로 보증금 형태로 예치한 예납금은 계약완료시 반납해야 하므로 수익이 아닌 부채(임대보증금)로 처리한다. 국가회계에서 사용료수익은 전기통신 수탁사업수입, 입장료수입, 토지·건물 대여수입 등이 있다.

수수료수익

수수료수익이란 인적사무에 대한 대가로 수취하는 수익을 말한다. 수수료수익은 계약의 경제적 실질에 따라 다음과 같이 수익을 인식한다.

① **증명발급에 따른 수수료 및 고시수수료 등 1회성으로 사용하고 즉시 대금을 수취하는 계약일 경우** : 대금을 수납하는 시점에 수익을 인식한다.
② **검사수수료** : 계약의 실질에 따라 기간단위, 즉 발생기준으로 수익을 인식한다.

4) 이자수익 및 기타수익

① **이자수익**: 수익금액을 신뢰성있게 측정할 수 있고, 경제적효익의 유입가능성이 매우 높은 경우 수익을 인식한다.
② **배당금수익**: 배당금을 받을 권리와 확정되는 시점에 수익을 익식하며, 주식배당액은 수익으로 인식

하지 않는다.

③ **보험차익**: 보험회사로부터 지급받을 보험금이 확정되는 시점에 수익을 인식한다.

(3) 비교환수익 등의 회계처리

비교환수익 등이란 비교환수익(국세수입, 부담금수익, 제재금수익, 사회보험수익, 기타비교환수익), 채무면제이익, 기타재원조달및이전(무상관리전환, 기부채납 및 기부금수익 포함)을 말한다. 비교환수익 등은 국고금회계를 적용받지 않는 기업특별회계와 기금의 경우에만 재정운영표에 표시되며, 국고금회계를 적용받는 일반회계와 기타특별회계의 경우 국고에 불입한 후 예산으로 배정되기 때문에 순자산변동표에 반영된다.

1) 비교환수익

국세수익

국세수익이란 국가의 재정수입을 위하여 국가가 부과징수하는 관세 및 내국세의 회수가능액을 말한다.

① 국세수익은 재무제표의 필수보충정보인 국세징수활동표에 반영되며, 해당 수익에서 국세환급금을 차감한 잔액으로 표시된다.
② 국세수익은 각 중앙관서의 재정운영표에는 반영되지 않고 국가 전체의 재정운영표상 비교환수익 등에 표시된다.
③ 국세수익의 수익인식시기는 다음과 같다.
   a. 신고납세제도의 국세: 신고시점
   b. 정부부과제도의 국세: 부과고지시점
   c. 원천징수하는 국세: 원천징수의무자가 원천징수세액을 납부하는 시점
   d. 연부연납 또는 분납이 가능한 국세: 징수할 세금이 확정된 때에 그 납부할 세액 전체를 수익으로 인식함.
④ 국세(상속세)를 물납받는 경우에는 취득한 부동산과 유가증권의 공정가치로 평가하지 않고 고지한 금액을 국세수익으로 인식한다. 또한 가산세는 국세에 포함되므로 해당 국세의 수익인식시기가 도래한 때에 본세에 포함하여 국세수익으로 인식한다.
⑤ 미수국세와 관련한 대손상각비는 국세수익에서 차감하는 형식으로 표시하고, 미수국세와 관련한 대손충당금환입은 국세수익에 가산하는 형식으로 처리한다.

부담금수익

부담금이란 정부의 사업과 관련하여 이해관계가 있는 자로부터 그 사업에 필요한 경비의 전부 또는 일부를 부담시키기 위하여 부과하는 일종의 공법상 금전급여의무를 말한다.

① 부담금수익은 다음과 같이 수익자부담금, 원인자부담금, 조세성부담금으로 구분된다.

　　a. 수익자부담금 : 공공시설로 인해 특별한 이익을 받은 자에게 징수하는 법정부담금 (예: 석유판매부과금, 석유수입부과금, 대체산림자원조성비)
　　b. 원인자부담금 : 각종 시설의 건설 또는 유지관리비용을 충당할 목적으로 사용자에게서 징수하는 법정부담금 (예: 환경개선부담금, 폐기물부담금, 개발부담금, 소음부담금)
　　c. 조세성부담금 : 특정 공익사업을 수행하지만 부과대상과 사용내역 간의 관계가 직접적이지 않은 법정부담금(예: 국민건강증진부담금, 배출부과금, 장애인고용부담금, 국외여행자납부금)

② 부담금수익은 국가의 법적, 계약적, 행정적 청구권이 확정된 때 인식하는데, 부담금수익에 대한 행정적 청구권은 징수결의에 의하여 부과고지시 발생하므로 부과고지시 수익을 인식하고, 향후 현금수취시 관련 미수채권을 상계한다.

제재금수익

제재금수익이란 법이나 규정 및 계약 등을 위반한 자에게 부담시키는 지급의무에 따라 발생하는 수익을 말한다.

① 제재금수익은 다음과 같이 분류된다.

　　a. 변상금수익 : 법령과 계약에 의거하여 국가가 수납할 변상금
　　b. 위약금수익 : 계약당사자의 특약에 따라 채무불이행의 경우에 채무자가 채권자에게 지급하기로 약정한 금전
　　c. 가산금수익 : 세금 또는 공공요금 등을 납부해야 할 행정법상의 의무가 있는 사람이 그 의무를 지체하는 경우 이에 대한 제재로 부과하는 할증된 금액
　　d. 벌금수익 : 법령에 익하여 국가가 수납할 형벌의 성질을 갖는 벌금, 범칙금, 즉결재판에 의한 벌금, 범칙금 등
　　e. 몰수금수익 : 법령에 의하여 국가가 수납할 몰수금, 몰수용품 및 압수물 공매대금 등

② 제재금수익은 변상금·위약금·가산금수익과 벌금·몰수금수익을 구분하여 수익을 인식한다. 즉, 벌금수익과 몰수금수익은 벌금이나 과태료 등이 납부되거나 몰수가 집행된 때 수익을 인식하며 그 외 제재금수익은 부과고지시점에서 수익을 인식한다. 그 이유는 벌금수익과 몰수금수익의 경우 다른 이전수익과 달리 세출예산의 재원은 되지만 그 관리절차는 일반세입과 달리 행형·집행의 일환으로 관리하는 목적이 강하기 때문이다.

③ 몰수금수익의 경우 몰수품은 관련법령에 따라 수불관리를 하되 이러한 물품 중 화폐성자산은 압류 및 몰수 당시의 시장가격으로 자산 및 몰수금수익을 인식하며, 비화폐성자산은 감정가액 또는 공정가치 등으로 평가하여 주석으로 기재하였다가 몰수판결이나 법령의 규정에 의하여 국가에 귀속되어 처분된 때에 자산이나 수익 등을 인식한다.

사회보험수익

사회보험수익이란 사회보험사업의 시행을 위해 징수하는 보험금으로써 고용보험수익, 산재보험수익 등을 말한다. 사회보험수익은 해당 청구권이 확정된 때에 확정된 금액을 수익으로 인식한다.

2) 채무면제이익

채무면제이익이란 채무액의 전부 또는 일부를 면제받아 원래 지급하여야 할 원리금보다 적은 금액을 지급함에 따라 발생하는 이익을 말한다. 채무면제이익은 실제 채무의 면제가 확정된 시점에 수익을 인식한다.

3) 기타재원조달및이전

기타재원조달및이전이란 순자산의 증감효과를 발생시키는 거래 중 앞에서 언급한 수익과 비용을 제외한 각종 재원조달 및 이전거래를 말한다. 기타재원조달및이전은 무상이전수입, 기타재원조달, 무상이전지출 및 기타재원이전으로 구분된다.

무상이전수입

무상이전수입이란 일반회계, 특별회계 및 기금으로부터 받는 정부내부거래와 정부외자산수증·정부외기부금을 통한 순자산의 증가를 말하며, 다음과 같이 분류된다.

① **일반회계전입금** : 정부내부거래로서 일반회계로부터 무상으로 받는 자금
② **특별회계전입금** : 정부내부거래로서 특별회계로부터 무상으로 받는 자금
③ **기금전입금** : 정부내부거래로서 기금이 다른 기금으로부터 무상으로 받는 자금
④ **정부내자산수증** : 국유재산 및 물품에 대하여 정부부처간 무상관리전환을 하는 것. 다만, 회계조직변경으로 인한 정부부처간 자산이관은 정부내자산수증에 해당하지 않으며, '기타무상이전수입'으로 처리함.
⑤ **정부외자산수증** : 정부 이외의 자로부터 자산을 무상으로 수증받는 것
⑥ **정부외기부금** : 정부 이외의 자로부터 기부금을 수증받는 것
⑦ **손익계정전입금, 자본계정전입금, 감가상각전입금, 당기순이익전입금** : 기업특별회계에서 수익계정과 자본계정 간에 세입예산을 이전받기 위해 발생하는 계정

⑧ **기타무상이전수입** : 정부 내에서 발생하는 무상이전수입 중 상기 ①~⑦에 해당하지 아니하는 거래를 처리하는 계정

기타재원조달

국가회계실체가 부담하여야 하는 자원의 유출을 다른 국가회계실체가 대신 부담하는 경우와 순자산의 증가효과를 발생시키는 거래 중 위에서 언급한 수익을 제외한 각종 재원조달거래를 말한다.

무상이전지출

무상이전지출이란 정부내부거래로서 일반회계, 특별회계 및 기금 등에 무상으로 제공하는 자금을 말하며, 다음과 같이 분류된다.

① **일반회계전출금** : 일반회계에서 특별회계 및 기금에 무상으로 주는 자금

② **기타특별회계전출금** : 특별회계 및 기금이 특정 특별회계에 무상으로 주는 자금

③ **기업특별회계전출금** : 비금융공기업경상전출금과 비금융공기업자본전출금에 무상으로 주는 자금

④ **기금전출금** : 기금이 특정 기금이나 기금 내의 타계정에 무상으로 주는 자금

⑤ **손익계정전출금, 자본계정전출금, 감가상각전출금, 당기순이익전출금** : 기업특별회계에서 수익계정과 자본계정 간에 세입예산의 이전을 위해 발생하는 계정

⑥ **정부내자산기부** : 국유재산 및 물품에 대하여 정부부처간 무상관리전환을 하는 것

⑦ **기타무상이전지출** : 정부 내에서 발생하는 무상이전지출 중 상기 ①~⑥에 해당하지 아니하는 거래를 처리하는 계정

기타재원이전

해당 국가회계실체가 부담하여야 하는 자원의 유출을 다른 국가회계실체가 대신 부담하는 경우와 순자산에 감소효과를 발생시키는 거래 중 위에서 언급한 수익을 제외한 각종 재원이전거래를 말한다.

(4) 지방자치단체회계기준

1) 수익의 정의

지방자치단체회계기준에서는 수익을 "자산의 증가 또는 부채의 감소를 초래하는 회계연도 동안의 거래로 생긴 순자산의 증가"로 정의하고 있다.

① 관리전환이나 기부채납 등으로 발생한 순자산의 증가는 수익에 포함하지 아니하고, '회계간 재산이관

및 물품소관의 전환에 의한 자산증가' 또는 '양여·기부로 생긴 자산증가'의 계정과목으로 재정상태표에 직접 반영하며 순자산변동표에 표시함에 유의해야 한다. 참고로 국가회계기준에서는 관리전환이나 기부채납 등으로 발생한 순자산의 증가를 비교환수익 등의 계정과목으로 하여 재정운영표 또는 순자산변동표에 표시하도록 규정하고 있다.

② 지방자치단체가 정부 이외의 자로부터 현금을 기부받는 경우에는 기타수익(기부금수익)으로 인식하고 재정운영표에 반영한다.

2) 수익의 분류

지방자치단체회계에서는 수익을 사업수익과 비배분수익 및 일반수익으로 구분하여 표시하도록 규정하고 있는데, 사업수익과 비배분수익은 교환수익이며, 일반수익은 비교환수익이다.

교환수익

① **사업수익**: 사업의 수행과정에서 발생하거나 사업과 관련하여 국가 또는 다른 지방자치단체로부터 얻은 수익을 말한다. 따라서 특정 사업의 비용을 보전하기 위한 운영보조목적의 보조금 등을 국가 또는 지방자치단체로부터 수령하면 사업수익으로 본다.[6]

② **비배분수익**: 교환거래로 발생한 수익이지만 사업등과 관련이 없거나 사업수익으로 보는것이 적절하지 않은 수익을 말한다.

일반수익

일반수익은 사업수익이나 비배분수익에 속하지 않은 비교환수익으로서 재원조달의 원천에 따라 자체조달수익, 정부간이전수익 및 기타수익으로 분류된다.

① 자체조달수익은 지방자치단체가 독자적인 과세권한과 자체적인 징수활동을 통하여 조달한 수익을 말하는 것으로 지방세수익, 경상세외수익, 임시세외수익 등으로 구성된다.

    a. 지방세수익 : 지방세법 제5조에 규정한 세목으로서 지방자치단체가 과세권을 바탕으로 반대급부 없이 징수하는 세금을 말한다.

    b. 경상세외수익 : 경상적이고 반복적으로 재화나 서비스를 제공하고 그에 대한 반대급부로 발생하는 세외수익으로서 재산임대료수익, 사용료수익, 수수료수익, 사업수익, 징수교부금수익, 이자수익 등을 말한다.

---

6 특정사업에 사용될 자산의 취득을 지원하기 위한 자본보조목적의 보조금 등은 사업수익에서 제외하고 순자산 증가항목으로 처리한다.

c. 임시세외수익 : 세외수익 중 비경상적이고 비반복적으로 발생하는 수익으로서 국·공유재산매각수수료수익, 재고자산매각이익, 일반유형자산처분이익, 주민편의시설처분이익, 사회기반시설처분이익, 부담금수익, 과태료수익 등을 말한다.

② 정부간이전수익은 회계실체가 국가 또는 다른 지방자치단체로부터 이전받은 수익을 말하는 것으로 지방교부세수익, 조정교부금수익, 재정보전금수익, 국고보조금수익, 시도비보조금수익 등으로 구성된다.

③ 기타수익은 일반수익 중 자체조달수익과 정부간이전수익 이외의 수익을 말하며 회계간전입금수익, 기부금수익, 외화환산이익, 외환차익 등으로 구성된다.

3) 수익인식기준

지방자치단체회계기준의 경우 수익을 교환수익과 비교환수익으로 구분하여 다음과 같이 각각의 수익인식기준에 대해서 규정하고 있는데, 이는 국가회계기준과 차이가 없다.

① **교환수익** : 재화나 서비스제공의 반대급부로 발생한 사용료, 수수료 등으로서 수익창출활동이 완료되고 그 금액을 합리적으로 측정할 수 있을 때 인식한다.

② **비교환수익** : 직접적인 반대급부 없이 발생한 지방세, 보조금, 기부금 등으로서 해당 수익에 대한 청구권이 발생하고 그 금액을 합리적으로 측정할 수 있을 때 인식한다.

4) 수익별 회계처리

① **지방세수익**: 지방자치단체의 수익에서 가장 큰 비중을 차지하고 있는 지방세수익의 경우 해당 수익에 대한 청구권의 발생시점은 세법에서 규정하고 있는 납세의무의 확정시점이므로 국가회계와 차이가 없다.

② **경상세외수익**: 재화의 판매로 인한 경상세외수익은 재화의 인도시점, 용역의 제공에 의한 경상세외수익은 서비스제공이 완료되는 시점에서 수익으로 인식한다.

③ **임시세외수익**: 임시세외수익의 대표적인 예로서 자산매각이익을 들 수 있는데, 이러한 자산매각이익은 자산이 처분되는 시점에서 수익으로 인식한다.

④ **정부간이전수익**: 정부간이전수익이란 지방자치단체가 국가 등의 교부를 통하여 조달한 수익이므로 수납시점에서 수익으로 인식한다.

2 비용회계

(1) 비용의 의의

1) 비용의 정의

국가회계기준에서는 비용(cost)을 "국가의 재정활동과 관련하여 재화 또는 용역을 제공하여 발생하거나, 직접적인 반대급부 없이 발생하는 자원의 유출이나 사용 등에 따른 순자산의 감소"로 정의하고 있다. 이러한 정의에 비추어보면 국가회계기준에서의 비용은 다음과 같은 특징이 있다.

① 재화나 용역을 제공하여 발생한 비용뿐만 아니라 직접적인 반대급부 없이 발생하는 비용까지 포함하고 있다.
② 일정기간 동안에 발생한 비용을 인식하면 자산이 감소하거나 부채가 증가함에 따라 순자산이 감소한다.

2) 비용의 분류

국가회계기준에 의할 경우 재정운영표상 비용은 다음과 같이 프로그램총원가, 관리운영비 및 비배분비용으로 구분할 수 있다.

① **프로그램총원가** : 국가회계실체의 프로그램 수행과 관련하여 발생한 총원가로 프로그램별로 추적 및 배부가 가능한 원가를 말하는데, 여기서 원가란 중앙관서의 장 또는 기금관리주체가 프로그램의 목표를 달성하고 성과를 창출하기 위해 직접적·간접적으로 투입한 경제적 자원의 가치를 말한다.
② **관리운영비** : 프로그램의 운영에 직접적으로 소요되지는 않으나 기관의 기본적인 기능수행 및 특정사업의 행정운영과 관련한 인건비와 경비를 말하며, 기업특별회계나 기금의 경우 그 기관의 기능수행을 위한 관리업무비를 말한다.
③ **비배분비용** : 국가회계실체가 투입한 비용 중 프로그램이 제공하는 재화나 용역과 직접적인 관련이 없거나 프로그램에 배부하는 것이 적정하지 아니한 비용을 말한다.

3) 비용인식기준

국가회계기준에 의할 경우 비용의 인식은 발생기준으로 이루어져야 한다. 따라서 국가회계기준에서는 다음과 같은 요건이 충족한 시점에서 비용을 인식하도록 규정하고 있다.

> · 비용은 재화나 용역의 제공 등 국가재정활동 수행을 위하여 자산이 감소하고 그 금액을 합리적으로 측정할 수 있을 때 또는 법령 등에 따라 지출에 대한 의무가 존재하고 그 금액을 합리적으로 측정할 수 있을 때에 인식한다.
> · 과거에 자산으로 인식한 자산의 미래경제적효익이 감소 또는 소멸되거나 자원의 지출 없이 부채가 발생 또는 증가한 것이 명백한 때에도 비용을 인식한다.

① 교환거래의 경우 '재화나 용역의 제공 등 국가재정활동 수행을 위하여 자산이 감소하고 그 금액을 합리적으로 측정할 수 있을 때' 비용을 인식하며, 비교환거래의 경우 '법령 등에 따라 지출에 대한 의무가 존재하고 그 금액을 합리적으로 측정할 수 있을 때' 비용을 인식한다.

② 비용의 인식은 자산의 감소나 부채의 증가가 동시에 이루어지지만, 현실적으로 이 논리를 적용하기가 어렵기 때문에 일반적으로 수익이 인식된 시점에서 수익과 관련하여 비용을 인식하게 되는데, 이를 수익·비용대응의 원칙이라고 한다. 수익·비용대응의 원칙에 따라 비용을 인식하는 방법에는 다음 세 가지가 있다.

  a. 원인과 결과의 직접대응 : 수익과 직접 관련하여 발생한 비용은 동일한 거래나 사건에서 발생하는 수익을 인식할 때 대응하여 인식한다. 이와 같은 예로는 재화판매수익에 대응하여 인식하는 재화판매원가를 그 예로 들 수 있다.
  b. 합리적이고 체계적인 방법에 의한 기간배분 : 자산으로부터의 효익이 여러 회계기간에 걸쳐 기대되는 경우, 이와 관련하여 발생한 특정 성격의 비용은 합리적이고 체계적인 배분절차에 따라 각 회계기간에 배분하는 과정을 거쳐 인식한다. 일반유형자산의 감가상각비와 무형자산의 상각비를 그 예로 들 수 있다.
  c. 당기에 즉시 인식 : 수익과 직접 대응할 수 없는 비용은 재화 및 용역의 사용으로 현금이 지출되거나 부채가 발생하는 회계기간에 인식한다. 인건비 등을 그 예로 들 수 있다.

(2) 비용별 회계처리

1) 재화 및 용역제공원가

재화 및 용역제공원가란 재화의 판매 및 용역의 제공을 위하여 판매되거나 소모된 재고자산 또는 용역의 제공으로 인하여 발생한 원가를 말한다. 판매업의 재화판매원가는 기초상품재고액과 당기상품매입액의 합계액에서 기말상품재고액을 차감하여 구하고, 제조업의 재화판매원가는 기초제품재고액과 당기제품제조원가의 합계액에서 기말제품재고액을 차감하여 구한다.

2) 인건비(퇴직급여 제외)

인건비란 공무원 등이 고용관계 또는 위임관계에 의하여 근로를 제공하고 그 대가로 지급받는 급여, 상여 등의 일체의 금품 및 이익을 말한다. 급여 등 인건비는 발생기준에 의거하여 기간경과에 따라 비용으로 인식한다.

3) 퇴직급여

퇴직급여란 퇴직급여충당부채 설정시 발생하는 비용계정을 말한다. 퇴직급여의 산정내역은 다음과 같다.

> 퇴직급여 = 당기말 현재 퇴직금 추계액 − (전기말 현재 퇴직금 추계액 − 당기중 실제 퇴직금 지급액)

예 20×1년 12월 31일 ○○기금의 재정상태표상 퇴직급여충당부채는 ₩50,000,000으로 계상되어 있었다. 20×2년 중 퇴직자는 없으며, 20×2년 12월 31일 퇴직급여지급 대상자가 증가하여 퇴직급여충당부채가 ₩70,000,000으로 평가된 경우 20×2년 12월 31일의 회계처리

| (차) | 퇴직급여 | 20,000,000 | (대) | 퇴직급여충당부채 | 20,000,000 |

(3) 지방자치단체회계기준

1) 비용의 정의

지방자치단체회계기준에서는 비용을 "자산의 감소나 부채의 증가를 초래하는 회계연도 동안의 거래로 생긴 순자산의 감소"로 정의하고 있다. 그러나 관리전환으로 발생한 순자산의 감소는 비용에 포함하지 아니하고, '회계간 재산이관 및 물품소관의 전환에 의한 자산감소'의 계정과목으로 직접 순자산변동표에 표시함에 유의해야 한다. 참고로 국가회계기준에서는 관리전환 등으로 발생한 순자산의 감소를 비교환수익 등의 과목으로 재정운영표 또는 순자산변동표에 표시하도록 규정하고 있다.

2) 비용의 분류

지방자치단체회계기준에 의할 경우 재정운영표상 비용은 다음과 같이 사업총원가, 관리운영비 및 비배분비용으로 구분할 수 있다.

① **사업총원가**: 사업을 수행하기 위하여 투입한 원가에서 다른 사업으로부터 배부받은 원가를 더하고, 다른 사업에 배부한 원가를 뺀 것을 말한다.

② **관리운영비**: 조직의 일반적이고 기본적인 기능을 수행하는 데 필요한 인건비, 기본경비 및 운영경비를 말한다.

③ **비배분비용**: 임시적, 비경상적으로 발생한 비용 및 사업과 직접적 또는 간접적 관련이 없어 사업총원가에 배분하는 것이 합리적이지 아니한 비용을 말한다.

3) 비용인식기준

지방자치단체회계기준의 경우 비용을 교환거래와 비교환거래로 구분하여 다음과 같은 요건을 충족한 시점에서 인식하도록 규정하고 있다.

① **교환거래에 의한 비용**: 반대급부로 발생하는 급여, 지급수수료, 임차료, 수선유지비 등으로서 대가를 지급하는 조건으로 민간부문이나 다른 공공부문으로부터 재화와 서비스의 제공이 끝나고 그 금액을 합리적으로 측정할 수 있을 때에 인식한다.

② **비교환거래에 의한 비용**: 직접적인 반대급부 없이 발생하는 보조금, 기부금 등으로서 가치의 이전에 대한 의무가 존재하고 그 금액을 합리적으로 측정할 수 있을 때에 인식한다.

3 재정운영표

(1) 재정운영표의 의의

재정운영표(statement of performance.)란 일정기간 동안 정부의 재정활동의 결과를 나타내는 재무제표를 말한다.

① 재정운영표는 기업회계의 포괄손익계산서에 해당하는 재무제표이지만 재정운영표상 수익·비용은 기업회계의 수익·비용과는 많은 차이가 있다. 왜냐하면, 정부회계의 특성상 재정운영표는 수익과 비용을 대응시켜 이익을 표시하는 것이 목적이 아니라, 정부의 재정활동에 소요된 비용을 중심으로 수익과 비용의 내역을 일정기준에 따라 나타내는 것이 목적이기 때문이다.

② 위 ①의 사항을 고려하여 국가회계기준에서는 재정운영표를 '회계연도 동안 수행한 정책 또는 사업의 원가와 재정운영에 따른 원가의 회수명세 등을 포함한 재정운영결과를 나타내는 재무제표'라고 정의하고 있으며, 지방자치단체회계기준에서는 '회계연도 동안 회계실체가 수행한 사업의 원가와 회수된 원가정보를 포함한 재정운영결과를 나타내는 재무제표'라고 정의하고 있다.

③ 재정운영표의 작성기준은 발생기준이다. 즉, 모든 수익과 비용을 발생기준의 원칙에 따라 거래나 사건이 발생한 기간에 표시한다.

(2) 재정운영표의 구조

재정운영표는 정책 또는 사업의 원가와 회수된 원가정보를 일목연하게 나타내야 하므로 다음과 같은 구조로 되어 있다. {( )은 지방자치단체회계의 용어임.}

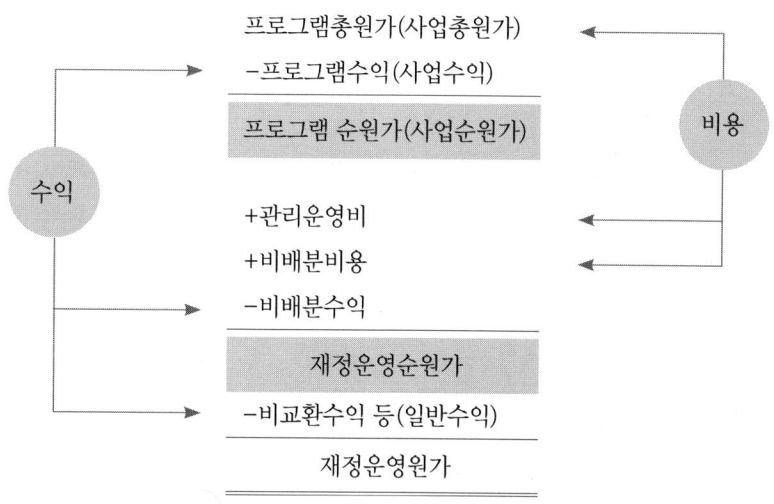

여기서 유의할 점은 재정운영표의 양식은 프로그램총원가(사업총원가)에서 프로그램수익(사업수익)을 차감한 프로그램순원가(사업순원가)에서 출발하도록 되어 있다는 것이다.,

예 다음은 A부처 D기금의 20×1년 재정운영표작성에 필요한 정보를 요약한 것이다.

프로그램수익	₩4,000	비배분수익	₩1,000
비교환수익	5,000	프로그램총원가	13,000
관리운영비	3,000	비배분비용	2,000

재정운영표

D기금, A부처   20×1년 1월 1일부터 20×1년 12월 31일 까지

Ⅰ. 프로그램순원가: ₩13,000−₩4,000=	₩9,000
Ⅱ. 관리운영비	3,000
Ⅲ. 비배분비용	2,000
Ⅳ. 비배분수익	(1,000)
Ⅴ. 재정운영순원가	₩13,000
Ⅵ. 비교환수익 등	(5,000)
Ⅶ. 재정운영결과	₩8,000

(3) 재정운영표의 양식

1) 국가의 재정운영표

국가의 재정운영표는 각 중앙관서 또는 기금의 재정운영표와 국가 전체의 재정운영표가 각각 작성되어야 하는데, 각 재정운영표의 양식과 구성내역이 상이하므로 이를 구분하여 살펴보기로 한다.

중앙관서 또는 기금의 재정운영표

중앙관서 또는 기금의 재정운영표는 정책사업별로 발생한 프로그램순원가, 재정운영순원가, 재정운영결과로 구분하여 표시하도록 구성되어 있는데, 이러한 재정운영표의 양식은 각 정책사업, 즉 각 프로그램별로 투입된 비용이나 원가의 내역을 나타내기 위한 것이다. 국가회계기준에서 규정하고 있는 중앙관서 또는 기금의 재정운영표의 양식을 요약하여 나타내면 다음과 같다.

재정운영표

당기 : 20×2년 1월 1일부터 20×2년 12월 31일까지
전기 : 20×1년 1월 1일부터 20×1년 12월 31일까지

○○기금, ○○부처 (단위 : 원)

	20×2년			20×1년		
	총원가	수 익	순원가	총원가	수 익	순원가
Ⅰ. 프로그램순원가	×××	(×××)	×××	×××	(×××)	×××
1. 프로그램(A)	×××	(×××)	×××	×××	(×××)	×××
2. 프로그램(B)	×××	(×××)	×××	×××	(×××)	×××
3. ：						
Ⅱ. 관리운영비			×××			×××
1. 인 건 비			×××			×××
2. 경 비			×××			×××
3. ：						
Ⅲ. 비배분비용			×××			×××
1. 자산처분손실			×××			×××
2. ：						
Ⅳ. 비배분수익			×××			×××
1. 자산처분이익			×××			×××
2. ：						

Ⅴ. 재정운영순원가(Ⅰ+Ⅱ+Ⅲ-Ⅳ)	×××	×××
Ⅵ. 비교환수익 등	×××	×××
1. 부담금수익	×××	×××
2. 제재금수익	×××	×××
3. :		
Ⅶ. 재정운영결과(Ⅴ-Ⅵ)	×××	×××

① **프로그램순원가** : 각 중앙관서 또는 기금에서 개별 정책사업을 수행하기 위하여 투입한 원가에 다른 프로그램에서 배부받은 원가를 가산하고 다른 프로그램에 배분한 원가는 차감하며, 당해 프로그램과 관련하여 발생한 교환수익(프로그램수익)을 차감하여 계산한다.

$$\text{프로그램순원가} = \begin{pmatrix} \text{프로그램을 수행하기} & + & \text{다른 프로그램에서 배부받은 원가} \\ \text{위하여 투입한 원가} & - & \text{다른 프로그램에 배분한 원가} \end{pmatrix} - \text{프로그램관련 교환수익}$$

② **재정운영순원가** : 개별 프로그램순원가의 합계금액에 관리운영비와 비배분비용을 가산하고 비배분수익을 차감하여 계산한다.

$$\text{재정운영순원가} = \text{개별 프로그램순원가 합계} + \text{관리운영비} + \text{비배분비용} - \text{비배분수익}$$

   a. 관리운영비 : 여러 프로그램에 공통적으로 발생하거나 기관 및 기금의 운영에 관련된 공통비
   b. 비배분비용 : 개별 프로그램과 관련이 없거나 배분이 적합하지 않은 비용
   c. 비배분수익 : 프로그램과 관련이 없거나 프로그램 이외에서 발생한 교환수익으로서 프로그램순원가 계산시 차감되지 않은 수익

③ **재정운영결과** : 재정운영순원가에서 프로그램과 관계없이 국가가 징수하는 부담금이나 기타수익 등의 비교환수익 등을 차감하여 계산한다.

$$\text{재정운영결과} = \text{재정운영순원가} - \text{비교환수익 등}$$

앞에서도 언급하였지만 비교환수익 등은 국고금회계를 적용받지 않은 기업특별회계와 기금의 경우에만 자체적인 수익거래의 개념으로 보아 재정운영표에 표시되며, 국고금회계를 적용받는 일반회계와 기타특별회계의 경우 국고에 불입한 후 예산으로 배정되기 때문에 순자산변동표에 반영됨에 유의해야 한다.

예 다음은 B부처 C기금의 20×1년 재정운영표작성에 필요한 정보를 필요약한 것이다.

이자수익	800	자산처분손실	700
부담금수익	1,000	인건비	600
감가상각비	400	다른 프로그램에 배부한 원가	500
프로그램관련 교환수익	1,500	제재금수익	2,000
다른 프로그램에서 배부받은 원가	3,000	프로그램을 수행에 투입된 원가	10,000

재정운영표

C기금, B부처　　　20×1년 1월 1일부터 20×1년 12월 31일 까지

Ⅰ. 프로그램순원가: ₩10,000+₩3,000-₩500-₩1,500=	₩11,000
Ⅱ. 관리운영비: ₩600+₩400=	1,000
Ⅲ. 비배분비용	700
Ⅳ. 비배분수익	(800)
Ⅴ. 재정운영순원가	₩11,900
Ⅵ. 비교환수익 등: ₩1,000+2,000=	(3,000)
Ⅶ. 재정운영결과	₩8,900

국가 전체의 재정운영표

국가 전체의 재정운영표는 각 중앙관서와 기금의 재정운영표를 통합한 국가 전체의 재정운영표이다. 따라서 국가의 재정운영표는 내부거래를 제거하여 작성하되, 재정운영순원가, 비교환수익 등 재정운영결과로 구분하여 표시하는데, 여기서 재정운영순원가는 각 중앙관서별로 구분하여 표시하고 재정운영순원가에서 비교환수익 등을 차감하여 재정운영결과를 표시한다.

국가회계기준에서 규정하고 있는 국가 전체의 재정운영표의 양식을 요약하여 나타내면 다음과 같다.

재정운영표

당기 : 20×2년 1월 1일부터 20×2년 12월 31일까지
전기 : 20×1년 1월 1일부터 20×1년 12월 31일까지

대한민국 정부 (단위 : 원)

	20×2년		20×1년	
Ⅰ. 재정운영순원가		×××		×××
1. 대통령실		×××		×××
2. 행정안전부		×××		×××
3. ⋮				
Ⅱ. 비교환수익 등		×××		×××
1. 국세수익				
(1) 국세수익	×××		×××	
(2) 대손상각비	×××		×××	
(3) 대손충당금환입	×××	×××	×××	×××
2. 부담금수익		×××		×××
3. ⋮		×××		×××
Ⅲ. 재정운영결과(Ⅰ-Ⅱ)		×××		×××

국가 전체 재정운영표의 관련하여 유의할 점은 비교환수익 중 국세수익은 중앙관서의 재정운영표나 순자산변동표에 표시되지 않고 필수보충정보인 국세징수활동표에 표시한 후 국가 전체의 재정운영표에만 표시된다는 것이다.

2) 지방자치단체의 재정운영표

지방자치단체의 재무제표에는 개별 회계실체의 재정운영표를 통합한 재정운영표가 포함되어야 하며, 지방자치단체의 성질별 재정운영표[7], 일반회계의 재정운영표 및 개별 회계실체(일반회계는 제외함.)의 재정운영표는 필수보충정보에 포함하도록 규정하고 있다. 지방자치단체의 재정운영표는 다음의 각 항목을 구분하여 표시한다.

　① **사업순원가** : 사업총원가에서 사업수익을 차감하여 계산한다.

---

[7] 성질별 재정운영표란 비용을 경제적 성격에 기초하여 인건비, 운영비, 이전비용, 기타비용 등으로 표시한 재정운영표를 말한다.

a. 사업총원가 : 사업을 수행하기 위하여 투입한 원가에서 다른 사업으로부터 배부받은 원가를 더하고, 다른 사업에 배부한 원가를 차감하여 계산한 원가

b. 사업수익 : 사업의 수행과정에서 발생하거나 사업과 관련하여 국가·지방자치단체 등으로부터 얻은 수익

② **재정운영순원가** : 사업순원가에 관리운영비와 비배분비용은 가산하고 비배분수익은 차감하여 계산한다.

a. 관리운영비 : 조직의 일반적이고 기본적인 기능을 수행하는 데 필요한 인건비, 기본경비 및 운영경비

b. 비배분비용 : 임시적·비경상적으로 발생한 비용 및 사업과 직접적 또는 간접적 관련이 없어 총원가에 배분하는 것이 합리적이지 아니한 비용

c. 비배분수익 : 임시적·비경상적으로 발생한 수익 및 사업과 직접적 관련이 없어 사업수익에 합산하는 것이 합리적이지 아니한 수익

③ **재정운영결과** : 재정운영순원가에서 자체조달수익(지방세수익, 경상세외수익) 정부간이전수익 및 기타수익 등의 일반수익을 차감하여 계산한다.

지방자치단체회계기준에서 규정하고 있는 재정운영표의 양식을 요약하여 나타내면 다음과 같다.

재정운영표

해당연도 : 20×2년 1월 1일부터 20×2년 12월 31일까지
직전연도 : 20×1년 1월 1일부터 20×1년 12월 31일까지

지방자치단체명 (단위 : 원)

	20×2년			20×1년		
	총원가	수 익	순원가	총원가	수 익	순원가
Ⅰ. 사업순원가	×××	(×××)	×××	×××	(×××)	×××
1. 일반공공행정	×××	(×××)	×××	×××	(×××)	×××
2. 공공질서 및 안전	×××	(×××)	×××	×××	(×××)	×××
⋮						
Ⅱ. 관리운영비			×××			×××
1. 인 건 비			×××			×××
2. 경 비			×××			×××
⋮						
Ⅲ. 비배분비용			×××			×××
1. 자산처분손실			×××			×××

⋮		
Ⅳ. 비배분수익	×××	×××
1. 자산처분이익	×××	×××
⋮		
Ⅴ. 재정운영순원가(Ⅰ+Ⅱ+Ⅲ-Ⅳ)	×××	×××
Ⅵ. 일반수익	×××	×××
1. 지방세수익	×××	×××
2. 정부간이전수익	×××	×××
3. 기타수익	×××	×××
Ⅶ. 재정운영결과(Ⅴ-Ⅵ)	×××	×××

예 다음은 E지방자치단체의 20×1년 재정운영표 작성에 필요한 자료를 요약한 것이다.

지방세수익	₩300	정부간 이전수익	₩400
비배분비용	500	사업관련 투입원가	10,000
관리운영비	600	비배분수익	800
기타수익	200	다른 사업에 배부한 원가	1,000
다른 사업에서 배부받은 원가	700	사업수익	1,200

재정운영표

E 지방자치단체　　20×1년 1월 1일부터 20×1년 12월 31일 까지

Ⅰ. 사업순원가: ₩10,000+₩7,000-₩1,000-₩1,200=	₩8,500
Ⅱ. 관리운영비	600
Ⅲ. 비배분비용	500
Ⅳ. 비배분수익	(800)
Ⅴ. 재정운영순원가	₩8,800
Ⅵ. 일반수익: ₩300+₩400+₩200=	(900)
Ⅶ. 재정운영결과	₩7,900

> [참고] 비교환수익, 무상관리전환, 기부채납 등의 표시

구 분	비교환수익	무상관리전환에 의한 자산의 증감	기부채납에 의한 자산의 증가
중앙관서 – 일반회계와 기타특별회계	순자산변동표	순자산변동표	순자산변동표
중앙관서 – 기업특별회계와 기금	재정운영표	재정운영표	재정운영표
국　　가	재정운영표	상계제거	재정운영표
지방자치단체	재정운영표	순자산변동표	순자산변동표

재정운영표

이론문제(기출지문)

01 국가회계기준에 의할 경우 교환수익이란 재화나 용역을 제공하고 벌어들인 수익으로서 국세수익, 부담금수익, 제재금수익 등을 그 예로 들 수 있다. (×)
  ▶교환수익의 예로서 재화및용역제공수익, 연금수익, 보험수익 등을 들 수 있으며 국세수익, 부담금수익, 제재금수익 등은 비교환수익이다.

02 국가회계기준에 의할 경우 교환수익은 수익창출활동이 완료되고 그 금액을 합리적으로 측정할 수 있을 때 인식한다. (○)

03 국가회계기준에 의할 경우 비교환수익은 해당 수익에 대한 청구권이 발생하고 수익금액을 합리적으로 측정할 수 있을 때 인식한다. (○)

04 국가회계기준에 의할 경우 비교환수익 중 국세수익의 경우 신고납세제도의 국세는 납세의무자가 과세표준신고서를 제출할 때, 정부부과제도의 국세는 국가가 납세고지를 할 때에 수익을 인식한다. (○)

05 국가회계기준에 의할 경우 세법상 원천징수하고 국세는 원천징수의무자가 소득금액 또는 수입금액을 지급하는 때에 납세의무가 성립되고 확정되기 때문에 원천징수의무자가 소득금액 또는 수입금액을 지급하는 때에 수익을 인식한다. (×)
  ▶원천징수하는 국세의 경우 원천징수의무자가 원천징수세액을 신고·납부한 때에 수익을 인식한다.

06 연부연납 또는 분납이 가능한 국세는 납부할 시기가 도래했을 때 그 납부할 세액만큼 수익으로 인식한다. (×)
  ▶연부연납 또는 분납이 가능한 국세는 징수할 세금이 확정된 때 그 납부할 세액 전체를 수익으로 인식한다.

07 국가회계기준에 의할 경우 벌금수익과 몰수금수익은 벌금이나 과태료 등이 납부되거나 몰수가 집행된 때에 수익을 인식하며, 그 금액을 확정하기 어려운 경우에는 처분시점에서 수익을 인식할 수 있다. (○)

08 비교환수익은 국고금회계를 적용받는 일반회계와 기타특별회계의 경우 국고에 불입한 후 예산으로 배정되기 때문에 순자산변동표에 반영된다. (O)

09 지방자치단체회계기준에 의할 경우 관리전환이나 기부채납 등으로 발생하는 순자산의 증가는 재정운영표에 반영한다. (×)
▶ 지방자치단체회계기준에 의할 경우 관리전환이나 기부채납 등으로 발생한 순자산의 증가는 수익에 포함하지 아니하고 '관리전환에 의한 자산증가' 또는 '기부채납에 의한 자산증가'의 계정과목으로 직접 순자산변동표에 표시한다.

10 지방자치단계회계기준에 의할 경우 특정 사업의 비용을 보전하기 위한 운영보조목적의 보조금 등을 국각 또는 지방자치단체로부터 수령하면 수익으로 본다. (O)

11 지방자치단체회계기준에 의할 경우 특정 사업에 사용될 자산의 취득을 지원하기 위한 자본보전목적의 보조금 등은 사업수익으로 본다. (×)
▶ 사업수익에서 제외하고 순자산증가항목으로 처리한다.

12 지방자치단체의 재정운영표상 비배분수익은 임시적·비경상적으로 발생한 수익 및 사업과 직접적으로 관련이 없는 사업의 수익으로 비교환수익을 말한다. (×)
▶ 비배분수익은 교환수익이다.

13 지방자치단체의 경우 비교환수익, 즉 일반수익은 재원조달의 원천에 따라 자체조달수익, 정부간이전수익 및 기타수익으로 분류된다. (O)

14 지방자치단체의 비교환수익 중 자체조달수익은 지방세수익, 경상세외수익, 임시세외수익으로 구성된다. (O)

15 지방자치단체의 비교환수익 중 정부간이전수익은 국가 또는 다른 지방자치단체로부터 이전받은 수익을 말하는 것으로 지방교부세수익, 국고보조금수익, 회계간전입금수익 등으로 구성된다. (×)
▶ 회계간전입금수익은 지방자치단체 내의 각 회계간 자금이전을 의미하며, 일반수익 중 기타수익으로 분류된다.

16 지방자치단체가 기부채납방식으로 자산을 기부받을 때에는 재정상태표에 직접 반영하며 순자산변동표에 표시하지만 현금으로 기부를 받을 때에는 재정운영표 상의 기타수익으로 인식한다. (O)

17 지방자치단체회계기준에 의할 경우 지방세, 보조금, 기부금 등의 교환수익은 수익창출활동이 완료되고 그 금액을 합리적으로 측정할 수 있을 때 인식한다. (X)
  ▶지방세, 보조금, 기부금 등은 직접적인 반대급부 없이 발생하는 비교환수익으로서 해당 수익에 대한 청구권이 발생하고 그 금액을 합리적으로 측정할 수 있을 때 인식한다.

18 국가회계기준에서는 교환거래의 경우 법령 등에 따라 지출에 대한 의무가 존재하고 그 금액을 합리적으로 측정할 수 있을 때 비용으로 인식하도록 규정하고 있다. (X)
  ▶국가회계기준에서는 교환거래의 경우 재화나 용역의 제공 등 국가재정활동 수행을 위해 자산이 감소하고 그 금액을 합리적으로 측정할 수 있을 때 비용을 인식하도록 규정하고 있다.

19 지방자치단체회계기준에 의할 경우 교환거래에 의한 비용은 대가를 지급하는 조건으로 민간부문이나 다른 공공부문으로부터 재화와 서비스의 제공이 끝나고 그 금액을 합리적으로 측정할 수 있을 때에 인식한다. (O)

20 국가회계기준에 의할 경우 중앙관서 또는 기금의 재정운영표는 프로그램순원가, 재정운영순원가, 재정운영결과로 구분하여 표시한다. (O)

21 중앙관서 또는 기금의 재정운영표상 프로그램순원가는 프로그램을 수행하기 위하여 투입한 원가 합계에서 다른 프로그램으로부터 배부받은 원가를 더하고, 다른 프로그램에 배부한 원가는 빼며, 프로그램 수행과정에서 발생한 수익 등을 빼서 표시한다. (O)

22 국가의 재정운영표작성시 재정운영순원가는 개별 프로그램순원가의 합계금액에 관리운영비를 가산하고 비배분수익을 차감하여 산정한다. (X)
  ▶국가의 재정운영표작성시 재정운영순원가는 개별 프로그램순원가의 합계금액에 관리운영비와 비배분비용을 가산하고 비배분수익을 차감하여 계산한다.

23 중앙관서 또는 기금의 재정운영표상 재정운영결과는 재정운영순원가에서 비교환수익 등을 빼서 표시한다. 다만, 일반회계 및 특별회계의 자금에서 발생하는 비교환수익 등은 순자산변동표의 재원의 조달 및 이전란에 표시한다. (O)

24 중앙관서 또는 기금의 재정운영표를 통합하여 작성하는 국가의 재정운영표는 내부거래를 제거하여 작성하되 재정운영순원가, 비교환수익 등 및 재정운영결과로 구분하여 표시하고, 재정운영결과는 각 중앙관서별로 구분하여 표시한다. (×)
   ▶국가의 재정운영표는 재정운영결과를 각 중앙관서별로 구분하여 표시하지 않는다.

25 국가회계기준에 의할 경우 국세수익은 중앙관서의 재정운영표와 순자산변동표에 표시되지 않고 국가 전체의 재정운영표에만 표시된다. (O)

26 국가의 재정운영표상 재정운영순원가는 각 중앙관서별로 프로그램순원가에서 관리운영비 및 비배분비용은 더하고, 비배분수익은 빼서 표시하며, 재정운영결과는 재정운영순원가에서 비교환수익 등을 빼서 표시한다. (×)
   ▶프로그램순원가, 비배분비용, 비배분수익 등을 별도로 표시하지 않고 재정운영순원가만 각 중앙관서별로 구분하여 표시한다.

27 지방자치단체회계기준에 의할 경우 재정운영표는 회계연도 동안 회계실체가 수행한 사업의 원가와 회수된 원가정보를 포함한 재정운영결과를 나타내는 재무제표로 재정운영순원가, 재정운영결과로 구분하여 표시한다. (×)
   ▶지방자치단체회계기준에 의할 경우 재정운영표는 회계연도 동안 회계실체가 수행한 사업의 원가와 회수된 원가정보를 포함한 재정운영결과를 나타내는 재무제표로 사업순원가, 재정운영순원가, 재정운영결과로 구분하여 표시한다.

필수예제 — 재정운영표

다음은 B부처 DD기금의 20×1년에 발생한 거래 중 재정운영표작성에 필요한 자료들을 요약해 놓은 것이다. 20×1년 B부처 DD기금의 재정운영표에 표시될 재정운영순원가는 얼마인가(단위:억원)?

비배분수익	1,400	비교환수익 등	5,000
관리운영비	2,400	프로그램을 수행하기 위해 투입된 원가	6,000
프로그램관련 교환수익	1,600	비배분비용	600
다른 프로그램에서 배분받은 원가	800	다른 프로그램에 배부한 원가	1,200

재정운영표

DD기금, B부처 20×1년 1월 1일부터 20×1년 12월 31일까지 (단위:억원)

Ⅰ. 프로그램순원가	4,000*
Ⅱ. 관리운영비	2,400
Ⅲ. 비배분비용	600
Ⅳ. 비배분수익	(1,400)
Ⅴ. 재정운영순원가(Ⅰ+Ⅱ+Ⅲ-Ⅳ)	5,600
Ⅵ. 비교환수익 등	(5,000)
Ⅶ. 재정운영결과(Ⅴ-Ⅵ)	600

*프로그램을 수행하기 위해 투입한 원가 ₩6,000+다른 프로그램에서 배부받은 원가 ₩800-다른 프로그램에 배부한 원가 ₩1,200-프로그램관련 교환수익 ₩1,600=₩4,000

---

01 다음은 "항만운영프로그램"을 수행하고 있는 중앙부처 A기금의 20×1년도 자료이다. A기금은 「국가회계법」 제13조 제2항에 해당하는 중앙관서의 장이 관리하지 않는 기금이다. (2012. CPA)

- 20×1년 중에 과태료 ₩100,000을 부과하였고, 이 중 ₩80,000이 납부되었다.
- 20×1년 중에 청구권이 확정된 부담금수익 ₩50,000 중 ₩40,000이 납부되었다.
- 20×1년 중 투자목적 단기투자증권을 ₩65,000에 취득하였으며, 20×1년말 현재 활성화된 시장에서 이 증권의 공정가액은 ₩70,000이다.
- 20×1년 중에 항만사용료수익 ₩30,000이 발생·납부(사용 즉시 대금 수취 방식)되었다.

상기 자료의 내용이 중앙부처 A기금의 20X1년도 재정운영표상 재정운영순원가와 재정운영결과에 미치는 영향은 얼마인가?

1. 재정운영순원가= $\underline{(프로그램총원가-프로그램수익)}$ +관리운영비+비배분비용-비배분수익
   프로그램순원가

   ∴ ₩30,000 감소(프로그램수익 : 항만사용료수익 ₩30,000)

2. 재정운영결과=재정운영순원가-비교환수익 등

   ∴ ₩160,000 감소(비교환수익 : 과태료납부액 ₩80,000, 청구권확정부담금수익 ₩50,000)

   *1. 사용료수익 : 1회성으로 사용하고 즉시 대금을 수취하는 계약일 경우, 대금을 수납하는 시점에 수익을 인식
   2. 제재금수익 : 벌금이나 과태료 등이 납부되거나 몰수가 집행된 때에 그 확정된 금액을 수익으로 인식
   3. 부담금수익 : 청구권이 확정된 때에 그 확정된 금액을 수익으로 인식
   4. 유가증권의 평가 : 투자목적인 장기투자증권 또는 단기투자증권인 경우에는 재정상태표일 현재 신뢰성있게 공정가액을 측정할 수 있으면 그 공정가액으로 평가하며, 장부가액과 공정가액의 차이는 순자산변동표에 조정항목으로 표시한다.

02 다음은 중앙관서 A부처의 일반회계에서 발생한 거래이다. 다음 거래가 A부처의 일반회계 재정운영표의 재정운영결과에 미치는 영향과 국가재정운영표의 재정운영결과에 미치는 영향은 얼마인가?
(2014. CPA)

- 20×3년 중에 프로그램순원가로 ₩100,000이 발생하였다.
- 20×3년 중에 행정운영과 관련하여 인건비 ₩50,000, 감가상각비 ₩30,000이 발생하였다.
- 20×3년 중에 부담금수익 ₩70,000에 대한 청구권이 확정되었다.
- 20×3년 중에 B부처에서 무상관리환으로 ₩30,000의 자산을 수증받았다.

1. 중앙관서 A부처
   프로그램순원가+관리운영비(인건비+감가상각비)=₩100,000+₩80,000 =₩180,000 증가

2. 대한민국 정부
   프로그램순원가+관리운영비(인건비+감가상각비)-비교환수익
   =₩100,000+₩80,000-₩70,000=₩110,000 증가

   *직접적인 반대급부 없이 발생하는 수익 등인 비교환수익은 국가재무제표 작성시에서는 재정운영결과에 표시되지만, 중앙관서 재무제표 작성시 일반회계와 기타특별회계의 경우 순자산변동표의 재원의 조달

및 이전란에 표시된다. 또한 B부처의 무상관리환의 경우 A부처 입장에서는 순자산변동표에 표시되지만, 국가재무제표 작성시에는 내부거래에 해당하여 상계된다.

03 다음은 A기금의 20×1년도 자료이다. 20×1년도에는 아래 거래 이외에 다른 거래는 없었다고 가정한다.

- A기금은 20×1년 중 2가지의 프로그램(전자조달 및 국유재산관리, 조달사업운영)을 수행하였는데, 각각의 원가관련 자료는 다음과 같다.

구 분	전자조달 및 국유재산관리	조달사업운영
프로그램 총원가	₩30,000	₩50,000
프로그램 수익	0	155,000

- A기금의 기능수행을 위한 관리운영비로 인건비 ₩20,000과 경비 ₩10,000이 발생하였다.
- 20×1년 중 이자비용 ₩1,000과 자산감액손실 ₩1,500이 발생하였는데, 이는 프로그램에 배부하는 것이 적절하지 아니한 비용이다.
- 20×1년 중 이자수익 ₩500과 자산처분이익 ₩3,000이 발생하였는데, 이는 프로그램 운영과 관련이 없는 것이다.
- 20×1년 중 제재금수익 ₩2,500이 발생하였다.

다음 중 A기금의 20×1년도 재정운영순원가는? (2016. CPA)

재정운영순원가=프로그램순원가+관리운영비+비배분비용−비배분수익
  =₩(75,000)*+₩30,000+₩2,500−₩3,500=₩(46,000)
  *프로그램순원가: ₩30,000+₩50,000−₩155,000=₩(75,000)

※해설※

재정운영결과: 재정운영순원가₩(46,000)−비교환수익₩2,500=₩(48,500)

04 다음 자료로 20×1년 A지방자치단체의 재정운영표를 작성하시오

비배분수익	150	비배분비용	200
사업관련 투입원가	1,100	사업수익	350
다른 사업에서 배부받은 원가	300	다른 사업에 배부한 원가	250
관리운영비	400	지방세수익 등 자체조달수익	800
정부간이전수익	500	기타수익	100

재정운영표

A지방자치단체　　20×1년 1월 1일부터 20×1년 12월 31일 까지

Ⅰ. 사업순원가		800*
Ⅱ. 관리운영비		400
Ⅲ. 비배분비용		200
Ⅳ. 비배분수익		(150)
Ⅴ. 재정운영순원가		1,250
Ⅵ. 일반수익		
1. 자체조달수익	(800)	
2. 정부간이전수익	(500)	
3. 기타수익	(100)	(1,400)
Ⅶ. 재정운영결과		(150)

*사업총원가 ₩1,150(=사업관련 투입원가 ₩1,100+다른 사업에서 배부받은 원가 ₩300−다른 사업에 배부한 원가 ₩250)−사업수익 ₩350=사업순원가 ₩800

05 다음은 일반회계만으로 구성된 중앙관서 A부처의 20×1년도 자료이다. 단, 20×1년에는 아래 거래 이외에 다른 거래는 없으며, 국가재무제표 작성과정에서 상계할 내부거래는 없다고 가정한다.

· 프로그램을 수행하기 위해 투입한 직접원가	₩150,000
· 프로그램관련 교환수익	10,000
· 다른 프로그램으로부터 배부받은 간접원가	4,000
· 다른 프로그램에 배부한 간접원가	7,000
· 관리운영비	30,000
· 비배분수익	3,500
· 비배분비용	2,000
· 비교환수익	13,500

A부처의 20×1년 재정운영표상 재정운영순원가와 재정운영결과는 각각 얼마인가? (2018. CPA)

재정운영표

A부처, 일반회계　　20×1년 1월 1일부터 20×1년 12월 31일 까지

Ⅰ. 프로그램순원가: ₩150,000+₩4,000−₩7,000−₩10,000=	₩137,000
Ⅱ. 관리운영비	30,000
Ⅲ. 비배분비용	2,000
Ⅳ. 비배분수익	(3,500)
Ⅴ. 재정운영순원가(Ⅰ+Ⅱ+Ⅲ+Ⅳ)	₩165,500
Ⅵ. 비교환수익 등	0*
Ⅶ. 재정운영결과(Ⅴ−Ⅵ)	₩165,500

*일반회계와 기타특별회계의 경우 비교환수익 ₩13,500은 순자산변동표에 표시됨.

06 다음은 20×1년에 발생한 자료이다. 이 자료가 Ⓐ 중앙부채−일반회계, Ⓑ 중앙부채−기금, Ⓒ 지방자치단체로 가정할 경우 재정운영결과는 각각 얼마인가?

· 재정운영순원가	₩100,000	· 기부금수익	₩15,000
· 관리전환으로 인한 자산증가	40,000	· 기부채납으로 인한 자산증가	20,000
· 부담금수익	18,000	· 관리전환으로 인한 자산감소	10,000

1. 중앙부처 - 일반회계

    재정운영결과: ₩100,000

    *비교환수익(기부금수익, 부담금수익)과 관리전환으로 인한 자산증감 및 기부채납으로 인한 자산증가는 순자산변동표에 표시됨.

2. 중앙부처 - 기금

    재정운영결과: ₩100,000-₩15,000-₩40,000-₩20,000-₩18,000+₩10,000=₩17,000

    *비교환수익(기부금수익, 부담금수익)과 관리전환으로 인한 자산증감 및 기부채납으로 인한 자산증가는 재정운영표에 표시됨.

3. 지방자치단체

    재정운영결과: ₩100,000-₩15,000-₩18,000=₩67,000

    *비교환수익(기부금수익, 부담금수익)은 재정운영표에 표시되며, 관리전환으로 인한 자산증감 및 기부채납으로 인한 자산증가는 순자산변동표에 표시됨.

07 다음은 20×1년에 중앙관서 A부처의 일반회계에서 발생한 거래이다. 다음 거래가 A부채 일반회계 재정운영표의 재정운영결과에 미치는 영향과 국가재정운영표의 재정운영결과에 미치는 영향은 각각 얼마인가?

(1) 20×1년 프로그램순원가로 ₩400,000이 발생하였다.
(2) 20×1년에 사회보험수익 ₩80,000을 부과고지하였고, 이 중 ₩50,000이 납부되었다.
(3) 20×1년에 채무면제이익 ₩20,000이 발생하였다.
(4) 20×1년에 과태료 ₩60,000을 부과하였고, 이 중 ₩30,000이 납부되었다.
(5) 20×1년에 B부처에 무상관리환으로 ₩40,000의 자산을 기증하였다.
(6) 20×1년에 기부채납으로 ₩70,000의 자산이 증가하였다.

1. 중앙관서 A부처 - 일반회계

    재정운영결과: 프로그램순원가 ₩400,000증가

    *비교환수익(사회보험수익, 과태료수익), 채무면제이익, 관리전환으로 인한 자산증감 및 기부채납으로 인한 자산증가는 순자산변동표에 표시됨.

2. 대한민국 정부

    재정운영결과: 프로그램순원가 ₩400,000-비교환수익 ₩110,000(사회보험수익 ₩80,000+과태료 ₩30,000)-채무면제이익 ₩20,000-기부채납 ₩70,000=₩200,000증가

*비교환수익, 채무면제이익 및 기부채납으로 인한 자산증가는 재정운영표에 표시되며, 무상관리환은 내부거래이므로 상계제거됨.

※해설※

문제의 자료가 중앙관서의 기금 또는 기업특별회계라고 가정할 경우 재정운영결과에 미치는 영향은 다음과 같다.

재정운영결과*: 프로그램원가 ₩400,000−비교환수익₩110,000(사회보험수익 ₩80,000+과태료 ₩30,000)−채무면제이익 ₩20,000+무상관리환 ₩40,000−기부채납 ₩70,000
=₩240,000증가

*비교환수익, 채무면제이익, 관리전환으로 인한 자산증감 및 기부채납으로 인한 자산증가는 재정운영표에 표시됨.

08 다음은 20×1년에 A특별시의 자료이다. A특별시의 20×1년 재정운영표상 재정운영순원가와 재정운영결과는 각각 얼마인가?

(1) 20×1년에 발생한 사업총원가는 ₩500,000이다.
(2) 20×1년에 해당 사업과 관련하여 발생한 사업수익은 ₩100,000이다.
(3) 20×1년에 행정운영과 관련하여 인건비 ₩70,000, 감가상각비 ₩80,000이 발생하였다.
(4) 20×1년 지방세수익은 ₩150,000이다.
(5) 20×1년에 국가로부터 ₩60,000의 보조금을 수취하였다.

1. 재정운영순원가: 사업총원가 ₩500,000−사업수익 ₩100,000+관리운영비 ₩150,000(인건비 ₩70,000+감가상각비 ₩80,000)=₩550,000
2. 재정운영결과: 재정운영순원가 ₩550,000−일반수익 ₩210,000(지방세수익 ₩150,000+정부간이전수익 ₩60,000)=₩340,000

09 다음은 일반회계만으로 구성된 중앙부처 A의 20×1 회계연도 자료이다.

> · 20×1년 중 발생한 프로그램순원가는 ₩20,000이다.
> · 20×1년 중 건물의 회수가능액이 장부가액에 미달하였고, 그 미달액이 중요하여 자산감액손실로 ₩3,000을 인식하였다. 이는 프로그램과 관련이 없다.
> · 20×1년 중 투자목적 단기투자증권을 ₩2,000에 취득하였으며, 20×1년 기말 공정가액은 ₩7,000이다.
> · 20×1년 중 이자수익 ₩6,000이 발생하였으며 프로그램 운영과 관련이 없다.
> · 20×1년 중 청구권이 확정된 부담금수익 ₩4,000 중 ₩2,000이 납부되었다.
> · 20×1년 중 제재금수익 ₩2,000이 발생하였다.

상기 거래가 20×1 회계연도 중앙부처 A(일반회계) 재정운영표의 재정운영결과에 미치는 영향과 국가 재정운영표의 재정운영결과에 미치는 영향은 각각 얼마인가? 단, 재무제표 작성과정에서 상계할 내부거래는 없으며, 상기 제시된 자료 이외의 항목은 없다고 가정한다.

---

1. 중앙관서 A부처 – 일반회계

    재정운영결과: 프로그램순원가 ₩20,000+비배분비용(감액손실 ₩3,000)-비배분수익(이자수익 ₩6,000)=₩17,000

    *단기투자증권평가이익 ₩5,000은 순자산변동표에 표시되며, 일반회계의 경우 비교환수익(부담금수익과 제재금수익)도 순자산변동표에 표시됨.

2. 대한민국 정부

    재정운영결과: 프로그램순원가 ₩20,000+비배분비용(감액손실 ₩3,000)-비배분수익(이자수익 ₩6,000)-비교환수익(부담금수익 ₩4,000+제재금수익 ₩2,000)=₩11,000

---

10 다음은 지방자치단체 A의 20×1년 재무제표 작성을 위하여 수집한 회계자료이다. 아래 거래 이외의 다른 거래는 없다고 가정한다.

(1) 20×1년에 청구권이 발생한 지방세수익은 ₩500,000이다.
(2) 20×1년에 지방자치단체 A가 운영한 사업에서 발생한 사업총원가는 ₩500,000, 사용료수익은 ₩200,000이다. 지방자치단체 A는 사업의 비용을 보전하기 위한 운영보조 목적의 보조금 ₩20,000을 수령하였다.
(3) 20×1년에 관리운영비는 ₩200,000이 발생하였다.

(4) 20×1년에 사업과 관련이 없는 자산처분손실 ₩50,000과 이자비용 ₩10,000이 발생하였다.
(5) 20×1년 사업과 관련이 없는 비화폐성 외화자산의 취득원가는 ₩20,000이며, 회계연도 종료일 현재 환율을 적용하면 ₩30,000이다.
(6) 20×1년에 (주)대한은 지방자치단체 A에게 현금으로 ₩40,000을 기부하였다. 동 기부금은 특정사업용도로 지정되지 않았다.
(7) 20×1년에 지방자치단체 A는 청사이전으로 인하여 필요없는 건물(장부가액은 ₩120,000이며, 공정가액은 ₩200,000)을 지방자치단체 B에게 회계 간의 재산이관(관리전환)을 하였다.

20×1년 지방자치단체 A의 재정운영표상 재정운영순원가와 재정운영결과를 계산하면 얼마인가?

재정운영표

A지방자치단체　　20×1년 1월 1일부터 20×1년 12월 31일 까지

Ⅰ. 사업순원가: ₩500,000−₩200,000−₩20,000=		₩280,000
Ⅱ. 관리운영비		200,000
Ⅲ. 비배분비용		60,000
Ⅳ. 비배분수익		0
Ⅴ. 재정운영순원가		₩540,000
Ⅵ. 일반수익		
1. 자체조달수익	₩500,000	
2. 정부간이전수익	0	
3. 기타수익	40,000	540,000
Ⅶ. 재정운영결과		₩0

04 기타의 결산보고서와 결산

1 순자산변동표

(1) 순자산변동표의 의의

순자산변동표(statement of changes in net assets)란 회계연도 동안 순자산의 변동명세를 표시하는 재무제표를 말한다. 순자산변동표는 기업회계의 자본변동표에 해당하는 재무제표이지만 순자산의 개념이 기업회계와는 다름에 유의하여야 한다. 즉, 기업회계의 경우 순자산은 기업에 대한 소유주의 잔여청구권을 나타내는 반면, 정부의 경우 소유주가 존재하지 않고 출연자본금이 없는 회계실체이므로 순자산을 잔여청구권으로 보지 않는다.

(2) 순자산변동표의 양식

1) 국가의 순자산변동표

국가의 순자산변동표는 각 중앙관서 또는 기금의 순자산변동표와 국가 전체의 순자산변동표가 각각 작성되어야 하는데, 각 순자산변동표의 양식과 구성내역이 상이하므로 이를 구분하여 살펴보기로 한다.

중앙관서 또는 기금의 순자산변동표

각 중앙관서 또는 기금의 순자산변동표는 기초순자산에 재정운영결과, 재원의 조달 및 이전, 조정항목을 가감하여 기말순자산을 표시한다. 국가회계기준에서 규정하고 있는 중앙관서 또는 기금의 순자산변동표의 양식을 요약하여 나타내면 다음과 같다.

순자산변동표
20×2년 1월 1일부터 20×2년 12월 31일까지

○○기금, ○○부처 (단위: 원)

	기본순자산	적립금 및 잉여금	순자산조정	합 계
Ⅰ. 기초순자산	×××	×××	×××	×××
1. 보고금액	×××	×××	×××	×××
2. 전기오류수정손익	×××	×××	×××	×××

3. 회계변경누적효과	×××	×××	×××	×××
Ⅱ. 재정운영결과		×××		×××
Ⅲ. 재원의 조달 및 이전		×××		×××
1. 재원의 조달		×××		×××
(1) 국고수입		×××		×××
(2) 국고이전수입		×××		×××
(3) 비교환수익		×××		×××
(4) 채무면제이익		×××		×××
(5) 무상이전수입		×××		×××
(6) 기타재원조달		×××		×××
2. 재원의 이전		×××		×××
(1) 국고이전지출		×××		×××
(2) 세출예산지출액		×××		×××
(3) 무상이전지출		×××		×××
(4) 기타재원이전		×××		×××
Ⅳ. 조정항목	×××	×××	×××	×××
1. 납입자본의 증감	×××	−	−	×××
2. 투자증권평가손익	−	−	×××	×××
3. 파생상품평가손익	−	−	×××	×××
4. 자산재평가손익	×××	×××	×××	×××
5. 보험수리적손익	×××	×××	×××	×××
6. 기타 순자산의 증감	×××	×××	×××	×××
Ⅴ. 기말순자산(Ⅰ − Ⅱ + Ⅲ + Ⅳ)	×××	×××	×××	×××

① **기초순자산** : 전기로부터 이월된 기초순자산에 전기오류수정손익과 회계변경누적효과를 가감한 금액이다.

② **재정운영결과** : 재정운영표상의 재정운영결과로 산정된 금액을 의미한다.

③ **재원의 조달** : 비교환수익, 채무면제이익과 중앙관서 간의 무상이전거래로서 조달된 재원을 말한다.

　a. **국고수입** : 국고금회계의 적용을 받는 일반회계와 기타특별회계에서 배정받은 예산을 집행하여 실제 사용한 예산금액을 말한다. 국고금회계에서는 '세출예산지출액'으로 처리한다.

　b. **국고이전수입** : 국고금회계에서 일반회계와 기타특별회계로부터 받은 수입을 말한다. 일반회계와 기타특별회계에서는 '국고이전지출'로 처리한다.

c. 비교환수익 등 : 비교환수익, 채무면제이익, 무상이전수입 및 기타재원조달 등 중앙관서 간의 무상이전거래를 말한다. 비교환수익 등은 국고금회계를 적용받는 일반회계와 기타특별회계의 경우 국고에 불입한 후 예산으로 배정되기 때문에 순자산변동표에 반영되지만, 국고금회계를 적용받지 않는 기업특별회계와 기금의 경우에는 자체적인 수익거래의 개념으로 보아 후술하는 무상이전지출과 기타재원이전을 상계하여 재정운영표에 반영됨에 유의해야 한다.

④ **재원의 이전** : 중앙관서 간의 무상이전거래로서 지출된 재원을 말한다.

a. 국고이전지출 : 일반회계와 기타특별회계에서 재원이 되는 수입을 국고금회계로 이전하는 것을 말한다. 국고금회계에서는 '국고이전수입'으로 처리한다.

b. 세출예산지출액 : 국고금회계에서 일반회계와 기타특별회계에서 승인받은 예산을 배정하고 실제 예산을 집행한 금액을 말한다. 일반회계와 기타특별회계에서는 '국고수입'으로 처리한다.

c. 무상이전지출 : 정부내부거래로서 일반회계, 특별회계 및 기금에 무상으로 제공하는 자금을 말한다.

d. 기타재원이전 : 순자산에 감소효과를 발생시키는 거래 중 위에서 언급한 거래를 제외한 각종 재원의 이전거래를 말한다.

⑤ **조정항목** : 순자산의 증가 또는 감소를 초래하는 거래이나 수익 또는 비용, 재원의 조달 및 이전에 해당하지 않는 거래로서 납입자본의 증감, 투자증권평가손익, 파생상품평가손익, 자산재평가손익, 보험수리적손익 및 기타 순자산의 증감으로 구성된다.

예 다음은 A중앙관서의 20×1년에 발생한 순자산 변동에 관련된 자료이다. ( )는 손실을 의미하며, 파생상품평가손실은 위험회피목적으로 발생한 것이다.

기초순자산(수정전)	₩10,000	회계변경누적효과	₩300
재정운영결과	3,000	비교환수익	500
무상관리전환	800	기부채납	700
파생상품평가손실	(200)	투자증권평가이익	400
전기오류수정손실	(700)		

순자산변동표

A중앙관서-일반회계　　　　　　　　20×1년

Ⅰ. 기초순자산
  1. 보고금액　　　　　₩10,000
  2. 회계변경누적효과　　300
  3. 전기오류수정손실　(700)　　₩9,600
Ⅱ. 재정운영결과　　　　　　　　3,000

순자산변동표

A중앙관서-기금　　　　　　　　　20×1년

Ⅰ. 기초순자산
  1. 보고금액　　　　　₩10,000
  2. 회계변경누적효과　　300
  3. 전기오류수정손실　(700)　　₩9,600
Ⅱ. 재정운영결과　　　　　　　　3,000

Ⅲ. 재원의 조달 및 이전				Ⅲ. 재원의 조달 및 이전		0
1. 비교환수익	₩500			Ⅳ. 조정항목		
2. 무상관리전환	800			1. 투자증권평가손익	400	
3. 기부채납	700	2,000		2. 파생상품평가손익	(200)	200
Ⅳ. 조정항목				Ⅴ. 기말순자산		₩12,800
1. 투자증권평가손익	400					
2. 파생상품평가손익	(200)	200				
Ⅴ. 기말순자산		₩14,800				

국가 전체의 순자산변동표

　국가 전체의 순자산변동표는 각 중앙관서와 기금의 순자산변동표를 통합하여 작성하는데, 각 중앙관서 및 기금의 순자산변동표에 표시되는 재원의 조달 및 재원의 이전항목은 국가의 입장에서는 정부기관 간의 내부거래에 해당하므로 이를 상계제거하여야 한다(단, 내부거래가 아닌 항목은 국가 재무제표의 재정운영표에 표시). 따라서 국가의 통합된 순자산변동표는 기초순자산에 재정운영결과와 조정항목을 가감하여 기말순자산을 표시한다. 국가회계기준에서 규정하고 있는 국가 전체의 순자산변동표의 양식을 필요약하여 나타내면 다음과 같다.

순자산변동표

20×2년 1월 1일부터 20×2년 12월 31일까지

대한민국 정부　　　　　　　　　　　　　　　　　　　　　　　　　　　　(단위: 원)

	기본순자산	적립금 및 잉여금	순자산조정	합　계
Ⅰ. 기초순자산	×××	×××	×××	×××
1. 보고금액	×××	×××	×××	×××
2. 전기오류수정손익	×××	×××	×××	×××
3. 회계변경누적효과	×××	×××	×××	×××
Ⅱ. 재정운영결과		×××		×××
Ⅲ. 조정항목	×××	×××	×××	×××
1. 납입자본의 증감	×××	−	−	×××
2. 투자증권평가손익	−	−	×××	×××
3. 파생상품평가손익	−	−	×××	×××
4. 자산재평가손익	×××	×××	×××	×××

5. 보험수리적손익	×××	×××	×××	×××
6. 기타 순자산의 증감	×××	×××	×××	×××
Ⅳ. 기말순자산(Ⅰ-Ⅱ+Ⅲ)	×××	×××	×××	×××

예 다음은 대한민국 정부의 20×1년에 발생한 순자산변동에 관련된 자료이다. (   )는 손실을 의미하며, 파생상품평가손실을 위험회피목적으로 발생한 것이다.

기초순자산(수정전)	₩10,000	회계변경누적효과	₩300
재정운영결과	3,000	비교환수익	500
무상관리전환	800	기부채납	700
파생상품평가손실	(200)	투자증권평가이익	400
전기오류수정손실	(700)		

순자산변동표

대한민국 정부　　　　　　20×1년 1월 1일부터 20×1년 12월 31일

Ⅰ. 기초순자산		
1. 보고금액	₩10,000	
2. 회계변경누적효과	300	
3. 전기오류수정손실	(700)	₩9,600
Ⅱ. 재정운영결과		3,000
Ⅲ. 조정항목		
1. 투자증권평가손익	400	
2. 파생상품평가손익	(200)	200
Ⅳ. 기말순자산		₩12,800

* 1. 비교환수익과 기부채납은 재정운영표에 반영되므로 재정운영결과 ₩3,000에 포함되어 있음.
  2. 무상관리전환은 내부거래에 해당하므로 국가의 순자산변동표에는 나타나지 않음.

2) 지방자치단체의 순자산변동표

지방자치단체의 순자산변동표는 기초순자산에 재정운영결과를 가감하고 순자산의 증가액과 순자산의 감소액을 가감하여 기말순자산을 산정한다.

① 관리전환이나 기부채납 등으로 발생한 순자산의 증감은 재정운영표에 포함되지 아니하고, '회계간 자산이관 및 물품소관의 전환에 따른 자산증감' 또는 '양여·기부 등에 의한 자산증감'의 계정과목으로 재정상태표에 직접 반영하며 순자산변동표에 표시한다.

② 지방자치단체가 정부 외의 자로부터 현금을 기부받는 경우에는 기타수익(기부금수익)으로 인식하고 재정운영표에 반영한다.

③ 순자산변동표 본문에 각 계정과목별로 일반회계, 기타특별회계, 기금회계, 지방공기업특별회계, 내부거래 등을 구분하여 표시한다.

지방자치단체회계기준에서 규정하고 있는 지방자치단체의 순자산변동표의 양식을 요약하여 나타내면 다음과 같다.

순자산변동표

해당연도 20×2년 1월 1일부터 20×2년 12월 31일 까지
직전연도 20×1년 1월 3일부터 20×1년 12월 31일 까지

지방자치단체명 (단위 : 원)

과 목	해당연도(20×2년)						직전연도(20×1년)					
	일반회계	기타특별회계	기금회계	지방공기업특별회계	내부거래	계	일반회계	기타특별회계	기금회계	지방공기업특별회계	내부거래	계
Ⅰ. 기초순자산												
보고금액												
전기오류수정손익												
회계변경누적효과												
Ⅱ. 재정운영결과												
Ⅲ. 순자산의 증가												
회계간 자산이관 및 물품소관의 전환에 따른 자산증가												
양여·기부 등에 의한 자산증가												
기부채납에 의한 자산증가												
:												
Ⅳ. 순자산의 감소												
회계간 자산이관 및 물품소관의 전환에 따른 자산감소												
양여·기부 등에 의한 자산감소												
관리전환에 의한 자산감소												
:												
Ⅴ. 기말순자산(Ⅰ+Ⅱ+Ⅲ-Ⅳ)												

① **기초순자산** : 전기로부터 이월된 기초순자산에 전기오류수정손익과 회계변경누적효과를 가감한 금액이다.

② **재정운영결과** : 수익과 비용의 차액으로 재정운영표상의 재정운영결과를 의미한다.

③ **순자산의 증가** : 회계간 자산이관 및 물품소관의 전환에 따른 자산증가와 양여·기부 등에 의한 자산증가로 구성된다.

④ **순자산의 감소** : 회계간 자산이관 및 물품소관의 전환에 따른 자산감소와 양여·기부 등에 의한 자산감소로 구성된다.

예 다음은 A지방자치단체의 20×1년에 발생한 순자산변동에 관련된 자료이다. (   )는 손실을 의미함.

기초순자산(수정전)	₩10,000	회계변경누적효과	₩300
재정운영결과	3,000	지방세수익	500
무상관리전환	(800)	기부채납	600
기부금수익	100	전기오류수정손실	(700)

순자산변동표

지방자치단체　　　　20×1년 1월 1일부터 20×1년 12월 31일

Ⅰ. 기초순자산		₩9,600
1. 보고금액	₩10,000	
2. 회계변경누적효과	300	
3. 전기오류수정손실	(700)	
Ⅱ. 재정운영결과		3,000
Ⅲ. 순자산 증가		600
1. 기부채납에 의한 자산증가	₩600	
Ⅳ. 순자산 감소		(800)
1. 관리전환에 의한 자산감소	₩(800)	
Ⅴ. 기말순자산		₩12,400

* 지방세수익과 기부금수익은 비교환수익으로서 재정운영표에 반영되므로 재정운영결과 ₩3,000에 포함되어 있음.

2 현금흐름표

지방자치단체의 재무제표에는 앞에서 살펴본 재정상태표, 재정운영표, 순자산변동표 외에도 현금흐름표가 포함된다. 따라서 본 절에서는 지방자치단체회계기준에서 규정하고 있는 현금흐름표에 대해서 살펴보기로 한다.

(1) 현금흐름표의 의의

현금흐름표란 회계연도 동안의 현금의 조달원천과 사용결과를 표시하여 현금의 변동에 관한 정보를 제공하는 재무제표를 말한다.

① 지방자치단체회계기준의 경우에만 현금흐름표를 재무제표에 포함하며, 국가회계기준에서는 현금흐름표를 재무제표에 포함하지 않는데, 그 이유는 현금기준에 의해 작성되는 세입·세출결산보고서가 현금흐름표의 기능을 대신할 수 있기 때문이다.

② 현금흐름표에는 현금흐름을 경상활동, 투자활동 및 재무활동으로 구분하여 표시해야 한다.

    a. 경상활동 : 지방자치단체의 행정서비스와 관련된 활동으로서 투자활동과 재무활동에 속하지 아니하는 거래를 말한다.

    b. 투자활동 : 자금의 융자와 회수, 장기투자증권·일반유형자산·주민편의시설·사회기반시설 및 무형자산의 취득과 처분 등을 말한다.

    c. 재무활동 : 자금의 차입과 상환, 지방채의 발행과 상환 등을 말한다.

③ 지방자치단체회계기준에서 규정하고 있는 현금흐름표의 작성기준은 다음과 같다.

    a. 현금흐름표는 회계연도 중의 순현금흐름에 회계연도초의 현금을 더하여 회계연도말 현재의 현금을 산출하는 형식으로 표시한다.

    b. 현금의 유입과 유출은 회계연도 중의 증가나 감소를 상계하지 아니하고 각각 총액으로 적는다. 다만, 거래가 잦아 총 금액이 크고 단기간에 만기가 도래하는 경우에는 순증감액으로 적을 수 있다.

    c. 현물출자로 인한 유형자산 등의 취득, 유형자산의 교환 등 현금의 유입과 유출이 없는 거래 중 중요한 거래에 대해서는 주석으로 공시한다.

④ 경상활동으로 인한 현금흐름은 직접법과 간접법에 의해 작성될 수 있는데, 직접법이 현금흐름을 활동별로 구분하여 표시하기 때문에 미래의 현금흐름을 예측하는 데 보다 유용한 정보를 제공하는 장점이 있다. 따라서 우리나라의 경우에도 직접법에 의하여 경상활동에 의한 현금흐름을 작성하도록 규정하고 있다.

(2) 현금흐름표의 양식

지방자치단체회계기준에서 규정하고 있는 현금흐름표의 양식을 요약하여 나타내면 다음과 같다.

현금흐름표

해당연도 20×2년 1월 1일 부터 해당연도 20×2년 12월 31일 까지
직전연도 20×1년 1월 1일 부터 해당연도 20×1년 12월 31일 까지

지방자치단체명 (단위 : 원)

과 목	해당연도(20×2년)						직전연도(20×1년)					
	일반회계	기타특별회계	기금회계	지방공기업특별회계	내부거래	계	일반회계	기타특별회계	기금회계	지방공기업특별회계	내부거래	계
I. 경상활동으로 인한 현금흐름												
1. 경상활동으로 인한 현금유입액												
자체조달수익												
정부간이전수익												
⋮												
2. 경상활동으로 인한 현금유출액												
인 건 비												
운 영 비												
정부간이전비용												
민간 등 이전비용												
⋮												
II. 투자활동으로 인한 현금흐름												
1. 투자활동으로 인한 현금유입액												
대여금의 회수												
장기투자증권의 처분												
일반유형자산의 처분												
⋮												
2. 투자활동으로 인한 현금유출액												
대여금의 상환												
장기투자증권의 취득												
일반유형자산의 취득												

Ⅲ. 재무활동으로 인한 현금흐름											
1. 재무활동으로 인한 현금유입액											
차입금의 차입											
지방채증권의 발행											
⋮											

3 기타의 결산보고서

(1) 국가회계

국가회계법에 의할 경우 앞에서 살펴본 재무제표(재정상태표, 재정운영표, 순자산변동표) 이외에도 결산개요, 세입·세출결산 및 성과보고서 등을 결산보고서로 규정하고 있으므로 본 절에서는 이러한 결산보고서에 대해서 간단하게 살펴보기로 한다.

1) 결산개요

결산개요란 정보이용자들의 이해를 돕기 위해 재무제표에 포함된 중요한 회계정보와 재정상태 및 재정운영 등에 대한 분석적인 의견을 설명형식으로 표시한 사항을 말하며, '결산총평'이라고도 한다.

① 결산개요는 정부의 재무제표가 방대한 분량으로 구성되어 있고 내용도 어렵기 때문에 정보이용자들이 이해하기 쉽도록 정형화된 형식으로 설명자료를 작성하여 배포한 것이다.

② 정부결산지침에서는 각 중앙관서 및 국가 전체의 결산개요에 포함시킬 내용을 다음과 같이 제시하고 있다.

```
1. 일반현황
    · 주요기능
    · 조직구조
    · 정원현황
    · ○○○○회계연도 주요 정책 목표
2. 세입·세출(수입·지출) 결산분석
    · 세입·세출 결산분석
    · 수입·지출 결산분석
```

> 3. 재무제표분석
>   - 재정상태분석(최근 5개년간)
>   - 재정운영분석(최근 5개년간)
>   - 순자산변동분석
> 4. 성과보고
>   - 당년도 성과보고의 주요특징
>   - 주요성과결과 및 향후과제
>   - 전략목표별 성과보고

③ 기금을 관리하고 있는 각 기금관리주체는 소관 기금의 결산내용을 필요약한 기금의 결산개요를 작성해야 한다. 기금의 결산개요는 중앙관서의 결산개요의 일반현황 대신 기금개요를 작성해야 하는데, 기금개요에는 다음의 내용을 간략히 기술해야 한다.

> - 기금설치근거법률
> - 설치연혁
> - 주요기능
> - 재원 및 용도
> - ○○○○회계연도 주요 정책 목표
> - 기금관리주체 및 관리 방식

2) 세입·세출결산

세입·세출결산이란 납세자로부터 거두어들인 세금이 어떻게 사용되었는지를 나타내는 결산보고서이다.

중앙관서의 세입·세출결산보고서

중앙관서의 세입·세출결산보고서란 각 중앙관서의 장이 기획재정부장관에게 제출하는 보고서로서 세입·세출의 내용을 나타내는 기본이 되는 결산보고서이다. 대표적인 일반회계의 세입·세출결산보고서의 양식을 제시하면 다음과 같다.

▶ 중앙관서의 일반회계 세입·세출결산보고서

과 목	세출예산액 (A)	예산결정 후 증감액(B)				세출예산현액 (C = A + B)	지출액	차년도이월액	불용액
		전년도이월액/초과지출 승인액	예비비 사용액	전용 증감액	이용 및 이체액				

기금의 수입·지출결산보고서

기금의 수입·지출결산보고서란 기금을 관리하는 각 중앙관서의 장이 기획재정부장관에게 제출하는 보고서로서 수입·지출의 내용을 나타내는 기본이 되는 결산보고서이다. 기금의 수입·지출결산보고서의 양식은 중앙관서의 세입·세출결산보고서의 양식과 같다.

국가의 세입·세출결산

국가의 세입·세출결산이란 세입결산과 세출결산을 망라한 총괄결산서라고 할 수 있다. 국가의 세입·세출결산의 양식을 제시하면 다음과 같다.

▶ 국가의 세입·세출결산

소관별	세 입			세 출			차년도이월액(E)		불용액
	예산현액 (A)	수납액 (B)	증감액 (B − A)	예산현액 (C)	지출액 (D)	증감액 (C − D)	명시 이월	사고 이월	

성인지결산서

성인지결산서란 정부는 여성과 남성이 동등하게 예산의 수혜를 받고 예산이 성차별을 개선하는 방향으로 집행되었는지를 평가하는 보고서를 말한다. 성인지결산서에는 집행실적, 성평등 효과분석 및 평가 등을 포함하여야 한다.

3) 성과보고서

성과보고서란 각 정부부문의 성과를 평가하는 보고서를 말한다. 정부부문이 작성하는 성과보고서는 다음과 같은 순서로 기술되는 것이 일반적이다.

① **사업목표의 정의** : 사업목표란 정부부문의 사업이나 서비스가 가지고 있는 특정한 목표를 말한다. 가능한 목표가 명확해야 향후 성과평가를 하는 데 도움이 되므로 목표는 명확하고 간결하게 작성되어야 한다.

② **사업결과의 확인** : 사업결과의 확인이란 사업목표를 어떠한 방법으로 성취하였는가를 확인하는 것을 말한다.

③ **결과에 대한 성과측정** : 성과를 측정하기 위한 여러 가지 지표는 계량적 지표와 비계량적 지표로 구분할 수 있다. 계량적 지표의 경우 숫자로 표시되기 때문에 객관적이지만 비계량적 지표의 경우에는 주관이 개입될 수 있으므로 신중하게 평가를 해야 한다.

4) 재무제표의 부속서류

필수보충정보

필수보충정보란 재무제표의 부속서류로서 재무제표에는 표시하지 아니하였으나 재무제표의 내용을 보완하고 이해를 돕기 위해 필수적으로 제공되어야 하는 정보로서 다음의 정보를 말한다.

> 1. 유산자산의 종류, 수량 및 관리상태
> 2. 연금보고서
> 3. 보험보고서
> 4. 사회보험보고서
> 5. 국세징수활동표
> 6. 총잉여금·재정운영결과조정표
> 7. 수익·비용 성질별 재정운영표
> 8. 그 밖에 재무제표에는 반영되지 않으나 중요하다고 판단되는 정보

부속명세서

부속명세서란 재무제표의 부속서류로서 재무제표에 표시된 회계과목에 대한 세부명세를 표시할 필요가 있을 때에 추가적인 정보를 제공하기 위한 것을 말한다.

(2) 지방자치단체회계

지방회계법에 의할 경우 앞에서 살펴본 재무제표(재정상태표, 재정운영표, 순자산변동표 및 현금흐름표) 이외에도 결산개요, 세입·세출결산 및 성과보고서 등을 결산서로 규정하고 있으므로 본 절에서

는 이러한 결산보고서에 대해서 간단히 살펴보기로 한다.

1) 결산개요

결산개요란 세입·세출결산, 재무제표 및 성과보고서 등에 대한 내용을 주민이 쉽게 이해할 수 있도록 하기 위한 설명자료를 말한다.

2) 세입·세출결산

세입·세출결산이란 세금이 어떻게 사용되었는지를 나타내는 결산보고서로서 세입·세출예산 또는 기금운용계획과 같은 구분에 따라 그 집행결과를 종합하여 작성해야 된다.

3) 성과보고서

성과보고서란 「지방재정법」에 따른 성과계획서에서 정한 성과목표와 실적을 대비하여 평가한 결산보고서로서 사업원가와 성과를 연계할 수 있도록 작성해야 한다.

4) 재무제표의 부속서류

필수보충정보

필수보충정보란 재무제표의 내용을 보완하고 이해를 돕기 위해 필수적으로 제공되어야 하는 정보로서 다음의 정보를 말한다.

- 예산결산요약서
- 성질별 재정운영표
- 일반회계 재정운영표
- 개별 회계실체(일반회계 제외) 재정운영표
- 관리책임자산
- 예산회계와 재무회계의 차이에 대한 명세서
- 그 밖에 재무제표에는 반영되지 아니하였으나 중요하다고 판단되는 정보

부속명세서

부속명세서란 재무제표에 표시된 회계과목에 대한 세부내역을 명시할 필요가 있을 때에 제공되어야 하는 추가적인 정보로서 ① 유형자산명세서 ② 감가상각명세서 등을 말한다.

4 결산

정부는 결산이 국가회계법과 지방회계법에 따라 재정에 관한 유용하고 적정한 정보를 제공할 수 있도록 객관적인 자료와 증거에 따라 공정하게 이루어지게 하여야 한다. 따라서 본 절에서는 정부회계의 결산과 관련하여 유의해야 할 사항에 대해서 살펴보기로 한다.

(1) 국가회계

1) 결산절차

국가회계법에 의할 경우 정부는 다음과 같이 결산보고서를 작성하여 제출하도록 되어 있다.

① **중앙관서결산보고서** : 각 중앙관서의 장은 중앙관서의 결산보고서를 다음연도 2월말일까지 기획재정부장관에게 제출해야 한다. 이때 직전 회계연도의 기금운용규모가 5천억원 이상인 기금은 기금결산보고서에 회계법인의 감사보고서를 첨부하여 소관 중앙관서의 장에게 제출하여야 한다.

② **국가결산보고서** : 기획재정부장관은 국가결산보고서를 국무회의의 심의를 거쳐 대통령의 승인을 얻은 후 다음연도 4월 10일까지 감사원에 제출하고 감사원은 국가결산보고서를 검사하고 그 보고서를 다음연도 5월 20일까지 기획재정부장관에게 송부해야 한다. 그리고 정부는 감사원의 검사를 거친 국가결산보고서를 다음연도 5월 31일까지 국회에 제출해야 한다.

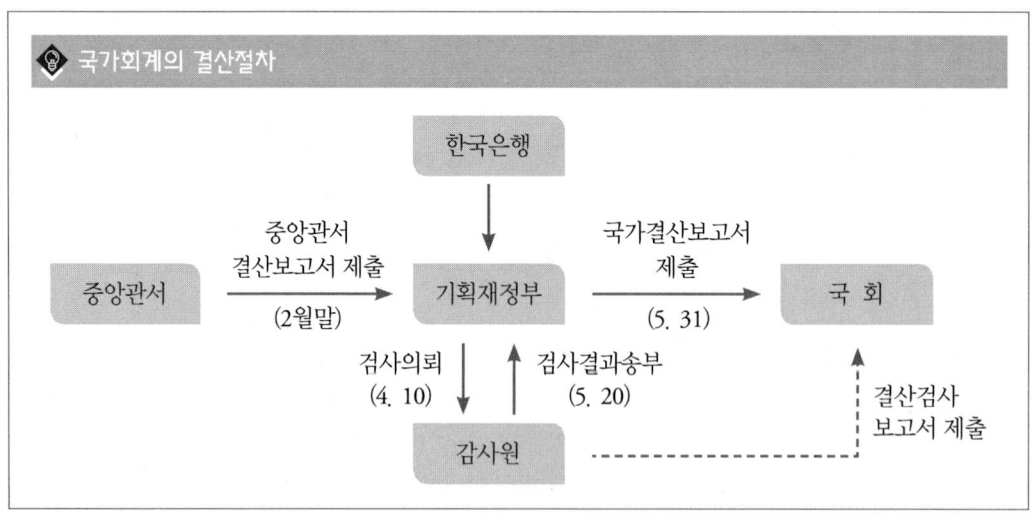

2) 통합재무제표 작성절차

각 중앙관서는 일반회계, 특별회계 및 기금별 재무제표를 통합하여 중앙관서별 재무제표를 작성해야 하며, 국가는 중앙관서별 재무제표를 통합하여 국가재무제표를 작성해야 한다.

중앙관서 통합재무제표

중앙관서의 통합재무제표를 작성할 때에는 회계실체간 내부거래를 제거해야 하며, 국가회계실체가 보유한 자산·부채의 성격 등을 고려하여 재무정보를 적정하게 공시하여야 한다.

① 중앙관서 내 국가회계실체간 거래를 통해 상호 채권·채무를 보유하고 있는 경우 중앙관서 통합재무제표작성시 해당 채권·채무를 상계제거한다. 참고로 결산시 통합재무제표를 작성하기 위해 추가로 행하는 회계처리를 결산조정분개 또는 결산보정분개라고 한다.

② 중앙관서가 발행한 국채를 동 중앙관서 내 다른 국가회계실체가 취득하는 경우 중앙관서 통합재무제표작성시 취득한 해당 투자증권(국채)을 국채의 차감계정인 자기국채로 대체한다. 자기국채계정은 발행국채총액의 차감계정으로 재무제표에 표시한다.

③ 중앙관서 내 국가회계실체간 거래를 통해 수익과 비용(재정운영표)을 인식한 경우 해당 내부거래로 인하여 상호 발생한 손익을 제거하며, 중앙관서 내 국가회계실체간 거래를 통해 재원의 조달 및 이전(순자산변동표)을 인식한 경우 해당 내부거래로 인하여 상호 발생한 무상이전거래를 제거한다.

> **예** AA부처 일반회계에서 기금으로 ₩5,000,000의 전출금이 발생한 경우
>
> · AA부처 – 일반회계 : (차) 무상이전지출　　　5,000,000　　(대) 현금및현금성자산　5,000,000
> 　　　　　　　　　　　　　(순자산변동표)
>
> 　　＊국고금회계를 적용받는 일반회계와 기타특별회계의 경우 무상이전지출(일반회계전출금)은 순자산변동표에 표시됨.
>
> · AA부처 – 기　금 : (차) 현금및현금성자산　5,000,000　　(대) 무상이전수입　　　5,000,000
> 　　　　　　　　　　　　　　　　　　　　　　　　　　　　　　(재정운영표)
>
> 　　＊국고금회계를 적용받지 않은 기업특별회계와 기금의 경우 무상이전수입(일반회계전입금)은 비교환수익 등(기타재원조달및이전)의 과목으로 재정운영표에 표시됨.
>
> · 결산조정분개 : (차) 무상이전수입　　　5,000,000　　(대) 무상이전지출　　　5,000,000
> 　　　　　　　　　　　(재정운영표)　　　　　　　　　　　　　(순자산변동표)

국가 통합재무제표

국가의 통합재무제표를 작성할 때에는 국고금회계의 통합, 재원의 조달 및 이전거래의 조정, 국세징수활동표의 국세수익 조정 등의 통합작업이 추가로 수행된다.

① **내부거래의 제거** : 국가 통합재무제표작성시 모든 중앙관서의 재무제표를 통합한 후 중앙관서간 내부거래를 통해 상호 발생한 채권·채무, 수익·비용 및 재원의 조달·이전을 제거한다.

② **자산·부채의 성격 등을 고려한 재무정보의 적정공시** : 국가 통합재무제표작성시 자산·부채의 성격

등을 고려할 때 국가 고유의 통합재정기능에 부합하지 않고, 정보이용자에게 제공하는 재무정보를 왜곡할 가능성이 있는 자산·부채의 경우에는 국가 통합재무제표 본문에 반영하지 않고 주석사항으로 표시함으로써 재무정보를 적정하게 공시한다.

③ **국고금회계의 통합** : 국고금회계를 포함한 국가결산보고서 재무제표에는 일반회계와 기타특별회계의 '국고이전지출'과 국고금회계의 '국고이전수입', 그리고 일반회계와 기타특별회계의 '국고수입'과 국고금회계의 '세출예산지출액'이 내부거래제거로 상계된다.

〈결산조정분개〉

(차)	국고이전수입	×××	(대)	국고이전지출	×××
	(국고금회계)			(일반회계와 기타특별회계)	
(차)	국고수입	×××	(대)	세출예산지출액	×××
	(일반회계와 기타특별회계)			(국고금회계)	

④ **재원의 조달 및 이전거래의 조정** : 일반회계와 기타특별회계에서 발생하는 비교환수익, 채무면제이익, 기타재원조달및이전은 각 중앙관서결산보고서의 순자산변동표에 표시되지만, 국가결산보고서 재무제표에는 재정운영표상 '비교환수익 등'에 표시되어야 하므로 순자산변동표에서 재정운영표로 대체하는 결산조정분개를 해야한다.

〈결산조정분개〉

(차)	부담금수익	×××	(대)	부담금수익	×××
	(순자산변동표)			(재정운영표)	

⑤ **국세징수활동표의 국세수익 조정** : 국세징수활동표는 국세를 징수하는 활동으로 인해 당 회계연도에 발생한 회수가능한 세금(국세수익) 중 실제로 징수하여 국고에 귀속된 세금(국고이전지출)이 얼마인지를 나타내는 국(관)세청 및 기획재정부 등 국세징수활동을 직접 수행하는 주체만 작성하는 필수보충정보이다. 이러한 국세징수활동표에 표시된 '국세수익'은 국가결산보고서의 관점에서 볼 때 국가재정의 직접적인 수입원이며, 각 중앙관서의 경우와 같이 예산배정의 절차를 통해 조달된 재원이 아니므로 국가 재정운영표상 비교환수익 등에 '국세수익'으로 직접표시된다. 즉, 국가 결산시 국세수익은 국고금회계 통합절차를 통해 재정운영표에 표시되는데, 이를 그림으로 설명하면 다음과 같다.

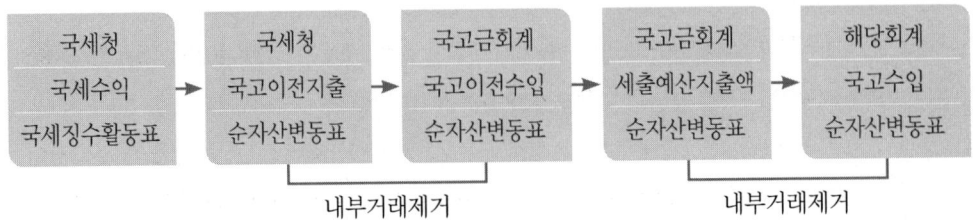

위에서 보는 바와 같이 국가결산보고서 재무제표에서는 국고금회계 통합 후 국세수익만 남게되므로 국고금회계 통합 이후 남은 국세징수활동표상의 국세수익을 재정운영표로 대체하는 결산조정분개를 해야한다.

〈결산조정분개〉

(차)	국세수익	×××	(대)	국세수익	×××
	(국세징수활동표)			(재정운영표)	

(2) 지방자치단체회계

1) 결산절차

지방회계법에 의할 경우 지방자치단체는 다음과 같이 결산서를 작성하여 제출하도록 되어 있다.

① **결산서작성** : 지방자치단체의 장은 회계연도마다 일반회계, 특별회계 및 기금을 통합한 결산서를 작성하여 「지방자치법」에 따라 지방의회가 선임한 검사위원에게 검사를 의뢰하여야 하며, 검사위원에게 결산검사에 필요한 서류를 제출할 때에는 재무제표에 「공인회계사의 검토의견」을 첨부하여야 한다.

② **지방의회에 제출** : 지방자치단체의 장은 검사위원의 검사의견서를 첨부하여 다음회계연도 5월말까지 이를 지방의회에 제출하여야 하며, 결산서에는 성인지결산서(여성과 남성이 동등하게 예산의 수혜를 받고 예산이 성차별을 개선하는 방향으로 집행되었는지를 평가하는 보고서)가 첨부되어야 한다.

③ **행정안전부장관에게 제출** : 지방자치단체의 장은 지방의회에 결산승인을 요청한 날부터 5일 이내에 결산서를 행정안전부장관에게 제출하여야 한다.

2) 통합재무제표 작성절차

지방자치단체는 일반회계, 기타특별회계, 기금회계 및 지방공기업특별회계별로 재무정보를 집계하고 회계간 내부거래를 상계하여 지방자치단체 전체 재무제표를 확정해야 한다.

3) 결산상 잉여금의 처리

지방자치단체는 회계연도마다 세입·세출결산상 잉여금이 있을 때에는 다음 ①과 ② 중 어느 하나에 해당하는 금액을 뺀 잉여금을 그 잉여금이 생긴 회계연도의 다음 회계연도까지 세출예산에 관계없이 지방채의 원리금상환에 사용할 수 있다.

① 다른 법률에 따라 용도가 정해진 금액
② 「지방재정법」에 따른 이월금

> [참고] 세계잉여금(歲計剩餘金)
> 정부예산을 초과한 세입과 예산 가운데 쓰고 남은 세출불용액(勢出不用額)을 합한 금액을 말한다.

기타의 결산보고서와 결산

이론문제(기출지문)

01 중앙관서 또는 기금의 순자산변동표를 통합하여 작성하는 국가의 순자산변동표는 기초순자산, 재정운영결과, 재원의 조달 및 이전, 조정항목, 기말순자산으로 구분하여 표시한다. (X)
▶ 국가 전체의 순자산변동표는 기초순자산, 재정운영결과, 조정항목, 기말순자산으로 구분하여 표시한다. 각 중앙관서 및 기금의 순자산변동표에 표시되는 재원의 조달 및 이전 항목은 국가의 입장에서는 정부기관 간의 내부거래에 해당하므로 이를 상계제거해야 한다.

02 지방자치단체의 순자산변동표는 기초순자산에 재정운영결과를 가감하고 재원의 조달 및 이전을 가감하여 기말순자산을 산정한다. (X)
▶ 지방자치단체의 순자산변동표는 기초순자산에 재정운영결과를 가감하고 순자산의 증가액과 감소액을 가감하여 기말순자산을 산정한다.

03 지방자치단체의 순자산변동표상 기초순자산은 전기로부터 이월된 기초순자산에 전기오류수정손익과 회계기준변경에 의한 누적손익을 가감한 금액이다. (O)

04 지방자치단체의 현금흐름표에는 현금흐름을 경상활동, 투자활동 및 재무활동으로 구분하여 표시하며, 경상활동 현금흐름은 직접법으로만 작성해야한다. (O)

05 국가회계법에서 규정하고 있는 국가의 결산보고서는 결산개요, 재무제표, 세입·세출결산이다. (X)
▶ 국가회계법에 의한 결산보고서는 결산개요, 재무제표, 세입·세출결산, 성과보고서이다.

06 지방재정법에 의한 결산서는 결산개요, 재무제표, 세입·세출결산, 성과보고서이다. (O)

07 국가의 결산보고서상 세입·세출결산에는 성인지결산서가 첨부되어야 한다. (O)

08 국가와 지방자치단체의 재무제표에 포함되는 재정운영표에 보고하는 비용은 기능별로 분류하여 표시하고, 비용을 성질별로 분류하여 작성한 재정운영표는 필수보충정보로 보고한다. (O)

09 국가의 경우 유산자산의 내역, 연금보고서, 국세징수활동표, 총잉여금·재정운영결과조정표, 예산결산요약표 등은 재무제표의 필수보충정보로 공시한다. (X)
▶ 예산결산요약표는 지방자치단체의 필수보충정보이다.

10 지방자치단체의 경우 예산결산요약표, 관리책임자산, 예산회계와 재무회계의 차이에 대한 명세서 등을 재무제표의 주석으로 공시한다. (×)
▶ 재무제표의 필수보충정보로 공시한다.

11 각 중앙관서의 장은 「국가회계법」에서 정하는 바에 따라 회계연도마다 작성한 결산보고서(중앙관서결산보고서)를 다음연도 2월말일까지 기획재정부장관에게 제출하여야 한다. (O)

12 중앙관서의 장이 아닌 기금관리주체는 회계연도마다 기금에 관한 결산보고서를 작성하여 소관 중앙관서의 장과 기획재정부장관에게 제출하여야 한다. 이 경우 직전 회계연도의 기금운용 규모가 5천억원 이상인 기금은 기금결산보고서에 「공인회계사법」 제23조에 따른 회계법인의 감사보고서를 첨부하여야 한다. (×)
▶ 중앙관서의 장이 아닌 기금관리주체는 회계연도마다 기금에 관한 결산보고서를 작성하여 소관 중앙관서의 장에게 제출하여야 한다.

13 기획재정부장관은 「국가회계법」에서 정하는 바에 따라 회계연도마다 작성하여 대통령의 승인을 받은 국가결산보고서를 다음연도 4월 10일까지 감사원에 제출하여야 한다. (O)

14 감사원은 「국가회계법」에 따라 제출된 국가결산보고서를 검사하고 그 보고서를 다음연도 5월 20일까지 기획재정부장관에게 송부하여야 하고, 정부는 「국가회계법」에 따라 감사원의 검사를 거친 국가결산보고서를 다음연도 5월 31일까지 국회에 제출하여야 한다. (O)

15 기획재정부장관은 회계연도마다 중앙관서결산보고서를 통합하여 국가의 결산보고서를 작성한 후 감사원의 심의를 거쳐 대통령의 승인을 받아야 한다. (×)
▶ 기획재정부장관은 대통령의 승인을 얻은 국가의 결산보고서를 감사원의 검사를 거쳐 국회에 제출해야 한다.

16 국가는 일반회계, 특별회계 및 기금별 재무제표를 통합하여 국가재무제표를 작성해야 한다. (×)
▶ 각 중앙관서는 일반회계, 특별회계 및 기금별 재무제표를 통합하여 중앙관서별 재무제표를 작성해야 하며, 국가는 중앙관서별 재무제표를 통합하여 국가재무제표를 작성해야 한다.

17 국가의 재무제표작성시 국고금회계의 국고이전수입과 중앙관서의 국고이전지출 및 국고금회계의 세출예산지출액과 중앙관서의 국고수입을 내부거래제거로 상계한다. (O)

18 중앙관서의 순자산변동표에 표시되는 재원의 조달 및 이전거래는 국가재무제표를 작성할 때 재정운영표상 비교환수익 등에 반영한다. (O)

19 지방자치단체의 장은 「지방자치법」에 따른 검사위원에게 결산검사에 필요한 서류를 제출할 때에는 재무보고서에 「공인회계사법」에 따른 공인회계사의 감사의견을 첨부하여야 한다. (×)
▶「공인회계사법」에 따른 공인회계사 검토의견을 첨부해야 한다.

20 지방자치단체의 장은 회계연도마다 「지방재정법」에 의하여 작성한 세입·세출결산서에 「지방자치법」의 규정에 의한 검사위원의 검사의견서를 첨부하여 다음회계연도 5월 31일까지 이를 지방의회에 제출하여야 한다. (O)

21 지방자치단체의 장은 지방의회에 결산승인을 요청한 날부터 5일 이내에 결산서를 행정안전부장관에게 제출하여야 한다. (O)

22 지방자치단체는 회계연도마다 세입·세출결산상 잉여금이 있을 때에는 「지방자치법」에서 정한 금액을 뺀 잉여금을 그 잉여금이 생긴 회계연도의 다음 회계연도까지 세출예산의 범위 내에서만 지방채의 원리금상환에 사용하여야 한다. (×)
▶다음 회계연도까지 세출예산에 관계없이 지방채의 원리금상환에 사용할 수 있다.

필수예제 — 순자산변동표

다음은 중앙관서 A부처의 20×1회계연도 재무제표 작성을 위하여 수집한 회계자료이다.

> - 기초순자산은 ₩10,000(기본순자산 ₩2,000, 적립금 및 잉여금 ₩7,000, 순자산조정 ₩1,000)이다.
> - 프로그램총원가 ₩35,000과 프로그램수익 ₩15,000이 발생하였다.
> - 행정운영을 위해 발생한 인건비 ₩7,000과 경비 ₩3,000은 모두 관리운영비로 인식한다.
> - 제재금수익은 ₩3,000, 국고수입은 ₩14,000, 비배분수익은 ₩8,000, 부담금수익은 ₩9,000이다.
> - 비배분비용은 ₩6,000, 국고이전지출은 ₩2,000이다.
> - 파생상품에서 발생한 평가손실은 ₩4,000이며 이것은 미래예상거래의 현금흐름변동위험을 회피하는 계약에서 발생한 것이다.

A부처는 일반회계만으로 구성되었고, 재무제표 작성과정에서 상계할 내부거래는 없으며, 상기 제시된 자료 이외의 항목은 없다고 가정한다. A부처의 20×1회계연도 재무제표에 표시된 기말순자산은 얼마인가?

(2019. CPA)

순자산변동표

중앙관서 A부처   20×1년 1월 1일부터 20×1년 12월 31일 까지

Ⅰ. 기초순자산		₩10,000
Ⅱ. 재정운영결과		(28,000)*
Ⅲ. 재원의 조달 및 이전		
1. 비교환수익: ₩3,000+₩9,000=	₩12,000	
2. 국고수입	14,000	
3. 국고이전지출	(2,000)	24,000
Ⅳ. 조정항목		
1. 파생상품평가손실	(4,000)	(4,000)
Ⅴ. 기말순자산		₩2,000

*재정운영결과: 프로그램순원가(₩35,000−₩15,000)+관리운영비(₩10,000)+비배분비용 ₩6,000−비배분수익(₩8,000)=₩28,000

01 다음은 A 중앙관서 일반회계의 20×1년도 자료이다. 다음 자료에 의한 A 중앙관서의 순자산변동표상 20×1년말 현재 기말순자산은 얼마인가? (2013. CPA)

- 20×1년도 기초순자산은 ₩200,000이다.
- 20×1년도 재정운영결과는 ₩100,000이다.
- 20×1년 중 국고수입은 ₩150,000이고, 부담금수익은 ₩60,000이다.
- 20×1년 중 국고이전지출은 ₩140,000이다.
- 20×1년 중 투자목적 장기투자증권을 ₩30,000에 취득하였으며, 재정상태표일 현재 이 증권의 공정가액은 ₩50,000이다.

순자산변동표

A중앙관서, 일반회계   20×1년 1월 1일부터 20×1년 12월 31일까지

Ⅰ. 기초순자산		₩200,000
Ⅱ. 재정운영결과		(100,000)
Ⅲ. 재원의 조달 및 이전		
1. 국고수입	₩150,000	
2. 부담금수익	60,000	
3. 국고이전지출	(140,000)	70,000
Ⅳ. 조정항목		
1. 투자증권평가이익	20,000	20,000
Ⅴ. 기말순자산		₩190,000

02 다음은 '국가통계생산 및 지원 프로그램'을 수행하고 있는 중앙부처 A의 일반회계의 20×4년도 자료이다. '국가통계생산 및 지원 프로그램'은 중앙부처 A가 수행하는 유일한 프로그램이고, 중앙부처 A에는 일반회계만 있다. 20×4년도 기초순자산은 ₩500,000(기본순자산 ₩350,000, 적립금및잉여금 ₩100,000, 순자산조정 ₩50,000)이다. 20×4년도에는 아래 거래 이외에 다른 거래는 없었다고 가정한다.

- 20×4년 중 프로그램순원가로 ₩30,000이 발생하였다.
- 20×4년 중 행정지원을 위한 인건비 ₩6,000, 운영경비 ₩4,000이 발생하였으며 이는 모두 관리운영비로 인식한다.
- 20×4년 중 파생상품에서 발생한 평가이익은 ₩5,000이며 이것은 미래예상거래의 현금흐름변동위험을 회피하는 계약에서 발생한 것이다.
- 20×4년 중 제재금 ₩20,000을 부과하였고 모두 납부되었다.
- 20×4년 중 국고수입은 ₩100,000이고, 국고이전지출은 ₩80,000이다.

중앙부처 A의 20×4년도 재정운영표상 재정운영결과(㉠)는 얼마이며, 20×4년도 순자산변동표상 기말 적립금및잉여금(㉡)과 기말 순자산조정(㉢)은 얼마인가? (2015. CPA)

㉠ 재정운영결과: 프로그램순원가(₩30,000)+관리운영비(₩6,000+₩4,000)=₩40,000
㉡ 기말 적립금및잉여금: 기초 적립금및잉여금(₩100,000)+재정운영결과(-₩40,000)+비교환수익(₩20,000)+국고수입(₩100,000)-국고이전지출(₩80,000)=₩100,000
㉢ 기말 순자산조정: 기초 순자산조정(₩50,000)+파생상품평가이익(₩5,000)=₩55,000

※해설※

순자산변동표

Ⅰ. 기초순자산		500,000
Ⅱ. 재정운영결과		(40,000)
Ⅲ. 재원의 조달 및 이전		
1. 비교환수익	20,000	
2. 국고수입	100,000	
3. 국고이전지출	(80,000)	40,000
Ⅳ. 조정항목		
1. 파생상품평가이익	5,000	5,000
Ⅴ. 기말순자산		505,000

03 20×1년말 다음과 같은 중앙관서의 회계처리 누락사항이 발견되었다.

(1) 기획재정부가 20×1년 2월 1일 매입한 취득원가 ₩500,000(취득 당시 만기가 3개월 이상인 단기투자목적)의 수익증권에서 ₩20,000의 평가이익이 발생하였다.
(2) 문화체육관광부가 20×1년 11월 1일 매입한 취득원가 ₩50,000(취득 당시 만기가 3개월 이내)의 수익증권에서 ₩2,000의 평가손실이 발생하였다.
(3) 문화재청은 20×1년에 문화재보호구역의 유지와 관련하여 ₩150,000을 지출하였다.
(4) 국토교통부는 20×1년 중에 관리·유지 노력으로 취득 당시의 용역잠재력이 유지되어 감가상각을 하지 않는 사회기반시설 일부에 대해 수선유지비 ₩100,000을 지출하였다.
(5) 교육부는 20×1년말 일반유형자산의 재평가로 차익이 ₩500,000 발생하였다. 단, 이전에 동일자산에 대해 재정운영표에 인식한 재평가손실 ₩200,000이 있었다.

위 누락사항을 추가 반영할 경우, 국가의 재정운영결과와 순자산조정에 미치는 영향은?

(2017. CPA)

	재정운영결과	순자산조정
(1) 투자유가증권평가이익		₩20,000
(2) 현금성자산의 감소	₩(2,000)	
(3) 문화재보호구역의 유지비	(150,000)	
(4) 사회기반시설 수선유지비	(100,000)	
(5) 일반유형자산 재평가이익	200,000	300,000
계	₩(52,000)	₩320,000

04 다음은 A중앙관서 D기금의 20×1년 순자산변동과 관련된 자료이다. A중앙관서의 20×1년말 순자산은 얼마인가?

(1) 20×1년 기초순자산은 ₩1,000,000이었지만, 중대한 전기오류수정손실 ₩200,000이 발생하였다.
(2) 20×1년 재정운영결과는 ₩150,000이며, 부담금수익 ₩50,000이 발생하였다.
(3) 20×1년 무상이전지출 ₩80,000이고, 무상이전수입은 ₩60,000이다.
(4) 20×1년 기부채납으로 인한 자산증가금액은 ₩40,000이고, 관리전환으로 인한 자산감소금액은 ₩30,000이다.
(5) 20×1년에 자산재평가이익 ₩20,000이 발생하였다.

순자산변동표

A중앙관서, D기금   20×1년 1월 1일부터 20×1년 12월 31일까지

Ⅰ. 기초순자산			
1. 보고금액		₩1,000,000	
2. 전기오류수정손실		(200,000)	₩800,000
Ⅱ. 재정운영결과			(150,000)
Ⅲ. 조정항목			
1. 자산재평가이익		20,000	20,000
Ⅳ. 기말순자산			670,000

*비교환수익(부담금수익 ₩50,000), 무상이전지출 ₩80,000, 무상이전수입 ₩60,000, 기부채납으로 인한 자산증가 ₩40,000 및 관리전환으로 인한 자산감소 ₩30,000은 재정운영표에 표시됨.

05 다음은 20×1년 중앙관서 A부처 기타특별회계의 재무제표 작성을 위한 자료이다. A부처의 20×1회계연도 기말순자산은 얼마인가?

(1) 프로그램총원가 ₩28,000, 프로그램수익 ₩12,000
(2) 관리운영비: 인건비 ₩5,000, 경비 ₩3,000
(3) 프로그램과 직접적인 관련이 없는 수익과 비용: 이자비용 ₩1,000, 자산처분손실 ₩1,000, 자산처분이익 ₩2,000
(4) 국고수입 ₩10,000, 부담금수익 ₩5,000, 채무면제이익 ₩10,000, 국고이전지출 ₩3,000
(5) 기초순자산 ₩20,000(기본순자산 ₩5,000, 적립금 및 잉여금 ₩10,000, 순자산조정 ₩5,000)

순자산변동표

중앙관서 A부처   20×1년 1월 1일부터 20×1년 12월 31일까지

Ⅰ. 기초순자산		₩20,000
Ⅱ. 재정운영결과		(24,000)*
Ⅲ. 재원의 조달 및 이전		
1. 비교환수익	₩15,000	
2. 국고수입	10,000	
3. 국고이전지출	(3,000)	22,000

Ⅳ. 조정항목		0
Ⅴ. 기말순자산		₩18,000

* 재정운영결과: 프로그램순원가 ₩16,000(₩28,000-₩12,000)+관리운영비 ₩8,000+비배분비용 ₩2,000-비배분수익 ₩2,000=₩24,000

CHAPTER 부록 I

재무제표양식

ADVANCED ACCOUNTING

제1절 / 재무상태표
제2절 / 포괄손익계산서
제3절 / 자본변동표
제4절 / 현금흐름표

1. 재무상태표

재무상태표

제×기 20×2년 12월 31일
제×기 20×1년 12월 31일

××회사 (단위 : 원)

	20×2년 12월 31일	20×1년 12월 31일
자 산		
유동자산		
현금및현금성자산	×××	×××
매출채권	×××	×××
기타수취채권	×××	×××
기타금융자산	×××	×××
재고자산	×××	×××
기타자산	×××	×××
유동자산 계	×××	×××
비유동자산		
기타수취채권	×××	×××
기타금융자산	×××	×××
관계기업투자	×××	×××
투자부동산	×××	×××
유형자산	×××	×××
무형자산	×××	×××
영 업 권	×××	×××
기타자산	×××	×××
비유동자산 계	×××	×××
매각예정비유동자산	×××	×××
자산총계	×××	×××
부 채		
유동부채	×××	×××
매입채무	×××	×××
차 입 금	×××	×××
기타금융부채	×××	×××

충당부채	×××	×××
기타부채	×××	×××
유동부채 계	×××	×××
비유동부채		
차 입 금	×××	×××
사 채	×××	×××
기타금융부채	×××	×××
순확정급여부채	×××	×××
기타부채	×××	×××
비유동부채 계	×××	×××
매각예정비유동자산과 관련된 부채	×××	×××
부채총계	×××	×××
자 본		
납입자본	×××	×××
이익잉여금	×××	×××
기타포괄손익누계액	×××	×××
매각예정비유동자산과 관련된 자본항목	×××	×××
자본총계	×××	×××
부채와 자본총계	×××	×××

2. 포괄손익계산서

(1) 중단영업손익이 없는 경우

포괄손익계산서(성격별)

제×기 20×2년 1월 1일부터 20×2년 12월 31일까지
제×기 20×1년 1월 1일부터 20×1년 12월 31일까지

××회사 (단위 : 원)

	20×2년	20×1년
영업수익	×××	×××
영업비용		
제품과 재공품의 변동	(×××)	(×××)
원재료와 소모품사용액	(×××)	(×××)
종업원급여	(×××)	(×××)
감가상각비와 기타상각비	(×××)	(×××)
기타의 영업비용	×××	×××
영업이익	×××	×××
기타수익	×××	×××
이자비용	(×××)	(×××)
기타비용	(×××)	(×××)
지분법손익	×××	×××
법인세비용차감전순손익	×××	×××
법인세비용	(×××)	(×××)
당기순손익	×××	×××
기타포괄손익 :	×××	×××
당기손익으로 재분류되지 않는 항목		
재평가잉여금	×××	×××
재측정요소	×××	×××
기타포괄손익과 관련된 법인세	(×××)	
당기손익으로 재분류될 수 있는 항목		
기타포괄손익-공정가치측정금융자산평가손익	×××	×××
해외사업환산손익	×××	×××
파생상품평가손익	×××	×××
지분법기타포괄손익	×××	×××

기타포괄손익과 관련된 법인세	(×××)	(×××)
법인세비용차감후기타포괄손익[1]	×××	×××
총포괄손익	×××	×××
주당손익 :		
기본주당계속사업손익	×××	×××
기본주당순손익	×××	×××
희석주당계속사업손익	×××	×××
희석주당순손익	×××	×××

---

1 기타포괄손익을 관련 법인세효과를 차감한 순액으로 표시할 수도 있다.

포괄손익계산서(기능별)

제×기 20×2년 1월 1일부터 20×2년 12월 31일까지
제×기 20×1년 1월 1일부터 20×1년 12월 31일까지

××회사 (단위 : 원)

	20×2년	20×1년
매 출 액(수익)	×××	×××
매출원가	(×××)	(×××)
매출총이익	×××	(×××)
판매비와관리비		
물 류 비	(×××)	(×××)
일반관리비	(×××)	(×××)
마케팅비용	(×××)	(×××)
영업이익	×××	×××
기타수익	×××	×××
이자비용	(×××)	(×××)
기타비용	(×××)	(×××)
지분법손익	×××	×××
법인세비용차감전순손익	×××	×××
법인세비용	(×××)	(×××)
당기순손익	×××	×××
기타포괄손익 :	×××	×××
당기손익으로 재분류되지 않는 항목		
재평가잉여금	×××	×××
재측정요소	×××	×××
기타포괄손익과 관련된 법인세	(×××)	
당기손익으로 재분류될 수 있는 항목		
기타포괄손익 - 공정가치측정금융자산평가손익	×××	×××
해외사업환산손익	×××	×××
파생상품평가손익	×××	×××
지분법기타포괄손익	×××	×××
기타포괄손익과 관련된 법인세	(×××)	(×××)
법인세비용차감후기타포괄손익[13]	×××	×××
총포괄손익	×××	×××
주당손익 :		

기본주당계속사업손익	×××	×××
기본주당순손익	×××	×××
희석주당계속사업손익	×××	×××
희석주당순손익	×××	×××

(2) 중단영업손익이 있는 경우

포괄손익계산서(성격별)

제×기 20×2년 1월 1일부터 20×2년 12월 31일까지
제×기 20×1년 1월 1일부터 20×1년 12월 31일까지

××회사 (단위 : 원)

	20×2년	20×1년
영업수익	×××	×××
영업비용		
제품과 재공품의 변동		
원재료와 소모품사용액	(×××)	(×××)
종업원급여	(×××)	(×××)
감가상각비와 기타상각비	(×××)	(×××)
기타의 영업비용	×××	×××
영업이익	×××	×××
기타수익	×××	×××
이자비용	(×××)	(×××)
기타비용	(×××)	(×××)
지분법손익	×××	×××
법인세비용차감전순손익	×××	×××
법인세비용	(×××)	(×××)
계속영업손익	×××	×××
중단영업손익	×××	×××
당기순손익	×××	×××
기타포괄손익 :	×××	×××
당기손익으로 재분류되지 않는 항목		
재평가잉여금	×××	×××
재측정요소	×××	×××
기타포괄손익과 관련된 법인세	(×××)	×××
당기손익으로 재분류될 수 있는 항목		
기타포괄손익-공정가치측정금융자산평가손익	×××	×××
해외사업환산손익	×××	×××
파생상품평가손익	×××	×××
지분법기타포괄손익	×××	×××

기타포괄손익과 관련된 법인세	(×××)	(×××)
법인세비용차감후기타포괄손익	×××	×××
총포괄손익	×××	×××
주당손익 :	×××	×××
기본주당계속사업손익	×××	×××
기본주당순손익	×××	×××
희석주당계속사업손익	×××	×××
희석주당순손익	×××	×××

포괄손익계산서(기능별)

제×기 20×2년 1월 1일부터 20×2년 12월 31일까지
제×기 20×1년 1월 1일부터 20×1년 12월 31일까지

××회사 (단위 : 원)

	20×2년	20×1년
매 출 액(수익)	×××	×××
매출원가	(×××)	(×××)
매출총이익	×××	×××
판매비와관리비		
물 류 비	(×××)	(×××)
일반관리비	(×××)	(×××)
마케팅비용	(×××)	(×××)
영업이익	×××	×××
기타수익	×××	×××
이자비용	(×××)	(×××)
기타비용	(×××)	(×××)
지분법손익	×××	×××
법인세비용차감전순손익	×××	×××
법인세비용	(×××)	(×××)
계속영업손익	×××	×××
중단영업손익	×××	×××
당기순손익	×××	×××
기타포괄손익 :		
당기손익으로 재분류되지 않는 항목		
재평가잉여금	×××	×××
재측정요소	×××	×××
기타포괄손익과 관련된 법인세	(×××)	(×××)
당기손익으로 재분류될 수 있는 항목		
기타포괄손익 - 공정가치측정금융자산평가손익	×××	×××
해외사업환산손익	×××	×××
파생상품평가손익	×××	×××
지분법기타포괄손익	×××	×××

기타포괄손익과 관련된 법인세	(×××)	(×××)
법인세비용차감후기타포괄손익	×××	×××
총포괄손익	×××	×××
주당손익 :		
기본주당계속사업손익	×××	×××
기본주당순손익	×××	×××
희석주당계속사업손익	×××	×××
희석주당순손익	×××	×××

3. 자본변동표

자본변동표

제×기 20×2년 1월 1일부터 20×2년 12월 31일까지
제×기 20×1년 1월 1일부터 20×1년 12월 31일까지

××회사 (단위 : 원)

구 분	납입자본			이익잉여금	기타포괄손익누계액	합 계
	자 본 금	자본잉여금	자본조정			
20×1년 1월 1일	×××	×××	×××	×××	×××	×××
회계정책변경누적효과				×××		×××
전기오류수정				×××		×××
수정후 기 잔액	×××	×××	×××	×××	×××	×××
전기 이익처분						
연차배당				(×××)		(×××)
기타 이익잉여금처분			×××	(×××)		
기타 변동사항						
중간배당				(×××)		(×××)
유상증자	×××	×××				×××
자기주식취득			(×××)			(×××)
기타포괄손익누계액 등의 대체				×××	(×××)	
총포괄손익				×××	×××	×××
20×1년 12월 31일	×××	×××	×××	×××	×××	×××
20×2년 1월 1일	×××	×××	×××	×××	×××	×××
회계정책변경누적효과				×××		×××
전기오류수정				×××		×××
수정후 기 잔액	×××	×××	×××	×××	×××	×××
전기 이익처분						
연차배당				(×××)		(×××)
기타 이익잉여금처분			×××	(×××)		
기타 변동사항						
중간배당				(×××)		(×××)
유상증자	×××	×××				×××
자기주식취득			(×××)			(×××)
기타포괄손익누계액 등의 대체				×××	(×××)	
총포괄손익				×××	×××	×××
20×2년 12월 31일	×××	×××	×××	×××	×××	×××

4. 현금흐름표

현금흐름표(직접법)

제×기 20×2년 1월 1일부터 20×2년 12월 31일까지
제×기 20×1년 1월 1일부터 20×1년 12월 31일까지

××회사 (단위 : 원)

	20×2년	20×1년
영업활동현금흐름		
고객으로부터 수취한 현금	×××	×××
공급자에게 지급한 현금	(×××)	(×××)
기타영업활동으로 수취한 현금	×××	×××
기타영업활동에서 지급한 현금	(×××)	(×××)
영업에서 창출된 현금	×××	×××
이자수취	×××	×××
이자지급	(×××)	(×××)
배당금수취	×××	×××
법인세지급	(×××)	(×××)
영업활동순현금흐름	×××	×××
투자활동현금흐름		
금융자산 취득	(×××)	(×××)
금융자산 처분	×××	×××
유형자산 취득	(×××)	(×××)
유형자산 처분	×××	×××
무형자산 취득	(×××)	(×××)
투자활동순현금흐름	×××	×××
재무활동현금흐름		
차 입 금 차입	×××	×××
차 입 금 상환	(×××)	(×××)
주식발행	×××	×××
재무활동순현금흐름	×××	×××
현금및현금성자산의 환율변동효과	×××	×××
현금및현금성자산의 증가(감소)	×××	×××
기말의 현금및현금성자산	×××	×××
기말의 현금및현금성자산	×××	×××

현금흐름표(간접법)

제×기 20×2년 1월 1일부터 20×2년 12월 31일까지
제×기 20×1년 1월 1일부터 20×1년 12월 31일까지

××회사 (단위 : 원)

	20×2년	20×1년
영업활동현금흐름		
당기순이익	×××	×××
가감 :		
영업창출현금흐름과 관련없는 손익제거	×××	×××
영업창출활동과 관련된 자산·부채의 증감	×××	×××
영업에서 창출된 현금	×××	×××
이자수취	×××	×××
이자지급	(×××)	(×××)
배당금수취	×××	×××
법인세지급	(×××)	(×××)
영업활동순현금흐름	×××	×××
투자활동현금흐름		
금융자산 취득	(×××)	(×××)
금융자산 처분	×××	×××
유형자산 취득	(×××)	(×××)
유형자산 처분	×××	×××
무형자산 취득	(×××)	(×××)
투자활동순현금흐름	×××	×××
재무활동현금흐름		
차 입 금 차입	×××	×××
차 입 금 상환	(×××)	(×××)
주식발행	×××	×××
재무활동순현금흐름	×××	×××
현금및현금성자산의 환율변동효과	×××	×××
현금및현금성자산의 증가(감소)	×××	×××
기초의 현금및현금성자산	×××	×××
기말의 현금및현금성자산	×××	×××

【부표 1】 현가표 (현재가치이자요소)

CHAPTER 부록 II

현가계산표

ADVANCED ACCOUNTING

부표 1 / 현가표(현재가치이자요소)
부표 2 / 연금의 현가표(연금의 현재가치이자요소)
부표 3 / 종가표(미래가치이자요소)
부표 4 / 연금의 종가표(연금의 미래가치이자요소)

【부표 1】 현가표 (현재가치이자요소)

$$PVIF_{(r,n)} = \frac{1}{(1+r)^n}$$

기간 (n) \ 이자율 (r)	2%	2½%	3%	4%	5%	6%	7%	8%	9%	10%
1	.98039	.97561	.97087	.96154	.95238	.94340	.93458	.92593	.91743	.90909
2	.96117	.95181	.94260	.92456	.90703	.89000	.87344	.85734	.84168	.82645
3	.94232	.92860	.91514	.88900	.86384	.83962	.81630	.79383	.77218	.75131
4	.92385	.90595	.88849	.85480	.82270	.79209	.76290	.73503	.70843	.68301
5	.90573	.88385	.86261	.82193	.78353	.74726	.71299	.68058	.64993	.62092
6	.88797	.86230	.83748	.79031	.74622	.70496	.66634	.63017	.59627	.56447
7	.87056	.84127	.81309	.75992	.71068	.66506	.62275	.58349	.54703	.51316
8	.85349	.82075	.78941	.73069	.67684	.62741	.58201	.54027	.50187	.46651
9	.83676	.80073	.76642	.70259	.64461	.59190	.54393	.50025	.46043	.42410
10	.82035	.78120	.74409	.67556	.61391	.55839	.50835	.46319	.42241	.38554
11	.80426	.76214	.72242	.64958	.58468	.52679	.47509	.42888	.38753	.35049
12	.78849	.74356	.70138	.62460	.55684	.49697	.44401	.39711	.35553	.31863
13	.77303	.72542	.68095	.60057	.53032	.46884	.41496	.36770	.32618	.28966
14	.75788	.70773	.66112	.57748	.50507	.44230	.38782	.34046	.29925	.26333
15	.74301	.69047	.64186	.55526	.48102	.41727	.36245	.31524	.27454	.23939
16	.72845	.67362	.62317	.53391	.45811	.39365	.33873	.29189	.25187	.21763
17	.71416	.65720	.60502	.51337	.43630	.37136	.31657	.27027	.23107	.19784
18	.70016	.64117	.58739	.49363	.41552	.35034	.29586	.25025	.21199	.17986
19	.68643	.62553	.57029	.47464	.39573	.33051	.27651	.23171	.19449	.16351
20	.67297	.61027	.55368	.45639	.37689	.31180	.25842	.21455	.17843	.14864
21	.65978	.59539	.53755	.43883	.35894	.29416	.24151	.19866	.16370	.13513
22	.64684	.58086	.52189	.42196	.34185	.27751	.22571	.18394	.15018	.12285
23	.63416	.56670	.50669	.40573	.32557	.26180	.21095	.17032	.13778	.11168
24	.62172	.55288	.49193	.39012	.31007	.24698	.19715	.15770	.12640	.10153
25	.60953	.53939	.47761	.37512	.29530	.23300	.18425	.14602	.11597	.09230

기간 (n) \ 이자율 (r)	11%	12%	13%	14%	15%	16%	17%	18%	19%	20%
1	.90090	.89286	.88496	.87719	.86957	.86207	.85470	.84746	.84034	.83333
2	.81162	.79719	.78315	.76947	.75614	.74316	.73051	.71818	.70616	.69444
3	.73119	.71178	.69305	.67497	.65752	.64066	.62437	.60863	.59342	.57870
4	.65873	.63552	.61332	.59208	.57175	.55229	.53365	.51579	.49867	.48225
5	.59345	.56743	.54276	.51937	.49718	.47611	.45611	.43711	.41905	.40188
6	.53464	.50663	.48032	.45559	.43233	.41044	.38984	.37043	.35214	.33490
7	.48166	.45235	.42506	.39964	.37594	.35383	.33320	.31393	.29592	.27908
8	.43393	.40388	.37616	.35056	.32690	.30503	.28478	.26604	.24867	.23257
9	.39092	.36061	.33288	.30751	.28426	.26265	.24340	.22546	.20897	.19381
10	.35218	.32197	.29459	.26974	.24718	.22668	.20804	.19106	.17560	.16151
11	.31728	.28748	.26070	.23662	.21494	.19542	.17781	.16192	.14757	.13459
12	.28584	.25668	.23071	.20756	.18691	.16846	.15197	.13722	.12400	.11216
13	.25751	.22917	.20416	.18027	.16253	.14523	.12989	.11629	.10421	.09346
14	.23199	.20462	.18068	.15971	.14133	.12520	.11102	.09855	.08757	.07789
15	.20900	.18270	.15989	.14010	.12289	.10793	.09489	.08352	.07359	.06491
16	.18829	.16312	.14150	.12289	.10686	.09304	.08110	.07078	.06184	.05409
17	.16963	.14564	.12522	.10780	.09293	.08021	.06932	.05998	.05196	.04507
18	.15282	.13004	.11081	.09456	.08081	.06914	.05925	.05083	.04367	.03756
19	.13768	.11611	.09806	.08295	.07027	.05961	.05064	.04308	.03670	.03130
20	.12403	.10367	.08678	.07276	.06110	.05139	.04328	.03651	.03084	.02608
21	.11174	.09256	.07680	.06383	.05313	.04430	.03699	.03094	.02591	.02174
22	.10067	.08264	.06796	.05599	.04620	.03819	.03162	.02622	.02178	.01811
23	.09069	.07379	.06014	.04911	.04017	.03292	.02702	.02222	.01830	.01509
24	.08170	.06588	.05323	.04308	.03493	.02838	.02310	.01883	.01538	.01258
25	.07361	.05882	.04710	.03779	.03038	.02447	.01974	.01596	.01292	.01048

【부표 2】 연금의 현가표 (연금의 현재가치이자요소)

$$PVIFA_{(r,n)} = \frac{(1+r)^n - 1}{r(1+r)^n}$$

기간 (n) \ 이자율 (r)	2%	2½%	3%	4%	5%	6%	7%	8%	9%	10%
1	.98039	.97561	.97087	.96154	.95238	.94340	.93458	.92593	.91743	.90909
2	1.94156	1.92742	1.91347	1.88609	1.85941	1.83339	1.80802	1.78326	1.75911	1.73554
3	2.88388	2.85602	2.82861	2.77509	2.72325	2.67301	2.62432	2.57710	2.53129	2.48685
4	3.80773	3.76197	3.71710	3.62990	3.54595	3.46511	3.38721	3.31213	3.23972	3.16987
5	4.71346	4.64583	4.57971	4.45182	4.32948	4.21236	4.10020	3.99271	3.88965	3.79079
6	5.60143	5.50813	5.41719	5.24214	5.07569	4.91732	4.76654	4.62288	4.48592	4.35526
7	6.47199	6.34939	6.23028	6.00205	5.78637	5.58238	5.38929	5.20637	5.03295	4.86842
8	7.32548	7.17014	7.01969	6.73274	6.46321	6.20979	5.97130	5.74664	5.53482	5.33493
9	8.16224	7.97087	7.78611	7.43533	7.10782	6.80169	6.51523	6.24689	5.99525	5.75902
10	8.98259	8.75206	8.53020	8.11090	7.72173	7.36009	7.02358	6.71008	6.41766	6.14457
11	9.78685	9.51421	9.25262	8.76048	8.30641	7.88687	7.49867	7.13896	6.80519	6.49506
12	10.57534	10.25776	9.95400	9.38507	8.86325	8.38384	7.94269	7.53608	7.16073	6.81369
13	11.34837	10.98316	10.63496	9.98565	9.39357	8.85268	8.35765	7.90378	7.48690	7.10336
14	12.10625	11.69091	11.29607	10.56312	9.89864	9.29498	8.74547	8.24424	7.78615	7.36669
15	12.84926	12.38138	11.93794	11.11839	10.37966	9.71225	9.10791	8.55948	8.06069	7.60608
16	13.57771	13.05500	12.56110	11.65230	10.83777	10.10590	9.44665	8.85137	8.31256	7.82371
17	14.29187	13.71220	13.16612	12.16567	11.27407	10.47726	9.76322	9.12164	8.54363	8.02155
18	14.99203	14.35336	13.75351	12.65930	11.68959	10.82760	10.05909	9.37189	8.75563	8.20141
19	15.67846	14.97889	14.32380	13.13394	12.08532	11.15812	10.33560	9.60360	8.95011	8.36492
20	16.35143	15.58916	14.87747	13.59033	12.46221	11.46992	10.59401	9.81815	9.12855	8.51356
21	17.01121	16.18455	15.41502	14.02916	12.82115	11.76408	10.83553	10.01680	9.29224	8.64869
22	17.65805	16.76541	15.93692	14.45112	13.16300	12.04158	11.06124	10.20074	9.44243	8.77154
23	18.29220	17.33211	16.44361	14.85684	13.48857	12.30338	11.27219	10.37106	9.58021	8.88322
24	18.91393	17.88499	16.93554	15.24696	13.79864	12.55036	11.46933	10.52876	9.70661	8.98474
25	19.52346	18.42438	17.41315	15.62208	14.09394	12.78336	11.65358	10.67478	9.82258	9.07704

기간 (n) \ 이자율 (r)	11%	12%	13%	14%	15%	16%	17%	18%	19%	20%
1	.90090	.89286	.88496	.87719	.86957	.86207	.85470	.84746	.84034	.83333
2	1.71252	1.69005	1.66810	1.64666	1.62571	1.60523	1.58521	1.56564	1.54650	1.52778
3	2.44371	2.40183	2.36115	2.32163	2.28323	2.24589	2.20958	2.17427	2.13992	2.10648
4	3.10245	3.03735	2.97447	2.91371	2.85498	2.79818	2.74324	2.69006	2.63859	2.58873
5	3.69590	3.60478	3.51723	3.43308	3.35216	3.27429	3.19935	3.12717	3.05763	2.99061
6	4.23054	4.11141	3.99755	3.88867	3.78448	3.68474	3.58918	3.49760	3.40978	3.32551
7	4.71220	4.56376	4.42261	4.28830	4.16042	4.03857	3.92238	3.81153	3.70570	3.60459
8	5.14612	4.96764	4.79877	4.63886	4.48732	4.34359	4.20716	4.07757	3.95437	3.83716
9	5.53705	5.32825	5.13166	4.94637	4.77158	4.60654	4.45057	4.30302	4.16333	4.03097
10	5.88923	5.65022	5.42624	5.21612	5.01877	4.83323	4.65860	4.49409	4.33893	4.19247
11	6.20652	5.93770	5.68694	5.45273	5.23371	5.02864	4.83641	4.65601	4.48650	4.32706
12	6.49236	6.19437	5.91765	5.66029	5.42062	5.19711	4.98839	4.79322	4.61050	4.43922
13	6.74987	6.42355	6.12181	5.84236	5.58315	5.34233	5.11828	4.90951	4.71471	4.53268
14	6.98187	6.62817	6.30249	6.00207	5.72448	5.46753	5.22930	5.00806	4.80228	4.61057
15	7.19087	6.81086	6.46238	6.14217	5.84737	5.57546	5.32419	5.09158	4.87586	4.67547
16	7.37916	6.97399	6.60388	6.26506	5.95423	5.66850	5.40529	5.16235	4.93770	4.72956
17	7.54879	7.11963	6.72909	6.37286	6.04716	5.74870	5.47461	5.22233	4.98966	4.77463
18	7.70162	7.24967	6.83991	6.46742	6.12797	5.81785	5.53385	5.27316	5.03333	4.81219
19	7.83929	7.36578	6.93797	6.55037	6.19823	5.87746	5.58449	5.31624	5.07003	4.84350
20	7.96333	7.46944	7.02475	6.62313	6.25933	5.92884	5.62777	5.35275	5.10086	4.86958
21	8.07507	7.56200	7.10155	6.68696	6.31246	5.97314	5.66476	5.38368	5.12677	4.89132
22	8.17574	7.64465	7.16951	6.74294	6.35866	6.01133	5.69637	5.40990	5.14855	4.90943
23	8.26643	7.71843	7.22966	6.79206	6.39884	6.04425	5.72340	5.43212	5.16685	4.92453
24	8.34814	7.78432	7.28288	6.83514	6.43377	6.07263	5.74649	5.45095	5.18223	4.93710
25	8.42174	7.84314	7.32998	6.87293	6.46415	6.09709	5.76623	5.46691	5.19515	4.94759

【부표 3】 종가표 (미래가치이자요소)

$$PVIF_{(r,n)} = (1+r)^n$$

기간 (n) \ 이자율 (r)	2%	2½%	3%	4%	5%	6%	7%	8%	9%	10%
1	1.02000	1.02500	1.03000	1.04000	1.05000	1.06000	1.07000	1.08000	1.09000	1.10000
2	1.04040	1.05063	1.06090	1.08160	1.10250	1.12360	1.14490	1.16640	1.18810	1.21000
3	1.06121	1.07689	1.09273	1.12486	1.15763	1.19102	1.22504	1.25971	1.29503	1.33100
4	1.08243	1.10381	1.12551	1.16986	1.21551	1.26248	1.31080	1.36049	1.41158	1.46410
5	1.10408	1.13141	1.15927	1.21665	1.27628	1.33823	1.40255	1.46933	1.53862	1.61051
6	1.12616	1.15969	1.19405	1.26532	1.34010	1.41852	1.50073	1.58687	1.67710	1.77156
7	1.14869	1.18869	1.22987	1.31593	1.40710	1.50363	1.60578	1.71382	1.82804	1.94872
8	1.17166	1.21840	1.26677	1.36857	1.47746	1.59385	1.17819	1.85093	1.99256	2.14359
9	1.19509	1.24886	1.30477	1.42331	1.55133	1.68948	1.83846	1.99900	2.17189	2.35795
10	1.21899	1.28008	1.34392	1.48024	1.62889	1.79085	1.96715	2.15892	2.36736	2.59374
11	1.24337	1.31209	1.38423	1.53945	1.71034	1.89830	2.10485	2.33164	2.58043	2.85312
12	1.26824	1.34489	1.42576	1.60103	1.79586	2.01220	2.25219	2.51817	2.81266	3.13843
13	1.29361	1.37851	1.46853	1.66507	1.88565	2.13293	2.40985	2.71962	3.06580	3.45227
14	1.31948	1.41297	1.51259	1.73168	1.97993	2.26090	2.57853	2.93719	3.34173	3.79750
15	1.34587	1.44830	1.55797	1.80094	2.07893	2.39656	2.75903	3.17217	3.64248	4.17725
16	1.37279	1.48451	1.60471	1.87298	2.18287	2.54035	2.95216	3.42594	3.97031	4.59497
17	1.40024	1.52162	1.65285	1.94790	2.29202	2.69277	3.15882	3.70002	4.32763	5.05447
18	1.42825	1.55966	1.70243	2.02582	2.40662	2.85434	3.37993	3.99602	4.71712	5.55992
19	1.45681	1.59865	1.75351	2.10685	2.52695	3.02560	3.61653	4.31570	5.14166	6.11591
20	1.48595	1.63862	1.80611	2.19112	2.65330	3.20714	3.86968	4.66096	5.60441	6.72750
21	1.51567	1.67958	1.86029	2.27877	2.78596	3.39956	4.14056	5.03383	6.10881	7.40025
22	1.54598	1.72157	1.91610	2.36992	2.92526	3.60354	4.43040	5.43654	6.65860	8.14027
23	1.57690	1.76461	1.97359	2.46472	3.07152	3.81975	4.74053	5.87146	7.25787	8.95430
24	1.60844	1.80873	2.03279	2.56330	3.22510	4.04893	5.07237	6.34118	7.91108	9.84973
25	1.64061	1.85394	2.09378	2.66584	3.38635	4.29187	5.42743	6.84848	8.62308	9.07704

기간 (n) \ 이자율 (r)	11%	12%	13%	14%	15%	16%	17%	18%	19%	20%
1	1.11000	1.12000	1.13000	1.14000	1.15000	1.16000	1.17000	1.18000	1.19000	1.20000
2	1.23210	1.25440	1.27690	1.29960	1.32250	1.34560	1.36890	1.39240	1.41610	1.44000
3	1.36763	1.40493	1.44290	1.48154	1.52088	1.56090	1.60161	1.64303	1.68516	1.72800
4	1.51807	1.57352	1.63047	1.68896	1.74901	1.81064	1.87389	1.93878	2.00534	2.07360
5	1.68506	1.76234	1.84244	1.92541	2.01136	2.10034	2.19245	2.28776	2.38635	2.48832
6	1.87041	1.97382	2.08195	2.19497	2.31306	2.43640	2.56516	2.69955	2.83976	2.98598
7	2.07616	2.21068	2.35261	2.50227	2.66002	2.82622	3.00124	3.18547	3.37932	3.58318
8	2.30454	2.47596	2.65844	2.85259	3.05902	3.27841	3.51145	3.75886	4.02139	4.29982
9	2.55804	2.77308	3.00404	3.25195	3.51788	3.80296	4.10840	4.43545	4.78545	5.15978
10	2.83942	3.10585	3.39457	3.70722	4.04556	4.41144	4.80683	5.23384	5.69468	6.19174
11	3.15176	3.47855	3.83586	4.22623	4.65239	5.11726	5.62399	6.17593	6.77667	7.43008
12	3.49845	3.89598	4.33452	4.81790	5.35025	5.93603	6.58007	7.28759	8.06424	8.91610
13	3.88328	4.36349	4.89801	5.49241	9.15279	6.88579	7.69868	8.59936	9.59645	10.69932
14	4.31044	4.88711	5.53475	6.26135	7.07571	7.98752	9.00745	10.14724	11.41977	12.83918
15	4.78459	5.47357	6.25427	7.13794	8.13706	9.26552	10.53872	11.97375	13.58953	15.40702
16	5.31089	6.13039	7.06733	8.13725	9.35762	10.74800	12.33030	14.12902	16.17154	18.48843
17	5.89509	6.86604	7.98608	9.27646	10.76126	12.46768	14.42646	16.67225	19.24413	22.18611
18	6.54355	7.68997	9.02427	10.57517	12.37545	14.46251	16.87895	19.67325	22.90052	26.62333
19	7.26334	8.61276	10.19742	12.05569	14.23177	16.77652	19.74838	23.21444	27.25162	31.94800
20	8.06231	9.64629	11.52309	13.74349	16.36654	19.46076	23.10560	27.39303	32.42942	38.33760
21	8.94917	10.80385	13.02109	15.66758	18.82152	22.57448	27.03355	32.32378	38.59101	46.00512
22	9.93357	12.10031	14.71383	17.86104	21.64475	26.18640	31.62925	38.14206	45.92331	55.20614
23	11.02627	13.55235	16.62663	20.36158	24.89146	30.37622	37.00623	45.00763	54.64873	66.24737
24	12.23916	15.17863	18.78809	23.21221	28.62518	35.23642	43.29729	53.10901	65.03199	79.49685
25	13.58546	17.00006	21.23054	26.46192	32.91895	40.87424	50.65783	62.66863	77.38807	95.39662

【부표 4】 연금의 종가표 (연금의 미래가치이자요소)

$$PVIFA_{(r,n)} = \frac{(1+r)^n - 1}{r}$$

기간 (n) \ 이자율 (r)	2%	2½%	3%	4%	5%	6%	7%	8%	9%	10%
1	1.00000	1.00000	1.00000	1.00000	1.00000	1.00000	1.00000	1.00000	1.00000	1.00000
2	2.02000	2.02500	2.03000	2.04000	2.05000	2.06000	2.07000	2.08000	2.09000	2.10000
3	3.06040	3.07563	3.09090	3.12160	3.15250	3.18360	3.21490	3.24640	3.27810	3.31000
4	4.12161	4.15252	4.18363	4.24646	4.31013	4.37462	4.43994	4.50611	4.57313	4.64100
5	5.20404	5.25633	5.30914	5.41632	5.52563	5.63709	5.75074	5.86660	5.98471	6.10510
6	6.30812	6.38774	6.46841	6.63298	6.80191	6.97532	7.15329	7.33593	7.52333	7.71561
7	7.43428	7.54753	7.66246	7.89829	8.14201	8.39384	8.65402	9.92280	9.20043	9.48717
8	8.58297	8.73612	8.89234	9.21423	9.54911	9.89747	10.25980	10.63663	11.02847	11.43589
9	9.75463	9.95452	10.15911	10.58280	11.02656	11.49132	11.97799	12.48756	13.02104	13.57948
10	10.94972	11.20338	11.46388	12.00611	12.57789	13.18079	13.81645	14.48656	15.19293	15.93742
11	12.16872	12.48347	12.80780	13.48635	14.20679	14.97164	15.78360	16.64549	17.56029	18.53117
12	13.41209	13.79555	14.19203	15.02581	15.91713	16.86994	17.88845	18.97713	20.14072	21.38428
13	14.68033	15.14044	15.61779	16.62684	17.71298	18.88214	20.14064	21.49530	22.95338	24.52271
14	15.97394	16.51895	17.08632	18.29191	19.59863	21.01507	22.55049	24.21492	26.01919	27.97498
15	17.29342	17.93193	18.59891	20.02359	21.57856	23.27597	25.12902	27.15211	29.36092	31.77248
16	18.63929	19.38022	20.15688	21.82453	23.65749	25.67253	27.88805	30.32428	33.00340	35.94973
17	20.01207	20.86473	21.76159	23.69751	25.84037	28.21288	30.84022	33.75023	36.97370	40.54470
18	21.41231	22.38635	23.41444	25.64541	28.13238	30.90565	33.99903	37.45024	41.30134	45.59917
19	22.84056	23.94601	25.11687	27.67123	30.53900	33.75999	37.37896	41.44626	46.01846	51.15909
20	24.29737	25.54466	26.87037	29.77808	33.06595	36.78559	40.99549	45.76196	51.16012	57.27500
21	25.78332	27.18327	28.67649	31.96920	35.71925	39.99273	44.86518	50.42292	56.76453	64.00250
22	27.29898	28.86286	30.53678	34.24797	38.50521	43.39229	49.00574	55.45676	62.87334	71.40275
23	28.84496	30.58443	32.45288	36.61789	41.43048	46.99583	53.43614	60.89330	69.53194	79.54302
24	30.42186	32.34904	34.42647	39.08260	44.50200	50.81558	58.17667	66.76476	76.78981	88.49733
25	32.03030	34.15776	36.45926	41.64591	47.72710	54.86451	63.24904	73.10594	84.70090	98.34706

기간(n) \ 이자율(r)	11%	12%	13%	14%	15%	16%	17%	18%	19%	20%
1	1.00000	1.00000	1.00000	1.00000	1.00000	1.00000	1.00000	1.00000	1.00000	1.00000
2	2.11000	2.12000	2.13000	2.14000	2.15000	2.16000	2.17000	2.18000	2.19000	2.20000
3	3.34210	3.37440	3.40690	3.43960	3.47250	3.50560	3.53890	3.57240	3.60610	3.64000
4	4.70973	4.77933	4.84980	4.92114	4.99338	5.06650	5.14051	5.21543	5.29126	5.36800
5	6.22780	6.35285	6.48027	6.61010	6.74238	6.87714	7.01440	7.15421	7.29660	7.44160
6	7.91286	8.11519	8.32271	8.53552	8.75374	8.97748	9.20685	9.44197	9.68295	9.92992
7	9.78327	10.08901	10.40466	10.73049	11.06680	11.41387	11.77201	12.14152	12.52271	12.91590
8	11.85943	12.29969	12.75726	13.23276	13.72682	14.24009	14.77325	15.32700	15.90203	16.49908
9	14.16397	14.77566	15.41571	16.08535	16.78584	17.51851	18.28471	19.08585	19.92341	20.79890
10	16.72201	17.54874	18.41975	19.33730	20.30372	21.32147	22.39311	23.52131	24.70886	25.95868
11	19.56143	20.65458	21.81432	23.04452	24.34928	25.73290	27.19994	28.75514	30.40355	32.15042
12	22.71319	24.13313	25.65018	27.27075	29.00167	30.85017	32.82393	34.93107	37.18022	39.58050
13	26.21164	28.02911	29.98470	32.08865	34.35192	36.78620	39.40399	42.21866	45.24446	48.49660
14	30.09492	32.39260	34.88271	37.58107	40.50471	43.67199	47.10267	50.81802	54.84091	59.19592
15	34.40536	37.27971	40.41746	43.84241	47.58041	51.65951	56.11013	60.96527	66.26068	72.03511
16	39.18995	42.75328	46.67173	50.98035	55.71747	60.92503	66.64885	72.93901	79.85021	87.44213
17	44.50084	48.88367	53.73906	59.11760	65.07509	71.67303	78.97915	87.06804	96.02175	105.93056
18	50.39594	55.74971	61.72514	68.39407	75.83636	84.14072	93.40561	103.74028	115.26588	128.11667
19	56.93949	63.43968	70.74941	78.96923	88.21181	98.60323	110.28456	123.41353	138.16640	154.74000
20	64.20283	72.05244	80.94683	91.02493	102.44358	115.37975	130.03294	146.62797	165.41802	186.68800
21	72.26514	81.69874	92.46992	104.76842	118.81012	134.84051	153.13854	174.02100	197.84744	225.02560
22	81.21431	92.50258	105.49101	120.43600	137.63164	157.41499	180.17209	206.34479	236.43846	271.03072
23	91.14788	104.60289	120.20484	138.29704	159.27638	183.60138	211.80134	244.48685	282.36176	326.23686
24	102.17415	118.15524	136.83147	158.65862	184.16784	213.97761	248.80757	289.49448	337.01050	392.48424
25	114.41331	133.33387	155.61956	181.87083	212.79302	249.21402	292.10486	342.60349	402.04249	471.98108

[저자소개]

송 상 엽

저자약력

연세대학교 경영학과 졸업
공인회계사
한국 공인회계사회 감리실 근무
안건회계법인 근무
웅지세무대학교(2004년 개교) 설립
현 : 웅지경영아카데미 대표

저 서

회계분야
- 회계원리
- 중급회계
- 고급회계
- 원가 · 관리회계
- 재무회계연습
- 원가관리회계연습
- 회계감사
- 공무원 및 공기업 회계학

세법분야
- 세법개론
- 세무회계연습
- 공무원 세법
- 전산회계와 FAT
- 전산세무와 TAT

경제 · 경영분야
- 경제학강의
- 재무관리
- 경영 · 경제학도를 위한 수학과 통계학

고급회계

개정판	2024년 03월 08일
발행 및 인쇄	2024년 03월 08일
지은이	송상엽
펴낸곳	도서출판 곤 옥 웅지세무대학 경기도 파주시 탄현면 웅지로 144번길 73 웅지세무대학 spc사무실
전 화	02) 326-3230
홈페이지	www.ewat.kr
ISBN	979-11-89616-24-3

※ 무단복사 및 전재를 금합니다. 파본 및 낙장본은 교환하여 드립니다.

정 가   33,000원